# 東京裁判で
# 隠された真実とは？

## 裁判官としての矜持を貫き圧力に屈せずに
## 日本の冤罪を晴らしたパール判事

都築陽太郎

# はじめに

## パール判決書の取り扱い：英米と我が国の違い

本書はパール判決書を論じた書籍である。

パール判決書は英語圏では1948年の発表直後から注目を浴び、英米の政官界・法曹界ではいち早く読まれたようだ。たとえば、本書で触れているハンキー卿（英）やダグラス陪席判事（米）は、早期の段階で確実にパール判決書に目を通している。実際上もパール判決書の読解を通じて東京裁判でのパール判事の努力は広く認知され、パール判事はこの後、国際法の専門家としてキャリアアップを果たし、国連・国際法委員会の委員や委員長を務めたのである。パール判決書の内容が高く評価されたからこそそのような結果となったのであって、これは東京裁判で異端の判決を下《くだ》した偏屈で政治的な意見を述べた文書にすぎないと英米の法曹界で捉《とら》えられていたとしたら、そのような判決書を書いた裁判官を国連・国際法委員会の重要な職務に就かせるだろうか。パール判事の判決は、広く世界で受け入れられたのである。

一方、我が国ではマッカーサーの非公開方針や本格的な翻訳がなされなかったこと等もあり、パール判決書が詳細に読まれることは長期に亘って無かった。現に、パール判決書は長大で難解であるとの世評があり、敬遠されているのである。パール判決書を読まないままに反対意見や否定的意見を述べる者が後を絶たない。パール判決書を読み込んでその意を正確に読み取った日本人研究者は、大学関係者では渡部昇一先生、牛村圭《うしむらけい》先生、ジャーナリストの田中正明氏や小林よしのり氏他のごく限られた方々に留まるように思う。筆者は東京裁判研究の先達《せんだつ》の方々に限りない尊敬の念を持つ。その一方で、我が国のパール判決書研究のこの寂しい実態については、残念でならない。

パール判事が法的な正確さを追求して言葉を選び、無用な反論や誤解を招かないよう慎重に記述した司法判決書であるので、もとの英文原典がそもそも読みにくいのはたしかであるが、それでも英語圏では広く読まれたのである。そうであれば、パール判決書が分析対象国とした日本の人々がそれを読まないというのは、どうしたものか。

## 前著

たまたま筆者は翻訳作業を通じてパール判決書について筆者なりの理解に至っており、その理解に基づく文書を記述する必要と、おこがましい言い方であるが、義務があると考えた。筆者の浅薄なパール判決書理解を踏み台にして、多くの人々によるさらに深い議論や理解へとつながっていけばありがたいと思う。

前著の『東京裁判で真実は裁かれたのか？』においてはパール判決書第四部が論じられた。この第四部は東京裁判の中心的なテーマである「全面的共同謀議」（平和に対する罪）を扱った部であり、そこにおける検察側の訴追はまさに微に入り細を穿《うが》つものであった。膨大な法廷証拠が提出されたのである。パール判事はそのすべてに丹念に目を通して検討を加えて事実認定にあたったのであった。第四部は記述量もパール判決書全体の6割弱を占めるものである。

それを論じた前著は、大部な書であったにもかかわらず、多くの読者が完読してくださった。これは筆者にとって大きな喜びである。書籍改善のアドバイスをくださった方もいらしたし、読みながら不覚にも涙が出たという読者もいらっしゃった。法廷での東条が自分の身を顧みずに守るべきものを守って戦った様子に、東条は「日本のキリストである」との印象を持たれた由である。

## 本書

筆者はこのような読者の方々から元気を頂戴できたと思う。幸せなことである。これに気をよくした筆者は、根が単純なこともあり、第四部以外の残りの6つの部についても同様の文書を残すべきだと考えた。それが本書である。読者の方々からの風を帆に受けて、作成作業に及んだのであった。

第一編は前著からの続きであり、パール判事の「狭義の判決書」を構成する残りの部分を論じたものである。前著の第四部と合わせて「狭義の判決書」の取り扱いを完成させる位置づけとなる。本書での新しい試みとして、中国での残虐行為に関して証言するために市ヶ谷の法廷に出廷した検察側アメリカ人証人への尋問状況を法廷記録の英文原典より和訳して取り上げてみた（第六部第2項「厳密なる意味における戦争犯罪：日本に占拠された地域の民間人に関して」）。反対尋問における日本人弁護人の鋭い追及が印象的である。また、広田について多数派判決書から引用して掘り下げてみた。キーナン首席検察官同様、広田の多数派判決は不当だと筆者も強く思うからである。

第二編は「パール意見書」を構成する予備的法律問題等の4つの部を扱ったものである。前述の英国枢密院のハンキー卿（第一部 予備的法律問題の§4.）や合衆国最高裁のダグラス陪席判事による同意意見書（第二編終章）なども合わせて取り上げた。これらはパール意見書の理解を深めるのに必須と考えたからである。ハンキー卿はパリ条約の熱心な推進者で、英国の条約調印に尽力した人物であるが、それでも、個人に戦争責任を負わせる基盤としてパリ条約が使えるという見解に反対している。一方、ダグラス陪席判事は、東京裁判は司法裁判ではなく、戦闘行為の延長であると喝破している。ダグラス陪席判事はパール判事同様、厳密な事実認定を経てその結論に至ったのであった。その論理は明快で、説得力があると思う。

本書の記述のスタイルは前著と同じにした。すなわち、パール判決書から大量に引用し、それに筆者がコメントを加える形とした。

前著のまとめ（かなり乱暴なものだが）を複数に亘って記述した。本書だけでも、パール判決書の全容を相当程度掴んでいただけるものと思う。ただ、筆者の力が及ばず適正な記述ができなかった部分もあろう。筆者が引用をしなかった部分で重要な記述も多々あろう。ぜひとも前著や「パール判決書」にも目を通していただければありがたい。

## 最後に (last but not least)

戦勝国・戦敗国を問わず人類全体が被った不名誉を晴らすべく奮闘したラダビノード・パール判事に、謹んで敬意を表したい。

本書に興味をもって下さった読者各位に謝辞を申し上げる。祖国日本を巻き込んだ巨大な不正を緻密に解き明かしたパール判事の思考を辿るガイドの一端として本書を加えて下されば、望外の喜びである。

本書執筆の着想は、筆者の興銀時代の大先輩の礒貝英士氏とのパール意見書に関する見解のやり取りから生まれた。東大法科を卒業された氏はとりわけ江戸末期以降の本邦史に造詣が深く、筆者は多く薫陶を受けた。未完成原稿を抱えてうろうろしていた筆者に対し、出版するよう背中を押して下さった弁護士の髙池勝彦先生にも大恩がある。先生の推薦を得て初めて、本書は世に出ることとなった。飛鳥新社の大山邦興社長には、前著に引き続きタイトルを付けていただいた。出版界の掟に不案内な筆者には貴重な経験であった。筆者のわがままを抱え込んだご担当者の小林徹也氏には、今回も社内調整を含め種々、ご面倒をおかけした。書籍として結実したのは、氏の努力のおかげである。本書の恩人諸氏に、この場をお借りして深謝申し上げたい。

令和3年1月吉日

都築陽太郎

# 目次　東京裁判で隠された真実とは？

## 裁判官としての矜持を貫き圧力に屈せずに日本の冤罪を晴らしたパール判事

**●パール判決書からの引用部分**

2字下げをしたうえで、カギカッコでくくり記載した。出典はすべて拙著『東京裁判　全訳パール判決書』（幻冬舎）から引用しているが、内容に関わらない表記や誤植等については一部修正をした。また、傍点については適宜追加や削除をした。

# 第一編
# パール判決書（狭義）

# まえがき

## パール判決書（狭義）のあらまし

いわゆる「パール判決書」は第一部から第七部までの７つの部で構成されている。これは言わば、「広義」の判決書だと思う。

その７つの部の内、一般的な裁判での判決書と同じような事実認定の検討を行《おこな》った部は、第四部と第六部である。そしてそれらの２つの部に対する結論、つまり判決にあたる部が第七部との位置づけとなるのではないだろうか。通常の裁判であればこれらの３つの部のみで判決書となるものと思う。これは言わば、「狭義」の判決書である。左記の通りである。

**パール判決書（狭義）を構成する3つの部**

**第四部　全面的共同謀議**
**第六部　厳密なる意味における戦争犯罪**
**第七部　勧告**

このパール判決書（狭義）とは、一般的な裁判と同様に、起訴状での起訴事項や提出された検察側・弁護側の双方の証拠・証言の脆弱性《ぜいじゃくせい》や信頼性を比較較量し、場合によっては外部からの意見や証拠を引き込んで納得がいくまで検討して事実認定を行《おこな》い、最終的に判決を下《くだ》したものであると思う。

## 第四部のおさらい

前著『東京裁判で真実は裁かれたのか？』において、右記の第四部について詳細に論じた。そこで明らかになった「日本の歴史」（パール判事の「わたくしの歴史」）は、大まかに言えば以下であると思う。これは筆者による表現なので違和感をもたれるかもしれないが、その場合はぜひパール判決書第四部を読み返して内容をご確認いただければ幸いである。

・１８５３年のペリー来航によって日本は不本意に開国させられ、関税自主決定権と裁判権を著しく制限された不平等条約の締結を余儀なくされたこと
・これら西洋各国との不平等条約の撤廃が可能になったのは、１８９５年に日本が日清戦争に勝利し、国際社会で一定の地位を確立した後であること
・１９０４年の日露戦争の結果、日本は満州で鉄道の権利等の権益を行きがかり上で入手したが、満州開発の遠大な計画がもともとあったわけではなく、また、満州について確固たる方針があったわけでもなかったこと
・日本は国防上の要件から、主として対露防衛の観点で１９０２年、１９０５年、１９１１年と3回に亘って日英同盟を締結し、回を経るに従って同盟が強化されていったこと。その間に朝鮮半島を併合したこと（１９１０年）。この併合には英米はともに、少なくとも反対はしなかったこと
・１９１８年～１９２０年のシベリア出兵は、西欧の連合国が日本の参画を企図したことが発端となっており、日本はアメリカの指示に基づいて出兵したこと
・１９２２年のワシントン9ヵ国条約以降、第二次世界大戦の終結に至るまで、アメリカは一貫して排日的態度を取り続けたこと
・日本は貿易シェアを上げることによって国家の生計を維持すること

を方針としていたが、「人間の制御を超越した、非人間的な力」（判決書p.381下段：トインビーの言葉）のもたらした1929年大恐慌の出現によって、この方針は破綻《はたん》したこと
・世界のブロック経済化による日本締め出しに対抗して日本の自存を図るため、日本は満州を生命線として石油以外の物資の自給自足を確保して国家を維持することを企画し始めたこと
・このようにして行《おこな》われた傀儡《かいらい》国たる「満州国」の建国（1932年）は、英米の日本に対する敵対的態度を決定的にしたこと
・支那事変の収束ができずに手を焼いていた日本は、軍事負担の追加的な拡大となる対米開戦をあくまでも避けようとして、日米交渉の成立を国策の第一に位置付けたこと。そのため、交渉相手たるアメリカから新しい切り口が提示されるたびに「せっかちに」対応したこと。
・日米交渉の過程で日本側に背信的行為は一切見受けられなかったが、結局は「青天の霹靂《へきれき》」たるハル・ノートの受領で終わったこと
・これによりアメリカ側に交渉継続の意志なしと見切った日本は、対米開戦せざるをえない状況にまで自国が追い込まれたと「**誠実(bona fide)**」（判決書p.128下段）に考えたこと。

ペリー来航以降の日本の歴史（国際条約等を基盤とする国際関係を中心とした歴史）を右記のように俯瞰《ふかん》した後にパール判事が下《くだ》した第四部の結論は、その行動が正しかろうが誤っていようが、どのようにして日本がその行動（真珠湾攻撃）を取るに至ったかについて客観的で良質な説明が十分にできるので、日本の行動は「全面的共同謀議」という推定シナリオのみでしか説明できないと結論するのは荒唐無稽である、というものであった。

なお、真珠湾攻撃については、筆者は次のように読み取った。まず、何もしないままに自滅するのを待つか、あるいはわずかな成功の可能性に賭けて思い切って攻撃をするかの二者択一の選択に追い込まれたとの、増大する自暴自棄の雰囲気が当時の日本にはあった。その中で、アメリカを再び交渉のテーブルに付かせて石油の対日供給を再開させるため、成功させる軍事的戦略も計画の立案も極めて不十分なままに、とにかく九死に一生を得ようとして実施に踏み切ったもののように思える。時間の経過とともにアメリカ海軍の対日準備は拡充されてしまうので、自国の海軍力がまだ比較優位にある内《うち》に合衆国太平洋艦隊に痛打を与えて、交渉再開に持ち込みたいと考えたようだ。もちろん、焦燥に駆られて行《おこな》うそのような危なっかしい攻撃は本来はやりたくはないが、ハル・ノートを提示された以上、それ以外には方法はないと考えるまでに、日本は追い込まれたのではないだろうか。

## 東京裁判所で審理された犯罪：<br>裁判所憲章におけるA級、B級、C級

ここで、東京裁判で審理された犯罪を確認しておきたい。

まず、東京裁判の管轄権を規定したものであるとパール判事が認定した極東国際軍事裁判所条例（裁判所憲章）を見ておくことにする。裁判所憲章が管轄権を定めているとのパール判事の認定の詳細は、本書第二編「第一部 予備的法律問題」§3．の**「裁判所憲章、これは戦争犯罪を定義しているか」**をご参照願いたい。

### A級

パール判事は東京裁判を「刑事裁判」と位置付けている（判決書p.159下段）。東京裁判で中心的に審理された犯罪は、裁判所憲章第5条に記載のある「(イ)項（A級）：平和に対する罪）」であった。そしてこの「(イ)項」については、検察側が申し立てた「共同謀議式立証方法」

の筋書きに従って、パール判決書 第四部で細密な審理がなされた。

そこでは、日本がアメリカとの戦争を避けようとして対米交渉に臨み、アメリカに対して「せっかちな態度」（判決書p.482上段）を取った上でありとあらゆる譲歩がなされた様子も具体的にはっきりと示された。日本は外交努力によって対米開戦を避けることを、実現すべき政策の第一と位置付けていたのである。ハル・ノートによって日本が余儀なくされた最終的な対米開戦は、「全面的共同謀議」の下《もと》になされたはずがないことを、パール判事は詳細に、丹念に示したのであった。

繰り返しになるが、第四部でのパール判事の結論は、全面的共同謀議の申し立ては荒唐無稽であり、被告人たちが日本国の国家行為として行《おこな》った諸施策は、当時の日本と世界の動きを見れば無理なく説明ができるというものであった。

## B級とC級

一方、裁判所憲章第5条ではこの(イ)項以外にも、「(ロ)項（B級）」並びに「(ハ)項（C級）」（それぞれ、通例の戦争犯罪、人道に対する罪）が記載されており、東京裁判の被告人たちはこれらの項に基づく訴因でも訴追されたのである。

「(ロ)項（B級）：通例の戦争犯罪」とは、端的に言えば、占領した領土の非日本人民間人ならびに日本軍が捕獲した戦争俘虜《ふりょ》に対して加えた残虐行為についての罪である。これらはハーグ協定（1899年、1907年）やジュネーブ条約（1929年）等で規定済みのものであり、事後法に基づいて遡及《そきゅう》して定義された犯罪ではない。

「(ハ)項（C級）：人道に対する罪」とは、裁判所憲章第5条の文言《もんごん》によれば「（前略）政治的又は人種的理由に基づく迫害行為」（判決書付録p.658上段）である。ありていに言えば、ナチのユダヤ人迫害を念頭においた犯罪であり、しかも事後法として制定され、遡及された定義による犯罪である。

東京裁判の検察側は、「(ハ)項（C級）：人道に対する罪」の訴追を取り下《さ》げていない。これは「(ロ)項（B級）：通例の戦争犯罪」と一体化されて訴追が維持されたのであった。

そして、これら「(ロ)項」並びに「(ハ)項」に基づく訴追に関する事実認定を行《おこな》い、判定を下《くだ》したのが、この第六部である。

## 検察側による訴因の分類：第1類、第2類、第3類

次に、起訴状で規定された犯罪を見ておきたい。

裁判所憲章第5条に記載された犯罪について、起訴状が用意された。起訴状では具体的な訴追内容を「訴因」として個別に記載した。

ニュルンベルク裁判の訴因はわずか4個であったが、東京裁判の起訴状には55個もの訴因が記載されていた。検察側は被告人の内《うち》の誰がその訴因に該当するかを各々の訴因の中で明示している。

それらの55個の訴因を、検察側は第1類、第2類、第3類の3つに分類していた。

**・第1類の訴因（訴因第1～第36）：A級「平和に対する罪」に相当**

第1類に属する36個の訴因は、裁判所憲章第5条の(イ)項（＝A級）に相当する。これらの訴因については、第四部で検証された。

**・第2類の訴因（訴因第37～第52）：「殺人」。ただし裁判所憲章に該当なし**

第2類に属する16個の訴因は、裁判所憲章第5条の文中に該当する規定がない。つまり、これらは裁判所憲章とは無関係に、起訴状で唐突に出現したものである。

**・第3類の訴因（訴因第53～第55）：B級・C級「通例の戦争犯罪及び人道に対する罪」に相当**

第3類に属する3個の訴因は、裁判所憲章第5条の(ロ)項（＝B級）と(ハ)項（＝C級）に相当する。

## 訴因の絞り込み

右記で見たように、訴因の個数は計55個にも上《のぼ》っている。

統計学の重回帰分析では、被説明変数から回帰させるべき説明変数が55にも上《のぼ》る分析はあり得ないとし、説明変数の数を絞る作業を行《おこな》う。説明変数がそのように多数の場合、説明変数同士での相関（多重共線性）が必ずあり、説明変数が過剰なので、被説明変数の持つ特徴の洗い出し（＝重回帰分析を行《おこな》う目的）がうまくいかなくなるからである。

ここで東京裁判の判決を被説明変数、各訴因を説明変数と見立ててみる。果たせるかな、東京裁判の公判が進行するのに伴い、訴追内容が他の訴因に包含されている、もしくは、用意された法廷証拠が不十分であるといった理由で排除された訴因が多数に上《のぼ》った。訴因が絞り込まれていったのである。多数派判決において最終的に残ったのは次の10個である。多数派判決書では被告人25名の全員が有罪と判決されたが、これら10個以外で被告人が有罪となった訴因はない。

これら10個の訴因は、次の通りである。

第1類では、第1、第27、第29、第31、第32、第33、第35、第36の8個。10個の訴因の内《うち》の実に8個までが「平和に対する罪」（第四部）に該当するものである。このことからも、東京裁判で中心的に審理された犯罪は、「平和に対する罪」の共同謀議であったことが見て取れる。

第2類「殺人」は無し（＝0個）。ここから、「殺人」の訴追は、事実上は取り下《さ》げられたことがわかる。パール判事は第六部の第1項で、「殺人」の訴追は成り立たない点につきイギリスの検事を畳み掛けるようにしてコテンパンに論駁《ろんばく》している。「殺人」の訴因は恐らくは政治的動機によって持ち出されたものであり、司法的な見地からは訴追の維持が困難だったのだろうと思う。

第3類に属する3つの訴因の内《うち》、訴因第53について検察側は「訴追をあきらめてしまった」（判決書p.559上段）ため、最終的に第54と第55の2個のみが残った。

本書では「判決書（狭義）」の内《うち》の残りの第六部と第七部を論じることとする。パール判事は排除されたその他の訴因にも必要に応じて触れてはいるが、第六部でメインとして論じられる訴因は、第3類の第54と第55の2個である。

## 訴因第54と訴因第55

第一編の第六部で取り上げられる2個の訴因について、ここで詳細に見ておきたい。

訴因第54の内容は、「1941年《昭和16年》12月7日より1945年《昭和20年》9月2日に至る迄の期間において訴因第53において述べたる者と同一の人々に同訴因中において述べたる違反行為を行うことを命令し、授権し、且つ許可し、以て戦争法規に違反せり」というものである。この訴因では、俗に「A級」と形容された日本国中枢の人々が、現場の人たち、すなわち「訴因第53において述べたる者と同一の人々」（＊）に違反行為を行《おこな》うよう「命令し、授権し、許可し」たとされる罪で訴追されたのだ。

（＊「当時日本が従事せる諸作戦地の各々に於ける日本陸海軍の最高司令官、日本陸軍省職員、日本領土又は其の占領地の俘虜及び一般収容者の収容所及び労務班の管理当事者、並びに日本の憲兵及び警察と其の夫々《それぞれ》の部下」（判決書付録p.673上段）

次に、訴因第55の内容は、「（米英仏蘭比中葡ソ）の軍隊並びに当時日本の権力下に在《あ》りし此等《これら》諸国の数万の俘虜及び一般人に対し右記条約及び誓約並びに戦争の法規慣例の遵守誓約を確保する責任を有したるも、其の遵守を確保し其の違反を防止するに適当なる手段を執《と》る可《べ》き法律上の義務を故意又は不注意に無視し以て戦争法規に違反せり」というものである。つまり、守るべき義務を故意又は不注意に無視したとの「不作為」の罪に問われたのである。

この訴因第55（「不作為」の罪）は、ニュルンベルク裁判には存在しなかった東京裁判独自の訴因であることに留意する必要がある。

そもそもニュルンベルク裁判での被告人は、守るべき義務を故意又は不注意に無視したとの「不作為」による罪で訴追されることがなかったのである。後ほど第六部を論ずる中で詳しく述べたいと思うが、広田は恐らくはこの訴因によって死罪とされたのではないかと筆者は考えている。逆に言えば、訴因第55がなければ広田を死罪に追い込めなかったのだと思う。

## 東京裁判とニュルンベルク裁判

東京裁判では各被告人について有罪とされた訴因と最終的な量刑判決のみが発表され、どの訴因によりどのように量刑が決まったかとの詳細な発表（判決理由の内容の発表）はなかった。

一方、ニュルンベルク裁判では裁判が終わった直後に判決理由とその内容が発表された。裁判の全貌が詳細に公表されたのである。そしてニュルンベルク裁判では、「共同謀議」と「平和に対する罪」による訴追で死罪となった被告人はいなかったことが明らかとなっている。ニュルンベルク裁判で死罪となった被告人たちは、「通例の戦争犯罪及び人道に対する罪」において、配下の行政・軍隊組織に対して明白な「命令・授権・許可」を行《おこな》った罪によって死罪とされたのであった。これは東京裁判での訴因第54に相当するものである。

なお、ニュルンベルク裁判の訴因は、次の4個であった。

「訴因第1：訴因第2、訴因第3、訴因第4で訴追された犯罪を遂行するための**共同謀議**」

「訴因第2：侵略戦争を計画し、準備し、開始し、遂行したことを含む**平和に対する罪**」

「訴因第3：戦争の法規または慣例に違反したことを含む**戦争犯罪**」

「訴因第4：殺人、殲滅《せんめつ》、奴隷的虐使、政治的または人種的理由に基づく迫害行為、非自主的な追放、民間人に対する非人道的行為を含む**人道に対する罪**」

「**平和に対する罪**」、「**戦争犯罪**」、「**人道に対する罪**」の3つを柱としているのは東京裁判と同じである。東京裁判と異なるのは「**共同謀議**」の扱いであり、右記3つの柱すべてに共同謀議があったとしていた（訴因第1）。ただし、公判の進行に伴い、「**戦争犯罪**」と「**人道に対する罪**」に関する共同謀議は審理の対象から外された経緯がある。そこで東京裁判では、「共同謀議」が関わるものを最初から「平和に対する罪」のみとしたのであろう。

東京裁判はこのニュルンベルク裁判をお手本として裁判所が設置され、運営された。そうであれば、恐らくは東京裁判においても、共同謀議の罪、すなわち「平和に対する罪」で死罪になった者はいなかったと推定できるのではないだろうか。「厳密なる意味における戦争犯罪」での2個の訴因による訴追を通じて、死罪となったと考えられるのだ。事実、東京裁判で死罪を宣告された7名の被告人は、そのすべてがこの訴因第54か訴因第55のどちらか、もしくは両方について有罪となっている。

7名の内《うち》、訴因第54で有罪とされたのは、土肥原、木村、板垣、東条の4名である。一方、訴因第55で有罪とされたのは、広田、木村、松井、武藤の4名である。木村は両訴因で有罪とされた。
なお、死罪とはならなかったが、畑、小磯、重光は訴因第55で有罪となった。

東京裁判の審理の中心は第四部「全面的共同謀議」であったにせよ、被告人を死罪等の重罪に追い込んだ訴因は第54もしくは第55だったと思える。これら2個の訴因は、被告人の量刑を決めるのに決定的に重要な役割を果たしたものと筆者は考える。そうであれば、この「第六部 厳密なる意味における戦争犯罪」での事実認定作業は、重大な意味を持っているはずである。7名の被告人を死罪に追い込んだ検察側の主張と論理を見極め、それに対するパール判事の事実認定作業をじっくりと見ておく必要があると思う。

第四部と第六部を合わせて初めて、パール判決書（狭義）の全容の理解が完結するのである。また、このパール判決書（狭義）を通じて、東京裁判での検察側の訴追の意図や立証を目指した経路についても理解を深めることができるものと思う。

### 第六部の三つの項

パール判事は、第六部を次の3つの項に分けて論述している。筆者も、この項分けに従って記述していきたい。

- **第1項　序論：「殺人」**（判決書p.548 ～ p.559）
- **第2項　厳密なる意味における戦争犯罪：日本に占拠された地域の民間人に関連して**（判決書p.559 ～ p.591）
- **第3項　厳密なる意味における戦争犯罪：戦争俘虜に関連して**（判決書p.591 ～ p.638）

**「第1項　序論」**においては、検察が真面目に申し立てた、日本軍による「殺人」の訴追が審理されている。これは起訴状第2類の訴因に基づく訴追である。日本の戦争は「正しい」戦争ではなかったために、その戦闘の中で行《おこな》われた殺害は「殺人である」と云うのである。「正しい」戦争ではなかったとする理由の1つとして、事前の宣戦布告がなされなかったという点が挙げられているが、この宣戦布告の意義に関するパール判事の論考も詳しく述べられている。また、日本による対米「背信」（だまし討ち）という検察側による主張にも分析が加えられている。

**第2項と第3項**の2つにおいては、共通して訴因第54と訴因第55による訴追が審理の対象となっている。パール判事の判定では、訴因第54については立証できる証拠がないとして、各々の項の比較的早い段階でケリを付けている。訴因第55については詳細に審理されている。これら2つの項においては、日本軍占領地における民間人ならびに戦闘現場において降伏した敵国兵・戦争俘虜たちに対し、配下の日本軍関係者たちが残虐行為を加えることを、関係する被告人たちがいかにして「不作為」により「放置」するに至ったか、との検察側の主張を主な対象にして、論述しているのである。

### 第七部　勧告

第四部と第六部での事実認定を基にして下《くだ》した「判決」の部分が第七部である。ただし、第七部は「判決書（狭義）」の結論と、「意見書」の結論の両方の要素が混然一体となっている。そのため、厳密には第七部をこの第一編の結論とするには、筆者としてはやや抵抗があった。そうは言っても、第七部の冒頭に「各々の被告人はいずれも無罪とする」との判決部分が太字で強調して述べられているので、やはり、第七部はどちらかと言えば狭義の判決書の結論と位置付ける方がベターと考え直した。

①

# 第1項　序論：「殺人」（判決書 p.548 ~ p.559）

東京裁判では、裁判所憲章に規定のない「殺人」による訴追がなされた。パール判事はこの訴追は、日本が「脆弱性《ぜいじやくせい》が付随した戦争」を始めたので通常の交戦権が日本にはないとの主張に基づいていると分析し、英国人検察官の発言を具体的に紹介して、検察側主張の根拠は日本の戦争が「侵略戦争」だったとの指摘にあることを明らかにした。この指摘に対するパール判事の三段構えの論駁《ろんばく》に加え、ホールとオッペンハイムの言説も援用して「殺人」の訴追が成立しないと判定される。検察側による日本の「背信」の訴追も検討され、少なくとも日本側には「背信」はなかったと結論される。日本側の残虐行為があちらこちらであったので残虐行為は日本の方針であったと推定せよとの検察側主張も、論駁される。

## 「殺人」による訴追（訴因第37～第52）

第六部は、次のパール判事の記述で開始されている。

「本官はここでは、被告人たちが『殺人』により訴追されたところの訴因を取り上げる。本官はすなわち、訴因第37から第52のことを指している。」(判決書p.548上段)

パール判事は、裁判所憲章は本裁判所の管轄権を規定したものであると判定したが、この「殺人」は裁判所憲章には規定されていない訴追である。検察側が起訴状の段階で初めて持ち出した訴追なのだ。さらに、この「殺人」の訴追はニュルンベルク裁判にはなかった、東京裁判独自の訴追でもある。ただし、訴因の個数は第37～第52の16個にも上《のぼ》っている。

### 本項のセクション分けについて

この項は、次の各セクションに分けて述べることとしたい。

**§1．検察側主張の分析**
**§2．「脆弱性《ぜいじゃくせい》が付随した戦争」に関するパール判事の判定**
**§3．コミンス・カー検察官vs.パール判事**
**§4．ホールとオッペンハイムの言説**
**§5．背信の訴追**
**§6．パール判事の判定：免訴とされるべき**
**§7．特定の共同謀議の訴追：訴因第44と訴因第53**

### §1．検察側主張の分析

まず、「殺人」の訴因と、それに関する検察側の主張をざっと見ておきたい。

### 「殺人」の訴因

「殺人」についての第37～第52の16個の訴因の内容の要旨を、パール判事は簡潔にまとめている。判決書からの引用は省略させていただきたいが、該当箇所は判決書p.548上段～p.549下段である。

なお、これらの16個の訴因の最後の2つである訴因第51と訴因第52はソ連による訴追である。ソ連は訴因第51でノモンハン事件、訴因第52で張鼓峰《ちょうこほう》事件を訴追している。

これらの2つの訴因は、国境紛争の事案にすぎない。パール判事は判決書の「第五部　本裁判所の管轄権の範囲」での審理で、これらの事案は1945年9月2日の日本降伏のはるか以前に解決した戦闘であると指摘して、本裁判所の管轄に含まれないと判定している。そのため、第六部においてはこれら2つの訴因は審理されていない。

### 検察側の主張

次に検察側の主張であるが、第一編まえがきで見たように、「殺人」の16個の訴因は、最終的にはすべて実質的に取り下げられた。さらに、多数派判決書では、これら16個の訴因について有罪とされた被告人はいない。そのため、「殺人」の訴追については、事前に用意された訴因の検討よりも、公判において提示された検察側の主張の内容を把握する方《ほう》が重要だと考える。

「殺人」に関する検察側の主張を、パール判事は次の3つの箇条書きにして簡略にまとめている。

「訴因第37から第43、そして訴因第45から第52における検察側の主張は次である。

1．そこで言及されたところの戦闘行為は、諸条約に違反するか規則に違反して開始されたため、違法であること。

2. 結果的に、その戦闘行為に対しては交戦状態に付随する法的な権利義務は付帯させられず、侵略国は交戦国が持つことのできる権利についてはそのいずれをも持つことはできかったこと。

3. その結果、かかる戦闘行為が経過する中で行《おこな》われたすべての殺害行為等は何らの交戦国が持つことのできる権利にも守られてはいないことになるため、通常の殺人等となること。」

（判決書p.549下段）

右記の引用の冒頭においてパール判事は訴因第44を除いている。これは、訴因第44は特定の共同謀議に基づく訴追なので他の「厳密なる意味における戦争犯罪」の訴追とは色合いが若干異なっており、別の切り口による審理が必要なためである。

若干の補記をしたい。右記のままでは日本国家に対する主張となってしまい、被告人25名に対する主張とは読めないからである。判決書のp.548上段～p.549上段から筆者が読み取ったものによれば、検察側の主張は、次の「三段論法」となっていると思う。

第一段：まず、検察側は、「殺人」の訴因の中で名前が挙げられている被告人は、共通の計画ないしは共同謀議の形成もしくは実行に関しその指導者、組織者、教唆者、そして共犯者として参画したものであり、かかる共通の計画ないしは共同謀議の目的は、①訴因の中で国名が挙げられた諸国に対して違法な戦闘行為を開始することにより、そして、②攻撃を行《おこな》うよう日本の軍隊に対し違法に命令・授権・許可することにより、彼らに違法に殺害や殺人を行《おこな》わせることにあった、としている。なお、被告人25人は東京中枢ないしは派遣軍の司令部の者たちであり、彼らが直接に手を下《くだ》して殺人を犯したわけではない。

第二段：次に、第一段で挙げられた戦闘行為と攻撃は、起訴状の付属書Bで挙げられている諸条約の義務に違反していたために違法なので、日本の軍隊は適法な交戦国が持つことのできる諸権利（交戦権）を獲得することができなかった、とした。

第三段：その結果、かかる戦闘行為が経過する中で行《おこな》われたすべての殺害行為等は交戦国が持つことのできる権利のいずれにも守られてはいないことになるため、通常の国内法体系での「殺人」を遂行する命令を下《くだ》したことになる、と云《い》うのである。

端的に言えば、検察側の主張は、①日本が遂行した戦争は諸条約に違反したものであり、また、被告人たちによる共同謀議に基づく「違法な戦争」であった、②それ故に日本に対しては通常の交戦権は認められない、③従って、そこで行《おこな》われた殺害は交戦権に基づく戦闘行為によるものではないので「殺人」の遂行命令に匹敵《ひってき》する、という理屈となっている。

## §2.「脆弱性《ぜいじゃくせい》が付随した戦争」に関するパール判事の判定

右記の「検察側の主張」の3点の内の項番1、2に対して、パール判事は早々に次のように述べている。これはこの件に関するパール判事の判定と捉《とら》えてよいものと思う。

### パール判事の判定

「本官は、右記の項番1、2の主張に含まれる問題についての本官の見解を、侵略戦争の定義を検討する中ですでに申し述べている。本官の意見では、これらの訴因の中で言及されているそれらの戦闘行為は、その開始時において欠陥が付随していたにも関わらず、また、それらは条約その他に違反していたにも関わらず、国際法の意味合いの内での『**戦争**』を構成していたのである。申し立てられた事実、脆弱性《ぜいじゃくせい》、そして違反にもかかわらず、それ

らの戦闘行為は、交戦行為における正規の法的な権利義務を伴っていたのである。」（判決書p.549下段）

右記のように早々に結論を述べているのは、パール判事は「侵略戦争」が違法かどうかについては、すでに判決書の意見書の部分にあたる「第二部『侵略戦争』とは何か」で結論を出しているからである。

### 参考：第二部での結論

第二部自体については本書では第二編で取り扱うこととしたいが、ここで第二部の結論相当部分を先取りしてざっと見ておきたい。パール判事は、「第二部　侵略戦争とは何か」での審理の結果、次のような結論に至っている。

「本官の判定では、条約、協定、保証に違反した戦争、あるいは、戦闘開始に関する協約に違反した戦争は、何か他のものを付け加えない限り、国際法では犯罪とはならなかったのであり、そのような戦争を計画し、開始し、遂行した人々は、そのような人々がもしいるとすればだが、それによっていかなる犯罪をも犯したことにはならないのである。」（判決書.140下段）

たとえ条約その他に違反した戦闘行為であった等の脆弱性《ぜいじゃくせい》があり、さらには戦闘行為の開始時において宣戦布告がなかったとの欠陥が付随していた戦争であったにせよ、それらは交戦行為における正規の法的な権利義務を伴っていたのである。脆弱性《ぜいじゃくせい》や欠陥を抱えた戦争であっても、そのような戦争の遂行は国際法では犯罪にはあたらない。

第二部における右記の自らの結論を、パール判事はここ第六部で、2名の国際法の権威の意見を紹介しながら肉付けして論証していく。これは本項の§4.で見ることとしたい。

## §3. コミンズ・カー検察官 vs. パール判事

ここでパール判事は英国代表検事コミンズ・カーの言葉を引用している。これはコミンズ・カーが検察側主張の具体的な要件を明確化して述べており、それに対するパール判事の論点を提示し易いからだと思う。

### コミンズ・カー検察官の主張

カー検察官は次の引用のように、「侵略戦争」の遂行は必然的に「殺人」の要件のすべてを充足すると主張した。「侵略戦争」は、殺戮《さつりく》を命じた被告人たちの行為を正当化することのできる合法的な「戦争」には該当しないと主張したのである。以下は、パール判事が引用したコミンズ・カー検察官の言葉である。

「『敵を攻撃し殺害することを命じる組織の一員であるすべての政治家や司令官は、**仮にそれが適法な戦争であったとしても、**その命令行為が合法的な正当化を欠いて実施された場合は、その者は殺人の要件のすべてを充足するのである。しかしながら、もしも命令行為が合法的な交戦により実施されたと見受けられるのであれば、その者は有罪ではない…。故意に人間を殺戮することを命じた場合で必然的に殺人の他のすべての要件を充足する被告人は、合法的な正当化に頼るしか途《みち》は無いのである。（中略）戦争はそのような正当化にあたるものの、その戦争が非合法なものであればその者の正当化は成立しないこととなる。さて、侵略戦争は…それ自体が罰するべき犯罪であるとは…立証されていないものであるとしても、それが合法的なものではないことは確かなのであり、そしてそのため、そうでなければ単純な殺人であったものを正当化することとはなり得ないのである…。すべての文明国家の殺人の定義の中にそれは常に内包されていたのである。』」（判決書p.550上段〜下段）

カー検察官の論点は、「侵略戦争は違法であり正当化されない」という点に大きく依存していることが見て取れる。その一方でカー検察官は、合法的な戦争による殺害であれば正当化できる余地があること、さらに、侵略戦争は合法的ではないことは確かであるとしながらも、侵略戦争自体は罰するべき犯罪であるとはまだ立証されていないことも、同時に認めている。カー検察官は、侵略戦争は合法的なものではないが、侵略戦争それ自体は罰するべき犯罪であるとは立証されていないとの、ややこしいことを申し立てているのである。

## コミンス・カー検察官へのパール判事の指摘：2点

こういったややこしい申し立てを東京裁判の検察側はあちらこちらで行《おこな》っている。これは、本来的には訴追できない分野で訴追を維持するための、ある種の背伸びを行《おこな》ったためであろうと筆者には思える。こういった複雑な訴追を検討するには、検察側の意図を正確に洗い出す必要があるとパール判事は考えていたように思う。

繰り返しになるが、パール判事は「第二部『侵略戦争』とは何か」において、検察側による「違法な戦争」という主張を分析しており、欠陥や脆弱性《ぜいじゃくせい》を抱えた戦争であっても、そのような戦争は国際法では犯罪にはあたらないとの結論に至っている。

しかし、ここではパール判事は自らの右記の結論には依拠せずに、カー検察官の主張に対して次の2点の論点を新たに指摘してこの主張の受諾を拒否している。パール判事はここで、畳み掛けるようにこれら2点を重ねて述べている。

「残念ながら本官は、カー氏のこの主張を受諾することはできかねる。何らかの殺害を殺人の定義の外に持って行《い》くために必要となるもののすべては、それが戦争の中で行《おこな》われたことを示すことのみなのであり、そうすることと同時に戦争自体を正当化する必要は無いのである。問題となっている殺害は、それらの2国の間《あいだ》には戦争関係があるために、国内法体系における殺人の定義の範囲の内に入《はい》っては来《こ》ないのである。その定義が他の主権国家の国民によってなされた行為にまで拡大される場合においては、それはそれらの国の間《あいだ》に平和的関係があることを前提としているのであって、戦争関係を前提としてはいないのである。」（判決書p.550下段）

「検察側は、かかる戦争が違法であるとの推定に基づいてこれらの訴追を行《おこな》った。本官の意見では、かかる推定の下《もと》でさえもこれらの行為をそれらの訴因が主張しているような殺人、略奪その他とすることにはならないのである。**『交戦ノ意志ヲ持ッテイル(animo belligerendi)』**国家の権能の下《もと》で実施された武力行為は戦争状態を惹起《じゃっき》せしめるのであり、かかる武力行為は交戦に付帯する法的な権利義務のすべてを伴うのである。」（判決書p.551上段）

以下、右記2点のパール判事の指摘のポイントとして筆者が理解したものを述べてみたい。

1点目。「殺人」とは国内法体系における犯罪である。国際間でなされた殺害に国内法体系での「殺人」を適用するには、両国の間に平和的関係があることを前提としなければならない。両国が戦争状態であれば、国内法体系の「殺人」を戦争相手国たる他の主権国家の国民に適用することはできない。その場合、その戦争自体を正当化する必要はない。事実として両国の間に戦争が存在しているなら、それら両国はすでに平和的関係にはないのである。

2点目。その戦争が違法であるとの推定の下《もと》であっても、「交戦の意志を持っている」主権国家の権能の下《もと》で行《おこな》われる「武力行為」は戦争状態をもたらすことを避けられず、そのような状態は、交戦に付帯する法的な権利義務のすべてを伴っている。交戦の意志を持っている国が「武力行為」を行《おこな》えば、それは既に存在している諸条約で規定されている「交戦」の条件を満たすのであり、それらの条約で規定された権利義務のすべてを伴うのである。違法な戦争であろうとなかろうと、それら両国は交戦している状態なのである。

欠陥や脆弱性《ぜいじゃくせい》を抱えた戦争でも国際法では犯罪には相当しないとの第二部での判定の上に重ねる形で右記の2点が述べられている。パール判事はいわば、三段構えでコミンス・カーを論駁《ろんばく》したのである。

「殺人」の訴追に対するパール判事の判定は、以上である。

## §4. ホールとオッペンハイムの言説

パール判事は「違法な戦争」という検察側の論点に対して、さらに掘り下げて審理している。国際法の権威2名を援用して自らの意見に肉付けをしたのである。

### ホールの指摘

まず、ウィリアム・エドワード・ホールによる次の指摘を引用している。ホールは「第一部 予備的法律問題」でも多く引用される国際法の権威で、イギリス人である。

「『国家間の意見の相違が、当事者の双方が武力に訴える程度にまで達したら、もしくは、どちらかの国が暴力を実施してもう一つの国がそれは平和を破ることであるとの見解を取ることを選んだ場合には、**戦争という関係性**が成り立つのであり、そこにおいては、それら2国のうちの一国が、その敵が喜んで差し出す条件を承服させられるに至るまでの間《あいだ》は、戦闘員による制御された暴力の相互間での使用が許されるのである。』」(判決書p.553上段)

戦争に関する法につき、ホールは次のように述べる。

「『戦争に関する特別な法の玄関口《げんかんぐち》においては、戦争の原因が発生した時点において、そして平和を維持するための努力に関するすべての合理的な手段が実施された後において、戦闘行為を開始する権利がただちに発生するのかどうか、もしくは、事前の注意ないし意図を表明することが必要なのかどうか等の問題が横《よこ》たわっているのである。この件について何らかの疑いの余地があるとは『事前ニ於イテハ(a priori)』予期しにくいものなのであろう。**戦闘行為**は、それが自己保存のために火急の状況で行《おこな》われる、もしくは報復のために行《おこな》われる、等の場合ではない限り、**それ自体が完全なる意図表明なのである。**そのため、敵国側が自身を防衛状態に置くために時間と機会が与えられなければならない場合を除けば、何らかの事前の宣言は空虚《くうきょ》な儀礼的行為なのであり、かかるドンキホーテ的仁侠《にんきょう》が義務であるとは誰も主張しないことは云《い》うまでもない。』」(判決書p.551下段)

ホールの最後の部分は印象的である。事前の宣戦布告はドンキホーテ的仁侠だという。真珠湾攻撃を卑怯《ひきょう》なだまし討ちと主張したFDR(フランクリン・デラノ・ルーズベルト。尊敬を込めてこう呼ばれる)が聞いたらどのような顔をするだろうか。

ホールの結論は次である。パール判事が引用している。

「『前述の事実を全体として眺《なが》めれば、戦争を開始する前に敵側に通知を出さなければならないとの人工的な教義を採用する必要は無いことは明らかである。この教義を順守する義務が発生した際には一貫して常にそのように対応がなされて来たなどということとは、決してない…。交戦国の間《あいだ》において戦争が開始されたとする時期は、かかる戦闘行為がなされる前にそのような通知が一つの交戦国から他の交戦国に対して出された場合にはそれにより、そして、**通知が出されない場合には主導権を握る交戦国が最初の戦闘行為を行《おこな》うことにより、**確定されるのである。』」(判決書p.551下段)

つまり、ホールによれば、戦争開始の日付は最初に実施される戦闘行為により完全に確定されるのであって、宣戦布告は必ずしも必要ではないとのことである。

## オッペンハイムの指摘

一方、宣戦布告を開戦の要件として規定した協定がある。「開戦に関するハーグ協定」（通称、１９０７年ハーグ第３条約）である。パール判事はこのハーグ第３条約にも抜け目なく目配っており、この条約によって、事前の宣戦布告や最後通牒《つうちょう》を提示しないで開始された戦争は不法行為となったとするオッペンハイムの見解を次のように引用している。これはオッペンハイム自身が述べたものである。

「『ハーグ第３条約のもたらした結果として、事前の宣戦布告もしくは適格な最後通牒《つうちょう》を提示せずに戦闘行為に訴えることは禁止されるに至ったとの点には疑問は無い。**戦争はしかし、これらの事前行為を経《へ》ずとも、それでもなお勃発しうるのである。**国家は、事前の宣戦布告もしくは適格な最後通牒《つうちょう》の提示を経《へ》ない戦闘行為の開始を故意に命じることもできるのだ…。事前の宣戦布告もしくは適格な最後通牒《つうちょう》の提示をせずに戦闘行為を命じる国家は国際的な不法行為を犯すことになる点は確かであるが、**それでも彼らは戦争に参画しているのである…。**戦争に関するすべての法が同様のケースのすべてにおいて適用されなければならない。というのも、**かかる戦争が不法に開始された場合でさえも、国際法の目から見れば、かかる戦争は依然として戦争であるからだ。**』」（判決書p.553上段～p.553下段）

右記引用の冒頭においてオッペンハイムは、この条約により、事前の宣戦布告や最後通牒を提示しないで戦争を開始する国家は国際的な不法行為を犯すことになるとの見解を述べている。これはホールとは異なる見解である。しかし、そのような見解のオッペンハイムでさえも、そのように開始された戦争自体は違法ではないし、戦争の特徴を具備していると述べている。次の通りである。

「『それ（１９０７年のハーグ第３条約）を順守しないことは、かかる戦争を違法とするものではない。それはまた、**そのように開始された戦闘行為から戦争の特徴を取り去るものでもない。**』」（判決書pp.553下段）

オッペンハイムもややこしいことを述べている。事前の宣戦布告や最後通牒を提示しないで戦争を開始する国家は国際的な「不法行為」を犯すことになるが、その一方で、そのように開始された戦争自体は「違法ではない」し、戦争の特徴を具備していると云《い》う。

## パール判事による総括

以上のホールならびにオッペンハイムの指摘を総括して、パールは次のように述べている。

「本官の意見では、これ（引用者注：ホールならびにオッペンハイムの意見）は国際法の立場を正しく示している。さもなければ、侵入した軍隊の全体が殺人により有罪となり、かかる戦争での戦勝国は被征服国を完全に破壊できるとの原始的な権利に立ち戻ることとなる。かかる破壊は今や、正義の名ならびに発達した人道感覚の下《もと》に行《おこな》われるものではあるが。」（判決書p.553下

パール判事の微妙なスパイスが効いた文章が最後にある。「かかる破壊は今や、正義の名ならびに発達した人道感覚の下《もと》に行《おこな》われるものではあるが。」とは、宣戦布告なしの卑怯な奇襲で開戦した日本の戦争は違法であり、日本は「殺人」を行《おこな》ったとの理屈を展開した戦勝国が、それを理由として日本に対して行《おこな》った無差別爆撃・原爆投下のことを指しているのは間違いないものと思われる。彼らは「正義の名」

ならびに「発達した人道感覚」の下《もと》に「復讐」もしくは「報復」といった「原始的な権利」をふりかざして堂々と日本を破壊し、老若男女を問わず無差別に日本人を殺戮したのである。逆説的な記述ではあるが、パール判事は戦勝国こそ「国際法の立場を正しく」適用しなかったと示唆しているのである。

## カーチス・ルメイ

パール判決書からいったん離れるが、1945年3月10日の東京大空襲（民間人への無差別爆撃）の作戦立案ならびに指揮をした米空軍のカーチス・ルメイ空将は、「アメリカが戦勝国で良かった。負けていたら、自分は間違いなく処刑されていただろう」と述懐したそうである。建前として「正義」とか「人道感覚」とかを口にしていても、老若男女の諸々《もろもろ》の非戦闘員に対する無差別爆撃による殺戮がどのような法的位置づけになるのか、やっている本人の本音としては良くわかっていたのだ。

なお、戦後の航空自衛隊創設に多大な貢献があったとして1964年12月、このルメイは勲一等旭日大綬章を受章した。日本国に対してそれだけの功績があったということなのだろう。本来ならば陛下が皇居で直接に受章者に勲章を渡すのだそうだが、ルメイは埼玉県の入間《いるま》基地で陛下の代理人から受領した由である。

## §5　背信の訴追

パール判決書に戻りたい。

日本の行為を追及する検察側は、単なる宣戦布告の欠如の非難にとどまらず、日本側に背信行為があったとも主張している。

「本官がすでに指摘したように、この件に関する検察側は実際上、単なる宣戦布告の欠如などよりも先を走っており、彼らの主張を背信行為による訴追に基づかせているのである。」（判決書p.553下段）

パール判事が右記引用中で「実際上」と述べているように、背信行為の追及は起訴状の訴因によるものではない。裁判の審理が進捗《しんちょく》する中で検察側が持ち出したものである。

## 墓穴

しかし、これは検察側が墓穴を掘ったものと云《い》えるであろう。パール判事は次のように、痛烈に反駁《はんばく》しているのである。

「外交交渉がなされている一方で戦争準備が行《おこな》われていたことは疑い無い。しかし、そのような準備は双方の側において実施されていたのである。もしも日本側が『**来栖《くるす》・野村**による交渉が目的を達成する点についてはほとんど自信が無かった』のであれば、アメリカ側も外交的な目標達成にそれよりも大きな自信を持っていたとは本官には思えない。交渉の進行過程においてアメリカ側が取った措置は、交渉の最終的な目標達成に関してアメリカ側が自信を持っていたことを示してはいなかった。少なくとも1941年7月以降にはアメリカは、アメリカが取る措置が日本側に与える効果についての知識を完全に把握した上でかかる措置に取り組んでいたのである。交渉が最終的に破談になった場合に奇襲をかける準備を日本側はしていたし、また、日本側は交渉の継続についてはタイム・リミットを確かに設定してはいた。しかし本官は、そのことが交渉における日本の誠実さと矛盾しているとは、いかなる面においても申し述べることはできないのである。」

（判決書p.554上段）

これは、外交交渉の成功をアメリカが日本以上に見込んでいたとは思えないとの指摘である。成功しないと見込んでいた交渉にアメリカは応じていたのであった。１９４１年７月の対日石油禁輸実施以降のアメリカは、そのような措置が日本側に与える効果についての知識を完全に把握した上でそれを実施したと右記でパール判事は指摘しているのである。要は、交渉の期間中にそのような石油禁輸の措置をとり、しかもその措置が日本を困らせることを充分に承知していたというのだ。これは日本ではなく、アメリカ側による背信行為が強く示唆されることになる。

右記では日本側の誠実さにも言及している。交渉において日本側が誠実であったことは、「第四部・最終段階」で日米交渉の経緯を綿密に審理したパール判事だからこそ、自信をもって述べることができるのであろう。

## アメリカの事前承知を完全に立証：ミッドウェー海戦

これに続けてパール判事は、パール判決書のハイライトの１つと思われる指摘を次のように行《おこな》っている。これは「第四部　全面的共同謀議・最終段階」において記述すべき内容ではないかとも思うが、実際はここ第六部での記述である。傍線は筆者が付した。

「証拠は今や、日本が攻撃をして来るとの事実をアメリカは事前に承知していたことを完全に立証している。どこを最初に攻撃されるのかについて通知を受けるべき資格がアメリカには無かったことは確かである。仮に日本側に何らかの背信的策略があったのだとしても、アメリカ側にそれが事前に知られたことからその策略は失敗したのである。そのため、その結果としての戦争行為が実行されたその時点において、交戦行為の特徴が奪い去られることにはならなかったのである。」（判決書p.554上段）

右記引用に加え、その１つ前の引用でパール判事は「１９４１年７月以降にはアメリカは、アメリカが取る措置が日本側に与える効果についての知識を完全に把握した上でかかる措置に取り組んでいたのである」（判決書p.554上段）とも述べている。すなわち、パール判事は法廷証拠の丹念な審理により、アメリカ側は自国の禁輸措置が日本に与える効果を充分に把握していた上に、日本側の攻撃意図を事前に承知していたことが「完全に」立証されたと述べているのだ。これは看過すべきではない、重要な指摘である。パール判事の右記の事実認定は、深く記憶に留めるべきものであると思う。

要は、アメリカの諜報《ちょうほう》能力・暗号解読能力・状況分析能力は圧倒的に優れていたのであろう。アメリカ側が日本側の意図を事前に十分に承知していた以上、開戦後の戦闘行為において、交戦に伴う諸権利が日本から奪い取られることは無いのである。この点からも「殺人」の訴追は成立しないのである。

アメリカの対日諜報能力が優れていた点については、パール判事も日本の外交文書の暗号解読の件として判決書第四部最終段階で触れている。ここでいったんパール判決書を離れるが、１９４２年６月のミッドウェー海戦は日本海軍が壊滅的損害を被《こうむ》る結果となった。この日本側のミッドウェー作戦を、合衆国海軍は事前に「完全に」承知していたことが、最近のアメリカ側の研究で次々と明らかになっている。合衆国太平洋艦隊司令長官のニミッツが事前に把握していた日本側に関する情報は、日本人の心胆を寒からしめるのに十分である。ニミッツは文字通り、何もかもお見通しだったのだ。合衆国太平洋艦隊の司令部は、「勝てる」と前もってわかっていた戦いを坦々とこなしたのである。そうであれば、そのわずか半年前の真珠湾攻撃の時点で、アメリカ側が事前に何も知らなかったというのは、もはや通らない話ではないだろうか。ミッドウェーの件は付録３として本書に添付したので、目を通していただければ幸いである。

アメリカは、「情報能力」が一国の命運に対して持つ影響力の大きさを当時から把握していたのである。具体的には、その能力がもたらす「破壊力」の甚大さである。だからこそ彼らは、日本の「ハイビジョン」技術や電算機OSの「トロン」が彼らの国家安全保障の潜在的脅威となることを見越して、これらを叩き潰したのではないだろうか。

## §6．パール判事の判定：免訴とされるべき

パール判決書に戻りたい。以上の議論を経た後、パール判事は「殺人」の訴追に関して、次の判定に至っている。被告人は「殺人」の訴追からは免訴とされるべきであると判定している。

「本官の判定では、**訴因第37から第43、また前述の制限下の訴因第45から第50（＊）、また、訴因第51と第52の各々《おのおの》の中における訴追については不成立とされるべきであり、被告人はかかる訴追から免訴されるべきである。**

（＊訳注：「前述の制限」とは、判事の意見では訴因第45から第50の内の一部は、もしも立証されれば、共同謀議ではなく「厳密ナル意味ニオケル戦争犯罪」のカテゴリーにあたるため、その部分については別個に検討するとしていることを指す）（判決書p.554上段～p.554下段）

右記の引用の訳注で、訴因第45から第50の内の一部は「厳密ナル意味ニオケル戦争犯罪」に該当すると述べているのは、「住民を虐殺するよう日本の軍隊に違法に命令し、授権し、許可した」ことは「違法に殺害や殺人を行う共同謀議」（判決書p.549上段の2．参照）に該当するのではなく、むしろ純然たる「厳密ナル意味ニオケル戦争犯罪」のカテゴリーにあたるので別個の検討が必要であることを指す。そしてパール判事は、次の**第六部 第2項**でかかる別個の「厳密ナル意味ニオケル戦争犯罪」に関する検討をした結果、このような「命令・授権・許可」の証拠は「絶無」であるとの判定を述べている（判決書p.578下段）。そのため、**第2項**の判定と抱き合わせて考えれば、訴因第45から第50は「共同謀議」には該当しないことと「厳密ナル意味ニオケル戦争犯罪」の証拠絶無の、双方の面で共に不成立ということになる。

また、右記の引用では、免訴とされるべきであるとした訴因群から訴因第44と第53が除外されている。これら2つの訴因については、「何らかの特定の共同謀議」（判決書p.554下段）に関する訴因であるため、別途検討するとしているからである。このパール判事の検討の内容は、次の**§7．**で論ずることとしたい。ここで「何らかの特定の共同謀議」というのは、第四部で審理の対象とした「もともとの包括的な共同謀議」（判決書p.554下段）たる「全面的共同謀議」とは別の共同謀議という意味である。

結論として、パール判事は次のように述べる。

「それらの訴因（引用者注：パール判事の判定が示された右記の引用での15個の訴因を指す）同様、訴因第54も、少なくともある一つの部分においては、そこに名前が挙《あ》げられている被告人が特定の人々に対して特定の違反行為を**実施する**ように**命令し、授権し、許可**したものとしている。

それらの領土を攻撃せよとの命令を超越して、訴因第45から第50において申し立てられているような『国際法に反して住民を**鏖《おう》殺《さつ》**』せよとの何らかの命令、授権、許可があったことを示す証拠となるものは、記録の中には絶対的に一切、存在しない。『**戦争ノ意志ヲ持ッテ（animo belligerendi）**』殺害する場合を本官はすでに検討した。戦争を開始もしくは遂行する上での虐殺ないし殺害は別として、申し立てられたような目的のための他の命令、授権、許可は存在してはいなかった。

そのため、本官の判定ではそれらの訴追は『**全面的ニ（in**

toto)』不成立とされるべきであり、そしてそれらの訴因に含まれているすべての訴追から被告人たちは免訴されるべきである。」
（判決書p.554下段）

ナチとは異なり、日本の場合は「『国際法に反して住民を**鏖殺**《おうさつ》』せよとの何らかの命令、授権、許可があったことを示す証拠となるものは、記録の中には絶対的に一切、存在しない」との右記の記述は**第2項**の判定を先取りしたものであるが、ナチ・ドイツとは異なっていた日本の立場を示す指摘として重要であると筆者は思う。

## §7. 特定の共同謀議の訴追：訴因第44と訴因第53

最後に、「何らかの特定の共同謀議」を訴追している訴因第44と訴因第53の2つの訴因に関するパール判事の審理に触れておきたい。

### 訴因第44と訴因第53の内容

これら2つの訴因は「特定の共同謀議」の訴追なので別個の検討が必要とされたのだ。2つの訴因の要点をパール判事が箇条書きにしているので、訴追された共同謀議の内容を判決書から引用して押さえておきたい。

「訴因第44においては、かかる計画もしくは共同謀議の目的は、以下に挙《あ》げられた人々の殺害を全面的規模にて**実施をさせ、また許可すること**にあった。

1. 戦争俘虜《ふりょ》、
2. 軍隊の構成員等で武器を放棄するかも知れない者、
3. 民間人、
4. 日本軍により撃破された船舶の乗員。」（判決書p.555上段）

「訴因第53に含まれた訴追の本質的な要素は次である。

1. 共通の計画もしくは共同謀議が存在したこと、
2. (a)かかる共通の計画もしくは共同謀議の目的は、戦争に関する法と慣例への違反を、以下の人々に対して命じ、授権し、許可することであったこと。
(i)最高司令官
(ii)日本の陸軍省の官吏
(iii)各俘虜《ふりょ》収容所及び労務班の管理当事者そしてその部下たち。
(b)戦争に関する協定、保証、法律と慣例の順守を確保するために適切となる手段を採用することならびにそれらに対する違反を防ぐこと等を、日本政府は手控えるべきとされたこと。」
（判決書p.555上段）

つまり、訴因第44では1.2.3.4.に掲げられた敵国の人々を殺害するようにさせること、そして、訴因第53では2.(a)の(i)、(ii)、(iii)で挙げられた軍関係の人々に、戦争に関する法と慣例への違反をさせること、を目的とする特定の共同謀議が、包括的な共同謀議とは別口に存在していたとして訴追されていたのである。共同謀議というキーワードが出《で》て来《く》るために、これら2つの訴因は、免訴されるべきと判定された他の15個の訴因とは別口に検討されなければならないのだ。

これらの訴因はニュルンベルク裁判から持ち込まれたものだと筆者は考える。ナチ体制では2.(b)に挙げられた、戦争に関する協定、保証、法律と慣例に違反をして殺害せよとの書面の指示がベルリン政府中枢から出されており、その証拠もまた大量に書面で残っていたからである。

これに対し、日本の事情がドイツとは異なっていたことをパール判事は次のように記述している。

「さまざまな時にさまざまな場所において実際に犯された残虐行為を立証する、非常に大量の証拠が我々の眼前に持ち込まれている。しかし、**申し立てられた計画もしくは共同謀議**の立証につき直接的な意味合いを持っているほんのわずかな証拠でさえも本件裁判においては挙《あ》げられてはいないのである。」(判決書p.555上段～下段)

つまり、ドイツとは異なり日本では、訴因第44と訴因第53に記載されたような共同謀議を立証するほんのわずかな証拠さえも存在しないのである。これらの「特定の」共同謀議の存在を直接に証明する証拠が存在しないことは、第四部での審理において「包括的な」共同謀議(＝全面的共同謀議)を直接に証明する証拠が存在しなかったのと、まったく同様の状況である。

しかも、これらの「特定の」共同謀議についての直接的な証拠が存在しないことを、今回も検察側が自ら認識しているのである。パール判決書は次のように述べている。

「検察側は最終的には、日本軍により**同様の残虐行為**があちらこちらで実施されていたとの事実から、かかる共同謀議の存在を推論するよう我々に要請した。彼らによれば、『日本軍により占領された領土の全体を通じて同様の扱いがなされていたことは、かかる誤った扱いは日本の司令官や兵士の各々《おのおの》による単独の行為の結果などではなく、日本軍と日本政府の全般的な政策であったとの結論へと導いていくものである』とのことである。」(判決書p.555下段)

つまり、検察側は同様の似通《にかよ》った残虐行為があちらこちらで存在したことから、共通の政策が存在したことを「推論」せよと「最終的には」判事団に対して要請しているのである。これは検察側が直接的な証拠の提示に最終的に失敗したことを強く示唆するものである。

## 残虐行為の証拠が似通っていること：世界共通の起源：激しい憎悪の喚起

似通《にかよ》っていることから共通の政策を「推論」せよとの検察側の要請に対して、パール判事は次のように指摘している。

「申し立てられた残虐行為が似通《にかよ》っている点は逆の方向に作用することもあろう。それは、かかる申し立てと証拠を形作《かたちづく》るところの共通の起源を示しているものなのかも知れないのだ。世界は、激しい憎悪を引き起こすように企図された根拠のない残虐物語につき全く気が付《つ》いていないというものでもないのだ。」(判決書p.555下段)

残虐行為の証拠が似通《にかよ》っている点について、パール判事はアイオワ州立大学のアーノルド・アンダーソン教授による、南北戦争で敗れた南軍の残虐性を吹聴《ふいちょう》した北軍側のプロパガンダの例を、判決書p.555下段～p.556上段に亘って述べている。読み物として面白いが、長くなるので引用を省略させていただきたい。要は、敵を憎悪させるために流布されるプロパガンダは、世界中に似通《にかよ》った例があまたあるのだ。

## 映写フィルム

検察側に反論する事例として、パール判事はアンダーソン教授による例の他に、日本軍の民間人俘虜の取り扱いを示す検察側証拠の映写フィルムの件にも触れている。この証拠は検察側の意図とは逆の効果をもっていたとのパール判事による指摘は痛快であり、筆者はこれはぜひとも引用したい。少々長いが、おつきあい願いたい。

「ここでは本官は法廷証第1765-A, B, C, D号、すなわち『ニッポンの発表(Nippon Presents)』と称する映写フィルムについてのみ、触れておく必要がある。検察側によれば、『太平洋戦争の初期の時点でジャワを占拠した日本は、彼らが俘虜《ふりょ》たちをいかに良好に取り扱ったかを示すために、占拠したオーストラリアでの上映を目的とした映写フィルムを作った。』検察側の主張は、イギリス人、オーストラリア人そしてオランダ人の戦争俘虜《ふりょ》たちならびに被抑留者たちはそれに出演するように強要されたとのことである。ジャワは1942年3月に陥落した。検察側によれば、これらの映写フィルムは1943年6月から9月中旬までの期間に日本軍の柳川《やながわ》大尉の監督の下《もと》に制作されたものである。検察側の証拠ではこれらの俘虜《ふりょ》たちや被抑留者たちはその最初期から十分な食事を決して与えられることはなかったとされ、その結果、彼ら全員が栄養失調に苦しんでいたとのことである。食事が不十分であったとするこの証拠には、留保条件は一切《いっさい》、付けられてはいない。この映画に出演させられた人たち、すなわち大人《おとな》の男女ならびに小さな子供たちであるが、彼らすべてには撮影が行《おこな》われた際に快活な様子を示すよう日本人たちからの強制があったことは我々も理解できる。しかしながら、1年を越える期間に亘《わた》って飢餓に苦しんだ人々に対し、どのようにすれば十分な食事を取っているような様子を示すことを強制できるのかについては理解に苦しむ。映像はすべての俘虜《ふりょ》たちや被抑留者たちが十分な食事を取り、快活であることを明白に示しているのである。そのため、日本側によるこれらの俘虜《ふりょ》の取り扱いに関する検察側の説明のすべてを受諾することには、誰しもがいくらかの困難を覚えるであろう。」（判決書p.557上段～下段）

つまり、「理解に苦しむ」と指摘された反例を示すこの1点の証拠によって、俘虜《ふりょ》を虐待することが日本の政策であり、そのような共同謀議があったと推論せよなどという検察側の論点が成り立たないことが証明されるのである。

## 訴因第44と訴因第53に関する結論

結局、検察側はこれら2個の訴因（訴因第44と第53）による訴追を自らあきらめてしまった。これら2点の訴因についても、取り下げてしまったのである。

「検察側もこの困難を見出《みいだ》していたのであろう。いずれにせよ、本件の最終論告において彼らはこれらの訴追をあきらめてしまった。ただし、別の理由によって、である。彼らは次のように述べた。『我々の裁判所憲章（＊1）の第5条に相当するところのニュルンベルク裁判の裁判所憲章での第6条の最終の文章の意味についてのニュルンベルク裁判所の判定（＊2）に鑑み、我々はこれを受諾し、起訴状の訴因第44もしくは第53による**有罪判決を我々は求めない**。また、裁判所憲章の(ロ)項と(ハ)項（＊3）に依存する限りにおいて訴因第37と第38による有罪判決も我々は求めない。』」

（＊1訳注：極東国際軍事裁判所条例）

（＊2訳注：ニュルンベルク裁判所は『被告人は戦争犯罪ならびに人道に対する罪を犯すために共同謀議を行《おこな》ったとの訴因第1（引用者注：ニュルンベルク裁判所憲章の訴因第1）による起訴事実』は無視し、審理の対象を『侵略戦争の準備、開始、遂行のための共通の計画』のみに限定するとの判定を下した。第四部 全面的共同謀議 結論 参照。極東国際軍事裁判所はこのニュルンベルク裁判所の判定を受諾し、『戦争犯罪ならびに人道に対する罪を犯すための共同謀議』に関する訴追をあきらめたのである。東京裁判がニュルンベルク裁判を手本にしてフォローしたことの傍証の一つである。なお、訴因第37、第38、第44、第53については付録11起訴状参照）

（＊3訳注：極東国際軍事裁判所条例 第5条 人並び犯罪に関する管轄の(ロ)通例の戦争犯罪と(ハ)人道に対する罪」（判決書p.559上段～下

段）

ニュルンベルク裁判所の判定に倣《なら》って、東京裁判所はこれらの訴因による有罪判決を求めないというのである。これらの「特定の」共同謀議についての立証をあきらめたのであった。ニュルンベルク裁判をお手本とし、どこまでも日本をナチ・ドイツと同様の枠の中に組み込もうとする連合軍の考え方がここにも表れている。

②

# 第2項　厳密なる意味における戦争犯罪：日本に占拠された地域の民間人に関連して（判決書 p.559 ～ p.591）

厳密なる意味における戦争犯罪は、この第２項の「民間人」と、次の第３項の「戦争俘虜《ふりよ》」に分けて審理される。第２、３項での訴追は共に訴因第54と第55の２つの訴因に基づいている。訴因第55は東京裁判独自の訴因である。第２項の審理では、プロパガンダの影響は慎重に勘案すべきものだが、現代の戦争では敵に関する悪宣伝の役割は大きいとしてイギリスの例が検討される。残虐行為の証拠は多いが、散発的事案でなかったのは南京《ナンキン》暴虐事件のみであるとして南京《ナンキン》は詳細に審理される。パール判決書からいったん離れて、漢口《ハンコウ》の「残虐事件」についてのアメリカ人証言の詳細、また、被告人・広田に関する多数派判決書の内容を論じた。最後に、被告人各々に対するパール判事の結論が述べられる。

「厳密なる意味における戦争犯罪」は、**第2項と第3項**の2つの項に分けて検討される。**第2項**は「**民間人**」、**第3項**は「**戦争俘虜《ふりょ》**」の、各々《おのおの》に関する戦争犯罪を対象としている。

### 本項のセクション分けについて

第2項は、次のセクション分けで進めたいと思う。

**§1．訴因第54と第55について：訴因第55はニュルンベルク裁判にはなかった**
**§2．起訴状の附属書D：日本が違反したと申し立てられた行為を列挙**
**§3．戦時プロパガンダ：イギリスの例**
**§4．中国での残虐行為：南京以外の都市では立証されず**
**§5．漢口《ハンコウ》：アルバート・ドランスの証言**
**§6．中国以外の20の戦域における残虐行為**
**§7．カイゼルの無慈悲な方針と原子爆弾**
**§8．南京暴虐事件①：全容**
**§9．南京暴虐事件②：松井**
**§10．南京暴虐事件③：広田**
**§11．第2項「民間人に関する戦争犯罪」の結論**
**§12．レディーバード号事件（被告人は橋本）：解決済みの事件の蒸し返し**

§5．（ドランスの証言）と§10．（広田に対する訴追）は、パール判決書以外の外部の情報を引き込んで筆者が論じてみたものである。他はパール判決書に基づいて記述している。

## §1．訴因第54と第55について：訴因第55はニュルンベルク裁判にはなかった

2つの項で適用される訴因は同一であり、訴因第54と第55である。

パール判事は、次の文言《もんごん》で**第2項**を開始している。

「起訴状の中で本官の検討すべきものは、訴因第54と第55を残すのみとなった。」（判決書p.559下段）

これら2つの訴因は重要で重大である。東京裁判で死刑となった被告人7名は、いずれもこの両訴因のどちらかによって死罪を宣告されたものと筆者には見受けられるのである。

### 訴因第54と訴因第55の内容

そこでまず、これら2つの訴因の内容を押さえておきたい。パール判事は次のように表現している。

まず、訴因第54である。

「訴因第54では、そこで名前を挙げられた被告人が…最高司令官たちならびに訴因第53に述べられた他の人々に対しそこで記述された違反事項を**遂行するよう、命令し、授権し、許可した**ことにより訴追がなされている。」（判決書p.559下段）

右記引用での「最高司令官たちならびに訴因第53条に述べられた他の人々」とは、具体的には「当時日本が従事せる諸作戦地の各々に於ける日本陸海軍の最高司令官、日本陸軍省職員、日本領土又は其の占領地の俘虜及び一般収容者の収容所及び労務班の管理当事者、並びに日本の憲兵及び警察と其の夫々《それぞれ》の部下」（判決書付録p.673上段）のことである。

次に、訴因第55である。

「訴因第55では、そこで名前を挙げられた被告人が…軍隊に関する…そしてまた、その当時に日本の支配下にあった戦争俘虜《ふりょ》と民

間人に関する…協定、保証、ならびに戦争法規と慣習の順守を確保する責任を保持しているところの、彼らが統括する省庁の力に依拠して…それらの順守を確保しそれらへの違反を防ぐために適当な処置を取るべき**彼らの法的責務**を、故意かつ不注意に**無視したこと**、またそれによって戦争法規に違反したことにより、訴追がなされている。」（判決書p.559下段）

2つの訴因の違いだが、訴因第54は被告人たちによる積極的な命令行為（やったこと）について訴追しており、一方、訴因第55は被告人たちが本来やるべきことを「故意かつ無謀にも」無視したとの、「不作為」もしくは「怠惰」の消極的な行為（やらなかったこと）について被告人を訴追しているものである。

### 訴追第54と訴追第55：ニュルンベルク裁判と東京裁判の違い

東京裁判はニュルンベルク裁判を手本にして行《おこな》われた。しかし、同じ枢軸国であってもドイツと日本では事情がまるで違う。この点はパール判事自身も折に触れて指摘しているが、検察側もドイツと日本の事情の違いを認識していたようだ。この厳密なる意味における戦争犯罪において検察側は、このような事情の違いを反映せざるをえなかったのであろう。つまり、次の引用の中で指摘されている通り、東京裁判においては、ニュルンベルク裁判では存在しなかった、東京裁判独自の訴因である訴因第55を新たに設けたのであった。

「ニュルンベルク裁判における起訴状には、我々の眼前にある起訴状の訴因第55に含まれている訴追に対応するものは無いということに、この関連では注意を払うべきかも知れない。ニュルンベルク裁判における被告人たちのすべては、何らかの明白な残虐行為を遂行したとして訴追されたのである。」（判決書p.560上段）

なぜ訴因第55が新たに追加されなければならなかったのだろうか。

それはニュルンベルク裁判には無かった東京裁判に固有の事情が発覚したからではないだろうか。恐らく検察側は、起訴状を作る過程で東京裁判の被告人たちが明白な残虐行為を命令・授権・許可した証拠が見つからないことを認識するに至ったのであろう。ナチと違って、日本政府・大本営は、残虐なやり方で民間人や戦争俘虜を扱え、などという無謀な指示は一切、出さなかったのである。しかし戦勝国としては、いったん訴追した被告人たちは何とか有罪判決に持ち込みたい。そのため、新たに訴因第55を追加して、「やるべきことをやらなかった」との「不作為」・「怠惰」の罪を論点として増やさざるをえなかったのではないだろうか。

なお、ニュルンベルク裁判では、A級（イ項）犯罪のみでは死罪にはできなかった。そうであれば、東京裁判においてもA級犯罪のみでは死罪にはできず、死罪を宣告するにはB級（ロ項）やC級（ハ項）の訴追を通じてそのようにしなければならなかったはずである。

### 訴因第55による訴追の経路

検察側は、訴因第54に基づき、被告人たちが各種の違反事項を遂行するよう命令し、授権し、許可したものとして訴追したが、それを直接的に立証できる証拠は、後に見るように「絶無」であった。積極的な行為としての命令・授権・許可は、立証できなかったのである。多数派判決書はあくまでも戦争を残虐なやり方で遂行させる「共通方針」があったとの「推定」の下《もと》に、そのような命令・授権・許可があったと重ねて「推定」させたのである。もちろん、パール判事の事実認定ではそれらの「推定」は成り立たない。

検察側は、「推定」に基づかなければ成立しない訴因第54を補完する意味で訴因第55を新たに持ち込み、いわば「追加的に」訴追している。この訴因第55は、その当時に日本の支配下にあった戦争俘虜と民間人に関する協定、保証、ならびに戦争法規と慣習を配下の者たちに順守させ、それらへの違反の発生を防ぐために適当な処置を取るべき彼ら被告人たちの法的責務を、故意かつ不注意に無視し、それによって戦争法規に違反したとするものである。端的に云《い》えば、「やるべきことをやらなかった」というのである。パール判事は次のように述べている。

「この点に関して検察側は、関係する被告人たちが持っていたと申し立てられたところの知識と不作為から彼らの主張を推論的に立証しようと努めている。検察側は、この裁判において提出された証拠は戦争犯罪の存在ならびにその遂行を日本政府が知っていたことを立証していると主張している。日本政府が知っていたとの事実を、その継続をやめさせる有効な試みを彼らが採《と》らなかったとの事実と組み合わせることにより、かかる犯罪は政府の方針の一部として実施されたものであると考えるように我々は慫慂《しょうよう》されているのである。」(判決書p.579下段)

訴因第55による検察側の訴追の経路は次のようなものであったと筆者は考える。

①現地で残虐行為が実施されたことを立証する、
②被告人たちが①の現地での残虐行為を「知っていた」ことを立証する、
③にもかかわらず被告人たちがあえて何もしなかったことを立証する、
④右記③の「不作為」により、残虐行為の継続は日本政府の方針であったと「推定」せざるをえないと立証する、
⑤以上により被告人が残虐行為につき責任を持つと判事団に示す。

これはなかなか困難な経路を必要とする訴追である。なぜなら、①～④の内《うち》のいずれかが1つでも立証できなければ、訴因第55による訴追は成り立たなくなるからである。しかも、この訴追においても、訴因第54同様、「推定」によらなければならないプロセスはあるのだ。直接的な立証は、またしても行《おこな》えなかったのである。

## 「残虐行為の継続は日本政府の方針である」と推論せよ

例えば、検察側は次を主張している。これは、筆者が考えている訴因第55の訴追プロセス①～⑤の内の①～③に当たる部分である。

「検察側は、この南京《ナンキン》事件の後においてさえも他の戦域において同様の残虐行為の犯行が実施されたので、政府は日本陸軍による残虐行為の継続を止《や》めさせることを欲《ほっ》しなかったのだと推論することは妥当であると主張している。検察側は、提出された証拠類は次の事実を立証するものであると主張している。

1．日本政府は南京《ナンキン》暴虐の情報を得ており、日本政府にはその後、中国ならびに太平洋戦争における戦いを通じて日本軍による戦争犯罪が繰り返されることを警戒すべき理由があった。
2．日本政府は、太平洋戦争勃発前の時点で、他の戦争犯罪の犯行の情報を得ていた。
3．日本政府は、太平洋戦争のほとんどすべての戦域で戦争犯罪の犯行が行《おこな》われたとの情報を得ていた。
4．にもかかわらず日本政府は、その継続を防止する何らかの実質的試みも行《おこな》わなかった。

検察側の主張は、上記の事実は、かかる犯罪が政府の政策の一部として実行されたこと、もしくは、それらの犯行が行《おこな》われたかどうかにつき政府はまったく無関心であったこと、への強力な証拠である、というものである。

本官は、記録されている証拠が検察側が右記で示した事実をどの程度まで立証できるのかを検証することとする。」(判決書p581下段～p.582上段)

つまり、被告人たちが命令・授権・許可した証拠こそ絶無であった

が、そのような残虐行為を継続させる方針を日本政府が持っていたことを「推論せよ」と述べているのである。

これに対して、パール判事は次のように指摘する。

「外国の新聞による残虐行為の記事（引用者注：南京暴虐事件の記事）は、事態がすでに落ち着きを示した後の1938年2月16日に貴族院の予算委員会で取り扱われた。被告人の**木戸**《きど》はそこに居《い》た。しかし、かかる事実がそもそもどのように、それが日本政府の方針であったとする検察側の説を支持することになるのか、本官はわからないのである。むしろこれらの批判やコメントは、そのような仮説に反するものを示すのだ。

右記の証拠は南京《ナンキン》での残虐行為の報告が実際に東京の日本政府に到達したことを示していることは疑い無い。この証拠はまた、政府がこの件につき実際に動きを見せ、最終的には総司令官の**松井**大将が**畑**《はた》大将に置き換えられたことをも明らかにしている。さらに、残虐行為は2月の第1週には排除されたのだ。以上の証拠が、いったいどのようにすれば、かかる残虐行為は日本政府の方針の結果であったとの結論へと我々を押しやることになるのか、本官はわからないのである。」（判決書p.581下段）

右記指摘によれば、実際の日本政府のアクションを証拠に基づいて忠実に追っていく限り、日本政府にそのような方針があったとは「推論」できないことになるのだ。むしろ右記では、現場でのそのような行為を抑える日本政府の行動が示唆されているのである。

## 訴因第55は成立するのか

訴因第55の扱いについて、パール判事は手厚い分析を加えている。まずはパール判事自身の言葉をご覧願いたい。次の引用の通りである。

「実際、訴因第55を裁判所憲章（訳注：極東国際軍事裁判所条例）の条項と調和させるにはいくらかの困難があるのだ。裁判所憲章は単に『戦争法規もしくは慣例に違反した』もののみが犯罪であると記載している。裁判所憲章は、戦争法規の『順守を確保しそれらの違反を防ぐために適当な処置を取るとの法的責務』を『無視する』ことが犯罪であるとは記載していないのだ。もしも訴因第55が『法的責務を故意かつ無謀にも無視した』こと自体が犯罪を構成することを意味しているのだとすれば、そこで訴追された犯罪はこの裁判所憲章の条項の外にあることとなり、そしてそのために、それは我々の裁判管轄権の外にあるのである。

しかしながら、その訴因の『法的責務を故意かつ無謀にも無視した』（引用者注：訴因の日本語版原表記は『法律上の義務を故意又は不注意に無視し』）と述べている部分は、かかる行動はその行動の結果としての戦争法規への違反が単に訴追された者の責任に帰すべきものであることの証拠となると申し述べているのみである、と解釈することができるものかも知れない。訴追された犯罪は戦争法規への違反なのであり、その違反行動の責任は最終的には名前を挙《あ》げられた被告人に帰せられなければならない。被告人の側での何らかの法的責務の無視は、もしもそれが立証されれば、かかる目的のためのいくらかの状況証拠を提供するのみである。この場合における『それにより戦争法規に違反した』（引用者注：訴因の日本語版原表記は『以て戦争法規に違反せり』）との表現は、『法的責務を故意かつ無謀にも無視した』こと自体が戦争法規の違反となるということを意味するのではなく、名前を挙《あ》げられた被告人が戦争法規に違反する行動を取ったことを検察側が立証すると約束し、そして検察側は被告人がある特定の行動を取ったことを立証することでそれを証明しようと提案していることを意味するのである。もしもそれが立証された際には、かかる特定の行動が『**立証ヲ要スル事実（factum probandum）**』となるのかどうかを決定するのは常に本裁判所である。かかる違反行為がその被告人の行為であると立証されるまでは、その訴追は成立しないのである。」（判決書p.560下段～p.561上段）

右記引用の文章は、やや煩雑《はんざつ》ではないだろうか。以下、パール判事の述べた要点を筆者の言葉で表現するよう試みてみたい。ただ、筆者の表現ではどうしてもパール判事が示そうとした内容の法的な正確性が担保されていないとの疑義が残ってしまう。その場合は、ぜひ右記引用のパール判事の表現に立ち返っていただければ幸いである。

その前に触れておきたいのだが、訴因第55の内の問題となっている部分の正式な訳文は「**…法律上の義務を故意又は不注意に無視し以て戦争法規に違反せり**」である。一方、原文は“deliberate and reckless disregard of duty and thereby violated the laws of war”であり、筆者としては、“and”と“reckless”の訳し方に不満がある。この場合の“and”はその前後の形容詞が2つとも同時に成立することを意味するのであり、「又は」ではなく、「かつ」が適当であると考える。「又は」という訳語は通常は“and”ではなく“or”に充てるものである。次に、“reckless”の原義は、向こう見ず、見境がない、等であり、「不注意」というよりも「無謀」とするのがより正確だと思う。

パール判事が言いたかったことは、筆者の表現では次のようになると思う。

①第一の段落：訴因第55は裁判所憲章とは両立しないように見受けられる。裁判所憲章と訴因の字面《じづら》を比較すると次の通りである。太字の部分に注目願いたい。

・裁判所憲章第5条：「(ロ)通例の戦争犯罪　即ち、**戦争の法規又は慣例の違反**。」（判決書付録p.658上段）

・訴因第55：「**…法律上の義務を故意又は不注意（故意かつ無謀）に無視し以て戦争法規に違反せり**」（判決書付録p.673下段）

裁判所憲章第5条(ロ)は短くシンプルな記述であり、「戦争の法規又は慣例の違反」のみを犯罪としている。憲章のこの条文は「法的責務を故意かつ無謀にも無視」することが犯罪であるとはしていないのだ。仮に訴因第55が「法的責務を故意かつ無謀にも無視した」こと自体を犯罪としていると認識するなら、字面《じづら》だけを比べれば、この訴因の犯罪は裁判所憲章の対象外と読まざるを得ない。つまり、裁判所憲章が規定している裁判管轄権の外にあることとなり、それゆえにこの訴因の犯罪は審理の対象外であるとして、このまま却下してしまうこともできるのである。

なお、パール判事は「第一部　予備的法律問題」で裁判所憲章を分析しており、裁判所憲章は犯罪を定義したものではないが、本裁判所の管轄権を規定したものであるとは認定している。詳しくは本書の第二編の「第一部　予備的法律問題」**§3**の「**裁判所憲章、これは戦争犯罪を定義しているか**」をお読みいただければ幸いである。

②第二の段落：しかし、あえてこの訴因の存在意義を生かすよう考えるならば、次のように解釈することも可能である。

a)まず、裁判所憲章で規定された犯罪の「**戦争の法規又は慣例の違反**」があくまでも出発点であると定める。この「**戦争の法規又は慣例の違反**」の責任が被告人にあることの立証こそが、検察側がなすべきものである。

b)そこで、訴因の「**以て戦争法規に違反せり**」との表現は、「法律上の義務を故意かつ無謀にも無視し」たこと自体を犯罪とするのではなく、「法律上の義務を故意かつ無謀に無視し」たことの結果が「**戦争の法規又は慣例の違反**」になるとの因果関係を示す状況証拠の提出と立証を、検察側が約束したものであると解釈する。

c)ここでいう「因果関係」とは、具体的には、「非人道的な取扱いを戦争俘虜《ふりょ》に実施するよう被告人のいずれかにより命令され、授権され、許可されたのだと推論する資格を我々に与えるところの被告人の側によるかかる怠惰」（判決書p.611下段）のことである。この引用では因果の表記の順が逆だが、要は、被告人の「ある特定の行動」たる「怠惰」があり、その「怠惰」とは被告人のいずれかが「非人道的な取扱いを戦争俘虜に実施するよう」「命令・授権・許可」したことを判事団に推論せしめざるを得ないとするような「怠惰」である。そのような「怠惰」があったとの状況証拠の提出と立証が検察側に課せられたと解釈するのである。そのようにして推論された「命令・授権・許可」は明らかに「戦争の法規又は慣例の違反」に該当するので、裁判所憲章が規定する本裁判所の管轄権の内にあることになる。

d)より端的に言えば、被告人が取った「ある特定の行動」（＝「怠惰」）が戦争法規・慣例への違反につながることを検察側が立証すると約束したものだと解釈するのである。

e)ただし、そのような「ある特定の行動」が、この裁判において「**立証ヲ要スル事実（factum probandum：要証事実）**」に該当しているのかどうかを判断するのは、検察側ではなく判事団であること、すなわち、検察側の主張する「ある特定の行動」がその被告人自身の行為であると立証されたと判事団が得心するまでは、この訴因は成立しないとパール判事はくぎを刺している。

実際には、右記c)の「因果関係」を検察側が立証したことはない。訴因第55を何とか生かそうとした右記の「解釈」は、結局は成り立たなかったのだ。

むしろ、後に**§9．**と**§10．**で見るようにパール判事は、南京《ナンキン》暴虐事件で訴追された松井石根《いわね》大将や広田弘毅《こうき》外務大臣が右記でいう「怠惰」であったかどうかを直接的に検証している。そして、それらのセクションで詳しく見るように、その両被告人のいずれもが立派に残虐行為を止《と》めようと積極的に努力をしたことが証拠に基づいて示されるのである。両被告人ともに「怠惰」とはほど遠いどころか、むしろ軍の行動を抑えにかかる具体的アクションを明示的に取ったとパール判事は事実認定をしている。少なくとも松井と広田については、訴因第55による訴追は成立しないことが明示的に立証されるのである。

## §2．起訴状の附属書D：日本が違反したと申し立てられた行為を列挙

ここでパール判事は、裁判所憲章の規定する「**戦争の法規又は慣例の違反**」に該当する「違反行為」の具体的な内容を洗い出すべく、起訴状の附属書Dについて紹介している。この附属書は、「最高司令官たちならびに訴因第53に述べられた他の人々」（判決書p.559下段）が各現場で行《おこな》った違反行為を具体的に列挙している。

「戦争法規ならびに慣習に違反したと**申し立てられた行為**は、起訴状の附属書Dにおいて15のセクションに亘《わた》って記載されている。」（判決書p.562上段）

検察側はこの附属書Dを第3類（「通例の戦争犯罪及び人道に対する罪」に相当する訴因群）の一部をなすものと位置付けている（判決書付録p.691上段参照）。この**第2項**では「民間人」に関連した戦争犯罪を扱っているが、この附属書Dは**第3項**の「戦争俘虜」に関連する戦争犯罪もカバーしている。パール判事は列挙された「民間人」と「戦争俘虜」の両方に対する日本の違反行為を次の引用の通り、15項目の箇条書きにしている。少し長い引用となるが、検察側主張の要点をなすものなので、これら15項目にざっと目を通していただければ幸いである。

「それらは次のように要約できよう。

1. 1907年ハーグ第4条約の附属書の第4条、1929年のジュネーブ協定のすべて、そして以上で記載された保証に反する非人道的処遇。戦争俘虜《ふりょ》と民間被抑留者は殺害され、殴打され、拷問《ごうもん》され、もしくは虐待され、女性俘虜《ふりょ》は日本軍の構成員によって強姦《ごうかん》されたこと。

2. 戦争俘虜《ふりょ》による労務を、違法に徴用《ちょうよう》したこと。

(a)戦争俘虜《ふりょ》は戦闘作戦に関係のある作業に徴用された。

(b)戦争俘虜《ふりょ》は肉体的に不向きな作業、ならびに不健康で危険な作業に徴用された。

(c)日常の労働時間は過剰であり、俘虜《ふりょ》は毎週の24時間の連続休憩《きゅうけい》を許されなかった。

(d)作業の条件は、懲戒《ちょうかい》上の処置によりさらに骨の折れるものとされた。

(e)俘虜《ふりょ》は十分な食料、衣料ならびに長靴なしに不健康な天候下もしくは危険な地域に留め置かれ、作業を強要された。

3. 戦争俘虜《ふりょ》に対し次の供給を拒否したか、または供給が不履行であったこと。

(a)食料と衣料を供給するにあたり、国民的習慣もしくは民族的習慣の相違には注意を向けられなかった。食料と衣料は十分に供給されなかった。

(b)収容所と労務班の構造上の状況ならびに衛生状況は全面的に規則に準拠しておらず、著しく不良、不健康で不適格であった。

(c)洗濯ならびに飲用の水の設備は不適切で不良であった。

4. 戦争俘虜《ふりょ》に対し過剰かつ不法な処罰を行《おこな》ったこと。

(a)戦争俘虜《ふりょ》は申し立てられた罪について何らかの裁判もしくは調査を経《へ》ずして殺害されるか、殴打あるいは虐待された。

(b)かかる公認されていない処罰は申し立てられた罪に対して実施されたものの、その罪がもしも立証されたにしても、右記の諸条約における罪状には全く該当しない。

(c)申し立てられた個人の罪に対し連座的《れんざてき》処罰が科された。

(d)俘虜《ふりょ》たちが脱出を試みた場合は、30日間の投獄よりもさらに厳しい刑罰に処せられた。

(e)俘虜《ふりょ》の裁判の条件は、右記の条文に記載されたものとは適合しなかった。

(f)刑罰に処せられた俘虜《ふりょ》たちの投獄の条件は、ジュネーブ条約に記載されたものと適合しなかった。

5. 傷病者、医療関係者や女性看護士の虐待《ぎゃくたい》。

(a)傷病を負った将校や兵、医療関係者、従軍牧師、ボランティア救援協会の職員は尊敬も保護もされず、逆に、殺害、虐待もしくは無視をされた。

(b)医療関係者、従軍牧師、そして ボランティア救援協会の職員は不正に日本の手中に抑留された。

(c)女性看護士は強姦、殺害そして虐待された。

(d)収容所には診療所が無く、重い病《やまい》の俘虜《ふりょ》や重要な外科的処置を必要とする者たちは、それらを取り扱う適格な軍隊ないしは民間の組織に収容されなかった。

(e)月次の医療検査は、用意されなかった。

(f)傷病を負った俘虜《ふりょ》は、輸送により回復を妨げられることとなるにもかかわらず、移転をさせられた。

6. 戦争俘虜《ふりょ》、特に将校たちへの侮辱行為。

(a)俘虜《ふりょ》たちは日本が占拠した領土に故意に留《と》め置《お》かれ労働させられた。これはその土地の住民の好奇心と侮蔑に晒《さら》すことが目的であった。

(b)日本ならびに日本が占拠した領土での将校を含む俘虜《ふりょ》たちは卑賤《ひせん》な作業の実施を強要され、公衆の視線に晒《さら》された。

(c)将校の俘虜《ふりょ》は下士官ならびに兵による統制の下《もと》に置かれ、彼らに対して敬礼を行《おこな》うこと、そして労働することを強要された。

7. 戦争俘虜《ふりょ》に関する情報を集めて送信することの拒否ないし不履行、ならびに、戦争俘虜《ふりょ》に関する問い合わせへの回答の拒否ないし回答の不履行。適切な記録は保持されず、また、右記の条文にて必要とされているやり方で情報が提供されることもなく、保持された記録の内の最も重要な記録は故意に破棄された。

8. 利益保護国、赤十字社、戦争俘虜《ふりょ》ならびに彼らの代表者が持つ権利の妨害。

(a)利益保護国（スイス）の代表者による収容所の訪問もしくは俘虜《ふりょ》が収容された建物へのアクセスは、拒否されたか、もしくは許可が与えられなかった。

(b)かかる許可が与えられた時は、彼らは立会者なしでの俘虜《ふりょ》との会話を拒否されたか、もしくは、会話はまったくできなかった。

(c)かかる機会においては、収容所の状況は欺瞞的《ぎまんてき》に通常よりも良い状況に見せかけられ、もしも不平を述べるなら処罰を受けると俘虜《ふりょ》たちは脅迫された。

(d)俘虜《ふりょ》とその代表者は、彼らの作業の性質その他について不平を述べること、そして、軍事的権限者もしくは利益保護国に対して自由に応答すること、が許可されなかった。

(e)赤十字社の小包ならびに郵便は留《と》め置《お》かれた。

9. 毒ガスの使用。この申し立ては中華民国のみに限定される。

10. 武器を放棄したか、もはや防御の術《すべ》を持たず投降をした敵の殺害。

11. 軍事的な正当性ないし必要性を欠いた、敵の資産の破壊、ならびに略奪。

12. 占拠された領土における家族の名誉ならびに権利、個人の生活、私有財産ならびに宗教的信念と礼拝等を尊重することの不履行。かかる領土の住民の強制移動と奴隷化。かかる領土における大きな数の住民の殺人が行《おこな》われ、彼らは拷問《ごうもん》され、強姦《ごうかん》され、あるいは虐待《ぎゃくたい》され、正当な理由なく逮捕され抑留され、強制労働をさせられ、そして彼らの財産は破壊されたか没収された。

13. 海軍の軍事行動により沈められた船舶の生存者、ならびに拿《だ》捕《ほ》された船舶の乗組員、の殺害。

14. 軍事上使用される病院船を尊重することの不履行と、日本の病院船の違法な使用。

15. 中立国の船舶への攻撃、特に、必要とされる警告を行《おこな》わない攻撃。」（判決書p.562上段～p.563下段）

右記の内の項番9と項番15につき、パール判事は次のコメントを加えている。

「右記の項番9.（毒ガスの使用）は、検察側が放棄したためにただちに片付けてしまうことができる。この訴追を裏付ける証拠は聴聞において提出されなかったのである。

項番15.（中立国の船舶に警告無しで攻撃）も検察側により放棄された。検察側のロビンソン海軍大佐は、この起訴状の中では『警告無しで商船を沈める件につき、潜水艦を使用した交戦については訴追が行《おこな》われていない…』ことが明らかにされた、と1947

年12月8日に法廷において申し述べた（法廷記録第3万4772ページ）。検察側によるこの証言に基づき弁護側のブラノン氏（＊）は、太平洋におけるアメリカによる潜水艦を使用した交戦に関する合衆国海軍のニミッツ提督の証言を含むと称している弁護側資料第2484号を1947年12月9日に取り下げた（法廷記録第3万4819ページ）。

（＊訳注：John G. Brannon 生没年不詳 合衆国の弁護士。ミズーリ州カンサスシティ出身。本件裁判においては永野の弁護人を務めた。前出）

（判決書p.563下段～p.564上段）

項番15「必要とされる警告を行《おこな》わない攻撃」は、検察側が放棄したとのことである。それを受けて弁護側はアメリカによる潜水艦使用の証拠を取り下げたとも述べている。何らかの司法取引があったのだろうか。米軍の潜水艦が日本の民間輸送船や学童疎開船を警告なしに攻撃して次々に撃沈し大量の「民間人」を殺害したのは周知のことである。気になるところだが、パール判事はそれ以上詳しくは述べていない。

## 被告人に対する訴追は、違反事項の「命令・授権・許可」である

右記15項目の行為を各現場で直接的に行《おこな》ったのは被告人たちではない。右記15項目の「違反」について被告人たちを訴追するにあたり、これは被告人たちがこの15項目を「命令し、授権し、許可したこと」に関する訴追であることをパール判事は次の引用の通りに述べて確認している。

「申し立てられたその他の行為については、被告人たちがそれらの犯行を**命令し**、**授権し**、そして**許可した**との申し立てに基づき被告人たちを有罪とする努力がなされた。

現行の被告人に対する訴追は、**彼らが次の人々に**対して、申し立てられた違反をするよう命令し、授権し、そして許可したことである。

1. 日本が従事していた各々《おのおの》の作戦地における陸海軍諸部隊の総司令官たち、
2. 日本の陸軍省の官吏たち、
3. 日本の領土ないし日本が占拠した地域の戦争俘虜《ふりょ》および民間被抑留者の収容所と労働班の責任者、
4. 日本の憲兵隊ならびに警察、
5. 憲兵隊と警察の配下たち。」（判決書p.564上段）

## 検討すべき課題

右記引用で検察側による訴追内容を明らかにした上で、パール判事は**第2項**と**第3項**における審理の方向性を次の通り、明確化している。

「ここで我々が検討すべきとして浮上する**問題**は次である。

1. 提出された証拠はこれらの行動を立証するものなのかどうか、
2. 提出された証拠は被告人たちがこれらの行動と関係しているとの申し立てを立証するものなのかどうか、
3. これらの行動もしくはこれらの行動の内のいずれかは国際法における犯罪を構成するものなのかどうか、
4. 国際法の下《もと》において被告人たちもしくはその内のいずれかの1人は、かかる犯罪行為につき刑事責任を負うものなのかどうか。」（判決書p.564上段）

第2項と第3項においては、右記の4点の方向性の下《もと》に審理が進められることになる。

## §3．戦時プロパガンダ：イギリスの例

ここでパール判事は、重要な警告を発している。復讐への熱情を排除しなければならないと述べているのだ。

「本件裁判のこの段階において挙《あ》げられている証拠の検討に進む前に、本官はふたたび警告を発することとしたい。戦争犯罪の報告は、復讐への欲望ならびに熱情を生み出すのである。我々は、憤慨による影響はそのすべてを回避しなければならない。我々は感情要因による影響の可能性のすべてを回避しなければならず、また、我々がここで取り扱っているのは戦闘が進行していた時点で発生した出来事であることを思い起こさなければならない。そのような時に発生した出来事には、おそらくは興奮し先入観を抱えた観察者によってのみ目撃されたであろうことによる特別な困難が存在するのである。

さらに、戦争の最中《さなか》に勝利を収め、戦争俘虜《ふりょ》を得ることに成功した交戦国に対しては本件における起訴状で申し立てられた類《たぐい》の残虐行為を認定され勝《が》ちであること、また、彼らが最終的に敗戦した場合には、かかる敗戦そのものがその最も悪魔的で悪霊のような残忍な性格を立証するのである。もしもここで罰することができないなら、いったいどこで罰することができるのかと我々は云《い》われた。我々はそのような感情のあらゆるものを回避しなければならない。」（判決書p.564下段）

復讐への熱情は、正しい判定にバイアスをかけることとなる。これは第二編の先取りとなるが、ソ連のトレイニンが復讐への欲望を赤裸々に語っていると、パール判事は第一部 予備的法律問題において3回にも亘って指摘している。第一部の§5．で触れることになる。

### 戦時プロパガンダの実例：豚の餌

こういった熱情を顕現化させるものの1つが、戦時プロパガンダである。これは、敵国に関する悪宣伝である。

戦時プロパガンダの実例を1件、パール判事は挙げている。検察側は、戦争遂行中の日本政府の発表の多くは「プロパガンダである」との理由で、証拠として採用をしなかった。それでは連合国には悪質なプロパガンダはなかったのか…？

少し長くなるが、印象的な主題なのでパール判事が挙げた実例を引用する。これは連合国イギリスの戦時プロパガンダの例である。相当に悪質であると筆者は思う。

「現代における報道レポートや他の同様の報告書の価値を評価するにあたり、戦時においてプロパガンダが演じるよう企図された役割を我々は忘れてはならない。本官がすでに指摘したように、敵に対して憤激し、自国の銃後の人々の血をたぎらせ、中立国を嫌悪感と恐怖で満たす手段として想像力に影響を与えるための、ある種の下賤な競争が行《おこな》われている。戦争における残虐行為の物語のいくつかを本官は右記で申し述べた。第一次世界大戦当時に出現した、ドイツ人は死体を利用したとの物語を本官は付け加えたい。この物語は戦争プロパガンダにおける古典的な嘘《うそ》として歴史に残るであろう。影響力があり広く読まれていたイギリスの日刊新聞である『ニュース・クロニクル』紙の、当時の政治部編集員であったA・J・カミング氏（＊1）は1936年に出版したその著書『ザ・プレス（"The Press"）』においてこのプロパガンダの嘘《うそ》を暴《あば》いた上で、それがどのように利用されたかを陳述した。彼はこのように述べている。『4月30日にイギリス国会において、故人となったロナルド・マクニール氏（＊2）が、『ドイツ人たちがその兵隊の死体を豚の餌《えさ》とするために煮ているとの事実を、エジプト、インドそして東洋一般においてできる限り広範囲に』知らしめるための手段を総理大臣が取るつもりがあるのかどうかを訊《たず》ねた。』ジョン・ディロン氏（＊3）が割って入って、それが事実であると信じる何らかの信頼できる根拠を政府が持っているのかどうかを訊《たず》ねた時、封鎖省の大臣であったロバート・セシル卿（＊4）は、自分は報道に現れた抜粋《ばっすい》以上の情報を持っているわけではないが、『ドイツの軍事当局が取った他の行動に鑑みれば、彼らに対するこの責めにつき信じられないものは何も無い』と回答した。

卿は次のように付け加えた。

『この事実は通常のルートから出現したので、イギリス国王政府はこの流布を許可した。』

＊　＊　＊　＊　＊

『この事件は一般大衆の記憶から今やほとんど消えかかっている。イギリスの関係機関はその卑劣な役割を果たした後に可及的速やかにそのことを忘れようと努力した。しかし、イギリスの報道機関が何らの否定的見解も述べなかったことを読み取った多くの人たちはそれが事実であると未だにぼんやりと信じており、ロバート・セシル卿の言にあるように、その『**善意（bona fides）**』が無《む》邪気《じゃき》にも信頼されているところの責任ある新聞紙上に記載されたその責めの中には『信じられないものは何も無い』とそれらの人たちは見ているのである。』

（＊1訳注：生没年を含め不詳。原表記はMr. A.J.Cuming, the then political editor of the "News Chronicle"）

（＊2訳注：Ronald McNeill, 1st Baron Cushendun 1861 ~ 1934 イギリスの保守党の政治家、男爵）

（＊3訳注：John Dillon 1851 ~ 1927 アイルランドの政治家、ダブリン出身）

（＊4訳注：Edgar Algernon Robert Gascoyne-Cecil, 1st Viscount Cecil of Chelwood, 1864 ~ 1958 イギリスの弁護士、政治家、外交官。国際連盟の創設者の1人、後にノーベル平和賞受賞。前出）

常設国際司法裁判所の前判事であったジョン・バセット・ムーア氏（＊5）は1933年に文書を著し、次のように述べた。

『プロパガンダがどの程度に亘《わた》って国際関係に関連して使用されたかを認識している人々はわずかであると私は信じている…。今年になって初めて、一流のイギリスの定期刊行物が次のように述べた。『イギリスのプロパガンダ機関は戦争の期間中に驚くほど効率的に、今までに案出された内でも最も奇怪な夢物語をアメリカ人たちに受け入れさせたのであった。アメリカの人口のほとんどは申し立てられた情報を鵜呑《うの》みにしており、今日《こんにち》に至るまで彼らのほとんどはその件から立ち直ってはいないのである。』』

（＊5訳注：John Basset Moore 1860 ~ 1947 アメリカの政治家、弁護士。国際法の権威。共和党、前出）」（判決書p.564下段~p.565下段）

戦後に時間が経過して冷静さを取り戻せば、このようなプロパガンダは合理性のないフェイクであることに気づくが、敵を憎む熱狂の中では、優秀とされる人々でさえも、これらのフェイク・プロパガンダの「流布を許可」してしまうのである。

訴因第55の「不作為」の訴追との関係で、パール判事は次のように指摘する。

「過去のプロパガンダの歴史は、少なくとも我々が被告人のいずれかに関して申し立てられた**不作為**の法的効果を検討するのに立ち至った場合、本件裁判に非常に重要な意味合いをもたらすのである。我々が現下で関わっている戦争の最中《さなか》にこれらの要因がまったく作用しなかったことが今や立証されたのだとしても、実際においても敵対国から流れてきたように敵対国からやって来るいくつかの戦時残虐行為の物語を被告人が受諾するのか拒否するのかのどちら側に過去の戦時プロパガンダの経験が心理的影響を与えたものかは、なお引き続いて適切な検討対象となるのである。」

(判決書p.566上段)

これは、敵側による敵対的プロパガンダの存在を所与とすれば、そのようなプロパガンダから自国民を保護するために被告人があえて不作為を選ぶことによってその流布を拒否する場合(＝あえて黙殺する場合)も考えなければならないとの指摘である。

## 南京暴虐事件：スチュワード大佐の警告

ここでパール判事は、証拠に誇張があったとの疑問がぬぐえない例として、南京暴虐事件を取り上げる。

パール判事は真っ先に英国王立国際問題研究所でのスチュワード大佐の発言に言及しており、南京暴虐事件の事実認定過程における証拠の取扱いにつき、警告を発している。

「この関連では本官は、報道された南京《ナンキン》『暴虐』事件(引用者注：原表記はNanking "rape")の物語でさえも、世界は、誇張があったとの幾ばくかの疑問無しには受諾をできないことを述べておきたい。1938年11月10日の昔に遡った時点においてさえも、チャタムハウス(＊1)における審議で(議長の)スチュワード大佐(＊2)はこの事件に言及し、南京で起きたようなことは残念ではあるが、『私は1900年(＊3)に立ち戻って考えているが、今起きていることはそれが何であれ、日本人たちはそれを他の諸国から学んだということはあり得ることである』と述べた。

(＊1訳注：英国王立国際問題研究所の愛称)

(＊2訳注：Godfrey Robert Viveash Steward 1881 ~ 1969 イギリス陸軍歩兵部隊の軍人。第二次ボーア戦争、第一次大戦のソンムの戦いなどで従軍。1920年代に在北京イギリス大使館付駐在武官を務めた。前出)

(＊3訳注：義和団事件があった年。日本は英米仏独露などの他の国々と共に北京に出兵しており、北京の混乱と各国の軍隊の残虐なふるまいを見ている)

その席においてこの同じ事件に言及し、サー・チャールズ・アディス(＊4)は次のとおりを述べた。

『戦火を交えている二つの国の間《あいだ》では、その一方ないし双方の戦闘員が世論を自国に優位な方向に向けさせようとプロパガンダに訴える危険が常にあり、その中では、すべての戦闘行為から分離させることが悲しいことながら(！)できない諸事件(＊5)は、偏見と熱情の炎を燃え上がらせ、紛争の本当の問題点を見えにくくさせるとのはっきりした目的のために誇張され歪《ゆが》められるのである。』

(＊4訳注：Sir Charles Stewart Addis 1861 ~ 1945 イギリスの銀行家、政府顧問)

(＊5訳注：戦闘に民間人が巻き込まれて損害を被る事件、等)

前述されたような目的は現下の機会においても作用したのかも知れないとの点を全面的に無視することはできない。本官はすでに、何らかの歪みと誇張の疑いを持たざるをえないいくつかの事件について言及をした。南京《ナンキン》暴虐事件についてその子細を丹念に検討すれば、これについても同様の疑いは避けられないであろう。」(判決書p.566上段~p.566下段)

スチュワード大佐は、1900年の義和団事件において自国のイギリス軍を含む各国の軍隊が如何《いか》に北京で乱暴狼藉《ろうぜき》・略奪を働いたかを認識している。清朝の離宮である円明園の財宝をフランス軍やイギリス軍の将兵が大量かつ大規模に略奪・破壊していた。それを日本が「学んだ」ということはあり得ると大佐は指摘しているのである。あらゆる国の軍隊がそのような乱暴狼藉《ろうぜき》・略奪とは無縁ではないが、自国のやったことは秘匿し、敵国はそれを行《おこな》ったという悪宣伝・プロパガンダが介在する余地は十分にあるのである。

チャタムハウスでのスチュワード大佐の件では、次の記述もある。これは本書の「第二編 第二部 証拠ならびに手続きに関する規則」での記述であるが、本件の南京暴虐事件に関連しているので先取りして引用しておきたい。

「『戦火を交えている二国間では、いくつかの戦闘部隊が実際の出来事を誇大化し歪めることにより偏見と熱情を燃え立たせ、紛争の持つ真の論点を不明瞭にしたいとのはっきりとした目的の下《もと》にプロパガンダに訴えることにより、世論を自分たちに有利に転じることを求めることは常にある。』

南京暴虐事件の物語でさえもが、チャタム・ハウス（＊1）で1938年11月10日にG・R・V・スチュワード大佐（＊2）が議長を務めた講演において右記の観点から観察されていた。

（＊1訳注：イギリスの王立国際問題研究所の愛称）

（＊2訳注：Godfrey Robert Viveash Steward 1881～1969 イギリス陸軍歩兵部隊の軍人。第二次ボーア戦争、第一次大戦のソンムの戦いなどで従軍。1920年代に在北京イギリス大使館付駐在武官を務めた）」

（判決書p.162上段）

チャタムハウスでは、南京《ナンキン》暴虐事件の「物語」に関しても、敵対的プロパガンダに訴えた可能性があるとの観点から観察されていたのである。

## §4 中国での残虐行為：南京以外の都市では立証されず

さて、民間人に対する残虐行為訴追のメインとなる地域は、中国である。

### 中国での残虐行為

中国での残虐行為は、訴因に従って次の場所に分けて検討されている。

①南京《ナンキン》（訴因第45）
②広東《カントン》（訴因第46）
③漢口《ハンコウ》（訴因第47）
④長沙《チャンシャ》（訴因第48）
⑤衡陽《ヘンヤン》（訴因第49）
⑥桂林《ケイリン》と柳州《リュウチョウ》（訴因第50）
⑦その他の場所（全14か所：訴因はないが、審理中に検察側が証拠を提出したもの）

以上7つの場所の内、パール判事は①南京《ナンキン》については重点的に審理している。③漢口《ハンコウ》についてもアメリカ人証人の証言が「いくらかなりとも考慮の対象となりうる」（判決書p.583下段）として、ある程度の検討を加えている。その他の地区については、「かかる散発的な事案は現下の我々の目的のためにはまったく何も立証することはない」（判決書p.585下段）としており、実質的には審理がされていないと言ってよいと思う。要は、残虐行為が発生したことを立証できる能力を備えた証拠を、検察側が提出できなかったのである。

### 中国でのそれぞれの場所についての記述

中国のそれぞれの場所について、パール判事は、どの被告人が対象となるかの洗い出しと、有効な証拠があるかどうかを判定している。次の通りである。

**①南京《ナンキン》**

「訴因第45は南京《ナンキン》での出来事に関連している。その時期は『1937年12月12日とそれに続く数日間』とされている。

その時点では被告人の**広田**が外務大臣で、**賀屋**《かや》が大蔵大臣、**木**《き》

戸《ど》が文部大臣であった。当時、他の被告人は内閣にはいなかった。

陸軍で関係するのは中支方面軍であり、被告人の**松井**がその総司令官、被告人の**武藤**はその参謀副長であった。被告人の**畑**《はた》は1938年2月17日以降、松井大将の後任の司令官となった。本官は後ほど、軍隊の構成をさらに詳しく検討することとする。

そのため、南京《ナンキン》事件に関する限りは他の被告人は対象の内に入《はい》っては来《こ》ない。我々はこのことをはっきりと視野の内に入《い》れておかなければならない。」（判決書p.570上段）

南京に関しては、右記に名前を挙げられた被告人の内の**広田**と**松井**についてパール判事は特に詳細に検討を加えているので、後ほど詳しく述べることとしたい。

## ②広東《カントン》

「中国におけるそれに引き続いた事件は広東《カントン》市の陥落であり、これは1938年10月21日の出来事であった。訴因第46にはそこで遂行されたと申し立てられた残虐行為についての特定の訴追が含まれている。

我々の眼前の被告人たちの内、**板垣**が当時の陸軍大臣であり、**木戸**《きど》が厚生大臣、そして**荒木**が文部大臣であった。この当時には、被告人たちの内のこれらの3人のみが内閣に入閣していた。

陸軍で関係するのは上記で述べられたのと同様に中支方面軍であり、**畑**《はた》が当時、その総司令官であった。

そこで実行された残虐行為がもしもあるとすれば、かかる残虐行為と何らかの関係を持つかも知れない被告人たちは以上のみである。本官が以下に示す通り、申し立てられたこの残虐行為に関する証拠は絶無である。」（判決書p.570上段）

訴因に申し立てられた1938年10月の広東《カントン》陥落時点での残虐行為の証拠は絶無であったが、その後の2件の事例について検察側は追加的に証拠を提出した。次の通りである。
「1938年の広東《カントン》市においては残虐行為の証拠は絶無である。検察側は広東《カントン》市におけるいくらかの残虐行為の証拠を示したが、それは1941年と1944年に関するものであった。」（判決書p.583上段）
「その1941年に関連する証拠は法廷証第351号であり、それは劉自然《リュウチュアン》という名前の男による法廷の外で採られた証言である。この証人は本裁判所には出廷しなかった。」（判決書p.583上段）
「もう一つの証拠は1944年に関連している。これも1人の男から法廷の外で採られた証言である。この証言は法廷証第350号である。その男の名前は黄顕祥《ホワンシジアン》である。」（判決書p.583上段）

右記2名の証言は判決書p.583上段に記述されているが、ここでは引用を省略させていただきたい。パール判事が次のように判定しているからである。これらの証言に証拠価値を認めることを拒否しているのである。
「以上が広東《カントン》省において申し立てられた残虐行為に関する証拠のすべてである。本官は申し訳なく思うが、証拠に関する制限的規則から我々はどんなに自由であるとしても、我々は証拠とされるものの証明能力を判定するにあたり同様の制限緩和を納得して受け入れることはできないのである。このような重大な裁判にあたり、これらのような証言に何らかの証拠価値を認めることを本官は拒否する。その省で残虐行為が実際に行《おこな》われたのであれば、検察側がそれに関するもっとましな証拠を提供できなかったことが本官には信じられないのである。」（判決書p.583下段）
以上をまとめると、広東《カントン》については検討すべき有効な証拠がまったくないのである。

③漢口《ハンコウ》

「起訴状に記載された残虐行為の次なる例は、漢口《ハンコウ》市の陥落の際に起きたとされるものである。

　訴因第47はこの事件に特に関係している。その時期は1938年10月27日前後とされている。

　この当時には、被告人の**板垣**、**木戸**《きど》と**荒木**が引き続き右記の内閣に入閣しており、また、同じ軍と同じ総司令官がこの事件に関係していた。本官が以下に示すとおり、この市においても本官は、何の残虐行為も立証されたとは認めることができない。」(判決書p.570上段～p.570下段)

漢口《ハンコウ》についても、右記の通り、パール判事は何の残虐行為も立証されたとは認めていないが、それでも、パール判事は唯一アルバート・ドランスというアメリカ人の証人については触れているので、後ほど詳細に記述することとしたい。このアメリカ人証人は市ヶ谷の東京裁判所に出廷して宣誓供述をしているのである。

④長沙《チャンシャ》

「訴因第48は長沙《チャンシャ》市において実行されたと申し立てられている残虐行為に関するものである。その日付は1944年6月18日前後と記載されている。本官が以下に示すように、この件に関する証拠はとうてい満足できるものではない。

　その当時には次の被告人が内閣に入閣していた。**東条**が陸軍、総理、そして内務大臣、**重光**《しげみつ》が外務大臣、そして**嶋田**《しまだ》が海軍大臣であった。

　被告人の**東郷**は1942年9月1日付《づけ》でその内閣の閣僚を辞しており、また、被告人の**賀屋**《かや》は1944年2月19日付《づけ》で閣僚を辞している。

　1941年3月1日から1944年11月22日にかけては被告人の**畑**《はた》が支那派遣軍総司令官であった。この事件に関係していると申し述べることができる被告人たちは以上のみである。他の被告人はこの事件にはまったく何の関係も無い。」(判決書p.571上段)

　右記引用でいう「この件に関する証拠」とは、謝金華《シューチンファ》という人物ならびに田村信忠という日本陸軍の兵長の証言である。前者については「本官はこれに何らの信頼をも置くことはできない」(判決書p.584下段)とし、後者については「これはある大隊での散発的行動を示すのみであり、民間人に対するいずれの残虐行為とも何の関係も無い」(判決書p.585上段)として、パール判事はいずれの証拠も棄却している。

⑤衡陽《ヘンヤン》

「次なる例は湖南《こなん》省の衡陽《ヘンヤン》市での出来事に関係するものである。訴因第49がこの事件に関連している。日付は1944年8月8日の前後とされている。**東条**内閣が1944年7月22日の時点で崩壊していたことを思い起こさなければならない。この事件の日付においては被告人の**小磯**《こいそ》が総理大臣であり、また**重光**《しげみつ》が外務大臣であった。他の被告人はいずれも入閣してはいなかった。被告人の**畑**《はた》が引き続き支那派遣軍の総司令官であった。検察側はこの事件を立証するいかなる証拠も提出しなかった。」(判決書p.571上段)

衡陽《ヘンヤン》については、パール判事は「何の証拠も記録されていない」(判決書p.585上段)と重ねて述べている。

⑥桂林《ケイリン》と柳州《リュウチョウ》

「次に来るのは広西《こうせい》省の桂林《ケイリン》と柳州《リュウチョウ》の両市における残虐行為の申し立てである。訴因第50がこれに関連しており、その日付は1944年11月10日の前後とされている。これについても、挙《あ》げられた証拠に説得力は無く、本官の意見ではこの申し立ては立証されてはいない。
この事件と被告人との間のつながりは、引き続いて衡陽《ヘンヤン》市の件と同様のものとなっている。」（判決書p.571上段）

桂林《ケイリン》と柳州《リユウチョウ》については、２つの証言を検察側は提出した。次の通りである。

「桂林《ケイリン》と柳州《リユウチョウ》での残虐行為は訴因第50で申し立てられている。これを立証する証拠として法廷証第３５２号と３５３号が我々には与えられている。」（判決書p585上段）

これらは散発的な出来事に関するものであった。法廷証第３５３号は市民による声明書である。

「この声明書は非常に漠然としている。散発的な出来事があったのかも知れないが、そのような散発的な出来事でさえも村人による同様の声明書を引き起こすことはできたのであろう。」（判決書p.585下段）

パール判事は桂林《ケイリン》と柳州《リユウチョウ》に関するこれらの証拠について、次のように判定している。

「検察側による証拠は、その中で説明されていることにつき本官を納得させるものではない。」（判決書p.585下段）

なお、パール判事は、桂林《ケイリン》と柳州《リユウチョウ》に関して次の２人の弁護側証人による証言をあえて取り上げて述べている。南京以外の中国での残虐行為の件で必ずしもすべての証言が無意味・無価値であったわけではないことを示したかったのだろうと思う。以下に引用する。

「弁護側証人の益田《ますだ》は、桂林《ケイリン》攻略に参加し、支那派遣軍の総司令官の配下にあった第11軍の参謀であった。彼は法廷において証言を行《おこな》ったが、検察側からは反対尋問を受けなかった。証人はそこで何らかの残虐行為が行《おこな》われたことならびに、日本軍の側に何らかの風紀違反行為があったことを、否定した。
横山勇《よこやまいさむ》は長沙《チャンシャ》、衡陽《ヘンヤン》、桂林《ケイリン》と柳州《リユウチョウ》を攻略し占拠した第11軍の司令官であったが、彼もこの件につき証言を行《おこな》った。そして彼も、検察側による反対尋問を受けなかった。この証人も、軍による何らかの風紀違反行為があったことを否定した。」（判決書p.585下段）

検察側が判事団の前で弁護側証人に対して反対尋問を行《おこな》わなかったことは、その証言につき検察側に異論がないということを強く示唆するものである。

起訴状で記述されている場所は、中国に関しては以上①〜⑥がすべてであった。

「起訴状において特定的に述《の》べられている例は以上がすべてである。」（判決書p.571上段）

なお、起訴状において訴因がないが、審理の途上で検察側が追加的に証拠を提出した、他の場所での事案がある。次の「⑦その他」での計14個の事案である。

## ⑦その他

「証拠を提出するにあたり、次の事案も提示された。

１．１９３７年11月の江蘇《こうそ》省の蘇州《そしゅう》が陥落した当時における残虐行為の申し立て。

２．１９３７年における湖北《こほく》省のある村での殺人と家屋の損壊に関する諸事件。

３．戦争犯罪人を裁く中国軍律会議の判事である姜《かん》大佐により記述された、１９３８年における民間人に対する拷問《ごうもん》と殺人に関する諸事件。

４．１９４０年の北平《ペイピン》（訳注：現在の北京《ペイジン》）における強姦と殺人に関する諸事件。

5. 1940年の綏遠省《すいえん》における民間人に対する略奪、放火と殺人に関する諸事件
6. 1941年の良峒村《リアンドウン》における強盗と資産の気ままな破壊行為
7. 1941年8月の熱河省《ねっか》の平泉地区《ピンチュアン》におけるシ・トゥ・ティ村における残虐行為
8. 1941年9月の第二次長沙《チャンシャ》作戦におけるもの。
以上が太平洋戦争前の時期の中国における残虐行為の例のすべてである。」（判決書p.570下段）

そして太平洋戦争開戦後の中国における事案は、次の6個である。

「裁判の進行に伴い、次の事案も証拠を通じて示された。
1. 1943年の湖北省《こほく》における日本陸軍第13師団第104旅団第65連隊による、財産の気ままな破壊の事案。
2. 1942年に証人である狄樹堂《てきじゅどう》の村で起こった事件。
3. 1943年9月の任邱県《ジエンチュー》での残虐行為。
4. 1945年の圏頭鎮《チュアトウエンツエン》の村落における日本陸軍第4204部隊第38大隊によるもの。
5. 1944年から45年にかけての広西省《こうせい》における出来事。
6. 1942年5月のビルマ公路のサルウィン河での日本軍による中国の民間人への略奪行為。」（判決書p.571下段）

パール判事は、右記の⑦その他の計14個の事案については、いずれも「散発的な事案」（判決書p.586上段）であるとしている。

中国における残虐行為に関して検察側が持ち出したのは、以上①～⑦がすべてである。以上をまとめると、中国における残虐行為は、①南京《ナンキン》のみであり、その他の②～⑦については、そもそも証拠がないか、証拠が不十分であった等により、パール判事は立証されたとは認めなかった。ただし、③漢口《ハンコウ》のみは「その証言がいくらかなりとも考慮の対象となりうる唯一の証人」（p.583下段）がいるとして、パール判事は多少の検証を行《おこな》っている。これについては、次の§5.で詳しく見ておくことにしたい。

## §5. 漢口《ハンコウ》：アルバート・ドランスの証言

中国戦線における日本軍の残虐行為についてさまざまな証言が行《おこな》われたが、中国における残虐行為に関する証言や証拠の信憑性《しんぴょうせい》について全体としてパール判事は納得していない。「南京暴虐事件」についてのみは、大量の証拠が持ち込まれたので実際に現場で残虐事件が起きたことを否定することはできないが、それでも前述のように英陸軍のG・R・V・スチュワード大佐やサー・チャールズ・アディスの言を引き、敵対的プロパガンダもしくは誇張や勘違いによるものが多いのではないか、というのがパール判事の見方である。

### 漢口《ハンコウ》

さて、揚子江（長江）中流の左岸に漢口《ハンコウ》という町がある。対岸の武《ウー》昌《チャン》と共に現在の武漢《ウーハン》の一部を成している。2019年、コロナウイルスが最初に発生した都市として有名になってしまった。パール判事は「この市（引用者注：漢口《ハンコウ》を指す）においても本官は、何の残虐行為も立証されたとは認めることができない。」（判決書p.570下段）と判定したことをすでに見た。

パール判決書からの右記の判定からもわかるように、事実としては漢口《ハンコウ》では残虐行為は立証されなかったのである。検察側も漢口《ハンコウ》での残虐行為を強《し》いて立証しようとはしていない。弁護側証人の証言に対して検察側は反対尋問すらしようとしなかったのである。それにもかかわらず検察側は、アルバート・ドランスという人物をわざわざ出廷させて宣誓証人として証言させたのである。このように、漢口《ハンコウ》の事案についての検察側の態度は一貫していない。

以上の客観的状況に鑑《かんが》みると、ドランス証人の証言には誤りか誇張か勘違いがあるものと考えざるをえない。しかし、次の引用に見るように、パール判事は、かかる誤り・誇張・勘違いを明示していないのである。パール判事は、もっと信用できる証言が日本軍将校2名（吉橋大尉ならびに吉川《よしかわ》中佐）から提出され、そちらの証言を信用する、と申し述べているのみである。

## 漢口《ハンコウ》：パール判決書の記述

まずはパール判決書から引用し、パール判事の指摘を押さえておこう。漢口《ハンコウ》に関するパール判事の記述は、次がすべてである。傍線筆者。

「漢口《ハンコウ》での同様の残虐行為の証拠についても本官は納得できない。この件につきその証言がいくらかなりとも考慮の対象となりうる唯一の証人は、アルバート・ドランス（訳注：原表記はAlbert Dorrance）である。この証人はスタンダード石油会社のマネージャーであり、1938年10月の後半に漢口《ハンコウ》に滞在していた。日本による漢口《ハンコウ》への進駐は1938年10月27日に行《おこな》われた。漢口《ハンコウ》には当時、アメリカの砲艦が4隻か5隻、停泊していた。証人は主尋問での陳述において、これらの砲艦からいくつかの残虐行為の例を見たと陳述した。占領は午後に実施された。占領の翌朝、税関の波止場で数百人の中国人兵士が日本人によって集められたのをこの証人は見た。その時の揚子江は水位が非常に低く、岸から約半マイルほど（訳注：約800メートル）にも河の中に向かって延びた桟橋《さんばし》が使用されていた。3人か4人のグループに分かれた中国人兵士たちはこの長い桟橋《さんばし》を歩かされ、水中に投げ込まれた。兵士の頭が水上に出たら、彼らは銃で撃《う》たれた。証人は他の人々と共にアメリカの砲艦からこれを眺《なが》めていた。日本の兵隊たちは彼らがそうしているのを見て取ると、それを止《や》めた。その後に日本の兵隊たちは一つのグループを汽艇に乗せ、河の中に連《つ》れて行《い》き、中国人兵士たちを河に投げ込み、浮上すると銃撃したのである。

この物語はこの証人からのみ提示されており、残念ながら他の目撃者はいずれも尋問されなかった。

ここで注意を払うべきことは、1種類の物語につき、実際上はただ1人の証人のみが出廷させられたことである。それはおそらくは物語の不一致や矛盾の可能性を最小にするためであろう。この証人によると、中国人たちは桟橋《さんばし》に連《つ》れて来《こ》られ、まさに彼らが河の中に蹴《け》り込まれる場所で身体検査を受けたと云《い》うのである。文字通りの水際《みずぎわ》において、日本人たちがなぜこの無用な検査手順に従わなければならないと考えたのかを理解するのは困難である。いずれにせよ、本官はこの証人による証言のみで何らかの不作為の罪を被告人に負わせるつもりはない。

この件の関連においては、弁護側の証人の内の2人による証言については特に述べておく必要があろう。2人の証人は共に検察側による反対尋問のために出廷したのであり、そしてその両方のケースにおいて検察側は反対尋問を行《おこな》わなかったのである。吉川《よしかわ》証人は漢口《ハンコウ》作戦において第6師団の後方主任参謀たち（訳注：原表記はrear staff members）の責任者であった。彼は終戦時には中佐の階級を有していた。もう1人の証人である吉橋戒三《よしはしかいぞう》は漢口《ハンコウ》攻撃の際には大尉であり、第2軍の参謀部付《づき》であった。これらの証人は、ドランス氏が述べた話とはまったく異なった説明を我々に与えたのである。特に検察側がその信憑性《しんぴょうせい》につき何らの異議さえも示唆しない場合において、我々がこちらの証言を受け入れるべきではないとされるのはなぜなのかが本官には理解できないのである。

南京《ナンキン》の場合とは違い、漢口《ハンコウ》の場合においては申し立てられた残虐行為が日本政府に報告されたという証拠は無かったことを検察側は認めている。プロパガンダが盛んな昨今において、これは無視できる要因ではない。」（判決書p.583下段〜p.584下段）

ドランスは、パール判事が判決書の中で特に取り上げたアメリカ人証人である。この証言がどのようなものであったかを詳しく見ておきたいと筆者は考えた。それにより、実際の東京裁判がどのように進行していたかを知る手掛かりにもなると思ったからである。

それでは、ここでいったんパール判決書から離れ、漢口《ハンコウ》での残虐行為に関して、まずは検察側の最終論告からその主張を見てみよう。

## 漢口《ハンコウ》：検察側の最終論告からの抜粋

検察側の最終論告は次のように述べている。英文原典より筆者が仮訳した。これはパール判決書には記載がないものであり、本稿での引用が筆者としては初である。

「J-64　日本軍は1938年10月に漢口《ハンコウ》に入場した。日本軍入場の翌朝、捕らえられた中国人が揚子江に蹴り込まれたか投げ込まれ、銃撃された。漢口《ハンコウ》の街路には6名ないし7名の中国人の死体が見受けられ、それらの死体は両手が背後で縛られていた。彼らは全員、銃撃によって殺されていた。

弁護側は漢口《ハンコウ》では残虐行為は行《おこな》われなかったと主張した。弁護側証言の内、吉橋《よしばし》（引用者注：吉橋戒三大尉　陸士50期）の証言はその全体を無視してかまわないだろう。というのは、日本軍は10月27日に漢口《ハンコウ》市に入場したのであったが、吉橋《よしばし》は29日、すなわち目撃者ドランスにより供述された出来事の1日後まで、漢口《ハンコウ》に到達しなかったからである。

吉川《きつかわ》（引用者注：吉川正治中佐　陸士46期）については、漢口《ハンコウ》への凱旋入場は完全に平和的かつ秩序立って行《おこな》われたと述べているにすぎない。その結果として吉川《きつかわ》は、そのようなやり方で漢口《ハンコウ》に入場した軍隊が暴虐行為もしくはその他のあらゆる疑問を持たれるような行為を行《おこな》ったとは考えていない点を申し述べたにすぎない。もちろんこれは何物《なにもの》をも立証するものではない。特に、その翌日に起きたことについて立証するものではない。

提出された吉川《よしかわ》（引用者注：吉川源三中佐　陸士49期）の証拠も同様に無価値である。それは次に価《あたい》するものにすぎないのである。すなわち、厳格な規律を維持するよう命令が各部隊に下され、漢《ハン》口《コウ》市は平和的なやり方で入場されたため、『日本軍が襲撃、略奪、強姦その他の残虐行為を行《おこな》ったことは考えられない。』

本裁判所によるドランスの主張の棄却を正当化するものは、何も提出されなかった。」（最終論告J-64より）

検察側は以上のように、弁護側の3名の証人である、吉橋《よしばし》戒三大尉、吉川《きつかわ》正治中佐、吉川《よしかわ》源三中佐の証言ないし口供書はいずれも無価値であると決めつけている。しかし、3名の証人はいずれも、日本軍による漢口《ハンコウ》への入場は整然と規律正しく行《おこな》われたことを証言している。3名の証言は日本軍が残虐行為を行《おこな》わなかった背景と日本軍の漢口《ハンコウ》占領の方針を説明する証言として説得力を持つものであって、証人の漢口《ハンコウ》への入場がドランスの証言した残虐行為よりも時点が後だから証言は無価値であるなどという検察側の主張は、証拠を比較衡量して実態を解析する真摯《しんし》な姿勢から離れてはいないか。また、ドランスの個別の証言の棄却を正当化しないから無価値であるとするのは、論点として粗雑かつ筋違いではないか。

漢口《ハンコウ》への入場のタイミングがさほどに重要であると検察側が考えるなら、反対尋問のためにわざわざ呼び出したそれらの証人に対してその点を問《と》い質《ただ》したはずである。パール判事によれば、それらの証言に対して検察側は何ら異議を唱えず、反対尋問さえも行《おこな》わなかったのである。検察側があえて反対尋問しなかったのは、尋問を行《おこな》うと、かえってその信憑性が高いことが明らかとなり、逆効果になると考えたためであろう。パール判事は、すでに見た通り、吉川《よしかわ》中佐と吉橋《よしばし》大尉の証言のほうを受け入れるべきであると判断している。

## アルバート・ドランス証人への直接尋問と反対尋問：逐語訳

アルバート・ドランス証人に対する直接尋問ならび反対尋問の様子を、以下のとおり、東京裁判の英文の法廷記録から読み取り、筆者の責任において翻訳してみることとしよう。パール判決書では詳しく触れられていないこの証人による実際の証言を見てみることとしたいのである。この証人の証言時の態度や、どの点に関してこの証人が明言を躊躇《ちゅうちょ》したか、弁護側反対尋問に対する裁判長の姿勢、さらには東京裁判の法廷の雰囲気を知るのに格好の材料でもあると思えるので、少し長くはあるが、ぜひお付き合い願いたい。

ドランス証人への直接尋問ならびに反対尋問は、1946年8月7日午後に東京・市ヶ谷の本裁判所の法廷で行《おこな》われた。登場人物は以下のとおりである。

・証人のAlbert Anson Dorrance 2世。第一次大戦中に航空パイロットとして活躍後、上海《シャンハイ》に移住しスタンダード・オイル社で勤務の傍らシェノール将軍の「Flying Tigers」義勇軍部隊の「民間人」パイロットとしてビルマ公路を飛び物資を中国に輸送した。日本軍に撃ち落とされ、戦争俘虜として上海《シャンハイ》俘虜収容所に4年以上収監された経験を持つ。なおその子のAlbert Anson Dorrance 3世は欧州戦線で米軍輸送機に搭乗していたが1944年6月にノルマンジーで撃墜され戦死している。

・検察側尋問官のGHQ国際検察局モロー大佐 Colonel Thomas H. Morrow。オハイオ州シンシナティ出身の弁護士。
・弁護側反対尋問者（その1）の神崎正義《かんざきまさよし》弁護士。被告人・畑《はた》の弁護人
・弁護側反対尋問者（その2）のブルックス大尉 Captain Alfred W. Brooks。小磯、南、大川担当の弁護側弁護士
・裁判長のWilliam Webb

以上の他には、「裁判進行係（court martial）」「裁判モニター（the Monitor）」ならびに「公的な法廷報告者（official court reporter）」という人物が発言を行《おこな》っている。

以下、尋問と証言のやり取りを記述する。

## 1946年8月7日の法廷記録からの抜粋：尋問と証言のやり取り

（英文法廷記録からの引用開始）

A・A・ドランスは検察側宣誓証人として出廷し、次の証言を行《おこな》った。

### モロー大佐による直接尋問

**モロー大佐の尋問（以下、モロー）**：姓名と現在の居住地を述べてください。
**ドランス証人の回答（以下、ドランス）**：アルバート・ドランス、上海《シャンハイ》です。
**モロー**　：ドランスさん、あなたの現在の居住地はどこですか？
**ドランス**：現在の居住地とおっしゃいましたか？
**モロー**　：そうです。
**ドランス**：上海《シャンハイ》、パークホテルです。

モロー：あなたは1938年10月の後半に、どこに住んでいましたか？
ドランス：中国、漢口《ハンコウ》です。
モロー：当時のあなたの仕事は何でしたか？
ドランス：スタンダード・オイル社のマネージャーです。
モロー：漢口《ハンコウ》市においてその近辺の時点で何が起こりましたか？
ドランス：日本による占領が1938年10月後半に起きました。
モロー：その近辺の土地にアメリカの砲艦がおりましたか？
ドランス：4艦か5艦おりました。正確な数字は忘れました。
モロー：その当時、あなたはその砲艦の内の1艦に乗船していましたか？
ドランス：私は砲艦の艦上に居住していたわけではありませんが、定期的に砲艦に乗ったり降りたりしておりました。
モロー：1938年10月後半近辺の時点であなたが見たことを述べてもらえますか？
ドランス：あなたは日本軍が占領した後のことを尋ねているものと考えてよろしいですか？
モロー：そうです。
ドランス：占領の直後、つまり日本軍の占領の翌日の午後、当時私は漢口《ハンコウ》のアメリカ商工会議所の議長（Chairman）であったためにそこの提督との間で往来がありましたが、私は提督の旗艦に乗船しました。その艦はちょうど河の関税埠頭に沿って停泊していたからです。関税埠頭に日本人たちは、そうですね、数百名の中国人俘虜もしくは兵隊たちを集めました。その人たちは戦争俘虜だったと思います。彼らはその税関の建物に留め置かれて、というよりは家畜のように集められておりました。

お気づきのことでしょうが、当時は揚子江の水面は異様に低く、川岸から4分の1マイルもしくは半マイル（引用者注：約400メートルもしくは約800メートル）ほども河に向かって延びた桟橋が使われておりました。兵隊たち、つまり日本の兵隊たちはこの桟橋の先にいましたが、時折この中国兵たちのところに行《い》きました。中国兵、というよりは中国の人たちであって、その多くは服装によって中国兵であったと考えられる者たちですが、日本兵は任意に3名か4名を選びました。個人的嗜好《しこう》で選んでいるようには見えず、3名か4名を歩かせて連れて行《い》くためにそうしたようです。彼らはこの長い桟橋を歩き、日本の兵隊、つまり歩哨兵《ほしょうへい》の前を通り過ぎると、歩哨兵たちはごく自然に歩き出し、その者たちの後ろについて水際まで行《い》きました。水際に着くと、後ろについていた日本の歩哨兵たちの様子は、見た目には極めて非人間的でした。その非人間的な行動は印象的であって、それは最後までずっとそのままでした。

　水深の深い水際に着くと、兵隊たちは中国人を水の中に蹴り込み、彼らの頭が水上に現れると銃で撃ちました。中国人を水中に投げ込むか蹴り込む前に、彼らは必ず、中国人の上着を跳ね上げました（原表記はthrew back their coats）。背面と腹側の両側ともにです。そして左右両肩を調べました。それは彼らが火器を持っているかどうかを確認したのか、銃を探したのか、そんなことだったのだろうと私は思います。

　我々は以上のことをアメリカ砲艦の内の艦橋から、そうですね、かなりの時間に亘って眺めていました。双眼鏡を使いました。日本兵たちは、我々がそうしているのを見て取ると、やめました。

　しかしその後、彼らは他の兵隊たちつまり中国人たちを選ぶことを再開しました。そのやり方はその前に彼らがやっていたのと同じでした。そして彼らは中国人たちを同じ場所で蒸気ランチ（引用者注：パール判決書でいう汽艇）に乗せ、河の流れの上に連れて行きました。その場所であっても双眼鏡を使えばよく見ることができました。彼らが中国人たちを揚子江の真ん中に連れ出した後、彼らは甲板から中国人たちを前と同様に投げ込み、浮上すると銃撃しました。

**モロー**：最初の銃撃が起きたところから、あなたが乗っていた艦はどの程度の距離、離れていましたか？

**ドランス**：およそ100ヤード（引用者注：約90メートル）ほどだったと思います。

**モロー**：ランチからの銃撃が起きたとき、あなたはランチからどの程度離れていましたか？

**ドランス**：4分の1マイル（引用者注：約400メートル）以上ではなかったのは確かです。

**モロー**：その距離の場合、艦上から眺めて、その日本兵の内のいずれかが将校であったかどうかを申し述べることはできますか？

**ドランス**：そのランチは何度もアメリカの砲艦のすぐそばを通り過ぎましたので、我々は彼らをとてもはっきりと見ることができました。彼らが将校であったかどうかを私は覚えておりません。

**モロー**：漢口《ハンコウ》のアメリカ商工会議所でのあなたの地位は何でしたか？

**ドランス**：私はその理事長（President）でした。

**ウェッブ裁判長**：証人はそのことをすでに申し述べました。

**モロー**：あなたはその立場でどのような職務を背負うことになりましたか？

**ドランス**：我々が行《おこな》った救済プログラムと防衛策の立ち上げについて、あなたがたはすでに知っているものと思っていましたが、違いますか？

**モロー**：その通りです。（引用者注：すでに知っているという肯定の意味である）

**ドランス**：南京が陥落した直後、また河がその前に封鎖されていた期間中、漢口《ハンコウ》にはかなり大きな外国人コミュニティがありました。我々はいくつかの会議所を統合して購買代理店を設立し、我々が包囲された場合に備えて補給品を入手するために香港に人を派遣しました。漢口《ハンコウ》でも同じことが起きたのであり、また、起きうるのです。

**モロー**：日本軍が漢口《ハンコウ》に到着後の朝、漢口《ハンコウ》の街路であなたは何を見ましたか？

**ドランス**：私がさきほどお話しした委員会は、充分な保護活動ならびに警察活動等を立ち上げました。警察システム、水路、電灯線、病院等に何が起こるか予想もつかなかったからです。日本軍の到着後は、彼らが特に水の供給を止めたり、電力の供給等を止めたり、病院に何が起きるかなどを心配したため、我々はとても神経質になっていました。そのため、以上のサービスが干渉されないことを確認するために私はアメリカ側の議長として出かけて行《い》って日本の将軍にコンタクトを取る試みをしました。

以前のドイツ租界は日本租界のすぐ隣にあって、河岸に沿っており、その後方に電灯会社があったため、私はその地区に行《い》って電灯会社を訪問しようとしました。以前のドイツ租界では、その街角で、そうですね、私は恐らく６つか７つのさまざまな街角を見ましたが、私はそこで中国服を着て背面で手を縛られた中国の男たちを見ました。彼らはそこで射殺されたのです。

**モロー大佐**：もしも裁判所が許可するなら、弁護側は反対尋問をしてもよいです。

**神崎氏**　：私は神崎正義、被告人・畑俊六の弁護士です。

## 神崎氏による反対尋問

**神崎氏の質問（以下、神崎）**：証人が漢口《ハンコウ》に住んでいたのはいつからいつまででしたか？

**ドランス証人の回答（以下ドランス）**：あなたは特に本件に関する時期について尋ねているものと考えてよいですか？

**神崎**　：いいえ、あなたが初めて漢口《ハンコウ》に行《い》った日と、そこでの最後の日です。

**ドランス**：私が最初に漢口《ハンコウ》に行ったのは１９２１年でした。

**神崎**　：あなたはいつまで漢口《ハンコウ》に居住しましたか？

**ドランス**：あなたが物事《ものごと》を理解しているとは私には思えません。私は漢口《ハンコウ》に３年おり、次に別の港に３年いたのです。しかし、本件に関して私が漢口《ハンコウ》に到着したのは１９３７年４月でした。

**神崎**　：漢口《ハンコウ》が陥落した１９３８年10月に証人は漢口《ハンコウ》市にいましたか？

**ドランス**：私は１９３７年４月から１９４０年３月までそこにいました。

**神崎**　：その当時の漢口《ハンコウ》では市街戦がありましたか？

**ドランス**：ありませんでした。

**神崎**　：あなたは当時の漢口《ハンコウ》付近で火器の銃声を耳にしましたか？

**ドランス**：漢口《ハンコウ》の周りでは継続的に銃声を聞きました。占領前から占領後に亘って、そのすべての期間に亘って、です。

**神崎**　：それはそばでしたか、それとも遠くでしたか？

**ドランス**：それに答えるのは難しいです。漢口《ハンコウ》は河のすぐ横にあります。河の反対側の武昌（Wu Chang）の後方では継続的に戦闘が行《おこな》われておりました。

**神崎**　：私が今、証人に訊《たず》ねたいのは、証人は市街戦はなかったと述べたにもかかわらず、ライフルの射撃音もしくは銃声を聞いたと述べたことです。銃声をどこで聞いたのかを知りたいです。

**ドランス**：河の反対側、武昌《ウーチャン》の後方の地区です。

**神崎**　：そうであれば、証人が言っている銃撃の件は揚子江の漢口《ハンコウ》側のことではないのですね？

**ドランス**：占領の前であればそのとおりです。

**神崎**　：ライフルの銃撃音、つまり銃声をあなたは武昌《ウーチャン》で聞いた、それで正しいですか？

**ドランス**：武昌《ウーチャン》の後方です。

**神崎**　：了解しました。漢口《ハンコウ》が日本軍に降伏したのはいつでしたか？

**ドランス**：１９３８年10月の後半です。26日、27日、28日ですが、私にははっきりしません。

**神崎**　：証人が宣誓供述書の中で申し述べたことを確認したい。あなたは漢口《ハンコウ》が降伏した翌日の出来事を申し述べていました。

私はその正確な日付を知りたいのです。

**ドランス**：恐れ入りますがその件はそちらで記録を調べていただきたい。私は思い出せません。

**神崎**　：証人の直接尋問の中での供述では証人は「砲艦」について申し述べておりました。この法廷で証言した件を、あなたはアメリカの砲艦から見たのですか？　あるいは旗艦から見たのですか？

**ドランス**：アメリカの砲艦からです。そのうちの1つが旗艦でした。

**ウェッブ裁判長**：この一連の質問のポイントは何ですか？

**神崎**　：申し述べられた証言内容の中のいくつかのあいまいさを明確化したいのです。

**裁判モニター**：少々訂正いたします。『彼の宣誓供述書には多くの矛盾事項があります。そのため、私はこれらの質問を行《おこな》い、それらのポイントを明確にしたいのです。』

**ウェッブ裁判長**：証人はここでは宣誓供述書について尋問を受けたものではありません。一方あなたは、使用されなかった宣誓供述書を入手したものかも知れません。あなたの反対尋問は、証人が本法廷で申し述べたことに限定して行《おこな》ってください。我々が知る限り、証人のここでの証言には不明確なものは何もありませんでした。

**神崎氏**　：しかしながら、この証人が行《おこな》った陳述にはとても多くの矛盾した事項があるように私には見受けられます。本法廷におかれましては短い時間に亘り、私の尋問を聴いていただけるようお願いできないものでしょうか？

**ウェッブ裁判長**：我々は有益な反対尋問に聴き入る用意は常にあります。

**神崎氏**　：貴重で有益な質問を行《おこな》うよう努めます。

**神崎**　：少し前、証人は日本の兵隊たちが中国人を4分の1マイル（引用者注：約400メートル）ほども栈橋の先まで連れ出して河の中に蹴り込んだと証言しました。さて、中国人に対するその身体検査はどこで行《おこな》われたのですか？

**ドランス**：質問を理解できません。彼らが河に蹴り込む前のことを尋ねているのか、あるいはその他での身体検査のことですか？

**神崎**　：少し前、証人はこれらの中国人の上着は取り外され（原表記はthe jackets of these Chinese were removed）、彼らがライフルを撃ったかどうかを調べたと申し述べました。この検査はどこで行《おこな》われたのですか？

**ドランス**：水際そのもので行《おこな》われました。

**神崎**　：そうであればそれは栈橋の上でのことですね？

**ドランス**：その通りです。

**神崎**　：1回あたり何名の中国人俘虜がこの栈橋に連れて来られたのですか？

**ドランス**：3名もしくは4名です。

**神崎**　：そして身体検査の結果、これらの中国人たちの内の何名が地上に戻されたのですか？

**ドランス**：1名もおりません。

**神崎**　：別の言葉で言えば、彼らはすべて河の中に投げ込まれた？

**ドランス**：そのすべてを私たちは目撃しました。

**神崎**　：そうであれば、何の目的でこのような身体検査が行《おこな》われたのですか？

**ドランス**：そちらの記録を読み返してもらえれば、彼らが中国人たちの上着を跳ね上げた（原表記はthrew back their coats）理由として私が考えたことを知ることができるものと思います。

す。私にはわかりません。

**神崎**：これらの3名もしくは4名の兵隊たちは河の水際に一緒に連れて来られ、一度に全員が投げ込まれたのか、あるいは1名ずつでしたか？

**裁判モニター**：蒸気ランチでのことを訊《たず》ねていますか？

**ウェッブ裁判長**：なぜそれを訊《き》くのですか？　何が起きたかの詳細になぜ踏み込むのですか？　この証人の正確さを他の方法で突くことはできませんか？

**神崎氏**：そのようにいたします。

**神崎**：少し前、証人がこの法廷で申し述べた陳述の内の何かを私は見落としたかも知れません。証人が乗船していた砲艦とこれらの戦争俘虜が河に投げ込まれた場所との間の距離はどの程度でしたか？

**ウェッブ裁判長**：それはすでに聞きました。2度に亘って聞きたくはありません。

**神崎**：私はそのことを耳にしたとは思いますが、はっきりしませんでした。私は4分の1マイル（引用者注：約400メートル）と聞いたのですが、正しいですか？

**ドランス**：100もしくは200ヤード（引用者注：約90メートルもしくは約180メートル）ほどでした。

**神崎**：これらの戦争俘虜たちはそのランチの上にいた時に両手を縛られておりましたか？

**ドランス**：縛られてはいませんでした。

**神崎**：そうであれば、これらの戦争俘虜たちが河の中に投げ込まれようとされた都度、彼らが抵抗したのをあなたは見たはずです。

**ドランス**：抵抗のそぶりは一切ありませんでした。

**神崎**：そうであったのに、証言の中であなたは戦争俘虜が河に投げ込まれ、頭が水上に浮かび上がったら撃たれたと言いたかったのですか？

**ドランス**：その通りです。

**神崎**：証人は漢口《ハンコウ》に長く住んだように見受けられます。揚子江に投げ込まれた者が再び浮かび上がるなどとは聞いたことがありません。初めて水面に浮かび上がったのは、この時のこれらの戦争俘虜たちだったとあなたは言うのですか？

**ドランス**：その通りです。そうでなければ彼らは撃たれることはありませんでした。

**神崎**：漢口《ハンコウ》の戦いの際に日本軍が市に近づいた時、市民たちは外国人居留地に逃げ込もうとして、そのうちの多くは河に向かい、船に逃げ込もうとしました。揚子江は当時、小舟であふれかえっていたのではありませんか？

**ウェッブ裁判長**：その質問はまったく無意味です。あなたは何をしようとしているのですか？

**神崎氏**：裁判長、当時の揚子江は船舶や小舟であふれておりました。つまり漢口《ハンコウ》市からの避難民を乗せた船であふれていたのです。また日本陸海軍の物資運搬の船もあふれていました。あらゆる種類の船であふれている河で戦争俘虜を河に投げ込むことは不可能だということを示そうとしているのです。

（この時、上記の発言は通訳により組み直され、次のようになった）

『私は半径約半マイル内（引用者注：約800メートル内）では中国人を撃ったり中国の戦争俘虜を河に投げ込むことは不可能だとの点を示す努力を続けているのみです。また今回の陳述の信頼性を確認しようともしております。裁判長、以上がこれらの質問をする目的であることを私は提示いたします。』

**ウェッブ裁判長**：河は船であふれかえっており、誰もその中に投げ込むことはできないと証人が申し述べたのですか？　本官は日本の弁護士に対し、弁護人は証拠を提出することはできないことをすでに繰り返して申し述べました。この証人は、河は船であふれており誰も河の中に投げ込むことはできないなどと申し述べたのですか？

**神崎氏**：いいえ。私はその点について証人を通じて確認しようとしていたのです。

**ウェッブ裁判長**：その質問に対しては証人が自ら回答するようにしましょう。本官が証人に次の質問を行《おこな》います。中国人たちが河に投げ込まれた当時において、船舶航行に関する河の状況はどうであったのですか？

**ドランス証人**：その問いかけには極めて多くの誤りが含まれております。揚子江はすでに数年にも亘って封鎖されておりました。私が知る限り漢口《ハンコウ》の船舶航行量は最低水準でありました。

**神崎**：10月の終わりの漢口《ハンコウ》陥落の時点で、日本の海軍関係者（原表記はnaval personnel）が陸軍の船舶（原表記はarmy ships）に乗って漢口《ハンコウ》に行くことが可能だったのではありませんか？

**裁判モニター**：若干修正いたします。『日本陸軍（原表記はJapanese Army forces）、すなわち日本海軍ならびに日本海軍艦艇（原表記はJapanese Navy as well as Japanese Navy ships）ですが、彼らは揚子江を航行することができたのではありませんか？』

**ドランス**：申し訳ありませんが、今の質問が理解できませんでした。

**神崎**：質問を繰り返しましょう。

**ドランス**：あなたの質問は理解しております。この、もう1人の紳士の質問が理解できませんでした。

**神崎**：漢口《ハンコウ》の飛行場は破壊されて使用不能となっておりました。そのため、日本陸海軍は小舟で漢口《ハンコウ》に向かったのです。証人はその事実を知らなかったのですか？

**ドランス**：私はその事実を確かに知っておりました。しかし、あなたが私に反対尋問をしているこの件（引用者注：浮上した中国人俘虜の頭を銃撃した件）は、漢口《ハンコウ》占領の翌日に起きたのです。そのため、港における船は、実際上、日本の一時的なもの（原表記はtransient）、正確にはどのように申し上げたらよいのか…、日本の輸送（原表記はtransport）だったのです。

**ウェッブ裁判長**：その電球が点灯したら話すのをやめてください。

**神崎**：当然ながら、私は漢口《ハンコウ》の降伏以降のことについて述べております。

**ドランス**：あなたが知りたいこととは何ですか？

**神崎**：私があなたに尋ねたいのは、降伏の後、漢口《ハンコウ》降伏の翌日には日本の輸送ならびにその他の船舶航行により漢口《ハンコウ》湾（原表記はHankow Bay）は混雑していたのではないですか？

**ドランス**：あなたの言っているのは当然ながら漢口《ハンコウ》河（原表記はHankow River）のことですね。もともとの部隊を運び込んできた唯一の水運、そのほとんどは九江《キュウキャン》か、少なくとも漢口《ハンコウ》の下流から、陸上経由で来たのです。

（引用者注：「もともとの部隊」以下の文の原表記はThe only shipping which brought in original troops - most of them came overland from Kew Kiang or at least down river from Hankow.)

**裁判モニター**：法廷報告者は、証人のその陳述を読み上げてくださいませんか？

（これにより、最後の回答は公的な法廷報告者により次のように読み上げられた）

『**ドランス**：あなたの言っているのは当然ながら漢口《ハンコウ》河のことですね。もともとの部隊を運び込んできた唯一の水運、そのほとんどは九江《キユウキャン》か、少なくとも漢口《ハンコウ》の下流から、陸上経由で来たのです。』

**裁判モニター**：もう一度読み上げてもらえませんか？

（これにより、最後の回答は、公的な法廷報告者により再度、読み上げられた）

**裁判モニター**：裁判長、その文章は明確ではありません。少なくとも「もともとの水運（原表記は"original shipping"）」の部分は不明確です。文章になっておりません。これでは翻訳ができません。

（証人に向かって）：「もともとの水運（original shipping）」とはどのような意味ですか？　報告者によれば、あなたは「もともとの水運、そのほとんどは陸上経由で来た」と述べたとのことです。（原表記はAccording to the reporter you said "original shipping – most of them came down overland."）

（引用者注：ドランスが述べたshippingとの語は通常は「海運・水運」を意味するが、「広義の輸送（必ずしも船舶によらない輸送）」を意味することもある。「水運が陸上運送で行《おこな》われた」では意味が通らないため、裁判モニターは、正確な翻訳をするために意味合いを確認しようとしたのである）

**ドランス証人**：もともとは。（原表記はoriginally）

**裁判モニター**：そうですか。法廷報告者は、証人の陳述を「もともとは（originally）」という単語を使って読み上げてもらえますか？

（これにより、証人の最後の回答は公的な法廷報告者により次のように読み上げられた）

『**ドランス**：あなたの言っているのは当然ながら漢口《ハンコウ》河のことですね。もともとの部隊を運び込んできた唯一の水運、そのほとんどは九江《キユウキャン》か、少なくとも漢口《ハンコウ》の下流から、陸上経由で来たのです。』

**公的な法廷報告者**：証人は「もともとは（originally）」とは言っておりませんでした。

**ドランス証人**：電球を消せ。電球を消せ。最初の質問は次のとおりでした。つまり、船舶航行量についてだったのです。事実、諸部隊は河の下流から小舟でやってきたので港は船舶によってあふれていたとの印象が残されました。私の論点は次の通りです。いくらかの部隊は漢口《ハンコウ》に船でやってきましたが、そのほとんどは漢口《ハンコウ》の下流から陸路でやってきました。

**ウェッブ裁判長**：それで、あなたが中国人が投げ込まれたのを見た時、何隻の船が河にいたのか？

**ドランス証人**：私は憶測をするのは好みませんが、それ以前に揚子江は南京《ナンキン》から漢口《ハンコウ》にかけて少なくとも2年間は封鎖されていたのです。それにより数か月の間、最小の水運さえも拒まれていました。

**ウェッブ裁判長**：本官は、何隻かと訊《たず》ねたのです。そのあたりに多くの船がいたのか？　河の中に人々を投げ込む余地はあったのか？

**ドランス証人**：極めて少数の船でした。大型船はありませんでした。というのも大型船は封鎖により阻まれていたからです。

**ウェッブ裁判長**：弁護人、あなたは河の上にはほとんど船がいなかったか、河の中に人々を投げ込むのを妨げるほどには多くの船舶数ではなかったとの証言の信頼性を、軍隊が河の上に運び込まれたと指摘することで突こうと試みていました。あなたはそれを続けることを望みますか？

**神崎氏**：裁判長、あなたの質問に対してさえ、証人は妥当、十分かつ明示的な回答を致しませんでした。今や証人は「封鎖」の件を持ち出しておりますが、「封鎖」という語の使用は単なる議論にすぎません。その封鎖は日本の船には適用されず、日本の船は河を自由に航行できたのです。封鎖があったとの単なる事実は、船舶の数が少なかったことを意味するものではありません。

**神崎**（続けて）：証人、あなたは商工会議所の理事長として、電灯の件について触れておりました。漢口《ハンコウ》の電灯はいつ再び点灯されるようになりましたか？

**ドランス**：電灯が消えたことはありません。

**神崎**：つまり、電灯はずっと点灯していたのですね？

**ドランス**：その通りです。

**神崎**：それでは、その事実に鑑み、戦争状態にもかかわらず漢口《ハンコウ》の電灯は消えなかったと証言してもらえますか？

**ウェッブ裁判長**：その質問に答える必要はありません。

**神崎**：日本軍が漢口《ハンコウ》に入る前に、内通者捜索（原表記はhunt for collaborators.日本軍に内通した者を探し出すこと）があったとの事実をあなたは知っていますか？

**ウェッブ裁判長**：何があったと言いましたか？

**通訳**：内通者の一斉検挙があったのです。（原表記はThere was a roundup of collaborators.）

**ドランス**：日本軍が漢口《ハンコウ》に入る直前にですか？私はいまだにあなたの質問を理解することができません。

**神崎**：日本軍の漢口《ハンコウ》入りの直前に中国人内通者の検挙があったのかどうかです。

**ウェッブ裁判長**：その尋問のポイントは何ですか？

**神崎氏**：もしお許しをいただけるのならば裁判長に申し上げたいのですが、当時の漢口《ハンコウ》は比較的平和な状況を享受していたのであり、また、私の理解では、日本軍が入って来た時には、遺棄された死体が漢口《ハンコウ》市内に転がっているようなことはなかったのです。しかし、もしも死体が遺棄されていたならば、それは中国人による中国人内通者の検挙によるものです。以上を理由として私はこの点を明確化したかったのです。

**ドランス証人**：裁判長、中国軍は日本軍の漢口《ハンコウ》到着の前日の午後まで漢口《ハンコウ》市を離れなかったとの事実に鑑みて、それはほとんど不可能でありました。（引用者注：証人の論点は、中国軍が直前まで秩序を守っていたので、内通者を殺すような状況は不可能であったとの点である）

**神崎**：日本軍が漢口《ハンコウ》に入る前の法と秩序の状況と、日本軍が入った後とでは、どちらの方が良かったですか？

**ウェッブ裁判長**：あなたはその質問に答える必要はありません。

**神崎氏**　：裁判長閣下、以上で私の反対尋問を終わります。

**ウェッブ裁判長**：15分間に亘り休憩することとする。

（これにより、14：45から15：00まで休憩がなされ、次のように審理が再開された）

**法廷進行係**：裁判をここに再開する。

**ウェッブ裁判長**：ブルックス大尉、どうぞ。

## ブルックス大尉による反対尋問

**尋問者（以下、ブルックスという）**：証人、あなたはこの事案が発生した時に1人の日本人が、あなたが日本人を見ていることに気づき——そのため彼らはそれをやめたのだと証言しました。さて、あなたが彼らを見ている時、港には何隻の砲艦がいましたか？

**証言者（以下、ドランスという）**：漢口《ハンコウ》市自体に最低でも2隻いました。1隻は我々の拠点にいました。それは漢口《ハンコウ》の付近でした。

**ウェッブ裁判長**：電球が点灯したことに留意してください。通訳を支援するため、証言の文章は短くしてください。

**ブルックス**：その砲艦2隻というのは、その港においては通常よりも多い数でしたか？

**ドランス**：そうです。通常、砲艦は1隻のみでした。漢口《ハンコウ》に1隻のアメリカの砲艦がいたのです。

**ブルックス**：その艦は、あなたの会社の拠点にいた1隻に付け加えられたのですか？

**ドランス**：通常は提督の旗艦が1隻いただけでした。

**ブルックス**：その時、通常よりも多い数であった理由は何ですか？

**ドランス**：漢口《ハンコウ》での戦いが予期されていました。

**ブルックス**：そのような予期をするのにあたり、どのような予兆がありましたか？

**ドランス**：日本軍は河を遡《さかのぼ》って前進していたのです。漢口《ハンコウ》は次の防衛線であって、そしてそれは河に面した唯一の、外国の、というより、外国化された大都市だったのです。

**ブルックス**：この前進よりも前の段階で、中国人の間での何らかの反日プロパガンダにあなたは気づきましたか？

**ドランス**：私ははっきりと認識していました。彼らはすでにその前の2年間にも亘り日本と戦っていたのです。

**ブルックス**：おっしゃるその2年間よりも前の段階で、あなたは何らかの反日感情もしくは反日プロパガンダを認識することがありましたか？

**モロー大佐**：もし許されるのであれば、私はその尋問の適切性に関する疑問を提起したい。

**ウェッブ裁判長**：恐らく、あなた（引用者注：モロー大佐を指す）は異議ありと申し立てるのでしょうね。本官はその尋問が適切であるとは思わない。あなた（引用者注：ブルックス大尉を指す）はどのようにしてそれが適切であると申し立てるつもりなのか？

**ブルックス大尉**：私は、あらゆる戦闘の前の段階における行動、すなわち感情やプロパガンダですが、それらが反対側——つまり敵対者—を憤激させたかも知れないと思うのです。憤激したのがどちらの側であったにせよ。ですから、これはとても適切な質問なのです。日本の意図が何であったのかについての証言（＊）がありました。私はこの尋問が適切だと考えるのは、次を示すため…。

（＊引用者注：ドランスの証言中の「日本軍は河を遡《さかのぼ》って前進していたのです。漢口《ハンコウ》は次の防衛線であって…」を指す。）

**ウェッブ裁判長**：〈さえぎって〉電球を点灯させてください。今の部分を翻訳しなさい。

**ブルックス大尉**：私は中国人たちの態度がどのようなものであったかを示すためにはこの尋問は適切だと考えます。中国人たちは何らかの領土を取り戻そうとし、何らかのプロパガンダを使おうとし、何らかの事案が発生していたのだと弁護側は主張するものと私は思います。その点は弁護側にとって非常に重要なのです。

**ウェッブ裁判長**：それは宣誓供述書の中から提起されたものではないし、あらゆる点に対して適切でもない。中国における反日プロパガンダは、それが多かろうが少なかろうが、中国に対する侵略戦争の遂行を正当化することにはならないのだ。

**ブルックス大尉**：それこそが検察側が立証しようとしている点だと私は考えます。つまり、それが侵略戦争であったことであり、そしてこの時点で提起されたのはその論点だったのです。そして弁護側は、日本が侵略戦争ではなくむしろ防衛的措置を取ったことを示す適切な論点を証拠によって示したいと考えています。

**ウェッブ裁判長**：異議を認める。

**ブルックス**：何隻かの砲艦の内の1隻が、この拠点にいたとあなたは言いました。あなたはスタンダード・オイル社の拠点のことを言っているのではないですか？　砲艦はあなたの会社の財産とそこで雇われていた人材　―アメリカ人の人材―を守るためにそこに駐在していた。そうではないですか？

**モロー大佐**：もしも許されるならば、本官は再び適切性の疑問を提起したい。

**ウェッブ裁判長**：その尋問は主尋問から提起されたものではない（引用者注：東京裁判では、反対尋問は主尋問での論点に限定されなければならないとのアメリカのルールを採用した）。異議を認める。

**ブルックス**：あなたは宣誓供述書の中で、あなたはスタンダード・バキューム・オイル社のマネージャーだと述べました…。

**ウェッブ裁判長**：彼はそのように申し述べました。それを繰り返して述べるよう彼に尋問するのはなぜですか？　あなたはそれに疑義を持つのですか？　なぜ本裁判の時間をこのような形で無駄に浪費するのですか？　あなたの戦術は審理妨害を示唆するもののように本官には思える。

**ブルックス**：私は質問がもう1つあるのみです。アメリカの砲艦により日本軍から守られなければならないどのようなビジネスをスタンダード・オイル社は行《おこな》っていたのですか？

**モロー大佐**：本官は適切性ならびに具体性の疑問を提起します。

**ウェッブ裁判長**：その異議を認めます。

**ブルックス大尉**：弁護側反対尋問はこれ以上はありません。

**モロー大佐**：再尋問は致しません。証人は退廷してかまいません。

（これにより証人は退廷した。）
（英文法廷記録からの引用終了）

## ドランス証人の証言から何を読み取るか

人間による証言には、どうしてもその人の「癖」がつきまとう。証言内容を文字にして記載し、読み返してみるとそれが浮かび上がって来る。ドランスの場合もそうであろう。

**日付の観点**。ドランスは「日付」について神経質な応対をしている。直接尋問・反対尋問いずれにおいても、質問者の「日付」に関する質問にいちいち確認を入れてから回答している。その上で、水に落とされた中国人の頭を銃で撃つという衝撃的な事件が起きたのは、「日本軍の漢口《ハンコウ》占領の翌日」と表現している。それはそうであろう。日本軍が漢口《ハンコウ》入りする前に日本兵が漢口《ハンコウ》で中国人の頭を撃つことはありえないからだ。ドランスは周到である。モロー大佐の訊問に対し、わざわざ「あなた（モロー大佐）は日本軍が占領した後のことを（私に）尋ねているものと考えてよろしいですか？」と発言して印象付けを図っている。そのあと、「占領の直後、つまり日本軍の占領の翌日の午後、」と念入りな回答を行《おこな》っている。しかし、その後の反対尋問で神崎弁護士が「証人（ドランス）が宣誓供述書の中で申し述べたことを確認したい。あなたは漢口《ハンコウ》が降伏した翌日の出来事を申し述べていました。私はその正確な日付を知りたいのです。」と、意図を明らかにして尋ねているにもかかわらず、「１９３８年10月の後半です。26日、27日、28日ですが、私にははっきりしません。」そして続けて「恐れ入りますがその件はそちらで記録を調べていただきたい。私は思い出せません。」と回答している。つまり、ドランスは、その出来事は「日本軍の占領の翌日の午後」に起きたものではあるが、「その正確な日付は思い出せない」のである。日常生活において正確な日付を思い出せないことは誰にもよくあることだろうが、そのような衝撃的な事件を目撃した場合には、その後にその件を人に語ったり日記につけたり、あるいは他のさまざまな事例と結びつけて「何月何日」との正確な日付が記憶に刻まれるのが普通ではないだろうか。ここまでかたくなに日付を述べるのを拒絶した理由は何であろうか。

**撃ったのはだれか**。ドランスの証言では、頭を撃ったのは日本兵であるとの証拠立てが希薄である。モローによる「その距離の場合、艦上から眺めて、その日本兵の内のいずれかが将校であったかどうかを申し述べることはできますか？」との質問に対し、ドランスは「そのランチは何度もアメリカの砲艦のすぐそばを通り過ぎましたので、我々は彼らをとてもはっきりと見ることができました。彼らが将校であったかどうかを私は覚えておりません。」と回答している。「そばを通ったのではっきり見た」、しかし「将校かどうかは覚えていない」、とは奇妙な取り合わせではないか？　中国には日本軍が大勢いたのであって、将校と兵の識別は容易につくはずである。頭を撃った兵隊の見た目の詳細に踏み込まれると何かまずい点があったのではないか。

**撃たれたのはだれか**。頭を撃たれたのは中国兵だったのか中国の民間人だったのかをドランスは意図的にボカしている。日本兵が中国兵を射殺したのであれば、正当な理由（たとえば、スパイであったとの軍法会議の結論の後での正当な処刑）ではなかったかなどの面倒な話になるので、民間人を射殺したものと示唆して日本軍の「罪」を重くする算段なのであろう。

**無抵抗だった謎**。頭を撃たれた中国兵が両手を縛られていなかったことは、神崎弁護士による反対尋問で明らかになった。「これらの戦争俘虜たちはそのランチの上にいた時に両手を縛られておりましたか？」との質問に対し、ドランスは「縛られてはいませんでした。」と回答している。その次に、神崎弁護士による至極まっとうな質問があった。「そうであれば、これらの戦争俘虜たちが河の中に投げ込まれようとされた都度、彼らが抵抗したのをあなたは見たはずです。」これに対しドランスは「抵抗のそぶりは一切ありませんでした。」と回答している。

これは奇妙ではないか？身が自由になるのであれば、殺される前に逃亡することを試みるはずではないか？筆者の脳裏には、「高陞《こうしょう》号撃沈事件」において、船を乗っ取っていた中国軍将兵から逃れようとして海に飛び込み、東郷平八郎艦長の日本軍艦「浪速《なにわ》」に向けて必死に泳いだイギリス人・スペイン人乗組員の情景が思い浮かぶ。日本軍に救助された3名を除き、その多くは残念ながら「浪速《なにわ》」に泳ぎ着く前に海中で中国兵に射殺されてしまったが、彼らは難を逃れようと最後の努力をしたのである。「抵抗のそぶりは一切ない」というのであれば、そもそもこれらの「戦争俘虜」たちは自分たちが殺されるとは思っていなかったのではないだろうか。

**身体検査**。パール判事も取り上げている無用な身体検査の件。ドランスによる正確な表現は、「中国人を水中に投げ込むか蹴り込む前に、彼らは必ず、中国人の上着を跳ね上げました（原表記はthrew back their coats）。背面と腹側の両側ともにです。そして左右両肩を調べました。それは彼らが火器を持っているかどうかを確認したのか、銃を探したのか、そんなことだったのだろうと私は思います。」というものである。直後に処刑すると決定している兵隊の身体検査を日本兵が行《おこな》うだろうか？　敵兵を捕獲したならば武器を持っているかどうかのチェックは真っ先に行《おこな》うものであり、持っていれば武装解除するのが常道ではないか。処刑の直前に身体チェックするのは、軍事行動としてはありえない。中国兵が中国人民間人を処刑する前に、横領の目的で何か金目《かねめ》のものを持っていないかを探ったと考えれば納得がいくのではないか。

**揚子江における船の量の問題**。この件は神崎弁護士が持ち出している。事実としては日本軍の漢口《ハンコウ》への入場後は船による交通が繁忙を極めていたはずで、揚子江においてこのような「処刑」が行《おこな》える状況ではなかった。しかし、ドランスはその処刑が行《おこな》われたと言う。そしてドランスは船の量について神崎弁護士ならびにウェッブ裁判長による質問に正面から回答していない。それは不都合な事情があったからだと考えざるを得ない。ドランスはtransportと言わずにあえてshippingという語の使用にこだわり、言い逃れようとしたのを裁判モニターに咎められ、「もともとは」と述べて取り繕うことを図ったが、今度は「公的な法廷報告者」に否定された。

水面に浮かんだ頭を撃ち抜いた連中は、アメリカ人たちが双眼鏡で見ているのに気付くと、わざわざ汽艇に乗せて河の中央部まで連《つ》れて行《い》ったのである。船舶が多量に航行している状況では河の中央部での処刑などはそもそも物理的にできないし、さらに、そのように人目を気にしたのなら、航行する船舶の無数の目にさらされる中でそのような行為はできなかったことだろう。つまり、日本軍到着後であったなら船の量は圧倒的に多いはずで、このような銃撃は不可能であったし、逆に、そのような処刑が実際に行《おこな》われたのであれば、船の少ない時期、すなわち日本軍到着前のことであっただろうと考えればドランスが河上の船の量について正面から回答しなかった理由の想像がつく。

**路上の残虐の件**。この揚子江での残虐行為以外に、ドランスはもう1つの残虐行為を証言している。ドランスは次のように述べている。

「以前のドイツ租界は日本租界のすぐ隣にあって、河岸に沿っており、その後方に電灯会社があったため、私はその地区に行《い》って電灯会社を訪問しようとしました。以前のドイツ租界では、その街角で、そうですね、私は恐らく6つか7つのさまざまな街角を見ましたが、私はそこで中国服を着て背面で手を縛られた中国の男たちを見ました。彼らはそこで射殺されたのです。」この証言に対して神崎弁護士は、質問の形ではあるが、次のように述べている。「日本軍が漢口《ハンコウ》に入る前に、内通者捜索（原表記はhunt for collaborators。日本軍に内通した者を探し出すこと）があったとの事実をあなたは知っていますか？」これを聞き咎《とが》めたウェッブ裁判長に対し、神崎弁護士は次のように述べている。「もしお許しをいただけるのならば裁判長に申し上げたいのですが、当時の漢口《ハンコウ》は比較的平和な状況を享受していたのであり、また、私の理解では、日本軍が入って来た時には、遺棄された死体が漢口《ハンコウ》市内に転がっているようなことはなかったのです。しかし、もしも死体が遺棄されていたならば、それは中国人による中国人内通者の検挙によるものです。以上を理由として私はこの点を明確化したかったのです。」路上に転がっていた死体の殺害を行《おこな》ったのは中国人だったのだ。中国人内通者もしくはその嫌疑をかけられた者が中国官憲の手によって処刑されたのだ。日本軍の手によるものではないのである。

**米国人の中国観**。この2番目の残虐行為についてはアメリカ人独特の中国観が現れていて、筆者には興味深い点があった。以上の神崎弁護士の指摘に対して、ドランスは「裁判長、中国軍は日本軍の漢口《ハンコウ》到着の前日の午後まで漢口《ハンコウ》市を離れなかったとの事実に鑑みて、それはほとんど不可能でありました。」と抵抗している。中国軍が充分に町の法と秩序を維持していたというのだ。これはアメリカ人にありがちな事実誤認だと筆者には思える。当時の中国軍の無秩序、狼藉ぶりは日本人なら了解している。第一次・第二次上海《シャンハイ》事変、通州虐殺事件等は中国軍が引き起こしている。だからこそ日本は在留邦人保護や膺《よう》懲《ちょう》のために陸戦隊や陸軍を派遣したのだ。しかし当時のアメリカ人は中国人の善良さ、法と秩序の観念になぜだか大きな信頼を置いているのだ。神崎弁護士は次のように問いかけざるを得なかった。「日本軍が漢口《ハンコウ》に入る前の法と秩序の状況と、日本軍が入った後とでは、どちらの方が良かったですか？」これに対してウェッブ裁判長が、「あなたはその質問に答える必要はありません。」とただちに止《と》めている。ドランスの回答が、日本軍が入る前の方が法と秩序が維持されていた、と答えるならば弁護側からただちに、事実に基づく異論が出て来るであろうし、その場合、それを持ち出すなと弁護側にくぎを刺す手立てを考えなければならなくなる。逆に、万一ドランスが、日本軍が入った後の方が法と秩序が維持されたなどと回答しようものなら、それまでのドランスの証言すべてが危ういものとなってしまう。どちらに転んでも面倒な話となるので、止《と》めたのであろう。もちろん、止める理由は表向きはウェッブ裁判長お得意の「主尋問との関連性がないから」とするであろう。

**ブルックス大尉による反対尋問**。神崎弁護士の反対尋問が鮮やかであったので、ブルックス大尉は別の観点からの反対尋問を試みたようである。それは、①日本が中国で遂行していたのは侵略戦争ではなく、防衛的な戦争であったとの論点を引き出すこと、②砲艦が守ろうとしていたアメリカ民間企業のビジネスとは何であったかを引き出すこと（＝この企業が中国に肩入れしているとの論点を引き出すこと）、③ドランスの勤務先企業の正確な名前（スタンダード・オイルか、スタンダード・バキューム・オイルか）を追及することによりドランスの証言のあいまいさを引き出すこと等ではあるまいか。しかし以上の3点はいずれも検察側のモロー大佐もしくはウェッブ裁判長から異議が出て、つぶされてしまった。ブルックス大尉は引き下《さ》がらざるを得なかった。

**何が起きたのか**。モロー大佐の直接尋問、神崎弁護士ならびにブルックス大尉による反対尋問を通して筆者が持った印象は次のとおりである。まず、ドランスは完全な虚偽を申し立てているのではなく、かなりの部分に亘って正しい目撃談を述べているものと思われる。揚子江に蹴り落とされた人の頭を撃ち抜いた事例を恐らく彼は見たのであろう。無用な身体検査の件は、中国における日本軍の規律を知っている者から見ればわざわざ証言する必然性に乏しいものと思えるが、このアメリカ人証人が中国軍こそが法と秩序の維持者であって日本軍はその破壊者だったと信奉していたのであればこそ、この証人が確実に目撃したであろう身体検査の件を「非人間的な行動」(ドランスの言葉)をとる「日本の」歩哨兵の行為として印象付けようと、あえて証言したのだと思える。しかし、河川上の船の量の問題は、神崎弁護士の指摘のとおり「矛盾」である。この問題を巡る経緯は、揚子江での残虐処刑が行《おこな》われたのは、水上交通量が増える前の段階、すなわち日本軍到着前であったことを強く示唆している。これはドランスが日付の特定をあくまでも拒否したことからも裏付けられる。最後に神崎弁護士が裁判長の制止、つまり弁護人は新しい事実を提出してはならないとの制止をかいくぐって申し述べた新事実、すなわち日本軍の到着前に中国側による内通者捜索があったとの事実が明るみに出た。以上を考え合わせると、揚子江での残虐行為は、日本軍到着前の中国側官憲もしくは中国軍による中国人内通者の処刑であったと考えれば、つじつまが合うのである。処刑前に金目《かねめ》の物を漁ったのだと考えれば、無用な身体検査の説明もできる。路上の死体の件も中国官憲の手によるものであろう。

**ウェッブ裁判長の観点**。冗長で審理の規律を乱す発言を制止するのは裁判長の立場からは当然ながら、筆者は必要以上に弁護側の論点を差し止めた気がする。ウェッブ裁判長本人の意見は、パール判決書がたびたび紹介している。

たとえば、「日本の軍隊が中国において平和と平穏を単に回復したことが示されても、もしもそれが示されたらではあるが、被告人の内の誰の無罪も証明されない。あなたがたが立証すべきは…日本の軍隊が…行《おこな》ったことに関して彼らが持っていた権限、その正当化もしくはその弁明である。」(判決書p.160上段)、また、「満州国は日本の生命線であるとの日本国民の輿論《よろん》を示す証拠(法廷記録３１３３４ページ、１９４６年8月2日)。

これについては次が主張された。『この類《たぐい》の理由付けは無意味である。日本国民が中国の一部分《いちぶぶん》が必要だと実際に考えていたとして…それが何になるというのか？　中国の一部分《いちぶぶん》が必要であるとする彼らの正直な信条は、それが正直なものであったとしても、それは侵略戦争の正当化とはならないのである。』」(判決書p.160下段)

裁判長の持っていたこの観点のため、中国において日本軍が平穏と秩序をもたらしたという証言や証拠は、徹底的に排除されたのである。満州が日本の生命線であるとの当時の日本国民の持っていた切実な主張も審理から排除された。裁判長の発想は、中国における日本の戦争は「侵略戦争であった」という大前提からスタートしているのであろう。そしてその大前提は、疑ってはならないとされたのであった。

**通訳の役割**。以上のドランスの尋問を読むと、東京裁判においては通訳が大きな役割を果たしていたこと、また、通訳自身がその職務遂行上、審理の流れに積極的に関与していたこと、などが読み取れる。

ドランスは日本軍の部隊の輸送が陸上経由か河面経由かの論点をあいまいにするためにshippingという語を両義的に使って言い逃れようとしたが、この「裁判モニター」という人物がそれを咎《とが》めた形である。自分の発言に疑義が持たれていると悟ったドランスが、「電球を消せ」とあわてて要求している。時をおかず、ただちに自分の意見を述べることでドランスは不利な状況を挽回しようとしたのであろう。

通訳は、翻訳業務の忠実な履行を追求する上で、あいまいな語の使用を言語学的観点から正そうとしているのだが、それが却《かえ》って証拠価値を比較衡量する裁判官の役割のようになっているのである。裁判長が通訳業務の適切な遂行に気を配っていることも読み取れる。

**ドランス証言の意義**。パール判事は他の残虐行為の証人とは異なり、ドランスのことを「いくらかなりとも考慮の対象となりうる唯一の証人である」（判決書p.583下段）と述べている。ドランスは宣誓して証言した。自分が見たことと自分の証言の間には矛盾がないことをエホバの神に誓ったのであろう。誓った以上は、誤っていると自分で認識していることを口にすることはできない。エホバ神は人間の精神や考えにまでは踏み込んでは来ない。あくまでも人間が外に示した言動のみを問題にするのである。だから日付について「覚えていない」ことに拘《こう》泥《でい》したのだろうし、日本軍の将校の存在の有無についても「はっきり見たけれども記憶が無い」と申し述べたのであろう。あくまでも実際に見たことと証言との間に矛盾はないことを期したのである。自身が死を迎える際にはそのように大天使ガブリエルに申し開きをするつもりなのであろう。つまり、ドランスの話は全くの作り話でもなく、実際に目撃したことを、都合の悪い点は秘して語らないままに証言したのだと考えられる。そこで、直接尋問と反対尋問を通じてこの証人の証言の「脆弱《ぜいじゃく》さ」をあぶり出すことには意義があるとパール判事は考え、上記のように「いくらかなりとも考慮の対象となりうる」と述べたのであろう。一神教徒の宣誓には、それなりの意義があるのである。

以上でドランス証言に関する「脱線」を終えることにしたい。

### §6．中国以外の20の戦域における残虐行為

パール判決書に戻る。後に見るように、民間人への残虐行為に関するパール判事の審理は、§4．ですでに論じられた「中国の各地」と、この§6．で取り扱う「中国以外の20の地域」に分けて行《おこな》われている。

#### 残虐行為の訴追はすべて南京《ナンキン》陥落以降のものである

また、民間人に対する残虐行為事件の訴追のすべては、時点としては1937年12月の南京《ナンキン》陥落よりも後のものである。中国以外の地域を含むいずれの残虐行為についても、この時点以降の行為が問題となったのである。証拠もすべて、その時点以降のものが提出された。次の通りである。

「残虐行為の証拠は、実際には1937年12月13日の南京《ナンキン》陥落後の南京《ナンキン》暴虐から開始している。」（判決書p.569下段）

#### 中国での残虐行為：南京暴虐事件のみを詳しく審理

実際、東京裁判における民間人に対する残虐行為の証拠の内で最大のものは、南京《ナンキン》暴虐事件であった。それを受けてパール判事は、南京《ナンキン》は特に詳しく審理したのである。そのため、南京《ナンキン》暴虐事件については、セクションを改めて取り上げることとしたい。中国については、南京《ナンキン》の他には§5．で見た漢口《ハンコウ》が若干触れられていたのみであった。

さて、中国での残虐行為については、それぞれ都市別に訴因が用意されていた。すでに見たように、訴因第45は南京《ナンキン》、訴因第46は広東《カントン》、訴因第47は漢口《ハンコウ》、訴因第48は長沙《チャンシャ》、訴因第49は衡陽《ヘンヤン》、訴因第50は桂林《ケイリン》と柳州《リユウチョウ》であった。

#### 中国以外の地域での残虐行為の訴追：20の地域に区分

しかし、中国以外の地域での残虐行為については、訴因はまったく用意されていない。これらの訴追の法廷証拠はすべて、検察側が審理の途上で、訴因とは無関係に追加的に提出したのである。ただし、持ち込まれた証拠の量はとても多い。検察側はそれらの大量の法廷証拠を1941年12月7日以降、1945年9月2日までの3年半の分を半年毎の7つの期間、そして19の地域に細分して提示した。

そこでパール判事は検察側の細分に従ってこれらの証拠による訴追内容を明示して判決書に記述した。ただし、検察側は19の地域に区分

していたが、パール判事は20番目として「フィリピン諸島」を付け加えた。つまりパール判事は、フィリピンにおける「マニラ暴虐事件」を区分けの中に組み込んで「中国以外の20の地域」として審理しているのだ。

これらの20の地域の審理の記述は長いので引用は省略させていただきたいが、現場での残虐行為の内容が具体的かつ詳細に記載されているので、判決書本体でお読みいただければ幸いである。これらの20の地域での残虐行為の審理は、判決書p.571下段～p.578上段にかけて論述されている。20の地域の明細は、p.572上段に記載されている。これらの20の地域での残虐行為に関するパール判事の結論のみを次に引用する。以上の地域で申し立てられた残虐行為につき、パール判事は次のように述べている。

「申し立てられた残虐行為の悪魔的で悪霊的な性格を否定することはできない。

本官は各々《おのおの》の事案に対してその出来事を立証するために提出された証拠の性質を示した。この証拠がいかに不満足なものであろうとも、これらの悪霊的な出来事が数多く実施されたことを否定することはできない。」（判決書p.578上段～p.578下段）

現場でのこれらの残虐行為について、パール判事は「否定できない」としたのである。

## マニラ暴虐事件

フィリピンをこの地域区分の中に埋没させることを検察側が避けたのは、おそらくはマッカーサーの意向を反映した連合国が、「マニラ暴虐事件」（原表記は"rape of Manila"）を「南京《ナンキン》暴虐事件」（rape of Nanking）と並ぶ大がかりな残虐行為と位置づけたかったからであろう。大々的に取り扱うために、あえて別の大項目を立てたのだろうと筆者は思う。

一方、パール判事は、フィリピンをこの地域区分から切り分けて独立させ、大きく取り扱う必要はないと判断したようだ。連合国が南京《ナンキン》暴虐事件と並び称するように手配したマニラ暴虐事件につき、パール判事は大きく扱っていないのである。パール判事は、マニラの審理については、後に§8．～§10．で見る南京《ナンキン》に比べて簡潔なものとしている。そのため、マニラ暴虐事件については別のセクションを立てずに、当セクションの中で触れることとする。具体的には、次の引用がマニラ暴虐事件の取扱いのすべてである。

「フィリピンの例は組織的大量残虐行為のもう一つの例として提示されており、マニラ暴虐事件は南京暴虐事件と並び称されているものである。

第Ⅰの期間において我々には3件の事件のみが与えられている。１件は１９４２年2月中旬に起き、もう１件は１９４２年5月に起き、3件目は１９４２年6月に起きている。これらすべては散発的な事案であり、これらの悪事の実際の遂行者はすでに適正に処理されたものと本官は信じる。現下の我々の目的のためには、かかる散発的事案は何ものをも立証することはない。戦勝国を含むどの列国のどの軍においても、同様の散発的事象が起きなかった試しは無い。

本当の『マニラ暴虐』は、戦争が日本に不利に転じた時点から始まった。

フィリピンにおける残虐行為の件を検討するにあたり、我々は１９４４年10月9日の後にそこで起きたことには大して重要性を認めることはできない。その期間においては日本軍の司令官たちが効果的に軍を統制することは不可能となっていたのである。すべての通信線は破壊されたか混乱し、勝ち誇ったアメリカ軍がすべての通信線を効果的に遮断したのである。この期間における彼らによる軍統制の失敗は、彼らが何らかの任務を無視したことによるものだとすることはできないし、ましてや、彼らがかかる任務を故意に無視したわけではないことは云《い》うまでもない。それが故意であり無謀であったにしても『任務の無視』自体は裁判所憲章において犯罪として列挙されてはおらず、そしてその結果、本裁判所が審理し処罰する権能の内には入《はい》っては来《こ》ないのである。任務の無視は、実際上の犯罪行為がその任務を無視したとされる人間によるものであることを立証する状況証拠としての関連性を持つものでしかないのである。」（判決書p.585下段～p.586上段）

右記においてパール判事は、マニラにおいて1944年10月9日以前に起きたのは散発的事案のみだったのであり、本件裁判との関連では「何ものをも立証することはない」。そして本当の暴虐事件が始まったのはその日付以降であったと指摘している。しかし、その日付以降ではアメリカ軍が圧倒的な攻勢に出ており、現場司令官も、東京中枢の被告人たちもともに、効果的に軍を統制することは不可能となっていたので、暴虐事件の発生について被告人に不作為の罪の責任を負わせることはできないと判定している。マニラ暴虐事件については、以上である。

### 命令・授権・許可の証拠は「絶無」

すでに見たように、パール判事は20の地域での残虐行為に関して提出された証拠については全般的に不満足ではあるものの、これらの残虐行為が数多く実施されたことを否定できないとしている。その上で、パール判事は目を眼前の被告人に転じ、次のように述べる。

「しかし、これらの恐ろしい蛮行を行《おこな》ったものかも知れない人たちは、今、我々の眼前にはいないのである。彼らのうちの生き残ることができた者たちは、その悪事に対してほとんどの場合その生命によって償《つぐな》いをさせられたのだ。異なる法廷で裁判にかけられて有罪判決を受けた、かかる犯罪者の長いリストを我々は検察側から与えられている。かかるリストの持つこのような長さ自体が、そのような邪悪な行為を遂行したと申し立てられた者に対する慈悲がどこにおいても誤って施されたことなど無かったことを的確に示している。しかしながら我々は今、これらの残虐行為の遂行に対して明らかに手を下《くだ》さなかった者たちの裁判の審理に関わっているのである。」（判決書p.578下段）

パール判事は訴因第54を次の表現で切り捨てている。

「本件裁判のこの部分が関係する限り、訴因第54で申し立てられているような命令、授権、許可のいかなるものについてもその証拠が絶無であることは、ただちに申し述べることができる。訴因第53で定められ訴因第54で訴追がなされたところの犯罪の遂行を命令し、授権し、許可したとの申し立てを何らかの形で立証できるものは、記録の中には何も無い。この点において我々の眼前での裁判は、**欧州枢軸の重大なる戦争犯罪人**の裁判における証拠によってその立証がなされたものとはまったく異なる基盤に基づいているのである。」（判決書p.578下段）

繰り返しになるが、大本営や日本政府が違法な残虐行為をするよう現場の指揮官たちに命令・授権・許可した証拠はまったくないのである。パール判事は「絶無」と表現している。

## §7．カイゼルの無慈悲な方針と原子爆弾

### ドイツと日本の違い：カイゼル・ヴィルヘルム2世の手紙

直前の§6．での最後の引用中の**欧州枢軸の重大なる戦争犯罪人**の

**裁判**とは、ニュルンベルク裁判を指す。ここでパール判事は再びニュルンベルク裁判と東京裁判の違いについて触れている。2つの裁判は「まったく異なる基盤に基づいている」のだ。

「本官がすでに指摘したように、ニュルンベルク裁判においてはそれらの重大なる戦争犯罪人から発せられた多くの命令書、回状通牒《つうちょう》、そして指示書が証拠として存在し、それらは戦争を無謀かつ無慈悲なやり方で遂行することが彼らの方針であったことを示している。」（判決書p.578下段）

その上で、第一次・第二次の両大戦を通じてのドイツの戦争のやり方について述べるにあたり、まず、カイゼル・ヴィルヘルム2世の手紙を紹介している。

「第一次大戦中においても、ドイツの皇帝がそのような指示を出したことにつき罪として問われたことを我々は知っている。

そのカイゼル・ヴィルヘルム2世は、かかる戦争の初期の段階でオーストリアのカイゼルのフランツ・ヨーゼフに対して送った手紙の中で、次のようなことを記載したと称せられている。

『余《よ》の心を引き裂くものなれど、すべては炎《ほのお》と剣《つるぎ》の下《もと》に置かれなければならぬ。老若男女はすべて虐殺し、一本の樹木、一軒の家たりとも立ち続けることを許してはならぬ。フランス人のように堕落した人々に対して作用する能力があるのはこのテロリズムの手法のみであり、これにより戦争は2カ月で終わることであろう。しかし、もしも余《よ》が人道への配慮を許さば、それは何年にも延長されることであろう。そのため、余《よ》の憎悪の念にも関わらず、余《よ》は先の方法を選ぶことを余儀なくされたのである。』

これは皇帝の無慈悲な方針を示しており、そして、戦争の期間を短くするためのこの無差別殺人の方針は、犯罪であると考えられたのである。」（判決書p.578下段～p.579上段）

## 原子爆弾使用の決定

次にパール判事は、このドイツ皇帝の方針に比肩できるものは、同様に「戦争の期間を短くするため」と称されたアメリカの原子爆弾の使用決定であると、次のように述べている。

「我々が検討をしているこの太平洋戦争においては、上記のドイツの皇帝の手紙によって示されたものに何であれ近似《きんじ》するものがあるとすれば、それは連合軍による**原子爆弾**の使用の決定である。この恐ろしい決定への判定は将来の世代が下《くだ》すであろう。そのような新兵器の使用に反対する一般大衆のあらゆる感情の爆発が非合理でありそれは感情的なものにすぎないものなのかどうか、そして、戦いを継続するとの1国全体が持っていた意志を破壊して勝利を手にすることがかかる無差別虐殺によってはたして今や合法的なものとなったのかどうかは、歴史が決めるであろう。我々はここで立ち止まって『原子爆弾が、戦争の本質、ならびに軍事目的を追求する際の合法的な手段、等に関するもっと根本的な研究の実施を強制するようになった』ものなのかどうかを検討する必要は無い。本官の現在の目的のためには、戦争において民間人の生命と財産を無差別に破壊することがいまだに非合法のままであるのなら、太平洋戦争における原子爆弾の使用の決定は、第一次大戦におけるドイツ皇帝そして第二次大戦におけるナチの指導者たちの指示に近似《きんじ》する唯一のものであることを申《もう》し述《の》べれば十分である。これと同様のもので現在の被告人たちが行《おこな》ったものであるとして彼らに結びつけられるものは、何も無いのである。」

（判決書p.579上段～p.579下段）

右記引用中の「太平洋戦争における原子爆弾の使用の決定は、第一次大戦におけるドイツ皇帝そして第二次大戦におけるナチの指導者たちの指示に近似《きんじ》する唯一のものである」が重要である。敵国の民間人に関する日本の戦争遂行方針がカイゼルやナチのやり方と同様であった証拠は、一切無い。一方、カイゼルやナチと同様のやり方で遂行をしたのは、原子爆弾の使用を決定した連合国側であったのだとパール判事は指摘しているのである。

## §8．南京暴虐事件①：全容

東京裁判で大きく取り上げられた民間人残虐事件は、「南京《ナンキン》」であった。この件についてはこれから§8．～§10．の3つのセクションに亘って論じていきたいと思う。南京《ナンキン》以外の地域での残虐行為は現場での散発的事案だったのであり、本件裁判の被告人とは事実上は無関係であった。以降、南京の表記については、判決書からの引用部分を除き、フリガナの添付を省略することをお許し願いたい。

### 南京暴虐事件：検察側による描写

まずは、南京暴虐事件の全容を押さえておきたいと思う。検察側が説明した南京暴虐事件を、パール判事は次の短い引用で述べている。

「本官は最初に、南京《ナンキン》で実施されたと申し立てられている残虐行為の例を取り上げることとする。検察側の証拠によれば、南京《ナンキン》が1937年12月13日に陥落した時に市内の中国軍によるすべての抵抗は停止した。市内へ進軍した日本兵たちは、街路にいた民間人を無差別に銃撃した。日本兵たちが市の完全な統制を手中にしてからは、強姦、殺人、拷問《ごうもん》と略奪の乱痴気騒ぎが勃発し、それが6週間に亘《わた》って続いたと云《い》う。

最初の数日の間《あいだ》に2万人を越える人たちが日本人の手によって処刑された。6週間の間《あいだ》に南京《ナンキン》市内およびその周辺で殺害された人の推測人数は26万人から30万人の間《あいだ》の幅があるが、そのすべては実質的には裁判を受けないままに殺害された。これらの推測の正確さは、第三紅卍字会《こうまんじかい》と崇善堂《ツンシャントン》の二つの組織が記録したところの彼らによる埋葬遺体数が15万5000を超えるとの事実により示される。この同じ6週間の間《あいだ》に、2万人を下《くだ》らない数の婦人と娘たちが日本兵により強姦された。

以上が検察側による南京暴虐の説明である。本官がすでに指摘した通り、この説明はその全体を受諾するのにいくらかの困難がある。いくらかの誇張があったし、ことによるといくらかの歪曲もあったことであろう。本官はすでにそのような例のいくつかを挙《あ》げておいた。幾人かの興奮しすぎた目撃者たちがいたのは確実であり、彼らによる証言に対しては注意深い精査が必要である。」

（判決書p.582上段～下段）

右記引用が、東京裁判において持ち出された南京暴虐事件自体に関する検察側による描写のすべてである。

### 南京暴虐事件：2名の主要な証人

次にパール判事は、南京暴虐事件に関する主要な証人は、次の2名であるとしている。1人はアメリカの大学で博士号を取得した中国人、もう1人はアメリカ人宣教師である。

「南京残虐行為の主要な2人の証人は許伝音《きょでんおん》（訳注：原表記はHsu Chuan-ying）とジョン・ギレスピー・マギー（訳注：原表記はJohn Gillespie Magee）である。」（判決書p.566下段～p.567上段）

そしてこの2名の証言の取扱いに際して、幾ばくかの留意点を述べている。

「これら2人の証人たちは、南京《ナンキン》で起きた残虐行為につき恐ろしい説明を我々に行《おこな》った。しかしながら、歪曲と誇張の存在を知覚せずにこの証拠を読むことは困難である。本官は、これらの証人により提出された物語の全体を受け入れることは安全ではないであろうことを示すために、いくつかの例を挙《あ》げるに留《とど》めたい。」
（判決書p.567上段）

南京暴虐事件の詳細に入るにあたり、パール判事は南京暴虐事件の2名の主要な証人である許伝音《きょでんおん》博士とジョン・キレスピー・マギー牧師の証言を一字一句、精密に引用している。特に中国人証言の不完全な英語の文章をそのまま引用している。判決書翻訳にあたり、この中国人博士の証言を日本語に訳すのは、正直にいえば筆者にはためらわれた。おかしな日本語にならざるを得ないからである。この証言を正しい日本語で記述すれば、それは明らかな誤訳となってしまう。

一方、マギー牧師の証言は、そのほとんどが伝聞によるもののようだ。マギー牧師の宣誓供述書（英文原典）を筆者は読んだが、それによれば、この牧師が自分自身で目撃した民間人殺害はわずか1件であり、それも「日本軍から逃れようとした者」が射殺されたとのことである。この件で射撃した者と殺された者に関する詳細な事情は、宣誓供述書には書かれていない。さらに、この証人への反対尋問の法廷記録（英文原典）を読む限り、マギー牧師はこれが自身の唯一の殺人の目撃事例であることを自ら明言する一方で、反対尋問をした弁護人（ブルックス大尉）に、その詳細に関して回答しなかった。「宣誓供述書で明らかにしたはずである」と述べるのみであった。これではパール判事は、証拠能力のある証言としてこの殺害の件を自らの判決書に記載するわけにはいかなかっただろうと思う。

これら2名の証言をここで引用して繰り返すのを避けることをお許し願いたい。それは判決書の本文で読んでいただきたい。該当個所は判決書p.567上段～p.568下段である。繰り返しとなるが、パール判事は「歪曲と誇張の存在を知覚せずにこの証拠を読むことは困難である」と述べているのである。

ここでは、2名の証言に対するパール判事の結論部分のみを引用したい。

「その他の話はたしかに中国の婦人たちに対する日本兵の側による不正行為として受け入れることができよう。しかし証人たちはためらいもなくそれらが強姦であったと決めつけているのである。1人の兵隊と1人の中国の娘が部屋の中におり、兵隊が眠っていたのを見つけた時でさえも、証人はその兵隊は強姦の後で眠っていたのだと我々に語り、そして、その話を述べるにあたり証人は、自分が語っていることについてほとんど何の疑いも感じないままであったのである。

ここでは、興奮していたかまたは先入観を持った観察者によってのみ目撃された出来事の証言を我々は得ているのではないとの点について、本官は確信を持てないのである。

我々が証言を注意深く比較衡量することへと一歩、先に進めば、事件を目撃する機会は最も束《つか》の間《ま》の類《たぐい》のものだったはずであることを多くの場合において我々は発見することであろう。それなのに証人たちの確信の度合いはその事件を知る機会の量とは時には反比例しているようだ。彼らの確信はその多くの場合において、彼らの内に軽信を呼び起こし、ありそうなことや可能性にすぎないものを確実なものであると解釈させる方向に作用した興奮によってのみ、引き起こされたのである。噂話《うわさばなし》と小利口《こりこう》な推測に内包されている不適切さのすべては、最悪の事態が起きたと信じ込む傾向の下《もと》に秘匿《ひとく》されたのであり、恐らくはかかる傾向は権利侵害の被害者に普通に存在する熱情によって作り出されたものであろう。」（判決書p.568下段）

強姦された女性が、行為が終わった後に男性と同じ部屋に留まるだろうか。そのような部屋からは逃げ出すのではないか。また男性の側も、そのような行為の後に、その女性の前で眠ることができるだろうか。眠って無防備状態になった自分に対してそのような被害を受けた女性が何をするかを想像できないほど、この男性は愚かだったのだろうか。つまり、客観的に言って、これは強姦の後の男女の姿ではないのである。牧師の目にはそのように見えたのかもしれないが。

右記引用においてパール判事は、チラリと見たに過ぎない情景を決定的な証拠だと決めつけて証言している疑いを捨てられないと指摘しているのである。

## 南京暴虐事件：他の証人

パール判事は、右記の主要な証人2名ではない、他の特定の証人の例を別の場所であえて取り上げて、その証言に疑問を呈している。

「本官はここで1人の特定の証人について述べておきたい。その名前を陳福宝《チエンフーバオ》と云《い》う。この証人の証言は法廷証第208号である。その証言の中で彼は自らを、12月14日に難民地区から連《つ》れ去《さ》られ、小さな池のほとりで機関銃で撃《う》たれて殺された39名の人間の目撃証人である、と主張した。この証人によると、これはアメリカ大使館の付近で昼間の朝方《あさがた》に起きたものだとのことである。16日には彼は日本兵に連《つ》れられ、多くの健康な男が銃剣で殺されるのを再び見た。同じ日の午後、彼は大平路《タイピンルー》へと連《つ》れられて行《い》き、3人の日本兵が二つの建物に放火するのを見た。彼はその日本兵たちの名前すら述《の》べることができた。

本官にはこれはいささか不可解な証人に見える。日本人たちは彼をいくつかの場所に連れ回してさまざまな犯罪行為を目撃させ、それにもかかわらず彼を傷つけないままとするほどに彼に対して特別な愛着を持っていたと見える。本官が申し述べたように、この証人は日本人が南京《ナンキン》に到着したまさにその2日目に難民地区から39人を連《つ》れ去《さ》ったと云《い》う。これが起きたのは12月14日であったことは確実であるとこの証人は云《い》う。この一団の人間の内、37名はまさにその同じ日に殺された。あの許伝音《きょでんおん》博士でさえ、12月14日にそのようなことが起きたと申し述べることはできなかった。博士は12月14日時点での難民野営地《やえいち》に関する日本人たちのふるまいについて語《かた》っているものの、その日に野営地《やえいち》から誰かが連《つ》れ去《さ》られたとは申し述べてはいない。」（判決書p.582下段）

日本人たちに特別な愛着を持たれていた証人…？

## 「残虐行為の証拠の数は圧倒的」

この件に関する証拠の抱える脆弱性《ぜいじゃくせい》にいくたびか注意を喚起した後、パール判事は次の判断を示している。

「本件審理でこの件につき証拠として挙《あ》げられたものに対する異論のすべてを視野の内に留《とど》め置き、プロパガンダと誇張に対するすべてを最大限に斟酌《しんしゃく》しても、日本軍が占拠した領土の内のいくつかにおける民間人もしくは戦争俘虜《ふりょ》に対する残虐行為が日本軍の構成員によって実施されたとの証拠の数はなおも圧倒的である。」（判決書p.569上段）

証拠の数がなおも圧倒的であることから、残虐行為を日本軍が行《おこな》ったことを否定することはできないとしているのだ。

また、南京事件についてパール判事は次の事実認定を行《おこな》っている。先取りして引用する。次の引用に出てくる「ベイツ博士の証言」は、§9．で取り上げたい。

「いずれにせよ、本官がすでに気づいたように、証拠に反すると申し述べることができるもののすべてを斟酌《しんしゃく》したにしても、南京《ナンキン》における日本兵のふるまいは残虐であったこと、そしてかかる残虐行為は3週間近くに亘《わた》って猛烈で、そしてベイツ博士により証言されたように、その後も深刻な状況は引き続いたので全体としては6週間にも亘《わた》ったものであったこと、等は疑い無い。2月6日もしくは7日になって初めて、状況に著しい改善があったのである。」（判決書p.582下段）

右記のいくつかの引用が示すように、証拠の数が圧倒的であることから、残虐行為が行《おこな》われたこと自体を否定することはできないことをパール判事は認めている。そのような残虐行為があったことを認定しているのだ。パール判事は提出された証拠のすべてに丹念に目を通したと思うが、各々の残虐行為のそれぞれについて事実認定をしたかどうかは明示していない。ここで留意しておくべきなのは、かかる事実認定作業を行《おこな》っていないとしても、被告人無罪という判決には影響を与えないことをパール判事は別の方法で立証していることである。東京裁判での被告人たちは南京暴虐事件に関しては実際上は「不作為」の嫌疑で訴追されているのであり、それに対する反証としては、被告人が残虐行為をやめさせる行動を積極的に実施したことを示せばいいのである。

## 弁護側の反応

南京暴虐事件に関する弁護側の反応は、次の通りであった。例によってサラリと述べられているが、弁護側の主張の神髄が記載されているように思う。実は筆者は、漢口《ハンコウ》に関するアルバート・ドランスの証言の脆弱性《ぜいじゃくせい》と真相を探るにあたり、次の引用の2つ目の文章を参考にしたのである。

「弁護側は南京《ナンキン》で起きた残虐行為の事実を否定しなかった。彼らは誇張について不満を述べただけであり、残虐行為の多くは退却する中国兵たちによって実施されたことを示唆したのみであった。」（判決書p.583上段）

## 憤怒《ふんぬ》を鎮めるべきである

パール判事は、本件に関して被告人の行為の検討に取り掛かる前に、現場で残虐行為を実際に行《おこな》った者たちに対する義憤や憤怒を鎮めるべきことを、次の表現で指摘している。

「これらの残虐行為についてはその過半の場合において、訴追された実際の遂行者とその直属の上司に対する『厳格なる処罰』がすでにいくつかの戦勝国によって割り当て済みであったことを思い起こす必要がある（引用者注：各地で行《おこな》われたB・C級裁判を指す。処刑された人数は最終的に1000人を超えた。死刑判決を最も多く出した戦勝国はオランダであった）。このような罪人の長大なリストを我々は検察側から手渡されている。証拠として手渡されたかかるリストの長さは、申し立てられた残虐行為の悪魔的そして悪霊的な性格とは不相応であるなどということは決してない。本官は、これらすべての非道な行為の遂行者であると申し立てられた者のいずれかに対し判断を誤った何らかの寛大な措置を取ってしまった、などと戦勝国のいずれかを非難できる者は誰もいないものと信じる。本官は、これらの有罪判決はあらゆる憤怒《ふんぬ》を十分に癒《いや》し、そしてかかる憤怒《ふんぬ》によって発生したところの復讐へのあらゆる欲望と熱情を満足させることができたものと信じる。さらには『道義の再構築のための行動』として、もしくは『世界の良心が人類の尊厳を再び主張するための手段』としてですらも、かかる裁判と有罪判決は数の上でのその量が不十分であったなどとは云《い》えまい。

それでは、我々は今ならばこれらの罪が我々の眼前の被告人たちにも及ぶかを冷静に検討することへと歩《あゆ》みを進めることができよう。」（判決書p.569上段～p.569下段）

繰り返しになるが、東京裁判において検討すべきは、現場の将兵たちによる不法行為の遂行を阻止する措置を被告人たちが「怠惰」・「不作為」によって取らなかったのかどうかなのであって、必ずしも現場の将兵たちの不法行為そのものに関する事実認定を細かく行《おこな》う必要は無いのである。弁護側が残虐行為を否定しなかったのであれば、なおさらである。

## §9．南京暴虐事件②：松井

検察側はニュルンベルク裁判においては存在しなかった訴因第55（法的責務の故意かつ無謀な無視による不作為）を東京裁判では新たに設定することで何とか被告人を有罪に持ち込もうとしたが、この§9．と次の§10．で詳しく見るように、訴因第55による訴追事項は少なくとも広田と松井にはまったくあてはまらないことをパール判事は立証したのである。

パール判事は、残虐行為の発生を予防し抑制するために被告人・松井石根《いわね》大将が取った積極的な行動を記述している。同時に、検察側による南京暴虐事件自体の描写を、補完している記述もある。

### 訴因第55：「知っていた」こと

すでに§1．で訴因第55の訴追経路を検討した際に見たように、訴因第55が成り立つためには、現地においてそのような違反事項が行《おこな》われている事実を被告人たちが「知っていた」ことの立証が必須である。知らなければ、被告人たちがそもそも何らの抑制措置をも取れる立場にはないこと（善意の第三者の立場）となるからである。そして、検察側は、被告人を含む次の人たちが南京暴虐事件を「知っていた」ことを立証できたとしている。

「南京《ナンキン》暴虐事件が関係する限り、検察側は次の人々がそれを知っていたことを立証できたと主張している。

1．被告人の**松井**。彼は当時、中支方面軍の司令官であった（法廷証第25号、第255号）。
2．中国における日本の外交官
3．東京の外務省
4．外務大臣であった、被告人の**広田**
5．被告人の**南**。彼は当時、朝鮮総督であった。
6．伊藤述史《のぶふみ》。中国における日本の無任所公使であった。
7．貴族院
8．被告人の**木戸**。

被告人の**松井**が知っていたとの点については、彼自身の証言に依拠がなされている。かかる証言において彼は1937年12月17日に南京《ナンキン》におり、上海《シャンハイ》に帰るまで南京《ナンキン》には1週間に亘《わた》って滞在していたと述《の》べている。彼は南京《ナンキン》に入るや否や、日本の外交官たちから軍がそこで多くの暴行を行《おこな》ったと聞かされた。

当時は参謀長の副官であった被告人の**武藤**将軍は、『入城式』の練習のために**松井**将軍と共に南京に行き、そこに10日間滞在したと述《の》べた。

検察側は、**松井**将軍は1938年2月まで指揮を執《と》ったが、その期間中、状況を修正するための何らの有効な手段も採《と》らなかったと指摘した。」（判決書p.579下段～p.580上段）

### 被告人たちが「知っていた」ことに関するスマイス博士とベイツ博士の証言

東京の外務省本省が現地・南京の日本大使館から連絡を受け、南京の状況を「知っていた」ことの証拠としては、検察側は南京難民地区国際委員会のスマイス博士、ならびに南京大学の歴史学の教授のベイツ博士の証言を挙げている。次の通りである。

「日本の外交官たちが知っていたとの点については、南京《ナンキン》陥落時に南京《ナンキン》市に滞在していたドイツ、イギリス、アメリカとデンマークの市民グループにより組織された**南京《ナンキン》難民地区国際委員会**の秘書官をしていたルイス・スマイス博士（訳注：原表記はDr. Lewis Smythe）の証言が証拠となっている。スマイス博士は1937年12月14日から1938年2月10日までの間《あいだ》、この委員会の秘書官であった。彼の証言によれば、その委員会は毎日、私的な報告を南京《ナンキン》の日本大使館宛《あて》に行《おこな》っていたとのことである。スマイス博士によれば、大使館はその点について何らかの手だてを取ると継続的に約束していたものの、1938年2月に至ってようやく、この状況を修正するための何らかの有効措置を取ったとのことである。

南京《ナンキン》大学の歴史学の教授のベイツ博士（＊）は南京《ナンキン》難民地区国際委員会の創設メンバーの1人であり、最初の3週間はほとんど毎日、前日の出来事を記《しる》したタイプ打ちのレポートないし手紙を持って大使館に行《い》き、それに関して係官としばしば話もしたと証言した。それらの係官とは、領事の肩書きを持っていた福井氏、田中氏と云《い》う者、そして副領事の福田篤泰《とくやす》氏であった。福田氏は現在、吉田首相（訳注：吉田茂首相）の秘書官である。

（＊訳注：原表記はDr. Bates, professor of history in the University of Nanking）

ベイツ博士によれば、これらの日本人係官たちはとても良くない状況の中で、できるだけのことを何とか行《おこな》おうと真摯《しんし》に努力していたものの、彼ら自身が軍を恐れており、彼らはこれらの情報を上海《シャンハイ》を通《つう》じて東京に伝達する以外、何もできなかったとのことである。大使館のこれらの係官は、南京《ナンキン》の秩序を回復せよとの強い命令書が複数の機会に亘《わた》って東京から届いたことをこの証人に対して請け合った。この証人はまた、外国の外交官ならびにこの代表団に随伴していた日本人の友人から、**高位の軍事官僚**が大勢の配下の将校と下士官を招集し、軍の名誉のために彼らは行動を改善しなければならないと非常に厳しく申し渡したことを知った。

この証人はさらに、1938年2月の5日と6日頃までには状況は大きく改善しなかったこと、ならびに、南京《ナンキン》の日本領事館に届けられた報告書は領事館から東京の外務省に送付されたことを自分が知っていたことを証言した。この証人は次のように述べた。『2月6日と7日の後、状況には著しい改善が見られ、その時と夏の間《あいだ》にかけて多くの深刻な犯罪が起きたものの、それらはもはや大規模かつ我慢できないとの性格のものではなかった。』

博士はさらに次のように証言した。『私は東京駐在の大使であるグルー氏から南京《ナンキン》のアメリカ大使館に宛《あ》てた複数の電報を見ているが、それらの電報は非常に詳細な点にまで及んでこれらの報告書に言及しており、それらはさらに、グルー氏と**広田**氏を含む日本外務省の官僚との間《あいだ》で会話が交《か》わされその中でこの件につき討論があったことにも言及していた。』もちろん、そうでなければ博士はこれらの報告書が本当に東京に送られたのか、そして、誰に送られたのかを知ることはできなかったのである。」（判決書p.580上段～p.581上段）

右記のスマイスとベイツの2名だが、筆者は彼らの証言に多少の疑問を持っている。これら2名が作成した証拠は、かなりの部分が伝聞によるものであって、証人自身が目撃したものではないのではないか？　また、証言された行為をした者たちは、本当にすべて日本兵だったのだろうか？　かなりの部分について、中国兵を日本兵と誤認したか、あるいは日本兵に偽装した中国兵・中国人の仕業ではなかったのだろうか？

パール判決書からいったん離れるが、マギー牧師への反対尋問で、この証人の持つ、殺害行為をした日本兵を識別する能力を明確化しようと弁護人のブルックス大尉が尋問したが、マギー牧師は、自分は日本兵が付けていた「タブ」の類《たぐい》に書かれていた日本語の"kana"が読めないので個別の兵をはっきり識別することはできなかった。そこで兵の「顔」で識別していたが、それもほんの一瞬しか見ることはできなかったので、個別の兵の識別は十分できなかったと回答している。しかし、日本兵や将校が名札を付けていたのか疑わしいし、肩章や帽子等に「かな」や「カナ」が記載されていたのだろうか？ もちろん、軍人ではないマギー牧師の回答がすべて正確とは思わないが、あのドランスの証言やこのマギー牧師の反対尋問からは、欧米人の目からは、便衣《べんい》を着ていない制服姿の兵隊は、極言すればすべて「日本兵」に見えたのではないかとの疑念が生じてしまう。あるいは、中国兵を日本兵であると強弁しても、エホバ神や他の欧米人が許容してくれると考えたのだろうか。

後に見るように、松井大将は配下の諸部隊に対し、そのような行為を厳重に戒める訓令を発しているのだ。たとえ戦勝気分に浮かれていたにしても、そのような訓令を与えられた後の日本の兵士が、まさにその司令官の訓令を無視するそのような行為を、組織的かつ大規模に行《おこな》うとは考えにくいのではないか？

確かに日本兵の中には若干の不心得者《ふこころえもの》がいたのかもしれないが、仮にそのような行為がわずかにでもあれば、兵卒による軍律違反の事案として必ず上長に報告が行《い》くはずである。実際、そのような報告はわずかであったにせよ松井大将に達していた。そして以下に見るように、松井大将はそのような報告を読んだ直後に、事態を収拾するための強力な措置を取ったのである。

中支那方面軍司令官の松井大将も東京の広田外相も、南京の状況に関する報告なり噂話の情報を確かに得ていた。彼らが「知っていた」との検察側の主張をパール判事は否定していない。しかし、松井も広田も十分なアクションを積極的に取って、事態を改善しようと努力したのである。

## 松井大将の発した訓令と措置

冤罪《えんざい》ではないかと、筆者がパール判決書に基づいて考えているのが、松井石根《いわね》大将と広田弘毅《こうき》外相の件である。そのうち、パール判事は松井大将に関して詳細に審理している。長くなるが、松井大将に対する分析が凝縮されているので、残らず引用することとしたい。

「南京《ナンキン》を攻撃せよとの大本営の命令の遂行に取りかかる前に、**松井大将**は日本軍に対し次の趣旨の命令を発した。

『南京は中国の首都であり、その占領は国際的な出来事である。そのため、日本の名誉と栄光を提示して中国人民の信頼をより一層増やすための慎重な調査を実施すべきである。また、上海《シャンハイ》の近隣における戦闘は中国軍を屈服させることを目的としているのであり、そのため、中国の役人と人民については可能な限り宣撫愛《せんぶあい》護《ご》せよ。日本陸軍は外国の住人や軍隊を困難に巻き込まないようにし、そして、誤解の発生を避けるために外国官憲とは緊密に連絡を取るよう、常に留意しておかなければならない。』

これを受け、派遣軍参謀長の**飯沼**《いいぬま》やその他の者達は、前述の命令をただちに**松井**大将配下のすべての将校・下士官・兵に伝達した。中支方面軍参謀長である**塚田**《つかだ》とその配下の6人の参謀は次の諸点に関する命令を用意した。

1．中支方面軍は南京《ナンキン》城の占領を意図していること。
2．上海《シャンハイ》派遣軍と第10軍は南京《ナンキン》攻略要領に準拠して南京《ナンキン》を攻略すること。

右記にて言及されたところの南京《ナンキン》攻略要領とは、次のように規定されたものである。

1. 両軍（上海《シャンハイ》派遣軍と第10軍）は南京《ナンキン》城から3キロないし4キロ離れた地点まで進軍した時点で停止し南京《ナンキン》攻略の準備をすること。
2. 12月9日に航空機より、南京《ナンキン》城内に駐屯している中国軍に対し降伏を促すビラを撒《ま》くこと。
3. 中国軍が降伏した場合は、各師団から選ばれた2ないし3個の大隊と憲兵隊のみが城内に入り、地図で示されたところの場内の受け持ち地区を警備すること。特に、地図上に示された外国権益や文化施設の警備は完璧に実施すること。
4. 中国軍が降伏を拒否した場合は、12月10日午後に南京《ナンキン》城に対し攻撃を開始すること。この場合においても、城内に入る部隊の動きは前述において示した通りとする。城内の秩序を維持し、**特に軍紀と風紀を極めて厳格にすること。**

右記の命令を用意すると同時に、「**南京《ナンキン》城の攻撃および入城に関する注意事項**」と題する訓令が作成された。

その要点は次の通りである。

1. 皇軍が外国の首都に入場するは有史以来の盛事にして、永く竹帛《ちくはく》に垂るべき事績たると世界の斉《ひと》しく注目したる大事件たるに鑑み、正々堂々将来の模範たるべき心組《こころぐみ》をもって各部隊の乱入、友軍の相撃《あいげき》、不法行為等絶対になからしむべし。
2. 部隊の軍紀風紀をとくに厳重にし、中国軍民をして皇軍の威風に敬仰帰服《けいぎょうきふく》せしめ、いやしくも名誉を毀損《きそん》するがごとき行為の絶無を期す。
3. 別に示す要図にもとづき、外国権益、ことに外交機関には絶対に接近せざるはもちろん、とくに外交団の設定したる中立地帯には、必要の外《ほか》立入りを禁じ、所要の地点に歩哨を配置すべし。また城外における中山陵《ちゅうさんりょう》（訳注：孫文の陵墓）その他革命志士の墓および明孝陵《みんこうりょう》（訳注：明の太祖 洪武帝 朱元璋とその后妃の陵墓）には立入《たちい》ることを禁ず。
4. 入城部隊は師団長がとくに選抜したるものにして、あらかじめ注意事項、とくに城内の外国権益の位置を徹底せしめ絶対に過誤なきを期し、要すれば歩哨を配置すべし。
5. 略奪行為をなし、また不注意といえども火を失するものは厳重に処罰すべし。軍隊と同時に多数の憲兵および補助憲兵を入城せしめ、不法行為を防止せしむべし。

12月17日に**松井**大将は南京に入り、彼が発した厳粛な訓令にもかかわらず軍紀と風紀の違反があったことを報告によって知った。松井は、彼が以前に発した命令を厳格に遵守することと、南京《ナンキン》城の中の部隊を城外領域に出すことを命じた。参謀長の**塚田**ならびに塚田の配下の参謀たちは城外の宿営容量を調査したが、調査対象の地域は軍隊の宿営には不適格であることがわかった（法廷証第2577号）。

そのため12月19日に第10軍は上海派遣軍の蕪湖《ウーフー》地区に送り返された。ただし、その内の第16師団だけは南京《ナンキン》に留まり警備業務を割り当てられた。他の部隊は1隊ずつ、揚子江北岸と上海《シャンハイ》地区に退避するよう命じられた（法廷証第3454号）。

**松井**大将が配下の参謀たちと上海《シャンハイ》に戻った後、南京《ナンキン》の日本軍の違法行為の**噂を彼は再び聞いた。**これを聞くに及び、彼は12月26日ないし27日に次の指示を上海《シャンハイ》派遣軍の参謀長に伝えるように命じた。

『日本軍により南京《ナンキン》において違法行為が行《おこな》われているとの噂がある。入城式の際に本官が指示を出したように、日本軍の名誉にかけて、いかなる状況においてもそのような行為があってはならない。特に、**朝香宮**《あさかのみや》（＊）が我々の指揮官であられるからには、軍紀と風紀はさらに一層厳格に維持されなければならない。違法行為を行《おこな》うものは誰であっても厳格に処罰されなければならない。被害については、それに対し補償されるか返品されなければならない。』（法廷証第2577号）。

（＊訳注：朝香宮鳩彦王《あさかのみややすひこおう》 1887〜1981 日本の皇族、陸軍軍人。久邇宮朝彦親王《くにのみやあさひこしんのう》の第8王子、朝香宮初代当主。1937年12月2日に上海派遣軍司令官を拝命し、南京攻略戦に参加。最終階級は陸軍大将。1947年に皇籍離脱）

**松井**大将によってそのように執《と》られた措置は効果が無かったことがわかる。しかし、それらの措置が偽善的であったなどとは、そのあらゆる面においても示唆することなどできないのである。この証拠に基づけば、この点についていかなる法的責務の故意または無謀な無視の責任をも**松井**大将に帰することは、本官にはできないのである。」（判決書p.588下段〜p.590上段）

さらに、パール判事は松井大将の行動について次のように指摘している。

「本官は、かかる違反者を起訴することが総司令官の機能もしくは任務の中にあるとは信じない。残虐行為の噂や報告は総司令官に達した。彼は適切にその不承認を表明したのであり、その後においては彼には両軍（訳注：上海派遣軍と第10軍）の2人の司令官ならびに軍紀の維持と違反者に処罰を加える任務を負ったその他の高級将校に依存する資格があったのである。我々は、当時**松井**将軍は病気であったこと、これらの出来事があった後の数週間の内に任務を解《と》かれたことをも思い起こさなければならない。組織機構が適切に機能しているかを待って確認することが短期間でさえも許されないのならば、あらゆる軍隊の総司令官の地位は耐えられないものとなる。本官の判定では、南京《ナンキン》において民間人に関して起きたことにつき刑事上の責任があるとする何らかの怠慢が大将の側にあったことを、証拠は示してはいないのである。」（判決書p.590下段）

松井大将は最高指揮官として手厚くその職務を果たし、残虐行為、軍記違反行為の防止と収拾に努めたのである。松井大将はこれ以上、何をやらなければいけなかったと云《い》うのか？ 次の§10・の「**キーナンの述懐**」で見るように、あのキーナン首席検事でさえ、松井の立場と行動を正確に見極めていたのである。松井を巡る多数派判事の事実認定には、重大な錯誤があったか、さもなければ、何としても松井を有罪（それも死罪）に持ち込まなければならないとの政治的な重圧の下《もと》に、判定を下《くだ》す上で相当な牽強付会《けんきょうふかい》を強《し》いられたか、のどちらかであろう。

筆者は、松井についてのこの多数派判決には中国・国民党政府の意向が強く働いていたと見ている。首都南京を陥落させた日本の将軍は、何としても死罪にしたい。そういった政治的な意向があったのではないだろうか。

なお、多数派判決書で松井が有罪とされた訴因は、この訴因第55のみである。松井はこの1個の訴因のみによって、死罪とされたのであった。裁判所憲章における(イ)項（A級）犯罪では有罪とされず、(ロ)項（B級）犯罪のみで有罪とされたのだ。そうであれば、松井はなぜ、「東京裁判」で訴追されたのだろうか。筆者は疑問に思う。

## §10. 南京暴虐事件③：広田

### 南京暴虐事件と広田

南京の現地の日本の外交官たちは、ベイツ博士がタイプ打ちして作成した報告書を東京の外務省本省に送付した。そしてこの報告書は、外務大臣であった広田の目にも止まったのである。広田が「知っていた」ことは確実である。

「検察側によれば、『これらの残虐行為に関するすべての報告書は、それらの行為を非難する外国の報道機関による報道とともに広田に送付されたが、これらの報告書が続々と入《はい》って来《き》たにも関わらず、彼はこの問題の解決を陸軍大臣に迫らず、また、内閣にも報告しなかった』とのことである。」（判決書p.581上段）

これに対し、パール判事は次のように事実認定を行《おこな》う。パール判事は、広田に関する右記の検察側の主張を斥《しりぞ》けたのである。

「証拠は、広田がこれを当時の陸軍大臣であった杉山大将に伝達していたことを示している。陸軍大臣は緊急措置を取ることを約束し、そして実際に強力な警告を発したのである。それ故《ゆえ》に広田はグルーに対して『可能な限り厳格な指示が参謀本部から出されておりこれは中国におけるすべての司令官に手交される手筈《てはず》となっていたものであった。この指示においては、これらの略奪行為は終結させなければならないこと、そして調査の実施ならびに指示の遵守を確保するために、本間《ほんま》少将が南京《ナンキン》へ派遣されたこと、等を主旨としていた』と保証したのである（法廷証第328号）。

広田がグルーの抗議に対して行動を起こし『戦場の各軍が東京からの指示を遵守することを確実にするための抜本的な措置の検討が行《おこな》われている』点につき、グルー氏が1月19日付《づけ》で東京から報告したとの証拠が残っているのである。」（判決書p.581上段）

広田外相は杉山陸軍大臣に対して立派にアクションを起こしたのであった。これこそが広田に関するパール判事の重大な判定である。広田は「不作為」ではない。つまり、訴因第55は広田には成立しないのである。

### キーナンの述懐

キーナン首席検事自身が東京裁判の判決後に、秘書兼通訳の山崎晴一に対して次のように述べた、と山崎が書いている。「なんというバカげた判決か。（中略）マツイ、ヒロタが死罪などとは、まったく考えられない。マツイの罪は部下の罪だから、終身刑がふさわしい。ヒロタも絞首刑は不当だ。どんなに重い刑罰を考えても、終身刑まではないか」（出所：児島襄著 東京裁判（下）中公新書p.181）

### 広田に対する死罪判決は不当ではないか

さて、東京裁判では、7名の被告人が死罪となっている。この7名の内、東条元総理を含む6名は陸軍軍人であった。純然たる文民で死罪となったのは広田のみである。

広田はもともと外務省勤務の外交官であった。東京裁判の本来の判決書（以下、多数派判決書という）が認める通り、広田は有能な人材であって、請われて斎藤内閣の外務大臣に就任したのが1933年のことであった。「私の（外務大臣）在任中に戦争は断じてないということを確信致して居《お》ります」との1935年の帝国議会での答弁が示す通り、広田はまったくの平和志向の政治家であった。1936年には総理大臣となったが、その翌年、陸軍省からの圧力で内閣総辞職をする羽目に追い込まれた経緯がある。陸軍に協調的であったとは必ずしも言えない政治家だったのである。

筆者には、広田が訴追されたこと自体が誤りであったし、また、裁判の結果として有罪となったにしても、どんなに重くても禁固刑どまりではなかったのか、という感覚がある。実際、同じ外交畑の東京裁判被告人・重光葵《しげみつまもる》は禁固7年の刑にとどまっている。

広田の死罪は東京裁判における最大の悲劇であったと筆者は考える。彼以上に「ひどい目」にあった被告人はいないのではないか。そこで、広田に対してはパール判決書以外の観点から、もう少し深く掘り下げてみたいと考えた。以下は、筆者による「脱線」である。

## 広田弘毅、多数派判決書による判定

まず、多数派判決書において、広田がどのように判定されているかを押さえておきたい。広田が死罪となった理由をこの中から読み取る努力をしてみようと考えた。

そのため、少し長くはなるが、広田に対する判定の要点を見落とすことがないよう、広田に関する多数派判決書の判定の部分を、日本語原文のまますべて引用したい。

（多数派判決書からの引用始め）

**広田弘毅**

広田は、訴因第1、第27、第29、第31、第32、第33、第35、第54及び第55で起訴されている。

広田は、１９３３年から、１９３６年3月に総理大臣になるまで、外務大臣であった。１９３７年2月に、かれの内閣が倒れてから4カ月の間、公職に就いていなかった。１９３８年5月まで、第一次近衛内閣において、再び外務大臣であった。それ以後は、かれと公務との関係は、ときどき重臣会議に出席し、総理大臣の任命とその他同会議に提出された重要な問題について勧告することに限られていた。

１９３３年から１９３８年まで、広田がこれらの高い職務に就いていたときに、満州で日本が獲得したものは、その基礎を固められ、日本のために利用されつつあった。また、華北の政治経済生活は、中国の政治経済生活を日本が支配する準備として、華北を中国の他の地域から分離するために、「指導」されつつあった。１９３６年に、かれの内閣は、東アジアと南方地域における進出の国策を立案し、採用した。広範な影響のあるこの政策は、ついには１９４１年の日本と西洋諸国との間の戦争をもたらすことになった。やはり１９３６年に、ソビエット連邦に関する日本の侵略的政策が繰返され、促進されて、その結果が防共協定となった。

中国における戦争が再び始められた１９３７年7月7日から、広田の在任期間を通じて、中国における軍事作戦は、内閣の全面的支持を受けた。１９３８年の初めにも、中国に対する真の政策が明らかにされ、中国を征服して、中国国民政府を廃止し、その代りに、日本が支配する政府を樹立するために、あらゆる努力が払われた。

１９３８年の初めに、人的資源、産業資源、潜在的資源及び天然資源を動員する計画と法令が可決された。この計画では、要点ではほとんど変更されないで、その後の数年間を通じて、中日戦争を継続し、さらにいっそうの侵略戦争を遂行する準備の基礎となった。広田はこれらの計画と活動をすべて充分に知っており、そしてこれを支持した。

広田は、非常に有能な人物であり、また強力な指導者であったらしく、このように、在任期間を通じて、軍部といろいろの内閣とによって採用され、実行された侵略的計画について、ある時には立案者であり、またある時には支持者であった。

弁護側は、最終弁論において、広田のために、かれが平和と、紛争問題の平和的すなわち外交的交渉とを終始主張したことを裁判所が考慮するように要望した。広田は外交官としての訓練に忠実であって、紛争をまず外交機関を通じて解決するようにつとめることを終始主張したことは事実である。しかし、そうするにあたって、日本の近隣諸国の犠牲において、すでに得られたか、得られると期待されるところの、利得または期待利得のどれをも、犠牲にすることを絶対に喜ばなかったこと、もし外交交渉で日本の要求が満たされるに至らないときは、武力を行使することに終始賛成していたことは、十二分に明らかである。従って、本裁判所は、この点について申立てられた弁護を、この被告に罪を免れさせるものとして、受理することはできない。

従って、本裁判所は、少くとも1933年から、広田は侵略戦争を遂行する共通の計画または共同謀議に参加したと認定する。外務大臣として、かれは中国に対する戦争の遂行にも参加した。

訴因第29、第31及び第32についていえば、重臣の一人として1941年における広田の態度と進言は、かれが西洋諸国に対する敵対行為の開始に反対していたことと、よく首尾一貫している。かれは1938年以後は公職に就かず、これらの訴因で述べられている戦争の始動については、どのような役割も演じなかった。提出された証拠は、これらの訴因について、かれの有罪を立証しないと本裁判所は認定する。

訴因第33と第35については、ハサン湖における、または1945年の仏印における軍事作戦に、広田が参加し、またはこれを支持したという証拠はない。

戦争犯罪については、訴因第54に主張されているような犯罪の遂行を広田が命令し、受権し、または許可したという証拠はない。

訴因第55については、かれをそのような犯罪に結びつける唯一の証拠は、1937年12月と1938年1月及び2月の南京における残虐行為に関するものである。かれは外務大臣として、日本軍の南京入場直後に、これらの残虐行為に関する報告を受け取った。弁護側の証拠によれば、これらの報告は信用され、この問題は陸軍省に照会されたということである。陸軍省から、残虐行為を中止させるという保証が受取られた。この保証が与えられた後も、残虐行為の報告は、少くとも1カ月の間、引続いてはいってきた。本裁判所の意見では、残虐行為をやめさせるために、直ちに措置を講ずることを閣議で主張せず、また同じ結果をもたらすために、かれがとることができたほかのどのような措置もとらなかったということで、広田は自己の義務に怠慢であった。何百という殺人、婦人に対する暴行、その他の残虐行為が、毎日行われていたのに、右の保証が実行されていなかったことを知っていた。しかも、かれはその保証にたよるだけで満足していた。かれの不作為は、犯罪的な過失に達するものであった。

本裁判所は、訴因第1、第27、第55について、広田を有罪と判定する。訴因第29、第31、第32、第33、第35及び第54については、かれは無罪である。

（多数派判決書からの引用終わり）

（出典：国立国会図書館ホームページ「東京裁判判決：極東国際軍事裁判所判決文」。旧字体の新字体への変換、漢数字の算用数字置換を実施。）

## 広田の判定：多数派判決書から読み取れるもの

右記の多数派判決書の判定から何が読み取れるかを、筆者なりに考えてみたい。

まず、多数派判決書は、広田は1938年以降は極めて限定的な職務を行《おこな》ったこと以外には公職に就《つ》かなかったこと、そして、1941年の時点で広田が西洋諸国に対する敵対行為の開始に反対したことを認定している。そうであれば、広田は真珠湾攻撃以降の日米戦争に関して有罪となったのではない。

次に、多数派判決書の判定の最後尾に、広田を有罪とした3つの訴因が明示されている。

まず、訴因第1すなわち、全般的な侵略戦争を企てた共通の計画

（包括的共同謀議）への参画。次に、訴因第27すなわち、柳条湖事件（１９３１年）以後における中華民国への侵略戦争の実行。最後に、訴因第55については、広田の南京暴虐事件との関わりのみを問題としている。具体的には、広田が南京において負うべきとされる、軍隊に関する…そしてまた、その当時に日本の支配下にあった戦争俘虜《ふりょ》と民間人に関する…協定、保証、ならびに戦争法規と慣習の順守を確保する責任を保持しているところの、広田が統括する省庁の力に依拠して…それらの順守を確保しそれらへの違反を防ぐために適当な処置を取るべき**広田の法的責務**を、故意かつ無謀に**無視した**ことである。判決書p.559下段を参照されたい。

右記で挙げた2点からは、多数派判決書は広田が日中戦争とかかわったこと（南京暴虐事件を含む）のみについて有罪としていることが明らかである。真珠湾攻撃以降の戦争については、広田はまったく有罪とはされていないのだ。

さて、広田が有罪と判定された3つの訴因の内、訴因第1と訴因第27で死罪と判定されたとは、筆者には考えにくいのである。

まず訴因第1であるが、ヤマオカ弁護人の指摘によれば、全面的（包括的）共同謀議の存在を直接に証明する証拠がないことを東京裁判での検察側自身が認めており、状況からその存在を推定するように判事団は推奨されたのであった。これに対しパール判事は判決書 第四部において、その「状況」を1つひとつ丹念に検討し、全面的共同謀議などに頼らずとも、日本の採った方針は十分に説明されることを立証した。パール判事は、全面的共同謀議などというものは「荒唐無稽」であると判定している。実際、日本にはドイツにおけるナチ党のような全面的共同謀議は、存在しなかったのである。さらに言えば、「平和に対する罪」で死罪に至った被告人は、ニュルンベルク裁判においてもいなかった。

次に、訴因第27の中華民国に対する侵略戦争は、全被告が推進したことをこの訴因は明示しており、広田のみが関係している訴因ではない。しかも、被告たちの中でも広田はむしろ、「日中戦争には反対である」という態度を鮮明に示していたのである。この訴因で死罪に至らしめることができるとは、考えにくいのである。

以上のように検討を進めていくと、訴因第54か第55によって死罪に処せられたと考えられる他の6名の被告人同様、広田の場合も、訴因第55が広田を死罪に追いやったとしか筆者には考えられないのである。

## 広田と訴因第55との関連

多数派判決書の判定には、広田と訴因第55との関わりについての記述がある。最後から2つめの段落である。

その段落の中において、南京での残虐行為の報告を受け取った後、彼が陸軍省に照会を行《おこな》ったことを多数派判決書も事実認定していることが明示されている。これはパール判事もまったく同じ事実認定をしていた。

ところが、多数派判決書とパール判決書との間《あいだ》に判定の差が現れるのはその後である。

多数派判決書の判定では、「残虐行為をやめさせるために、直ちに措置を講ずることを閣議で主張せず、また同じ結果をもたらすために、かれがとることができたほかのどのような措置もとらなかったということで、広田は自己の義務に怠慢であった」としている。

これに対してパール判決書は、「証拠は、**広田**がこれを当時の陸軍大臣であった**杉山**大将に伝達していたことを示している。陸軍大臣は緊急措置を取ることを約束し、そして実際に強力な警告を発したのである。（中略）**広田**がグルーの抗議に対して行動を起こし『戦場の各軍が東京からの指示を遵守することを確実にするための抜本的な措置の検討が行《おこな》われている』点につき、グルー氏が1月19日付《づけ》で東京から報告したとの証拠が残っているのである。」(判決書p.581上段)」と指摘している。

パール判事は、どの政府吏員も政府の他の部署がそれぞれの分掌業務をしっかり行《おこな》うことに依存することができるとした。次の通りである。「本官の意見では、政府の構成員にはその政府のあらゆる機関が正しく機能をしていることに依存する資格があるのだ。」(判決書p.609上段)そして前の段落での引用の通り、「陸軍大臣は緊急措置を取ることを約束し、そして実際に強力な警告を発した」のである。外務大臣である広田が陸軍省まででかけていって措置がしっかりとれているか確認し指導しなければならないというのは、明らかな越権行為であり、やりすぎなのである。

また、閣議でそのことを主張するのは陸軍省にケンカを売るのに等しい。当時の内閣で陸軍省と対立すれば内閣が「もたない」こともあった。その中で、多数派判決書が「かれがとることができたほかのどのような措置もとらなかった」と述べているのは、できないことをやれというのに等しいものと筆者は考える。「広田は自己の義務に怠慢であった」と断じるのは行《い》きすぎではないか。パール判事の事実認定の方が、正しいのではないか。

広田は外務大臣としてできる限りのことを精一杯やったのである。パール判事が第六部での審理で証拠に基づいて明確にしたこの事実を知った今となっては、広田が自己の義務に怠慢であったと決めつけるのは、相当な牽強付会であると筆者は考える。

## 判決に関する理由と証拠の欠落

そもそも、ニュルンベルク裁判とは異なり、東京裁判はその量刑の根拠を明示していないのである。パール判事が1952年11月6日に広島で次のように語ったとのことである。

「1950年のイギリスの国際事情調査局の発表によると、東京裁判の判決は結論だけで、理由も証拠もないと書いてある。ニュルンベルクにおいては、裁判を終わって3ヵ月目に裁判の全貌を明らかにし、判決理由書とその内容を発表した。しかるに東京裁判は、判決が終わって4年になるのにその発表がない。他の判事は全部有罪と判定し、わたくし一人は無罪と判定した。わたくしはその無罪の理由と証拠を微細に説明した。しかるに他の判事らは、有罪の理由も証拠もなんら明確にしていないのである。おそらく明確にできないのではないか。だから東京裁判の判決の全貌はいまだに発表されていない。これでは感情によって裁いたといわれても何ら抗弁はできまい。」(出所：「パール博士『平和の宣言』田中正明編著 小学館」)

たしかに、筆者が右記で多数派判決書から引用した広田弘毅の判定部分は、3つの訴因において有罪との結論の記載はあるものの、そのように判断する理由やそのように判断するにあたって依拠した証拠について何の説明もない。まさに、イギリスの国際事情調査局の指摘の通り、「結論だけで、理由も証拠もない」のである。

ニュルンベルク裁判にならって、ナチによる共同謀議と同様の共同謀議を日本においても「でっちあげて」進行させた東京裁判の無理が、ここでも露呈していると筆者には思える。存在を立証できない共同謀議のスキームに乗った訴追であったために、判決における量刑の根拠を説明できないのであろう。

文官である広田の場合、訴因第1の全面的共同謀議が成立しないと、戦争犯罪に関わる訴因第55の怠惰の罪は成立しないのである。全面的共同謀議が成立しなかったとすると、広田は日本という国の単なる国家行為を合憲的に遂行したことになり、戦勝国を含む他国がその広田を訴追するなど、そもそもできないこととなってしまう。全面的共同謀議が成立したことにして、国家行為を遂行したにすぎないとする免責の主張をつぶしておかないと、軍人ではない広田の場合、「厳密なる意味における戦争犯罪」に関する訴因第55は、成立しないのである。

## 全面的共同謀議とパール判決書第四部

広田の件ではっきりしたように、東京裁判においては、全面的共同謀議の成立は連合国・検察側にとって絶対に譲れない死活的な線だったのである。ところが、その全面的共同謀議の存在を直接的に立証できる法廷証拠は、無かったのである。

そのため、全面的共同謀議の存在を判事団に「推定」せしめるために、検察側（具体的には首席検察官キーナンを局長とするＧＨＱ国際検察局）は、これでもかとばかりに膨大な証拠類（その多くは現場における残虐行為の証拠）を懸命にあちこち探し求めては拾い出し、次々と法廷に繰り出したのであった。軍国日本の「共通計画」の存在の推定につながるなら、本来なら却下されるべき伝聞証拠を含むありとあらゆる資料を検察側は提供し、そしてウェッブ裁判長はそれらを法廷証拠として前広に受け入れたのだった。

一方パール判事は、全面的共同謀議などという無理筋な仮説に頼らずとも、日本が真珠湾攻撃に至るまでに採った諸政策は客観的かつ十分な説明ができることを立証するために、膨大な証拠類を丹念に検証して取捨選択し、あの大部《たいぶ》な第四部をまとめたのである。検察側が血《ち》眼《まなこ》になって探し求めた証拠類を、パール判事が裁判官として綿密に事実認定を加えた結果として残った、厳正なる諸事実のみが第四部には記されているのだ。

つまり、パール判決書第四部は、信頼できる歴史的事実データの宝庫なのである。これは重要な法的価値を持つのみならず、社会学・歴史学・経済史・政治学等、さまざまな分野で活用されるべき第一級の史料なのだと筆者は愚考する。

## 広田死罪の真の理由

さて、東京裁判では広田を死罪にしなければならないとの、訴因によるもの以外の他の事情があったのではないかと筆者には思えてならない。以上で見たように、本来ならば死罪にできるような被告人ではないのに、どうしても広田を死罪にしなければならない何らかの事情が検察側ないしは連合国側にあったとしか思えないのである。

筆者は、東京裁判で本当の意味で被告席に座っていたのは「全面的共同謀議」という名の抽象概念だったと考えている。被告人25名は「全面的共同謀議」のそれぞれの場面でそれぞれの役割を担った者たちであったにすぎないのである。

「かかる政府組織を動かす義務と責任は、時局の推移にともない彼らの頭上に降りかかって来たものなのである。」（判決書p.17下段）

東京裁判が司法裁判であれば、被告となりうるのは自然人もしくは法人のみである。抽象概念が被告となることはない。しかし、東京裁判は真に司法裁判だったのだろうか。

連合国、特にイギリスは、ナチの出現に衝撃を受け、欧州を救うためにはナチのような共同謀議の遂行組織は徹底的に断罪して、その将来的な再来を防がなければならないと考えていたようである。しかし、そのような「方針」あるいは「政策」は、どちらかというと行政判断によくなじむものであって、司法判断にはそぐわないものであろう。

パール判事が第一部および第七部において遠慮がちに指摘し、その後合衆国最高裁のダグラス陪席判事が東京裁判の成り立ちを詳細に分析した上で明らかにしたように、東京裁判とは司法裁判ではなく、むしろ行政措置の延長だったというのが本当のところなのだろう。ダグラス陪席判事は、東京裁判とは「敵の力の希薄化に向けた戦闘行為の継続なのであって、実行された不正に対する報復が含まれている」と記述している。詳しくは本書の付録1 合衆国最高裁判所 ダグラス陪席判事の同意意見書（全訳）を参照願いたい。

司法裁判における事実認定の重要さ、あるいは、パール判事の言う「真理の追究」とは異なる次元で推進せざるを得なかった何らかの事情がこの「戦闘行為の継続」たる「行政措置」の執行にはあったのであり、その結果が広田の極刑だったのではないだろうか。

以上のように考えると、広田弘毅はたまたま「全面的共同謀議」のシナリオの中での何らかの重要な位置づけを占める人物だったために、ナチズムの再来を防ぐための一種の「見せしめ」として極刑に処せざるを得なかったのではないかと筆者には思えるのである。

## 広田の重大なアクション：1936年8月7日の閣議決定

それでは、広田の諸行動の内《うち》のどれを検察側が重要視したか。実はパール判決書 第四部 第3段階に重要な記載がある。次の通りである。

「検察側は我々の注意を1936年8月7日の閣議決定（法廷証第216号）に向けさせた。かかる閣議決定では国家政策の根本原則として『北方におけるソビエトの脅威の根絶、それと同時に、**イギリスとアメリカに対する準備**を行《おこな》うための日本と満州国の国家防衛の強化、そして経済発展のための日本、満州国と支那との間《あいだ》の緊密な協力の実現』を採用した。検察側によれば、これこそが共同謀議の究極的目標であるとのことである。」（判決書p.380上段）

右記引用の日付において総理大臣を務めていたのは、広田であった。つまり検察側は、右記の「全面的共同謀議」の究極的目標が日本政府に採用されたのは、広田内閣における1936年8月7日のこの閣議決定においてであって、その究極的目標とは具体的には、①ソビエトの脅威の根絶、②対英米戦を意識した満州との関係強化、③経済発展のための日満支の緊密な協力、であったのだと主張した。「全面的共同謀議」の究極的目標を具体的に顕現化させ、さらには、かかる究極的目標を初めて日本政府の中枢に持ち込んだ人物として位置付けられるからこそ、その閣議決定の際に総理大臣であった広田を、全面的共同謀議のシナリオの中での重要人物とせざるをえないのではないだろうか。

日独の両枢軸国における「全面的共同謀議」を断罪してその再来を防ぐことこそが連合国が最も重視する目的であったとすれば、右記の重要な役割を果たした人物である広田は、極刑に処さなければならなかったのである。広田の罪を軽くすると、ナチズムを含む「全面的共同謀議」のシナリオに重大な疑義を惹起《じゃっき》せしめることになってしまう。東京裁判がその実態としては司法裁判ではなく、戦闘行為の延長たる行政行為であればこそ、彼らの目的を達成するために広田を極刑にしなければならなかった。筆者にはそう思える。

もちろん、以上3つの「究極的目標」なるものの内容は、本来的には主権国家による国家政策の決定なのであり、また、かかる決定は明白な国家行為である。政府の主たる業務としてどこの国でも当たり前に行《おこな》われている。政策決定そのものはいかなる法においても有罪とはなし得ないし、そもそも外国が裁ける問題ではない。それらの3つの国家政策採用を判断する段階において、たまたま広田が総理大臣であっただけなのだ。パール判決書第一部で明らかにされたように、国際法の下《もと》における司法裁判では、いくら戦勝国であっても、他国の国家行為を担った個人の、個人的責任を追及することはできないのである。

そこで検察側ならびに東京裁判所としては、広田を極刑に処する方法として、まずは「全面的共同謀議」が存在したと判事団に推定させることで「広田の行為は国家行為なのだから裁判の管轄権外である」との主張を封じ込めた上で広田を訴追に持ち込み、次に、かかる「全面的共同謀議」の一環としてなされた「犯罪」として「通例の戦争犯罪」たる訴因第55、すなわち、1937年の南京暴虐事件での残虐行為を止めることをしなかったとの「不作為」を、あくまでも東京裁判が「司法裁判」であるとの外装の下《もと》に、重用して適用したのではあるまいか。端的に言えば、広田を死罪に追い込むための苦肉の策として、広田は「別件」で刑事事件として立件されたのではなかろうか。広田による国家行為たる政策判断を直接には有罪とはできないため、搦め手から「全面的共同謀議」を通じた「通例の戦争犯罪」を犯したことにして、広田を訴追したのであろうと筆者には思えるのである。

### 広田を巡る事実

ここで、広田を巡る事実関係を確認しておきたい。

まず、パール判事が判決書の第四部において徹底的に解明したように、ドイツと違い日本の場合には「全面的共同謀議」は一切存在していなかった。また、中国を含む各国を侵略対象とするとの複数に及ぶ「特定の」共同謀議も立証されていない。つまり、訴因第1と訴因第27は立証されなかったのである。広田が、存在しない共同謀議のシナリオの中での重要人物であるなどとするのは、パール判事の表現を借りれば「荒唐無稽」なのである。

次に、事実認定にあたってパール判事が突き止めたように、「南京暴虐事件」において広田は広田なりに外務大臣として精一杯の努力をして事件の進行を食い止めようとしたのである。これこそがパール判事の事実認定なのである。広田が「不作為」あるいは「怠惰」などと断ずるのは相当な牽強付会であり、そのような事実認定はまったく正義ではない。裁判官ではない筆者であっても、多数派判決の事実認定は誤っていると断じざるをえない。広田は訴因第55による訴追については無罪とされなければならないのではないか。

最後に、事実として政治家・広田は戦争反対論者であった。好むと好まざるとにかかわらず、陸軍とは対立しなければならない立場にもあった。

やはり、広田の場合は訴追すべきではない人間を無理に訴追し、無罪とすべきを牽強付会によって有罪とし、さらには、不作為を咎めることを主旨とする、ニュルンベルク裁判にはなかった訴因である訴因第55によって極刑にまで処せられたのである。広田は悲劇の人であったと筆者は重ねて思う。

逆に言えば、司法裁判における正当な事実認定に従えば死罪になどできるはずもない広田をあえて死罪に処したという事実をもって、東京裁判は司法裁判ではないと明示的に判定したダグラス陪席判事が正しいことの傍証とすることもできるのではないか。

以上、広田に関する考察を巡る筆者の「脱線」を終わる。以上をどのように判断するかは、読者諸氏に委ねたい。それでは、パール判決書に戻ることとしたい。

## §11．第2項「民間人に関する戦争犯罪」の結論

このセクションではパール判事による第2項の結論を述べたい。これは民間人に関する戦争犯罪の訴追に関する判定に相当するものであると筆者は考える。

### 散発的な事案

民間人に対する残虐行為の証拠全体を検討した後、パール判事は次のように述べる。

「証拠を分析すると、申し立てられた残虐行為の例は前述の最初

の五つの期間においては極めてまれであったことが浮かび上がって来《く》る。いくらかの散発的な事案はあったのかも知れないが、そのような事案はまったく異常なものではない。世界の陸軍や海軍でこの類《たぐい》の犯罪をなしたことが無いものは、無い。かかる行為を犯したものはすでに処罰されたものと本官は信じる。かかる散発的な事案から政府による政策に関する何らかの結論を引き出すことができるとは本官は考えない。」(判決書p.586上段～p.586下段)

右記引用冒頭の「最初の五つの期間」とは、例の、地域を20に分割して審理された際の半年毎の7つの時間区分の最初の5つのことであり、具体的には１９４１年12月7日～１９４４年6月30日にかけての2年半の期間を指す。

パール判事は右記引用においてこの2年半の間の事案は頻度として極めてまれであった上に、散発的事案なのであって、「まったく異常なものではない」と判定している。そのような散発的事案については、「世界の陸軍や海軍でこの類《たぐい》の犯罪をなしたことが無いものは、無い」からである。

それではそれに引き続いた、日本軍の戦局が不利に転じた期間についてはどうか。１９４４年の後半以降の期間である。これについては左記に引用する通りである。

「そしてまさにその政策について我々は今、検討を加えているのである。前述した分析は、もっと大規模な本当の残虐行為は、戦局が日本に対して不利に転じ、日本軍の秩序がどうしようもないほどに混乱した時期であった１９４４年の後半を通《つう》じて実施されたことを示している。

その時に起きた出来事は、陸軍の各司令官にその責任を負わすことさえも困難とするところのものである。かかる行為は、本官の意見では、戦場における司令官たちに怠慢や故意の不作為があったことさえ示すことはないのである。政府は戦場から遠く離れた場所で活動しており、さらにその当時には満足できる通信手段さえもなくなっていたというのに、その戦局における兵士たちによるかかる所為は政府の政策を何らかの形で反映していると示唆すればそれは馬鹿《ばか》げたものとなろう。」(判決書p.586下段)

日本軍の秩序が極度に混乱した時点では、現場の各司令官にさえも責任を負わすことが困難になったと指摘している。「本官の意見では、戦場における司令官たちに怠慢や故意の不作為があったことさえ示すことはないのである」としている。まして、戦場から遠く離れた東京の政府の構成員たちに責任を負わすことなど、できないのである。

なお、残虐行為に関するパール判事による実質的に唯一の検討対象となった南京暴虐事件は、１９３７年12月13日の南京陥落から、ベイツ博士の証言によれば１９３８年2月7日までの2カ月弱の期間でのことであった。つまり、南京暴虐事件は右記の5つの期間には該当しないことに留意する必要がある。南京だけは散発的事案として処理できないのである。

## 政府構成員の16人への判定

右記2点の引用での論点を確認後、パール判事は被告人25人の内の政府の構成員であった次の16人については、左記の判定に至っている。

「この件についての証拠全体を検討した後に本官は、証拠によれば、政府の構成員がこのような違反行為を何らかの形で命令し、授権し、許可したことを推論する資格を我々に与えることはないとの結論に達した。また本官は、かかる違反行為が政府による何らかの政策に従って遂行されたとの検察側による仮説を受諾することもできない。政府がかかる違反行為の遂行を何らかの形で許可したとの推論へと我々を導く証拠は、それが証言されたものであろうと状況的なものであろうと、あるいは、併存的なものであろうと、予期的なものであろうと、さらには回顧的なものであろうと、存在しない。

そのため本官は、**荒木**、**平沼**、**広田**、**星野**、**賀屋**《かや》、**木戸**《きど》、**小磯**《こいそ》、**南**、**岡**、**大島**、**佐藤**、**重光**《しげみつ》、**嶋田**《しまだ》、**鈴木**、**東郷**と**東条**に関する限り、彼らないし彼らの内のいずれかがこれらの違反行為を何らかの形で命令し、授権し、もしくは許可したこと、また、そのような行為が行《おこな》われることが本当に彼らの政策によるものであったことを示すところの何らかの怠惰《たいだ》もしくは不作為が彼らの側にあったこと、もしくは、彼らがかかる行為の遂行を要望ないしは意図したこと、等を推論する資格を本官に与えるところの証拠を本官は発見できなかったと、ただちに申し述べることができる。」（判決書p.586下段～p.587上段）

すなわち、これら16名については、訴因第54、訴因第55のいずれについても無罪と判定されたのである。

## 現場の軍団を指揮していた9名への判定

被告人25名の内の残りの9名は、現場の軍団の指揮官であった。これらの9名は日本政府の内勤の吏員ではなかったのである。

「しかしながら、これに関係した軍団を指揮していた者は、政府の他の構成員とは違う立場に立っている。そのため本官は、この件は以下にて別途、検討することとする。

我々の眼前の被告人たちの内、ここで関係しているいくつかの軍団を指揮した者は、**土肥原**《どいはら》、**橋本**、**畑**《はた》、**板垣**、**木村**、**松井**、**武藤**、**佐藤**と**梅津**《うめづ》である。」（判決書p.587上段～p.587下段）

これらの9名が指揮していた軍団を具体的に見てみよう。パール判事は次のようにまとめている。

「これらの者たちに関連する事実は、下記にて各々《おのおの》の名前の次に記してある。

1．**土肥原**《どいはら》：1943年から44年にかけ、日本の東部軍の総司令官、1944年から1945年4月にかけ、シンガポール第7方面軍総司令官。

2．**橋本**：1937年、『レディーバード』号を砲撃した砲兵連隊の指揮官。

3．**畑**《はた》：1940年7月から1944年にかけ、中支派遣軍総司令官。

4．**板垣**：1941年7月から1945年3月にかけ、朝鮮における日本陸軍の総司令官。1945年4月から1945年8月にかけ、シンガポール第7方面軍総司令官。

5．**木村**：1944年3月から終戦にかけ、ビルマにおける日本陸軍の総司令官。

6．**松井**：1937年10月から1938年2月にかけ、中国における日本軍の総司令官（南京暴虐事件は1937年12月であった）。

7．**武藤**：1943年、スマトラにおける近衛第2師団長。1944年、**山下**将軍の下《もと》でフィリピン第14方面軍参謀長。

8．**佐藤**：1945年1月、中支派遣軍の参謀副長。次に、終戦までの期間はインドシナとタイにおける第37師団長。

9．**梅津**《うめづ》：1939年11月7日から1944年7月18日にかけ、関東軍総司令官。」（判決書p.587下段）

この項ですでに何度か触れた通り、訴因第54、すなわち残虐行為や交戦規定への違反行為を、これら9名の指揮官たちが命令し、授権し、許可したことを立証できる証拠は無い。そこで、パール判事は訴因第54を次のように「片付けてしまう」こととした。

「記録された証拠は、以上の指揮官たちがその指揮下の軍団の人員に対して残虐行為の実施を命令もしくは授権したのだと主張する資格を我々に与えることが無いことは確実である。証拠が、これらの残虐行為を行《おこな》うよう兵士たちを何らかの形で煽動《せんどう》したと主張する資格を我々に与える類《たぐい》のものではないことも確実である。そのため本官はまず真っ先に、訴因第54に含まれている民間人に関する訴追は以上のいずれの被告人に対しても立証されてはいないと指摘することにより、訴因第54を片付けてしまうこととする。」（判決書p.587下段～p.588上段）

「片付けてしまう」の原表記はdispose ofであり、処分する、やっつけてしまう、といったニュアンスがある。ここでの具体的な意味合いは、この訴因が成立する余地はないと判定することによって、この訴因を目の前から消し去ることである。

## 「不作為」を犯罪とした訴因第55の扱い

右記のように、これら9名は訴因第54については無罪と判定された。それでは訴因第55はどうか？ 次の引用の冒頭に「しかしながら」とあるのは、右記引用の「訴因第54を片付けてしまうこととする」との文の後を受けた段落だからである。

「しかしながら、起訴状には訴因第55がある。刑法ではよく確立された原則なのであるが、遂行のみならず不作為からも法的責務は発生するのである。もっとも、どのような状況がかかる不作為による法的責務を惹起せしめることになるのかはしばしば問題となるのだが。『不作為』の『明確な行動』への同化は、行為を実施しなければならない義務が存在する場合においてのみ発生するのである。さらに、不作為を犯罪とするためには、その事案が因果関係によって不作為と結びつけられている点につき、確信がなければならないのだ。」（判決書p.588上段）

訴因第55は不作為を訴追するものである。右記引用中で筆者にはやや煩雑だと思えるのは、「『不作為』の『明確な行動』への同化」と述べている部分である。筆者は、この部分は「不作為が明確な違反行動と同様に責任を問われる場合」というほどの意味だと解釈する。

また、右記引用で見過ごすことができないのは、最後の文章にある、「不作為を犯罪とするためには、その事案が因果関係によって不作為と結びつけられている点につき、確信がなければならないのだ。」との指摘だと思う。「その事案」とは、問題となっている残虐行為等の戦争犯罪事案のことであろう。その犯罪事案が因果関係によって不作為と結び付けられていなければならないとの指摘である。検察側はそのような因果関係を明示しなければならなかったのだ。しかし、そうすることはできなかったのである。

軍団の指揮官たる9名の「不作為」につき、パール判事は次のように検討を開始する。

「本官の意見では、これらの司令官たちには、軍の規律を維持すること、ならびに、彼らの指揮下の兵たちがこれらの残虐行為を行《おこな》うことをやめさせることにつき、法的な義務があったのである。

1人の司令官は、彼が単に兵士たちの上官たる将校であるがために兵士たちの行動に責任を負うというわけではないとの指摘は正しい。しかし、司令官は兵士たちに対する大きな統制権能があるため、司令官には兵士たちのこのような行動を合理的に防止することにつき責任を持つべきなのである。自らが指揮する軍隊を統制するために、その司令官の権能の内にあるところの適当とな

る措置を執《と》る義務が、司令官にはあったのである。」（判決書p.588上段）

現場の指揮官は、その大きな統制権能を使って、配下の兵士たちが違法な行動をするのを合理的に防止する責任がある。そのような責任があるため、不作為は許されないのである。

まず、**松井**大将については南京暴虐事件において配下の軍団が違法行為をしないように命令を発し、明白な防止・阻止行動を取ったことをすでに見た。松井が発した「南京城の攻撃および入城に関する注意事項」と題する**訓令**は、書面の証拠となって残っている。松井大将が「不作為」などと結論するのは、事実を踏まえればありえないことである。

残りの8名の**土肥原**《どいはら》、**橋本**、**畑**《はた》、**板垣**、**木村**、**武藤**、**佐藤**と**梅津**《うめづ》についてでは、ここでは引用を省略することをお許し願いたいが、パール判事の判定は判決書p.590下段～p.591下段に亘って記述されている。要点のみを次に述べたい。

まず、**土肥原**、**橋本**、**板垣**と**梅津**の4名に関しては、「不利となる証拠は存在しない」（判決書p.590下段）と判定された。証拠がなければ、訴追が成り立たない。

次に、**畑**は松井大将の後任者として南京の指揮官になった。畑が指揮官となった後も散発的な事案はなお発生した。しかし、これに関する証拠についてパール判事は「畑大将の側の不作為の存在を証するものではなく」（判決書p.591上段）と判定した。

**木村**については、「ビルマの民間人に対する何らかの残虐行為」を木村の「何らかの刑事上の責任を伴う不作為に帰せしめる」ような「満足できる証拠は記録上には無い。」（判決書p.591上段）と判定された。

**佐藤**については、「インドシナとタイにおける民間人に対する虐待に関して検察側により提出された証拠は無価値」（判決書p.591上段）であると判定された。

**武藤**については、スマトラにおける残虐行為が記録された証拠は武藤が指揮を執る前の期間のものであり、フィリピンについては軍の指揮を執っていた山下奉文《ともゆき》大将がフィリピンでのB級裁判で処罰を受けているが、武藤はその時には山下大将の配下で参謀長であった。「その時点でフィリピンにて起きていた事象についてはいずれの当局に対しても責任を負わせることができない」（判決書p.591下段）とパール判事はマニラ暴虐事件に関する審理で判定済みである。すなわち、武藤に責任を負わせることもできないという判定である。

従って、パール判事は、これらの9名の被告に関する訴因第55「不作為」の訴追に関しても、無罪と判定したのである。民間人に対する虐待に関して、軍団の指揮官であった9名は、2つの訴因のいずれについても無罪と判定されたのであった。

## §12　レディーバード号事件（被告人は橋本）：解決済みの事件の蒸し返し

被告人の**橋本**は、訴因第54、訴因第55の両訴因で追加的に訴追されている。起訴状は、**橋本**をこのように追加した理由を、**橋本**が「レディーバード」号及び「パネイ」号砲撃の日本軍指揮官（1937年）《昭和12年》であるからと附属書Eで記述している（判決書付録p.696下段）。これについてパール判事は、この第2項「厳密なる意味における戦争犯罪：日本に占拠された地域の民間人に関して」の最後尾で、次のように述べている。傍線筆者。

「『レディーバード』号に対する砲撃（＊）に関する裁判がこの裁判所の法的権限の中にあるとは本官は考えない。この事件は現下の戦争が開始するはるか以前に完全に解決しているのだ。訴追を行《おこな》っている諸国はこのように解決した事案を蒸《む》し返《かえ》すことを求めないようよくよく警告されていたはずである。被征服国に対して文句を言う点が他に無かったにしても、彼ら自身が完全に満足する形で他の場にて解決している事柄を引っ張り出すことをしなければ、彼らは疑いも無くもっと威厳を保つことができ、そして優美でもあったことであろう。

（＊訳注：レディーバード号砲撃事件。イギリス海軍の小型砲艦であるレディーバード号が中国軍の兵員を輸送中の中国船団と混在して航行していたため、日本軍が中国艦船と誤認して揚子江で砲撃し被害を与えた事件。日本は誤りを認めイギリスに陳謝した。レディーバードladybirdとはテントウムシのことである。）」（判決書p.591下段）

被告人の**橋本**は「不利となる証拠は存在しない」（判決書p.590下段）と判定されたことをすでに§11．で見た。ただし、右記引用のように、**橋本**に対する起訴そのものが本裁判所の裁判管轄権の外にあったとパール判事は指摘している。だからこそ**橋本**に「不利となる証拠」は無いのである。

## 一事不再理

刑事裁判には一事不再理の原則があり、確定した判決がある場合、その件について再度の審理はしないと聞く。レディーバード号砲撃事件については、確定した判決ではないものの日英双方が満足する形で収束した経緯があるのである。それにもかかわらず、東京裁判で「蒸し返す」のは、威厳を損ない、優美でもないとパール判事は指摘している。

さらに言えば、これは第二編の「第五部　本裁判所の管轄権の範囲」で検討するテーマの先取りとなるが、この事件が起きた１９３７当時の米英は、日中間の紛争において表向きは中立の立場を表明していたが、実態的には中国側に肩入れしていた。レディーバード号も中国兵の輸送を行《おこな》っていたのである。米英国旗を掲げていれば日本軍が攻撃を仕掛けて来ないと期待できるので、中国軍は中国船でありながら米英国旗を掲げたり、あるいは船腹に大きく英国国旗を描いたりする偽装工作を行《おこな》っていた。これは明らかな違法行為であるから、日本軍は国旗や表示の如何《いかん》で判断せず、その船の「実態」を見て判断することにした。レディーバード号が中国兵を船上に満載していたのを日本軍が視認したのではないだろうか。中立を装っても、米英は実態としては中国側の味方として日支事変に参戦していたのである。戦争法規が中立国に重い義務を負わせるのは、そのような紛らわしい事態の出現を防ぐためであろう。中国戦線においては米英は戦争法規を遵守していなかったと考えられるのである。

なお、右記引用中で最も注目すべきなのは、「被征服国に対して文句を言う点が他に無かったにしても」の傍線部分だと筆者は思う。というのは、この部分は、日本の戦争のやり方について実際上はケチをつける余地はないとパール判事が考えていることを示唆しているからである。

これは少々穿《うが》ちすぎかも知れないが、レディーバード号事件は裁判管轄権外であるとの指摘を第2項の最後尾に持ってきたのも、さりげなくこの考えを記述するためであったからではないだろうか。この部分は、南京暴虐事件やマニラ暴虐事件の残虐行為の証拠を含め、検察側が記録上に残した大量の証拠を細大漏らさず丹念に審理した上で、それらのほとんどは「無価値」と判定したパール判事が、嘆息と共に漏らした「本音」であろうと筆者には思えるのである。

③

# 第3項　厳密なる意味における戦争犯罪：戦争俘虜に関連して（判決書 p.591 ～ p.638）

本項は「厳密なる意味における戦争犯罪」の内の、残った「戦争俘虜《ふりよ》」に関するものである。まず、起訴状の附属書Ｄに基づく検察側の主張が審理される。次いで、「俘虜を残虐に扱え」との「方針」が日本側に存在したとの検察側の「真面目な」主張、日本の長い歴史に基づく兵の非投降方針の検討、今次大戦で異様に大量の敵の降伏があった事実、日本が遵守しなかったとされるジュネーブ条約、戦争俘虜に対する残虐行為の実例として取り上げられた「バターン死の行進」と「泰緬《たいめん》鉄道」、また、検察側が重視した「連合軍航空兵に対する裁判なしの処刑」等が審理される。最後に、「戦争俘虜」について訴因第54と訴因第55の２つが共に成立しないとの判定が示される。

第3項は、「戦争俘虜」に関する戦争犯罪を取り上げている。該当する訴因は、起訴状の訴因第54と第55である。これら2つの訴因は、第2項「日本の占拠地の民間人」ならびにこの第3項「戦争俘虜」の双方に共通して適用されているものである。

### 本項のセクション分けについて

第3項は、次のセクション分けで進めたいと思う。

**§1．検察側主張：起訴状の附属書Dに基づくもの**
**§2．被告人と虐待事案の関係**
**§3．俘虜を残虐に扱えとの方針はあったのか：検察側の「真面目な」主張**
**§4．日本の非投降方針と異様に大量の敵の降伏**
**§5．ジュネーブ条約**
**§6．「バターン死の行進」：残虐行為の実例**
**§7．「泰緬《たいめん》鉄道」：作戦行動に直接関係する就労**
**§8．スパイ罪による訴追**
**§9．連合軍航空兵の取扱い：裁判を経ない処刑をしたとの訴追**
**§10．戦争俘虜に関連した犯罪：結論**

## §1．検察側主張：起訴状の附属書Dに基づくもの

パール判事は、第3項「戦争俘虜」に関する記述を、次の言葉で開始している。

「本官はここで起訴状の訴因第54と第55による戦争俘虜《ふりょ》に関係する訴追を取り上げる。

以前に本官が指摘したように、この犯罪は起訴状の附属書Dにて述べられている。起訴状附属書Dの第1節から第8節に、かかる犯罪が列挙されている。」（判決書p.591下段）

つまり、訴因第54と第55の2つの訴因による訴追の詳細は附属書Dに記載されている。

### 附属書D

右記引用で「以前に本官が指摘したように」とあるのは、附属書Dはすでに**第2項**において取り上げられていたためである（本書では**第2項の§2.**）。この**第3項**においても、附属書Dに列挙された犯罪が審理される点は同様となる。

附属書Dの本文については、判決書の付録11起訴状のp.691～p.695を参照されたい。附属書Dの前半には日本が違反したとされる「戦争の法規及び慣例」たる「条約・保証・慣習」が記載されており、その後半に、そのような違反による犯罪が「違反行為の細目」としていくつかの「節」に分けられて列挙されている。

### 附属書Dの前半：日本が違反した「条約・保証・慣習」

まず、日本が戦争俘虜の取り扱い上で違反したとされる「条約・保証・慣習」のそれぞれの中身について押さえておきたい。違反したとされる「条約・保証・慣習」に関するパール判事の審理は判決書p.592上段～p.592下段に記述があるので、詳細についてはご参照いただければ幸いであるが、とりあえずまとめると、次の通りとなると思う。

まず、「条約」とは、具体的には１９０７年ハーグ第4条約と１９２9年ジュネーブ条約である。

次に、「保証」とは、日本は１９２9年ジュネーブ条約に「署名」をしたものの「批准」はしなかったが、それにもかかわらず日本は戦争俘虜にもこの条約を「準用する」と表明した日本政府による保証を指す。これは**§5.**で論じることとしたい。

最後に、「慣習」とは、「文明諸国の慣行により設立された戦争法規

と慣習」(判決書p.592上段)を指す。§7．の「泰緬《たいめん》鉄道」で論じられる「作戦行動に関する俘虜の労役の活用」は、この「慣習」に反してなされたものと考えられる。

## 附属書Dの後半：列挙された犯罪

次に、附属書Dの後半に列挙された違反項目たる犯罪の内容を、パール判事は次のようにまとめている。これらはすべて、**第3項**で扱う「戦争俘虜」に関する「犯罪」である。

「これらの条約と保証の違反の詳細を論ずる段に至り、検察側はそれを八つの節に分けて説明している。

附属書Dの第1節は、1907年ハーグ第4条約の第4条ならびに1929年ジュネーブ条約の全体さらには前述の各保証に違反した非人道的取扱いにつき訴追をしている。

第2節は、前述のハーグ条約附属書の第6条、ジュネーブ条約の第3部ならびに前述の各保証に違反して戦争俘虜《ふりょ》を違法に労務に就《つ》かせたことにつき訴追をしている。

第3節は、前述のハーグ条約附属書の第7条ならびに前述のジュネーブ条約の第4条、第3部の第9条から12条に違反して、戦争俘虜《ふりょ》に対する給養《きゅうよう》の提供の拒否と不履行について申し述べている。

第4節は、前述のハーグ条約附属書の第8条ならびに前述のジュネーブ条約の第3編、第5款、第3章に違反して戦争俘虜《ふりょ》の過度ならびに違法な処罰につき不満を述べている。

第5節は、前述のジュネーブ条約の第3、14、15と25条、ならびに、前述の赤十字条約の第1、9、10と12条に違反して、傷病者、医療従事者ならびに女性看護士を虐待したことを取り扱っている。

第6節は、前述のハーグ条約附属書の第8条ならびにジュネーブ条約の第2、3、18、21、22と27条に違反して戦争俘虜《ふりょ》、特に将校を辱《はずかし》めたことにつき苦情を訴えている。

第7節は、前述のハーグ条約附属書の第14条ならびにジュネーブ条約の第8と77条に違反して、戦争俘虜《ふりょ》に関する情報を収集して伝達することならびにその点に関する質問へ回答することを拒否したか、もしくは不履行であったことにつき訴追をしている。

第8節は、前述のハーグ条約附属書の第15条ならびにジュネーブ条約の第31、42、44、78と86条に違反して、利益保護国(訳注：スイス)、赤十字社、戦争俘虜《ふりょ》ならびに彼らの代表者の権利を妨害したことを申し述べている。」(判決書p.592下段～p.593上段)

## 被告人たちに対する訴追事項

パール判事は、被告人たちに対する訴追事項を次の通りにまとめている。

「我々の眼前の被告人たちに対する訴追事項は、次である。

1．彼らがそれらの残虐行為の遂行を命令し、授権し、そして許可したこと。

あるいは、

2．彼らはその各々《おのおの》の官職により戦争法規の遵守《じゅんしゅ》を確保することに責任を持つが、かかる遵守《じゅんしゅ》を確保し、また、かかる法規への違反を防ぐための適切な処置を取るべきその法的責務を彼らは故意または不注意により無視し、それにより戦争法規に違反したこと。」(判決書p.608上段)

右記の1．は訴因第54、そして2．は訴因第55による訴追であることが見て取れる。

そして検察側は次が立証できたと主張している。

「証拠に関する最終論告において検察側は次を立証できたと主張している。

1．証拠が提出されたところの戦争犯罪は、事実として行《おこな》われたこと。

2．それらの犯罪は日本政府の政策の一部として行《おこな》われた場合があること。

3．残りの場合においては、それらの犯罪が行《おこな》われたのかどうかにつき日本政府は無関心であったこと。」（判決書p.593上段）

本項においては、パール判事は右記の1．2．3．の検証を行《おこな》っている。そしてパール判事は、1．については証拠が抱える脆弱性《ぜいじゃくせい》の分析がメインとなること、2．については日本政府の政策であるとの検察側主張に反する事例を挙げること、3．については俘虜の待遇について日本政府は無関心であったのではなく、陸軍省から発信されたはっきりとした「指示や指図」（＝俘虜の待遇に関するもの）が存在することを示すことになる。

## 禁止された作業への就労と俘虜に対する侮辱

この第3項においては戦争俘虜に対する「非人道的扱い」が主たるテーマとなるが、それとは何の関係も無い別のテーマも取り扱われているとパール判事は指摘している。次の通りである。

「日本の公式書類で、検察側によれば戦争犯罪の証拠となっているもの、もしくは戦争犯罪を実施せよとの指示を構成するとされているものは、我々が検討している戦争俘虜《ふりょ》に対する非人道的取扱いとは何の関係も無いところの別の事柄と関係しているのである。それらのいくつかは禁止された作業に戦争俘虜《ふりょ》を就労させた件に関係しており、他は検察側が、俘虜《ふりょ》に対する侮辱と位置づけたものに関係している。本官はこれらの違反を別途に列挙したので、証拠のこの部分はその関連において検討することとする。」（判決書p.610下段）

右記引用における「戦争俘虜《ふりょ》に対する非人道的取扱いとは何の関係も無いところの別の事柄」（傍点は引用者）は具体的には2つあり、1つは禁止された作業に戦争俘虜を就労させた件であり、これは本項では§7．「泰緬《たいめん》鉄道」で取り扱われる。もう1つは、俘虜に対する侮辱の件であり、これは§5．「ジュネーブ条約」に関連して取り扱われる。

## 検察側主張に対するパール判事の事前の注意

ここでパール判事は、例によって証拠の量が大量であること、それらが示す犯罪の残虐性に目を奪われてはならないこと、眼前の被告人たちはそれらの行為の実際の実行者ではないこと等に注意を引いている。次の通りである。

「戦争俘虜《ふりょ》のさまざまな虐待を立証する上で、証拠の量は圧倒的である。証拠の詳細を検討することは、有効な目的を果たすためには何の役にも立たない。これらの残虐行為の実際の実行者は我々の眼前にはいない。それらの者のうちで存命のまま捕えられた者は、連合国により適切に処置がなされたのである。

現在、我々の眼前にはそれとは異なる組み合わせの人々がおり、彼らは戦時中に日本の舵取《かじと》りをする立場にあった人々なのであり、それらの残虐行為は日本が採用した、戦争をそのような残忍な方法で遂行するとの政策の結果であることを理由として、かかる凶暴な残虐行為の責任を負わされる方途を乱暴に追及されているところの人々である。」（判決書p.593上段～p.593下段）

圧倒的な量の証拠とは現場での虐待事案の証拠なのであり、眼前の被告人とは異なる組み合わせの人々が、各地で開廷されたB・C級裁判で「適切に処置がなされた」のである。

さらにパール判事は、眼前の被告人は「残虐行為は戦争をそのような残忍な方法で遂行するとの政策の結果である」との理由によって「責任を負わされる方途を乱暴に追及」されていると述べている。「乱暴に」（原表記はroughly）という言葉に、パール判事の本音がにじみ出ているように思う。

### 「ソレ自体デノ」犯罪か、そうではないか

またパール判事は、戦争俘虜への虐待そのものは**「ソレ自体デノ(per se)」**犯罪だが、「条約・保証に違反したこと」は**「ソレ自体デノ(per se)」**犯罪ではないと述べ、その2つを区別しなければならないとしている。次の引用の通りである。傍線筆者。

「戦争俘虜に関して犯されたと申し立てられている犯罪行為は、そのすべてが同じカテゴリーに属するものではない。それらのすべてが『**ソレ自体デノ(per se)**』犯罪ではない。そのうちの幾つかは、条約類や保証に違反したとの理由で犯罪であると申し立てられている。その他のものは『**ソレ自体デノ(per se)**』犯罪となっていると申し立てられている。現下の目的のためには我々はそれらをはっきりと区別しておかなければならず、そして、かかる行為につき刑事上の責任をこれらの被告人たちにどの程度負わせることができるかを検証しなければならない。」（判決書p.593下段）

「条約類や保証に違反したとの理由で犯罪である」とされたものが**「ソレ自体デノ(per se)」**犯罪にはならないのは、そのような違反は単なる契約違反に相当するのに過ぎず、国内法での刑法のような規範による「犯罪」には直接には該当しないからであろう。それを犯罪とするためには、その条約類の中に「違反は犯罪とする」といった規定が追加で別途必要となるからだと筆者は思う。そのような規定がないなら、違反しても単に契約を破ったのと同様のことにすぎず、刑法上の「犯罪」とまでは言えないのではないだろうか。この観点は第二編の「第一部 予備的法律問題」でパリ条約を分析する際にも取り上げられることになる。パリ条約の条文の中にそのような追加規定がなく、条約に違反した戦争をしたかどうかを条約の締約国の判断に任せていることが大きな問題となるのである。

## §2. 被告人と虐待事案の関係

パール判事は、眼前の被告人たちが各戦場の現場に対して「俘虜を残虐に扱え」との「命令・授権・許可」を発布した証拠は何もないと指摘している。例によって、それがあったと「推論」せよと検察側から言われているのだ。次の通りである。

「しかしながら、我々はここでこれらの行為が犯罪性を持つものかどうかを検討しているのではない。我々がここで検討しているのは、我々の眼前の被告人たちの内のいずれかから『命令、授権そして許可』が発布されたとする何らの証拠も存在しない中で、かかる犯罪があらゆる戦域で単に全般的に見受けられたことが、どの程度まで何らかのかかる命令、授権ないし許可があったとの推論へと我々を導くのか、のみである。」（判決書p.601下段～p.602上段）

その「推論」が成り立つかどうかの審理においては、次の3つを視野に留めなければならないとパール判事は述べる。

「この目的のためには我々は次の諸点を視野の内《うち》に留《とど》め置かなければならない。

1. 被告人たちの内のいずれかとこれらの行為のいずれかの間《あいだ》の関係を証拠はどの程度、立証しているのか。
2. (a)問題となっている行動は国家行為であると云《い》えるのか。

もしくは
(b)その行動は被告人のいずれかの個人的資格に帰することができるのか。
3．もしもそれが国家行為であるならば、その被告人に刑事責任があるとすることができるのか。」（判決書p.603下段）

## 被告人がどの立場で本件に関わってくるのかの審理

右記の3つを念頭に置いて検討するにあたり、パール判事はまず、眼前の被告人たちのそれぞれが、どの立場で本件に関わってくるのかを審理することから始めている。各々の被告人たちは、それぞれ異なる立場にあったのである。次の通りである。

「現下の目的のためには被告人たちを次の四つの部類に区分することが有益であろう。
1．政府の構成員として戦争俘虜《ふりょ》に関する任務を与えられていた被告人。
2．実際に犯罪を行《おこな》った者が所属していた軍を、指揮する立場にあった被告人。
3．残りの政府構成員。
4．政府ないし軍の内に何らの地位をも有してはいなかった被告人。」（判決書p.604下段）

右記の4つの部類（カテゴリー）の内の1．についてはさらに掘り下げて審理し、内容を具体化している。次の通りである。

「ここで留意されるのは、戦争俘虜《ふりょ》に直接の責任を負う省庁（訳注：右記の1．と2．のカテゴリーに関連する）は、検察側の証拠によると次であったとの点である。すなわち、(1)陸軍省、(2)外務省、そして、(3)大本営、である。

陸軍省においては、責任のある幹部の主だった者は次であった。
(i)陸軍大臣、
(ii)陸軍次官、
(iii)軍務局長、
(iv)軍務課長、そして
(v)俘虜《ふりょ》情報局長官。

外務省においては、責任のある幹部は次であった。
(i)外務大臣、そして
(ii)外務次官。

大本営においては、責任は次にあった。
(i)陸軍大臣、
(ii)参謀総長、
(iii)海軍大臣、そして
(iv)軍令部総長。」（判決書p.604下段）

## 被告人のカテゴリー分け

被告人の立場を右記の4つに区分した後、パール判事は1．2．3．のカテゴリーに属する被告人を特定した。次の通りである。なお、4．のカテゴリーに属する被告人は大川周明《しゅうめい》が考えられるが、精神面の無能力を理由に本審理における訴訟手続きから解放された。そのため、パール判事の眼前の被告人25名の中で4．に該当する者はいない。

まず、1．のカテゴリーに該当するのは、次の9名である。

「被告人の、**木村**、**小磯**《こいそ》、**武藤**、**岡**、**佐藤**、**重光**《しげみつ》、**嶋田**《しまだ》、**東郷**そして**東条**はこのカテゴリー下において責任を有する者たちである。

**木村**は1941年4月10日から1944年2月までの間《あいだ》、陸軍次官であった。

**武藤**は1939年10月から1942年4月までの間《あいだ》、陸軍軍務局長であった。

**岡**は1940年10月15日から1944年7月18日までの間《あいだ》、海軍軍令部総長であった。

**佐藤**は1941年2月から1942年4月までの間《あいだ》、軍務課長であって、1942年4月から1944年12月までの間《あいだ》、軍務局長であった。

**重光**《しげみつ》は1943年4月から1945年4月6日までの間《あいだ》、外務大臣であった。

**嶋田**《しまだ》は1941年10月から1944年7月までの期間、海軍大臣であって、1944年7月から1944年8月までの間《あいだ》、海軍軍令部総長であった。

**東郷**は1941年10月から1942年9月までの間《あいだ》、外務大臣であった。

**東条**は1940年7月から1944年7月まで、陸軍大臣の地位を占めていた。

**小磯**《こいそ》は1944年7月22日に総理大臣となり、彼の内閣は1945年4月6日まで機能した。」（判決書p.605上段）

2．と3．のカテゴリーについては、それぞれ次の通りである。

「被告人の**土肥原**《どいはら》、**橋本**、**畑**《はた》、**板垣**、**木村**、**松井**、**武藤**、**佐藤**そして**梅津**《うめづ》は、第2のカテゴリーに属する。

被告人の内、第3のカテゴリーにしか属さないものは、**荒木**、**平沼**、**広田**、**星野**、**賀屋**《かや》、**木戸**《きど》、**南**、**大島**、**白鳥**そして**鈴木**である。」（判決書p.605上段）

つまり、パール判事は俘虜に関する訴追で関係する被告人は、1．の9名と2．の9名であると洗い出した。両方のカテゴリーにまたがる**木村**、**武藤**、**佐藤**の3名を勘案すると計15名となる。この件について審理の対象から外れる3．のカテゴリーは、右記の10名である。以上で計25名となる。文官の**広田**は3．のカテゴリーに属することに留意されたい。

該当する被告人の洗い出しは右記のようになされた。

ただし、前項の民間人に対する虐待の結論で、パール判事は各々の被告人1人ひとりに対して結論を下《くだ》していたが、本項においては、後に**§10．結論**で見るように、1人ひとりの被告人に対して個別に判定を下《くだ》すことはせず、訴因第54での「命令・授権・許可」の訴追が、また訴因第55での「怠惰」の訴追が、いずれも成立しないことを結論としている。

## 被告人と虐待事案の関係

東京裁判の被告人たちと俘虜虐待とを結びつけるために、検察側は次の点を強調している。政府を構成する個人として、責任を有すると云うのである。

「検察側は、現下で検討されているいくつかの訴追による刑事責任を我々の眼前の被告人たちに負わせるために、次の点を強調している。

1．戦争俘虜《ふりょ》は**政府の支配下**にあること。

(a)そのため、責任をある特定の部署へ移すよう努力することによりその責任から免れることは、どの政府もしくは政府構成員にもできないこと。

(b)責任は各々《おのおの》すべての政府構成員個人にあること。

2．(a)被告人の各々《おのおの》すべては残虐行為の存在をその悪評自体から気付《づ》いていたに違いないこと。

(b)暴行の性質が全般的に似通《にかよ》っていることはそれが共通計画もしくは定型であったことを立証しており、それが認定されたテロリズムの方針であったことを示している。」（判決書p.608下段）

右記の検察側主張に対して、パール判事は次のように指摘している。まず、1．の(a)と(b)については、以下である。傍線筆者。

「本官の意見では、政府の構成員にはその政府のあらゆる機関が正しく機能をしていることに依存する資格があるのだ。憲政下での政府は異なる機能を異なる構成員に割り付けることで機能するのである。それらの機能の内のいずれかを正しく遂行させる責任は、かかる遂行を委ねられたところの特定の構成員にあるのだ。他の構成員は、割り付けられた責任を担当する特定の組織が正しく機能していることに依存することができるのである。1人の政府構成員は、彼自身の責任範囲の中においてでさえ、彼の機能を果たすにあたり憲法が提供したところの組織が正しく機能することに依存する資格があるのだ。

検察側によれば、政府の各々《おのおの》すべての構成員はこのような事案を内閣に対して持ち出す義務があり、そのことにおいて満足が得られなければ辞任しなければならない、とのことである。

本官の意見では、少なくとも我々の現下の目的のためには、特定の構成員の側の何らかの怠惰を理由としてその構成員に刑事責任を負わせることを我々が求められた際に本官は、検察によって持ち出された標準を遵守することに執着はしない。そのような標準は国際共同体がその黄金期《おうごんき》にあるのであれば理想的なものなのであろう。現在のところは、世界のどの国の政府もそのようなやり方では機能してはおらず、本官は現下の被告人に対し何らかの並外《なみはず》れた標準に依拠した行動を期待することはしない。我々はまた、目下のところ我々が検討しているのは内閣閣僚の戦時の行動であることを忘れてはならない。平時の際の何らかの行動基準は、現代の戦争の遂行において展開された状況がもたらす緊急性にそれを合致させるには多かれ少なかれ不適切となり勝《が》ちなのだ。かかる戦争はそのすべてが、新しい社会的、経済的そして交戦上の条件を提起しうるのである。我々はまた、特にこのような戦時において今日《こんにち》の国際社会の列強国がプロパガンダに演じさせている役割を無視してはならない。」（判決書p.609上段～p.609下段）

たとえば外務大臣が、南京での軍の無秩序な動きの制御を陸軍大臣に依頼し、後者がその履行を約束したら、後者が統括する機関である陸軍省が正しくそれを履行することに信頼し、依存する資格が外務大臣にはあるのだ。そのような依頼をいちいち内閣に持ち出すことは、「並外《なみはず》れた標準」であるとしてパール判事は「執着はしない」のである。

## 俘虜虐待は日本政府の方針であったと考えよ

また、右記の2．(b)について検察側は、俘虜虐待はあちらこちらで起きたので、虐待は日本政府の方針であったと考えてそのように主張するよう、判事団に求めている。

「検察側はあらゆる収容所での犯罪のパターンが似通《にかよ》っていることに大きく力点を置いている。申し立てられたこの類似性に関しては、本官はすでに他との関連性において検討を行《おこな》った。本官の意見では、パターンのこのような類似性は、これらの非人道的取扱いは政府の政策ないしその指示の結果であったと主張する資格を我々に与えることはない。」（判決書p.611上段～p.611下段）

日本軍の俘虜に対する扱いの事例としては、パール判事はすでに**第1項「殺人」**で、ジャワのオランダ人戦争俘虜ならびに民間人被抑留者の扱いに対する映写フィルムの例を出し、日本側の取扱い方針が真っ当であった例はあるとした（判決書p.557上段～下段）。右記引用で「本官はすでに他との関連性において検討を行《おこな》った」と述べているのは、**第1項「殺人」**でのこの審理を指している。

ここにおいても、残虐行為を暗に奨励する中央政策、指示、もしくは許可があったとする仮説を否定する事例が映写フィルムの事例と同様に存在していることを、次のような表現で示している。

「我々が眼前に持っている証拠は、陸軍省から発信されたはっきりした指示や指図《さしず》はそのような取扱いとは逆の方向のものであったことを示している。残虐行為の物語と比較していかにその量が不十分であろうとも、俘虜《ふりょ》の虐待に関係した看守や将校が処罰されたことを示す証拠があるのだ。取扱いにつき何ら異議の申し立てをする余地が無い収容所の例も、明らかに存在した。戦争の少なくとも相当部分の期間を通じて俘虜《ふりょ》に対して良好な取扱いをした例を示す、少なくとも複数の収容所に関する中立国による視察報告もある。これらの事柄のいずれもが、今、証拠によって開示された残虐行為を暗に奨励する何らかの中央政策、指示もしくは許可があったとする仮説に反するものとなるのだ。」(判決書p.611下段)

## §3　俘虜を残虐に扱えとの方針はあったのか：検察側の「真面目な」主張

「残虐行為を暗に奨励する何らかの中央政策、指示もしくは許可があったとする仮説」を展開するにあたって、検察側は1929年ジュネーブ条約を日本が調印はしたものの批准《ひじゅん》しなかった事実から立論を開始している。

「日本は1929年のジュネーブ俘虜《ふりょ》条約に署名をしており、1934年には天皇がそれを批准すべきかどうかの問題が浮上していた。日本の陸海軍は批准をしないよう請願しており、海軍はその請願の理由を述べている(法廷証第3043号ならびに第3044号、法廷記録2万7177～2万7181ページ)。」(判決書p.596上段)

海軍の請願の理由は、ここでの引用は省略させていただきたいが4項目の箇条書きになっており、判決書p.596上段～p.596下段に記載がある。なお、日本が批准しなかった理由は、後ほど論じることとしたい。

### 批准

いったんパール判決書から離れるが、条約は調印のみでは有効とはならず、批准が必要となるようである。批准とは、外国との間で調印した条約を国内の法として順守するために必要となる過程であり、主権者による認証を必要としているように見受けられる。明治憲法下の日本では天皇陛下が批准しておられた。現在の各国では、批准には主権者を代表する機関として国会・連邦議会等の立法機関の承認もしくは認証が必要とされるようだ。

具体例としては、1965年「日本国と大韓民国との間の基本関係に関する条約」(日韓基本条約)において、日韓両国の全権代表が1965年6月22日に東京で「署名」し、日本側は同年12月11日の「国会承認」、同年12月14日に「批准の閣議決定」を経て同日に「批准書認証」、同年12月18日にソウルで大韓民国側と「批准書交換」を行《おこな》い、同日に日本国内で「公布」及び条約効力発生の「告示」が行《おこな》われ、同日付で条約の「効力発生」となっている。相手国の国内での批准の成立を相互に確認するために「批准書交換」を行《おこな》うのだ。この条約では以上の手順を踏んでいる。日韓基本条約は国際法に基づいて滞りなく成立済みである。

日本側では「国会承認」が必要であったし、大韓民国側も国会の同意を必要とした。両国ともに立法機関たる国会が国内手続きに従って承認・同意した上で両政府間で批准書交換をしている。これによりこの条約は各々の国で国内法と同等の位置づけを得たこととなり、行政・立法・司法の政府3部門はいずれもこの条約に拘束されることとなる。韓国の最高裁判所といえども、政府の1部門である。政府の1部門たる司法部門が主権者による民意を尊重せずにその独自の解釈によってこの条約による拘束から自国が逃れることができるとするのは、国際法違反であると同時に、その国の国家運営のやり方に重大な疑義を惹起せしめるのである。ＯＩＮＫ（only in Korea）などと笑って済ませられる問題ではない。

## １９２９年ジュネーブ条約：日本は批准しなかった

さて、パール判決書に戻りたい。戦争俘虜の取扱いに関する条約では、１９２９年ジュネーブ条約が最も重要な条約のように見受けられる。しかしながら、日本はこの条約に署名はしたものの、批准はしなかった。この条約の取扱いにつき、検察側の主張とパール判事による事実認定の間では、深刻な認識の相違が見受けられる。

すなわち、検察側は、日本が１９２９年ジュネーブ条約を批准しなかったという事実に対して「邪悪な意義」を付している。具体的にはパール判事は検察側のこの主張を次のようにまとめている。

「日本がジュネーブ条約を批准しなかったとの『**事実（factum）**』に対して、検察側はその最終論告において邪悪な意義を付《ふ》しておぉり、このことはまさに我々の眼前にある問題に誠《まこと》に深刻な関連性があるのである。検察側は、この条約の批准の問題が浮上した時点で侵略戦争のための全面的共同謀議がすでに存在していたので批准は反対され最終的には否定されたが、これは、計画されたこの戦争の期間中に捕えられた俘虜《ふりょ》に対して野蛮な残虐行為を行《おこな》うとの方針を批准反対者のグループがすでに作成済みであったからである、としているのだ。

検察側はこの主張を真面目《まじめ》に申し立てており、それを支持する証拠を提出した。」（判決書p.596上段）

右記の検察側主張で確認しておかなければならないのは、検察側は、ジュネーブ条約を批准するかどうかの１９３４年の段階で「①すでに侵略戦争の全面的共同謀議が存在していた」、「②計画された侵略戦争の期間中に捕えられた俘虜に対して野蛮な残虐行為を行《おこな》うとの方針が作成済みであった」との2点を主張していることである。パール判事は、これら①と②の2点を検察側が「真面目に」申し立てているとしている。

まず、①についてはすでに「第四部　全面的共同謀議」で、そのような全面的共同謀議が存在していたとは認められないとパール判事が立証済みであることを指摘したい。

## 東条の宣誓供述書とルース・ベネディクト

次に、②の「俘虜に対する野蛮な残虐行為の方針」の存在について、パール判事は、日本兵の非投降方針の指摘から立論を開始する。次の引用が皮切りである。

「ジュネーブ条約を批准しないことを推奨する理由として陸海軍が挙《あ》げたものに対する評価を行《おこな》うためには、投降を認めないとの日本の方針を我々は忘れてはならない。」（判決書p.598上段）

これはあくまでも日本兵が敵に投降するのを認めないとの方針の指摘であって、日本は敵兵の日本への投降は認めて受け入れたことには留意すべきである。現に、松井大将は南京攻略にあたって中国兵に対し日本軍に投降するよう推奨したことを第六部第2項で見た。

次にパール判事は、この非投降方針について、被告人東条の宣誓供述書から次の「第１３２段」の部分を紹介している。この東条の供述は、いったん英文になったものを筆者が現代の日本文に戻したものである。判事団が読んだのは英文なので、判事団が東条の供述から読み取ったものを確認するにはそれが適当と考えた。なお、実際の東条の日本文の供述は、格調高い文語調である。

「**東条**はその宣誓供述書の132番目の段落にてこのジュネーブ条約の件に触れており、次のように申し述べている。

『ジュネーブ条約については、日本による批准はなされなかった。実際、日本による戦争俘虜《ふりよ》の概念は欧州人ならびに米国人のそれとは異なっている。さらに、日本人と他の国民の間《あいだ》の日常生活の状態や習慣の違い、かかる広大な地域から得られた多くの人種を擁する俘虜《ふりよ》たちの圧倒的な数、さらには多くの物資や物品の深刻な欠乏などが、我が国がジュネーブ条約を字義通りに適用することを不可能としたのである。』

『日本人による戦争俘虜《ふりよ》に関する着想が欧州人や米国人のそれとは異なるとの申し立ては、古代より日本人は俘虜《ふりよ》となることを最大の恥辱と見なしていたことを意味しており、すべての戦闘員は戦争俘虜《ふりよ》として捕えられるよりも死を選ぶことを指示されていた。そのため、ジュネーブ条約を批准することは、俘虜《ふりよ》として捕えられることを当局が皆に推奨していると信じる方向へと輿論《よろん》を誘導するものと考えられ、かかる批准は戦争俘虜《ふりよ》に関する伝統的な考え方とは矛盾するかも知れないとの恐れがあり、そしてこの恐れは開戦までには払拭されてはいなかったのである。陸軍省はジュネーブ条約に関する外務省からの問い合わせに対して応答し、陸軍省はその条約の完全なる遵守こそ表明できないものの、条約中の戦争俘虜《ふりよ》に関する記載については、必要となる留保条件を付すればその適用について何らの異議も認識していない、と回答した。1942年1月に外務大臣はスイスならびにアルゼンチン公使を通じて、この条約は修正を施《ほどこ》した上での適用（準用《じゅんよう》）を行《おこな》うと表明した（法廷証第1469号、第1957号）。『修正を施《ほどこ》した上での適用（準用《じゅんよう》）』との語については、国内の法と規則、ならびに、現存する実際上の状況が要求する事柄にジュネーブ条約を順応させるために必要となる変更をした上で適用することを日本政府は意味していた…。』」

（判決書p.596下段～p.597上段）

右記の**東条**元首相の供述は、当時の日本政府の立場を明らかにするのと同時に、日本がジュネーブ条約を批准しなかった理由を首尾良く説明しているように筆者には思える。

次にパール判事は、投降に関する日本人の考え方について米国の女流文化人類学者、ルース・ベネディクトの著書から引用している。ベネディクトの記述は判決書p.598上段～p.598下段に亘って記載されているが、東条の説明と軌を一にしているので、ここで重ねて引用することは省略させていただきたい。

## 日本が批准しなかった理由

日本がジュネーブ条約を批准しなかったのには、東条とベネディクトが述べた背景があったのである。東条の宣誓供述書とベネディクトの指摘を受けて、パール判事は次のように日本が批准しなかった経緯をまとめている。

「以上は、日本の陸海軍の実際上の考えを示すものであり、彼らによる反対の理由を説明するものなのである。それが正当化できるものであるにせよそうではないにせよ、それが日本の精神的な枠組みなのであり、検討すべき価値があると認めた点につき彼らは注意深く勘案を行《おこな》い、その上で、批准しないとの決定に彼らは到達したのである。それが正しかろうが誤っていようが、日本はこれらの規則は軍事的効率を阻害する可能性があると考えたのである。真実の意味での戦争法規の認定は、それを遵守することが関係者すべての利益にかなうとの事実の上に存在すると考えられているのだ。陸海軍が1934年の時点で将来の戦争俘虜《ふりよ》を虐待する計画を持っていたなどと示唆することは、本当に馬鹿《ばか》げている。」（判決書p.598下段）

こうしてパール判事は、日本側が1929年ジュネーブ条約を批准しなかったのは「俘虜に対して野蛮な残虐行為を行《おこな》うとの方針が…すでに作成済みであったから」との検察側の「真面目な」主張を、「本当に馬鹿《ばか》げている」として否認したのであった。

## 日本の非投降方針の分析

俘虜虐待の件の検討を続けるにあたり、パール判事は、「投降」に関する日本と西洋諸国の根本的な見解の相違を指摘する。次の通りである。

「本件の検討をさらに進める前に本官は、発生した事件に対し多大な効果を持っていた2点の非常に適切となる要因について触れておきたい。1点目は日本人と西洋の投降に関する見解の根本的相違である。すなわち、投降が『恥辱』であるか『名誉』であるか、である。もう1点は、太平洋戦争を通じて日本が直面せざるをえなかった、圧倒的に大きな数の投降者である。」（判決書p.601上段）

俘虜に対する残虐行為について考える際には、そもそも敵方への投降に対する考え方について日本が持つ、西洋諸国とは全く異なる見解の存在を意識しなければならないというのがパール判事の右記指摘である。日本では投降は「恥辱」すなわち不名誉と考えられたのである。日本人看守の眼前の連合軍兵士は「不名誉」な投降をした俘虜たちなのだ。さらに、そのような不面目を被《こうむ》った俘虜たちが、圧倒的に大量に眼前にいるのである。

「前述の精神的枠組みを持つ日本人たちが、戦争俘虜《ふりよ》となった西洋人たちは単なる投降の事実により不面目を被《こうむ》ったのだ、と考えたのは不思議ではない。

『日本人の目からは西洋人は不面目を被《こうむ》ったのであり、アメリカ人がそう思わないことを日本人たちは苦々《にがにが》しく思っていた。アメリカ人俘虜《ふりよ》が従わなければならなかった命令の多くも、日本人看守たちにとっては彼ら自身の日本人将校たちから従うことが要求されたものであった。すなわち、強制された行進やすし詰め状態の輸送は彼らにとっては普通のものであった。』…」（判決書p.602上段）

右記の『　』内は、ルース・ベネディクトの著作「菊と刀」の一節である。

検察側は日本軍の俘虜収容所のあちらこちらで同様の虐待があったので、虐待をすることが日本政府の方針であると推定するよう、判事団に求めた。パール判事は、それは違うと指摘する。俘虜収容所で起きた虐待は、日本の国民生活に根差す長い道のりを経たものによるのである。次の通りである。

「本官は右記において日本の投降方針について述べた。それは共同謀議グループによる方針などではない。それは日本の国民生活と平仄《ひょうそく》を合わせた方針なのである。日本の兵士たちの精神的な枠組みを形作るには長い道のりがあったのであり、そしてそれは我々が現下で関係していることへの大きな原因となっているのである。もちろんこのことはあらゆる意味において彼らの犯した犯罪を正当化するものではなく、そして、本官は確信しているのだが、このことにより勝利国が、かかる犯罪についての彼らの裁判において彼らの行動を正当化することも許されてはいないのである。」（判決書p.601下段）

戦後各地で行《おこな》われたB・C級裁判において、オランダを筆頭とする勝利国は、おびただしい数の日本軍将兵を死罪に処した。処刑された死罪者の総数は1，000人を超えると聞く。日本軍将兵の精神的な枠組みは「死ぬまで戦うこと」（判決書p.601下段）にあったので、お望み通り死罪にしましょう、というのが「彼らの裁判」における「彼らの行動」であったのか、筆者は詳細を知らないが、パール判事はそのような「彼らの行動を正当化することも許されてはいないのである」と指摘している。

## 「消耗品」に対する考え方の相違

投降に関する見解の相違に続き、パール判事は次の引用の通り、日本側と連合国側のそれぞれの自軍の負傷兵等の「消耗品」に関する取扱いの相違にも意識を回すよう促している。これは日本人である筆者には耳の痛い指摘であったが、負傷兵や敵の手に落ちた自軍の兵に対する米軍と日本軍の取扱いの大きな差は、戦争映画などでしばしば目の当たりにするので認識せざるをえない。例えば、米映画「プライベート・ライアン」では、敵地に取り残された自軍の兵士を救出するために多大な犠牲を払う米軍の姿が描かれている。

次の引用のほとんどは、ルース・ベネディクトの「菊と刀」から取られているものである。傍線筆者。

「日本人の態度の内の一つで、特に日本陸軍において特徴的であったのは、戦闘能力の『消耗品』に関するものであった。

『アメリカ人たちは、限界に達した者たちに向けてあらゆる救助、あらゆる援助を差し伸べることに、わくわくとした喜びを感じた。もしもその勇敢な行為が負傷者たちを救出できたならば、その行為はさらに英雄的なものとなるのであった。日本式の勇気はそのような救助活動を拒絶した。我々のB－29爆撃機や戦闘機に設置された安全装置でさえも彼らは、臆病《おくびょう》だ、との叫びを上げた…。生きるか死ぬかのリスクを引き受けることのみに美徳はあったのであり、用心することは無価値なのであった。この態度は負傷者やマラリア患者の場合によく現れた。そのような兵隊は消耗品なのであり、医療サービスは、それが戦闘部隊の効率を合理的に上げるためのものであってもまったく不適切なのであった。時間が経過するにつれ、あらゆる種類の供給困難がこの医療の提供を悪化させたが、話はこれだけではない。日本による物質主義への軽侮の念もそこには部分的に影響していたのである。すなわち、日本の兵隊たちは死そのものが精神の勝利なのであり、我々が傷病者に対して施《ほどこ》すような医療措置は、爆撃機における安全装置のように、英雄的行為への干渉なのであった。また、日本人はその民間生活においてアメリカ人ほどには内科医や外科医に頼ることに慣れてはいなかった。慈悲の念を持って傷病兵への対応に没頭することは、合衆国においてはその他の厚生措置に比べても特に関心が高く、そのことは平時における欧州各国からの訪問者によってさえもしばしばコメントされたほどであった。そのことは日本人たちにとっては確かに異質なものであった。いずれにせよ、戦争期間中には日本の軍隊は戦火の下《もと》で負傷兵を引き上げる訓練を受けた救援隊を持ってはいなかったし、前線や後方の医療システムや、遠隔地での回復のための病院などは無かった。彼らによる医療物資への留意は嘆《なげ》かわしい程度であった…。』

『消耗品に対する日本人のこの態度が彼ら自身の同輩の国民を取り扱う基盤であったならば、それは彼らがアメリカ人戦争俘虜《ふりょ》を取り扱うにおいても同様に重要な基盤であったのである。我々の標準に従えば日本人たちは、捕獲された俘虜《ふりょ》に対してと同様に彼ら自身の国民に対しても残虐行為により有罪となるのだ。フィリピンにおける前の軍医部長であったハロルド・W・グラットリー大佐（訳注：原表記はColonel Harold W. Glattly）は、戦争俘虜《ふりょ》としての彼の台湾における3年間の抑留生活について、アメリカ人の俘虜《ふりょ》たちは日本の兵士たちよりも良好な医療措置を受けたと語った…。』」（判決書p.602下段～.603上段）

このような「取り扱い基盤」は、日本においては現在においても変更されていないように見受けられる。違法に国内侵入した敵の軍事勢力によって、白昼堂々、下校途中に連れ去られた女子中学生を取り返す作戦を、いまだに実施していないのである。無論、この女子中学生は「消耗品」ではないが、同輩の日本国民たる「仲間」であり、「限界に達した者」であり、負傷兵以上に弱い存在である。これが日本ではなく、アメリカで発生したなら、「プライベート・ライアン」同様、彼らはどんな犠牲を払ってでも奪還を試みるであろう。

さて、耳の痛い話の中で1つの救いだったのは、右記引用の最後の部分での俘虜となったアメリカ軍の軍医が語った内容で、「アメリカ人の俘虜《ふりょ》たちは日本の兵士たちよりも良好な医療措置を受けた」の部分であった。これも俘虜虐待が日本政府の方針であったとする検察側主張への反例となる。

「投降」と「消耗品」に対する彼我の考え方の違いは常に念頭に置いておかなければならないと、パール判事に指摘されたのである。

## §4．日本の非投降方針と異様に大量の敵の降伏

日本による俘虜に対する残虐行為の問題を考えるにあたってパール判事は、§3．で見たように、「（自国兵に）投降を認めないとの日本の方針」の存在を指摘した。

パール判事は右記に加えて、日本が全く予期していなかった事態を指摘している。異様に大量の敵兵が降伏したのである。

### 事前に予想のできなかった、異様に大量な部隊の降伏

パール判事は次の重大な事実を指摘している。

「本官がすでに指摘した通り、1934年時点では日本政府も陸海軍もともに太平洋戦争を想定してはいなかった。いずれにせよ、この戦争の期間中に起きた、次のような異常な現象を彼らは予見していたなどと云《い》うことはできない。

すなわち、この戦争の期間中には異様《いよう》に大量の部隊が降伏したのである。降伏した軍は時には、彼らが降伏した相手であったその場の日本軍よりもはるかに大規模であった。昨年アメリカにおいてイギリス議会の秘密会議に関する記事が出版され、その中でチャーチル氏はマレーにおいて10万のイギリス軍が3万4000の日本軍に対し降伏したと述べた。この異常な事実は戦争俘虜《ふりょ》の管理を真に困難なものとし、そしてそれらの俘虜《ふりょ》たちの身の上に起きたことに大きく寄与したのである。本官はこの件につき後ほど、取り組むこととする。日本人たちがこれらすべてを1934年時点ですでに予期していて、そしてそのためにジュネーブ条約の批准を拒否したなどと示唆することは馬鹿《ばか》げている。」（判決書p.597下段）

「馬鹿《ばか》げている」、原表記は"it is absurd to"である。

### 日本の非投降方針と予期されなかった異様に大量の敵部隊の降伏のまとめ

パール判事は、「非投降方針」と「敵の部隊の異様に大量の降伏」の2点について、次のようにまとめている。

「本件の検討をさらに進める前に本官は、発生した事件に対し多大な効果を持っていた2点の非常に適切となる要因について触れておきたい。1点目は日本人と西洋の投降に関する見解の根本的

相違である。すなわち、投降が『恥辱』であるか『名誉』であるか、である。もう1点は、太平洋戦争を通じて日本が直面せざるをえなかった、圧倒的に大きな数の投降者である。後者は、事前予想ができなかったとの点ではほとんど原爆と同様であった。もしも原爆が『軍事目的の追求のための合法的手段をさらに根本的に探し求める事《こと》を強制』したのだとしたら、これらの圧倒的に大きな数の投降者は、投降した軍に対して宿舎を提供しなければならないとの勝利者による義務の範囲につき同様にさらに根本的に探し求める事《こと》を強制するようになったのである。10万の軍隊による3万4000の軍隊への投降は、その小さな勝利軍に非常に深刻な問題をもたらすのである。今日の全面戦争の時代で戦争技術の内にはこのような突然の投降も含まれているのであり、現存の条約の規定の多くには根本的な改定が必要なのかも知れない。何らかの戦争法規が戦争目的の達成への明確かつ恒久的な障害であることが発見された場合は常に、共通の利益の是認ならびにその規則の存続の理由は消え去りその規則は遵守されなくなったことを、我々は忘れるべきではない。」(判決書p.601上段)

右記においてパール判事は、日本軍の虐待行為を検討する際には、西洋諸国とは異なり投降を「恥辱」と考える文化的背景を勘案する必要があること、また、今日の全面戦争の時代の新しい戦争技術として、突然の大量の将兵の降伏があることを指摘している。

## §5. ジュネーブ条約

§3. では、日本がジュネーブ条約を批准しなかった経緯と文化的背景が分析されていた。この§5. では、①ジュネーブ条約が日本を拘束したかどうかの条約の条文解釈の技術的な取り扱い、ならびに、②条約の条文に記載された犯罪を、条約が日本を拘束したかどうかの問題とは別として、「ソレ自体デノ (per se)」犯罪として扱うべき場合があることが論じられる。

### ① ジュネーブ条約：日本を拘束したのか?

日本が批准しなかったジュネーブ条約であるが、この条約は日本を拘束するものとなったと検察側は主張している(ここでは引用を省略させていただきたいが、判決書p.592上段の4. 参照)。パール判事は次の通り、この検察側の主張を受諾していない。

「本官は、附属書Dにて言及された通牒《つうちょう》により日本はジュネーブ条約第95条の規定に従ってジュネーブ条約を承諾した、との検察側の主張を受諾できない。」(判決書p.598下段)

右記を述べた後、パール判事はジュネーブ条約の各条文を読み合わせて、日本による条約への署名、日本は必要とされた批准をしなかったこと、一方で一定数の他国の批准書の寄託によって条約自体は発効したこと等の経緯を分析した結果、日本に対しては検察側の主張が技術的に成り立たないことを明らかにしている。技術的細部に亘るため、ここでの引用は省略させていただきたいが、判決書p.598下段～p.599下段にかけて記載がある。

その技術的分析の後、パール判事はジュネーブ条約の日本に対する拘束力を、次の表現によって否定している。

「そのため本官は、日本はジュネーブ条約の締約国であって、ジュネーブ条約は第92条の意味合いにおいて別の方途により有効であったので、その条約は日本に対して拘束力があり、そして日本が批准しなかったために、日本の利益の**為には**有効とならなかったとする検察側による主張は受諾できない。本官の意見では、かかる条約は日本の利益の為《ため》であろうと、日本の利益に反する為《ため》であろうと、いずれについても有効とはなっていないのである。」

（判決書p.599下段）

ジュネーブ条約は日本には有効とはならなかった。条約の条文そのものは日本を拘束するものではないのである。

## すでに存在していた戦争規則の法制化にすぎないとの検察側主張

検察側はさらに、ジュネーブ条約は新しく規定された戦争法規なのではなく、この条約はすでに存在していた戦争の規則を法制化したものにすぎないとも主張した。この点についてもパール判事は斥《しりぞ》けている。次の通りである。

「検察側は次に、この条約は何らかの新しい戦争法規もしくは規則を作ったのではなく、すでに戦争の規則として認められていたものを法制化したのにすぎないのであると主張した。残念ながら本官は、この見解を受け入れるにはいくらかの困難を覚える。

　第91条から第96条はむしろ、この主張に反するものである。第96条は各々《おのおの》の締約国のために現在のこの条約の破棄を行《おこな》う権利を留保している。締約諸国はこの条約が取り扱っている主題に関して合意を行《おこな》おうとしていること、そしてそれによりこの条約が取り扱っている事柄《ことがら》に関して新しい法的な関係を築こうとしていることを理解していたように見受けられるのだ。」（判決書p.599下段）

この条約を破棄できるとする条文があるのなら、すでに存在していた「戦争の規則」をこのジュネーブ条約があらためて法制化したのにすぎないとは考えにくいのである。というのは、もしそうだとすると、この条約の破棄は、それまで存在していた「戦争の規則」の存続にまで影響を及ぼしてしまう恐れが発生してしまうからである。そのため、パール判事が指摘する通り、ジュネーブ条約はすでに存在していた「戦争の規則」とは無関係に、全く新しい法的関係を締約諸国の間で築いたと解釈する方《ほう》が自然なのである。

## ハーグ条約

次に１９０７年ハーグ第４条約については、日本はこの条約を批准したものの、パール判事は、次の明確な客観的事実をよってこの条約はそもそも第二次大戦においては締約国に適用されなかったと指摘している。次の通りである。

「ハーグ条約は日本により批准されたと検察側は主張しており、これは正しい。しかしながらその条約はその第2条において次の規定を含んでいる。『規則に含まれる規定は…締約国の間においての**み**適用され、**さらに**すべての交戦国が本条約の締約国である場合において**のみ**適用される。』

　イタリアもブルガリアもこの１９０７年条約を批准しなかったのである。（訳注：この両国は第二次大戦の交戦国であった。）」（判決書p.600下段）

## ハーグ条約もジュネーブ条約も本件には適用されない

以上の分析を受けて、附属書Dが規定している条約の内の１９０７年ハーグ第４条約と１９２９年ジュネーブ条約は、本件において日本には適用されなかったとの結論にパール判事は至っている。次の通りである。

「そのため、本官の意見では１９０７年ハーグ条約の規定も１９２９年ジュネーブ条約の規定も本件には適用できないのである。

　もちろんこれは戦争俘虜《ふりょ》の運命は全面的に日本人の裁量に握られていたということを意味するわけではない。本官がここで指摘していることのすべては、これらの条約は、条約としては本件には適用されないということのみである。」（判決書p.600下段～p.601

上段）

## ②「ソレ自体デノ（per se）」犯罪

パール判事はすでに§1．で、「ソレ自体デノ（per se）」犯罪なのかそうではないのかを峻別して検討する必要を指摘していた。検察側は条約類や保証に違反したとの理由で犯罪であると申し立てているが、それらへの違反は「ソレ自体デノ（per se）」犯罪ではないとの指摘である。条約違反を犯罪とするためには、かかる条約の中で、条約に違反したらそれは犯罪である旨の規定が追加で必要になるからではないかと筆者は思う。

一方、右記の分析によって、ハーグ条約もジュネーブ条約も共に本件には適用されないと判定された。そうであれば、これらの条約類やそれに基づく日本政府の保証への「違反」そのものは、厳密には犯罪には該当しないことになる。

しかし、条約そのものは適用されないにせよ、条約に記載されている犯罪が「ソレ自体デノ（per se）」犯罪に該当する場合もあるのだ。「ソレ自体デノ（per se）」とは、その犯罪が記載されている条約が有効かどうかとは無関係に、条約以外の他の規範や「慣習」等によってすでにその犯罪が犯罪として確立されているということを指すものと思う。

たとえば、§7．で詳しく見る泰緬《たいめん》鉄道の件については、「軍事作戦に関係がある任務への戦争俘虜《ふりょ》の就労」（判決書p.615上段）がハーグ条約第6条に違反していると検察側は主張した。ハーグ条約・ジュネーブ条約の両条約自体は本件に適用されないにせよ、ハーグ条約第6条にある「いっさい作戦行動に関係を有すべからず」（判決書p.615下段）への違反は、「ソレ自体デノ（per se）」犯罪として別口に検討する必要があるとパール判事は述べている。次の引用の通りである。

「ハーグ条約もしくはジュネーブ戦争俘虜《ふりょ》条約がこの件に適用できるか否かの問題とは別に、これらの条項は何らかの禁止された労役《ろうえき》について申し述べている。

現代の全面戦争においては『作戦行動に直接関係』との語句の意味合いがどのようなものであろうとも、戦闘部隊が用いる物資の輸送に俘虜《ふりょ》が使用された証拠がいくらかは存在することについては否定することができない。」（判決書p.616下段）

右記ではパール判事は、「戦闘部隊が用いる物資の輸送に俘虜《ふりょ》が使用された」ことは、両条約が「この件に適用できるか否かの問題とは別に」、「何らかの禁止された労役」に該当すると示唆している。かかる使用が「禁止された労役」に該当するとの規範や「慣習」が、両条約とは別口に確立されていたのだと筆者は思う。

以下、「ソレ自体デノ（per se）」犯罪の審理に移る。泰緬《たいめん》鉄道の件以外にも、ハーグ条約やジュネーブ条約に具体的に列挙された俘虜虐待事案は、日本政府がそれらの条約に拘束されるか否かにかかわらず、「ソレ自体デノ（per se）」犯罪である。次の引用での「戦争俘虜に対する犯罪に関する異なった項目」とは、作戦行動に関係する俘虜就労の問題以外の項目を指しており、検察側が主張する「ソレ自体デノ（per se）」俘虜虐待事案を列挙したものである。以降、パール判事はこれらを審理していく。

「本官は次に、戦争俘虜《ふりょ》に対する犯罪に関する異なった項目を取り上げることとする。遂行されたと申し立てられた犯罪のいくつかのカテゴリーを以下に挙《あ》げる。

1．戦争俘虜《ふりょ》の非人道的取扱いで、1907年ハーグ条約第4条ならびに1929年ジュネーブ条約第2条に違反したところのもの。

(a)憲兵隊による戦争俘虜《ふりょ》の取扱い

(b)俘虜《ふりょ》は飢餓に苦しみ、体刑の対象となり、病人は顧《かえり》みられなかった。

2. 1929年ジュネーブ俘虜《ふりょ》条約第2条に違反して侮辱と公衆の好奇心へ晒《さら》したこと。

3. (a)脱走しないとの誓約もしくは合意をさせられたこと。
(b)脱走につき1907年ハーグ条約ならびに1929年ジュネーブ条約での規定を超過して戦争俘虜《ふりょ》に対する処罰を実施したこと。

4. 戦争俘虜《ふりょ》を次により移送したこと。
(a)海路によって
(b)バターン死の行進

5. (a)軍事作戦に関連を持つ任務に戦争俘虜《ふりょ》を従事させたこと。
(b)1907年ハーグ条約第6条ならびに1929年ジュネーブ条約第29条に違反して将校の俘虜《ふりょ》を強制徴発したこと。
(c)泰緬《たいめん》鉄道（訳注：タイとビルマの間《あいだ》の鉄道）において、戦争俘虜《ふりょ》を従事させたこと。

6. 戦争俘虜《ふりょ》をスパイ容疑で不法に有罪としたこと。

7. 連合軍航空兵の処刑。
(a)『**事後法 (ex post facto law)**』の設定
(b)裁判による処刑
(c)裁判無しでの処刑」（判決書p.607下段～p.608上段）

これに続くパール判事の審理は、おおむね右記のカテゴリー分けに沿っている。

まず、パール判事は次の指摘を行《おこな》う。

「さまざまな戦域で俘虜《ふりょ》に与えられた処遇が非人道的であったことは否定できない。これらの残虐行為の実際の遂行者は他の場所ですでに処置がなされており、それらにおいては厳格な裁判による適切な処断以外の何かがなされたと推測すべき理由は無い。それらの行為の実際の遂行者は我々の眼前にはいない。」（判決書p.608上段）

これは、眼前の被告人は俘虜虐待に直接関わった者たちではないので、持ち込まれた大量の証拠が示す残虐行為そのものの悪逆さに目を奪われてはならないとの、第六部での審理を通じてたびたび現れる注意喚起である。これらは本件の裁判ではなく他の裁判において「適切な処断」がなされており、その「処断」が適切かどうかにまで本件裁判において判断を広げるべきではないのである。

## ジュネーブ条約に違背して俘虜を侮蔑と大衆の好奇心へ晒したとの検察側主張

神奈川県知事から厚生大臣ならびに内務大臣、東部軍司令官ならびに陸軍省にも送られた報告書がある。次の通りである。

「『俘虜《ふりょ》の就労に関し一般に知らしめたるものにあらざるも、就労場所、収容時間の往復途中等において俘虜《ふりょ》の就労をそれとなく察知したる一般人は眼前に米英人の俘虜《ふりょ》の就労の姿を見、御稜威《みいつ》（訳注：天皇陛下のご威光）の有難《ありがた》きことを痛感せるものの如《ごと》く、従来ややもすれば英米依存の風《ふう》比較的強き者多き状態にありたる本県民に及ぼせる影響相当甚大なるものあることを認めらる。』」（判決書p.612上段）

また、検察側が提出した次の証拠もある。

「検察側はその最終論告の中で、法廷証第1975号について次のように記述している。

『1942年10月13日、朝鮮軍参謀長は朝鮮の釜山《プサン》、京城《ソウル》および仁川《じんせん》（訳注：インチョン）の観衆が群がっている道路における俘虜《ふりょ》998人のパレードに関する報告を被告人の**木村**に送った。彼は『一般に米英崇拝思想の一掃と時局認識の透徹を期する上

において多大の効果を収《おさ》めたるがごとし』と述べた。』」（判決書p.612下段）

これらに対し、パール判事は次のように答えている。

「しかしながら法廷証第1975号は、戦争俘虜《ふりょ》によるそのようなパレードのことなど何も書いてはいない。この報告書は『イギリス軍俘虜《ふりょ》の収容に伴う一般民衆の反響』について記載しており、次のように述べている。

『マライ半島における俘虜《ふりょ》998人の到着は、一般民衆に及ぼせる影響きわめて大にして、俘虜《ふりょ》輸送の道中における釜山《プサン》、京城《ソウル》および仁川《じんせん》（訳注：インチョン）地方の観衆人員も朝鮮人約12万、内地人約5万7000人の多数を算したり。』

これは『公衆の好奇心に晒すために俘虜《ふりょ》をパレードさせること』などではないことは確かである。他のすべての国においては戦争俘虜《ふりょ》は一般大衆がのぞき込むことができない道路を通じて輸送されたなどと示唆することなど、検察側にできるはずはないことは明らかであろう。本官は、ジュネーブ条約の第2条はそのような輸送を禁止しているとは考えない。俘虜《ふりょ》となったこれらの兵卒は、公道を歩くことに慣れていたことは確かであるし、同様に、民衆による注視にも慣れていたのである。彼らが戦争俘虜《ふりょ》であるという事実により一般大衆の目から見れば彼らは名誉を落としていたということであったにしても、彼らは民衆による注視から保護される資格を何ら持っていたわけではなかった。彼らに対して民衆による何らかの妨害や侮蔑があったとの申し立ては、無い。」

（判決書p.612下段〜p.613上段）

ジュネーブ条約の第2条は、戦争俘虜は常に人道的に取り扱われ、保護されなくてはならず、「特に、暴力行為、侮蔑ならびに大衆の好奇心に対して」そうすべきことを規定している。ジュネーブ条約に違背するとの検察側申し立てに対しては、次のように述べている。

「1929年のジュネーブ条約の第2条は本件には適用されないことを本官はただちに、指摘しなければならない。」（判決書p.613上段）

パール判決書が右記引用のように指摘するのは、日本がこの条約に署名はしながらも批准はしなかったからである。しかし、仮にその批准の問題から離れても、日本に戦争俘虜を侮蔑する意図があったとは思えないとして、パール判事は次のように指摘している。

「しかし、その問題から離れても、このことが彼ら戦争俘虜《ふりょ》を侮蔑する何らかの意図を本当に示しているとは本官には思えないのである。これらの戦争俘虜《ふりょ》たちが実際に何らかの侮蔑的なやり方で取り扱われていたとの点は証拠の中には無い。彼らに対して異常な取扱いをすることは許されてはいなかった。彼らを公衆の目に晒《さら》すことを目的として彼らが展示されたことすらもなかった。彼らがそれらの場所に連《つ》れて行《い》かれたのは、白人の兵隊であっても敗《やぶ》れることがあり俘虜《ふりょ》とされることがあると、単に一般大衆を説得するためであった。一般大衆による白人優位性への信頼は、日本の関係当局により単なる神話であると考えられていたのであり、彼らはただ単に、白人の兵隊と云《い》えども俘虜《ふりょ》となりうるとの事実自体がかかる神話を打破すると考えたのである。このことがなぜ侮蔑だの大衆の好奇心へ晒《さら》すものであるだのと捉《とら》えられるのか、本官にはわからないのである。」（判決書p.613上段）

日本にジュネーブ条約が適用できるかどうかの問題から離れても、日本が俘虜を当該条約第2条に反して取り扱うことはなかったとパール判事は判定したのであった。

### 内閣の閣僚の義務に関する検察側主張

検察側は、日本の内閣の閣僚の義務として、次のような主張をしている。

「検察側は、内閣の閣僚に関しては、これらの犯罪の遂行を知るに及んだらそれをただちに内閣の同僚の閣僚に報告すること、そしてそれらの遂行を妨げる何らかの効果的な措置が採《と》られないのであれば内閣を辞任すること、は明らかにその閣僚の義務であると強く主張している。彼らの内の誰かが戦争犯罪の問題を閣議で取り上げたことについては、一切何の証拠も無い。彼らがそうしなかったことは彼らの罪をさらに重くする、と云《い》う。

検察側はさらに、これらの何らかの戦争犯罪が遂行されたことを知った職員は、彼が所持する権能を使って事態をただちに矯正すべき明確な義務があったのであるし、少なくともかかる暴行をすぐに止《や》めさせる程度にはそうしなければならなかったのだと主張している。」（判決書p.614上段）

パール判事は次の指摘をして、これに答えている。傍線筆者。

「ここでも投降者の数が圧倒的であったことにより特別な困難が生じたことを考えに入れなければならない。本官はこの点に関する証拠をその額面のままでは受容しない。しかし、誇張《こちょう》と歪曲《わいきょく》に関して可能となるすべての斟酌《しんしゃく》をしても、過密状態、食糧の供給不足と、衛生と換気の設備が不適切であったことは否定することができない。輸送途上での俘虜《ふりょ》への虐待の例があったことも確かであろう。しかし本官は、これを何らかの政府政策、ないしは政府による無関心、を示すものとして受け入《い》れることはできない。

この件で、内閣の閣僚は辞任しなければならなかったのだとする検察側の主張は、まさに理想的な状態を想定した場合の論点ではあるが、現下の我々の問題においては俘虜《ふりょ》の取扱いをかかる理想的な標準に基づいて判断することができるとは、本官は考えない。」（判決書p.614上段～p.614下段）

## §6．「バターン死の行進」：残虐行為の実例

「バターン死の行進」は、日本軍の将兵が残虐行為を行《おこな》い、俘虜に死亡者が発生した事実はあるものの、現在では米側によるプロパガンダの要素が強く、かなりの誇張があったことが判明している。ただし、この判決書が作成された時点で、パール判事はこの事案につき次のように検察側主張のままを事実認定している。

「『バターン死の行進』は本当にぞっとするような残虐行為であった。輸送手段も食糧も入手不能であったのでこれは避けられなかったとの理由によりバターン死の行進を正当化しようとの努力がなされた（法廷記録2万7764ページ）。

それが正しかったのだとしても、それは行進した俘虜《ふりょ》に割り当てられた取扱いを正当化することはない。この行軍は9日間に亘《わた》って実施され、灼熱《しゃくねつ》の太陽の下《もと》に120キロを超える距離を行軍させられたおよそ6万5000人ものアメリカ人とフィリピン人は、監視役により蹴《け》られ、殴られた。彼らが与えられた飲料は水牛の水飲み場の水のみであった。彼らの食糧はフィリピン人たちにより投げ与えられたもののみであった。病《やまい》や疲労により行進の隊列から脱落したものは、射殺されたか銃剣で突かれた（法廷記録1万2579から1万2591ページ）。」（判決書p.614下段）

パール判事は、上記に合わせて検察側証人の証言も次のように記述している。

「検察側は、輸送手段の欠如があったとの主張につき、バターンのアメリカ軍の司令官であったキング少将（＊）による宣誓供述書の形で実施された証言によって対応をする努力がなされた。少

将によると、次の通りである。

『投降の準備のために武器と装備を廃棄するにあたり、本官は、本官配下のすべての兵団をバターンから市外に向けて輸送するのに十分となる動力運送機関とガソリンを確保した。本官は投降の後、日本側が必要とするならその目的のための人員も提供するのでそのように実施するよう嘆願した…。日本人たちは本官に対し、俘虜《ふりょ》の輸送は彼らが望むように取り扱うので本官はその点につき何もすることは無い、そして、その点に関する本官の希望を検討することはできない、と述べた。』（法廷証第1448号）。

（＊訳注：Edward Postell King Jr. 1884～1958 米陸軍軍人。1942年3月にマッカーサーが豪州に避難した際にフィリピンに残ったウェインライト中将の下《もと》、バターン半島のフィリピン・アメリカ混成軍の指揮官となる。1カ月弱の戦闘の後1942年4月に7万5000人超を数える軍に日本軍への降伏を命じた。米陸軍史上最大の降伏であった）」（判決書p.614下段～p.615上段）

以上が「バターン死の行進」に関するパール判事の事実認定のすべてである。

### 「バターン死の行進」：孤立した残虐事件、被告人と無関係

パール判事は次のように述べて「バターン死の行進」に関する判定としている。

「いずれにせよ、本官はこの事件の正当化がそもそも可能であるとは考えない。それと同時に本官は、どのようにすればそれについて現下の被告人の内の誰かに責任があるとすることができるのかを理解することもできない。これは孤立した残虐事件の事例なのである。それについて責任がある人間はその生命をもって償いをさせられたのである。本官は、現下の被告人のいずれかとこの事件とを結びつけることはできない。」（判決書p.615上段）

右記引用で「それについて責任がある人間」とは、部下の罪をかぶった本間雅晴将軍のことを指しているものと思う。かかる残虐行為は、眼前の被告人たちとは無関係なのである。

## §7．「泰緬《たいめん》鉄道」：作戦行動に直接関係する就労

映画「戦場にかける橋」でも有名になった泰緬《たいめん》鉄道建設の件は、俘虜の取扱いに関する日本軍の非道の象徴であるかのように、東京裁判で大きく取り扱われた。「泰」はタイ、「緬」はビルマ（現ミャンマー）を表す。

当セクションではこれを、①事実関係の洗い出しとパール判事の事実認定、②眼前の被告人との関わりについてのパール判事の審理、③パール判事の判定、の3つに分けて論じたいと思う。

### 泰緬《たいめん》鉄道：①事実関係の洗い出しとパール判事の事実認定

泰緬《たいめん》鉄道に関する検察側の主張は、次のように要約されている。

「1942年8月以降、インドに侵入する準備をしていたビルマの日本軍部隊に補給することを目的としてシャム（訳注：タイ）のカンチャナブリからビルマのタンブイサヤットまでの鉄道線を敷設するために、戦争俘虜《ふりょ》がシンガポールならびにオランダ領東インドからビルマとシャムに送り込まれた。総延長距離はおよそ400キロメートルでありそのほとんどは人跡未踏《じんせきみとう》の山岳ジャングルであった。そして建設工事は両側の端《はし》から同時に始められた。全体としておよそ4万6000人の戦争俘虜《ふりょ》が徴発され、それらの内の1万6000人が、飢餓、疾病と虐待により18カ月の期間内に死亡した。（法廷記録5415ページ、5434から5441ペ

ージ)。日本側の記録では俘虜《ふりょ》の最大就労人数は4万9776人で死亡者数は7746人であった(法廷証第473号、法廷記録5492ページ)。加えて、12万人から15万人ほどのインドネシア人、ビルマ人、中国人ならびにマレー人が雇用され、同じ理由による死亡者の数は6万人から10万人であったと推測されている(法廷記録5415ページ、ならびに、5434から5441ページ)。

この鉄道線は作戦上の理由で建設されたとの検察側の証拠は、1944年に作成された日本側の書類により立証された。すなわち、1944年10月6日の南方軍参謀長から俘虜《ふりょ》情報局長官宛《あ》てに出された報告書の中で、次の記載が見受けられる。

『…本作業は作戦上のもっとも急を要し、しかも該《その》鉄道建設予定線に沿う地域は人跡なき密林地帯にして宿営給養および衛生施設は俘虜《ふりょ》の平常状態と著しく異なり…』」(判決書p.617上段～p.617下段)

これに対する弁護側主張を、パール判事は次のように記述している。

「弁護側は全般的には事実を否定していないが、この死亡率は早い時期に始まった雨期が補給品の輸送を妨げたからだとしている。」(判決書p.617下段)

弁護側のこの主張に対し、検察側は次のように指摘している。

「仮に以上(引用者注:右記の弁護側主張)がその通《とお》りであったとしても、そして、仮に日本人たちが細心の注意を払い、予期されなかった雨期の開始が全面的に俘虜《ふりょ》死亡の理由であったとしても、それでもなお、彼らは戦争犯罪をなしたのである。南方軍司令部には、健康に深刻な危険をもたらすと彼らが知っていた地域に戦争俘虜《ふりょ》を送り込んで就労させる権利は一切《いっさい》無く、さらには彼らには、軍事目的で使用する鉄道線の建設のために俘虜《ふりょ》を就労させる権利も一切《いっさい》無かったのである。当時の日本の意図はその鉄道線をビルマにおける軍隊の補給と増強をするとの軍事目的のためのみに使うことにあった点には、疑いはあろうはずがない。

しかしながら、雨期は死亡者数を増やしたかも知れないものの、死亡の原因となったわけではないことは明らかである。日本側の数字においてでさえも3月と4月という早い段階で、死亡者数はすでに200人を超えていたのである。もしも雨期がすでに開始していたのなら、なぜ『F』部隊と『H』部隊を4月の終わりと5月に送り込んだのか?(法廷記録5439ページ)

さらに、死亡者はそのほとんど全員が戦争俘虜《ふりょ》に限られていた。とすれば、俘虜《ふりょ》の死亡は、日本人が晒《さら》されなかった条件に俘虜《ふりょ》が晒《さら》されたとの事実によることになる。彼らは虐待《ぎゃくたい》、過重労働と不必要な医療無視ならびに飢餓によって死亡したのである。(中略)

以上が検察側の主張である。」(判決書p.618上段～p.618下段)

以上が泰緬《たいめん》鉄道の件に関して主張された事実関係である。右記の検察側の主張の正否をパール判事は争っていない。

## パール判事の事実認定:ワイルド大佐の証言

泰緬《たいめん》鉄道建設に関する事実認定の中で、パール判事は日本軍の俘虜となった、英陸軍のダルリンプル・ワイルド大佐(*)の証言を重視している。

「この関連で最も重要な証人はダルリンプル・ワイルド大佐(*)である。彼の証言の中で本件に関連して来《く》る部分は法廷記録の5434ページから開始する。この証言を分析すると、次の点が明らかとなる。

(*訳注:Cyril Hew Dalrymple Wild 1908～1946 英陸軍の軍人。オ

ックスフォード大卒。戦前にシェル石油の日本法人社員として東京に住んでいたことがあり、日本語ができた。1942年にシンガポールでアーサー・パーシバル中将が日本軍に降伏した際に中将の隣で白旗を掲げていたのが当時少佐であったワイルドである。パーシバルの通訳を務めた。1946年9月、香港での航空機事故のため死亡。享年38歳)」(判決書p.618下段)

このワイルド大佐の証言から、引き起こされた大惨事の原因が明らかとなった。現場の監督将校たちの「職務上の行《い》き過《す》ぎ」(原表記はoverzealousness)が原因だったのである。傍線筆者。

「この証人(引用者注:ワイルド大佐)の証言から、発生した大惨事はそのほとんどの場合、現場の将校の職務上の行《い》き過《す》ぎが原因であったことが明らかとなった。法廷記録の5445ページにおいて、かかる職務上の行《い》き過《す》ぎの例としてチャンギにおける有村《ありむら》少将によるものが我々に与えられた。この証人(訳注:ワイルド大佐)は少将に、チャンギには健康な人数は7000人もおらず、この証人が提供できるのはせいぜい5000人であることを説明した。この証人はその次に、以下のように述べた。

『**有村**《ありむら》少将の司令部は、その点すべてについては安心しろ、とのことであった。『歩くことができない疾病者』と分類すべきことに日本人たちも合意したところのその2000人の不適格な人間を、我々は連《つ》れて行《い》かなければならない、と我々は公的に聞かされた。本官は、移動の唯一の理由はシンガポール島では食糧事情が困難になりつつあるからだと聞かされた。我々は労働キャンプに行《い》くのではなく、保健キャンプに行《い》くのであること、そしてそれは山間部の良好な場所であり、誰も保健キャンプを離れ労務に行《い》かされることはなく、我々がやるべきことは身の回りの必要なことをキャンプ内で行《おこな》うことがせいぜいであり、食糧が不足しているため、チャンギに居残るよりもこの保健キャンプに行《い》く方がもっと良好な健康回復の機会が得られるので、疾病《しっぺい》者のためにも出発することが最も良いことである、と聞かされた。』

これは**有村**《ありむら》少将の側に行《い》き過《す》ぎとごろつきな性格があったことを示すのみである。これを東京の側で採られたあらゆる措置とはいかなる方法においても結びつけることができない点は明らかである。」(判決書p.619下段～p.620上段)

右記の有村少将の行為に続き、**坂野**《ばんの》中佐の件も示されている。

「職務上の行《い》き過《す》ぎの同様の例が、『F』部隊の日本の司令官である**坂野**《ばんの》中佐の件においても示されている。証人による本件の説明は、法廷記録の5459ページから5460ページにかけて示されている。

このオーストラリアの行軍部隊は、アジア系労務者がコレラにより死線をさまよっている小屋から数ヤード以内の距離に収容された。ハリス大佐(訳注:原表記はColonel Harris)はコンキータの集結キャンプにおいて**坂野**《ばんの》中佐に事情を説明し、次のように警告した。

『貴官は行軍をやめるか、もしくはコンキータを迂回《うかい》しなければならない。さもなければ、1週間以内に我々の収容所全体に猛烈なコレラの大流行が発生することとなる。』

**坂野**《ばんの》中佐は頑迷であった。この頑迷さの結果は、オーストラリアの行軍部隊でのコレラの流行であった。」(判決書p.620下段) **坂野**《ばんの》中佐はマラヤとスマトラの戦争俘虜《ふりょ》管理部の将校であった。

以上の2件の他、引用は省略させていただきたいが、日本陸軍のある伍長の「残忍さ」の例が判決書にある。判決書p.620上段である。

現場の将校たちの「悪巧み」は、次にも現れている。

「ワイルド大佐の証言はむしろ、これらの現地の将校たちはその職務上の行き過《す》ぎを示すところの彼ら自身の罪を認識していたために東京の当局に対して彼らの行き過《す》ぎがもたらした効果を隠す措置に手を出したこと、等を示している。『F』部隊の日本の軍医の通訳は死亡原因を下痢に変更するよう証人の部隊に対して強要した。同様にカンチャナブリの憲兵隊についても、現地での実際の状況を彼らが抑制したことがこの証人による法廷記録の5485ページから5486ページにかけて示唆されている。」(判決書p.621上段)

また、戦争俘虜の使用は最後の手段であったことも、この証人の証言から明らかになっている。俘虜虐待のために俘虜使用を第一とした との事実は、無かったのである。

「この証人の証言は、東京の関連当局が戦争俘虜《ふりょ》の労働力を使用することに期待をした上で問題となっている鉄道の建設を計画したものではなかったことも明らかにしている。この目的のために一般の労働者が非常に大人数にて雇用されたのだ。戦争俘虜《ふりょ》は最後の手段として使用されたものにすぎないのである。」(判決書p.621上段)

検察側が証拠として持ち出した日本側報告書は、惨劇の原因を鉄道建設の期限設定が早期であったことに求めた。早く完成させろと急《せ》かしたことが原因だとしたのである。パール判事はワイルド大佐の証言によって、これを斥《しりぞ》けている。

「ワイルド大佐は次の宣誓証言を行《おこな》った。

『我々は日本人たちに対して、彼らのアジア系と俘虜《ふりょ》系の両方の労働力の扱い方は、1人の兵士の視点から申し述べれば犯罪よりも悪いもので、それは大失態(訳注:原表記はblunder)だったのだと伝えた。本官は日本人たちに次のように伝えたし、今でもそう考えているが、彼らがその労働力を正しく取り扱い、食事を与え、住居を与え、合理的な労働時間を与えたならば、彼らが欲していた時期に鉄道の建設は完了していたことだろう。彼らがその労働力を実際に取り扱ったそのやり方の結果として、彼らが意図していた鉄道建設の完了よりも何カ月も遅れることとなり、そして彼らにもたらされた帰結は、ビルマへの補給を企図した一つの作戦をやり損《そこ》なうことだったのだ。本官は日本人にそう伝えたし、今でもそう考えている。』」(判決書p.622上段~p.622下段)

そして、パール判事は被告人たちの何らかの決定や方針、あるいは鉄道完成の早期の期限設定などが惨劇の原因ではなかったと結論づけ、惨劇の原因を次のようにまとめている。傍線筆者。

「この鉄道の完成の緊急性は、引き起こされた惨劇の原因ではなかったのだ。俘虜《ふりょ》たちや労働者たちが適切に取り扱われていたならば予定された時期に建設が完了するのに何の困難もなかったことがワイルド大佐の証言の中で示されている。酷使こそが遅延の原因なのであり、時間の不足は惨劇の原因ではなかったのだ。完成時期の期限を設定する責任を負っていた者たちはそれを設定する上で何らかの計算上のミスを犯したものでもなく、彼らによるかかる計算が俘虜《ふりょ》たちの身の上に起きたことの原因ではなかったことは明らかである。」(判決書p.622下段)

以上が、発生した出来事に関するパール判事の事実認定である。現場での酷使が鉄道の完成を遅らせたのと同時に、俘虜の虐待にもつながったのである。

### 泰緬《たいめん》鉄道:②被告人との関わり合い「俘虜を就労させた問題」

パール判事は泰緬《たいめん》鉄道の件を、次の2つに切り分けて検討している。

「本官はこの件を次の二つの部分に分けることとする。

1．戦争俘虜《ふりょ》を直接的に軍事作戦と関係を持つ労務に就《つ》かせたこと

2．戦争俘虜《ふりょ》の非人道的取扱い。」（判決書p.618下段）

右記の2．についてはすでに「**泰緬《たいめん》鉄道：①**」で論じた。ワイルド大佐の証言から非人道的取り扱いはあったとパール判事が事実認定したことを見た。

ここでは、1．について論じる。検察側は、次のように主張している。

「軍事作戦に関係がある任務への戦争俘虜《ふりょ》の就労についての検察側の主張は、日本政府が1907年のハーグ条約第6条と1929年ジュネーブ条約第31条に違反して俘虜《ふりょ》にそのような就労をさせたのだ、というものである。」（判決書p.615上段）

つまり検察側は、自国の作戦行動に関する戦争俘虜の就労を禁ずる1907年ハーグ条約第6条ならびに1929年ジュネーブ条約第31条への明白な違反であると述べているのである。

被告人の**東条**は、この俘虜就労の件と次のように関係している。左記は検察側証人の田中隆吉の証言である。傍線筆者。

「(iv)この会合（引用者注：1942年4月末のバターンでの戦闘の直後に開かれた会合）では**上村《うえむら》**俘虜《ふりょ》情報局長官の要請に応じて**東条**陸軍大臣が裁決を下した。

(v)当時の日本の状況、すなわち国の労働効率を増強しなければならないこと、ならびに『働かざる者食《く》うべからず』との当時の標語に鑑み、その会合で**裁決された第1の点**は、すべての俘虜《ふりょ》を強制労働に就《つ》かせることであった。

この裁決に関して、**上村《うえむら》**俘虜《ふりょ》情報局長官は、下士官以上の戦争俘虜《ふりょ》を強制労働に就《つ》かせることはジュネーブ条約の違反となると述べた。しかし、**上村《うえむら》**によるこのような見解の表明にも関わらず、**東条**陸軍大臣は、ジュネーブ条約の精神を尊重することが日本政府の立場ではあったものの、日本がジュネーブ条約を批准していないとの**事実に鑑み**、これらの将校を労働目的に使用するとの裁決を下した。」（判決書p.606上段）

右記での東条に対する主張は、訴因第54の命令・授権・許可に該当することが見て取れる。そのような就労命令を東条が下《くだ》したとこの証人（田中隆吉）は証言しているのだ。

## 泰緬《たいめん》鉄道：③パール判事の判定

右記を確認した上で、パール判事は次の判定を下《くだ》す。傍線筆者。

「労務に就《つ》かせたことについては、被告人の**東条**が完全にその責任を負うと申し述べることに、本官は躊躇《ちゅうちょ》はしない。しかし、戦争俘虜《ふりょ》の使役に関する規則のこの違反は、単なる国家行為なのである。それは『**ソレ自体デノ（per se）**』犯罪ではないため、本官は彼（訳注：東条）にその点につき刑事責任を負わせることはしない。」（判決書p.618下段）

つまり、パール判事は就労命令が存在した事実を争ってはいないのである。しかし、その命令自体は国家行為であり、規則への違反ではあるにせよ『**ソレ自体デノ（per se）**』犯罪ではないと判定したのである。国家による過失なのであって、**東条**個人の刑事責任は問えないのだ。パール判事は**東条**を訴因第54による有罪とは判定しなかったのである。

「使役《しえき》中の戦争俘虜《ふりょ》のこの非人道的取扱いについては、証拠類は本官を、**東条**を含む被告人のいずれかの側による怠惰によるものである、もしくは、被告人のいずれかが何らかのやり方で予見できたものであると、納得させるものではない。」（判決書p.618下段）

右記判定においてパール判事は、訴因第55「怠惰」にも触れていることが見て取れる。すでに①での事実認定で見たように、この虐待事件は現場の将校たちによる「職務上の行《い》き過《す》ぎ（overzealousness）」による酷使こそが原因だったのである。このようなことが現場で起きると東条が予見できたことを納得させる証拠はないとパール判事は判定したのであった。

泰緬《たいめん》鉄道の建設において俘虜を就労させたことに関する、東条以外の日本政府・大本営の諸官の責任についてもパール判事は判定をしている。それらの個人に刑事上の責任を負わせないとしているのだ。次の通りである。

「大本営の参謀たちや陸軍大臣はこの建設作業において戦争俘虜《ふりょ》を使用したことについて責任を負うことは確かである。この行為は『ソレ自体デ悪（mala in se）』ではなく、本官はこれらの人々のいずれに対しても刑事上の責任を負わせない。

戦争俘虜《ふりょ》の身の上に起きた惨劇については、前述の者たちをこの結果を予見するに至らしめるところの何らかの材料をこの報告書の著述者が持っていたとする証拠は、我々の眼前には無い。この結果のほとんどは、現地の将校たちによる職務上の行《い》き過《す》ぎのせいであった。陸軍大臣やその他の内閣閣僚のいずれかに刑事責任を負わせるために、彼らにこの惨劇の原因を帰せしめることは、困難である。」（判決書p.622下段～p.623上段）

さらに、泰緬《たいめん》鉄道以外の俘虜就労問題についても、日本本土や朝鮮における件が判決書p.615下段～p.616下段でいくつか取り上げられている。これらに対してパール判事は次の判定を下《くだ》している。これが泰《たい》緬《めん》鉄道の俘虜就労問題に対する結論であると思う。傍線筆者。

「しかしながら本官は、このような違反は国家の側による単なる過失であると考える。これらは単なる国家行為なのだ。本官はかかる違反につき被告人の誰にも刑事責任を負わせるつもりはない。同様の見解が将校である俘虜《ふりょ》の強制就労にも適用されよう。」（判決書p.617上段）

禁止された労役に俘虜を就労させるとの方針は国家による過失ではあるが、それは国家の機関決定であり、国家行為なのである。それに基づいて東条や他の被告人が下《くだ》した命令は「ソレ自体デ悪（mala in se）」となるものではなく、個人に刑事責任は負わせないとパール判事は判定したのであった。また、東条や他の被告人が、俘虜を残虐に扱えなどという命令を一切出してはいないことは言うまでもない。

以上で泰緬《たいめん》鉄道の記述を終えることとしたい。

## §8．スパイ罪による訴追

検察側はスパイ罪についても主張している。これに関するパール判事の審理に触れておきたい。まず、検察側の主張を確認しておきたい。次の通りである。

「検察側の主張は、戦争俘虜《ふりょ》の何人かはスパイ行為により有罪とされ死刑の宣告を受け、その内の1名はスパイ行為を試みたことにより有罪とされ14年の禁固刑を宣告された、というものである。検察側は、俘虜《ふりょ》のいずれかが裁判を受けないままに処罰されたという点を主張してはいない。」（判決書p.623上段）

スパイ行為に関するパール判事の審理内容は以下である。

「スパイ行為は国際法の中では一風《いっぷう》変わった位置を占めている。必要な情報を獲得するために交戦国がスパイを雇用することは、適法であると常に考えられて来た。

ハーグ規則の第24条は、戦争計略の使用、ならびに敵と敵国に関する情報を得るために必要とされる手段の使用は許されるものであると考えられると規定した。しかしながら、それらの者を使用する交戦国の側でそれが適法であるとの事実は、かかる情報の提供に関わる個人を処罰から防禦《ぼうぎょ》することにはならないのである。ある交戦国はスパイや裏切り者の雇用を合法的に行《おこな》うものの、彼らを処罰する側の他の交戦国もまた、同様に合法的に行動するのである。すなわち、スパイ行為を働く個人は戦争犯罪人であると考えられ、合法的に処罰することが許されるのである。スパイ行為に対する通常の処罰は絞首刑か銃殺刑である。ただし、軍法会議での裁判を経《へ》ずしてスパイを処罰することは許されない。」（判決書p.623上段）

そして、この件につき、被告人はいずれも無罪であると判定する。次の通りである。

「本官は、スパイ罪の有罪判決が誤って行《おこな》われたと申し述べる資格を我々に与えるところの何らかの証拠が我々の眼前に置かれたとは、考えていない。いずれにせよ、これらの俘虜《ふりょ》たちはスパイ罪で訴追され、適切な機関により裁判され、また、宣告を受けたのである。一体どのようにすれば被告人のいずれかに、そのことに関する刑事責任を負わせることができるのか、本官にはわからない。」（判決書p.623上段～p.623下段）

## §9．連合軍航空兵の取扱い：裁判を経ない処刑をしたとの訴追

日本を爆撃するために日本上空に飛来し、撃墜されたか不時着して捕獲された連合軍航空兵の扱いについては、東京裁判で重大な扱いがなされている。次の通りである。

「連合軍航空兵に対してなされた取扱いは、日本に対する訴追の内の最も重大なものの一つである。」（判決書p.623下段）

パール判事は判決書p.623下段からp.638上段に至る多くのページを割いて、この問題を審理している。

### 検察側の主張

検察側の主張は、①被告人の畑が中国において事後法として「敵航空機搭乗員処罰に関する軍律」を制定した件、さらに、この軍律により軍律会議（裁判）を開催したという点、ならびに、②捕らえられた航空兵に対して各地で裁判なしで処刑された事例があったという点である。

パール判事は日本が制定したこの軍律を重要なものと考えているようであり、ここでは引用を省略させていただきたいが、その雛型《ひながた》を全文に亘って判決書の中で引用している。判決書p.624下段からp.625上段にある。この軍律の重要なポイントは、捕らえられた連合国航空兵の内、軍事目標を爆撃した者は通常の戦争俘虜として取り扱うが、民間人（普通人民）を無差別に爆撃して殺傷した者は軍律会議にかける、と区分けして取り扱う点である。

### ①事後法の制定とそれによる軍律会議の開催

この軍律が事後法であったとの検察側主張に関して、パール判事は次のように審理し、判定している。この部分では連合国側のある種《しゅ》の「矛盾」が指摘されていると筆者は思う。つまり、ニュルンベルク裁判・東京裁判の両裁判では自ら事後法で被告人たちを裁いておきながら、日本側の航空兵処罰が事後法によるものであった点を問題視して東京裁判で裁いたという矛盾である。ここでパール判事は、遡及法（事後法）を有効としたニュルンベルク裁判、ならびに、同様に遡及させた裁判所条例を基に判決を下《くだ》した東京裁判の多数派裁判官を、間接的に批判しているようにも読める。この意味において、この部分は第一部　予備的法律問題　を補完するものと考えることもできるのではないだろうか。

「連合軍航空兵処刑の件の訴追は、次の二つの表題の下《もと》に存在する。⑴裁判による処刑、ならびに、⑵裁判によらない処刑、である。

裁判による処刑、との表題の下《もと》では、この裁判は『**事後法（ex post facto law)**』により行《おこな》われたこと、ならびに、この『**事後法(ex post facto law)**』の立法それ自体が犯罪であること、が申し立てられている。

本官は、戦争犯罪に関して戦争俘虜《ふりょ》を裁判することならびに処罰することに関する交戦国が持つ立法の権能の範囲の問題についてはすでに検討をしており、かかる権能は戦勝国も含めてどの交戦国にも無いとした（引用者注：第二編第一部で論じられる）。

そこにおいて本官は、ニュルンベルク裁判所を設立した裁判所憲章は戦争犯罪を定義したものであるとしてその裁判所が裁判所憲章を受け入れた様子《ようす》、そしてそれによってかかる裁判所憲章はその点（＊1）においてニュルンベルク裁判所を拘束する法規であるとされた様子《ようす》、を指摘した。国際法は戦勝国に対してかかる法（＊2）を立法する権能を与えたものと、戦勝国は考えているようである。本官の見解がどのようなものであるにせよ、もしもその問題について戦勝国諸国ならびに戦争犯罪人を裁くことを目的として設立された裁判所に所属するかくも多くの判事たちが、この件につき戦勝国は戦争犯罪人を裁くための『**事後法（ex post facto law)**』を自由に立法する権利があると主張することができるのであれば、本官は、これらの連合国航空兵の裁判のために『**事後法（ex post facto law)**』を制定した者たちに何らかの刑事責任を負わせることはしたくはないのである。本官は、彼らの行為に何らかの『**悪意（mala fides)**』があったとすべきではないと考える。

（＊1訳注：戦争犯罪を定義しているとの点）

（＊2訳注：過去の戦争犯罪を事後になって定義する法）

我々は次の点を思い起こす必要がある。すなわち、この裁判所憲章（訳注：ニュルンベルク裁判所憲章）は『**事後法（ex post facto law)**』であっただけでなく、この憲章はさらに、一般目的のための立法でさえもなく、特定の刑事被告人を裁くためのものであった点である。これは、すべての人々を対象とした『**事後法（ex post facto law)**』であったのではなく、特定の人間もしくは特定の人間の集まりを対象としていた法なのである。」（判決書p.625下段～p.626上段）

右記の最後の段落でのパール判事の指摘は、「ニュルンベルク裁判所憲章」は特定の刑事被告人を裁くための立法である一方、**畑**が立法した「敵航空機搭乗員処罰に関する軍律」は、特定の被告人を対象としたものではなく、一般目的のための立法であった点で、立法の趣旨がより普遍的で受け入れ易いということではないだろうか。

パール判事はさらに、空戦の規定を制定しようと各国ともに努力したものの、その努力にもかかわらず、空戦についての行動規則は何も存在していなかった事実を指摘している。どの国も空戦のルール作りに成功しなかったのである。引用は省略させていただきたいが、これは判決書p.626上段～p.628下段にある。

つまり、当時の世界では空戦はやりたい放題の無法状況にあったと言っても過言ではあるまい。その状況下で何とか新しい法を作ろうとした日本の努力は認めても良いのではないか。パール判事がこの新しい法たる軍律の雛型《ひながた》の全文をわざわざ掲載したのは、それが理由だろうと思う。事後に定義された罪を遡及して適用する形になったにしても、普遍的に活用できる可能性のあった立法なのだ。ナチという特定の集団を裁くためだけの事後法とは立法の目的のピュアーさが全く異なる。パール判事はそう言いたかったのではないか。

## ②裁判なしでの処刑

裁判なしでの処刑については、次のように審理・結論している。傍線筆者。

「裁判無しでの処刑については、我々は法廷証第1991号から第1993号において関係当局が明瞭にそして積極的に軍律会議による裁判を強調していることに再び注意を向けることができよう。彼ら（訳注：関係当局）がこれらの不法行為（引用者注：裁判無しでの処刑）のいずれかを命令し、授権し、許可したなどと申し述べることは、まったくできないのである。

裁判無しでの航空兵の処刑が行《おこな》われたと申し立てられた件については、以下にその申し立ての証拠を示しながら論じることとする。本官はまず、この件のこの部分を支持させるために検察側が提出した証拠は、そのほとんどが無価値であることを真っ先に主張したい。いわゆるJAG報告と名付けられたものの抜粋が我々に与えられたが、これは『アメリカ軍法務部長（Judge Advocate General）』により用意され報告されたものだと聞かされている。このアメリカ軍法務部長（JAG）は疑いも無く高い地位にある責任ある重要人物なのであろう。しかし、この報告が依拠したであろう材料が提出されない以上は、その人物の権威のみに基づいてこの報告書を受容する用意は本官には無い。もしもその人物の結論が何らかの適切な材料に本当に基づいているのであれば、その材料を受け取る資格が我々にはあり、また、我々自身がその人物と同じ結論に至ることができるのかどうかを試してみる資格が我々にはあるのである。異なる人物の思考は証拠がもたらす結果に関して異なるものをもたらすかも知れず、そのため、同じ訴訟理由においてでさえも異なる判定に至るかも知れないのである。しかしながら我々がここで検討しているのは、アメリカ軍法務部長の眼前にあったものとは異なる訴訟理由なのである（＊）。アメリカ軍法務部長の結論が証拠に依拠してはいなかったかも知れない限り、もしくは不適切な証拠に依拠していたかも知れない限りにおいて、これらは無価値であり排除されなければならないのである。

（＊訳注：JAG報告が裁判無しでの航空兵の処刑の立証を目的としているのに対して、本件裁判では被告人たちがこの不法行為のいずれかを命令し、授権し、許可したことについて訴訟がなされている）」（判決書p.629上段～p.629下段）

## 爆撃手への処罰と容赦のない爆撃

最後に、日本は悲惨な無差別爆撃を経験している。パール判事の次の指摘は重要だと思う。

「我々は、空戦の真の恐怖は、わずかな数の航空兵が捕えられ容赦なく殺された可能性などではなく、爆弾やロケット弾を無差別に投下することがもたらす荒廃であることを忘れるべきではない。人類の良心は冷酷な爆撃手に向けられた処罰などよりも、その爆撃手によって執《と》り行《おこな》われた容赦のない爆撃に対して、より多くの反感を持つのだ。」（判決書p.628下段）

## 「日本の戦争法規違反に関する調査報告書」

検察側は「日本の戦争法規違反に関する調査報告書」と題する報告書に依存している。これは日本側が作成した文書であることは明らかだが、誰がこの報告書の執筆をしたのかをパール判事は明示していない。

この報告書には、ブーゲンビル、ニューブリテン、ニューギニア、アンボン、セレベス、バタビア、ボルネオ、ビルマ、漢口《ハンコウ》、フィリピン・セブ、シンガポール、日本本土など、計12の地域のそれぞれにおける捕獲航空兵に対する残虐行為や不法行為とされているものが列記されている。これらが記載されている箇所は、判決書p.629下段〜p.637下段の長きに亘る。ここでの引用は省略させていただきたい。

パール判事は冒頭部分で、次のように述べて、この報告書を「棄却」する。

「この件に関連して検察側が依拠したところの一団の証拠のもう一つは、『日本の戦争法規違反に関する調査報告書』と説明されたものである。その報告者が何者《なにもの》であれ、その報告者の結論に何らかのさらに高い敬意を払う用意は本官には無い。この報告書は一片の研究報告書としてはとても高い価値をはっきりと示すものなのかも知れない。しかし、かくも多くの人間の生命と自由が関係してくる本件裁判においては、何らかの調査研究に対する尊敬の念によって導かれて行《い》く用意は本官には無い。

その証拠類の過半は法廷外で採られたところの、信頼性について未知である人物たちの証言であり、その信頼性については何の保証も無い。これらの人物たちが持つ真実を言明する能力と意欲については、その双方が共《とも》に検証されないままとなっている。」

（判決書p.629下段）

## 日本が制定した軍律の中身

パール判事が右記のように「信頼性については何の保証も無い」と位置づけた報告書ではあるものの、そのうちの「項目12．日本本土」についてパール判事は長々と引用して触れている（判決書p.634上段〜p.637下段）。筆者は最初、信頼性が必ずしもあるとは言えない報告書の一部を、パール判事がなぜそのように大きく取り上げるのかがわからなかった。しかし、日本本土における「戦争法規違反」とされている部分まで読み進むにつれ、日本で捕らえられた連合国航空兵の日本側による扱いについての詳細な情報があるために、そうしたのだと思えるようになった。司法裁判における証拠類には、棄却すべきものの中にも、目的によっては「使える」情報があるのだ。判決書に記載すべき重要な情報であると判断したために、パール判事はあえて記載したのだろう。

この報告書によれば日本側は、制定された軍律に従い、捕らえられた航空兵の爆撃目的をまず確認する。軍事目標に限って爆撃をしたならば通常の戦争俘虜として収容する。しかし、民間人も含めた無差別爆撃をしたとの嫌疑がある場合は軍律会議に送致される。そこで審理された結果、有罪になった場合に処刑されたのである。つまり、日本側は一律にすべての捕獲航空兵を問答無用で処刑したわけではないのだ。

引用は省略させていただいたが、日本が制定した軍律の雛型《ひながた》には、右記が明示されている。

さらに、日本側諸都市に対する爆撃に激烈さが加わるに連れて処理しなければならない捕獲航空兵の数も増え、満足に軍律会議で裁くことが物理的に不能になっていった状況も詳細に述べられている。これをめぐっての憲兵隊司令部の志内《しない》憲兵少佐と軍管区参謀の大庭《おおば》陸軍大佐との口頭でのやりとりは、この間の事情を雄弁に物語っている。長くなるので引用は省略させていただきたいが、ぜひ読んでいただきたい。判決書p.637上段にある。さらに、激化する無差別爆撃に対する日本の市民の激しい「敵愾心《てきがいしん》」にも触れられている。

## 裁判を経ない航空兵の処刑に関する結論

このような不幸な処刑を防ぐことができなかった点につき、被告人たちには刑事上の責任はないとパール判事は結論している。次の通りである。

「裁判を経《へ》ない処刑の事案はそのすべてがまさに、日本から遠く離れたさまざまな戦域における偶発的な事案にすぎないのである。日本本土においてはいくつかの事案があったが、そのすべてはそこが混乱の極みにあった1945年に起きている。

その時点で日本におけるこれらの事案に関係していた人々は小《こ》磯《いそ》、重光《しげみつ》、および東郷のみである。東条内閣は1944年7月22日に倒壊したことを我々は思い起こさなければならない。1944年7月22日と1945年4月7日の間《あいだ》の期間は小磯《こいそ》内閣が政務を遂行しており、その内閣には被告人の内では小磯《こいそ》と重光《しげみつ》のみが入閣していた。1945年4月7日から1945年8月17日の間《あいだ》の期間は鈴木内閣が政務を遂行しており、その内閣には被告人の内では東郷のみが入閣していた。

いずれにせよ、当時の日本の状況に鑑み、これらの不幸な処刑を防ぐことに失敗したことにつき彼らに刑事責任があるとは本官は判定しない。失敗すべてが過失を意味するものではない。」(判決書p.638上段)

## §10．戦争俘虜に関連した犯罪：結論

この第3項「戦争俘虜に関連して」の結論としては、判決書p.611下段～p.612上段で記述された2つの段落が相当すると、筆者は思う。第一段落が訴因第54への判定、第二段落が訴因第55への判定と考えられるのである。

### 訴因第54

第一段落は次の通りである。この段落は残虐行為を暗に奨励する中央政策、指示、もしくは許可があったとする仮説を否認する事例としてすでに§2．で引用済みであるが、第3項の結論として重要だと考えるので、再度引用する。

「我々が眼前に持っている証拠は、陸軍省から発信されたはっきりした指示や指図《さしず》はそのような取扱いとは逆の方向のものであったことを示している。残虐行為の物語と比較していかにその量が不十分であろうとも、俘虜《ふりょ》の虐待に関係した看守や将校が処罰されたことを示す証拠があるのだ。取扱いにつき何ら異議の申し立てをする余地が無い収容所の例も、明らかに存在した。戦争の少なくとも相当部分の期間を通じて俘虜《ふりょ》に対して良好な取扱いをした例を示す、少なくとも複数の収容所に関する中立国による視察報告もある。これらの事柄のいずれもが、今、証拠によって開示された残虐行為を暗に奨励する何らかの中央政策、指示もしくは許可があったとする仮説に反するものとなるのだ。」(判決書p.611下段)

右記の初めにある「そのような取扱い」とは、判決書のその直前の記載にある「非人道的取扱い」のことである。最後の文章が重要である。「これらの事柄のいずれもが、今、証拠によって開示された残虐行為を暗に奨励する何らかの中央政策、指示もしくは許可があったとする仮説に反するものとなるのだ。」ここでの「これらの事柄」とは、検察側の「仮説」を否定する「(虐待に関係した看守を処罰せよ等の)はっきりした指示や指図《さしず》」や、良好な取り扱いをした例を示す中立国による視察報告のことである。残虐行為を奨励する大本《おおもと》の政策・指示・許可の存在に対する反例があるのなら、そのような政策や方針は無かったのである。存在しない政策や方針に基づいた命令・授権・許可はあり得ない。つまり、訴因第54は成立しない。そこで訴因第54については、その訴因に基づいて訴追されたすべての被告人は無罪であると判定されたのだった。

## 訴因第55

次の第二段落は、「法律上の義務を故意又は不注意に無視し」た「怠惰」があったとして訴追した訴因第55への判定に相当すると考える。傍線筆者。

「この場合、どのような種類の怠惰がどのような目的のために立証されなければならないのかを本官はすでに示した。本官の意見では、このような非人道的な取扱いを戦争俘虜《ふりょ》に実施するよう被告人のいずれかにより命令され、授権され、許可されたのだと推論する資格を我々に与えるところの被告人の側によるかかる怠惰は、この件に関してはまったく立証されていないのである。この戦争は侵略的なものであったかも知れない。多くの残虐行為があったのかも知れない。それでも、被告人に対して公平であるためには、この裁判において立証がなされていないところの一つの件は、何らかの無慈悲なやり方でこの戦争を遂行するよう被告人が計画を立案したとの件であることは申し述べておかなければならない。」(判決書p.611下段～p.612上段)

右記段落の冒頭でパール判事が「すでに示した」と述べている「どのような種類の怠惰がどのような目的のために立証されなければならないのか」については、判決書p.560下段～p.561上段に論述されている。

これは、訴因第55は裁判所憲章の条項の外にあるものとして裁判の管轄権外として却下することが本来の筋ではあるものの、この訴因をあえて生かすための解釈をパール判事が述べたものであった。被告人の「ある特定の行動」たる「怠惰」が、裁判所憲章に規定された「戦争の法規又は慣例の違反」につながっていく「因果関係」の立証を検察側が提案したのだとこの訴因を解釈することもできるとパール判事は述べたのである。右記引用における「どのような種類の怠惰がどのような目的のために」というのは、その意味である。

これについては**第六部 第2項**「民間人に対する戦争犯罪」の**§1．**の「**訴因第55は成立するのか**」ですでに詳細に論じたので、ご参考にしていただければ幸いである。

ところが、そのような「因果関係」の発端となる「ある特定の行動」たる「怠惰」は、右記引用にあるように、「まったく立証されていないのである。」この点については**第2項**の南京暴虐事件における**松井**と**広田**について特に詳しく審理され、**松井**と**広田**は「怠惰」どころか、積極的なアクションを取ったことが立証された。つまり、発端の怠惰そのものが無かったのである。

最後に、この段落も最後尾の文章が重要である。「(前略) この裁判において立証がなされていない(傍点は引用者)ところの一つの件は、何らかの無慈悲なやり方でこの戦争を遂行するよう被告人が計画を立案したとの件であることは申し述べておかなければならない。」

連合国は「戦争の法規又は慣例の違反」による「何らかの無慈悲なやり方で戦争を遂行する計画」の存在を直接的に立証する証拠を懸命に探し求めたが、結局は見つからなかったこと、そこで、その計画なり方針の存在を「推定」するよう判事団に求めたことは、**第2項**の**§1．**と**§7．**ならびに**第3項**の**§2．**と**§3．**ですでに見た。その上、そのような未発見の計画を眼前の被告人たちが立案したとの彼らの主張も、立証はされなかった。つまり、欧州枢軸国や原爆を落としたアメリカはいざ知らず、少なくともこの日本にはそのような計画はなかったのである。

「戦争の法規又は慣例の違反」によるそのような「計画」の存在や被告人たちによる立案が立証されない以上、かかる計画を遂行するための「ある特定の行動」たる「怠惰」や「不作為」があったのかどうかは、そもそも問題とはならないのである。これが訴因第55に関する判定である。

④

# 第七部　勧告

パール判決書の最後の部である。被告人すべてを無罪とするとの判定が冒頭にある。続いて、第二部での審理を通じてパール判事が到達した、少なくとも第二次大戦前の時点では何らかの戦争には犯罪性があるとするほどには国際法は発展しなかったとの法律観によれば、日本の戦争が「侵略戦争」であったかどうかの判定は、法に基づく限りは行《おこな》うことができないこと、日本のケースはナポレオンやヒトラーとは比肩できないこと、東京裁判所はあくまでも司法裁判所であるべきこと、復讐的な報復を正義の名の下《もと》で行《おこな》うべきではないこと、原爆に関する指摘、等が展開される。最後尾では、東京裁判における「非難」と「称賛」が入れ替わることは大いにありうると述べて締めくくっている。

第七部はパール判決書の締めの部である。タイトルは「勧告」（原表記はRecommendation）となっているが、その内容は事実上の「判決」であると考えてよいと思う。

第七部は『全訳 パール判決書』の640ページから644ページまでの5ページである。短い紙幅ではあるものの、その内容はとても濃い。含蓄に富む記述が続くと筆者は思う。気軽に読み飛ばせる部ではない。そのため、この紙幅であっても今までの部と同様にセクション分けをして、各々の論点を明確化しておきたいと考える。

**§1．各々の被告人はいずれも無罪とする**
**§2．「侵略戦争」に該当するかどうかは検討していない**
**§3．ハーグ第4条約への訴え、ナポレオンの件**
**§4．日本のケースはナポレオンやヒトラーと比肩させてはならない**
**§5．司法裁判所たるべき東京裁判所は、政治問題討議の委員会とは異なる**
**§6．復讐的な報復を正義の名の下《もと》で実施すべきではない**
**§7．原爆の爆発の含意**
**§8．過去の非難と賞賛は入れ替わる**

## §1．各々の被告人はいずれも無罪とする

冒頭において、パール判事による判決が申し渡されている。判決書のこの部分の見出しは、「各々《おのおの》の被告人はいずれも無罪とする」というものである。以下は、英文原典においては大文字によって強調されている。そのため、拙訳においては太字で強調した。

**「以上のページで述べた諸理由により、本官は、起訴状での訴追の各々《おのおの》すべてにつき被告人の各々《おのおの》すべては無罪であるとされなければならないと判定し、また、それらの訴追すべてから放免されるべきであると判定する。」**（判決書p.640上段）

## §2．「侵略戦争」に該当するかどうかは検討していない

次にパール判事は、第二部「『侵略戦争』とは何か」で詳細に行《おこな》った議論の要点を述べている。次の引用の通りである。

「本官は、起訴状で取り上げられたところのいずれかの国に対するいずれかの戦争につき、はたしてそれが侵略的なものであったのかどうかについては検討を行《おこな》わなかった。何らかの戦争に犯罪性があるのかそうではないのかに関して本官が採っている法律観によれば、かかる問題を本官が取り上げることは不必要である。さらに、『侵略戦争』を定義するにあたり、国際生活において個々の列国が一般的に取っている態度と所作を視野の内に入れた上で本官は、かかる定義は困難であると知覚していることをすでに提示済みである。」（判決書p.640上段）

右記の引用で「本官が採っている法律観」とあるのは、第一部での検討の結果としてパール判事が到達した法律観で、「国際法は少なくとも第二次世界大戦の前まではこれらの行為（引用者注：ある国を他の国が支配する行為）を犯罪である、もしくは違法である、とするほどの発展はしなかった」（判決書p.113下段）との見解である。「当然ながらこの見解の下《もと》では、現時点で争点となっている、戦争の侵略的性質の決定の問題はまったく提起されない」（判決書p.126下段）。この見解は第二編「第一部§6．」ならびに第二編「第二部§2．」で取り上げられ、論じられる。また、右記引用に於いて述べられている「かかる定義は困難である」とのパール判事の「知覚」も、第二編「第二部§1．」において提示される。

## 裁判長：日本の戦争は「侵略戦争」であったとの大前提

パール判事が「侵略戦争」の定義は誰もできていないとの判決書第二部での検討結果をここであえて繰り返したのは、東京裁判においては、日本の戦争は侵略戦争であったとの「大前提」を置いて審理が進められたからであろう。少なくともウェッブ裁判長は、そのような認識を前提として裁判を運営していることを公判中に複数回に亘って言明したのである。ウェッブ裁判長は、日本の戦争が侵略戦争であったことは「所与」であり、公判進行の前提であると認識し、日本の戦争が真に侵略戦争であったのかどうかについての事実認定の審理は行《おこな》ってはならないと考え、実際上も審理させなかったのである。ウェッブ裁判長のその認識について、パール判決書の複数箇所に記述がある。

　これに対し、パール判事は第二部において、①侵略戦争というものは定義されうるものなのかどうか、そして、②仮に侵略戦争の定義が可能であったとしても、果たして侵略戦争が犯罪となりうるのかどうか、の2点を慎重に検討した。「侵略戦争」という種類の戦争を定義することに誰かが成功したことについて、パール判事は疑問を持ったのである。だから第一部から独立させた第二部をわざわざ起こして、事実認定作業を行《おこな》ったのであった。

　そして①への解答としては、侵略戦争の定義に成功した者は誰もいないと結論し、②への解答としては、戦争は、たとえそれが侵略戦争であろうと防衛その他の戦争であろうと、すべての戦争が国家主権の発露として合法であるとの結論を出したのである。戦争というものの捉え方については、1927年12月のボラー上院議員の上院決議案の時点から、1948年11月の東京裁判の判決までの間《あいだ》に、何も進展はなかったのだ。「侵略戦争」イコール「犯罪」という裁判長の大前提には、（ドイツ国内法たる「ニュルンベルク裁判所憲章」ではなく）国際法に基づく限り、法的な根拠が無いことを、パール判事は証明したのである。

　なお、ボラー上院議員の上院決議案は**「国家間の戦争は…法で定められた制度であり…どの国も他のあらゆる国に対して厳密にその法的権利の内において宣戦を布告することができる…」**（判決書p.46下段）としていた。これは本書第二編「第一部 予備的法律問題 §4.**「侵略戦争」は犯罪か：パリ条約の分析**」で取り上げられる。

## §3．ハーグ第4条約への訴え、ナポレオンの件

いかにもパール判事らしい周到さだと筆者が思ったのがこの件である。パール判事が今まであえて検討していなかった点に、この第七部で触れているのだ。

### 採用可能なアプローチ方法：1907年ハーグ第4条約の第43条

「この件につき採ることが可能なアプローチ方法で、本官が今まで検討しないままに残して来たものが、今一つ存在する。戦勝国は日本の軍事占領者として、『公的秩序と安全を確保する』ために1907年のハーグ第4条約の第43条による行動を取ることができること、さらには、そのような行動を取ることができるとの権能を通じて戦勝国がかかる行動を推進させる中で彼らが置かれているところの環境ならびにその目的のために必須となると彼らが考える行動につき、それらの定義を行《おこな》う資格が彼ら戦勝国には与えられる、と云《い》われているのである。

　そこにおいてはナポレオン・ボナパルトの事案、ならびに1907年ハーグ条約の第43条が言及されており、どの被告人についても、かかる被告人が将来的に何らかの災害をもたらす可能性がある場合には、世界の公的秩序と安全を確保するために、かかる被告人をあらゆる生活領域から取り除くためのあらゆる権利を戦

勝国は持つこととなると主張されているのである。」（判決書p.640上段～p.640下段）

つまり、ナポレオン・ボナパルトがエルバ島から脱出してパリに進軍し再び帝位に就いた事例のような「将来的に何らかの災害をもたらす可能性がある」いわば危険人物を「生活領域から取り除」いて、「公的秩序と安全を確保する」行動を、戦勝国は取ることができること、そして、その目的を達成するために必要となると考えられる行動を、彼ら戦勝国が自ら「定義」できる資格を持つこと、以上の根拠は「1907年のハーグ第4条約の第43条」であるとの主張が戦勝国側にあると云う。

要は、東京裁判の被告人25人は、「全面的共同謀議者」としてナポレオン・ボナパルトに擬せられる危険人物なので、戦勝国は自らの取るべき行動を「定義」した上で、それらの「全面的共同謀議者」たちをあらゆる生活領域から取り除くべく隔離することができると云うのだ。

## 今までこのアプローチ方法を検討しなかった理由

パール判事がこのアプローチ方法を今まであえて検討しなかった理由が、ここで真っ先に述べられている。次の通りである。

「これは本当のところは、戦勝国の政治的権力に法的正義の見せかけを着用させて訴えを行《おこな》っているものであると本官は信じる。それはせいぜい、『便宜の問題として遵法《じゅんぽう》性の欠如を補《おぎな》っている』ものであるにすぎない。」（判決書p.640下段）

右記においてパール判事は、戦勝国が1907年ハーグ第4条約の第43条を持ち出すことによって眼前の被告人を巣鴨の拘置所に隔離していることを正当化したのは、戦勝国がこの条約を適用すると称することで自らの権力に法的正義を着用したように見せかけたものであり、また、正当な国家行為として戦争という道を選ぶことに追い込まれた敗戦国の指導者を隔離するという行為には遵法性が欠けているので、この条約を持ち出すことで欠如している遵法性を便宜的に補っているのにすぎないと指摘しているのだ。

端的に言えば、戦勝国は1907年ハーグ第4条約の第43条の解釈をこじつけてその本来の趣旨から捻《ね》じ曲げ、牽強付会《けんきょうふかい》して被告人たちを隔離したことをパール判事は見て取ったのである。だからパール判事としてはこの件は今まであえて検討しなかったのである。これがこの件に関するパール判事の結論であり、判定である。

筆者は、この判定は結構辛辣な指摘だと思う。また、東京裁判の本質を抉《えぐ》り出した指摘であるとも思う。つまり、このハーグ第4条約第43条の件に関する指摘は、そのまま東京裁判全体への指摘にもなりうると思えるのだ。実際、本来的に訴追できない事項を無理に訴追し、その無理な訴追を維持するために公判においてさまざまなルール違反やルール無視を施したのが東京裁判だったことを、パール判事は意見書の部分で示していくことになる。

パール判事は以下、この件について右記の判定に立ち至った経緯を説明していく。

## ナポレオンの立場

まず、ナポレオンの件を概観している。

パール判事は、ナポレオンの件については第一部「予備的法律問題」において検討しているが、この第七部で次の引用のとおり再び取り上げている。

「本官はナポレオン・ボナパルトの事案はすでに検討しており（＊1）、ナポレオンの事案の中で提起されるところの彼の正確な法的立場については、その当時の日々においてでさえ、如何《いか》に多くの困難が感じられ疑いが持たれたかの指摘を行《おこな》った。ナポレオンを留置する最終措置を取った者たちは、その目的（＊2）のためにはその者たちが属する国の立法府から何らかの権能を得た上でそれを彼ら自身に備え付ける必要があると認識したのであった。この権能を提供するためにジョージ三世治世第56年度法律第22号、23号が制定された。

（＊1訳注：「第一部予備的法律問題　国家行為における個人の責任）

（＊2訳注：ナポレオンを留置する最終措置を取るとの目的）」（判決書p.640下段）

その中で、イギリスは必ずしも同意しなかったが、プロイセンが次の引用の最初の文のように主張したことを、この第七部において再び紹介している。

「ボナパルトは単に『**認定された政治的性格を持たない**ところの形のない勢力の長』であるとされ、そしてその結果として、彼は文明諸国の公的権力から得られる便益と優遇を要求する何らの権利をも持たないとされた。もしもヒトラーの一団がドイツの憲政を全面的に窒息《ちっそく》させ、そして、その件において証拠による裏付けと共に提供されているところのやり方と範囲において権力を強奪《ごうだつ》したのであれば、以上のボナパルトの立場はヒトラーの一団の立場でもあったのかも知れない。恐らくはその両方のケースにおいては、いわゆる国家が、そもそもそれが国家と呼べるものであればだが、社会的傾向がもたらす影響力から撤退することに成功し、そしてそれが関連を持っているところの社会の対局に自らを意識的に位置させることに成功したのである。」（判決書p.641上段）

ナポレオンは、敵であるイギリスのふところに自ら飛び込んだのだった。その身柄を受け取ったイギリスは、ナポレオンの法的立場の確定に手を焼いたのだ。そして検討の結果、「ボナパルトは単に『**認定された政治的性格を持たない**ところの形のない勢力の長』であると」する見解が有力なものとして残ったのである。

その上で、ヒトラーの立場は右記のナポレオンの立場と同じと考えることもできるかも知れないと、右記引用でパール判事は指摘している。ヒトラーとナポレオンは、国家そのものを違法に簒奪《さんだつ》して自らの手足として利用した疑いがあるのだ。右記引用中に「そもそもそれが国家と呼べるものであればだが」とあるのは、彼らに簒奪《さんだつ》されたのだとすれば、そのようなドイツとフランスはもはや国家とは呼べないのではないかとの疑義を惹起せしめることを示している。

それでは、日本の「全面的共同謀議者25名」を、ナポレオンやヒトラーの立場、すなわち「権力を違法に簒奪《さんだつ》し」、「公的秩序と安全」を脅かす危険人物に擬することはできるのか？

## §4．日本のケースはナポレオンやヒトラーと比肩させてはならない

パール判事は「**本件のケースはいずれの面においてもナポレオンないしヒトラーのケースと比肩させることはできない**」と小見出しにおいて述べ（判決書p.641上段）、その内容を次のように説明する。これは判決書の英文原著ではパラグラフ全体が強調されていた部分である。前段はイタリック体で、後段は大文字で強調されていた。拙訳では全段を太字で強調した。

「**我々の眼前の被告人たちのケースは、あらゆる面においてナポレオンもしくはヒトラーのケースとは比肩させることはできないのである。日本の憲法は完全に機能していた。その元首、陸軍と公僕たちはすべて通常どおり、正常なやり方で社会と連携していたのである。国家の憲法は社会の意志に関して従前と同様の形態を保っていた。輿論《よろん》は完全に活発であった。社会はその意志に効果を持たせる手段を、まったく奪われてはいなかった。被告人たちは、憲法に基づいてその権力の**

**座に就いたのであり、憲法により提供された国家組織を運営しただけなのである。彼らはずっと輿論《よろん》に服したままであったし、戦争の期間中においてすらも輿論《よろん》は正しく活発に機能していたのである。太平洋で行《おこな》われた戦争は、たしかに日本との間《あいだ》の戦争であった。これらの人々はいかなる権力をも簒奪《さんだつ》してはいないし、連合軍に対して戦争を遂行していた日本軍の一部分として、国際的に認められた日本という国家組織を運営していただけであったことは確実である。**」（判決書p.641上段～p.641下段）

パール判事による右記の事実認定は重要である。戦勝国は日独伊三国同盟の連想から日本の国家指導者をヒトラーと同一視することを好む。しかし、事実は右記の引用のとおり、日独の間では事情は全く異なるのである。被告人25人をナポレオンやヒトラーに擬することなど、とんでもないことなのだ。

## ハーグ第4条約の真の目的

それでは1907年ハーグ第4条約の第43条の目的とは、本当のところは何だったのか？　まずハーグ第4条約自体の目的について、パール判事は次のように指摘している。

「この条約の目的のすべては、戦争状態がすでに存在していることを想定した上で戦争の法と規則を規定することなのである。」

（判決書p.642上段）

そして第43条の記載内容を、そのまま引用している。次の通りである。

「この条には次のように記載されている。

『国の権力が事実上占領者の手に移りたる上は、占領者は絶対的な支障がない限り占領地の現行法律を尊重して、なるべく公共の秩序および生活を回復確保するために施すべき一切の手段を尽くすべし。』」（判決書p.642上段）

筆者は右記の条文を一読して、その内容について特に違和感を持たなかった。文字通りに受け取っても何の問題も無いように思った。ところが、対日戦勝国はハーグ条約のこの条文の目的を、次の引用のように牽強付会しようとしているように見受けられるとパール判事は指摘している。そしてパール判事自身は、ハーグ条約の1907年当時の条約参加国が条約にそのような「目的と目標」を持っていたなどとは、かりそめにも考えないこととすると述べている。左記の一連の引用の通りである。

「この規定は、交戦中に敵軍により領土が占領された時に適用される。第43条に付与しようと努力がなされたところの解釈が正しいものであるとするのであれば、戦争の遂行中に1個の軍がかくの如くに領土を占領する中で、その軍は、かかる領土の政府が遂行した戦争は侵略的で犯罪であると宣言する資格を得ることとなり、さらに、もしもその軍がかかる政府のいずれかの職員を捕《とら》えることに成功したならば、その軍はかかる職員の裁判のための法を定義する憲章を創り出す資格を持ち、かかる職員を裁判に付《ふ》して有罪判決を出すことができる…。本官は、1907年のハーグ条約の盟約に参加した列国たちがそのような『目的と目標』を持っていたとは、かりそめにも考えないこととする。」（判決書p.642上段～p.642下段）

「本官にはハーグ条約の第43条を牽強付会してそこから右記のような目的と目標をひねり出すような用意は無い。さらに、本官にはナポレオンの事案を現下の裁判に投影させる用意も無い。」（判決書p.642下段）

「実際、1907年のハーグ第4条約の第43条への訴えは、これらの人々を裁判にかける単なる口実を求めているようにも見える

のである。」（判決書p.641下段）

その上で、パール判事はすでに右記で引用済みの結論に至ったのである。再度引用する。

「これは本当のところは、戦勝国の政治的権力に法的正義の見せかけを着用させて訴えを行《おこな》っているものであると本官は信じる。それはせいぜい、『便宜の問題として遵法《じゅんぽう》性の欠如を補《おぎな》っている』ものであるにすぎない。」（判決書p.640下段）

繰り返しになるが、右記の引用が、この件に関するパール判事の結論である。「戦勝国の政治的権力に法的正義の見せかけを着用させて訴えを行《おこな》っているもので」あり、「便宜の問題として遵法性《じゅんぽうせい》の欠如を補《おぎな》っている」ものにすぎないため、パール判事はあえて今まで検討をしなかったのである。

このハーグ第4条約の件を指摘して以降、この第七部でパール判事は、東京裁判の本質が「司法裁判」ではないことをやんわりと示唆していくことになる。この遠慮がちな「示唆」をパール判事から引き継いでさらに追究し、東京裁判の本質を明快に抉《えぐ》り出したのが、合衆国最高裁のウィリアム・ダグラス陪席判事である。ダグラス陪席判事が同意意見書で行《おこな》った指摘は、本書の第二編の終章で詳細に触れることにしたい。

## §5．司法裁判所たるべき東京裁判所は、政治問題討議の委員会とは異なる

また、東京裁判当時、折に触れて強調されていた国際連合憲章の平和希求論にも、パール判事は若干、触れている。次の通りである。

「連合軍の各国民により『戦争の惨禍より次代を救うため』であるとして国際連合憲章が公然と発布されており、さらには、『国際連合の目的』は『国際の平和および安全を維持すること、およびこれがため左の措置を執《と》ること、すなわち平和に対する脅威の防止および除去のため、ならびに侵略または他の平和破壊行為の鎮圧のため集団措置を執《と》ること…』であると明瞭に声明がなされているものの、今次大戦の後の段階においてですら、国際連合憲章はいかなる違反国の個人の構成員に対しても、以上のいかなる措置をも適用してはいない様子を本官はすでに指摘した（訳注：「第四部 全面的共同謀議 結論」）」（判決書p.642下段）

第二次世界大戦後の段階に至ってもなお、国際連合憲章への違反国に所属するどの「個人」に対しても、いかなる刑事罰的な措置も適用されてはいないのだ。国家行為につき「個人」を刑事罰の対象として裁くことは、国際連合憲章においても許されてはいないのである。それほどまでに、国家主権はまだまだ強力なものなのだ。

右記を指摘した上でパール判事は、東京裁判所は司法裁判所であるべきことを再度、強調する。次の通りである。

「我々は司法裁判所として、司法的な外貌《がいぼう》をまとってはいるものの本質的には政治的な目的だけのためにこの裁判所が設立されたのだ、との感覚を正当化するような何らかのやり方で行動することは、できないのである。」（判決書p.642下段～p.643上段）

戦闘行為の延長上での「行政措置」として敵国の指導者を見せしめ等の政治的目的のために処刑するのならともかく、司法裁判所たるべき東京裁判所が、国家行為を行《おこな》った「個人」を裁く法的根拠は、実はどこにも無いことを**第二編・第一部**でパール判事は論じていくことになる。

**『正義とは本当のところはより強い者の利益以外の何物でもない』**

パール判事は続けて次のように述べる。

**「戦勝国は被征服国に対して慈悲から復讐までのあらゆるものを施《ほどこ》すことができるものの、戦勝国が被征服国に与えることができないただ**

**一つのものは、正義である、**とこれまで云われて来た。少なくとも、ある裁判所がもしも法ではなく政治に根ざしているのであれば、かかる裁判所の形態や体裁がどのようなものであろうとも、『**正義とは本当のところはより強い者の利益以外の何物でもない**』とでも云《い》わない限り、前述のように表現された懸念は現実のものとなるのである。

もしも我々がそのような政治的問題を判定するよう公然と云《い》われたのであれば、本件の審理の過程はその全体としてまったく異なった外貌《がいぼう》を呈していたことであろうし、また、我々の取り調べの範囲も、我々が許した範囲よりももっと広いものとなっていたことであろう。」（判決書p.643上段）

いかなる裁判所であっても、裁判所である限り「正義（justice）」を行《おこな》わなければならない。戦勝国が被征服国を裁くために裁判所を立ち上げるのであれば、そのような裁判所が行《おこな》う正義とは、戦争に勝った国、相対的に被征服国よりも強い国、すなわち、「より強い者」による正義になる。そしてそのような裁判を強行する裁判所が基盤を置き、根ざすものは、法ではなく、政治とならざるをえないのであり、その場合の政治とは被征服国ではなく戦勝国にとって望ましいものである。具体的には戦勝国の「利益」を意味する。つまり、そのような裁判所が行《おこな》う正義とは、本当のところはより強い者の利益なのである。そのような正義は、被征服国がとうてい受け入れることができないものである。そのため、そのような「正義」を「力」によって被征服国に飲ませる手段が、この裁判所なのである。そのような裁判所を立ち上げることによって、本来は戦勝国が被征服国に与えることができないはずの「正義」を、被征服国に「与える」、つまり「飲ませる」ことができるのであり、右記引用の冒頭で示された懸念は、無用となる。

右記の引用で「そのような政治的問題を判定するよう公然と云《い》われたのであれば、本件の審理の過程はその全体としてまったく異なった外貌《がいぼう》を呈していた」とあるのは、実はそのような審理のやり方のアイデアが「第一部 予備的法律問題」の結論部分で述べられている。そこではパール判事は、次のように述べている。なお、引用文冒頭の「現在行《おこな》われている裁判の目的」とは、ここでは引用を省略させていただきたいが、判決書p.112上段からp.112下段にかけて縷々《るる》述べられている政治的な目的のことである。

「現在行《おこな》われている裁判の目的がこのようなもの（引用者注：政治的問題の判定）であるのなら、それと同じ結果が、戦争責任の調査委員会によって容易に得られたことであろう。そのような委員会においては、異なる国籍を持つ有能な判事たちを委員とすることもできたであろうし、彼らによる宣言であれば、法の適用をこじつけるような不必要なことをせずとも、望ましい効果を得ることができたであろう。」（判決書p.112下段）

裁判の目的が政治的問題の判定なのであれば、「司法裁判」ではなく、「戦争責任の調査委員会」を立ち上げるべきだったとのアイデアをパール判事は示したのだった。

なお、蛇足ではあろうが、右記引用でいう「望ましい効果」とは「政治的に望ましい」ものであって、適法かどうかを司法裁判所が判定するという意味で「望ましい」ものではない。

## ペリー来航

ここで、パール判事の言う「政治的問題」もしくは「政治的に望ましい効果」について具体的事例を考えてみたい。

歴史を振り返れば、欧米列強は東半球において、「より強い者の利益」こそを「政治的問題」として希求して来たのであった。

筆者には、次のような事例が思い浮かぶ。1853年のペリー来航による日本開国は、武力を背景にしたアメリカの一方的な開国要求を日本が無理やり飲まされたものであろう。アメリカのフィルモア大統領は、日本を開国させねばならないとの自国の「政治的問題」を、「より強い者」としてペリー提督と黒船四杯を江戸湾の入り口に位置する浦賀（現在の横須賀市）に派遣することで解決したのだ。要求を受諾しないなら、江戸湾をさらに奥まで北上して、江戸城を艦砲射撃するぞと強く示唆したのである。幕末の日本は威嚇され、その威嚇に屈したのである。

軍艦に搭載される艦砲は、陸軍の砲兵隊が陸上で牛馬を使って懸命に運ぶ大砲よりもはるかに強大な破壊力を持つ。迎撃用のお台場が江戸湾上に建設される前の江戸城は、黒船搭載の艦砲による射撃の到達圏内にあった。江戸城を破壊されれば江戸幕府の権威は地に落ち、日本統治はままならなくなる。日本の国が瓦解する。幕末の人々はこのことを恐れたのだった。

## ハワイ共和国

余談ながら、この成功に味を占めた合衆国は、防護巡洋艦ボストンの8インチ主砲2門を使って1893年にハワイ王国の首都ホノルルのリリウオカラニ女王のイオラニ宮殿に対して同様のやり方で脅し、初期の目的、すなわち女王の退位とアメリカ人（白人）入植者による「ハワイ共和国」の樹立を達成した。「ハワイ共和国」は満州国に勝るとも劣らない「傀儡《かいらい》国」であった。軍艦ボストンは退役し廃艦処分となったが、アメリカの歴史に大きな足跡を残したこの2門の主砲は取り外され、ワシントン州で保存されているとのことである。

また、イギリスのインド征服戦争や、清国に無理難題をふっかけて戦争にまで持ち込んだ阿片戦争、さらにはダイアモンド・金の南ア権益を奪い取ったボーア戦争等は、すべて武力を背景に「より強い者の利益」を希求した「政治的問題の解決」であった。当然そこには武力を背景にしたアメリカやイギリスの要求を押し付けられた側（東半球の国々）が当然主張できるはずの「正義」などは眼中にない。そのような「正義」は「政治的問題」を解決した「より強い」国が、一顧だにしないものなのである。

## 真に究明すべきは将来における世界の『公的秩序と安全』への脅威である

平和を希求する人類は、右記の事例でみた「日本開国」や「ハワイ併合」等のような「政治的問題」を追求すべきではない。平和を希求する人類が真に考えるべき「probandum」とは次であるとパール判事は指摘する。

「真の究極的な『証明スベキ事実（probandum）』とは、将来における世界の『公的秩序と安全』への脅威なのである。そして、そのような将来的な脅威のあらゆるものを判定するための材料は、我々の眼前には絶対に存在しないのである。関係当事者たちは、その点に関する何らかの証拠を提出するように慫慂《しょうよう》されたことは決して無かったのだ。この問題は、おそらくは世界に対してこれまで開示されて来《こ》なかった事実に対する広範囲に及ぶ調査を必要とすることは確実であろう。」（判決書p.643上段）

本来は、「将来における世界の『公的秩序と安全』への脅威とは何か」が追究されるべき事実であったのに、東京裁判ではこのことはまったく検討されなかった…。眼前の被告人や彼らを訴追するために取り揃えられたおびただしい証拠類は、「そのような将来的な脅威のあらゆるものを判定するための材料」には、まったくならないのである。

逆に、この問題を判定するためには「おそらくは世界に対してこれまで開示されて来《こ》なかった事実に対する広範囲に及ぶ調査を必要とすることは確実であろう。」

パール判事がこのように考えるのは、ニュルンベルク裁判ならびに東京裁判によって「平和を脅かす者たち」とされたナチの被告人や全面的共同謀議に属していたとされる被告人たちを日独の一般の国民から隔離して拘置して裁判を進行させているにもかかわらず、平和への脅威は現実の世界においては依然として続いているからだ。つまり、これらの日独の被告人たちは真の意味での「平和を脅かす者たち」ではなかったことが示されているのだ。恐ろしいことに、そのような者たちはどこか「他」におり、野に放たれたままなのだ。次の引用の通りである。

「ナチの侵略者がすべて駆逐され、日本の共同謀議者たちが監獄の中に不安なく収容されているこの時点において未《いま》だに、『我々の理想や利害に対して世界の状況がこれ以上に脅威であったことはこれまでの歴史上かつて無かった』と我々はおごそかに申し渡されたのである。すなわち、世界の注意はまだまだ正しい方向には向けられてはいないということなのであろう。」（判決書p.643上段）

### 司法裁判所が手を貸してはならない妄想

パール判事は、遠慮がちではあるが、東京裁判の目的は実際には次の通りであったのであり、司法裁判所が手を貸してはならない以下のような「妄想」の方向に向いているのではないか、と示唆している。

「国際社会が現在さしかかっているような試練の時期においては、間違った原因を指《さ》し示してそれがすべての不幸の源泉であり、また、すべての不幸はかかる原因のせいであると人々を納得させて彼らの心を誤った方向に導くことは十分に容易であるということが共通の経験となっていることは、確かである。大衆の心をそのようにコントロールしようと求める人たちにとっては、これは好機である。復讐の手段でありながら、求められている唯一の解決方法であるとの外装をまとっているものを、邪悪な気風で一般大衆の耳にささやいて吹き込むには、これ以上に適当な時期は無い。いずれにせよ、1個の司法裁判所は、そのような妄想に手を貸してはならないのである。」（判決書p.643下段）

ナチの一味と日本の軍国主義者ども（＝全面的共同謀議者たち）さえ世の中から一掃すれば、恒久的な世界平和が実現する…。大衆の心をそのような方向性へとコントロールしようと求めるのは間違っているとパール判事は指摘する。これは、復讐の手段でありながら、求められている唯一の解決方法であるとの外装を着せられて一般大衆の耳に吹き込まれているものなのだ。

## §6．復讐的な報復を正義の名の下《もと》で実施すべきではない

遠慮がちな指摘は続く。

「正義の名を、復讐心に燃えた報復の追求を長引かせるためだけに使うことは許されるべきではない。世界は正に、寛大なる雅量と理解ある慈悲心とを必要としているのである。」（判決書p.643下段）

真に行《おこな》うべき検討は、この問題が第一次大戦時の問題の「単なる焼き直しであるとの」観点では行《おこな》うことはできない。原爆の投下にまで立ち至ったこの問題は、新しい世界的な問題として検討されるべきなのであり、また、人道上の問題として捉えられるべきなのだとパール判事は述べる。次の通りである。

「『我々の慣れ親しんだ思考方法を以前とは比べものにならないほど早く変更しなければならない。我々は戦争の**主要原因**のすべてを減らし根絶することを組織的に始めなければならない』との点は、まったく正しい。そのような原因は、1国の産業が持つ潜

在的な戦争遂行能力などには存在しない。この問題に対してそのような見方をすることは、我々の現在の諸問題を昔にあった問題の単なる焼き直しであるとして可視化させるものにすぎないのである。我々は『原則的にはそれらは新しい種類の問題である。それらは、世界的な含意を持つ単なる国内問題などではない。それらは世界的な問題であり、人道上の問題であることには議論の余地は無い』と認識することを怠《おこた》ってはならない。我々は、『この途《と》方《ほう》もなくすさまじい問題に対して、それは1914年以降我々を悩ましている問題を複雑化したものの単なる再演にすぎないとの考えとともに取り組む』ことは、やめなければならない。」（判決書p.643下段～p.644上段）

日本との戦争が発生した主要原因は日本の「産業が持つ潜在的な戦争遂行能力」であると見た連合国は、日本の主要な産業都市を徹底的に爆撃して破壊した。生産設備のみならず、その労働力をも合わせて「破壊」することを実施したのである。そうすれば、「軍国主義日本」の戦争継続能力は駆逐され、問題は解決すると考えたのだ。右記においてパール判事は、そのような見方は正しくないと述べているのだ。

自国の産業力を進展させるために植民地利権を奪い合うという、1914年以降の旧態依然とした発想では、この問題は解決しないのである。右記の引用で見落としてはならないのは、「それらは世界的問題で人道上の問題であることには議論の余地は無い」という部分である。パール判事は、この問題は人道上の問題として考えなければならないと指摘しているのである。

ここではさらに、植民地の独立要求は英連邦の「国内問題」などではなく、「世界的な問題であり、人道上の問題である」とパール判事が合わせて指摘していることも、見落とすべきではないと思う。

これが世界的問題であるとのパール判事の指摘は、この問題は戦勝国も戦敗国も、奴隷の主人国（宗主国）も奴隷の身分に落とされた国（植民地）も、皆が等しく考えて知恵を絞るべきだという意味だと思う。枢軸国さえ駆逐すれば世界はたちどころに平和となり、植民地帝国がめでたく原状回復され、すべての問題が解決する、などというものではないと述べているのだ。なお、この点は**第二編 第二部**で詳しく議論される。

## §7．原爆の爆発の含意

原爆がもたらした災禍をパール判事は判決書のあちらこちらで強調している。第七部では原爆投下を肯定的に捉えている諸説を、「原爆の爆発の含意」と表現している。この「含意」が平和追求を妨げるようなことはさせないようにしよう、とパール判事は呼びかけているのである。次の引用の通りである。

「『原爆の爆発の含意』が『この地球上の各国民が平和と正義の下《もと》に住むことができる方法の追求…を決意することへと見識を備えた人を駆り立てること』を妨げるようなことは、させないようにしようではないか。しかし、戦敗国の指導者を裁判し処罰することが示した一連の行動過程からは、この含意はあまり正しく理解されているようにも見受けられないのである。」（判決書p.644上段）

この「含意」とは、たとえば次の主張である。

「原子爆弾はすべての利己的な人種感情を打ち砕き、我々の中に人類の統一感を呼び覚ましたのだ」

「第二次世界大戦末期の複数の原子爆弾の爆発が戦前のインチキのすべてを吹き飛ばすのに成功した」（以上、判決書p.307下段）

「原子爆弾の恐ろしいまでの効率性（中略）に鑑み、（中略）我々の軍事当局ならびに政府は、それは敵の屈服を早めそれによって連合国軍兵士の生命を救ったのであるとの理由により、原爆を支

持した…。」（判決書p.628上段）
これらの含意はせっかく原爆投下の意味を肯定的に捉えているのに、これらを戦敗国の指導者を裁判し処罰することの中で使ってしまったため、正しく理解されているように見えないと、右記でパール判事は指摘している。いずれにせよ、これらの含意は地球上の各国民が平和と正義の下《もと》に住む方法を追求することを妨げる恐れがあるとパール判事は述べているのである。

なお、第七部における結論部分に至る直前に、パール判事は「検察の人たち」に対する批判を引用の形で述べている。これは単なる批判ではなかろう。東京裁判の本質を突いた表現だとパール判事が考えた上で引用したのだと思う。次の通りである。

「『検察の人たちによる感情的かつ普遍的な言葉を使った復讐に燃えた演説口調（引用者注：原表記はvindictive plea）は、教育的というよりはむしろ、享楽的なものであった。』」（判決書p.644上段）

遠回しであるが、東京裁判とは「復讐」であったと、ここでもパール判事は示唆しているのだ。それは人類への教訓にはならず、享楽にしかならないのである。**第二編 終章**で取り上げる予定だが、このパール判事の示唆をさらに検討したダグラス陪席判事は、東京裁判には「実行された不正に対する報復（retribution）」が含まれている」と結論している。

## §8．過去の非難と賞賛は入れ替わる

東京裁判全体を総括して、パール判事は第七部の終わりの部分において次のように述べている。これは東京裁判の全体を締めくくるパール判事の結論なのだと筆者は思う。

「責任は恐らくは戦敗国の指導者の側には無かったのだとの可能性をすっかり無視することは、我々には許されてはいないのである。ことによるとそれらの指導者たちの罪は、恐らくは幻想に基づくところの思い違いのみにあったのであろう。かかる幻想は単に自己中心的であったこともたしかにその通りなのであろう。にもかかわらず、かかる自己中心的な幻想でさえもあらゆるところで人類の心の中の奥深くに浸透しているという事実を、我々は見落とすことはできない。」（判決書p.644上段～p.644下段）

## 自己中心的な幻想

被告人たちの「自己中心的な幻想に基づく思い違い」とパール判事が述べているのは、具体的には、訴追された大川周明が主張したような「満州を確保しなければ日本は存続できない」という考えのことであろう。右記においてパール判事は、その「幻想に基づく思い違い」は「罪」であるとしているようである。また、かかる「幻想」については、「第四部 第1段階 満州の支配力の獲得：満州事変」において、パール判事は次のように詳しく論じている。右記引用での「幻想」のことを、左記では「単なる妄想」と表現している。

「本官が真っ先に云《い》わなければならないことは、本官は、ある国家が他の国家の領土に権益を持つことを良いことであると信じる者ではないということである。本官の意見では、『我々が欲しがっており、隣国から必ず入手しなければならないそれは、我々の生命そのもののために必要なのである。それなしでは我々は生きることができない』と、ある国民が考えたとしたら、かかる考えは単なる妄想なのである。ある国民が強く熱望するものが何であれ、その国民の心はそれに対して死活的な重要性を付与するように見受けられる。もしそれをその国家が所有しなければ死と破滅が待ち受ける、との幻想が起こるのだ。国民は、その国が所有を熱望しているそれを欠くと、もはや生きることはできなくなると

簡単に信じるようになるようだ。」(判決書p.291上段)

すなわち、パール判事は、ある国が他の国を奴隷の身分(植民地)にすることに否定的なのである。第二編「第二部 侵略戦争とは何か」において、パリ条約への世情の批判意見にからめて、パール判事が合衆国のジャクソン判事を激しく非難している件が取り上げられる。パリ条約には植民地の独立を妨げる効果があると、パール判事は示唆しているのだ。日本が1932年に満州国を事実上の植民地として手に入れたことについて、パール判事が賛意を示すことはあるまい。

ただし、右記のような認識を抱いているパール判事であっても、「満州事変」についてはそれが侵略戦争であったとはまったく主張しないとはっきり述べていることに留意すべきである。判決書の第四部から、次を引用する。

「(前略)満州事変の時点で侵略戦争は国際法における犯罪となっていたとの見解を仮に本官が受け入れることができたとしても、本官はこの事変がそのような侵略戦争であったとはまったく主張しなかったであろう。」(判決書p.243上段)

これは、満州という土地が世界のどこにも類例を見ない歴史と背景を持つとのリットン調査団の報告書(=「国境」や「国家」といった鮮明な概念を必ずしも持たない民族が占有していた土地。もしもアフガン人がインドかペルシャを統治したとしたら「アフガニスタン」が、あるいはクルド人がトルコかアラビアを統治したとしたら「クルディスタン(?)」が、同様の例となるかも知れないが…)、ならびに、ブロック化した世界経済の中で経済的な自立を通じた日本の「自衛」のため(=つまり「侵略」のためではなく)には、満州がぜひとも必要であると日本国民の多くが「**善意に(bona fide)**」考えていたことを、第四部 第1段階で詳しく分析したことからパール判事が立ち至った見解なのである。自らの信条に沿わないから認めないという判断は、司法裁判官としては取れないのである。

## 「誤った考え」:ハワイ王国の併合

ただし、かかる「誤った」考えもしくは幻想を持ったのは、1人日本だけではない点もパール判事は合わせて指摘していることは見落とせない。再度引用する。

「(前略)かかる自己中心的な幻想でさえもあらゆるところで人類の心の中の奥深くに浸透しているという事実を、我々は見落とすことはできない。」(判決書p.644下段)

欧米列強の帝国主義者たちがそのような「幻想」を持っていたのは事実であろう。

筆者に一例を挙げさせていただきたい。ほかならぬアメリカ合衆国である。セオドア・ルーズベルトの時代にアメリカは、ハワイ王国を併合しなければ自国の安全保障が確保できないと考えたのだ。アメリカは自国の安全保障の確保のために、憲法まで備えていた独立主権国家たるハワイ王国を、それこそ侵略したのである。ハワイ王国はポリネシア系ハワイ人が民族自決の精神の下《もと》に適法に建国し、日本や西欧各国を含む多くの国が承認するに至り、それらの各国と国交を結んだ国である。日本やイギリスと同じ、立派な立憲君主国であったのだ。ハワイ王国には、対外的にも国内的にも何の落ち度もなかった。ましてや、他国(特にアメリカ合衆国)への侵略の意図など、まったく無かったことは言うまでもない。そのハワイ王国を手の込んだ謀略を使っていったん傀儡国「ハワイ共和国」に組み換え(初代大統領はバナナのドールの一族である。文字通りの banana republic である。)、最終的にはアメリカ本体に併合して、周知のとおり現在のハワイは合衆国50番目の州として連邦に組み込まれている。「ハワイ共和国」と「満州国」は、同様に傀儡国であっても、その成立の背景が大きく異なっているのである。

さらに言えば、モンロー主義そのものが「自己中心的な幻想」ではなかったかと筆者は思う。欧州列強のどこかが南米に植民地を得たとして、それがどのように合衆国の安全保障に影響を与えるというのか？　満州国を自国のコントロール下に置こうとした日本の「自己中心的な幻想」は、1人日本だけが持っていた幻想でもなかったのだ。まさにヘレン・ミアーズの書籍のタイトルのとおり、「アメリカの鏡、日本」なのである。

### 国家的な自殺

ハワイ王国を併合しなければアメリカの国家安全保障が確保できないなどという「自己中心的な幻想」が本当に正しかったのかどうかが議論の対象となりうるのと同様に、当時の世界的なブロック経済情勢の下《もと》で、また、パール判決書が第四部　最終段階で詳しく論じたように、日露戦争以降に合衆国が日本に対して一貫して取り続けた敵対的姿勢の情勢の下《もと》で、満州や仏印南部もしくは蘭印の石油資源を確保せずして本当に日本が経済的に存続できたのかどうかについては、詳しい研究が必要である。この点においては、「幻想に基づく思い違い」と断じたパール判事に対して、筆者はささやかながら異論を呈したいと考えているのだ。

かつて、何世紀にも亘って対外的にも国内的にもまったく平和で、外国からの物資の流入に依存しなかった閉鎖経済体制の国家があった。ところが、ある日突然、黒船四杯による威嚇に直面してそれに屈し、無理やり開国させられた上に、列強の武力から身を守るために国内の社会制度や経済体制の抜本的な変更をも余儀なくされた。世界の産業主義に組み込まれた結果、時の経過とともに、自国ではほとんど産出しない石油を抜きにしては経済も国防も成り立たない国家体制に自身を改造せざるをえなくなった。また、そのような産業主義の導入によって付加価値の低い農業経済から離陸したため、人口が爆発的に増えたのだ。そのような国家に対して、その肝腎の石油の供給を突然に止めたらどうなるか。さらに、その某国による経済運営の大失敗に端を発した大恐慌の渦に巻き込まれた世界が、なりふり構わずブロック経済化したために、その国家は各国市場からの締め出しを食らってしまった。そのような状況下で何とか国家の生計を維持しようと知恵を絞って努力したら、やれ軍国主義だ、侵略だと非難されたのである。以上のような状況で、他にいったいどのような手を打つことができたというのか。それとも、何もせずにじっと自滅を待つ、いわば国家的な自殺をすればよかったのか。

右記は、多少脚色はしたが、基本的にはパール判決書第四部から読み取ったものである。

なお、パール判決書p.56上段では、フランス系スイス人の法学者アルフォンス・リヴィエから、次の引用がなされている。責任ある国家には、自滅は許されないのである。

「『(前略)1人の人間には自らを犠牲にする自由があるものかも知れない。国へはさまざまな運命が託されており、**ある政府がその国を犠牲にすることは決して許されない**。そうであるならその政府には、自国の安全のために他国の権利を侵犯する権限が与えられ、さらには、特定の状況の下《もと》ではそうすべき義務をも背負わされるのである。それは必需となる弁明なのであり、国家の存在意義の応用なのである。それは適法な弁明である。』」

### インド・ベトナム・インドネシアの原状回復へ向けた努力は成功しなかった

さて、必死に生き残りを画策したその日本の努力を軍事力で徹底的に打ち負かした連合国諸国の、戦後のビヘイビアはどうであったか。
第二次大戦後、日本の影響力が払拭された南アジアにおいて、イギリスはインドに、フランスはベトナムに、そしてオランダはインドネシアに再び進出して来て、それらの地域を旧状の植民地に復旧させようとした。「自己中心的な幻想」は第二次大戦後も続いたのであった。今次の大戦も「昔にあった問題の単なる焼き直し」（判決書p.643下段）に過ぎないので、枢軸国によって「一時的に」毀損してしまった植民地帝国を、昔のように原状回復させるのは可能だと考えたのだろう。

ただし、「現地人（natives）」の激しい抵抗により、英仏蘭いずれも植民地体制の原状回復には成功しなかった。１９６０年代にはアジア・アフリカの旧植民地が相次いで宗主国（＝奴隷の主人国）から独立していったのは周知の事実である。第二次世界大戦を経験した世界は、植民地の復旧など許さないとの考えを持つに至り、人権や人道の面で思索が大きく前進したのだ。西洋の植民地帝国群は、武器の上に「座すこと」（判決書p.122下段）はできなかったのである。パール判事の予想は的中したのだ。

## パール判事の「予言」

そして、前出の引用における「責任は恐らくは戦敗国の指導者の側には無かったのだとの可能性をすっかり無視することは、我々には許されてはいないのである」の部分を受けて、判決書の最後尾において、次の有名な文言で締めくくっている。

「次に述べられたことが該当する蓋然性《がいぜんせい》はとても高いのである。

**『時が熱狂と偏見を和《やわ》らげた暁《あかつき》には、また、理性が不実表示からその仮面を剥《は》ぎ取った暁《あかつき》には、そのときこそ正義の女神はその秤《はかり》を平《へい》衡《こう》に保ちながら、過去の非難と賞賛の多くに対してその入れ替わりを命じることであろう。』**」（判決書p.644下段）

あな恐ろしや、東京裁判における日本に対する非難と、連合国側が行《おこな》ったことへの賞賛、これが「熱狂と偏見を和《やわ》らげた暁《あかつき》には」そして「理性が不実表示からその仮面を剥《は》ぎ取った暁《あかつき》には」入れ替わるというのである…。

パール判決書が世に出て（＝１９４８年）すでに70余年が経過したが、まだまだ時は熱狂と偏見を和《やわ》らげてはいないようである。あるいは、「理性」が不実表示を剥ぎ取るのはそれほどまでに難しいということなのか…？ パール判事の「予言」が成就するには、まだどれだけの時《とき》が必要なのだろうか。

焦ってはならない。東ドイツの西ドイツへの吸収合併（１９９０年）も、ソ連邦の崩壊（１９９１年）も、筆者自身を含め多くの人々が「自分が生きている間《あいだ》はない」と考えて来たが、実現した。それも、突然に実現した。

筆者は遅くとも数世紀の後には、このパール判事の予言も成就していることを信じて疑わない。後世の歴史家が20世紀の２つの大戦をどのように描写するか、今から楽しみである。その際に彼らが判断の拠り所にするであろう文書が、このパール判決書なのである。

# 第二編
# パール意見書

# まえがき

## パール意見書のあらまし：東京裁判の特異性への対応のために追加された４つの部

パール判事はあくまでも狭義の「判決書」を書こうとしたのだと思う。また、事実として狭義の判決書を書いたのである。これが第四、第六、第七部からなる部分である。

しかし、東京裁判には種々の特異性が付随していたために、パール判事は残りの４つの部を加えて、その特異性を説明・分析・判定しなければならなかったのである。いわゆる「パール判決書」（広義）がかくも大部な書物となった理由の一端はここにもあるのではないだろうか。これら４つの部は司法意見書を構成するものだと筆者は思う。

東京裁判の特異性の概略を把むため、これら４つの部を表題とともにここで挙げておきたい。表題を見れば、パール判事が分析しようとしたものの概略がおぼろげながら見えてくると思えるからである。

**「パール意見書」を構成する４つの部**

**第一部　予備的法律問題**
**第二部「侵略戦争」とは何か**
**第三部　証拠ならびに手続きに関する規則**
**第五部　本裁判所の管轄権の範囲**

第一部、第二部と第三部は連続しており、１つの塊《かたまり》をなしている。しかし、管轄権を論じた第五部のみは第四部の後に位置づけている。この第四部は全面的共同謀議を論じた部であり、東京裁判所の管轄権は、全面的共同謀議に関する事実認定作業（全面的共同謀議の存在は立証されたか否か）を終えて判定を下《くだ》した後でないと定まらなかったからである。そこでこのような順番による構成で７つの部を編成したのである。

以上のように、「パール判決書」（広義）とは、「判決書（狭義）」と「意見書」（司法意見書）の２つの性質を持つ書物を一体化したものである、というのが筆者の見方である。

## 走りながらの判決書執筆

後知恵《あとぢえ》であれば、「判決書」（狭義）と「意見書」を２つに分けて別口に執筆すればよかったのに、という意見も成り立つものと思う。

しかし、パール判事の身辺はあわただしかったのであり、東京に赴任して裁判官としての業務をこなして事実認定作業を重ねる上で発覚・遭遇した東京裁判特有のさまざまな新しい状況や新しい事実に応じて、事実認定作業と並行して予備的法律問題の整理と対応も重ねなければならなかったのである。

つまり、パール判事は「走りながら」執筆をしたのであり、逆に言えば、執筆をしながら考察をしたのである。だから繰り返しも多くなるし、すでに検討済みの要件を復活させて検討する、ということが見受けられたのであろう。

パール判事は小説家ではないのであって、１つの「作品」としてパール判決書を企画した上で執筆したのではない。大枠としての構想は持っていたのだろうが、細部まで詰めた上で執筆作業に取り掛かったわけではなかったものと思う。これもまた、「パール判決書」の理解を難しくしている要因の１つなのではないだろうか。

## 「土俵」の構築から始めなければならなかった

多数派の判事は、裁判所憲章（東京裁判では裁判所条例という）につき、裁判所条例の法は決定的である、すなわち、裁判所条例は東京裁判で裁く犯罪を定義した法であると決めてかかり、その点について何の疑いも持たなかったようだ。イギリス・カナダ・ニュージーランド出身の判事たちにそのような傾向があったようである（判決書p.43下段参照）。

そのように信じ込んでいる人たちを相手に、「それは正しくない」と主張をする場合、まずは、なぜそれが正しくないと自分が考えているのかを、客観性をもたせた説得力のある方法で説明し、論点の枠組み、すなわち相手を巻き込む「土俵」を作らなければならない。

そのためにパール判事は、世の中の他の識者がどのような意見を持っているかを大量に引用して説明した。この場合、自身の方向性に沿った見解を持つ識者だけではなく、必ずしも自身の見解に沿わない識者の意見でも積極的に取り上げなければならない。それらを広く提示して俯瞰させた上で、自らの結論を下《くだ》すのである。これは「意見書」と「判決書（狭義）」の両方におけるパール判事の一貫したやり方であり、パール判決書（広義）に説得力をもたらしているものである。

## 東京裁判は司法裁判でなければならない

パール判事は、東京裁判を司法裁判（judicial tribunal）と位置付けている。端的に言えば、東京裁判が司法裁判として位置付けられるべきは当然であるとの前提の下《もと》に、パール判事は判決書の論述を行《おこな》っているのである。東京裁判が、例えば軍事委員会、行政委員会あるいは政策決定のための会議体であるなどとは、毛頭考えていないのだ。

ただし、パール判事は極東国際軍事裁判所（以下、東京裁判所という）を司法裁判所として成り立たせるためには、東京裁判所の判事の構成や、東京裁判所が本件に対して適用する法を明確化すべきであること、あるいは、日本が違反したとされるパリ条約（ケロッグ・ブリアン条約）が果たして「法の規範」の枠内に入るものなのか等、判決書を記述する前にクリアしておくべき予備的な法律問題があると考えた。そしてこれを考察・分析したのが、パール判決書の内の「意見書」の部分である。

パール判事の組み立てでは、東京裁判はこれらの予備的な法律問題をクリアして初めて司法裁判となるのであり、東京裁判がこのようにして司法裁判として位置付けられて初めて、パール判事自身が司法裁判における裁判官として判決を下《くだ》すことが可能となるのである。「パール判決書」（広義）はそのような組み立てで記述されている。繰り返しになるが、第一、第二、第三、第五の各部が「意見書」の部分であり、それらの部においてクリアした法的要件を基にして、「判決書」（狭義）である第四、第六、第七の各部が記述されている。

## 予備的法律問題がクリアされなければ、東京裁判は司法裁判にはならないと示唆

これは逆に言えば、予備的な法律問題がクリアされなければ、東京裁判は司法裁判とは位置付けられないとパール判事が考えていたことになる。但し、パール判事はそのような考えを「パール判決書」（広義）の複数の箇所で示唆するのに留め、明示的にはそのように記述していない。このような示唆が読み取れるのは、筆者の目に付いたものでは、次の12箇所である。実際は他にもあるかもしれない。引用の羅列となってしまうが、ざっと目を通していただければありがたい。傍線は今回の引用にあたり筆者が付したものである。

### ①「国際軍事裁判所──これは『司法裁判所』であり、『権力の示威のための機関』ではない

現下の裁判の件（訳注：東京裁判）においてもこれと同じ原則が

等しい強さで適用されるのである。我々の裁判所は国際軍事裁判所として設立されている。ここでの明確な意図は、我々は『司法裁判所』なのであって『権力の示威装置』ではないことである。そこでの意図は、我々が司法法廷として活動し、また、国際法の下《もと》に活動することである。ポツダム宣言や協定（訳注：前述のロンドン四カ国協定）もしくは裁判所憲章とは『**別個ニ (dehors)**』、適切な国際法の規則の適用により、右記の諸行為が何らかの犯罪に該当するかどうかをすでに存在している法を適用することによって見つけ出すことが我々のつとめなのである。仮に裁判所憲章や協定（訳注：四カ国協定）もしくはポツダム宣言がそれらを犯罪であると掲示していたとしても、すでに存在している法の下《もと》でそれらが犯罪であると決定したのは、関係する諸機関がそのように決定したのにすぎないのである。しかし、本裁判所は独自の決定に到達しなければならない。それらの諸機関による決定に本裁判所が拘束されるなどとは、断じて意図されてはいないのである。そうでなければ、本裁判所は『司法裁判所』ではなく、権力の示威のための単なる道具と化してしまうのである。」（判決書p.29下段～p.30上段）

②「戦勝国から**現在**与えられている犯罪の定義に従って行《おこな》われるいわゆる裁判と呼ばれているものは、現在の我々と戦争に負けたら即決で屠《ほふ》られた太古との間《あいだ》に広がっている何世紀にも亘《わた》る文明を抹殺するものである。このように処方された法による裁判は、復讐への渇望を満足させるために司法手続きのうわべを装ったインチキ（訳注：原表記はa sham）となるのみである。それはあらゆる意味において正義の概念とは合致しない。このような裁判は、『現在のような裁判所の設立は司法的措置であるというよりはもっと政治的なものであり、本質的には政治的な目的に司法の装いを施して覆い隠したものである』という感情をまさしく創り出すことであろう。形式を整えた復讐は短命な充足感をもたらすのみであり、究極的には後悔をもたらすことはほとんど必然である。しかし、**真正な司法手続き**を通じた法の援用はそれだけで国際関係において秩序と節度を再構築することに大きく貢献するのである。

本官が裁判所憲章のこの側面につき持つに至った見解に影響を与えたのは、以上の考察のみではない。**これとは反対の見解**は、裁判所憲章を『**権限ヲ超越スル存在 (ultra vires)**』としてしまうのである。」（判決書p.30上段～p.30下段）

③「司法組織の発展をもたらす活力の発見は、法源の理論が持つ機能であることは疑い無い。しかし、この活力は法の中に組み込まれるために適当となる幾つかの社会的プロセスをまだ経《へ》てはいない。本官は、戦敗国の国民に対して行《おこな》う裁判がこの目的のための正当で適当な社会的プロセスとなるとは考えないのである。」（判決書p.72下段～p.73上段）

④「しかしながら、国家による犯罪性をもっとはっきりとさせるためにさまざまな国家行為の刑事責任をその個別の計画者である個人に負わせようとして現在の法をねじ曲げるなどということをしなくても、未来へのこの展望は少しも影響を受けることはないとの所見と共に、未来は未来自身の手に委ねることを本官は余儀なくされているのである。」（判決書p.75下段）

⑤「国際法が個人を究極の対象とし、また、個人の権利の維持を

国際法の究極の目的と認識すべき潮時《しおどき》が来たのだと、本官もローターパクト教授と同様に信ずるものである。『個々人――その福利厚生とその人格的自由を多面的に表明すること――がすべての法の究極的な対象である。国際法の内《うち》で上述の目的を効率的に実現するものこそが、平和と進歩の手段としての優位を大きく確実ならしめるところの実体性と威厳を獲得することとなる。』**これは被征服国の内の戦争犯罪人を裁判するやり方とは全く違うやり方で行《おこな》わなければならないことは確実である。**ローターパクト教授により推奨されたような国際組織ならば、ある外国の支配国とその被支配国との関わり合いはその支配国の『内政』なのであってかかる国際組織の管轄外である、などと、かかる外国の支配国が主張することを許すことはあるまい。」（判決書p.78上段～p.78下段）

⑥「世界のニーズは、国籍やら人種やらが関わりを持つ余地の無い、法の支配の下《もと》の国際共同体の形成、正しく言えば、法の支配の下《もと》にある世界共同体の形成にあることを本官は疑わない。そのような組織においては、本件裁判において申し立てられたような行為すべてを罰することは、共同体全体の利益ならびに共同体構成国相互の安定的で効果的な法的関係を必要とするものにとって、とても有益となることは確かである。**しかし、その時が到来するまでは、それ**（訳注：本件裁判において申し立てられたような行為すべてを罰すること）**が有益な目的を果たすことなど無いのである。**」（判決書p.79上段）

⑦「**ある特定の行為に付随する処罰への恐怖が、法には依拠せずに戦争に敗れるとの事実のみに依拠する場合、**戦争の何らかの準備段階においてすでにそこにある敗戦のリスクに、法が何かを付け加えることになるとは本官は考えない。すでにそこにはもっと大きな恐怖、すなわち戦勝国の力、武力があるのだ。違反国が法に首尾良く違反した後に力や武力で圧倒されない限り法は機能しないと云《い》うのなら、本官は法が存在する必要性は何も無いと考える。適用されているものが本当に法であるのなら、勝利国の構成員でさえもがそのような裁判所の面前に引っ張って来《こ》られるのを本官は見てみたいと思う。いやしくもそれが法であるなら、どの勝利国もそれにまったく違反などしていないとか、勝利国の人間のそのような行為につき誰も問題にしないほどにまで世界が堕落したとかを信じることを、本官は拒否する。」（判決書p.79上段）

⑧「もしもこの宣言（引用者注：ソ連のトレイニンが論拠として持ち出した1943年モスクワ宣言）が国際生活に何らかの新しい時代を本当にもたらしたのだとしたら、そして、もしもその結果として何らかの新しい法的規則が誕生したのだとしたら、被告人たちによるはるか昔の行為に責めを負わせるためにこのような何らかの『**事後的ナ（ex post facto）**』展開（引用者注：ニュルンベルク裁判所憲章・東京裁判所条例）を補助的な手段として発動させる資格を我々に与えるところのいかなる正義の原則をも、本官は見出《みいだ》し得《え》ないのである。」（判決書p.82上段）

⑨「刑事責任を被告人たちに負わせるために持ち出された**理由の中で最も意味のあるものは、**そうすることによって戦敗国全体の不名誉が十分に晴らされ、それにより戦敗国と戦勝国の各々《おのおの》の個別の市民の間《あいだ》のより良い相互理解と好感を促進するというものである。戦争によって戦敗国全体が、平和を愛するすべての国の憎しみを引き起こしたのだと巷《ちまた》では云《い》われている。戦争について真に

責任があるこれらの数少ない人々を裁判し処罰することにより世界は、他のすべての国と同様に戦敗国もこれらの軍事的指導者により等しく罪を着せられたことを知ることになると云《い》うのである。これは、平和を愛する諸国民の心の中から戦敗国に対するすべての憎しみを取り除き、かかる憎しみを思いやりと良好な感情によって置き換えることにより、将来的な世界平和に対する実質的かつ真実の貢献となるであろう、と云《い》う。それがその通《とお》りであると仮定したにしても、強く希求されているこの目的によって、これらの個人への処罰を司法裁判所が実施することがどのように正当化されるのか、本官にはわからないのである。現在行《おこな》われている裁判の目的がこのようなものであるのなら、それと同じ結果が、戦争責任の調査委員会によって容易に得られたことであろう。そのような委員会においては、異なる国籍を持つ有能な判事たちを委員とすることもできたであろうし、彼らによる宣言であれば、法の適用をこじつけるような不必要なことをせずとも、望ましい効果を得ることができたであろう。」(判決書p.112上段～p.112下段)

⑩「我々は司法裁判所として、司法的な外貌《がいぼう》をまとってはいるものの本質的には政治的な目的だけのためにこの裁判所が設立されたのだ、との感覚を正当化するような何らかのやり方で行動することは、できないのである。

**戦勝国は被征服国に対して慈悲から復讐までのあらゆるものを施《ほどこ》すことができるものの、戦勝国が被征服国に与えることができないただ一つのものは、正義である、**とこれまで云われて来た。少なくとも、ある裁判所がもしも法ではなく政治に根ざしているのであれば、かかる裁判所の形態や体裁がどのようなものであろうとも、**『正義とは本当のところはより強い者の利益以外の何物でもない』**とでも云《い》わない限り、前述のように表現された懸念は現実のものとなるのである。

もしも我々がそのような政治的問題を判定するよう公然と云《い》われたのであれば、本件の審理の過程はその全体としてまったく異なった外貌《がいぼう》を呈していたことであろうし、また、我々の取り調べの範囲も、我々が許した範囲よりももっと広いものとなっていたことであろう。」(判決書p.642下段～p.643上段)

⑪「国際社会が現在さしかかっているような試練の時期においては、間違った原因を指《さ》し示してそれがすべての不幸の源泉であり、また、すべての不幸はかかる原因のせいであると人々を納得させて彼らの心を誤った方向に導くことは十分に容易であるということが共通の経験となっていることは、確かである。大衆の心をそのようにコントロールしようと求める人たちにとっては、これは好機である。復讐の手段でありながら、求められている唯一の解決方法であるとの外装をまとっているものを、邪悪な気風で一般大衆の耳にささやいて吹き込むには、これ以上に適当な時期は無い。いずれにせよ、1個の司法裁判所は、そのような妄想に手を貸してはならないのである。」(判決書p.643下段)

⑫「『原爆の爆発の含意』が『この地球上の各国民が平和と正義の下《もと》に住むことができる方法の追求…を決意することへと見識を備えた人を駆り立てること』を妨げるようなことは、させないようにしようではないか。しかし、戦敗国の指導者を裁判し処罰することが示した一連の行動過程からは、この含意はあまり正しく理解されているようにも見受けられないのである。」(判決書p.644上段)

なお、右記の内の①と②は、後述するダグラス陪席判事がその司法意見書（同意意見書）の中でパール判決書から引用した部分である。

## 多数派判決書

一方、英米加NZの英語圏4ヵ国と中ソ比3ヵ国を合わせた計7ヵ国の多数派判事による東京裁判判決書では、パール判事が指摘した予備的な法律問題を意識せず、ありていに言えば、裁判所憲章（極東国際軍事裁判所条例）を所与の「法」として裁いたのであった。多数派判事は裁判所憲章をそのように位置付けることについて、何の疑問も持たなかった、もしくは疑問を持つことを自らに対して禁じたのであった。次の2つの引用の通りである。

「ある方面の人々（引用者注：英加NZの代表判事）が、この裁判所は戦勝国によって設立されたのであるからこの裁判所を設立した裁判所憲章のいずれかの条項に関する戦勝国の権限に疑義を差《さ》し挟《はさ》むことは正当ではないとの見解を抱《いだ》いているかのように見受けられる。」（判決書p.43下段）

「この見解を抱《いだ》く向きは、次を唱えている。

1．『本裁判所の判事の権限の源泉は、ただ、裁判所憲章、ならびに裁判所憲章の下《もと》で職務を実行せよとの任命、のみである』こと、

2．裁判所憲章から切り離されてしまえば、彼らには何の権限も無いこと、そして、

3．本裁判所の各々《おのおの》の判事はこの裁判所憲章の下《もと》に任命を受け入れたのであり、裁判所憲章なかりせばその判事はその任にまったく就《つ》けないし、また、何らの命令をも発することはできないこと。

以上から彼らは、最高司令官がその付託された権限を超えているのかどうかにこの裁判所が疑問を差し挟《はさ》むことは『裁判所憲章が本裁判所に対してかかる疑問を持つことを付託していないが故《ゆえ》に』許されないと結論付《づ》けるのである。」（判決書p.44上段）

## 戒厳令による施行

パール意見書からいったん離れるが、付録1のダグラス同意意見書にはウェッブ裁判長の意見書からの引用が記載されている。その中でウェッブ裁判長は次のように述べており、これによれば裁判長は、右記の「ある方面の人々」と同じ考えを持っていたことがわかる。

「『裁判所条例は、日本を占領している連合国軍最高司令官の戒厳令（martial law）によって国際法、ポツダム宣言ならびに降伏文書を施行するものなので、拘束力がある。』」

「『本裁判所と裁判所条例の公式宣言の中で最高司令官は戒厳令に言及し、戦争犯罪人たちに厳重なる処罰を加えるべきとの降伏条件を施行するために彼（訳注：最高司令官）は行動している、と述べた。』」

ウェッブ裁判長によれば、裁判所条例とは日本占領時において最高司令官（マッカーサー）が発した戒厳令によって、国際法、ポツダム宣言ならびに降伏文書を施行するためのものである。だから裁判所条例は東京裁判所とその判事たちに対して拘束力があると述べているのだ。

一方、最高司令官は、戦争犯罪人たちに厳重なる処罰を加えるべきとの降伏条件を施行する行動のために戒厳令を発したと述べている。

ここでのポイントは、裁判所憲章はマッカーサーの戒厳令によって拘束力を持たされたと、この裁判の裁判長が述べていることである。

戒厳令とは、軍の司令官による効率的な統治のために、憲法その他の

法の効力の一部もしくはすべてを停止する命令である。

なお、裁判所条例（裁判所憲章）は、最高司令官の命令により、部下のマーシャル参謀長（陸軍少将）が布告したものである。

以上をまとめると、東京裁判とは、①マッカーサーの部下が軍事命令の一環として布告した裁判所条例を、②マッカーサーが戒厳令によって拘束力あるものとし、③その裁判所条例に依拠して行《おこな》われた「裁判」であると、④裁判長であるウェッブ自身が認めていたことになる。これをダグラス陪席判事はその同意意見書の中で明らかにしたのであった。

## 裁判所憲章は犯罪を定義していない

パール意見書に戻る。

パール判事は裁判所憲章が拘束力をもっているかどうかの議論にはかかわっていない。むしろ、もっと実質的な面に注目している。すなわち、裁判所憲章が犯罪を定義しているかどうかである。

これは第二編「第一部 予備的法律問題 **§3．裁判所憲章は法なのか：戦勝国の持つ権利の分析**」で詳しく論じたいが、パール判事は、ニュルンベルク裁判の裁判所憲章とは異なり、東京裁判の裁判所憲章（極東国際軍事裁判所条例）は犯罪を定義してはいないと判定している。

事実としては、東京裁判の検察側自身がそのように述べている。例えばキーナン首席検察官の「起訴状にて訴追された最初の犯罪は共同謀議である。この犯罪は単にその名が挙《あ》げられただけであって定義はされていない」（判決書p.24下段）との発言は、起訴状は共同謀議が犯罪だと指名しているのみで、その犯罪を定義したわけではないという意味であろう。さらに、コミンス・カー検察官の「我々は本裁判所に対して新しい法を作れと依頼しているものではない。あるいは、裁判所憲章（訳注：極東国際軍事裁判所条例）が何らかの新しい犯罪を作り出したと称していると認めるわけでもない」（判決書p.25上段）の発言は、キーナン主席検察官よりもさらに直截に、裁判所憲章が新しい犯罪を定義してはいないと指摘している。これらの発言は、パール判事の判定の正しさを裏付けているものと思う。

多数派判事ならびにウェッブ裁判長は、検察側がそのように述べているにもかかわらず、裁判所条例は犯罪を定義し、裁判所を拘束する法であるとして裁判所条例に全面的に依存して判決を下《くだ》したのであって、そのような判決は、パール判事の見解では「司法裁判」における判決とは認められないことになる。

## 多数派による東京裁判判決とは結局は何であったのか

犯罪を定義したものとは認められない裁判所条例に基づいて有罪か無罪かを決定したのが多数派判決なのであれば、この「判決」とは結局は何であったのだろうか。すなわち、多数派判決書は真に司法判決書なのか？ という深刻な疑問が浮上することになる。換言すれば、多数派判事による東京裁判とは果たして司法裁判であったのか？ ということである。

パール判事は「**これ以外の推定に依拠すると、本法廷は司法法廷ではなく、権力の示威装置となる。**」（判決書p.29下段）とのニュルンベルク法廷についてのライト卿の言を引用した上で、自らの意見として、「そうでなければ、本裁判所（引用者注：東京裁判所）は『司法裁判所』ではなく、権力の示威のための単なる道具と化してしまうのである」（右記引用の①：判決書p.30上段）と述べている。

## ダグラス陪席判事

パール判事が示唆に留め、明示的には提示しなかったこの点（東京裁判は司法裁判ではないのではないかとの疑問）にメスを入れたのが、合衆国最高裁のダグラス陪席判事（＊）であった。以下、ダグラス判事と呼称する。判決書本体の訳注の書式に倣って、この人物のご紹介をしておきたい。

（＊William Orville Douglas 1898〜1980 アメリカ合衆国の法律家、裁判官。ミネソタ州出身。１９３９年〜１９７５年の36年間の長きに亘り、合衆国最高裁判所の陪席判事Associate Justice of the Supreme Court of the United Statesを務めた。ダグラスの最高裁陪席判事への任命には、ＦＤＲ政権の意向が強く反映されたとされる。社会的弱者の法的利益の保護に重点を置いたリベラル派とみなされているようだ。合衆国最高裁は1名の首席判事Chief Justiceと複数の陪席判事Associate Justiceで構成される。）

ダグラス判事は１９４９年という早期の段階でパール判決書を読み込んでいた。そして東京裁判が内包する脆弱性《ぜいじやくせい》に関するパール判事の指摘をパール判決書から正確に読み取り、その指摘と論理展開の正しさを見抜き、パール判事の論理的な組み立てをさらに追究するために東京裁判の成り立ちそのものを詳しく調べたのである。

ダグラス判事の調査によって判明した事実は次のとおりである。市ヶ谷の極東国際軍事裁判所は連合軍最高司令官（ＳＣＡＰ）の軍事命令により設立されたものであること、極東国際軍事裁判所条例は同様にＳＣＡＰの軍事命令により布告されたものであり、ウェッブ裁判長が多数派判決書とは別に記述した意見書（ウェッブ意見書）によれば、ウェッブ裁判長は「裁判所条例は、日本を占領している連合国軍最高司令官の戒厳令（martial law）によって国際法、ポツダム宣言ならびに降伏文書を施行するものであるので、拘束力がある」と考えていたこと、東京裁判はニュルンベルク裁判同様、裁判所条例（裁判所憲章）を「法」と定めてなされた裁判であること、等である。

その新たな調査結果から得られた結論は、東京裁判とは司法裁判(judicial tribunal)ではなく、大統領に最終権限のある外交行為、すなわち戦争犯罪人の処罰のために合衆国が諸外国と締結した合意であり、敵の力の希薄化に向けた戦闘行為の継続（furtherance of the hostilities directed to a dilution of enemy power）であることだった。ダグラス判事は東京裁判は戦闘行為の継続であり、ひとえに政治権力の手段であったと明示的に述べている。

東京裁判は政治権力の手段であったが故《ゆえ》に、司法裁判所である合衆国最高裁は、大統領が最終権限をもつ外交・戦闘行為たる東京裁判を再調査する権限（authority to review）をもたない、とダグラス判事は結論した。

## ダグラス判事の同意意見書

ダグラス判事は右記の調査内容ならびに調査結果を１９４９年６月27日公表の「同意意見書（Concurring Opinion）」の中で発表した。ここで確認しておきたいのは、このダグラス同意意見書はパール判事の思考の延長線上にダグラス判事が新たに調査を行《おこな》って作成された位置づけとなっていることである。同意意見書の脚注の中でダグラス判事は、ウェッブ裁判長等の発言やウェッブ裁判長・ベルナール判事（フランス代表判事）・ハラニーリャ判事（フィリピン代表判事）の各意見書も合わせて読んだうえで、パール判決書の意見に立脚して自らの司法意見書（同意意見書）を作成したことを明らかにしているのである。

このダグラス同意意見書は、わが国ではあまり読まれていないように思う。東京裁判の「再審請求」がなされ、それに対する意見書をダグラス判事が発表したものとの見解もあるようだが、残念ながらこれはダグラス同意意見書が用意されるに至った経緯を正確に描写したものとは言えない。

合衆国最高裁に対してなされたのは東京裁判の「再審請求」ではなく、東京裁判で死刑を宣告された広田、土肥原等の被告人の生命を救う具体的な措置である人身保護令状（Writ of Habeas Corpus）の請求である。人身保護令状の出状の請求を棄却する判決を合衆国最高裁が1948年12月20日に下《くだ》し、その判決に対する同意意見書をダグラス判事がその半年後の1949年6月27日に発表したのである。

## ダグラス同意意見書の意義

パール判事が示唆するのに留めた件（=多数派判事による東京裁判は司法裁判とは言えないのではないかとの疑義）を、ダグラス判事がさらに追究して明らかにした形となっている。つまり、ダグラス同意意見書はパール意見書を補完する位置づけとなっている。

そのため、パール意見書を論ずる上でこのダグラス判事の業績に触れないわけにはいかないであろう。ダグラス同意意見書は、パール意見書の理解を深めるためには必須であると筆者は思う。

そこで、本書の付録としてダグラス同意意見書の全文（13個の脚注も含めて）の筆者による和訳を付した。この同意意見書は合衆国最高裁の1948年12月20日付の判決に同意しつつ、その判決に至る論理展開をさらに精緻にすべく追究したものであることが読み取れると思う。

また、ダグラス同意意見書が作成されるに及んだ背景に関して、第二編の終章で触れた。

⑤

# 第一部

# 予備的法律問題

第一部は「パール意見書」の中核と位置づけられる。起訴状の訴因の内容が分析された後、「法の重要な疑問」の解明こそが予備的法律問題の中身であることが示される。続いて、裁判所憲章は犯罪を定義しているのか、戦勝国は犯罪を定義することを権利として持つのか、パリ条約は「侵略戦争」を犯罪としたのか、パリ条約がもたらした効果として「侵略戦争」は犯罪とみなされるようになったのか、国家行為を行《おこな》った個人を、その行為が戦争犯罪であったとして裁判で裁くことができるのか、等が分析される。最後に、「法の重要な疑問」に対するパール判事の判定が結論として示される。なお、パリ条約を戦争犯罪訴追の基盤として使えるのかどうかについての英国のハンキー卿の見解にも触れている。

## 第一部の小見出し12個

第一部は、「パール意見書」の中核と位置づけられる部だと思う。

標題の「予備的法律問題」は漠然としていて、これだけでは内容を把握しづらい。そこで、この部の内容の把握に役立つかもしれないと考え、パール判事が付した12個の小見出しを左記に順に掲げてみた。なお、これらの小見出しに①～⑫の番号を付したのは筆者である。

12個の小見出し：①「本裁判所の構成」、②「本裁判所の管轄権外の事項」、③「本件裁判に適用されうる法」、④「裁判所憲章、これは戦争犯罪を定義しているか」、⑤「定義、これは裁判所を拘束するか」、⑥「戦勝国、これは法を制定しうるか」、⑦「戦勝国の主権に関する理論」、⑧「侵略戦争、これは犯罪か」、⑨「侵略戦争、これはパリ条約によって犯罪とされたか」、⑩「侵略戦争、これはパリ条約によって犯罪となったか」、⑪「侵略戦争、これはその他の事由により犯罪となったか」、⑫「国家行為における個人の責任」。

筆者は、基本的には右記の12個の小見出しの並べ方を尊重して、その順にこの第一部を記述していくつもりである。ただ、論点をできるだけ掴み易くするために、12個をある程度まとめて4つのセクションとして考えることとしたい。左記の§2．～§5．の4つである。この前後に§1．序論と§6．結論とを付けて、全部で6つのセクションに分けて記述したいと思う。各々のセクションがカバーする小見出しの番号を合わせて記載した。

**§1．序論：訴因の分析**

**§2．法の重要な疑問：裁判所の構成と他国が日本に対して持つ司法管轄権**　①、②

**§3．裁判所憲章は法なのか：戦勝国の持つ権利の分析**　③、④、⑤、⑥、⑦

**§4．「侵略戦争」は犯罪か：パリ条約の分析**　⑧、⑨、⑩、⑪

**§5．国際生活における個人の責任：国家行為の分析**　⑫

**§6．予備的法律問題：結論**

## §1．序論：訴因の分析

### 訴追国と被告人

第一部の冒頭において、訴追国11カ国と被告人25名が明記されている。被告人は荒木、土肥原、橋本、畑、平沼、広田、星野、板垣、賀屋、木戸、木村、小磯、松井、南、武藤、岡、大島、佐藤、重光、嶋田、白鳥、鈴木、東郷、東条、梅津である。

なお、右記の25名の他に、松岡洋右《ようすけ》、永野修身《おさみ》、大川周明《しゅうめい》の3名が訴追されていたものの、松岡と永野は裁判の進行中に死亡し、大川は精神面の無能力ゆえに審理における訴訟手続きから解放された経緯がある。被告人25名と右記の3名を合わせた全28名が、この裁判で訴追された全員である。

### 55個もの訴因

ニュルンベルク裁判の訴因の数は、第一編まえがきで見たように、4個に留まっていた。これに対し、東京裁判の訴追訴因の数は、全部で55個にも及ぶ。これら55個は、起訴状において、次の3つのカテゴリー（＝類《るい》）に分類されている。

「被告人たちに対する訴追は、三つのカテゴリーに分類される55個の訴因に分けられている。すなわち、

第1類　平和に対する罪（訴因第1から第36）
第2類　殺人（訴因第37から第52）
第3類　通例の戦争犯罪及び人道に対する罪（訴因第53から第

55)」（判決書p.14下段）

第1類が36個、第2類が16個、第3類が3個、計55個である。これらの訴因は、パール判決書の次の2つの部で審理されている。訴因第1類は「第四部　全面的共同謀議」、そして訴因第2類ならびに訴因第3類は「第六部　厳密なる意味における戦争犯罪」である。すなわち、第四部と第六部がいわゆる「パール判決書」（広義）の内での、本来の意味での「判決書」に相当するのである。

右記3つの類の内容の説明は、検察側の言葉を借りて記載されている。引用を省略させていただきたいが、該当箇所は判決書p.14下段〜p.15下段である。

ただ、パール判事は、第1類と第2類に属する訴因の概要をパール判事自身の言葉でうまくまとめていると思うので、次の通り引用する。

第1類（訴因第1〜訴因第36）については以下の通りである。傍線は今回の引用にあたり筆者が付した。

「訴因第1から第5において被告人は共同計画ないし共同謀議の形成ないし執行に参加したとして訴追されており、かかる計画ないし謀議の**目的**は特定地域の陸海軍上、政治経済上の支配であり、（中略）訴因第6から第17において被告人は右記のカテゴリーに属する戦争を計画し準備したことのみにつき告発されている。これらの訴追を維持するためには、かかる戦争が犯罪であるか違法であることが不可欠である。

訴因第18から第24は同一のカテゴリーに属する戦争を開始したことに関連したものであり、そのため、かかる戦争が国際生活において犯罪であるかどうかによりその成立・不成立が決まるのである。

訴因第25から第36においては、被告人ないしその一部が同一のカテゴリーに属する戦争を仕掛けたことにつき起訴されており、そのため、かかる戦争が国際生活における犯罪ではないならば、これらの訴因は成立しない。」（判決書p.16下段〜p.17上段）

「第1類　平和に対する罪」は、パール判決書第四部で詳しく論じられた。これについては前著『東京裁判で真実は裁かれたのか？』ですでに論じられたので、よろしければお読みいただければ幸いである。

なお、右記引用で傍線を付した部分は、第四部ではなく、この第一部における論点である。

次に、第2類（訴因第37〜第52）については以下の通りである。傍線部分は、同様に筆者が付したものである。

「訴因第37から第52は、諸条約に違反して開始された戦闘行為は戦争の法的性格を持たないため、日本軍に対しなんらの合法的な交戦国の権利をも与えないとの点に立脚した告発を含んでいる。

本官は後にこれらの訴追につき詳細な検討を加えることとする。右記のカテゴリーに属する戦争がはたして国際生活における犯罪にあたるのかどうかとの疑問を、右記のすべてが抱えていることは明白である。」（判決書p.17上段）

「第2類　殺人」は、筆者は**第一編「第六部　第1項」**で取り上げた。なお、右記引用で傍線を付した部分は、第六部ではなく、この第一部における論点である。

第3類（訴因第53〜訴因第55）についてはパール判事による表記はない。これは「通例の戦争犯罪及び人道に対する罪」である。これについては本書の**第一編「第六部　第2項」と「第3項」**で取り上げた。

なお、パール判決書においてもそれぞれの場面で順に取り上げられているが、全部で55個にもなる右記の訴因は裁判の進行に伴い、証拠不十分などのため検察側が取り下げたり、あるいは他の訴因に含まれている等の理由で、次第に排除され、絞り込まれていった。多数派判事による判決の時点で最終的に残ったのは、次の10個の訴因のみである。多数派判決書では25人全員が有罪となったが、被告人たちはこれらの10個以外の訴因で有罪とされることはなかったのである。

状況を整理するため、パール判決書には記述がないものの、多数派判決において最後に残った10個の訴因をここでまとめておきたい。各訴因の説明は、筆者によるものである。

訴因第1－侵略戦争を企てた共通の計画（共同謀議）。この共同謀議の対象期間は1928年～1945年

訴因第27－1931年（満州・柳条湖事件）以降における中華民国への侵略戦争

訴因第29－アメリカに対する侵略戦争

訴因第31－イギリスに対する侵略戦争

訴因第32－オランダに対する侵略戦争

訴因第33－1940年9月（フランス領インドシナ北部進駐）以後におけるフランスに対する侵略戦争

訴因第35－ソ連に対する侵略戦争（ただし張鼓峰事件のみ）

訴因第36－ソ連及びモンゴルに対する侵略戦争（ただしノモンハン事件のみ）

訴因第54－1941年12月7日～1945年9月2日の間《あいだ》において、この訴因で挙げられた被告人が、最高司令官たちならびに訴因第53に述べられた他の人々に対しそこで記述された違反事項を**遂行するよう、命令・授権・許可した**こと

訴因第55－1941年12月7日～1945年9月2日の間《あいだ》において、この訴因で挙げられた被告人が、軍隊に関する…そしてまた、その当時に日本の支配下にあった戦争俘虜《ふりょ》と民間人に関する…協定、保証、ならびに戦争法規と慣習の順守を確保する責任を保持しているところの、彼らが統括する省庁の力に依拠して…それらの順守を確保しそれらへの違反を防ぐために適当な処置を取るべき**彼らの法的責務**を、故意かつ無謀にも**無視した**こと。ただし、中華民国との戦争においては1931年以降を対象とする。

10個の訴因の内、訴因第27、29、31、32、33、35、36の7個については、「各国に対する侵略戦争」として一括《ひとくく》りにすることもできよう。そうすると、多数派判決における訴因の数は4個となり、奇しくもニュルンベルク裁判における訴因の数と同じになる。

ここで、比較のために2つの裁判の各々4つの訴因を並べてみたいと思う。

- ニュルンベルク裁判：「共同謀議」、「平和に対する罪」、「（通常の）戦争犯罪」、「人道に対する罪」
- 東京裁判：「（包括的）共同謀議」、「各国に対する侵略戦争」、「残虐行為を命令・授権・許可したこと」、「残虐行為を予防すべき法的責務を故意かつ無謀にも無視したこと」

## 「共同謀議式立証方法」

ここでパール判事は、東京裁判で検察側が採用した「共同謀議式立証方法」について触れている。

この「方法」を検察側が持ち出した背景を見ておくために、まず、東京裁判が手本としたニュルンベルク裁判を今一度、簡単に押さえておきたい。ドイツと日本を比較する。

まず、ドイツにおいては、「ナチ（国民社会主義ドイツ労働者党）」という政党がドイツ国家を支配した。「ナチ」という政党が共同謀議を遂行したのであった。この政党の存在を疑う余地はなく、その組織体

系は明白であるし、その党員であった人物が誰であったかもまた、明白であった。ナチが発した命令書や回状通牒等も数多く証拠として残っている。ニュルンベルク裁判所は、それらの命令書等を証拠として事実認定を行《おこな》ったのである。

一方、日本においては、ナチに比肩しうる独裁政党はなかった。内閣の交代は頻繁であったし、東京裁判の検察側が訴追対象として取り上げた期間（具体的には全面的共同謀議の期間である1928年1月1日～1945年9月2日）のすべてを通じて一貫して日本の戦争を指導した個人は、日本にはいなかったのである。なお、1928年よりももっと前の1904年（つまり日露戦争）にまで遡《さかのぼ》った期間を審理対象とすべしと主張したソビエト連邦のゴルンスキー検察官による訴追は、共同謀議の一環として審理されることはなかった。

そこで東京裁判の検察側は、ナチの代わりとして日本においては「侵略戦争遂行のための全面的共同謀議」が存在したと「推定」し、その「全面的共同謀議」に所属して、「全面的共同謀議」の目的遂行に携わった人間が被告人たちであったことを検察側が公判において立証していくとしたのである。つまり、被告人たちの「犯罪」を直接に立証するのではなく、「全面的共同謀議」という推定上の一団を介在させることとしたのであった。

ニュルンベルク裁判においては、「ナチ」という団体が「共同謀議」を行《おこな》ったことを裁いた。東京裁判においては、この「ナチ」に比肩しうる団体が存在しなかったために、「全面的共同謀議」という推定上の存在が「団体」に相当するものとして「昇格」したのである。

なお、「全面的共同謀議」の原表記はover-all conspiracyであり、これはフリーハンドでの翻訳を許されるものなら、筆者は「包括的共同謀議」と訳したかった。この方《ほう》が原義により近いと思う。

東京裁判におけるこの「立証方法」につき、パール判事は次のように説明している。

「公判においてその主張をするにあたり検察側は、『広く一般に認められている共同謀議式立証方法』と称するものを提示した。検察側は次を立証しようとしたのである。

1．(a)全面的共同謀議が存在したこと
(b)この共同謀議は包括的で継続的な性質を持っていたこと
(c)この共同謀議は1928年1月1日から1945年9月2日の期間に形成され、存在し、活動したこと。

2．この共同謀議の対象と目的は、一般に『大東亜《だいとうあ》』として知られているところの、起訴状の中で説明されたすべての領土を日本が完全に支配することにあったこと

3．共同謀議の計画は、次の遂行により前述の支配を確保する点にあったこと
(a)侵略戦争
(b)以下に違反した戦争
(i)国際法
(ii)諸条約
(iii)協定および保証

4．各々《おのおの》の被告人に対するいずれかの訴因の中で規定されているあらゆる具体的な犯罪が遂行された時点で、かかる被告人はこの全面的共同謀議の構成員であったこと

検察側は、上記の立証に成功した時点で、それ以外は何も必要とはされずにただちに被告人の罪は確立されるのであり、被告人のうちの特定の者がいずれかの特定の行為の遂行に実際に参加したかどうかは問題にはならないと主張した。」（判決書p.16上段～p.16下段）

以上のままでは「共同謀議式立証方法」に関する検察側の論点が今

一つ不明である。そこでパール判事は次のように付け加えている。

「検察側の主張は、これらの被告人たちは政府組織を運営する中で、日本政府内における自らの地位を利用して申し立てられた諸行為を実施した、というものである。申し立てられたこれらの犯罪に関する個人責任の根拠は起訴状の附属書Eに記載されており、それは次の通りである。

『各被告に対してその占むる地位よりする権力、威信及び個人的勢力を利用し、本起訴状中当該被告の氏名を記載せる各訴因に掲げられたる犯罪行為を促進し且つ遂行する為に用いたることを訴追するものとす。』

『各被告に対して以下に於いて其の氏名に対し掲げられたる期間中、彼が閣員たりし諸内閣及び彼が支配的地位を有せし一般官庁機関、陸軍機関又は海軍機関の凡ての行為又は懈怠行為に対する責任者の1人たりしことを訴追するものとす。』

『各被告に対してその氏名の後に掲げられたる番号により示さる通《とお》り、1941年《昭和16年》12月7日、8日の不法なる戦争を準備しこれに導きたる1941年《昭和16年》に於ける左記日時又はその頃開催せられたる会議及び閣議の幾つかに於いて採択せられたる諸決議の際に出席し且《か》つこれに同意せしことを訴追するものとす。』」（判決書p.17上段〜p.17下段）

右記引用からは、「全面的共同謀議」が存在したことを前提に、各被告人はこの「全面的共同謀議」による「犯罪行為」を「自らの地位を利用して」行《おこな》ったとして附属書Eで訴追していることがわかる。被告人たちは、附属書Eにより個人責任を訴追されたのである。

## 国家行為にすぎない

右記引用の次に、パール判事はこの判決書の中での第1のハイライトであると筆者が考える点を、次の通り何の力《りき》みも強調もなく、サラリと述べている。このように、重要点をサラリと述べることが、パール判決書をわかりにくくしている要因の1つではなかろうか。

「申し立てられた諸行為は、本官の意見ではすべて**国家行為**（訳注：原表記はacts of state）であり、申し立てられた何らかの行為をこれらの被告人が行《おこな》ったにせよ、彼らはそれを政府組織を運営する上で実施したのである。さらに、かかる政府組織を動かす義務と責任は、時局の推移にともない彼らの頭上に降りかかって来たものなのである。」（判決書p.17下段）

右記引用でパール判事は、検察側が附属書Eで申し立てている諸行為は、すべて「国家行為である」としている。これはパール判事による重要な判定であると筆者は思う。

国家行為とは、国家の命《めい》において国家の使用人たる個人が行《おこな》う行為である。例として、裁判所の判決によって死刑を執行する場合をお考えいただきたい。死刑の執行を命じる政府吏員（たとえば法務大臣）の行為は国家行為に該当する。そして、後にこの死刑判決が冤罪《えんざい》による不当判決だったと判明したとしよう。すると、死刑執行を命じたこの政府吏員は根拠のない殺人を命じた者たる重罪を犯した刑事犯として個人責任を問われて訴追され、審理を経て処刑されることになるのだろうか…？　そんな馬鹿な話はあるまい。この例は国家による誤りなのであり、国家行為を行《おこな》った個人がその行為について個人として刑事責任を問われることはないのである。そして、これこそがパール判決書における重要な論点なのである。

国家を「簒奪《さんだつ》した」との疑いの余地のあるナポレオンやヒトラーの場合と違い、起訴状が対象としている期間（右記の全面的共同謀議の期間のことであり、具体的には1928年1月1日〜1945年9月2日までの期間）における日本政府は、憲法その他の国内法に基づいて適法に組織されており、また日本国家を代表する政府であると国際的にも問題なく認知されたものであった。その日本政府を一点の曇りもなく合憲的に運営した被告人たちが行《おこな》ったことは国家行為であると認定せざるを得ないのであり、そしてそうであれば、「いかなる**国家**にも他の**国家**の行為に関する裁判管轄権は無いとの原則」（判決書p.21上段）を尊重する限り、彼ら被告人たちを裁くことはできないことになる。被告人が行《おこな》った行為が国家行為であるとのパール判事のサラリとした指摘は、非常に重要な意味を持つのである。

1989年6月4日、天安門広場において数百人規模の民間人デモ隊の人々が戦車に轢き殺される事件があった。これをどこか他国が、たとえば国際人道法に違反しているとして事件に責任のある政府吏員を訴追したか？　国内統治の上で必要とされる国家行為であると言われれば、他国は訴追できないのである。

ただし、この例とは異なり、当時の日本は戦敗国であったとの事情がある。それでは、戦敗国の国家行為を行《おこな》った個人を戦勝国は訴追できるのだろうか？　これが第一部における検討事項の1つとなるのである。

## §2. 法の重要な疑問：
## 裁判所の構成と他国が日本に対して持つ司法管轄権

### 判定のための「法の重要な疑問」

ここでのパール判事は、起訴状に対して抱いた疑問を出発点としている。起訴状は国際法を踏まえていないと考えているようだ。次のように述べている。

「（前略）我々が本件を審査するにあたっては、国際法に関するいくつかの深刻な疑問が発生する。これらの疑問につき判定を下《くだ》さない限り、我々は事実に関する論点（訳注：起訴状で訴追されている個別事項の事実確認をめぐる論点）を取り上げることはできないのである。（中略）

我々の判定のために浮かび上がって来る**法の重要な疑問**とは次である。

1. ある国家を陸海軍上もしくは政治経済上で別の国家が支配することは国際生活において犯罪であるのかどうか。

2. (a)申し立てられた性質をもつ戦争は、国際法上、起訴状で論点となっている期間において犯罪となっていたのかどうか。

もしもそうではなかったとすれば、

(b)起訴状にて申し立てられた諸行為の法的性格に影響を与えうるほどの、かかる戦争は犯罪的であるとする何らかの『**事後法（ex post facto law）**』が立法可能であったのかどうか、また、実際に立法されたのかどうか。

3. 申し立てられた侵略国家の政府を構成していた個人に、そのように行動する上で（訳注：起訴状にて申し立てられた侵略的とされる政策を推進する上で）実施した諸行為に関して国際法上、刑事責任を負わせることができるのかどうか。」

（判決書p.17下段～p.18上段）

右記引用の2.(a)にある「申し立てられた性質をもつ戦争」とは、「共同謀議式立証方法」の説明の中の3.(a)ならびに3.(b)、すなわち、「侵略戦争」ならびに「国際法、諸条約、協定および保証に違反した戦争」である。

筆者は、右記引用でパール判事が「法の重要な疑問」と名付けた右記1.2.3.こそが、パール判事が構築した「土俵」なのだと思う。この上に他の判事を引き上げて相撲を取ろうというわけである。多数派判事たちは、右記1．2．3．に疑問を持たないか、後に見るように、裁判所憲章が犯罪を定義したと漠然と信じたか、もしくはパリ条約が「侵略戦争」を犯罪とする効果をもたらしたものと考え、パール判事の「法の重要な疑問」を、そもそも疑問とは考えなかったのである。
なお、以上3点の「疑問」に対するパール判事の判定は、**§6．結論**でそれぞれ明示される。

### 弁護側の異議：本裁判所の構成

上記の「法の重要な疑問」は、弁護側が提出した予備的異議を検討する中でパール判事が提起したものである。一方、被告人たちを含む弁護側は裁判の最初の段階で、重要な論点を提起している。すなわち、裁判官たちの出身国を問題としたのである。

「被告人たちは、その最も初期の機会をとらえて、現状のように構成された裁判所（訳注：極東国際軍事裁判所）の手中には不公正があるとの懸念を表明したのである。

かかる懸念とは、この裁判所を構成する判事は日本を打ち負かした国々の代表であり、またそれらの国々はこの訴訟における告発者でもあるので、かような裁判所の手中においては被告人は公正で偏りのない裁判を期待できず、そのため、このように構成された裁判所は本件裁判を審理すべきではない、とするものである。」（判決書p.18上段）

これは正論といえるのではないだろうか。国家間の意見相違が平和的手段で解決できなかったからこそ、戦争という事態にまで立ち至ったのである。その戦争で日本を打ち破った国々による法廷に対しては、公平な裁判をしてもらえるとは期待できないというのは、当然の指摘ではないだろうか。戦敗国や中立国出身の裁判官がいないというのは、公正の観点から見て、いかがなものだろうか。

パール判事は弁護側の意見と立場をいったん認め、司法の運営というものが本来持っていなければならない点を、英国のかつての主席裁判官の言を引用して次のように述べている。

「司法の運営においては、正義が行《おこな》われることを保証するだけでは不十分であり、正義が行《おこな》われつつあるとの印象を与えるように運営することも要求されるのである。イギリスの主席裁判官ヒューワート卿（＊）の古典的な表現によれば、

『正義は行《おこな》われるだけではなく、正義が行《おこな》われていることが明白にそして疑いの余地無く**可視化**されているべきであるというのは、単に**何らかの重要性**を持つのではなく、**根本的に重要**なことなのである…。司法を行使する過程において不当な干渉があったとの疑いですらも呼び起こされるようなことは、決して行《おこな》われてはならない』のである。誤った司法が行《おこな》われることへの恐れは、実践面もしくは理論面で法と関わるすべての人々の心の中に絶えず存在しているのであり、このことは刑法の執行をする者について特にあてはまる。本件を律する法規には特別な困難、すなわち、我々の方法には犯罪を察知するための有効性がどの程度あるのかとの通常の不確実性に加えて、人種的ないし政治的な要因が作り出すバイアスというやっかいな可能性がさらに組み合わさっており、そのことが我々判事の立場にとてもゆゆしき責任をもたらすのである。被告人たちがかような懸念を心中に抱《いだ》いたのだとすれば、それはこのような状況の下《もと》では無理もないことであり、特に本官自身は彼らの恐れの根拠を完全に理解するものである。現状のように構成されたこの裁判所における公判を彼らが受けるにおいて、感情的な要因が客観性に干渉をしてしまうとの何らかの可能性につき被告人たちが懸念を抱《いだ》くことについて、我々は被告人たちを非難することはできない。

（＊訳注：Gordon Hewart, 1st Viscount Hewart 1870～1943 イギリスの第7代主席裁判官。子爵）」（判決書p.19下段～p.20上段）

東京裁判においては、弁護側が持ち出した右記の論点により、まさにヒューワート卿が指摘した点における司法運営上の重要な疑義が示されたわけである。右記引用中の「特に本官自身は…完全に理解するものである。」の一文は、日本人同様の有色人種かつ非キリスト教徒たるパール判事は、被告人たちの恐れをよく理解できるという意味であろう。

しかし、弁護側のこの論点は、その本質としては「それを言ったらおしまいよ」というものだと筆者には思える。ここでこの論点を認めてしまったら、正しい司法運営が行《おこな》われていないとしてパール判事は裁判を切り上げて、荷物をまとめてインドに帰国しなければならなくなる。パール判決書を執筆する機会がなくなってしまうのである。

この苦しい局面を、パール判事ははたしていかなる論点を持ち出して解決するのか…。

パール判事はまず、次のように申し述べる。

「（前略）現在の被告人たちを審理する**国際裁判所が今ここにある**（訳注：極東国際軍事裁判所を指《さ》す）。

その判事たちは、疑いも無く、さまざまな戦勝国から来ている。しかし彼らは個人の資格においてここにいるのである。かかる裁判所を構成する判事を選ぶ際の本質的な要因の一つであると通常考えられるのは、**道義的な高潔さ**である。当然ながらこれには一般的な忠誠や正直さ以上のものが奉じられていなければならない。これには次が含まれる。

『先入観から自らを解放する対策を持っていること、他人とは共有されないであろう見解がもたらす結果に直面する準備ができていること、司法手続きに忠実であること、そして、法的義務を遂行する上で払う犠牲については進んでその犠牲を払う用意があること。』

面前の被告人たちは、本裁判所のいずれかの判事につき前述の側面における何らかの欠点を理由とした本裁判所の構成に関する異議を、申し立ててはいないのである。」（判決書p.19上段～p.19下段）

判事たちは戦勝国から来ているものの、個人の資格においてここにいると指摘したのである。出身国には目を向けるなと云いたいのであろう。そしてその個人の資格という意味は、判事たちは道義的な高潔さを伴っていなければならないことであると説明している。

右記引用に続けて、例によってサラリと、次のように申し渡している。次の発言には法廷における裁判官としての面目躍如たるものがある。

「しかし、かような障害のすべてがあったにせよ、被告人が甘んじて受けなければならないのは人間によりなされる正義なのである。」（判決書p.20上段）

そして、筆者の私見ではやや強引に、次のように「自身を説得」している。

「**以上の考察をもって本官**は、被告人によるこの異議を是認する必要がないと、**本官自身を説得するものである。**」（判決書p.20下段）

この部分は何度読み返してみても、説明不足の感は否めないと、誠に僭越ながら筆者は思う。判事たちは個人の資格でここにいる、被告人はいずれの判事の資質についても異議を申し立ててはいない、さらに、被告人は人間によりなされる正義に甘んじなければならない、だから本官は被告人の異議を棄却する…。

第二編まえがきで見たように、パール判事自身が東京裁判に全体として疑義を持っていることを判決書のあちらこちらで示唆している。

しかし、その疑義のある東京裁判に一旦乗らないと、パール判事としてはその後の展開ができなくなってしまうのである。だから、やや強引ではあるかもしれないが、何らかの理由をつけて一旦はこの東京裁判という船に乗らないといけないのである。

## パール判事の考える理想的な国際軍事裁判所：ハンス・ケルゼン教授の見解

それでは、パール判事の考える理想的な国際軍事裁判所とはどのようなものだろうか。これを示すためにパール判事は、ハンス・ケルゼン教授の見解を引用している。

「この件（引用者注：構成された裁判所に関する疑問）に関連して本官はカリフォルニア大学のハンス・ケルゼン教授（＊）の見解を引用したいとの誘惑に駆《か》られる。（＊訳注：Hans Kelsen 1881～1973 オーストリア生まれの裁判官、法哲学者そして政治哲学者。ナチ（Nazi）の迫害から逃れるためにアメリカに渡った）」（判決書p.18下段）

ケルゼン教授の考える理想的な裁判所は次の引用の後半にある。

「この博識な教授（引用者注：ハンス・ケルゼン教授）は述べる。

『モスクワで調印された三国宣言が要求しているのは、敵国の戦争犯罪人に対する戦勝国の裁判管轄権に他《ほか》ならない…。枢軸国諸国によるひどい犯罪の犠牲者となった人々が、その犯罪人を懲罰するために**自らが法を手中に握って自由に裁きたい**と戦争中に願うことは、よく理解できる。しかし、戦争が終わってみると次の点への配慮が我々の心の中に再び広がるのだ。すなわち、被害を受けた諸国による、その敵国の国民への刑事裁判権の執行は、過失を犯した国側の国民からは**正義と云《い》うよりは復讐である**と捉えられるのであり、その結果、これは将来の平和を保証する最良の手段とはならない、という点である。戦争犯罪人への懲罰は国際正義の行為であるべきで、復讐への渇望の充足であってはならないのである。ただ単に被征服国のみが戦争犯罪への懲罰のために彼ら自身の国民を国際裁判所に差し出すことを余儀なくされるというのは、国際正義の考え方にはまったくそぐわない。戦勝国側も、その同じ独立した公平な国際裁判所に対し、交戦法規に違反した戦勝国自身の国民に関して彼らが持っている裁判管轄権を、快く移転すべきなのである。』」（判決書p.18下段～p.19上段）

右記引用中の「**自らが法を手中に握って自由に裁きたい**」（原表記はto take the law in their own hands in order to…）とは、具体的には、自らに都合がよいように法を作った上で、もしくは、自らに都合がよいように犯罪を定義した上で、裁くことを意味していると思う。

つまり、ケルゼン教授の趣旨は、国際軍事裁判所は「国際正義の行為」として「戦争犯罪人への懲罰」を行《おこな》うべきで、「復讐への渇望の充足であってはならない」のであり、「**正義と云《い》うよりは復讐である**と捉えられる」べきではない。そして、「戦勝国側も、その同じ独立した公平な国際裁判所に対し、交戦法規に違反した戦勝国自身の国民に関して彼らが持っている裁判管轄権を、快く移転すべきなのである。」

これこそがパール判事の考える理想的な裁判所なのであろうと筆者は思う。翻って東京裁判所の実態はどうか？　まさに、自らが法を手中に握って自由に裁いているのではないか？　東京裁判所に対するこの根源的な疑念こそが、パール判事に絶大なエネルギーを抱えさせて、この「パール意見書」を書かせたのではないだろうか？

## 弁護側によるその他の異議：本裁判所の管轄権外の事項

裁判所の構成（裁判官の出身国）以外にも弁護側は異議を表明しているようだ。パール判事は弁護側の異議を次の2点に分類した上で分析し、それぞれに対して判定を出している。

「弁護側は、裁判に対するいくつかの他の異議をさらに申し立てている。これらの内の**重要なもの**は、以下二つの題目の下《もと》に分類ができるであろう。

1．厳密に本裁判所の管轄権に関連するもの。

2．本裁判所の管轄権は認めながらも、いくつかの訴因はそもそも犯罪にはまったく該当してはいないことを根拠として、被告人に対するそれらの訴因に含まれた訴追を取り下げることを本裁判所に求めるもの。」（判決書p.20下段）

## 弁護側の異議の2．の分析と判定

まず、右記引用の弁護側異議の2．については、パール判事は「厳密なる意味における戦争犯罪」は戦勝国が戦敗国出身者に対して裁判しうるものがあると指摘している。弁護側の異議が該当しないものもあるとしているのだ。異議の1．については後述する。

次の引用の冒頭で「これらの異議のうちのいくつかは、」とは、弁護側の右記の2点の申し立ての内の2．のうちのいくつかは、という意味である。

「これらの異議のうちのいくつかは、降伏により終了した戦争において犯されたと申し立てられた『**厳密ナル意味ニオケル（stricto sensu）**』戦争犯罪にまで関連している。予備的異議としては、これらは重要性をもたないものである。

戦争は、たとえそれが合法的であろうと非合法的であろうと、あるいは侵略的であろうと防衛的であろうと、今でもなお、容認されている交戦法規の統制の下《もと》に実施されなければならないのである。いずれの条約も、また、いずれの協定も、そのいかなる面においてもこの『**交戦法規（jus-in-bello）**』を取り消すまでには至ってはいない。（中略）

ここで申し立てられている『**厳密ナル意味ニオケル（stricto sensu）**』戦争犯罪においては、個人の資格に関係するところの、各々《おのおの》の個人に帰する行為につき言及がなされている。これらは**国家行為**（訳注：原表記はacts of state）ではないため、いかなる**国家**にも他の**国家**の行為に関する裁判管轄権は無いとの原則は、この件には適用されない。」（判決書p.20下段～p.21上段）

国家行為には該当しないところの個人の戦争犯罪の訴追は、他の国家の個人にも及ぶとの右記で述べられた論点を、さらに補強し、明確化するために、パール判事はオッペンハイム、ガーナー、ホールを引用する。その内のオッペンハイムは次のように述べている。

「オッペンハイム（*）によれば、

『交戦国が持つ、交戦中に自らの手中に落ちた戦争犯罪人を懲罰できるとの権利は、国際法の原則として広く認識されている。ある国が敵国の領土の一部ないしすべてを占領し、そのためにたまたまそこにいた戦争犯罪人を捕《とら》える立場になった場合、効果的にそれを利用すべき権利がその国にはあるのだ。戦争犯罪をなしたとして起訴された戦敗国の個人がその国が実際に占領した地域にいるのか、あるいは戦闘行為が首尾よく終了したら、その国が占領する立場になるところの地域にいるのかとは無関係に、かかる個人のその国への引き渡しを、その国は停戦協定の条件として戦敗国の当局に対して課すことができる。どちらの地域にいようが、その被告人は結果的にはその国の支配力の中にいるからである。通常は講和条約の締結が戦争犯罪人を起訴する権利に終わりをもたらすものの、戦争犯罪の嫌疑により起訴された個人を裁判のために引き渡すことを、戦争に勝った交戦国が停戦協定ないしは講和条約の条件の内の一つとして戦敗国に対して課すことは、どの国際法の規定も妨げてはいないのである。』
（＊訳注：Lassa Francis Lawrence Oppenheim 1858～1919 ドイツの法律家）」（判決書p.21上段～p.21下段）

つまり、オッペンハイムによれば、交戦法規に違反した戦争犯罪人は、たとえその犯罪人が交戦相手国の人間であっても、自国がその国を占領してその人間を捕らえたら裁判にかけることができるのである。交戦相手国は、交戦法規に違反した日本の軍人を捕らえたら、裁判にかけることができるのだ。その意味で、弁護側の異議の２．のうちのいくつかは却下しなければならないのである。これがパール判事の判定である。

ついでに言えば、国家行為として行《おこな》ったことは被告人の免責の事由となるものだが、次の引用のように、彼らの占めていた高い地位を理由として彼らが行《おこな》った行為は自動的に国家行為となるので刑事責任から逃れられる、などとみなすことはできないとパール判事は指摘している。

「**本官の判定**では、ただ単に各々《おのおの》の国において高い地位に就《つ》いていたことのみにより、本件のようなケースにおける刑事責任から逃れられる、ということにはならない点は、十分に決着がついているものと考える。もちろんこの場合、それ以外の理由によって彼らに罪を被せることができることが前提ではあるが。**国家**における彼らの地位は、彼らの行為すべてが国際法での意味合いにおける**国家行為である**とはなしえないのである。」（判決書p.22上段）

### 弁護側の異議の１．の分析と判定

次に、弁護側による前出の２つの異議の残りの「１．厳密に本裁判所の管轄権に関連するもの」については、パール判事はまず、裁判の管轄対象となるのは１９４５年９月２日に終了した対日戦争でなければならないとして、弁護側の主張を認めている。判決書は次のように述べている。

「本裁判所の管轄権への最初の本格的な異議は、**この裁判所で審判できる犯罪は１９４５年９月２日の降伏で終了した戦争に関連して犯されたものに限られなければならない**というものである。本官の判定では、この異議は認められなければならない。ある戦争で敗北することは、その戦敗国ならびにその国民を、彼らの生涯にわたるすべての過失をその審理の対象とするに至らしめる、などという考えは極めて荒唐無稽なものである。ポツダム宣言ならびに降伏文書の中には、**あらゆる他の戦争**において犯罪をなしたか、あるいは、それらの戦争に関連して犯罪をなしたかも知れない人々に対して訴訟手続きをする資格を最高司令官ないし連合国諸国に付与するものは、何も無いのである。」（判決書p.22上段）

そして、パール判事はこの点につき、次のように判定している。

「そのため、本官の意見では、１９４５年９月２日の降伏にて終結した戦争の一部分を構成しない、あらゆる紛争・武力衝突・事件ないし戦争の中で、あるいは、それらに関連して、犯されたと申し立てられた犯罪は、本裁判所の管轄権の外にあるのである。」
（判決書p.23上段）

管轄権の対象となる戦争の「終期」は、右記のように１９４５年９月２日の日本降伏によって終結したものと定まった。パール判事は「終期」については弁護側異議を認めたのである。この日付は東京湾に浮かぶ米海軍の戦艦ミズーリ号上で日本の代表者２名が降伏文書に署名した日である。

残る問題は、管轄権の対象となる戦争の「始期」はいつかである。まずは検察側の主張を見てみたい。

訴追にあたって検察側が大きな柱として打ち立てたのは、「全面的共同謀議」である。この「全面的共同謀議」の始期を検察側は「1928年1月1日」と定めている。この日付以降の戦争を裁判の対象とすべきであると検察は主張している。

これに対して弁護側は、次の引用の通り、異議を申し立てている。

「弁護側は、かようにして、次の諸事件は本裁判所の管轄権の外にあると主張している。すなわち、—

1. 1931年の満州事変
2. 遼寧《りようねい》、吉林《きつりん》、黒竜江《こくりゆうこう》、熱河《ねつか》の各省（＊）における日本政府の活動
3. ハサン湖事件（訳注：張鼓峰《ちようこほう》事件　1938年）、ハルヒンゴール河事件（訳注：ノモンハン事件　1939年）における日本とソ連との間《あいだ》で発生した武装衝突

（＊訳注：以上の4省でいわゆる満州を構成する）」（判決書p.23上段）

この弁護側異議は、戦艦ミズーリ号上で調印した降伏とは、1941年12月8日に宣戦布告した戦争の降伏なのであり、右記の1.2.3.はそれ以前の戦闘行為なので無関係であるとするものである。この弁護側異議は、起訴状の枠組みに対する、正面からのチャレンジである。起訴状は「全面的共同謀議」を主たる枠組みとしているからだ。つまり、この弁護側異議を認めるかどうかは、「全面的共同謀議」の立証にかかっている。これは次の検察側主張から明らかである。

「起訴状の中で検察側は訴因第1における彼らの全面的共同謀議の主張を、もしも全面的共同謀議が立証されれば前述の諸事件（引用者注：右記の弁護側主張の1.2.3.）は前述の降伏により終結した戦争の一部を成すものであるとして、成り立たせている。」（判決書p.23下段）

全面的共同謀議の存在が立証されれば、この弁護側異議は棄却せざるをえない。しかし、全面的共同謀議の有無の判定は、膨大な事実認定作業を要するものであり、簡単にはできない。そこでパール判事は、この点を次のように総括している。

「そのため、究極的にはこの問題は、本件裁判における証拠によって確定されるべき事実認定の問題となるのである。」（判決書p.23下段）

右記引用の中の「本件裁判における証拠によって確定されるべき事実認定」とは、第四部における「全面的共同謀議」に関する事実認定作業のことである。実際、パール判決書の構成においては「全面的共同謀議」に関する膨大な事実認定作業を第四部で行《おこな》い、その結果を踏まえた上でその次に設けられた第五部において管轄権の始期を判定したのである。この第一部の段階では、全面的共同謀議の存在が立証されるかどうかについて事実認定作業を行《おこな》っていないために結論が出せないので、本裁判所の管轄権の範囲は定めることができないのである。

つまり、弁護側の異議の1.のうち、戦争の「終期」に関する主張は認められたが、「始期」については第四部の後の第五部において、改めて検討して判定することとなったのだ。これが1.に対する判定である。

### 結論：「法の重要な疑問」を二点に煮詰める

ここでパール判事は、前述の「判定のための『法の重要な疑問』」を再び取り上げた上でそれを煮詰め、それが次の2点であるとしている。この§2.の冒頭部分での判決書p.17下段～p.18上段からの引用ではパール判事の「土俵」は3点から構成されていたが、思考を煮詰めた結果、「土俵」の再定義が行《おこな》われ、左記引用の2点に絞られたのである。

パール判決書には繰り返しが多いとの批判があるようだが、この部分はそのような批判の対象の一端となるものかも知れない。ただ、思考を煮詰めていく過程の中で繰り返しが発生するのは、ある程度はや

むを得ないのでは、と筆者は思う。

「ここでようやく本官は、本件に関連する法に関する、右記で明示されているところの法の重要な疑問を取り上げることができる。この疑問は、弁護側による予備的異議の中で提起されたものでもある。

それらの疑問とは次である。

1．申し立てられた性質を持つ戦争は、国際法による犯罪であるのかどうか。

2．かかる戦争の準備等を実施することによって、国家を構成している個人が国際法による犯罪をなしたことになるのかどうか。」（判決書p.23下段）

右記引用がこのセクションの結論に相当すると筆者は思う。「第一部 予備的法律問題」でパール判事が取り組む具体的な課題は右記の1．と2．であることが、ここで明確化されたのである。換言すれば、パール判事の言う「予備的法律問題」は、右記1．と2．に煮詰められたのである。ただし、ここでカットされた「ある国家を陸海軍上もしくは政治経済上で別の国家が支配することは国際生活において犯罪であるのかどうか」についても、右記1．と2．への判定と合わせてパール判事は本項の**§6．結論**でそれに対する判定を明示的に述べている。

なお、右記の1．については本項の§4．で論じられ、2．は§5．で論じられる。

## §3．裁判所憲章は法なのか：戦勝国の持つ権利の分析

### 本件裁判に適用されうる法

ここに至り、東京裁判に適用すべき「法」を特定する作業に取りかかる段階となった。検察側によって申し立てられた性質を持つ戦争が犯罪であるためには、それを犯罪であるとしている法がなければならない。そしてその法を特定しなければならない。パール判事はまず、「極東国際軍事裁判所条例」に目を向ける。この「条例」は以下、パール判決書に従って裁判所憲章と述べる。原表記はCharterである。本来的には地方公共団体の制定する法を意味する「条例」という訳語を充てるより、「憲章」と訳す方《ほう》が理解し易いように思う。

「まずは手始めとして本官は、本裁判所を設置した**裁判所憲章**（訳注：極東国際軍事裁判所条例）が、本裁判所自身が国際法として決定した法以外の**何らかの特定の法を本裁判所が適用すること**をいかなるやり方であるにせよ本裁判所に対して**余儀なくしたものなのかどうか**、そして、もしも裁判所憲章がそうしたのであれば、その法とは何なのか、という疑問を取り上げることとしよう。すなわち、裁判所憲章が『戦争犯罪』を定義したのかどうか、そして、そのような何らかの定義があるとするならば本裁判所は裁判にかけられた個人の犯罪を判定するにあたりかかる定義に拘束されるものなのかどうか、である。」（判決書p.23下段～p.24上段）

### 起訴状が立脚する法に関する、首席検察官キーナンと英国代表検察官コミンス・カーの見解

裁判所憲章の位置づけを分析するにあたり、パール判事は東京裁判の首席検察官キーナンと英国代表検察官コミンス・カーの意見に着目する。

まず、キーナン氏について見てみよう。パール判事は、キーナン氏はその立場をあいまいなままにさせたと考えている。次の引用の通りである。

「**キーナン氏**は、検察側の冒頭陳述にあたり、**起訴状が立脚する法**

に関する申し立てと称するものにかなりの時間をかけた。しかし、やはりその立場をあいまいなままとした。」（判決書p.24下段）

むしろ、裁判所憲章の位置づけについて明白な考え方を示したのは、英国のコミンス・カーである。コミンス・カーは、国際法は発展途上であるので、本裁判所は新しい状況に適用させる諸原則を確立しなければならないと述べている。コミンス・カー自身による正確な発言は、次の引用の中にある。

「検察側の**コミンス・カー氏**（＊）は、この裁判所の管轄権に関する弁護側の法廷弁護士による予備的異議の申し立てに関する1946年5月14日の審理における陳述にて、上記の立場を鮮明にしている。氏は次のように述べた。

『我々は本裁判所に対して新しい法を作れと依頼しているものではない。あるいは、裁判所憲章（訳注：極東国際軍事裁判所条例）が何らかの新しい犯罪を作り出したと称していると認めるわけでもない。』

氏によれば、国際法自身が、

『習慣の漸進的な創造物なのであり、また、確立された古い諸原則を新しい環境に適用させようとする法的精神の漸進的な創造物なのである…。新しい環境の出現を見出《みいだ》したのであれば、右記の適用の正確な前例がどの場合においてもすでに存在しているかどうかとは無関係に、かかる新しい環境に対して十分に成立している諸原則を適用させることは、疑いも無く本裁判所の権能の内にあり、また…そうすることは本裁判所の義務でもある。』

（＊訳注：Sir Arthur Strettel Comyns Carr 1882～1965 イギリスの政治家、弁護士。本件裁判においてイギリスが派遣した検察官）」（判決書p.25上段～p.25下段）

コミンス・カーは、右記引用中の2つの発言の内の前段で、裁判所憲章が犯罪を作り出したと称していると認めるわけではないと明示的に述べている。裁判所憲章は犯罪を定義したわけではないと述べているのだ。この意見は次の引用のように、さらに明確化された。なお、左記引用中の「第5条」とは、裁判所憲章の第5条である。

「この立場（引用者注：右記引用でコミンス・カーが述べた点）は本件裁判の最終論告の中で、検察側によってさらに明確にされた。

検察側は最終論告の中で『裁判所憲章は本裁判所の**組織立て**と**管轄権**につき、また、証拠と手続きに関わる事柄のすべてにつき、決定的である』との意見を述べた。『第5条に**列挙された犯罪**については』、検察側の主張は、『裁判所憲章は、少なくとも1928年以降、あるいは実はそれ以前にも存在していた国際法について、単に宣言しているだけであり、また、そうしているように見受けられる』とするものである。検察側は本裁判所に対して、この命題につき検証を行《おこな》うよう、そして判定はその命題に基づいて行《おこな》うよう、督促した。」（判決書p.25下段）

すなわち、検察側は最終論告の中で、裁判所憲章が決定したのは本裁判所の組織立てと管轄権にすぎず、また、裁判所憲章の第5条は犯罪を列挙したにすぎないと明示的に申し述べたのである。さらにこれらの犯罪は以前に存在していた国際法ですでに示されている（＝すでに存在する国際法により定義済みである）と示唆している。これはニュルンベルク裁判の裁判長である英国ローレンス卿による裁判所憲章の位置づけとは、大きく異なっている。裁判長ローレンス卿が明示したニュルンベルク裁判所憲章の位置づけは、この§3. で後述する。なお、検察側があえて述べた1928年は、パリ条約が成立した年である。

そしてパール判事は、ここで検察側が採った立場をある程度評価しているのである。具体的には、検察側が、起訴状はすでに存在している国際法の諸規定に依拠していると述べた点と、そのため、本裁判所がそれらの国際法の諸規定に対してどのような見解をとるかによって、訴追が成立するかどうかが決まると述べた点を評価している。パール判事の正確な表現は、次の引用の通りである。

「本件裁判において検察側が採った立場につき本官が評価する点は以下である。すなわち、検察側によれば、国際法の諸規定はすでに存在しており、そして申し立てられた犯罪がなされた時点でそれらは存在していたのであって起訴状はそれらに依拠しているとした点、そしてこれらの訴追が成立するか不成立となるかはこのような諸規定に対して本裁判所がどのような見解を採るかに依《よ》ることとなるとした点である。」（判決書p.25上段）

裁判所憲章の位置づけに関するパール判事のまとめは、次の引用の通りである。傍線筆者。

「しかし、検察側の見解がどうであれ、本官の意見では、申し立てられた行為に犯罪性があるかどうかは申し立てられた行為が行《おこな》われた時点に存在した国際法の規則に照らして決定されなければならないのである。本官の意見では、裁判所憲章はかかる犯罪のいずれをも定義することはできず、また、定義を行《おこな》ってはいないのであって、さらに、裁判所憲章は、我々によって見出された国際法の規則を本件裁判で申し立てられた諸事実に対して適用するとの我々の権能と管轄権を、いかなる面においても制限をしてはいないのである。」（判決書p.25下段）

## 裁判所憲章、これは戦争犯罪を定義しているか

右記で見て来た通り、東京裁判においてはコミンス・カーに代表される検察側は、裁判所憲章が「犯罪を定義している」ことを明示的に否定したのである。その一方で検察側は、最終論告において「裁判所憲章は本裁判所の**組織立て**と**管轄権**につき、また、証拠と手続きに関わる事柄のすべてにつき、決定的である」（判決書p.25下段）とも述べている。たしかに、裁判所憲章第5条が東京裁判にて裁くべき「犯罪」を「列挙」しているのは事実である。検察側は、裁判所憲章が重要な役割を果たしていることも指摘しているのだ。そのため、裁判所憲章が東京裁判においてどのような位置づけを占めるのかについての分析は、欠かせないのである。

なお、東京裁判に先行して行《おこな》われたニュルンベルク裁判の裁判長のローレンス卿は、このセクションで後ほど見るように、ニュルンベルク裁判所憲章は「法である」と明言したのである。法である以上、そこに記述された事項に違反すれば、それは「違法行為」として処断されることとなる。これは東京裁判の検察側の立場とは、大きく異なっている。

パール判事は裁判所憲章がその全体として「法であるかどうか」を判定することには足を踏み入れていない。むしろ、もっと実質的な分析を行《おこな》っている。すなわち、裁判所憲章が「戦争犯罪」を「定義」しているかどうかである。次の引用の通りである。

「**裁判所憲章の第5条**ではさまざまなカテゴリーに属する犯罪の定義がなされていると云《い》われている。その条は『人ならびに犯罪に関する管轄』の提供を簡潔な表現で規定しているのみなのである。そうするにあたり、裁判所憲章は次のように述べている。『左に掲《かか》ぐる…行為は、…本裁判所の管轄に属する犯罪とす。』本官の意見では、裁判所憲章のこの部分が意図するものは、これらの行為が犯罪を構成するように法を制定することではなく、それらの行為にかかわる犯罪がもしもあるのであれば、かかる犯罪を本裁判所は審理することができる、ということである。かかる行為が犯罪を構成するのかどうかは、適当となる法に従って本裁判所

が判定してよいままとなっているのである。本官の意見では、これこそが裁判所憲章のこれらの条項に対して我々が採ることが唯一可能な見解なのである。ポツダム宣言と降伏文書は、連合国諸国が過去の行為に対して彼らが決めた特徴付けをそれが何であれ付与し、その後、過去の行為を未来において彼らが決定するかもしれない司法手続きに引き合わせることができるとの権限が連合国諸国にあるなどとは、断じて企図などしていないのだ。ポツダム宣言と降伏文書の中からそのような権限を読み取ることは不可能であり、連合国諸国がポツダム宣言と降伏文書の中で行《おこな》った厳粛な宣言に違反して、**そして恐らくは国際法と慣例を無視して、**かかるゆゆしき権力を引き受けるなどとは、本官はかりそめにも想像することはできないのである。このような読み取り方が裁判所憲章の唯一の読み取り方ではないとの状況の下《もと》では、我々が連合国諸国ないし最高司令官に対してそのような無慈悲な推測をしなければならないいかなる理由をも、本官は見出《みいだ》すことはできない。」(判決書p.28下段〜p.29上段)

つまりパール判事は、裁判所憲章が戦争犯罪を定義していると多くの識者が指摘していることは認めるが、裁判所憲章は「これらの行為が犯罪を構成するように法を制定」しているわけではなく、「それらの行為にかかわる犯罪がもしもあるのであれば、かかる犯罪を本裁判所は(適当となる法に従って)審理することができる」としているのにすぎないと考えている。裁判所憲章は本裁判所(東京裁判所)が取り扱うべき「犯罪」を列挙しているのにすぎない。すなわち裁判所憲章は、東京裁判所が審理すべき「犯罪」の管轄権を規定しているのにすぎないと判定したのだ。右記引用から一文を再記しておきたい。

「かかる行為が犯罪を構成するのかどうかは、適当となる法に従って本裁判所が判定してよいままとなっているのである。」(判決書p.28下段)

「かかる行為」とは裁判所憲章第5条が列挙している行為のことである。これらの行為が犯罪に該当するかどうかを判定する際に依拠するのは裁判所憲章ではなく、東京裁判所が適当と判断する法である。裁判所憲章は、本裁判所の管轄権を規定しているのにすぎない。

右記引用の解釈が、裁判所憲章の位置づけに対するパール判事の考察の結論である。

## 法の非遡及性の原則への誤解：パール判事の重要な指摘

裁判所憲章による犯罪の定義付けの問題に絡めて、弁護側は法の非遡及性の原則を掲げた。法の非遡及性の原則、つまり、法を過去に遡及させて適用してはならないとの原則を、前面に打ち出したのである。この弁護側論点を、パール判事は次のように分析している。

「現下で検討している点につき裁判所憲章の各条項を検討することに進む前に、これに関連して弁護側が投じた議論の一端を本官は処理しておきたい。かかる議論は、成文法解釈に関して広く認識されている法の非遡及性の原則から生じるところの、規則への誤解に基づくものであると考える方向に本官は傾いている。裁判所憲章の中に定義付け(訳注：犯罪の定義)がいくらかでもあるのであれば、この非遡及性の原則によりその定義付けは無効となると弁護側は言いたかったのだ。

法の遡及性を否定する規則は、法の制定者によって法を遡及させることはできない、ということではなく、通常は遡及させるべきではないこと、また、かかる遡及性のある運用を避けることができるならば裁判所は常にそうすべきであること、なのである。

ここでの裁判所憲章の意図は明らかに、過去の行為に関連する犯罪、かかる犯罪があるとすればだが、の裁判を実施するために

1個の裁判所を提供しようとするものである。裁判所憲章が担っているこのような範囲に関しては疑いの余地は無いのであり、そのため、結果的に我々はその条項の中からいかなる非遡及性をも読み取ることは困難である。

また、法の制定者に対していやしくも法を制定する権限が付与されているのであれば、かかる制定者の権限はすべて過去の、すでに完了した行為に関連しているとの点は、否定することはできないのである。」（判決書p.28上段～p.28下段）

東京裁判所では過去に起きた犯罪が審理される点は、疑う余地の無い事実であり、それに関する法を制定する権限が誰かに付与されているのだとすれば、法の制定者は過去に起きた犯罪に関する法を制定することになり、制定する法の過去への遡及性を認めざるを得ないのである。右記引用の通り、パール判事は決して、遡及法は何が何でもだめであるなどとは申し述べてはいない。繰り返して引用したい。

「法の遡及性を否定する規則は、法の制定者によって法を遡及させることはできない、ということではなく、通常は遡及させるべきではないこと、また、かかる遡及性のある運用を避けることができるならば裁判所は常にそうすべきであること、なのである。」

パール判事のこの指摘を、しっかりと押さえておかなければならないと思う。遡及は望ましいことではないし、避けられるなら避けるべきだが、しかるべき権限を持った制定者による遡及法の立法そのものは可能なのだ。法の非遡及性の原則が立法にまで及んでいるとするなら、ニュルンベルク憲章は遡及法として有効であると明示的に述べたローレンス裁判長の見解（当セクションで後に見る）を、真っ向から否定することになってしまう。

法の非遡及性の原則こそが被告人を全員無罪と判定したパール判決書の主要な根拠であるとする誤解が、世の中で蔓延しているように思う。事実はそうではない。全員無罪の判定は、第四部と第六部での膨大な事実認定作業の結果、出されたものなのである。

## 定義、これは裁判所を拘束するか

次にパール判事は、裁判所憲章による「戦争犯罪の定義」とされるものが東京裁判所をどのように「拘束」するかについての分析に進んでいる。それにあたり、パール判事はまず、ニュルンベルク裁判所に関するライト卿の記述を紹介している。ライト卿は、まず裁判所の性格を次のように提示している。

「『このようにして設立された裁判所は、この協定の中では**国際軍事裁判所**であると説明されている。かかる**国際裁判所**は**国際法**の下《もと》で活動することが意図されている。これは明白に司法裁判所なのであって、**国際法**の適切な規則を適用し施行するために構成されるのである。』」（判決書p.29下段）

次に、前項でパール判事自身が示した、「かかる行為が犯罪を構成するのかどうかは、適当となる法に従って本裁判所が判定してよいままとなっている」点をライト卿も別の表現で示していることを紹介している。左記引用のライト卿の表現の中での「本法廷」とはニュルンベルク裁判所を指している。また「4つの政府」とは、ロンドン協定を結んだ英米仏ソの4カ国の政府を指す。

「『(c)(i)それら（引用者注：平和に対する罪、通例の戦争犯罪、人道に対する罪、のニュルンベルク・東京の両裁判に共通する3つの罪）は四つの政府の間《あいだ》で合意があったことを理由とする犯罪ではないこと。

(ii)そうではなく、それらは現存する法によりすでに犯罪に該当しているからこそ、この裁判所の管轄権の内に来るものとしてそれらの政府により列挙されたこと。』」

**『これ以外の推定に依拠すると、本法廷は司法法廷ではなく、権力の示威装置となる。』**」（判決書p.29下段）

ライト卿の言う「権力の示威装置」とは何だろうか。筆者が考えるには、戦勝国が武力を背景に勝手に法を作り、その法に違反したら裁判と称するものを開催し、その判決を通じて武力を背景に別の国家ないしは個人を処罰する裁判所という名の装置ではあるまいか。ニュルンベルク裁判所はそのような「権力の示威装置」などではなく、「司法法廷」たれ、とライト卿は言っているのであろう。

ライト卿は、「**戦勝国は**現存する国際法に従って犯罪を**正確に定義した**」（判決書p.32下段）と述べている。要は、これらの犯罪は国際法ですでに規定されており、それを裁判所憲章の中に正確に反映することでそこにおいて定義したのにすぎないと云《い》うのだ。ここで留意すべきなのは、この記述をパール判事は受諾しているわけではないことである。ライト卿がこう述べるにあたり、ライト卿が重要な点を見落としていると指摘している。このセクションで後述する「**戦勝国、これは法を制定しうるか**」の項を参照されたい。

なお、ニュルンベルク裁判所憲章の誕生に至るまでの1つの段階的な位置を占めていた「モスクワ宣言」（1943年11月）にもパール判事は目配っている。

「この件に関連して主張されていることは、モスクワ宣言がこの点における連合国諸国の意図を明確にしているのであり、モスクワ宣言において連合国諸国は、『戦争犯罪人』とは平和に対する犯罪をなしたものといまや分類された人々を意味し、かつ、それらの人々を含むと明確に布告しているのだ、というものである。**モスクワ宣言**は1943年11月1日に公表された。本官はこの文書の中に、右記の主張を裏付けるものは何も発見できなかった。」（判決書p.30下段）

「戦争犯罪人」の責任を規定する上でこのモスクワ宣言が重要であると主張しているのは、ソ連のトレイニン教授である。これは本項の§5．で詳しく検討することとしたい。東京裁判に目を戻して、パール判事は次のように述べている。傍線は筆者が付した。

「現下の裁判の件（訳注：東京裁判）においてもこれと同じ原則（引用者注：ライト卿からの引用の中で示された原則）が等しい強さで適用されるのである。我々の裁判所は国際軍事裁判所として設立されている。ここでの明確な意図は、我々は『司法裁判所』なのであって『権力の示威装置』ではないことである。そこでの意図は、我々が司法法廷として活動し、また、国際法の下《もと》に活動することである。ポツダム宣言や協定（訳注：前述のロンドン四カ国協定）もしくは裁判所憲章とは『**別個ニ（dehors）**』、適切な国際法の規則の適用により、右記の諸行為が何らかの犯罪に該当するかどうかをすでに存在している法を適用することによって見つけ出すことが我々のつとめなのである。仮に裁判所憲章や協定（訳注：四カ国協定）もしくはポツダム宣言がそれらを犯罪であると掲示していたとしても、すでに存在している法の下《もと》でそれらが犯罪であると決定したのは関係する諸機関がそのように決定したのにすぎないのである。しかし、本裁判所は独自の決定に到達しなければならない。それらの諸機関による決定に本裁判所が拘束されるなどとは、断じて意図されてはいないのである。そうでなければ、本裁判所は『司法裁判所』ではなく、権力の示威のための単なる道具と化してしまうのである。」（判決書p.29下段～p.30上段）

ここでパール判事は、有名になった次の意見を提示している。これはパール判決書のハイライトの1つではないだろうか。

「戦勝国から**現在**与えられている犯罪の定義に従って行《おこな》われるいわゆる裁判と呼ばれているものは、現在の我々と戦争に負けたら即決で屠《ほふ》られた太古との間《あいだ》に広がっている何世紀にも亘《わた》る文明を抹殺するものである。このように処方された法による裁判は、復讐への渇望を満足させるために司法手続きのうわべを装ったインチキ（訳注：原表記はa sham）となるのみである。それはあらゆる意味において正義の概念とは合致しない。このような裁判は、『現在のような裁判所の設立は司法的措置であるというよりはもっと政治的なものであり、本質的には政治的な目的に司法の装いを施して覆い隠したものである』という感情をまさしく創り出すことであろう。形式を整えた復讐は短命な充足感をもたらすのみであり、究極的には後悔をもたらすことはほとんど必然である。しかし、**真正な司法手続き**を通じた法の援用はそれだけで国際関係において秩序と節度を再構築することに大きく貢献するのである。

本官が裁判所憲章のこの側面につき持つに至った見解に影響を与えたのは、以上の考察のみではない。**これとは反対の見解**は、裁判所憲章を『**権限ヲ超越スル存在（ultra vires）**』としてしまうのである。」（判決書p.30上段～p.30下段）

なお、右記2つの引用部分は、合衆国最高裁のダグラス陪席判事の同意意見書に引用されている。付録1 ダグラス陪席判事の同意意見書を参照されたい。東京裁判の位置づけに関するパール判決書のエッセンスの1つとして法曹界で注目を引く箇所なのだと思う。

## 戦勝国の立場に関するハンス・ケルゼン教授の見解

戦勝国が持っている権能を議論する端緒として、パール判事はハンス・ケルゼン教授を引用している。パール判事は「本官が彼（ケルゼン）の見解を参照するのは、その見解が検察側に最《もっと》も有利なものだからである。」と断っている（判決書p.31上段）。以下の一連のケルゼン教授の見解は平易でわかり易い記述である。蛇足を避けるため、筆者のコメントは付さないこととしたい。

「『この戦争に道義的な責任をもつ複数の個人で、自らが所属する国家組織の一員として全般的な、もしくは特定的な国際法を無視した人々がもしもこの戦争に訴えたかこの戦争を引き起こしたのであれば、そして被害を受けた国々からこれらの個人は戦争の張本人として法的に責任を負うものであるとされたのであれば、次のことを考慮に入れる必要がある。

1. 関連する行為につき、全般的な国際法は個別的な責任ではなく集積的な責任を設定していること。
2. 有罪となった人々が処罰される対象となっている行為は、国家行為（訳注：acts of state）であること。それはすなわち、全般的な国際法によれば、政府による行為、もしくは政府の命令ないしその認可により実施される行為のことである。』」

（判決書p.31上段～p.31下段）

「『もしも国家行為として実行した行為につき**他の国の裁判所ないし国際裁判所の命令によって**個人が処罰されるのであれば、かかる裁判の法的基礎は、原則としてその行為に対する処罰を行《おこな》う国家との間《あいだ》で締結された**国際条約でなければならず**、そしてこれらの個人への裁判管轄権はかかる**条約によって**国内ないし国際裁判所に付与されるのである。』」（判決書p.31下段）

「『それが国内裁判所であれば、その裁判所は少なくとも間接的には、国際裁判所として機能する。その裁判所が国内とされるのは、それを構成する判事がただ一つの政府により任命されたという点に関してのみである…その裁判管轄権の法的基礎に関しては、それは国際裁判所なのである。』」（判決書p.31下段）

パール判事は、右記引用のケルゼン教授の論点を次のようにまとめている。

「前述した点から見て、かかる個人を戦争犯罪人として取り扱う**法的な権利を勝利者たる連合国諸国が国際法の下《もと》で持っていないのであれば**、これらの国はそのような権利の何ものかを条約その他から得てはいないとの点は十分に明らかであろう。連合国諸国は、合法的に彼らに属しているわけではないあらゆる権能を彼らが受け入れるとの、ほんのわずかな徴候さえも、どこにおいても表明してはいないのである。そのため、国家間の国際関係において被征服国に対する**戦勝国の合法的な権限**はどこまでか、と問うことは適切である。本官は、この20世紀の時代において、戦敗国の国民と財産に対するかような権限は無限であると今でも主張する人はいないものと確信する。報復を行《おこな》う権利はさておき、戦勝国が戦争法規に違反した個人を処罰する権利を持つことは疑い無い。しかし、戦勝国がその意に従って犯罪を定義してその犯罪を処罰することができると発言することは、被占領国を炎と刀で荒廃させ、そのあらゆる公的・私的な財産を着服し、住民を殺害ないし束縛して連れ去ることが許された時代に立ち戻ることとなってしまう。戦勝国がその意に従い犯罪を定義することを国際法は許さなければならないとするなら、それはデービッド・ロー（＊）の『平和』のごとく、進歩に向かって歩み始めたかに見えた数世紀前の地点に立ち戻っていることを国際法自身が発見し、驚くはめになるだろう。おそらくは人道もまた、その内心において同様の驚愕《きょうがく》を感じるのであろうが、それ（訳注：驚愕）を外部に向けて表現することを自制するに十分なだけの文明は持ち得ているのであろう。

（＊訳注：David Low 1891～1963ニュージーランドで生まれ英国で活躍した風刺漫画家）」（判決書p.32上段～p.32下段）

この最後の部分はスパイスが効いている。西欧諸国は東半球を植民地化するにあたり、ありとあらゆる人道無視をしたものの、そのようにしたことを外部に向けて表現することをうまく避けて来たのであり、そのように避けて来たことを「文明」と称したのである。逆説的に言えば、法的観念は数世紀に亘って進歩してきたのに、戦勝国が犯罪を事後的に定義した上で、国家行為を行《おこな》ったのにすぎない個人を処罰するような「蛮行」を未《いま》だに許し、それを「文明」の名の下《もと》にうまく隠したままにしておいて良いのですか？　とパール判事は問うているのであろう。

### 戦勝国、これは法を制定しうるか

ライト卿は、戦勝国は現存する国際法に従って戦争犯罪を裁判所憲章の中で正確に定義したと認識している。現存する国際法とは、パリ条約を意識しているのであろう。一方パール判事は、そのような定義を審査する方途を当該裁判所（ニュルンベルク裁判所）は持っていないので、結局は戦勝国による定義がまかり通ってしまうことになってしまい、これは戦勝国による「権限の簒奪」となると指摘している。次の通りである。

「ライト卿は、**戦勝国**は現存する国際法に従って犯罪を**正確に定義した**と述べているが、そのように申し述べるにあたり彼は次の事実を見落としている。すなわち、そのような定義を現存する法を参照しながら審査する方途が当該裁判所に対して開かれていない場合、かかる定義は、その定義がたまたま正しい場合もありうるにせよ、**現在においては**戦勝国により与えられた定義とならざるを得《え》ないとの事実である。本官の意見では、そのようなことをする権限は国際法の原則に反しており、それはあらゆる公正の原則による裏付けを欠いたまま戦勝国によって執《と》り行《おこな》われるところの、危険な『権限の簒奪《さんだつ》』であると考える。」（判決書p.32下段）

次にパール判事は、合衆国の犯罪学者シェルドン・グリュック博士の意見を引用している。

「はたして侵略戦争を『国際犯罪』と命名できるものなのかどうか、また、侵略国の政府ないしは参謀を構成する個人を、かかる犯罪に対して責任を負うものとして告発できるものなのかどうか、との二つの疑問を考えるにあたり、**グリュック博士は次のように述べた…**ニュルンベルク国際軍事裁判所が従うべきとされた裁判所憲章は、前述の二つの疑問に対して肯定的な回答を独断的に与えた、と。」（判決書p.33上段）

つまりグリュック博士は、①侵略戦争を「国際犯罪」と命名できるか、②「侵略国」の個人を「国際犯罪」の犯罪者として告発できるのか、の2つの疑問に対して、ニュルンベルク裁判所憲章は肯定的な回答を独断的に与えた、と指摘したとのことである。

その上でパール判事は、ニュルンベルク裁判と東京裁判の両裁判におけるそれぞれの検察側の裁判所憲章の位置づけに関する主張が異なっていることを、次のように述べる。

「ニュルンベルク裁判所は、該当する憲章で与えられた法による定義と称されるものに自らが拘束されるものであると見なしていたようだ。しかし、我々の眼前の件（訳注：東京裁判）での検察側に対して公平を期すためにも、現在検討中の件に関する裁判所憲章が何らかの決定的な性質を持っているとは、こちらの検察は主張していないことは指摘しておかなければならない。検察側によれば、『裁判所憲章は、本裁判所の**構成**と**管轄権**、ならびに**証拠**と**手続き**に関するすべての事柄については決定的である。』とのことである。第5条に列挙されている犯罪につき、検察側はこう述べている。『裁判所憲章は少なくとも1928年以降に存在していた国際法に関して**単に**叙述を行《おこな》っているだけであり、またそのように称している』と。検察側はこの命題につき検証を行《おこな》うように、そして、その命題に基づいて判定をするようにと、我々に対して督促をした。」（判決書p.33上段～p.33下段）

右記で「1928年以降」と検察側が日付を明示したのは、1928年1月1日が全面的共同謀議が存在したとされる期間中の最も前の日付であるためでもある。

以上を確認した上でパール判事は、現存の国際法が、被征服国の人々は征服国の意志に服従しなければならないとさせる「権限」を征服国に対して付与しているのかどうかにつき、自らの意見を述べる。次の通りである。

なお、左記の引用の1行目《ぎょうめ》において「かかる権限」とあるのは、まさに右記の「権限」のことである。パール判事自身の言葉で具体的に言えば、「裁判所憲章は征服国の**意志**による行為であるため、かかる**意志**に服従しなければならない人々はそれに必ず服従しなければならない」（判決書p.33下段）ことは当然であると征服国が考えることができるとする、征服国の「権限」（判決書p.33下段）を指す。パール判事は、そのような「権限」は国際法によって征服国にまったく付与されていないと述べる。次の通りである。

「本官は、現存の国際法はかかる権限のいかなるものをも征服国に対して付与などしてはいないと信じる。敵側に所属するあらゆる個人に対して交戦国が持つ権利、もしくは、かかる個人に対して征服国が持つ権利は、そのいずれもが、かかる権限のいかなるものをも取り扱ってはいないのである。敵の領土の軍事的占領の延長線上にある権利、もしくは、かかる領土の征服の延長線上にある権利は、そのいずれもが、そのような権限を侵略国ないし征服国に対して付与などしてはいないのである。被告人が戦争俘虜として取り扱われていようがいまいが、被告人は法的には侵略国ないしは征服国がなすがままの生殺与奪の権の前に置かれたものなどではない。単に軍事的必要性のみが侵略国ないしは征服国に対して非常に幅広い権能を付与しているように見受けられるのである。そしておそらくはかかる軍事的必要性の要求の範囲を制限することは不可能なのであろう。」(判決書p.33下段)

右記の見解を述べるに至ってようやく、パール判事は裁判所憲章が犯罪を定義しているかどうかに関する自らの見解を開陳する。パール判事は、裁判所憲章は犯罪を定義していないと、ここで初めて明確に自らの見解を述べる。次の引用の通りである。ここでイギリス領インド帝国カルカッタ高等裁判所出身のパール判事は、次の表現により決然と、大英帝国の男爵閣下（"Right Hon'ble"）ライト卿（Lord Wright）の見解を退けたのである。

「**本官の意見ではさらに**、ある**国際裁判所は**、誰がそれを立ち上げようと、また、誰をその裁判官に任命しようと、征服国によるそのような**意志**の表現のいかなるものにも拘束はされないのである。ここで本官は立ち止まってこの問題をさらに検討する必要は無い。と云《い》うのも、本官の意見では裁判所憲章は犯罪を定義してはおらず、それは当該裁判所の管轄権の下《もと》に置かれるとされた張本人たちが行《おこな》った諸行為を列挙して特定したものにすぎないからである。」(判決書p.34上段)

あえてこの段階でパール判事が「裁判所憲章は犯罪を定義しているかどうか」についての自らの見解を右記引用のように明示したのは、その次でニュルンベルク裁判における裁判長のローレンス卿の見解を申し述べることとしたからだろう。裁判長ローレンス卿は右記のパール判事とは正逆の見解を述べているのだ。その一方でパール判事は「他の裁判における裁判所憲章が戦争犯罪を定義したかどうかを見るために、その裁判所憲章の対象範囲を検討するなどという僭越《せんえつ》行為を本官は自らに課すようなまねはするまい。」(判決書p.35下段)と考えているため、論理を展開する上での整合性を保つために、ローレンス卿の見解を提示する前の段階で、自らの考えを示しておく必要があったのだと思う。

裁判長ローレンス卿がニュルンベルク裁判の判決書の中で述べた見解とは、裁判所憲章は「法」であり、「犯罪の定義を行《おこな》っている」とするものである。一方、他の裁判の裁判所憲章の対象範囲を検討するような僭越行為を行《おこな》いたくないというのがパール判事の姿勢であり、そのための手順として、まず東京裁判の検察側の立場がローレンス卿と異なっている事実を述べ、次に、この事実に基づく裁判所憲章に関する自らの意見を開陳しておいて、最後に裁判長ローレンス卿の発言を引用したのである。ついでながら、このローレンス卿もRight Hon'bleである。

## 裁判長ローレンス卿の見解

ニュルンベルク裁判は東京裁判の手本となったものであり、東京裁判の検察側は折に触れ、ニュルンベルク裁判を参考にするように判事団に求めたのであった。そのため、裁判所憲章が犯罪を定義したのかどうかとの重大な問題を検討するにあたり、手本となった裁判の裁判長の見解に触れないわけにはいかないのである。ここでのパール判事は、ローレンス裁判長の見解を引用するのに留めている。

まずは、ローレンス卿自身による表現を見ることとしよう。次の引用中の『』内である。

「この点について検察側は、ニュルンベルク裁判所の判決を参照するように我々に推奨している。ニュルンベルク裁判所の判決を配布するにあたり裁判長のローレンス卿（＊1）は、当該裁判所を設立した裁判所憲章の条項を参照しながら、次の見解を述べたと伝えられている。

『これらの条項は、**本件裁判に適用されるべき法**として本裁判所を拘束するものである。本裁判所は後ほど、これらの条項につきさらに詳しく議論するであろう。しかし、そうする前に、事実を検証する必要がある。』

後刻、『**裁判所憲章の定めた法**』を検討しながら、裁判長ローレンス卿は次のように述べた。

『本裁判所の管轄権は、協定（＊2）ならびに裁判所憲章により定義されており、そして、本裁判所の管轄権内にある犯罪で個人が責任を負うべきそれは、第6条で規定されている。裁判所憲章の定めた法は決定的であり、本裁判所を拘束するものである。』

（＊1訳注：Geoffrey Lawrence, 3rd Baron Travethin, 1st Baron Oaksey 1880～1971 ニュルンベルク裁判の裁判長。イギリスの男爵）

（＊2訳注：1945年8月8日付《づけ》の米英仏ソの4カ国間《かん》のロンドン四カ国協定）」（判決書p.34上段～p.34下段）

このローレンス卿の見解は、パール判事が以上において積み上げて来た見解とは正逆であることが見て取れる。要は、裁判所憲章は法であると述べている。

パール判事は、右記の裁判長ローレンス卿の見解に内包されている論点を、次のようにまとめている。

「（前略）裁判長ローレンス卿の所見は次の論点を含んでいる。

1. (a)戦勝国諸国は、それ自身の各々《おのおの》個別の国家主権の権能の中で、その管理下に陥《おちい》った**戦争俘虜**を戦争犯罪につき裁判し処罰することができるのかどうか。

(b)その目的のために、それらの国はそれら自身の主権の権利の中で

(i)かかる裁判のための裁判所を設立することができるのか

(ii)かような戦争犯罪を定義する立法を行《おこな》うことができるのか。

2. いずれかの国（戦勝国であれ被征服国であれ）がその主権上の権利を行使するにあたり、

(a)**その国自身の市民たち**を戦争犯罪につき裁判し処罰できるのか、そして、

(b)右記の目的に向けて

(i)かかる裁判のための裁判所を設立することができるのか、

(ii)かような戦争犯罪を定義する立法を行《おこな》うことができるのか。

3. (a)戦勝国が戦敗国の主権を継承するとされるのは、

(i)被征服国による無条件降伏をその理由としているのか、あるいは、

(ii)降伏時に付けられた条件によるのか、あるいは、

(iii)他のそれ以上の何かによるのか。

(b)仮に戦勝国が戦敗国の主権を承継するならば、取得されたこの主権には、被征服国の主権の内の通常と特別の両方を含むところの、すべての権利が含まれるのかどうか。」（判決書p.36下段～p.37上段）

また、ニュルンベルク裁判の裁判所憲章が法であるなら、それは事後になって犯罪を定義してそれを過去に遡及させた、いわゆる事後法であることは明白である。これは近代法体系で忌避されているものである。これについて裁判長ローレンス卿は次のような表現で、「遡及法の忌避」もしくは「罪刑法定主義」の意義は、絶対的なものではないと述べている。近隣の国家を警告無しに攻撃した国を処罰するのは

不当であるとは云《い》えないから、というのである。ローレンス卿自身による正確な表現を見てみよう。

「後刻、裁判所憲章における定義に触れてローレンス卿は次のように述べた。

『被告人たちのために、次のことが強調された。すなわち、すべての法―国際法・国内法を問わず―の基本的原則は、すでに存在している法を用いずに犯罪の処罰が行《おこな》われることはあり得ないということである。『**法ノ無キトコロニ犯罪無ク、法ノ無キトコロニ刑罰無シ（nullum crimen sine lege, nulla poena sine lege）**』である。事後法による処罰はすべての文明国により嫌悪されており、申し立てられた犯罪行為が犯された時点ではどの主権国も侵略戦争を犯罪とはしておらず、いかなる規則も侵略戦争を定義してはおらず、それらの犯行につき何らの罰則も定められてはおらず、また、これらの違反者を裁判し処罰するいかなる裁判所も設立されていない、などと主張されている。』

　ローレンス卿は次にこう述べた。

『まず、『**罪刑法定主義（maxim nullum crimen sine lege）**』は主権を制限するものではなく、全般的には正義の原則なのであるという点が指摘されなければならない。諸条約や保証を無視して近隣の国家を警告無しに攻撃した国を処罰するのは不当であると主張するのは明らかに不実である。なぜなら、そのような状況の下《もと》では攻撃を行《おこな》った国は自らが誤ったことを実施していることがわかっているはずだからであり、その国家を処罰するのは不当であるどころか、その国家の過ちにつき処罰しないで放置することこそが不当なのである…。』」（判決書p.34下段～p.35上段）

　そしてローレンス卿は、右記の見解を補強するためにパリ条約すなわちケロッグ・ブリアン条約を持ち出して、政策の手段としての戦争はもはや放棄されたのだと主張する。

「裁判長ローレンス卿によれば、

『この見解は、侵略戦争に関する限り、１９３９年時点で国際法が置かれていた状態を検証することによって、強く補強されることになる。』と述べ、さらに『１９２８年8月27日の**戦争放棄に関する一般条約**、これはもっと一般的には**パリ条約**ないしは**ケロッグ・ブリアン条約**として知られているが、かかる条約は、戦争が勃発した１９３９年の時点でドイツ、イタリア、日本を含む63カ国を拘束するものであった。』

『問題は、この**条約**の法的効果は何か?ということである。この条約に調印した国ないしこの条約に加入した国は、その将来において政策の手段として戦争に訴えることを無条件に非難したのであり、彼らは明白に戦争を放棄したのである。条約が調印された後には、政策手段として戦争に訴えるいかなる国も、条約に違背することになるのである。本裁判所の意見としては、国家政策の手段としての戦争の、この厳粛なる放棄の中には、かような戦争は国際法において非合法であるとの命題が必然的に含まれているのである。そして、かような戦争を立案計画し遂行する国は、不可避となるその恐ろしい帰結のために、そうすることにより犯罪をなすことになるのである。国際的な紛争を解決するための国家政策の手段として開始される戦争には、明らかに侵略戦争も含まれているのであり、そのため、かような戦争はこの**条約**により非合法化されたのである…。』と述べている。」（判決書p.35上段～p.35下段）

右記のローレンス卿の見解において、卿はパリ条約に大きく依拠していることがわかる。卿はパリ条約の法的効果として、「政策手段として戦争に訴えるいかなる国も犯罪をなすことになる」、「侵略戦争はパリ条約によって非合法化された」と述べているのだ。パール判事は、以上のローレンス卿の見解に対する自らの態度を次のように明確化する。傍線筆者。

「他の裁判における裁判所憲章が戦争犯罪を定義したかどうかを見るために、その裁判所憲章の対象範囲を検討するなどという僭《せん》越《えつ》行為を本官は自らに課すようなまねはするまい。本官は、その裁判所により主張されている通《とお》りにかかる裁判所憲章は定義を行《おこな》ったのだと推定することとする。その裁判所憲章は戦争犯罪の定義を行《おこな》ったとの主旨であると推定した上で問題となるのは、かかる定義が『**権限内ニ(intra vires)**』あるものかどうかである。

裁判長ローレンス卿は、『**罪刑法定主義(maxim nullum crimen sine lege)**』の金言は、主権を**制限する**との行動原理を表す金言などではなく単に正義の原則を表すものにすぎないため、当該裁判には適用されないと考えている。」(判決書p.35下段)

ついでながら、Wikipediaによれば、「**罪刑法定主義**とは、ある行為を犯罪として処罰するためには、立法府が制定する法令において、犯罪とされる行為の内容、及びそれに対して科される刑罰を予め、明確に規定しておかなければならないとする原則のことをいう。対置される概念は**罪刑専断主義**である。」とのことである。

パール判事は「罪刑法定主義」の金言をニュルンベルク裁判には適用しないとのローレンス卿の見解をいったん受け入れて、その上で国家主権の問題をローレンス卿がどのように捉えているかを述べている。次の通りである。傍線筆者。

「しかし、裁判長ローレンス卿によるこの金言の特徴付《づ》けは正しいとの推定のもとに検討を進め、**主権の問題**がどのように関係して来るかを見ることとしよう。

裁判長ローレンス卿は次のように述べる。

『裁判所憲章の制定は、ドイツ帝国が無条件で降伏した相手先の諸国家による主権的立法権の行使であった。そして占領された地域のためにこれら諸国家が立法を行《おこな》う権利には疑問の余地が無い点は文明世界によって認められて来た。裁判所憲章は、戦勝国による恣意的な権力の行使などではなく、以下に示す通《とお》り本裁判所の見解においてはそれはむしろ、裁判所憲章が創り出された時点で存在していた国際法を表現するものなのである。そしてそうである限り、裁判所憲章それ自身が国際法への貢献なのである。』

裁判長は続ける。

『**条約締約国**がこの裁判所を設立し、それが施行すべき**法を定義し**、裁判が適正に執《と》り行《おこな》われるための諸規則を作った。そうするにあたり、各々《おのおの》の国が個別に実施できたであろうことを、彼らは一緒になって実施した。それは、法を施行する特別な裁判所をそのようにして設立する権利はどの国でも持っていることを、疑《うたが》ってはならないからだ。裁判所の構成について被告人が要求できうることのすべては、事実と法に基づく公平な裁判を受けることのみである。』

裁判長によれば、

『裁判所憲章は、侵略戦争もしくは国際条約に違反した戦争を計画するかそれに訴えることは犯罪**であると定めている**。そのため、ロンドン協定が施行される前の時点においては侵略戦争が犯罪であったのか、もしくは侵略戦争がどの程度まで犯罪であったのかを考えることは、厳密には必要とされるものではない…。』」(判決書p.36上段)

右記の一連のローレンス裁判長の発言の内の、最後の部分が重要であろう。まず、裁判所憲章は犯罪を定めている(=定義している)と明示している。さらに、裁判所憲章がそのように定めているが故に、ロンドン協定（＝1945年8月8日）の前の時点において「侵略戦争」が犯罪であったかどうかの検討は不必要だと述べている。要は、裁判所憲章が（今や）犯罪を定めているので、ロンドン協定の「前の時点」での「侵略戦争」による犯罪の中身について検討をする必要はないと述べている。これはこの裁判長が、裁判所憲章が事後的に定めた犯罪の定義が過去に遡及して有効であると述べているのに等しいのである。

以上のローレンス卿の見解の組み立てを、パール判事は次のように箇条書きにして洗い出している。

「以上の裁判長ローレンス卿の見解は次の言明を含んでいるように見受けられる。

1. 戦争犯罪人は次の管轄権の内にある。
 (a)彼ら自身の国家。
 (b)もしも彼らが交戦相手国の管理下に陥《おちい》ったのであればかかる交戦相手国。
2. (a)彼ら自身の国家は戦争犯罪を定義する法を制定する権限を持っていた。
 (b)降伏を理由として、この権限は今や戦勝国に付与された。
3. (a)かかる個人がその管理下に陥るに至ったところの交戦相手国は、戦争犯罪を定義する法を制定する権利を持つ。
 (b)いくつかの戦勝国の連合も結果的に同じ権利を持つ。

本官がすでに指摘したように、右記の三つの命題のうち、第1については何の論争もない。しかし、困難が伴うのは前述の3(a)と2(b)である。」（判決書p.37上段～p.37下段）

その上で、パール判事はローレンス卿の見解に対する自らのコメントを、次のようにごく短く発している。

「右記の3(a)の命題を真剣に支持する者は誰もいないものと本官は信じる。本官がすでに指摘したように、俘虜は、**法の一般に認識された規則**への違反についてのみ裁判にかけることができ、また、処罰されうるのだ。右記の3(a)にて意図されている性質を持つ権限は、そのすべてが、我々のこの現代と、被征服者を即決で殺戮した当時の日々との間《あいだ》に広がっている何世紀もの文明を抹殺してしまうものなのである。」（判決書p.37下段）

パール判事の右記のコメントは、短いながらも鋭く、ローレンス判事の判定の急所を突いている。曰く、「かかる個人（戦争犯罪人）がその管理下に陥るに至ったところの交戦相手国は、戦争犯罪を定義する法を制定する権利を持つ」とのローレンス卿の言明3(a)は、「我々のこの現代と、被征服者を即決で殺戮した当時の日々との間《あいだ》に広がっている何世紀もの文明を抹殺してしまうものなのである。」つまりパール判事は僭越的行為を避けるために、「ニュルンベルク裁判所憲章の対象範囲を検討」しないまま、戦勝国の持つ立法権限という別の観点からローレンス卿の論旨の脆弱性《ぜいじゃくせい》を指摘したのであった。

## 戦勝国の権能に関する分析

パール判事は戦争に勝った国が持つ権利についての分析に進んでいる。これはローレンス卿の言明の箇条書きにおける2.(b)に対応するものである。ドイツはもともと、戦争犯罪を定義する法を国内法として制定する権利を持っていたが、この権利はドイツが無条件降伏した先の相手である連合国がドイツから譲り受けて取得し、それを行使してかかる法を今や制定したと云《い》うのだ。ここではパール判事は、冒頭で結論を述べてしまっている。

「戦勝国は、その国自身の主権的立法権の行使者として、その管理下にある戦争俘虜を**国際法により定義され決定されたところの戦争犯罪につき**裁判する権利を持っているものかも知れない。しかし、かかる裁判を目的として設立される何らかの裁判所が施行するための**かかる件の定義を行《おこな》う法については、そのような法の制定を行《おこな》う**いかなる権利をも戦勝国がその内に有するなどとは、国際法と文明世界はそのいずれもが是認をしないのである。（中略）

本官はさらに、戦勝国がその戦争俘虜に対して持つことを許された権利は、その国の主権から派生する権利などではなく、国際法**によって**国際社会の一員たる**その国に対して付与された権利**であるとの見解に、傾いている。

かかる裁判所憲章を公布する戦勝国は、国際法によりその国に付与された権限を行使しているのにすぎないのである。このような国はまだ国際社会の主権者ではないことは明らかである。戦勝国は、それほどまでに望まれる超国家の主権者ではないのである。」（判決書p.38下段～p.39上段）

戦勝国は戦敗国の犯した戦争犯罪を定義する法を制定する権利を有するとは、国際法と文明世界のいずれもが是認しないというのが、パール判事の結論である。

なお、右記の「超国家」とは何を指すのかがわかりにくいが、これは世界連邦を想定すればよいのではなかろうか。世界連邦を統治するのは世界政府なのである。世界政府を持たない現在の世界を構成している諸国家は、その国家主権がすべて平等に取り扱われており、ある国の国家主権に反してその国民を処罰することは他国には許されていないのである。

パール判事はさらに、戦勝国の権能は限定的であるとして、次のように述べる。

「現行の国際法の下《もと》では、一つの戦勝国ないし戦勝国の連合は戦争犯罪人を裁判するための裁判所を設立する権能を持っているものなのかも知れないが、戦争犯罪の新法を制定し公布する権能は持っていないのである。このような一つの国家ないし国家グループが、戦争犯罪人を裁判することを目的として裁判所憲章の公布へと進もうとするなら、それは国際法の権限の下《もと》でそうするのであり、いかなる主権的権限の執行によってそうするものでもないのである。本官は、戦敗国の国民あるいは占領された領土に関連するものについてすらも、戦勝国は主権的権限を持ってはいないと信じる。

いずれにせよ、この点（＊）については国際法により主権は制限されているものと文明世界は認識している。少なくとも、自国の管理下に入った**戦争俘虜**を巡《めぐ》る主権の権能に関しては、そのように認識されているのである。（＊訳注：戦争犯罪の新法を制定し公布する権能）」（判決書p.39下段）

右記引用でパール判事は、裁判所憲章は国際法の権限の下《もと》で公布されるのであり、戦勝国の主権的権限の執行によって公布されるものではないと指摘している。パール判事はさらに、「戦敗国の国民あるいは占領された領土に関連するものについてすらも、戦勝国は主権的権限を持ってはいないと信じる」とまでも述べている。

## 「無条件降伏」の意味するもの

しばしば、日本の降伏は「無条件降伏」だったと指摘されることがある。日本が署名した降伏文書の中にも「無条件降伏（unconditional surrender）」との文言がある。そして無条件降伏であったが故《ゆえ》に日本は戦勝国の意志にそれこそ「無条件」で従わなければならないとされるのである。そのため、パール判事は日本の「無条件降伏」という表現を巡る事実認定を行《おこな》い、その法的意味合いを分析し、明確化すべきであると考えたようだ。

パール判事はこの表現の分析を次の引用のように行《おこな》っている。

『『無条件降伏』との表現は今やほとんど、全面的敗北を認めることを意味する軍事用語の技巧的表現となっている。ある者はその語源をバージニア州アポマトックスにおいて1865年4月9日に南部同盟軍を率いるロバート・E・リー将軍が北部連邦軍を率いるユリシス・S・グラント将軍に降伏した情景に求めている。しかし我々はこの表現の歴史には関心を持たない。現下で我々が関心を持つ対象は、その語がいかように特定の意味を持つに至ったかなどではなく、その意味とは何か、である。無条件降伏とは、完全なる敗北ならびにかかる完全なる敗北の容認を意味するのである。それは勝者の**武力**と**哀れみ**への完全なる降伏を意味するのである。被征服者が得るべき何物かは、約定により得るのではなく、勝者の**哀れみ**により得るのである。」（判決書p.26下段）

右記の中でパール判事は、「無条件降伏」という語には軍事用語としての意味合いと政治的な意味合いの2面があると示したかったのではないだろうか、と筆者は思う。

まず、軍事用語としては「完全なる敗北ならびにかかる完全なる敗北の容認」とパール判事は表現している。しかし、「完全なる敗北」は、「無条件降伏」という語をわざわざ作り出さなくても敵戦力の武装解除を行《おこな》う時点で物理的に達成されるのである。刃向かう力を敗軍から物理的に取り上げてしまうからである。敗軍が敗北を容認する必要すらない、客観的状況が達成されるのである。降伏すれば真っ先に武装解除されるのは自明である。わざわざ「無条件降伏」を軍事用語として前面に打ち出す必要はないのではないか。

実際、第二次大戦における合衆国の陸海軍の指揮官たちは、降伏を「無条件」とすることを敵国に突き付けることに、反対の者が多かった印象を筆者は持つ。軍事的には不必要もしくは有害だと捉えられていたように思う。

次に、「『勝者の**武力**と**哀れみ**への完全なる降伏を意味する（中略）被征服者が得るべき何物かは、約定により得るのではなく、勝者の**哀れみ**により得るのである」との表現で、パール判事は「無条件降伏」との語が持つ政治的な意味合いを述べているものと筆者は思う。合衆国がかつて南北戦争において「無条件降伏」という語を作り出したのには、この政治的意味合いの追求があったのではないだろうか。そしてルーズベルトとトルーマンが戦敗国に「無条件降伏」を要求したのは、まさにこの政治的意味合いを突きつけることを目的としたのではないだろうか。勝者の意志を被征服者に押し通すための政治的道具として「無条件降伏」という語を活用したと思えるのである。

またパール判事は、この語の持つ意味が重要なのであり、この語がどのようにして特定の意味合いを持つに至ったかの経緯を見るのは重要ではないとしながらも、右記引用の冒頭で、「無条件降伏」の概念は国際間の戦争においてではなくアメリカの内乱たる南北戦争、すなわち国内戦争から生まれたとの説を紹介している。国際法の領域から要請された語ではなく、国内政治の要請から生まれた語であることを示唆しているのではないだろうか。

しかし、被征服国に無条件降伏を飲ませたからと言って、勝者は勝手気ままにふるまうわけにはいかないことをパール判事は次の表現で示している。

「もちろん、そのように申し述べたからと云《い》って、被征服者は**勝者の武力**の気まぐれからまったく何の保護も無い、ということを本官は意味しているつもりはない。国際法と慣例は、かかる場合における勝者の権利と義務につき定義を行《おこな》っているものと考えられているのだ。何らかの実際的な保護を施すにはこのような法がいかに無能であろうとも、少なくとも**法的**には、被征服者は勝者の絶対的な生殺与奪の権の下《もと》に置かれることにはならないのであ

る。」（判決書p.26下段～p.27上段）

右記でパール判事が指摘するように、国際戦争においては戦闘のやり方や俘虜の扱いを規定する国際法がある。勝者といえどもその国際法には従わなければならないのである。ここでいう国際法とは、例えば1899年ハーグ陸戦条約や1929年ジュネーブ条約を想定すればよいと思う。右記での重要な指摘は、国際法が被征服者を保護するのに実際上は如何《いか》に無力であろうとも、少なくとも法的には、被征服者は勝者の絶対的な生殺与奪の権の下《もと》に置かれることにはならないとの点である。そのように指摘した上で、パール判事は日本の実際の降伏状況に注目し、次のように述べる。傍線筆者。

「本官がここで指摘しておくべきすべては、降伏要求の条件ならびに最終的な降伏に関する限り、日本ないしは日本の人々に対する**絶対的な主権者の地位**を戦勝国や最高司令官に対して**付与する**ものは、降伏要求の条件ならびに最終的降伏の条件のいずれの中にも無い、という点のみである。さらに言えば、日本国や日本国民のために、もしくは戦争犯罪に関して、法を制定する権限を戦勝国や最高司令官に対して付与するものはそれらの条件の中には明示的にも、あるいはやむをえず必要とされる暗示の形においても、無いのである。ここで触れておくことが適切だと思われるのは、戦勝国が最高司令官に権限を付与するにあたり、被征服国との**何らかの契約の下《もと》に**、被征服国から**何らかの権限**を得たとする主張を戦勝国はしなかった、という点である。」（判決書p.27上段）

右記のパール判事の指摘から読み取れることは、ドイツの降伏とは異なり、日本の降伏では戦勝国や最高司令官たるマッカーサーには絶対的な主権者の地位は与えられていないこと、さらに、日本国のために戦争犯罪に関して法を制定する権限も与えられていないことである。これは判決書p.26～p.27でパール判事がカイロ宣言、ポツダム宣言、降伏文書、最高司令官の権限等の文書を詳細に分析した上で、右記のように明らかにしたものである。これもまた、サラリと述べられたものだが、よくよく吟味すべきことではないだろうか。

日独に対する「無条件降伏」の要求は、ルーズベルト政権と後継のトルーマン政権が政策的な観点から打ち出したものであり、法的な要請によるものではないのだ。また、右記引用の最後にあるように、最高司令官への権限の付与は日本政府との何らかの契約によるものではなく、日本政府とは無関係に一方的に付与されたものであった。最高司令官へ権限が付与されるにあたり、降伏における日本側の態度は、検討されるべき要件にさえなっていないのである。戦敗国日本が何らかの権限を最高司令官に与えたはずはないのである。

## 戦敗国の主権の獲得：日独の差

次に、パール判事は「無条件降伏」という要因が戦勝国による戦敗国の主権の獲得につながるものかどうかの分析に進んでいる。ドイツの場合は事実としてドイツ軍全軍とドイツ主権者が打ち揃って無条件降伏をした。ドイツ政府については、ヒトラーが自殺直前に後継のドイツ政府の代表と指名したカール・デーニッツ海軍提督の下《もと》の「政府」なるものは、連合国諸国が政府として承認していない。「デーニッツ政権」がドイツの国内行政を行《おこな》った実績もない。ドイツ主権者が消滅したので連合国がドイツ主権を掌握したとの主張が成り立つ余地はあるのであろう。ここでパール判事は左記の2つの議論を展開している。

1つ目は、日本とドイツの降伏の大きな相違を指摘している。日本軍の全軍一切が連合軍に対して無条件降伏をしたのは明白であり、この点はドイツと同様であったが、ドイツと異なるのは、日本政府は「最初から最後まで」（＝降伏の前後を通じて一貫して）その機能を維持したとの事実である。存続を続けた日本政府がポツダム宣言が突きつけた諸条件（諸条項）の受け入れを迫られ、そして日本政府がそれらの受け入れを受諾したのである。降伏の際に消滅したドイツ政府とは、状況が全く異なるのである。次の引用の通りである。

「次なる疑問は、戦勝国による戦敗国の主権の獲得は、後者の敗戦と無条件降伏を理由としてそうなったものなのかどうか、そして、かようにして獲得された、もしくは引き出された主権は戦勝国に対し、ここで問題となっている法を制定する権能を付与したものなのかどうか、である。

判決は『ドイツ帝国が無条件で降伏した相手先の諸国家による主権的立法権の行使』と述べている。戦勝国による『主権的立法権』の獲得もしくは由来に関する裁判長ローレンス卿の見解とは何なのかという点はあまり明瞭ではない。もし裁判長の分析方法が彼の眼前の裁判（訳注：ニュルンベルク裁判）における、何らかの事実の上での特殊性に依存しているのであれば、すなわち、ここで問題となっている降伏あるいは占領が抱えている特徴や条件が被征服国の主権を戦勝国に付与した、などであるが、もしもそうであるならばこの件に関連して本官が何か意見を申し述べることができる余地はほとんど無いことになる。ただし一点、我々の眼前の裁判での降伏の条件（引用者注：原表記はterms of surrender）ならびにその占領における特徴は日本の主権を戦勝国に付与しなかったという点を除けば、ではあるが。

本官はすでに、ポツダム宣言ならびに降伏文書の内の該当する条項を引用しておいた。ここでは降伏文書の第7、8、10項に言及しておきたい。我々が思い起こすべきことはもう一つあり、それは、連合国諸国によって日本は限定的に占領されたにも関わらず、日本政府は最初から最後まで引き続きその機能を継続することを許された点である。」（判決書p.39下段～p.40上段）

ここでの論点は、日本の降伏には条件（条項）のやり取りがあったことである。右記引用中でパール判事が引用済みであると述べている「ポツダム宣言ならびに降伏文書の内の該当する条項」（判決書p.26上段～p.26下段）からは、連合国諸国と日本政府との間でやり取りされた条件もしくは条項をお互いに「受諾する」という文言が明示されている。日本の主権が戦勝国に付与されなかったことが読み取れるのである。降伏により日本の主権は停止させられたのかもしれないが、少なくとも戦勝国に付与はされなかったのである。

いったんパール判決書を離れるが、日本の降伏当時の事実関係を簡単に追ってみたい。まず、連合国からの日本に対する要求として、ポツダム宣言の第5項に次の書き出しがある。「吾等《われら》の条件は左の如し（Following are our terms.）」次に、日本政府はポツダム宣言を受諾する回答の中で、降伏の条件として「国体護持」、すなわち、皇室の安泰と存続を絶対的に譲れない条件だとして連合国に意志表示をしていた事実がある。

パール判決書に戻りたい。そもそも、相手がいなければ「条件」をやり取りできない。その場合の「相手」とはこの場合には主権を指すものであろう。主権という語の意味合いとしてパール判事は、「主権とは国家の概念と国家の活動の集大成の総合的人格化」（判決書p.41下段）であると述べている。ドイツとは異なり、日本の主権は日本が握ったままであった。連合国諸国と日本政府との間で「条件」のやり取りを行《おこな》ったのである。

次に、たとえ日本国家の降伏が「無条件降伏」であったとしても、「無条件降伏は被征服国の主権的立法権を戦勝国へ移転する」との論点は国際法によって支持されていない点が指摘されている。パール判事はこの件を次のように切り出している。

「『無条件降伏は被征服国の主権的立法権を戦勝国へ移転する』

との、国際法に関わる命題は、当該戦争の期間を通じて存在していた国際法によって支持されてはいない。」（判決書p.41上段）

ドイツは連合国に征服されたが、日本の場合は連合国に占領されたものの征服はされていない。繰り返しになるが、日本政府が降伏の前後を通じて継続して存在していたとの厳然たる事実がある。ここでの引用は省略させていただきたいが、パール判事は「占領」と「征服」を混同することに関するオッペンハイムの警告を引用して論を進めている。その上で、次の指摘に至っている。日本の降伏の場合は「占領」ではあっても「征服」ではなかったことを次の表現で述べているのである。

「いずれにせよ、我々の眼前の裁判のケース（引用者注：日本のケース）は、完全なる敗北ならびに無条件降伏のケースではあるが、征服のケースではない。（中略）

単なる占領、敗北と降伏は、それが条件付きであろうと無条件であろうと、戦敗国のいかなる主権をも占領国に対して付与はしないのである。征服前の戦勝国の法的地位は軍事的占領者のそれと同じである。かかる国が被征服国に対して何をしようと、その国は軍事的占領者の資格においてそれをするのである。軍事的占領者は占領した領土の主権者ではない。」（判決書p.41下段）

右記は、「戦争に勝つこと」によって戦勝国が得られるものは何か、という点についてのパール判事の論考を示している。戦争に勝つことは、軍事的占領者の資格を得ることなのである。戦敗国の主権を得ることにはならないのである。

さらに、左記の通り、戦争俘虜は戦勝国の前で全く無力ではないとしている。ここでの「戦争俘虜」との表現は、眼前の25名の被告人を念頭に置いている。

「戦争俘虜は、彼らが戦争俘虜であり続ける限りにおいて、国際法による庇護の下《もと》にある。それが戦勝国であろうと被征服国であろうと、どの国家も過去の行為に対する戦争俘虜の責任に影響を及ぼすいかなる『**事後 (ex post facto)**』法をも制定することはできないのである。」（判決書p.41下段～p.42上段）

日本の「無条件降伏」においては、国際法を無視しても良いということにはならないのである。戦敗国日本を取り扱う上で、戦勝国には国際法を遵守する義務があったのである。そして、この「義務」の存在は、日本が降伏するに際してのある種《しゅ》の「条件」と捉えることもできるのではないか。すなわち、戦勝国は「国際法を遵守する義務」という条件の下《もと》に、日本を占領したとも考えられるのではないだろうか。

## ニュルンベルク裁判所憲章の位置づけ：ドイツ国内法

右記の引用はパール判事が国際法について述べたものである。パール判事が右記引用中で「どの国家も過去の行為に対する戦争俘虜の責任に影響を及ぼすいかなる『**事後 (ex post facto)**』法をも制定することはできない」と述べたのは、そのような事後法は「国際法として」制定はできないという意味である。

一方、ニュルンベルク裁判所憲章は有効な事後法であると裁判長ローレンス卿が明示したことをすでに見た。また、パール判事は「他の裁判における裁判所憲章が戦争犯罪を定義したかどうかを見るために、その裁判所憲章の対象範囲を検討するなどという僭越《せんえつ》行為を本官は自らに課すようなまねはするまい」（判決書p.35下段）とも述べていた。

右記の「どの国家も過去の行為に対する戦争俘虜の責任に影響を及ぼす事後法を制定できない」とのパール判事の見解は、ニュルンベルク裁判所憲章は有効な事後法であるとのローレンス卿の見解と一見して矛盾しているように思える。さらに、パール判事のこのような見解表明は、そもそもニュルンベルク裁判所憲章の対象範囲の検討に踏み込んでしまっており、「僭越行為」を行《おこな》っているではないかとの疑義が発生する。

そこで、パール判事がニュルンベルク裁判所憲章をどのように位置づけているかをパール判決書から拾い出してここで見ておきたいと思う。

パール判事は次のように述べている。

「ついでに見ておくべきことだと思うのだが、ドイツの国内法廷に対して何らかの法を提供するところのドイツ主権者の憲章(*)は、いかなる面においても国際法への貢献とはならないことにつき、本官には確信がある。(中略)(*訳注:原表記は**Charter of a German Sovereign.** ニュルンベルク裁判所憲章を指す。ニュルンベルク裁判の裁判長であるローレンス卿は『裁判所憲章の制定は、ドイツ帝国が無条件で降伏した相手先の諸国家による主権的立法権の行使であった』と述べている(引用者注:判決書p.36上段)。これに対しパールは裁判長ローレンス卿の言明はあまり明瞭ではないとしながらも、異議を唱えることは遠慮している。)」(判決書p.42上段~p.42下段)

つまり、「ドイツ主権者の憲章」との表現は、ニュルンベルク裁判所憲章は連合国4カ国が立法したという点では国際的な背景を持つものの、この憲章は国際法ではなく、ドイツ国内法の位置づけとなっていることを示しているのである。これはローレンス卿の「裁判所憲章の制定は、ドイツ帝国が無条件で降伏した相手先の諸国家による主権的立法権の行使であった」との発言からも裏付けられる。ドイツの主権的立法権を連合国4カ国が取得した上で、彼らは「ドイツの国内法廷」(=ニュルンベルク裁判所)のために戦争犯罪を定義した法たる裁判所憲章を立法したのである。ニュルンベルク裁判所憲章は、厳密な意味での国際法の範疇からは除外されているのである。

さらに、パール判事は次のように述べている。

「我々は次の点を思い起こす必要がある。すなわち、この裁判所憲章(訳注:ニュルンベルク裁判所憲章)は『**事後法(ex post facto law)**』であっただけでなく、この憲章はさらに、一般目的のための立法でさえもなく、特定の刑事被告人を裁くためのものであった点である。これは、すべての人々を対象とした『**事後法(ex post facto law)**』であったのではなく、特定の人間もしくは特定の人間の集まりを対象としていた法なのである。」(判決書p.626上段)

ニュルンベルク裁判所憲章は一般的な立法ではなく、特定の被告人(=ニュルンベルク裁判での被告人たち)を対象とした限定的な位置づけの立法なのであった。ニュルンベルク裁判所憲章のドイツ国内法たる位置付け、被告人の範囲を限定した立法であること、さらに、ニュルンベルク裁判所は国際的な裁判所ではあったが、法的にはドイツの国内法廷と位置付けられていること等から、パール判事は「(ニュルンベルク裁判所憲章は)いかなる面においても国際法への貢献とはならないことにつき、本官には確信がある」と述べたのである。

ニュルンベルク裁判所憲章は国際法としては位置付けられないからこそ、かかる裁判所憲章はパール判事による国際法の検討範囲から外れているのであった。パール判事は裁判長ローレンス卿に対して僭越的行為をしていないのである。

パール判事によれば、ニュルンベルク裁判と東京裁判では、その「法」を巡って大きな差があるのだ。前者はドイツ国内法たる裁判所憲章で裁かれ、後者は裁判所憲章が定めた管轄権(=裁判所憲章に列挙された犯罪)を国際法で裁くのである。

## ジャクソン判事に対する批判

さて、戦争俘虜に関するパール判事の論点に戻ることにしたい。

戦争俘虜が国際法の保護の下《もと》にあることを、パール判事が右記のように指摘したのは、ニュルンベルク裁判における首席検察官であった合衆国のジャクソン判事を批判する伏線とするためであろうと筆者には思える。パール判決書の全体のトーンは控えめでおとなしく、穏やかな表現で述べられているが、ジャクソン判事に関する点ではやや激烈となっている。戦争俘虜の処刑に関するジャクソン判事の考え方を、激しく否定している。

まず、ジャクソン判事自身の見解を以下に示す。傍線筆者。

「合衆国のジャクソン判事（＊）は、合衆国の首席検察官として欧州枢軸国の主要な戦争犯罪人を起訴するにあたっての報告書の中で、次の見解を示した。

『我々は彼らを聴聞なしに処刑もしくは処罰をすることもできる。しかし、公平に到達した明快な罪の確定も無いのに無差別に処刑ないし処罰することは、繰り返し実施された誓約への違反であるし、アメリカ人の良心にしっくりと収まったり、我々の子供たちに誇りをもって思い起こしてもらえたりすることにはならないだろう。』

（＊訳注：Robert Houghwout Jackson 1892～1954 合衆国最高裁判所の陪席判事を1941年～1954年に亘《わた》って務めた）」（判決書p.42下段）

聴聞なしでの処刑につき、パール判事は次のように厳しく批判する。

「まったく、この**20世紀**の世の中で、ジャクソン判事ともあろう人が、アメリカ合衆国大統領たる大《たい》した権威の持ち主に対しての熟慮を重ねた報告書の中に、かような数行《すうぎょう》を挿入することができるとは驚きである。何の権限に基づいて戦勝国は敵の俘虜を聴聞なしに処刑できるのかをぜひ聞いてみたいものだと誰しもが思うであろう。」（判決書p.42下段）

裁判官には「**道義的な高潔さ**」（判決書p.19下段）が求められているというのに、自らの出身国が戦勝国であることをカサに着て俗物的な浅慮に走り、政治的に採用し易い考えを法の素人たる大統領に吹き込んだのが、パール判事としては我慢ならなかったのであろう。「熟慮を重ねた報告書」というのが本当なら、ジャクソン判事は不適任なのである。大きな戦争に勝つということは、さほどにも人の判断を狂わせるのであろう。右記で「**20世紀**の世の中」と表現した意味合いを、パール判事は次の引用の冒頭で明確化している。

「本官は直近の数世紀において、ジャクソン判事がその報告書の中で宣言したような権利をいかなる戦勝国も享受したとは思わない。もしも戦勝国がそのような権利を本当に持つのだとしたら、過去の行為に関わる犯罪につき新しい定義を与え、もしも聴聞の実施がいずれかの国の良心の呵責《かしゃく》を和《やわ》らげることになるならばかかる聴聞をも実施した後に、かような新しい定義に従って俘虜を犯罪人として処罰することは、おそらくは可能なのであろう。その場合は既存の権利の施行に向けて特定の方法を単に適用させることとなっただけであろう。しかし本官は、かかる権能を戦勝国に与える何物をも既存の国際法の内のどこからも見出《みいだ》すことができないのである。領土の一時的な軍事占領、もしくは、現在においてもなお戦争による領土の獲得が可能であるのであれば征服による最終的な領土獲得、それらはそのいずれも住民や戦争中もしくは休戦の後で確保されたところの俘虜に関するこのような権利のいかなるものをも占領を実施した交戦国ないし戦勝国に対して付与することはない。占領国による戒厳令の下《もと》においてでさえも、俘虜ならびに占領された領土の住民の地位はそのように無力なものではない。」（判決書p.43上段）

ジャクソン判事の見解には、パリ条約の存在が念頭に置かれている可能性を考慮に入れ、パール判事は次のように確認している。傍線筆者。

「(前略)パリ条約によって戦争は国家政策の手段としては放棄されたがためにかかる戦争は犯罪であると解釈されたのであり、さらに、かかる戦争は相手国に自衛権を行使する権利を与えるだけであるとされたのだとの見解を我々が受諾したとしたら戦勝国の法的地位はいかなるものとなるのかを考慮をする必要はない。防衛のための武器が戦勝国の何らかの欲深い侵略的な目的のためにいささかなりとも役に立つものなのかどうかは、ここで我々が考慮しなくともよい問題である。」(判決書p.43上段)

もちろんパール判事はパリ条約を軽視しているのではなく、むしろ逆である。パリ条約は本項の§4. で詳しく論じられる。ここでは、ジャクソン判事の件に関してパリ条約を取り上げるつもりはないと述べているのにすぎない。聴聞なしに処刑できるとするジャクソン判事の言説について考えるには、とりあえずパリ条約を取り上げなくてもよいということだと思う。

ここで注目すべきなのは、パール判事の本音では、パリ条約は「戦勝国の防衛のための武器」であり、「戦勝国の何らかの欲深い侵略的な目的のため」のものであると考えているらしいことである。パリ条約のような、一見すれば正しい目的を目指しているように見えるものでも、何らかの別の目的が潜んでいるという疑念を持っているようである。

パール判事がチラリと述べたこの本音が正しいのかどうかは、筆者には確定できない。パリ条約を発案した米仏2国に加え、イギリスやソビエト・ロシアも、地球上のあらゆる領土と航海できる海を当時すでに切り取り済みであった。分捕《ぶんど》った領土や植民地を温存するにはその後の新規の戦争はむしろ「邪魔」なので、理想主義に訴えて戦争をしない呼びかけを行《おこな》ったものかも知れない。さらに、日独などの後発国でパリ条約に違反したとされる国に対して、自国の「防衛」活動を発動するための口実として活用できるような「武器」としてパリ条約を作ったのだと見なすことも、可能なのかも知れない。もっと言えば、入手済みの植民地の独立運動をも抑え込む効果がパリ条約には期待できるのだ…。これはまさに、「持てる国」の侵略的で欲深い目的に資する条約ではないのか?

検察側が大いに依拠したこのパリ条約であるが、戦争を計画し、準備し、遂行する等の戦争犯罪を訴追する基盤としてパリ条約を使うことができるのかどうかとの点については後ほど本項の§4. で、イギリスにおけるパリ条約の専門家である英国枢密院のモーリス・ハンキー卿の見解も、あわせて見ておくこととしたい。

### 戦勝国と国際法

戦勝国の権利について、パール判事は次のようにまとめている。

「(前略)現在においては、戦争の勝利は戦勝国に対して無制限かつ未定義の権能を付与したりはしない。戦敗国の国民に対する戦勝国の権利と義務は、戦争に関する国際法が定義し規制するのである。そのため、本官の判定では、現行の国際法の規定を越えて新しい犯罪の定義を与えた上でその新しい定義における犯罪をなしたとの嫌疑によって俘虜を処罰することは、どの戦勝国の法的権限をも超越するものであると考える。これは誠に、法の遡及性への嫌悪による規範(訳注:ニュルンベルク裁判所の裁判長ローレンス卿の前出の発言)などではない。もっと本質的なものなのである。いずれかの国家に対してそれを許すことは、国際法がその国家に対してその実施を否定しているところの『権力の簒奪《さんだつ》』を許すこととなってしまうのである。」(判決書p.43上段~p.43下段)

ここでパール判事は論点を変え、東京裁判の判事の立場に関する「ある方面」の見解について議論をしている。2007年8月14日放送のＮＨＫスペシャル「パール判事は何を問いかけたのか」によれば、この「ある方面」とは、東京裁判の英加ＮＺの代表判事のようだ。

「ある方面の人々が、この裁判所は戦勝国によって設立されたのであるからこの裁判所を設立した裁判所憲章のいずれかの条項に関する戦勝国の権限に疑義を差《さ》し挟《はさ》むことは正当ではないとの見解を抱《いだ》いているかのように見受けられる。」（判決書p.43下段）

パール判事はこの見解を否定し、次のようにその否定理由を述べている。

「このような見解の受諾を自分自身に対して説得できないことを、本官は誠に遺憾に思う。裁判所憲章により設立された本裁判所は、いかなる法によっても占有されていない分野において設立されたわけではないものと本官は信じる。国際法なるものがあるとすれば、本裁判所が設立された分野はその国際法が占有しており、少なくともかかる法（訳注：国際法）の機能が何らかの権威により有効に排除されるまではかかる法が機能することとなる。裁判所憲章自体がその権限を国際法から得ているのである。本官の意見では、裁判所憲章はかかる国際法の権限を超越することはできず、そして、この国際法による権限の下《もと》で、本裁判所は裁判所憲章の諸条項の有効性その他に疑問を呈することにつき、まったく十分な資格を持っているのである。」（判決書p.44上段～p.44下段）

東京裁判所が設立された分野は、国際法が機能している分野なのである。

当セクションにおけるパール判事の結論は、次の3点だと思う。

**結論1：戦勝国には国際法の立法を行《おこな》う資格はない**

パール判事は、戦勝国の持つ資格について、次の通り結論している。

「本官が右記で指摘したように、戦勝国は国際法の下《もと》で戦争犯罪人の裁判のための裁判所を設立することができるが、かかる征服国には国際法の立法を行《おこな》う資格は無いのである。」（判決書p.44下段）

**結論2：裁判所憲章は戦争犯罪を定義していない**

パール判事は裁判所憲章の役割について、次の結論に達している。裁判所憲章は犯罪を定義してはいないという点を明確に打ち出している。次の通りである。

「以上のすべてを視野に入れた上で本官が裁判所憲章（訳注：極東国際軍事裁判所条例）を読む限り、裁判所憲章は戦争犯罪を定義しているようには見受けられない。**それは本裁判所における審理で取り上げるべき事柄を単に制定しているだけであり**、裁判にかけられた個人がどのような違反を犯したものなのか、もしもそのような違反があればだが、を、国際法を参照しながら判定することは、裁判所に委ねられた事項なのである。」（判決書p.43下段）

**結論3：裁判所憲章の立案者にも戦争犯罪を定義する権限はなかった。本件裁判に適用される法は国際法である**

裁判所憲章の立案者の権限を含む、裁判所憲章に関わるパール判事の総合的な結論は、次の通りである。

「この問題に対して慎重に検討を加えた結果、本官は次の結論に達した。

1．問題となっている犯罪につき裁判所憲章は定義付けを行《おこな》ってはいなかったこと。

2．(a)裁判所憲章の立案者にはいかなる犯罪についてもそれを定義する権限は無かったこと。

(b)仮に何らかの犯罪が裁判所憲章の中で定義されていた

としても、そのような定義は『**権限ヲ超越スル存在（ultra vires）**』となっていたであろうことから、それは我々を拘束するものではなかったであろうこと。

3．この件に関して裁判所憲章の権能に異議を申し立てることは我々の法的権限の内にあること。

4．本件裁判に適用される法は、我々が国際法と認める法であること。」（判決書p.45上段）

## §4．「侵略戦争」は犯罪か：パリ条約の分析

### 「侵略戦争」、これは犯罪か

戦勝国が持つ権利ならびに裁判所憲章の分析を§3．で終えたので、当セクションではいよいよ、「侵略戦争」というカテゴリーの戦争が犯罪かどうかの分析に踏み込むこととなる。

なお、この「第一部 予備的法律問題」においては「侵略戦争」という語は所与のものとして定義されずに使用されている。この語の定義が可能なのかどうかは、「第二部『侵略戦争』とは何か」で詳しく検討される。

パール判事はまず、あらゆる種類の戦争すべてが国際法上の犯罪に該当するとは東京裁判の検察側が主張していないことを確認し、指摘している。

「その性格の如何《いかん》を問われない『戦争』が国際法での犯罪に該当するとは検察側は主張してはいない。彼らが主張しているのは、申し立てられた性格を帯びた戦争は国際法により違法かつ犯罪であるとされたということであり、その結果、計画の立案その他の諸行為によりこのような犯罪的な戦争を引き起こした個人は国際法の下《もと》での犯罪をなしたことになる、と云《い》うものである。」（判決書p.45下段）

「（前略）我々が決定すべきものとして究極的に浮かび上がって来る**最も重要な問題**は、起訴状の中で『平和に対する罪』のカテゴリーの下《もと》で申し立てられている諸行為は、はたして国際法の下《もと》で何らかの犯罪を構成しているものなのかどうか、ということである。」（判決書p.45上段～p.45下段）

なお、右記引用中の「起訴状の中で『平和に対する罪』のカテゴリーの下《もと》で申し立てられている諸行為」とは、次の行為である。

「**第1類　平和に対する罪**　下記諸訴因に付きては平和に対する罪を問う。

該《その》罪は茲《ここ》に記載せられたる者及び其の夫々が極東国際軍事裁判所条例第5条特に第5条(イ)及び(ロ)並びに国際法又は其の孰《いず》れかの一により個々に責任ありと主張せられ居《お》る行為なり。」（判決書付録「起訴状」より。判決書p.663上段）

ここでパール判事は例の2点に煮詰められたパール判事の「土俵」、すなわち「法の重要な疑問」を次のように繰り返している。これが述べられるのは、判決書p.17下段～p.18上段、判決書p.23下段に続き、実に3回目となる。

「そのため、ここでは**2点の主要な問題**が、我々の判定のために浮上して来る。すなわち、

1．申し立てられた性質を持つ戦争は国際法において犯罪となったのかどうか。

2．申し立てられた性質を持つ戦争は国際法において犯罪であると仮定した場合、ここで申し立てられたような役割を果たした個人は国際法において何らかの刑事上の責任を負うものなのかどうか。」（判決書p.45下段）

繰り返しになるが、「申し立てられた性質を持つ戦争」とは、「侵略

戦争」ならびに「国際法、諸条約、協定および保証に違反した戦争」である。

2点の内の1．を分析するにあたり、パール判事は過去の期間を次の4つに分けて考えるとしている。

「便宜上、この問題を四つの期間に分けて考えたいと思う。すなわち、

1．1914年までの期間

2．第一次大戦とパリ条約の日（1928年8月27日）までの期間

3．パリ条約の日から現下に検討中の世界大戦の開始までの期間

4．第二次大戦以降」（判決書p.45下段）

パール判事は4つの期間に分けてはいるが、以降のパール判事の論旨展開を見る限り、実際の論点は1928年8月のパリ条約以前（1．と2．）とそれ以後（3．4．）の2つの期間に煮詰められているものと思われる。さらに、「4．第二次大戦以降」については、パール判事は検討をしていない。それは本件裁判に影響を与えないからである。次の引用の通りである。

「本件裁判の目的のためには、**第二次世界大戦以降**にこの件につき国際法の何らかの発展があったかどうかを検討することは必ずしも適当なことであるとは云《い》えない。仮に法がその後の段階において発展をしてこのような戦争は今や犯罪であるとすることになったのだとしても、本官の意見ではそれは現在の被告人たちに何の影響も与えないのである。」（判決書p.81下段）

## パリ条約以前

パリ条約以前においては、結論から言えば、どのような戦争であれ、それが「不当」ないし「犯罪」と考えられたことはなかった。まず、第1の期間については、次の通りである。

「右記の4期間の内の第1の期間に関する限り、戦争が**『正当な』**ものなのかあるいは**『不当な』**ものなのかの区別が常に認識されていたのだと時折は主張されていたものの、全般的にはどの戦争も国際法において犯罪とはならなかったとの合意がなされていたように見受けられる。国際法学者や哲学者が学術論文などで前述の弁別的な表現（訳注：正当・不当などの表現）を使っていたようだ。しかし国際生活自体においてはかかる区別が認識されたことは決して無く、また、かかる区別がいかなる実質的な結果をもたらすことも一切無かった。いずれにせよ、**『不当な』**戦争は国際法において**『犯罪』**とされたことは無かった。事実、西洋諸国が現在、**東半球**の地域に持っているあらゆる利権は彼らがこの時期に武器を使った暴力行為によって獲得したものがそのほとんどであり、おそらくはそれらの戦争のいずれもがそれが**『正当な』**戦争であることを試すテストに合格することはできないだろう。」（判決書p.46上段）

次に、1927年12月の時点、すなわちパリ条約の1年前の時点で4つの期間の内の2．にあたる期間であるが、その時にアメリカの上院議員が提示した決議案をパール判事は次のように引用し、その時点においては国家間の戦争は「合法的」と考えられていたことを立証している。このボラー上院議員はアイダホ州選出の共和党議員であり、連邦議会上院の外交委員会委員長を1925年から1933年までの長きに亘って務めた。当時の合衆国の外交政策立案を担った重要人物である。

「ボラー上院議員は1927年12月12日に、合衆国上院での彼の決議案の中で次のように述べた。

『戦争は、社会に対する、現存する最大の脅威であるが故《ゆえ》に、…』

そして

『文明は、暴力と武力による方法に法と法廷が取って代わることによって、野蛮な時分から今日《こんにち》における状況までの向上と発展の傾向を示しているが故《ゆえ》に、また…』

**『国家間の戦争は、これまで常にそうであったように今日《こんにち》においてもなお、法で認められた制度であり、そのため、原因があろうがなかろうが、どの国も他のあらゆる国に対して厳密にその法的権利の内《うち》において宣戦を布告することができるが故《ゆえ》に、また…』**(判決書p.46下段)

原表記中、パール判事がイタリック体で強調していた点を右記では太字で強調したが、この部分は重要である。国家間の戦争は法で認められた制度であり、原因の有無にかかわらずどの国も厳密にその法的権利の内において宣戦を布告することができるのである。これが1927年12月における合衆国の見解である。

## パリ条約の内容

ここから、不戦条約とも呼ばれるパリ条約の分析に入る。本項では、裁判長ローレンス卿や国際法の権威ライト卿がパリ条約を重視していたことをすでに見て来た。

パリ条約が調印されたのは次の日であった。

「一般的にはケロッグ・ブリアン条約もしくはパリ条約として知られているこの条約は、1928年8月27日に調印された。」(判決書p.50下段)

パリ条約は短い条約である。パール判事は次のように、ほぼ全文を引用している。

「その条約の前文において『人類の福祉を増進すべき其の厳粛なる責務を深く感銘』すると認識した上で、当事国は次の通り布告した。

『其の人民間に現存する平和及び友好の関係を永久ならしめんが為、国家の政策の手段としての戦争を率直に抛棄《ほうき》すべき時期の到来せることを確信し…』

『其の相互関係に於ける一切の変更は**平和的手段**に依りてのみ之を求むべく又、平和的にして秩序ある手続の結果たるべきこと及び今後戦争に訴へて国家の利益を増進せんとする署名国は本条約の供与する**利益を拒否せらるべきものなることを**確信し…』

『其の範例に促され世界の他の一切の国が此の人道的努力に参加し且《か》つ本条約の実施後速やかに加入することに依《よ》りて其の人民をして本条約の規定する恩沢に浴せしめ、以《もっ》て国家の政策の手段としての戦争の共同抛棄《ほうき》に世界の文明諸国を結合せんことを希望し茲《ここ》に条約を締結することに決し…左の諸条を協定せり。

第1条　締約国は国際紛争解決の為、戦争に訴ふることを非とし且《か》つ其の相互関係に於て国家の政策の手段としての戦争を抛棄《ほうき》することを其の各自の人民の名に於て厳粛に宣言する。

第2条　締約国は相互間に起ることあるべき一切の紛争又は紛議は其の性質又は起因の如何《いかん》を問はず平和的手段に依《よ》るの外《ほか》、之《これ》が処理又は解決を求めざることを約す。

第3条　本条約は前文に掲げらるる締約国に依《よ》り各自の憲法上の用件に従ひ批准せらるべく且つ各国の批准書が総《すべ》て「ワシントン」に於て寄託せられたる後、直ちに締約国間に実施せらるべし。

**本条約**は前項に定むる所に依《よ》り実施せらるるときは世界の他の一切の国の加入の為必要なる間、開き置かるべし…。』」(判決書p.50

下段～p.51上段）

右記引用の太字部分は、パール判事が強調した部分である。

パリ条約の要諦は、以下の４点であろうと筆者は考える。傍線は筆者が付した。

①前文にある「（国家）相互関係における一切の変更は**平和的手段**に依りてのみ之を求む」

②同じく前文の「今後戦争に訴へて国家の利益を増進せんとする署名国は本条約の供与する**利益を拒否せらるべきものなること**」

③第１条「締約国は国際紛争解決の為、戦争に訴ふることを非とし且つ其の相互関係に於て国家の政策の手段としての戦争を抛棄《ほうき》することを其の各自の人民の名に於て厳粛に宣言する。」

④第２条「締約国は相互間に起こることあるべき一切の紛争又は紛議は其の性質又は起因の如何を問はず平和的手段に依るの外、之が処理又は解決を求めざることを約す。」

日本はパリ条約を１９２９年６月27日に批准した。この批准された条約の日本語全文については、判決書p.646付録１ 不戦条約（パリ条約、ケロッグ・ブリアン条約）をご覧願いたい。

## パリ条約：誕生の経緯

パール判事は、パリ条約が誕生した経緯を説明している。

「以下、この条約の経緯を簡潔に見ておくことは有意義となろう。」（判決書p.51上段）

「（前略）フランスは、世界大戦への米国参戦10周年記念を祝賀することを考えていた。その日は１９２７年４月６日にあたる。同年３月22日にムシュー・ブリアン（＊１）がジェームズ・Ｔ・ショットウェル教授（＊２）に会い、氏は教授から国家政策としての戦争を放棄するとのアイデアを伝えられた。教授の提案を受けたあと、ブリアン氏は個人的メッセージをアメリカ国民に送達し、その中で、仏米の２国間では戦争を非合法化する方向へ向かうとの何らかの相互的取り決めに公然と同意することによってフランスと合衆国はこの機会を祝うことにしたらどうか、と提案した。氏はアメリカのスローガンである『戦争の非合法化』を、『国家政策の手段としての戦争の放棄』を意味するものと解釈した。

（＊１訳注：原表記はMonsieur Briand。Briand氏がフランス人であることを示している。Aristide Briand 1862～1932 フランスの政治家・首相・外相。１９２６年にノーベル平和賞を受賞）

（＊２訳注：James Thomson Shotwell 1874～1965 アメリカの歴史学教授。国際労働機関ＩＬＯの設立に主導的な役割を果たした）

以上の経緯がブリアン氏とケロッグ氏（＊）との間《あいだ》の書簡交換の開始へとつながった。１９２７年６月１日にブリアン氏は、前文と三つの条項からなるところの氏独自の条約案文をケロッグ氏に送付した。これは２国間のみの条約の案文として企図されていた。結局、１９２８年８月27日にこの条約が調印された際には、これらの三つの条項はこの条約を多国間条約に変更するために必要となる規定が付け加えられた以外にはほとんど案文の変更をされずに再現された。

（＊訳注：Frank Billings Kellogg 1856～1937 合衆国国務長官を１９２５年～１９２９年に亘《わた》って務めた。１９２９年にノーベル平和賞を受賞）」（判決書p.51下段～p.52上段）

## パリ条約の効果：矛盾した見方

パリ条約の効果については多くの矛盾した見方が存在することをパ

ール判事は指摘している。パール判事が述べた多くの識者のさまざまな見方の中でも、代表的な意見は次の2点（左記引用の1．と2．）であろうと筆者は考えている。残りの3．～6．については引用を省略させていただきたいが、詳しくは判決書p.49上段～p.50上段をご覧願いたい。

「右記の内の**第3の期間**の検討にとりかかることとする。すなわち、**パリ条約の日から始まる期間**である。この件については、関係する文献が恐ろしく大量に立ち並んで存在していることを申し上げなければならない。それらの権威ある文献を慎重に検討していくと、次の**相矛盾する結果**に立ち至るものと本官は信じる。すなわち、

1．ケロッグ・ブリアン条約（訳注：パリ条約）によって侵略戦争に訴えることは不法行為となった（カリフォルニア大学のハンス・ケルゼン教授）。

2．パリ条約は、その条約の条項への違反を、国内裁判所あるいは何らかの国際裁判所により処罰できる国際犯罪とすることに失敗した（合衆国のジョージ・A・フィンチ氏（＊）とグリュック博士）。（＊訳注：George A. Finch 1884～1957 米国国際法学会の当時の編集長兼副理事長）」（判決書p.49上段）

ケルゼン教授は、侵略戦争に訴えることはパリ条約によって不法行為となったと主張している。**§3．**の「**戦争国の立場に関するハンス・ケルゼン教授の見解**」で、パール判事がケルゼンの見解を参照するのは「その見解が検察側に最も有利だから」と述べていたのが思い起こされる。一方、フィンチ氏とグリュック博士は、これとは異なる見解を述べている。さまざまな矛盾する見解がある中で、パール判事自身の意見はどうなのだろうか。

「本官の意見では、パリ条約は既存の国際法をそのいかなる面においても変更はしなかった。パリ条約は、この点において何らかの新しい法規則を導入することに失敗したのである。

この問題は**二つの全《まった》く異なる見地から**検討を加えることへと落ち着いて行《い》く。すなわち、

1．パリ条約は何らかの戦争を国際生活における犯罪としたのか？

2．パリ条約は戦争の正当化の論点を国際生活の中に導入したものなのかどうか、そしてそこにおいて侵略戦争は正当化できないとされたら、侵略戦争それ自身が持つ有害な性質を理由としてかかる戦争を犯罪もしくは違法なものとしたのか？」（判決書p.50上段～p.50下段）

右記引用の前段にあるように、パリ条約に関するパール判事自身の結論は、この時点ですでに述べられているのだ。すなわち、①パリ条約は既存の国際法をそのいかなる面においても変更はしなかった、つまりパリ条約は「法による規則」の範疇からは逸脱している、②ある種《しゅ》の戦争を犯罪とする新しい法規則の導入にも失敗した、の2点である。前述のフィンチ氏・グリュック博士に近い考え方を採ったものと思われる。ただし、心配はご無用である。以下、かかる結論にパール判事が至った経緯が、縷々説明されるのである。

なお、パール判事が右記で示した論点の1．は、意見書では小見出し⑨「侵略戦争、これはパリ条約によって犯罪とされたか」で分析され、2．は小見出し⑩「侵略戦争、これはパリ条約によって犯罪となったか」で分析されている。

⑨と⑩の2つの小見出しの字句は紛らわしくて両者の違いを認識しづらいが、端的に言えば、⑨はパリ条約の条文自体ならびに発案者が示した締約条件によって何らかの戦争が国際生活における犯罪とされたのかどうかの分析（パリ条約そのものの分析）であり、⑩は、パリ

条約が締結された結果として、パリ条約自体とは別に、パリ条約以後に起こる戦争は正当化がなされなければ違法な戦争と見做《みな》されるとの輿論もしくは状況が発生したのかどうかの分析（パリ条約とは別口の分析）である。

## パリ条約受諾に際しての、イギリスによる「前提条件」

パール判事は、パリ条約締結にあたってイギリスが述べたことを重要視している。

もともとパリ条約はフランスのブリアン外務大臣と合衆国のケロッグ国務長官の両名によって発案されたことを見た。イギリスは部外者であったが、有力な国としてパリ条約への参加を要請されたのであった。条約を受諾する際にイギリス政府は、後に「イギリス版モンロー主義」とのニックネームが付けられるに至った、ある前提条件を合衆国政府に対して表明した。イギリス政府は無条件でパリ条約を受諾したわけではなかったのである。

「イギリス政府は結局、熟慮を重ねた上での長文の文書を１９２8年5月19日付《づけ》で発信し、その中で、4月29日付《づけ》のケロッグのスピーチと**読み合わせた上での**彼のこの4月13日付の提案を受諾した。イギリス政府はさらに、ケロッグ氏による条約締結の勧誘は英自治領の諸政府ならびにインドにも展開されるべきだと提案し、そして、後に『イギリス版モンロー主義』とのあだ名がついたところのある見解を、そうする上での前提条件とした。」（判決書p.53上段）

この前提条件、すなわち「イギリス版モンロー主義」とは、具体的には次の表明のことである。パール判決書はこの表明が誰によるものかを述べていないが、これは当時の英国外相オースティン・チェンバレンが合衆国のケロッグ国務長官宛てに送達した１９２８年5月19日付の書簡の中で表明したものであり、当時の合衆国連邦議会上院外交委員会の議事録に記述がある。左記引用で「小職」はチェンバレン外相、「閣下」はケロッグ国務長官を指す。

「ここで問題となっている前提条件とは次の通りである。

『第1条の語句、すなわち、国家政策の手段としての戦争の放棄ですが、これは、世界のしかるべき地域においてはその福利と領土統合性が、我が国（引用者注：イギリス）の平和と安全につき、格別な、また、きわめて重要な利害を構成するものであることを小職により閣下に思い起こしていただくことが望ましいものであります。過去においてイギリス王室政府は、これらの地域への干渉はこれを被《こうむ》ることができない旨を明確にすべく腐心して参りました。これらの地域を攻撃から防御することは大英帝国による自衛措置なのであります。その点におけるイギリス王室政府による活動の自由をこの条約は妨げないとの明確な認識の下《もと》にイギリス王室政府はこの新しい条約を受諾するのである、との点は、明瞭に理解されなければなりません。合衆国政府も同様の利害を抱えており、外国勢力によるかかる利害の無視はそれがいかなるものであれ非友好的な行動であると見なすと彼らは宣言致しました。イギリス王室政府はそれ故《ゆえ》、その立場を明確化するにあたり、合衆国政府の意図と意味合いをイギリス王室政府は表現しているものであると信じます。』」（判決書p.53下段）

イギリスは、大英帝国のあらゆる地域の防御は自衛措置であり、その点における活動の自由を妨げないとの了解の下《もと》にパリ条約に調印することを、イギリスの参加を招聘した合衆国政府に対して明示したのである。イギリスが示したのは、自衛権の留保である。すなわち、自衛権の発動に基づく戦争はパリ条約への違反ではないという見解である。ただし、その自衛権発動の対象となるのは、イギリス本国だけではなく、世界中に広がった植民地（＝英自治領の諸政府ならびにインド）も含まれていることに留意する必要がある。

## パリ条約批准にあたり、ケロッグ長官自身が上院で述べた申し開き

次に、パリ条約の共同発案者のケロッグ国務長官の考えをパール判事は取り上げている。実は、ケロッグ長官自身がパリ条約を米連邦議会に批准してもらうのに苦労したのである。

合衆国の場合、宣戦布告の実施は連邦議会が握っていた大権であった。行政府を率いる大統領は、宣戦布告を行《おこな》えないのである。合衆国の開戦に深く関わるこの条約については、連邦議会による承諾が必須であった。さらに、条約の批准を得る意味でも、連邦議会の理解を得なければならない。こうしてケロッグ長官は、連邦議会に対し次の申し開きを行《おこな》うことに追い込まれた。この申し開きにより、パリ条約が抱え込んだ制約が明らかになった。

「合衆国議会の上院がこの条約を批准する前に、ケロッグ氏はしばしば上院外交委員会に姿を現《あらわ》した。そして、議論の余地が残る部分のほとんどがケロッグ国務長官と委員会の個々の委員との間《あいだ》の質疑応答の中で持ち出された。先の調印国間の書簡交換が条約の条項に影響を与えたかどうかとの質問に対してケロッグ氏は、それらの書簡の中のもので明示的にも暗示的にも条約自体の中に包含されなかったものは何も無いとの意見を主張した。自衛に関する質問に対しては、ケロッグ氏は、**自衛権は関係する国家主権の下《もと》での領土の防衛に限定されるものではなく**、この条約の下《もと》では、**自衛権が取り扱う行動が何であるのか**、ならびに、それがいつ俎上《そじょう》に上《のぼ》ったのかを、**各々《おのおの》の国家が自身のために判断する特権を持つ**と宣告した。ただし、残りの世界各国がかかる判断を支持しないリスクがあることを条件とする、とした。『合衆国は判断を行《おこな》わなければならず…もしそれが正直なところでは自衛行為ではないと云《い》うことならば世界の輿論《よろん》により責任を問われることとなる。以上がすべてである。』これはケロッグ氏自身の発言である。**以上がパリ条約の誕生までの経緯であり**、またその発案者が伝えようと意図したものは何であったかの次第である。」（判決書p.54上段）傍線筆者。

右記のケロッグの申し開きの締めの部分の「以上がすべてである。」の原表記は“That is all.”であり、言外に（パリ条約とは）「そうにすぎない」、「そんなものである」というニュアンスを含んでいる。「以上がすべてである。」との訳文は、誤訳との非難は受けないだろうが、ニュアンスを伝え切れていないのが筆者には悔やまれる。「そんなもんスよ、パリ条約なんて」とすればニュアンス重視の訳なのだろうが、筆者にはそのような訳文はどうしても付けることができない。ただし、このニュアンスを受けて、パール判事は引用の直後にわざわざ、「これはケロッグ氏自身の発言である。」と記しているのである。

つまりケロッグ長官は、パリ条約締約国諸国は、「何」が自衛権の対象となるかを自由に決めてよいとしたのである。しかも、経済面までも含む広い範囲をその検討範囲としてよいと云《い》うのだ。これは「イギリス版モンロー主義」をさらに拡大したものと言えるだろう。連邦議会の承認を得るため、ケロッグ長官はここまで「譲歩」させられたのである。

パール判事は、端的に次のように指摘している。

「ケロッグ氏により宣告された通り、自衛権は関係する国家主権の下《もと》での領土の防衛に限定されるものではないのだ。」（判決書p.54下段）

## 「法」と「契約」

イギリスは、大英帝国のあらゆる地域に対する干渉を排除する自由を妨げないとの了解の下《もと》に調印すると言い、ケロッグ長官は自衛権の範囲を限定せずに広く認識した上で、パリ条約の下《もと》では各々の国家が自衛権の範囲を自身のために判断する特権を持つと明言した。

　要は、条約によって縛られるべき当事者が、その条約が適用される条件（留保条件）をある程度自由に決めてよいことになっているのである。このような条約は「法」ではない、むしろ「契約」であるとパール判事は指摘している。次の通りである。

　「パリ条約に関係した当事者たちはパリ条約により単に**契約上の義務**を創り出そうと企図していたことを以上は示している。その発案者たちは**諸国家の共同体**の全体のためにそれを企画したのではない。当事国の内のいくらかはその各々《おのおの》の個別の利害のために幾ばくかの留保条件を導入した。このようなことは契約上の義務とは両立するものの、法との間《あいだ》では両立しない。これが多国間の条約ないし協定であったことには疑いは無い。しかし、法は多国間条約によってのみ創り出すことができる一方で、すべての多国間条約が法を創り出すわけではないのである。」（判決書p.54上段）

　もとより、契約を破ることはよいことではないが、破っても「違約」に相当するだけなのである。「違法」には相当しないのである。民事における契約でも、違約の発生を想定して違約金の条項が定められる場合があろう。

　パール判事は、東京裁判における検察側自身もパリ条約は各国の自衛権に干渉するものではないと公平に認識していたと述べている。次の通りである。

　「我々の眼前の裁判に関して検察側はその最終論告の中で非常に公平に、次のように認めている。『ケロッグ・ブリアン条約が調印された時、当該条約は自衛権には干渉しない、また、自衛権の問題については各々《おのおの》の国が審判者となる、との記載がなされている』と。」（判決書p.58下段）

## パリ条約が違法と認識するのはどのような戦争か

自衛権について各々の国自身が審判者となるとされたパリ条約は、結局、どのような戦争を「違法」としたのだろうか。パール判事は、次のように指摘する。傍線は筆者が付した。

「侵略の意図の下《もと》に戦争を開始したとの宣言を交戦国が公然と行《おこな》った場合にのみ、パリ条約はそのような戦争に対して違法と刻印するのである。自らの戦争行為が持っている道徳的そして政治的な含意ならびにリスクを完全に認識した上で、その死活的な利益に対する脅威を受けた危険もしくは実際上の危険をはねのけるために実施する、と正当に宣告した国々については、彼らは違法な戦争をしたのだとの説明を行《おこな》うことはできないのだ。」（判決書p.58上段）

　自らの開戦行為を侵略であると宣言する国は無い。ロシアは、義和団事件の後に満州全土を蹂躙《じゅうりん》した行為を、侵略であるとは述べなかった。１９４１年日ソ中立条約を破った際の対日宣戦布告（１９４５年８月８日）でも、侵略の意図を持つとは述べていない。余談ながら、ソ連の対日宣戦布告の文言は判決書p.123下段〜p.124上段に記載されているので、対日参戦についてのソ連側の理屈を確認したい方は、ぜひお読みいただければ幸いである。

　結局、パリ条約締結後も、各国は「防衛戦争」（原表記はwar in defense）なるものを自ら決定する権利を留保した。次の通りである。傍線筆者。

「各国は、**彼らが防衛戦争であると考えるものとは何であるか**を決定する権利を維持することに、常に注意を払って来た。『防衛による』特定の戦争を裁判にかけることができるのかできないのかを質《ただ》す準備は、今まではどの国にも無かった。この点について国家が独自に下す決定が最終的なものであるとする限り、どの戦争も犯罪とはされなかったのである。」（判決書p.69下段）

右記引用の中の「今までは」とは、ニュルンベルク裁判・東京裁判が開催されるまでは、という意味である。ニュルンベルク裁判においては、ナチが行《おこな》った戦争は違法な戦争であり、犯罪であると事後的に定義した裁判所憲章を有効な遡及法と定めて、裁判が行《おこな》われた。この点を裁判長ローレンス卿が自ら明らかにしていることは、すでに見た通りである。

## 法の外面的特質

ここでパール判事は「法」というものの持つ外面的な特質を、次のように指摘している。「契約」とは明確に区別される、「法」の特質である。

「**法の持つ外面的な特質**とは、それがその法が対象としている者の意志とは無関係に産み出された規範である、もしくは、その法がどのようにして制定されたものであるにせよ法が対象としている者の意志とは無関係にその者に関して存在し続けるものである、とのどちらかの事実により自らを顕現化するところのものであろう。

ケロッグ氏により説明され、また関係国により認識され受諾されたところのパリ条約は、以上のテストのいずれにも合格しないであろう。ケロッグ氏により説明された形式ならびに範囲を持つところの自衛権と自存権に関する留保条件は、パリ条約を法による規則の範疇《はんちゅう》の外に押し出すものである。」（判決書p.54下段〜p.55上段）

つまり、「法」の対象となる者は、自らへの「法」の適用条件を申し立て決めるなどということはできないのである。緊急車両の道路交通法規の無視はどの国でも一定の条件の下《もと》に法的に認められているが、すべての車両が各々《おのおの》自由に定める条件の下《もと》で道路交通法規の無視をしてもよいというのであれば、各国の道路交通法規はすでに法ではないのだ。法による規則には無条件で従わなければならないのであり、「自らが定めた条件でのみ」この「法」に従うと云《い》うのなら、それは「法」ではなく、せいぜい「契約」にすぎないのである。

イギリスが付した前提条件（いわゆる「イギリス版モンロー主義」）ならびにケロッグ国務長官が上院に述べた申し開きを考え合わせ、パール判事はパリ条約の法的性格につき、次の結論に至る。傍線筆者。

「他の事項の検討を差し置いても、国際生活における自衛戦争（引用者注：原表記はwar in self-defense）が禁じられてはいないのみならず『**自衛権が取り扱う行動が何であるか**、ならびに、それがいつ俎上《そじょう》に上《のぼ》ったのかを**各々《おのおの》の国家が自身のために判断する特権を持つ**』と宣告されているとの**ただ一つの事実のみ**によって、本官の意見では、パリ条約は十分に法の範疇《はんちゅう》の外に押し出されるものなのである。」（判決書p.54下段）

パリ条約は多国間条約であったのは事実であるが、「法」ではない。国際紛争解決のために戦争という手段に訴えることを非とし、という呼びかけに留まるものである。

## パリ条約の充足問題：裁判にかけられない事項？

パリ条約が「法」ではないとすれば、パリ条約を充足しているかどうか、つまり、各国はパリ条約に違反しない戦争とされる「防衛戦争」もしくは「自衛戦争」をしたのかどうか、もっと具体的に言えば、自衛の要件が出現したとの当該国の判断が適法なのかどうか、について、当該国を裁判にかけることはできるのだろうか。

パール判事は、この点に関するローターパクト教授の指摘を次の通り示している。

「ローターパクト教授は次のように指摘している。『自衛の要件が出現した（それはすなわちパリ条約の目的を無視する要件ということである）のかどうかに関しては条約の主要締約国を唯一の審判者とするとの決定がなされた結果、パリ条約を充足しているのかどうかとの疑問は**裁判にかけることができない事項としてこれまでは取り扱われて来た。**』」（判決書p.57上段）

パリ条約の別名は不戦条約である。パリ条約の目的は、戦争をしないことである。一方、自衛の要件の出現とは、戦争をすることを意味する。両者は対立する。自衛の要件が出現したかどうかに関しては条約の主要締約国を唯一の審判者にするとされた結果、パリ条約を充足しているかどうかは裁判にはかけられない事項として、「これまでは」、つまりニュルンベルク裁判と東京裁判の前の段階までは、取り扱われて来たと右記でローターパクト教授は指摘しているのである。

## パリ条約違反の大規模な戦力の行使：6件

それでは、実務面ではパリ条約はどのように取り扱われたのだろうか？

パール判事は、パリ条約が締結された１９２８年以降１９３０年代にかけて「パリ条約の調印国」が計6件もの「大規模な戦力の行使」を起こしたとの事実を指摘している。これらの戦力行使は厳密にはパリ条約に違反するものであろう。日本の名が挙がっているが、東京裁判の訴追国の名もある。次の通りである。

「本官はここでついでに申し述べておきたいのだが、パリ条約が締結されて4年以内の期間中に、パリ条約の調印国が3回にわたり大規模な戦力の行使を起こしている。１９２９年にソビエト・ロシアが東支鉄道を巡る紛争に関連して中国に対して武力衝突を遂行した。１９３１年と１９３２年に日本による満州の占領がそれに続いた。次に１９３２年にペルーによるコロンビアの1州であるレティシア（訳注：Leticia）への侵入があったのである。さらには、その後において、１９３５年にイタリアによるアビシニア（訳注：エチオピアの旧称）への侵入と、１９３９年のロシアによるフィンランドへの侵入があった。もちろん、１９３７年の日本による中国への侵入もあった。」（判決書p.70下段）

パリ条約を充足しないと考えられるこれらの6件の行為を巡って、何らかの裁判が行《おこな》われたことは、恐らくはないのであろう。このことはローターパクト教授の指摘を裏付けるものである。なお、右記で引用したパール判事の論述は、重要な事実としてダグラス陪席判事がその意見書の脚注10で引用している。本書の付録1を参照いただければ幸いである。

## 充足問題は「スグレテ」法的確認事項である

パリ条約を充足しているかどうかに関してはこれまでは裁判にはかけられないとされて来たとのローターパクト教授のこの指摘について、パール判事は次のように述べる。

「充足についてのこの疑問は疑いも無く関係国にとって最高の重要性を持つものだが、ローターパクト教授が非常に的確に指摘したように、それは同時に『**スグレテ（par excellence）**』法的確認事項と**なりうる**問題なのである。」（判決書p.57上段）

パリ条約を充足しているかどうかの疑問は、法的確認事項となりうる問題、つまり、裁判にかけられる問題であるとパール判事は指摘しているのだ。パリ条約がたとえ「法」ではなく「契約」にすぎないものであったとしても、その「契約」に違約したかどうかは法的確認事項となりうる、すなわち裁判にかけられる事項であるのは、「スグレテ自明なことであろう。つまり、パリ条約の充足問題が裁判にかけられるかどうかとの設問そのものがそもそもナンセンスなのであった。ローターパクト教授はこの矛盾を指摘したのである。

この矛盾は、この疑問について「条約の主要締約国を唯一の審判者とする」とパリ条約が認定したことから発生している。

## パリ条約は法的な価値を奪い去られたもの

パール判事はこの指摘の後、さらに踏み込んで次を述べている。

「次の点が、正しく指摘されている。

『**戦争放棄のための一般条約**（訳注：パリ条約のこと）の中に主要な破壊の要素を投入すると脅しをかけているのは、自衛権ではない。破壊の要素の可能性は、自衛に訴えることは法的判定にはそぐわないとの主張の中にある。』」（判決書p.57下段～p.58上段）

右記はまるで禅問答のようで難解だが、パール判事が「正しい」と述べる右記指摘を分解すると、①自衛権を正当に行使した戦争は、例外としてパリ条約を充足していると解釈されているが、その例外事項である自衛権そのものはパリ条約を破壊しない、②パリ条約を破壊するものは、「自衛の要件を充足しているかどうかは法的判定にはそぐわない」との主張の中に抱え込まれている、の2点となるのではないだろうか。

②の「自衛の要件の充足は法的判定にそぐわない」とは、具体的には、「あなたの国の主張する『自衛権の行使』はパリ条約に違反しているからその戦争は違法だ！」との指摘が適法かどうかの法的判定はできないということだと思う。法的判定ができないのは、自衛の要件が出現したかどうかに関しては、パリ条約が、戦争当事国たる主要締約国をその唯一の審判者としたからだとローターパクト教授は指摘していた。当事国が唯一の審判者であるなら、裁判所の出番がないということになる。

しかし、本来的にはナンセンスであるそのような主張、つまり、パリ条約の充足問題は裁判にかけられないとの主張であるが、そのような主張がまかり通るのであれば、自国の戦争がどのような戦争であっても、「これは自衛戦争だ」と勝手に申し開きをしてパリ条約をくぐり抜けることができることになる。これは先に見た「法の外面的特質」に明白に背《そむ》くものであろう。そうであれば、主要締約国を唯一の審判者と定めたパリ条約は、法としては機能していないと解釈せざるを得ないのではないか。パール判事は次のように指摘する。

「もしもこれがパリ条約の正しい解釈であるとするなら、それがもたらす結果は、戦争を防ぐ手段としてのパリ条約の**法的な価値をパリ条約は奪い去られたと云《い》うこと**だと認めざるを得ない。」（判決書p.58上段）

「自衛の要件は法的判定にはそぐわない」との主張がパリ条約には付きまとっているとの解釈が正しいのなら、パリ条約には法的な価値は無いのだ。平たく言えば、条約という名が付いていても国際法ではないのだ。当時の各国はパリ条約の法的な価値の実態を右記引用のように見抜いていたからこそ、パリ条約の締結以降に実際に発生した前述の6件もの大規模な戦力の行使において、パリ条約に依拠して国際訴訟を起こした国はないのであろう。要は、相手国がパリ条約に違反した戦争を開始したとの判決を勝ち取っても、パリ条約自体に法的価値が無いので、その判決には相手国を悪宣伝する以上の意味が無いのだ。

右記のパール判事の指摘は、重要だと思う。パリ条約の締約国がこの条約を実務的にどのように扱ったかを見ても、やはり、パリ条約は

「法」とは言えないのである。

## 自衛権と自存権：3名の有識者の指摘

パール判事はここで視点を転じて、次の論点を提示する。自衛権ならびに自存権である。

パリ条約締結における留保条件として合衆国・英国が申し立てたものは、自国の自衛権ならびに自存権であることをすでに見た。これらがキープされることを前提とした上で日本・ドイツを含む主要各国はパリ条約に調印したのであった。主要締約国各国は、それほどまでに自衛権と自存権は重要だと考えたのである。パール判事は次のように述べる。

「さらに思い起こさなければならないのは、現在の国際生活の状況においてはかかる留保条件を軽々《かるがる》しく考えることはできないことである。国際的な共同体の現状の段階では、いやしくもそれが共同体と呼べるものであるならば、自衛権もしくは自存権は今日においてもなお基本的な権利なのであり、そしてそれは国際関係の本質そのものからもたらされるものなのである。国家が負う義務のすべては、通常はこの権利の下《もと》に従属するものである。」（判決書p.55上段）

自衛権・自存権を軽々しく考えることはできないことにつき、パール判事は多くの識者を動員して論じている。これはパール判事が、日本が真珠湾攻撃に踏み切ったのは自衛権・自存権を行使するためだと日本が「**善意（bona fide）**」に考えたとの判決書第四部の結論への伏線とするため、この点を固めておくことが重要だと考えたためだろうと筆者は思う。

ここではその多くの識者の内のウィリアム・ホールとアルフォンス・リヴィエ、そして、日清戦争前夜での東郷平八郎艦長による中立国イギリスの民間商船「高陞号《こうしょう》」撃沈事件において、東郷の採った軍事的措置はまったく国際法に合致した行動であり、沈められても文句を云えない事情がイギリス商船側にあったとの法理論を展開して英国輿論を説得・沈静化するのに成功し、結果的に日本の立場を強力に擁護する形となったイギリスの国際法の権威、ジョン・ウェストレーク（明治時代の文献ではウェストレーキと表記されていた）の3名の引用をしたい。

「ホール曰《いわ》く、

『法が個人に対する保護を十分になしえない場合において、もしもかかる個人の生死《せいし》が懸案となっているのであるならば、その個人は自らの身を守るために必要となるあらゆる手段を採《と》ることが許される。そしてその場合、ある行為によって、そしてその行為のみによってかかる自己保存が保たれるとの点が証明されれば即座に、かかる行為が道徳的な性向とは相容《あいい》れないならばそれは禁止であるなどとは言いにくくなるのである。しかし、この種《しゅ》の権利は、特定の規則の源泉であると云《い》うよりはむしろ、すべての権利と義務がそれによって存在できるようになるところの主たる条件なのであり、おそらくはそれが特定の規則の源泉として機能することはまったくないであろう。それは、他の諸原則に従って行動すべき義務を一時的に停止させることで機能する。…ただちに生死の問題に達するほどではない状況が…あり、そこでは各国は、深刻な損傷から自己を防御することを自己保存の観念の中に包含させることを通じた、自己保存の観念の一種の拡大解釈によって、あたかも生死の問題に直面している場合と同様のやり方で通常の法の規則の内のいくつかを無視することが許される…。』

『自存権は、ある場合においては友好国ないしは中立国への暴力行為の遂行をも正当化する。すなわち、かかる友好国ないしは中立国の位置とそれが持つ資源には敵により危険な効果をもたらすべく使われる潜在的な能力がある場合、あるいは敵がそれを利用するとの意図が既知である場合、かかる国の無力さないしはその国内の一団による陰謀の手段などを通じて、敵による利用が成功するなどの場合…。』

『各国には、海外に滞在する自国の国民の保護を行《おこな》う権利がある。』」(判決書p.55上段～p.55下段)

「リヴィエは、この自衛権ないし自存権に関して次の説明を行《おこな》った。

『自存に関するこれらの諸権利(保護、尊重、独立と相互貿易)は、そのすべてが自存権と云《い》う単一の権利に収束するものであるが、それらは国家を国際法上の人格とする観念にまさに立脚しているのである。それらの諸権利は国家間の法理(droit ドロワ)の一般成文法(loi ロワ)を構成しており、また、我々の政治的文明の共通の基礎を成すものである。国際法において『国家』を『国民の資格を持つもの』と認識することは、『**法理上(ipso jure)**』で国家によるそれらの諸権利の適法な保有が認識されることを示唆する。それらの諸権利は、本質的ないしは基礎的、根源的、絶対的、そして恒久的な権利と称され、仮説的ないしは暫定的、相対的、偶発的な権利と時折に説明がなされるところの明示的ないし暗黙的な因習とは、正逆なものである。』」(判決書p.55下段～p.56上段)

リヴィエはさらに、次の重要な指摘をしている。当時の各国の実際のふるまいを考えると、この指摘は非常に深刻である。これがドイツの識者による指摘であれば日本では皆が無視するであろうが、リヴィエはスイス人、しかもフランス語系の人なのである。

「『一国の自存権と、その国が他国の権利を尊重すべき義務との間《あいだ》で衝突が起きた場合、自存権がかかる義務に勝るのである。『**生存権(Primum vivere)**』である。1人の人間には自らを犠牲にする自由があるものかも知れない。国へはさまざまな運命が託されており、**ある政府がその国を犠牲にすることは決して許されない**。そうであるならその政府には、自国の安全のために他国の権利を侵犯する権限が与えられ、さらには、特定の状況の下《もと》ではそうすべき義務をも背負わされるのである。それは必需となる弁明なのであり、国家の存在意義の応用なのである。それは適法な弁明である。』」(判決書p.56上段)

「緊急避難」という概念がある。緊急避難の下《もと》で自存権を行使するにおいて、たとえ他人の命を奪っても「殺人罪」にはあたらない場合がある。国際法においては国家を人格化することにより、これと同様の概念が国家に対しても適用されるとリヴィエは指摘しているのだと思う。

最後に、御大ウェストレークは次のように述べている。

「『ある国家は、他国による攻撃、攻撃を実施するとの他国による威嚇、もしくは他国による攻撃の意図を合理的に予想させる当該他国による準備その他の行為などに対し、必要となる自らの**良心的な判断**において予防的措置を執《と》ることにより自国を防衛することができる。そうするにあたりその国は、**外見的には侵略的**ながらも**本質的には防衛的な**やり方でそれを実施することとなる。』」(判決書p.56下段)

ウェストレークの右記の指摘を受けて、パール判事自身は次のように述べる。これはローターパクト教授の指摘とケロッグ長官の上院への弁明も合わせて反映させた論述である。

「我々が留意しておかなければならないのは、侵略の概念は単に自衛の概念の補完物にすぎないものであって、ある特定の戦争が自衛戦争なのかどうかとの問題が依然として裁判にかけることができないものであり、当事者自身による『良心的な判断』に依存するとされている限りにおいては、**パリ条約は現存の法に何物をも付け加えることはできてはいない**という点である。パリ条約は世界の輿論《よろん》を扇動する役割を果たすのにすぎず、それへの違反に伴うリスクは、違反国に対して好ましくない世界輿論《よろん》を喚起するということのみである。」(判決書p.57上段)

右記の「侵略の概念は単に自衛の概念の補完物にすぎない」とのパール判事の指摘に留意する必要があると思う。何が侵略で何が自衛かというのは表と裏の関係であって、どちらがどちらであるかについては容易に判定はできないのである。

## パリ条約と日本の対米最後通牒

以上の各有識者による自存権ならびに自衛権に関する議論を踏まえた上で、パール判事はパリ条約が違法とする戦争について次のように指摘していた。再度引用する。

「侵略の意図の下《もと》に戦争を開始したとの宣言を交戦国が公然と行《おこな》った場合にのみ、パリ条約はそのような戦争に対して違法と刻印するのである。自らの戦争行為が持っている道徳的そして政治的な含意ならびにリスクを完全に認識した上で、その死活的な利益に対する脅威を受けた危険もしくは実際上の危険をはねのけるために実施する、と正当に宣告した国々については、彼らは違法な戦争をしたのだとの説明を行《おこな》うことはできないのだ。」(判決書p.58上段)

筆者がここで申し述べたいのは、真珠湾攻撃に際して日本が合衆国政府に手渡した最後通牒(「帝國政府ノ對米通牒」)においても、日本は侵略の意図の下《もと》にこれを行《おこな》っているとは一切述べておらず、合衆国政府の交渉態度の不誠実さを何度も指摘しながら、まさに、日本の死活的な利益に対する脅威もしくは実際上の危険を指摘していることである。この通牒の原文から部分的に引用する。出所はアジア歴史資料センターホームページである。傍線は今回の引用にあたり筆者が付した。「七」は通牒の結論部分にあたる。

「㈢合衆國政府は其の固持する主張に於《お》いて武力に依《よ》る國際関係処理を排撃しつつ、一方英帝國等と共に経済力に依《よ》る壓迫《あつぱく》を加へつつある處《ところ》、斯《かか》る壓迫《あつぱく》は場合に依《よ》りては武力壓迫《あつぱく》以上の非人道的行為にして國際関係処理の手段として排撃せらるべきものなり。」

「五、之を要するに、今次合衆國政府の提案中には通商條約締結、資産凍結令の相互解除、円弗《えんドル》為替《かわせ》安定等の通商問題乃至支那に於ける治外法権撤廃等本質的に不可ならざる條項なきにあらざるも、他方四年有餘《ゆうよ》に亘る支那事変の犠牲を無視し、帝國の生存を脅威し、権威を冒瀆《ぼうとく》するものあり。従って全体的に観《み》て帝國政府としては交渉の基礎として到底之を受諾するを得ざるを遺憾とす。」

「七、惟《おも》ふに、合衆國政府の意図は英帝國其の他と苟合《こうごう》策動して東亜に於ける帝國の新秩序建設に依る平和確立の努力を妨碍《ぼうがい》せんとするのみならず、日支両国を相闘《あいたたかわ》しめ、以《もつ》て英米の利益を擁護せんとするものなることは今次交渉を通し明瞭と為《な》りたる處《ところ》なり。斯《か》くて日米國交を調整し合衆國政府と相携《あいたずさ》へて太平洋の平和を維持確立せんとする帝國政府の希望は遂に失《うしな》はれたり。

仍《よつ》て帝國政府は茲《ここ》に合衆國政府の態度に鑑み今後交渉を継續《けいぞく》するも妥結に達するを得ずと認むるの外《ほか》なき旨を合衆國政府に通告するを遺憾とするものなり。」

「五」の「今次合衆國政府の提案」とは、ハル・ノートを指す。つまり、右記の通牒はハル・ノートに対する回答の体裁を取っている。

1941年7月の合衆国による対日石油禁輸の発動以降、日本は国民経済と国防力の維持について深刻な困難に陥った。日米交渉で合衆国が重要視していたかに見えた中国からの撤兵問題につき、日本としては最大限の譲歩と考えられた「乙案」を提示して交渉の継続を図ったが、合衆国政府はこれを真剣に検討したようには見えず、挙句、ハル・ノートにより無残に拒絶された。合衆国に交渉継続の意志なしと冷静かつ「**善意(bona fide)**」に見て取った東条内閣は、交渉を再開させて自存のために不可欠な石油供給の再開を図るために合衆国太平洋艦隊を壊滅させることを企図し、真珠湾攻撃に踏み切った。合衆国の太平洋の防備を丸裸にすれば、再び交渉のテーブルに付くだろうと考えたのだ。つまり、真珠湾攻撃は日本の自存権の行使だったのである。まさに、ホール、リヴィエ、ウェストレークが述べた通りである。日本は「外見的には侵略的ながらも**本質的には防衛的な**やり方でそれ(引用者注：**良心的な判断**による予防的措置)を実施」(判決書p.56下段)したのであった。右記の対米最後通牒からはそうした意図が明白に読み取れる。

もちろん、第四部においてパール判事は、そのような日本の決定が正しかったか誤りであったかの判定には踏み込んでいない。そのような判定は司法が行政判断の領域へ踏み込むことであって、司法裁判所の行為としては適当ではないだろう。パール判事は「全面的共同謀議」が存在するとの推定が成り立たないことの立証に全力を傾注しているのであって、当時の日本政府が「**善意(bona fide)**」にそのような結論に到達した事実のみを指摘しているのである。

この通牒が合衆国政府の手に渡るのが時間的に間に合わなかったことは、誠に残念なことであった。しかし、間に合わなかったことと、最終的に合衆国政府に伝達された内容とは、別の問題である。右記通牒の内容に鑑みれば、パリ条約の有効性を勘案した場合であっても、日本が違法な戦争を開始したとの説明はできないのである。

## 国家主権の分析

結局、パリ条約が法的な価値を奪われたのは、国家主権の壁に阻まれたからではないだろうか。各国が国家主権に基づいて自衛権ないし自存権を主張する限り、戦争を違法化する試みは成功しないのであろう。

そこでパール判事は国家主権の分析に入る。まず、法の機能を次のように指摘している。

「法の機能とは、究極的には**外部から強要される**命令書の中にその正式な効力の源《みなもと》を持っているところの規則に言及することによって、関係諸国の行為を規制するものである。」(判決書p.59上段)

法とは、外部から強要されるもの、すなわち「命令書」により機能するものであると述べたのである。

次に、国家主権の理論の2つの面を次のように表現している。

「国家主権の理論は、国際法の中においては主として次の二つの面でその姿を顕現化させるものであろう。

**第1**に、将来において自国を拘束する国際法の中身とは何であるかを決定するとの、国家が持つ権利としての面。

**第2**に、特定の件において既存の国際法の中身は何であるかを決定する権利としての面。」(判決書p.59下段)

各々の国家は、「国際法の中身」を巡って右記2点の、いわば「権利」を持つとしているのだ。そしてパール判事は、国家主権と法との間の関係性を次のようにまとめる。

「右記の**第2**の面は、その件に関する個別の規則の適用に関して、当該国家がその唯一の審判者となるべきことを内包している。

**各国がいずれかの規定に関してこの権利を維持し続ける限り、本官の意見では、かかる規定は通常の意味における法とはならない。**仮に

> 我々がそれを『法』と名付けたとしても、それは特殊な意味合いにおいてそうなるのみであり、それに違反したところでどのようなことにもならない。その違反が犯罪とならないのは、不履行であると申し立てられた本人以外の誰も、違反したかどうかを申し述べることができないとの単純な理由からである。」（判決書p.59下段）

パール判事は国際法の存在は認めているものの、国家主権の持つ権利の**第2**が邪魔をしているので国際法は「命令書」になれず、「法」としての機能をフルに発揮できないままでいると考えている。これがパール判事の指摘する、国際法と国家主権の間の関係である。

## ジャクソン判事への批判再び

ここでパール判事は論点を変えて、パリ条約を批判する意見を1点、紹介している。その中で、ニュルンベルク裁判において検察官の役割をしたジャクソン判事を再び登場させている。傍線は筆者が付した。

> 「（前略）パリ条約は『**現状（status quo）**』の永続的な保証人となるように企画されたのだ、そしてそのために、不安定かつ正当化できない『**現状（status quo）**』の確立が１９２８年に追求されたのだと折に触れて云《い》われているのである。
>
> これらの批判につき我々は検討を加える必要はない。おそらくはそれらは正しいのであろう。少なくともアメリカ合衆国のジャクソン判事はニュルンベルク裁判におけるドイツの戦争犯罪人に対する最終論告において、ある特定の年に実在していた欧州情勢の裏側に回って詮索を行《おこな》うことを拒否することにより、右記の見解を大きく支持した。ジャクソン判事は何らかの正当化の論（訳注：欧州の現状の正当性を立証する論）がその年以前のいずれかの期間からやって来ることも許さないだろう。しかしこれらの批判は我々の眼前の問題には何らの意味合いも持たない。もしもパリ条約は法であるとするならば、これらのコメントを通じて提出されたかような短所は、パリ条約の法としての性格を変更してはいなかっただろうからだ。」（判決書p.60上段）

ジャクソン判事が最終論告で述べたという「ある特定の年」とは、具体的には１９３５年である。これは「パール判決書第二部『侵略戦争』とは何か」においてジャクソン判事からの引用として明瞭な記載がある（判決書p.121下段）。ジャクソン判事が１９３５年時点における欧州情勢の分析を「拒否」したのは、ナチが政権を取得した経緯や背景に足を踏み入れたくなかったためであろう。ナチが政権を取得した背景にはドイツ国民のベルサイユ体制への不満があり、そのベルサイユ体制の実現に大きな責任を持つのはウィルソン大統領のアメリカだったからだ。ドイツはまだまだ十分に戦える力を温存しながらも、ウィルソン大統領による、ドイツの事情をも勘案したかのように見えた諸提案を「信じて」降伏し、第一次大戦を終わらせたのだった。さらに言えば、それ以前のことを詮索すると、自国アメリカの過去の拡張主義にまで話が拡大し（たとえばカリフォルニアを併合したメキシコ戦争（１８４６~１８４８）、ペリー来航による日本の武力開国（１８５３）、フィリピンを植民地化した米西戦争（１８９８）、ハワイ併合（１８９８）など）、面倒なことになるからであろう。

ジャクソン判事は「ある特定の年」以前のことを考えることを「拒否」することにより、英米仏露が世界中の陸海を切り取って手中に収めた後の世界の現状を、そっくりそのまま手を付けずに維持させたいとの希望を示したに等しいのである。これがここでのパール判事の指摘である。ジャクソン判事の「拒否」は、「パリ条約は世界を現状のままとする永続的な保証人となるよう企画された」との右記引用の前段のパリ条約批判の見解を「大きく支持」するものなのである。

パール判事が「ある特定の年」とぼかしたのは、それがジャクソン判事の云《い》う1935年だろうと、パリ条約が締結された1928年だろうと、それらの特定の年以降は「正当化できない戦争」を起こしてはならないという方向性を示している点では同じであり、かかる特定の年がそれぞれいつかを明示して論点を複雑にする意味が特にはないからであろう。

## パリ条約の唯一の効果：世界輿論へ影響を与えること

パリ条約が法の範疇から外れるものであったのなら、パリ条約とは結局、何であったのか？ パール判事は次のように記載している。傍線筆者。

「本官は、**パリ条約の下《もと》で諸国家が引き受けた責務《せきむ》の性質と範囲**を慎重に検討した結果、国際生活における戦争の法的な地位で従来から存在していたところのものは影響を受けてはいないままであるとの結論に到達した。パリ条約が生み出した唯一の効果は、それに違反する交戦国への**世界輿論に対する**あり得べき**影響**と、それにより国家間の遵法感情を育成するというものである。幾人かの著述家に対してはそれがどんなに些細なことと映っていようとも、高い地位にある人々や当局はそれに対してとても重きを置いているのだ。」（判決書p.60下段～p.61上段）

世界輿論へ影響を与えることがパリ条約のもたらした唯一の効果であったと云《い》うのだ。ただし、この唯一の効果は一種の処罰条項として機能し、決して無視はできないことがこの条約の立案者の1人であるブリアンによって、次の引用のように申し述べられている。なお、スティムソンも同様の見解を持っていたことが引用の中で示される。

「世界輿論《よろん》に影響を与えてそれをどちらか一方の方向に傾《かたむ》けうるとの可能性は、今日《こんにち》の国際生活においては無視できると見なされている要因ではないようだ。少なくとも各国は世界輿論《よろん》に大きな価値を見出《みいだ》しているようであり、それを目的とするプロパガンダは国際社会の中で日々その重要性を増しているのだ。

パリ条約の最初の締約国を歓迎する際にムシュー・ブリアン自身がこの件に関連して申し述べたことに留意することにはいくらかの意味があろう。ブリアンは次のように述べた。

『この条約は実用的ではないとか処罰条項に欠けているとかで反対されることであろう。しかし、本当の実用性とは事実の領域から**輿論《よろん》の持つ力を含む道徳的な力**を除外することで成り立つものであろうか？ 実際、この条約の関係者すべてから非難を被《こうむ》るリスクを冒《おか》す国は、その国に対して自発的にじわじわと向けられるところの一種の全般的連帯を生む明確な危険を見出《みいだ》すこととなり、その恐るべき帰結をすぐに感じ取ることとなろう。そして、条約締約国の中でそのような危険に晒《さら》される責任を背負い込む用意のある指導者たちを持つような国はあるのだろうか？』」本件裁判の法廷証第2314Aを参照せよ。

パリ条約の処罰条項に関する同様の見解が1929年に当時のアメリカ合衆国国務長官であったスティムソン氏によって採られた。氏は公然と発表された声明の中で、パリ条約の締約国の間《あいだ》では『結果的に、交戦国ならびに中立国が保持する権利に関する問題の全体につき根本的な変化が生《しょう》じた』とするイギリスの論点を否定する内容を発表したのであったが、その中で氏は次の通りを宣告した。

『条約の効力は世界の**輿論《よろん》**ならびに調印した各国の**良心**に**全面的に依存**しているのである』と。」（判決書p.61下段～p.62上段）

以上でパール判事は、パリ条約の成立経緯、各国が付した留保条件、それによりパリ条約は法の規則の範疇から押し出されるものであることを分析し、さらにはパリ条約の唯一の効果としては、世界輿論に影響を与えることのみである点を明らかにした。以上は、小見出し⑨に相当する、パリ条約それ自体の分析であった。

## パリ条約は戦争を正当化しなければならない義務を各国に課したのか

以下、パール判事は続いて、小見出し⑩に相当する、パリ条約のもたらした効果、つまり、パリ条約の出現によって各国は、自国が行《おこな》う戦争を正当化しなければならない義務を負うことになったのか、またパリ条約後には正当化ができない戦争は犯罪となったのかを分析している。これは、パリ条約そのものとは別口の分析である。パール判事がこの点をあえて取り上げたのは、これが国際法の権威たるライト卿の見解であるので、目配りしないわけにはいかないからだ。傍線筆者。

「本官は次に、パリ条約についてまだ残っている問題を取り上げよう。その問題とは、**パリ条約は何《なん》らかの戦争についてそれが犯罪であるとは宣言しなかったものの、この条約の効果とはすなわち、**国際生活における戦争に関してその**正当化を要求すること**なのかどうか、またそれにより、正当化ができなかった戦争は戦争の本質そのものを理由として犯罪ないし違法であるとされたのかどうか、である。

　これはライト卿による見解であり、真剣な考察を要するものである。」（判決書p.62上段）

つまりライト卿の見解は、パリ条約以降、各国には自らの戦争を正当化する義務が課されたというものである。なお、「戦争の本質そのもの」とは「殺し合い」であり、人倫における究極の「悪《あく》」である。パール判事はライト卿の見解のより具体的な中身を、次のように解説している。

「ライト卿の見解を本官が理解するところでは、パリ条約によりその条約調印国は国家政策の手段としての戦争を放棄したことをもって、いかなる戦争に訴えることも諸国が持つ諸権利の内から即座に外《はず》されたのであり、このようにして権利としての戦争は国際生活から消滅したのだ、とライト卿は云《い》いたかったのである。これ以降にいずれかの国が戦争の実施を考えるならば、その国はその行動を正当化しなければならない。そうでなければその国は犯罪をなしたこととなる。戦争はその本質そのものの中に犯罪行為を含むからだ。戦争は自衛により必要とされる場合にのみ正当化されうる。すなわち、侵略戦争は自衛ではない戦争であるために正当化ができず、そして結果的に犯罪となるのである、と。」（判決書p.62下段）

このライト卿の見解に対し、パール判事はただちに次の結論を出す。

「もしもパリ条約がいずれの留保からも制約を受けないものであったならば、恐らくは以上（引用者注：右記のライト卿の見解）は正しいものであったのだろう。困難のすべては、自衛戦争とは何かという問題については不都合な世界輿論《よろん》を被《こうむ》るリスクを唯一の条件として当事国自身が決めるべきことであるとしてパリ条約が放置したことにより、この点に関する効果を絶対的に無効としてしまったことから生じるのである。本官の意見では、当事者自身が自身の行動の正当性に関する唯一の審判者となることが何らかの規則によって許されたままである場合には、かかる行動は正当化を要求するあらゆる法が対象としている領域の外にとどまるものとなり、そして、かかる行動の法的性格は、いわゆる規則と呼ばれるものによっては影響を受けないままとなるのである。」（判決書p.62下段）

「自衛戦争とは何か」を当事国自身が決めてよいことになっているの

で、そもそも戦争を始めた国に対して自らの戦争の正当化を求めることと自体が無意味なのである。問われれば、「この戦争は自衛戦争である」と答えるのは明らかだからだ。

やはり、締約国各国が付けた留保条件（各国は自衛権とは何かを自由に決めてよいとする留保）がパリ条約を法の範疇から押し出したため、ライト卿の見解は妥当しないとの結論にならざるをえないのである。

## パリ条約への実務的配慮：中立の義務は放棄されたか

パリ条約の実務的な影響にもパール判事は目配っている。パリ条約が何らかの戦争を違法としたのなら、その違法を犯した国に対して他の国は中立の義務を負わなくなるはずなので、パリ条約後に各国が実際に中立の義務を放棄したのかどうかを調べたのである。

「もしもパリ条約の効果が、戦争を違法とし戦争を開始した国から交戦国の権利を奪い去るものであったなら、このような戦争においてはどの国も中立国の義務を負う必要は無くなるはずであった。」（判決書p.64下段）

中立法は、他国の争い・戦闘行為に自国は参画しないと決めた「中立国」に対し、かかる他国の争い・戦闘行為に種々の面でまったく関わってはならないとの重い義務を厳然と課している。争っているどちらかに少しでも関与すれば、中立法ではその国は明白にその争い・戦闘行為の当事国とみなされるのである。「中立の義務の放棄」とは、そのような重い中立の義務から解放されて、争いのどちらかの側に堂々と関与できるということである。

各国の中立政策について、パール判事は「ウィーンのショイナー博士」という人物の研究を引用している。筆者はこの人物について調べたが、確証のもてる結果は得られなかった。

「ウィーンのショイナー博士は１９２８年以降の各国の中立政策の実施につき調査を行《おこな》い、その調査結果を右記のアムステルダムでの会議（引用者注：１９３８年の第40回国際法協会の会議）で発表した。この博識な教授は、まずは国際連盟の創立から１９２８年までの期間での中立政策の展開を追跡し、次にケロッグ・ブリアン条約以後のそれを追跡した。右記の第1の期間につき博士はいくつかの国が国際連盟規約にいかほどの注意を払ったかを検討し、その結果を次のようにまとめた。

『実際上は…、すべての国家はこの期間において、あたかも中立法が継続して存在していたかのごとく行動した。』」（判決書p.64下段）

## イギリスとアメリカは中立の義務を維持した

ショイナー博士の右記の研究結果を裏付ける事例として、パール判事は有力国イギリスの行動を次のように引いている。左記の１９２８年とは、パリ条約締結の年である。傍線筆者。

「諸国は、１９２８年以降の戦争が違法なものとなったかのごとく行動したようには見受けられない。少なくとも彼らは、パリ条約に違反した戦争についてさえも交戦国の権利を認めることを好んだようである。本官が後《のち》に示すように、アメリカ合衆国と連合王国（訳注：イギリス）の両国は、かかる戦争に付随する交戦上の権利義務につきそのような見解を採っていたのだ。１９３３年2月27日にジョン・サイモン卿（＊）はイギリス下院で中国と日本への禁輸につき討議する中でイギリスのことを「中立国政府」と称し、その結果、中国と日本に対して均等に禁輸を実施する必要があると発言したのである。つまりその時点では、中国における日本の戦争は違法なものとは考えられてはいなかったのである。」

（＊訳注：John Allsebrook Simon, 1st Viscount Simon 1873 ～ 1954 イギリスの政治家。第一次大戦初期から第二次大戦終期にかけ内閣の主要ポストを占めた。子爵）」（判決書p.65上段）

イギリスは、パリ条約後も中立の義務を厳然と維持したのである。また、イギリスによる中国と日本への均等な禁輸の実施は、パリ条約締約国たるイギリスが「中国における日本の戦争」は、違法な戦争すなわち「侵略戦争」であるとは、１９３３年の時点で考えていなかったことになると、パール判事は右記で重大な指摘をしている。これは記憶にとどめておくべき指摘ではないだろうか。１９３３年は、満州事変よりも後である。

一方、何かと日本の中国での行動を批判するアメリカについては、次の通りである。

「（前略）欧州における大戦は１９３９年９月１日のポーランド侵攻により開始された。

３週間後の９月21日にルーズベルト大統領（＊１）は連邦議会にメッセージを送り、その中で禁輸を廃止して『古くからの国際法の教義』に基づく合衆国の『伝統的な外交政策』に立ち戻ることを要請した。すなわち『真正で伝統的な**中立性**への強固な立脚』であり、ジョン・クインシー・アダムス（＊２）の言によれば、かかる中立性とは『紛争の当事者双方の主張を正当と認めること、すなわち、紛争の是非に関していっさいの考慮を避けること』である。

（＊１訳注：Franklin Delano Roosevelt 1882 ～ 1945 第32代合衆国大統領、任期は１９３３～１９４５。民主党。第26代大統領のTheodore Rooseveltの血縁者である）

（＊２訳注：John Quincy Adams 1767 ～ 1848 第６代合衆国大統領、任期は１８２５～１８２９）」（判決書p.65下段）

あのＦＤＲ（ルーズベルト）が、古くからの伝統的な中立性に立ち戻るべきである、つまりアメリカは争っている２国の主張をいずれも正当と認めよと、１９３９年９月の時点で連邦議会に対して申し述べたのである。これは表向きの言動に過ぎずＦＤＲの本音はそうではなかった可能性は大いにあるにせよ、これが少なくとも合衆国大統領の公式な見解だったのだ。

パール判事は、ここでは引用を省略させていただきたいが判決書p.65上段から下段にかけて列挙された、合衆国を含むパリ条約締結後の有力国の立法の歴史に関する諸事実に鑑みて、第二次大戦前夜の時点では、パリ条約に違反した戦争が違法となっていたとは考えられないとフィンチ氏が指摘したと述べている。次の通りである。

「フィンチ氏は、以上に述べられた立法の歴史に照らしてパリ条約の解釈に向けての合衆国政府の公式的な態度を勘案すると、パリ条約に違反した戦争は１９３９年９月１日時点で国際法において違法であったとの命題を承諾することは、不可能であると指摘した。」（判決書p.65下段）

第二次大戦が開始された１９３９年９月１日の時点で、「パリ条約に違反した戦争」は「国際法において違法ではなかった」のである。パール判事がこのフィンチ氏の指摘に賛同していることは、判決書の記載の流れを追っていただければご納得いただけると思う。パリ条約に違反した戦争であっても、違法ではないのであれば、正当化の実施は無意味である。

## パリ条約に関するパール判事の結論

以上、さまざまな観点からパリ条約の分析がなされたが、パール判事自身のパリ条約に関する結論は次の通りである。

「本官自身の見解では、国際生活における戦争は以前と同様に法の領域の外にとどまったままであり、戦争のやり方のみが法の領域の内に持ち込まれていたのである。パリ条約は法のカテゴリーの内にはまったく入《はい》っては来《こ》なかった。そしてその結果、パリ条約は交戦国の法的地位、ならびに、交戦における法的な権利義務に何らの変更ももたらさなかった。」（判決書p.65下段～p.66上段）

この結論は、右記のフィンチ氏に関する引用、つまり、合衆国の立法の歴史に関してフィンチ氏が指摘した点とも合致するものである。

## モーリス・ハンキー卿とアンドレ・グロー教授による賛同

パール判決書からいったん離れるが、英国枢密院の重鎮、モーリス・ハンキー卿（Maurice Hankey, 1st Baron Hankey 1877 ~ 1963）はパリ条約の熱烈な支持者であり、パリ条約の成立に関する事項のすべてを承知した上でイギリス政府による条約締結の実現のために政府内で尽力した人間であった。卿はパリ条約を知り抜いた人間である。

その一方で卿は、ニュルンベルク、東京の両裁判を批判した書籍『戦犯裁判の錯誤』（原題はPolitics, Trials and Errors）を１９５０年に出版した。卿はこの書籍（英文原典）の中の１３５頁から１３６頁にかけて、パール判決書の第一部における一節を引用しながら、パリ条約に関するパール判事の判定に無条件に賛成している。以下、この書籍から筆者の仮訳により引用する。

「以上をまとめれば、私（引用者注：ハンキー卿）が引用を省略したくはなかったその他の多くの関連箇所の中でも、パール氏はとりわけ次のように述べている。

『**本官の判定では**、我々が現下で検討中の世界大戦の開始された日付までの間《あいだ》には、いかなるカテゴリーの戦争も国際生活における犯罪とはならなかった。公正な戦争と非公正な戦争との間《あいだ》の何らかの区別は、国際的な法哲学者の理論の中に留《とど》まったのであった。パリ条約は戦争の持つ性質に影響を与えなかったし、また、パリ条約は国際生活におけるどのカテゴリーの戦争に関してもその中に何らかの刑事責任を導入することに失敗した。…（中略）…何らかの戦争を犯罪とする慣習法は発達しなかった。国際共同体それ自身が、犯罪行為の概念を国際生活の中に導入することを正しいとする基盤に立脚してはいなかったのである。』（引用者注：パール判決書p.81下段からハンキー卿が引用したもの。冒頭の「本官の判定」とはパール判事の判定である。）

１９４３年のモスクワ宣言は単に戦勝国の意志を示すものにすぎず、その産物である裁判所憲章は新しい法、中でも特に被告人のはるか昔の行為を非難する遡及的な立法を生み出すことはできないと言うのである。

これ以上に痛烈な批判（引用者注：裁判所憲章に対する批判）は考えられないだろう。

パール判事が絶対に正しいことにつき、私はまったく疑いを持たない。私はケロッグ条約（引用者注：パリ条約）の熱烈な支持者であり、ケロッグ条約の成立に関連する事項すべてを承知していた人間であり、また、両大戦の戦間期においてケロッグ条約に影響を与えたすべての事項と企画部門との間の調整につきあらゆる段階で特別な責任を負っていた人間であった。その私は、ケロッグ条約の調印時以降で私がニュルンベルク判決を読むに至るまでの間の期間中、戦争を計画し、準備し、遂行する等の戦争犯罪を訴追する基盤としてこの条約を使うことができるなどという示唆を、一度として聞いたことはないと断言する。１９４５年6月のロンドン協定の協議において、ムッシュー・グロー（フランス代表）（引用者注：Andre Gros 1908 ~ 2003 フランスの国際法学者、裁判官）は、侵略戦争を個人の刑事責任にできるとの主張を、幾度にも亘って退けたのであった。」

ニュルンベルク、東京の両裁判において、検察側はパリ条約に重きを置いて訴追をした。パリ条約に違反した「侵略戦争」を行《おこな》ったとして、日独の被告人たちは重罪に問われたのである。だからこそ、パール判事は判決書第一部でパリ条約の成立過程やその意義を詳細に分析しなければならなかったのである。パール判事はパリ条約の意義やそのもたらした副産物についてさまざまな面から事実認定をした上で判定を下《くだ》したのである。

パリ条約と裁判所憲章を巡るパール判事の見解に対し、ハンキー卿は、「パール判事が絶対に正しいことにつき、まったく疑いをもたない」と言い切ったのであった。

その理由としてハンキー卿は、戦争を計画し、準備し、遂行する等の戦争犯罪を訴追する基盤としてパリ条約を使うことはできないことを挙げたのである。そのようなことが可能だと示唆した人間はいなかったと断言しているのだ。まさにこの点からハンキー卿はニュルンベルク・東京の両裁判を批判したのであった。

ハンキー卿はパリ条約を熱烈に支持し、条約のことを知り尽くしていたと述べている。イギリス政府の人間としてハンキー卿は、パリ条約がイギリスの国益に合致することをよくよく理解していたのであろう。

「『すべてのイギリスの大臣は、「イギリスの利益」を、その大臣による政策の「合イ言葉《アイコトバ》(Shibboleth)」とすべきなのである。』」

(判決書p.163下段)

しかし、そのハンキー卿でさえ、祖国イギリスを敵とした日独の戦争犯罪を訴追する基盤としてパリ条約が使えるなどという発想は、微塵も持っていなかったのである。いや、パリ条約を知り尽くしていたからこそ、パリ条約をそのような目的に使うなどとは考えもつかなかったのかもしれない。

ロータ―パクト教授が指摘したように、パリ条約に違反したことをもって個人の責任を問うことができるとの考え方は、ニュルンベルク裁判と東京裁判で初めて出現したものであった。現にハンキー卿も、ニュルンベルク裁判の判決書を読むに至って初めて、戦争を計画し、準備し、遂行する等の戦争犯罪を訴追する基盤としてこの条約が使われていることを知ったと述べている。

また、ハンキー卿によればロンドン4カ国協定におけるフランス代表のアンドレ・グロー教授は、「侵略戦争」を個人の刑事責任にできるとの考えを「幾度にも亘って」否定したのであった。グロー教授はパール判事の判決書については何も触れていないが、その考えはパール判事と同一であることがわかる。英仏両国政府の代表が、これらの点におけるパール判事の判定を支持しているのだ。

最後に、ハンキー卿は、1950年という東京裁判終了後の早期の段階で、すでにパール判決書を読み込んでいたことがわかる。ダグラス陪席判事もそうであったが、英語圏の法曹界・政界ではパール判決書は重大な関心の下《もと》に迅速に読まれ、理解され、そして受け入れられていたのである。

## パリ条約以外の何かが「侵略戦争」を犯罪としたのかどうか

パール判決書に戻りたい。

パリ条約ならびにパリ条約がもたらした効果については以上の結論に至ったが、パリ条約以外の事由がこの時代に「侵略戦争」を犯罪としたのかどうかについても、パール判事は慎重に目配っている。この「事由」とは、具体的には次の4点である。①「慣習法の発展によるもの」、②「国際法は発展的システムであるとの理由によるもの」、③「創造的な司法的裁量によるもの」、④「自然法によるもの」。

### ①慣習法の発展によるもの

検討される最初の事由は、「慣習法の発展」である。慣習法の発展によって「侵略戦争」が犯罪となったとの議論は、合衆国の犯罪学者のグリュック博士の指摘した、国際社会において発せられた戦争を忌避する多くの国際宣言に依拠している。発せられた多くの国際宣言は、慣習法の発展を示すものだと云《い》うのである。これらの国際宣言は判決書p.66下段～p.67上段に亘って個別具体的に列挙されている。

パール判事は次の2つの観点からこれを斥《しりぞ》けている。まず、次のように指摘している。

「(前略) ここで疑問として浮上して来るのは、申し立てられたような慣習法はいつの時点で発展したと云《い》うのか?との点である。パリ条約締約日の直前の数カ月の間《あいだ》に発展したのだ、などということは決してあるまい。本官の意見では、それはその締約日以降も決して発展はしていないのだ。**慣習法は声明発表のみでは発展しない。**声明発表の繰り返しはせいぜい、そのような声明発表をする慣習ないし慣例を発達させるのみである。」(判決書p.68上段)

2つめの観点としては、「国家主権」の役割を述べている。国家主権は、当事者、審判者、執行人を兼ねているのである。この観点は、パール判決書の全体に亘って通底している。

「今に至るもなお、**国家主権**はいわゆる国際共同体の基盤そのものである。その国家自身が関わり合いを持つところのある種《しゅ》の問題については、国家は当事者であるのみならず審判者でもあり執行人でもあるのだ。国家主権の理論の厳密すぎる適用と『自己判定』の原則がもたらす危険については今に至るもなお、十分な鑑定はなされていない。ある中央当局の指導的影響力を犠牲にするリスクを冒す方が、かかる中央当局の活動が諸国の国内活動の領域にまで及ぶことを許すよりもましであると、今でも考えられているのである。」(判決書p.68上段～p.68下段)

「ある中央当局」とは、世界連邦政府を想定していただければ良いのではないだろうか。

パール判事は慣習法に関連して、最後に次のように述べている。これは、ある慣習法が定着しているかどうかを判断する手段として、「法に従った生活」(判断の対象となっている慣習法に従った生活)を送っていることの確認が必要であると捉えれば、必然的に見出される結論である。筆者は重要な指摘だと考える。端的に言えば、「法に従った生活」を送っていることの確認のために各国の実際の行動(＝生活態度)を見れば、「敗れた戦争のみが犯罪となる」というものが法となるとの指摘である。次の引用の通りである。

「この、法に従った生活と云《い》うものは、そうしていることを明示するための単なる形式としてだけではなく、慣習法を認識する手段としても必要なのである。各国の行動を考慮に入れた場合に見《み》出《いだ》される法は、恐らくは、**敗れた戦争のみが犯罪となる**ということになろう。」(判決書p.70下段)

ニュルンベルク裁判でも、東京裁判でも、訴追を行《おこな》った多くの国によって、敗れた戦争は犯罪であったと宣告された。これらの宣告は裁判の審理を経た判決であって、単なる声明発表ではない。声明発表よりもよほど国際生活を送る中で従うべき法たりうる資格があるのである。

なお、パール判事のこの指摘は、次の第二部「侵略戦争とは何か」の**§5.**の結論部分で再び取り上げられることとなる。そこでは、表現こそ微妙に異なるが、「侵略者」との語は結局、戦敗国の指導者を意味するのみだろうとしている。

### ②国際法は発展的システムであるとの理由によるもの

2点目の事由の、国際法が発展的な性格を持つとの点は、コミンス・カー検察官も指摘している。これに対してパール判事は、国際法はまだ、発展の段階には立ち至っていないと述べる。例の国家主権の教義がまだ生きているからである。次の通りである。

「世界大戦の勃発以来、国際生活における**国際法の基本的原則の再定義**がなされるべきだと多くの識者が意識するようになったことは疑い無い。

と同時に、**それは未《いま》だになされてはいない**と云《い》わなければならない。現状の国際組織は、国家主権の教義を近い将来に廃止させるとのいかなる兆候も、未《いま》だに示してはいない。」（判決書p.74上段）

国際法の現行の基本的原則は旧態依然としていて、世界大戦の勃発を防ぐことができなかった。国際法の基本的原則の見直し・再定義が必要だと認識されているのである。パール判事は、必要とされるこの国際法の基本原則の見直し・再定義が、未《いま》だになされてはいないと述べる根拠として、国際社会が「人道意識の拡大」をまだ真剣に追求していなかったことを示す事例を左記に挙げている。これは日本が関係している事例である。日本が主張した正当なる人道要求は、他の国々によって拒否されたのだ。このような状況では、国家主権の力はまだまだ健在なのであり、人道が顧みられることはないのである。国際法の基本的原則の再定義による国際法の発展など、まだまだ夢のまた夢なのである。

「そして、国際生活で興隆する『**人道意識の拡大**』については、少なくとも第二時世界大戦の前の段階では、強力な列国諸国においてはそのような兆候はまったく示されてはいなかったということが、本官が申し述べることのできるすべてである。国際連盟発足の決議案の起草をする委員会において、連盟の基礎的な原則として諸民族の平等を宣言することとしたいとの決議案を日本の**牧野男爵**（＊1）が提出した時の出来事のみを本官は申し述べたい。イギリスのロバート・セシル卿（＊2）は、これは高度に異論の多い内容であると宣告し、『大英帝国の国内に極度に深刻な問題をもたらす』との理由でこの決議案に反対した。決議案は却下すると宣告された。ウィルソン大統領は、ある方面の重大な反対に鑑みこれを採用しないと裁決したのである。

（＊1訳注：牧野《まきの》伸顕《のぶあき》 1861～1949 日本の政治家。パリ講和会議で日本国次席全権大使。後に伯爵）

（＊2訳注：Edgar Algernon Robert Gascoyne-Cecil, 1st Viscount Cecil of Chelwood, 1864～1958 イギリスの弁護士、政治家、外交官。国際連盟の創設者の1人、後にノーベル平和賞受賞）

この決議案却下の件と組み合わせて、ある国による他国の支配がまだ続いているとの事実、すなわち、他国を奴隷の身分とすることが非難されずに未だに継続され、また、ある国による他の国の支配は、この国際共同体と称されている組織（訳注：国際連盟）によって奴隷の主人国の側の国内問題にすぎないと引き続き捉えられている、との事実をもしも取り上げるのであれば、そのような共同体の基礎は人道にあるなどといううわべだけのそぶりですらも、かかる共同体はどのようにすれば行《おこな》うことができるのか、本官にはわからないのである。」（判決書p.74上段～p.74下段）

右記の牧野男爵とロバート・セシルの件は、第四部 全面的共同謀議 第3段階 国家の心理的戦争準備：民族意識（判決書p.304下段～p.306下段）で詳しく取り上げられている。

国際社会が引き続き立脚している右記のような状況をさらに詳しく説明するにあたり、パール判事は英国のアルフレッド・ジンメルン教授から広範に引用している。長くなるのでここでの引用を省略させていただきたいが、ジンメルン教授は国際法の発展に大きな影響のあった英国立憲主義（British Constitutionalism）をも絡めた論説を展開している。該当箇所は判決書p.77上段～p.78下段である。人道を重視する観点が不在である間《あいだ》は、国際法の発展など考えられないのである。

### ③創造的な司法的裁量によるもの

3点目の事由である、創造的な司法的裁量については、パール判事は次のように述べて、斥《しりぞ》けている。

「我々の面前の件に関する分野につき**創造的な司法的裁量**の実施が推奨されているが、本官はこれにはあまり熱心にはなれない。そのようにすることを決定したところで、新しいものは何も創造されない。それはある戦争における戦勝国が被征服国を裁判所に引っ張って来ることができるとの先例法理を作るのにすぎない。各国が自発的にそのような制限を受け入れることをしない限り、その実施が主権国家全般に関する先例法理になることは決してあるまい。」（判決書p.78下段）

右記で言う「**創造的な司法的裁量**」とは、人類の進歩のために、根拠となる法を必ずしもしっかりと定めないまでも裁判は行《おこな》うことにしようといったところではないだろうか。「侵略戦争」というフワッとしたものがあり、それは人類のために良くないものなので、司法に大きな裁量を認めて断罪しようというのだろう。敗れた戦争のみが「侵略戦争」となる現状では、それは「戦勝国が被征服国を裁判所に引っ張って来ることができる」との先例法理にしかならないのである。各国が自発的にそれを受け入れない限り、それが主権国家全般の先例法理になることはないだろうとパール判事は述べている。少なくとも戦敗国がそのようなものを先例法理として受け入れないのは自明である。

なお、「戦勝国が被征服国を裁判所に引っ張って来ることができるとの先例法理」とは、まさに東京裁判のことである。

### ④自然法によるもの

パール判事は、パリ条約以外の事由によって「侵略戦争」が犯罪となったのかどうかの検討を続けている。その検討の対象となった最後の4点目の事由は、「自然法」である。左記引用から開始されている。

「本官は次なる一連の推論に言及せずにこのテーマから離れることはできない。すなわち、かかる推論における自然法のさまざまな教義への言及と、そこから引き出された次の結論である。『自然法は人の良心から広められたものであり、そのために、それはたとえ成文法の制定がなかろうともすべての文明国を普遍的に結びつけるものであると、一般大衆や普遍的良心による指図（訳注：原表記はdictates）が公言していること。』古今に亘《わた》り多くの権威者に対して、国際公法は自然法に由来するとの点を確立するよう要求がなされて来た。」（判決書p.79下段）

右記引用の1行目にある「このテーマ」とは、「パリ条約以外の事由によって『侵略戦争』が犯罪となったか」である。また、「一連の推論」とは、右記引用最後の部分の「国際公法は自然法に由来するとの点を確立する」ための推論のことであり、判決書p.79下段～p.80上段にかけて1907年ハーグ協定の前文やアメリカ独立宣言の前文などが引き合いに出されているが、引用は省略させていただきたい。

右記引用の『』内は、自然法のいわば定義であろう。これは、自然法という、いわく言い難く捉えどころのない存在ながら、国際法のみならずあらゆる法の淵源になりうるとされているほど重要なものを表現する1つの手段なのだと思う。

この「自然法」につき、パール判事は次のように指摘している。多くの人が戦いを挑んだと言うのである。

「我々の時代において多くの人が挑んだ自然法への戦いとは、過去における哲学体系の誤りや不作為に対する反応なのである。まさに『多くの人にとって「自然法」なる語は今でも魔女の大釜《おおがま》から濃い匂いが漂《ただよ》ってくる類《たぐい》のものであり、その語を述べるだけで堰《せき》を切ったようにさまざまな感情や恐怖を流れ出させるのに十分である。』誤りや不作為を修正するという口実の下《もと》に、かかる敵意が哲学体系の目的そのものの破壊へと向けられるとするなら、それは確かに不公正で非合理である。

しかしながら我々は、自然法のこの教義は、法と権利に関する一つの基本的原則を単に紹介するのみであることを忘れてはならない。」（判決書p80上段～p.80下段）

右記引用の中の「自然法のこの教義」とは、判決書のその前の部分にある、「自然法の概念、すなわち、それ（引用者注：自然法）は物事《ものごと》そのものの実態に基づいており、立法府における単なる『賛成票』には基づかないとする概念」（判決書p80上段）のことである。

自然法については議論が拡散し易いためか、パール判事は国際法の権威であるホールから引用して結論としている。

「本官はただ、ホールの『国際法』第8版の序章から引用をしたい。」（判決書p.80下段）

ホールは、国際社会を構成する諸国家においては、実定法ではない自然法の理論は法の現状を決める指標とすべきではないとしている。次の引用の通りである。そしてパール判事は、このホールの見解に「慎んで合意する」と述べている。

「『国家は独立的な存在であり、統制される対象となることがなく、上位者を抱えることもない。国家は、公共の福利のための法を公布する権限を委任する先となる個人もしくは一群の人々を持たない。ある国家は、その良心によって自身が従う義務を持つと考えた規則について、それに従うことに関する合理的検証を経《へ》た後において初めて、かかる規則に拘束されるのである。そのため、厳密に法と呼べるもの、もしくは法の類似物と呼ばれるのにすぎないものであっても、国家がそれらのものの対象となる場合には、国家は、ある一群の諸規則をその起源が何であるかが問われない人為法として全般的合意の下《もと》に受諾するか、もしくは国家自身が統治されるところの一般原則について国家は合意を取り付けなければならない…。仮に絶対的正義の理論が普遍的に受諾されたとしても、国家が負う義務の尺度はかかる理論による指図の中からではなく、一群の国家によって実定法として受け入れられた諸規則の中からそれを見つけ出すことができるのである…。法が継続的に近づいて行《い》くべきものとされる理想を呈するものとして正義の絶対的基準が…いかに有用であろうとも、それが既存の実践方法の法的価値を試す手段であると認識されている間《あいだ》は、それは単に混乱と実害の源《みなもと》となるのみである…。』

本官は慎んでこの見解に合意する。そのため、本官がこれ以上ここに留《とど》まって、自然法に関するいくつかの理論を取り上げる必要は無いと考える。」（判決書p.80下段～p.81上段）

ホールの指摘の内、筆者の印象に残ったのは、「法が継続的に近づいて行《い》くべきものとされる理想を呈するものとして正義の絶対的基準が…いかに有用であろうとも、それが既存の実践方法の法的価値を試す手段であると認識されている間《あいだ》は、それは単に混乱と実害の源《みなもと》となるのみである…。」の部分である。自然法がある種の理想を呈する絶対的基準であろうとも、そのような基準が「法」ではなく、既存の実践方法の法的価値を試す「手段」にとどまっている限り、自然法は混乱と実害の源となるのみなのであろう。

以上で検討された4点の「事由」のいずれからも、「侵略戦争」は犯罪とはされていないことが示されたのだと思う。

## 「侵略戦争」は犯罪になったのか：パール判事の結論

「侵略戦争」が犯罪になったのかとの設問に関するパール判事の見解は、次の引用によくまとまっていると思う。これがこのセクションの結論に相当するものと考える。傍線筆者。

「本官の判定では、我々が現下で検討中の世界大戦の開始された日付までの間《あいだ》には、いかなるカテゴリーの戦争も国際生活における犯罪とはならなかった。公正な戦争と不公正な戦争との間《あいだ》の何らかの区別は、国際的な法哲学者の理論の中に留《とど》まったのみであった。パリ条約は戦争の持つ性質に影響を与えなかったし、また、パリ条約は国際生活におけるどのカテゴリーの戦争に関しても、その中に何らかの刑事責任を導入することに失敗した。国際法の日から見れば、いかなる戦争もこの条約の結果として違法なものとなることはなかったのである。戦争それ自体が以前同様に法の領域の外に留《とど》まったままとなっており、ただ戦争の遂行方法のみが法的規制の下《もと》に連《つ》れて来《こ》られたのである。何らかの戦争を犯罪とする慣習法は発達しなかった。国際共同体それ自身が、犯罪行為の概念を国際生活の中に導入することを正しいとする基盤に立脚してはいなかったのである。」（判決書p.81下段）

右記最後の文章は、国際共同体自身が「個人の犯罪行為」の概念を国際生活の中に導入することを正しいことだと認識していなかったとの重要な指摘である。前述の事例で見たように、奴隷の主人国の政治家や国内に深刻な人種問題を抱えた共和国の大統領が務める議長が、人道を基盤とする国際法へと一歩前に進むことを厳然と拒んだのである。たまたまこの例では日本による提案が拒否されていたが、それは、日本に限らずどこか他国が自国の国内での非人道的な姿勢を理由とした、自国民の有罪を示唆する可能性が生まれてしまうからである。人道をそのように扱っていた国際共同体が、国際生活において個人の犯罪を違法行為として定めるつもりがないのは明白であろう。国際共同体が自ら望まないのなら、国際紛争の当事者個人を処罰する国際刑法が生まれるはずがないのである。

# §5．国際生活における個人の責任：国家行為の分析

## 被告人たちは国際社会に対する責任を負うか

政府組織の運営をした個人の行為を、戦争犯罪であったとして裁判で裁くことができるのか？　パール判事はこの点を大きく取り上げた。個人の行為と云っても漠然としているので、パール判事は次のような表現でこの論点を絞り込んで具体化している。

「ここで問題となっているのは、それらの個人たちの運営のやり方がいかに不首尾であったがために彼ら自身の国に不幸にもたらしてしまったのか、との点などではなく、そのようにしてしまったことで彼らは彼ら自身を国際社会に対して責任を負う立場にしたことになるのかどうか、である。」（判決書p.82下段）

検察側は、被告人たちによる日本国の政府組織の運営がいかにも不首尾で、そのために彼らが戦争を招来してしまったとして非難したが、パール判事は、問題とすべきなのはその点ではなく、仮に不首尾な政府組織運営があったとしても、そのことが被告人たちを国際社会に対して責任を負う立場にしたのかどうかであると、右記引用の文章で指摘したのである。被告人たちは国内的には政治的、行政的、法的、さらには道義的な責任を負うが、果たして彼らは「国際社会」に対しては責任を負うのかと、論点を整理したのであった。

これは多数派判事が「当然」もしくは「所与」としていた点に切り込むものであろう。多数派判事は、裁判所憲章の第5条に列挙された犯罪に関して個人である被告人たちを裁くことに特段の疑問を持たなか

った。しかしパール判事は、「個人による一国の政府組織の運営の不首尾は、はたして国際社会に対して責任を負わせることになるのか」と問題提起し、このことをクリアしておく必要があると指摘したのであった。当然ながらここで検討すべき「国際社会に対する責任」とは、厳密には法的な責任のことであろう。政治的、道義的、形而上学《けいじじょう》的な責任を司法裁判官たるパール判事が取り上げるはずはないからである。

## 国家行為

このセクションで論じられるテーマの重要なキーワードは「国家行為」である。政府組織の運営をした被告人たちの行為は「国家行為」なのである。

「この件に関して起訴状は、被告人たちが日本政府の指導者、組織者などの資格において侵略戦争を計画し準備したのだと申し立てている。別の言葉で言い換えれば、この件に関する彼らの行為は通常は『**国家行為（acts of state）**』とされるものである。」（判決書p.82上段）

右記の申し立ては、起訴状の附属書Eにある。国家行為に関する個人の責任の検討が本件裁判で重要な意味を持つことを、パール判事は次の表現で認めている。

「国家行為に関する**個人の責任に関しては**、キーナン氏はその問題は極めて重大なものであると強調したが、かかる強調は非常に的確なものであった。これらの個人たちが彼らの国の政府組織を運営する上で何らかの国際犯罪をなしたのかどうかとの疑問は、国際関係の中で正《まさ》に深刻な重要性を示すものである。」（判決書p.82上段～p.82下段）

「国家行為」という語の意味につき、パール判事はハンス・ケルゼンから引用して具体的に特定している。次の通りである。

「次にケルゼン教授は『**国家行為（acts of state）**』という語の意味の検討に入る。

『その行為が国家行為であるという陳述の持つ法的な意味は、その行為は国家に帰せられるものであり、行為を実行した個人に帰せられるものではないということである。もしも個人が実行した行為が―そしてすべての国家行為は個人によってなされるものなのであるが―国家に帰せられなければならないものであるなら、この行為に責任を持つのは国家である…。もしもある行為が国家に帰せられるものでありそれを実行した個人に帰せられるものではないとするならば、全般的な国際法によれば、その個人はその行為に関係した国家による同意なしにはかかる行為につき他の国家により責任を問われることはないのである。国家とその代理人もしくはその国民との間《あいだ》の関係性が関連する限りにおいて、考慮の対象として国内法が浮上して来る。そして国内法においても次に述べるものと同じ原則が広く行《おこな》われている。すなわち、**もしも個人の行為が国家行為であるならば、その個人は責任を問われない**、換言すれば、もしもかかる行為が個人に帰せられるものではなく国家のみに帰せられるものである場合はその個人は責任を問われない…。全般的な国際法によれば、**政府の構成員として…その行為を実行した個人の個別の責任は、国家自身による行為の集積的な責任からは除外されている**。これは、ある国家が他の国家の司法管轄から免除されていることからもたらされる帰結である。』」（判決書p.86上段～p.86下段）

右記引用のこの太字部分は極めて重要である。ハンス・ケルゼンの論点の「肝《きも》」であるとパール判事が考えている点を強調したのであろう。右記引用においてケルゼンは、個人の行為が国家行為であるならば、その個人は、自分が所属しない「他の国家」により責任を問われることはないと述べている。言い換えれば、国家行為を行《おこな》った個人は国際社会に対して責任を負わないとケルゼンは述べていると筆者は考える。パール判決書 **第六部第3項**の泰緬《たいめん》鉄道の件で、戦争俘虜の作戦行動への動員（就労）命令は国家行為であり、国際法上、東条個人の刑事責任は問わないと判定された論拠は、これである。パール判事はケルゼンのこの指摘に基づいて、以下、個人の国際犯罪に関して立論していくことになる。

## 第一次大戦後における努力

まず、国家行為と個人の処罰との関係については、第一次大戦後においても問題が提起され、始末をつける努力がされた。その経緯をパール判事は次の通り述べている。

「**『カーネギー国際平和財団』によるレポート**

**第一次大戦の首謀者の責任の問題は**、講和会議の**一つの委員会**による入念な**報告書**の対象とされた。」（判決書p.82下段）

ところが、この委員会は国際法に違反した者の裁判の実施を勧告できなかったのである。

「**それにもかかわらず**、個別の国際法違反者の個人責任の問題を取り扱う中でかかる違反者の裁判の実施を勧告することは、その委員会にはできなかった。

**戦争を挑発する諸行為**についての委員会の意見は、かかる諸行為の責任を明確化することは可能であると云《い》うものであったが、その首謀者を刑事訴訟手続きの対象とすべきではないと委員会は勧告をした。ベルギーとルクセンブルクの中立性への侵害についても同様の結論に到達した。しかし、それでもなお、国際法の原則ならびに国際的信頼への侵害の重大さに鑑み、彼らは講和会議による正式な非難の対象とされるべきであると推奨された。

戦争を勃発させた諸行為につき、かかる諸行為の首謀者たちを彼らにふさわしいように取り扱うためには、前例の無いことでもある為、講和会議においては特別な方策とさらには特別な組織の創立すらも採用することが適当であると**推奨された**。そして**最後に**、国際法の初歩的原則へのこのような重大な侵害については**刑事上の制裁**を与えることが将来的には望ましいと提唱された。」（判決書p.83上段）

パール判事はこの委員会で活躍した2名のアメリカ人の発言を紹介している。傍線筆者。

「この委員会の**2人のアメリカ人メンバー**であるランシング氏とスコット氏（＊）は委員会のいくつかの結論と勧告に異議を唱え、大戦を引き起こした人たちならびに戦争遂行上の法と慣例に違反した責任を負う人たちは彼らの犯した道徳的な罪と法的な罪の双方につき処罰されるべきであり、その犯人たちは人類によって忌み嫌われた存在とされるべき、などの点を真摯《しんし》に希求する点では彼ら2人は他のメンバーと同様ではあるものの、道徳的な性質のものへの違反を裁くには司法裁判所がその適当な場であるとは考えない、と言明した。彼らは、人道の原則ないしは『人道の法』に違反したとされる人たちを司法法廷において裁くべきであるとの委員会メンバーの大多数による勧告に反対したのである。彼らはまた、『戦争の違法行為を命令したのみならず、かかる行為の遂行をやめさせることをしなかったとの点により各国の国家元首を国際刑事法廷において裁《さば》くとの前代未聞の提案』にも反対した。

（＊訳注：原表記はMessrs Lansing and Scott。不詳ながら、以下が該当か？ Robert Lansing 1864～1928 アメリカの政治家、ウィルソン大統領の下《もと》で国務長官を務めた。James Brown Scott 1866～1943 アメリカの法律家、国際法の権威）」（判決書p.83上段～p.83下段）

右記のアメリカ人たちの意見もあり、結局、第一次大戦におけるドイツ皇帝ヴィルヘルム2世ならびにその取り巻きたちを刑事訴追することはできなかったと、パール判事は次の引用で指摘する。その後、第二次大戦に至るまでの間、個人を国際法違反の咎《とが》で刑事訴追できるようにする如何《いか》なる措置も、世界の各国は取らなかったのである。

「彼ら（引用者注：第一次世界大戦の終結時に予備講和会議が任命した15人委員会）は『国際法の初歩的な原則に対するこのような悪質な侵害には刑事上の処罰が用意されることが**将来的には**望ましい』と強調した。**しかし世界の各国は**、かかる勧告を履行するための**措置を、二つの世界大戦の間《あいだ》の四半世紀の期間を通《つう》じて何も取らなかった**。1928年にパリで調印されたケロッグ・ブリアン条約は、国際紛争の解決のために戦争に訴えることを非難し、国家政策の手段としての戦争を放棄し、そして、すべての紛争の解決を平和的手段のみによって求めるとの義務を条約署名各国に負わせた。**しかし、この条約ですらもその条項への違反を国際犯罪**として国内法廷ないしは何らかの国際裁判所によって**処罰されうるものとすることには失敗したのである**。そのため、パリ条約に違反することを非難する道徳的な根拠は明々白々ではあるものの、この違反につき刑事訴追する法的根拠は疑問とされたまま未解決となっているのだ。」（判決書p.88上段）

右記引用においてパール判事は、あのパリ条約（ケロッグ・ブリアン条約）ですら、その条項への違反を国際犯罪として裁判にかけて処罰できるようにするのに失敗したと指摘している。これは§4．で詳細に見た通りである。

## 識者からの引用：
## クインシー・ライト、マンレー・ハドソン、ハンス・ケルゼン

国家行為における個人の責任の件に関して、パール判事は多くの識者の意見を引き出している。次の3名はいずれもこのテーマにおける第一人者なのであろう。

### ① クインシー・ライト氏

「クインシー・ライト氏は、1925年に『戦争の非合法化』に関して著述した中で、次の通り指摘した。

『この委員会が直面した**主たる困難**は、戦争を起こすことははっきりとした違法である、と国際法が認識していなかったことにあった。そして仮に国際法がそのように認識していたとしても、国家元首を含むいずれかの特定の個人に国家行為に関して法的責任があるとすることには疑問があろう。』

（中略）

『現代の国家組織の複雑さを考えると、宣戦布告の責任をいずれかの個人ないしは一団の人々に帰するのは困難であろう。絶対君主はほとんどいなくなった。大臣たちは立法府に対して責任を負いつつ活動し、一方、立法府は有権者たちに対して責任を負うのである。民主主義の時代には国家による宣戦布告の責任を個人たちに負わせようとの努力においては、しばしば国民全体に対する起訴状が必要となってしまうのである。この実際上の困難に国家独立の理論が組み合わされると、国際法における国家責任原則を認定することへと立ち至ることとなり、そこでは結果的に、国家権能の下《もと》で活動する個人たちは国際裁判の管轄からは免除されることとなるのである。』」（判決書p.83下段～p.84上段）

右記のクインシー・ライト氏の認識は1925年当時のもので、時間的にやや古い時点のものだが、そのポイントは次の2点だと思う。

・国際法は戦争を違法なものと認識していなかったこと、
・国際法における国家責任原則を踏まえれば、国家権能の下《もと》で活動する個人たちは国際裁判の管轄からは免除されること。

## ②マンレー・Ｏ《オー》・ハドソン判事

「マンレー・Ｏ《オー》・ハドソン判事（＊）は、『国際裁判所、その過去と未来』と題する１９４４年に刊行された論説の中で、『提案された国際刑事裁判所』の問題にその第15章で取り組みながら、次のように著述している。

（＊訳注：Manley Ottmer Hudson 1886～1960 合衆国の弁護士。専門は国際公法。国際司法裁判所の判事を務めた）

『国際法は、国家間『**相互ノ（inter se）**』関係について主として国家に対して適用される。国際法は、ある国家による他の国家『**二対スル（vis-a-vis）**』権利を創り出し、また、他の国家『**二対スル（vis-a-vis）**』義務を負わせるのである。国際法の内容は、国家間の条約の処理ならびに諸国家の実務からの推論にとても大きく依存をしている。』」（判決書p.84上段）傍線筆者。

ハドソン判事は国際法が国家の犯罪を歴史的にどのように扱って来たかを論じている。ハドソン判事はまず、１９２４年ジュネーブ議定書における「侵略戦争」の扱いについて、次のように触れている。

「『歴史的には国際法は、国家が犯しうる**犯罪の概念**を何ら発展させて来《こ》なかった。時折、いくつかの国家が、自国が共同体の利益の保護者であると自称したり、他の国家の所為の妥当性につき申し渡す能力があると想定したりしたことがある。それでも**国際犯罪に関しては**、諸国家の所業への非難が立法により全般的に**定式化されたこと**は、かかる非難がなされたのが出来事の前か後かを問わず、歴史上は今に至るまで無かった。国際的な目的のために国内法から犯罪性の概念を借用しようとの公式的な試みがなされたのはつい最近のことである。流産してしまった１９２４年のジュネーブ議定書の中で「侵略戦争」は「国際犯罪」であると宣告され、そしてこの宣告は１９２７年の国際連盟総会ならびに１９２８年の第6回米州国際会議においても繰り返された。しかしながら、１９２４年議定書は「国際犯罪の抑制」の確保を企図したものであったにもかかわらず、それらの語句に定義を与えることはなされなかった。犯罪であるとの烙印《らくいん》を特定の行為に押すよう、権威を伴った形で国際法を策定することは一切なされず、またいかなる国際裁判所にも、ある国家が有罪かどうかの審理をする管轄権は与えられなかった。』」（判決書p.84上段～p.84下段）

国際法が個人の責任をどのように扱ったかについては、ハドソン判事は次のように述べている。唯一、海賊行為のみが犯罪として処罰できるようにされたとのことである。

「個人の責任の問題に立ち至った折に、ハドソン判事は次のように述べた。

『もしも国際法が個人の行動を支配することを想定しているのであれば、国際刑事法の策定に伴う困難は減ってくれることとなる。一時期、海賊は全人類の敵であり海賊行為は国際法への違反であるとすることが流行した。１７８９年の合衆国憲法は連邦議会に『公海で行《おこな》われた海賊行為と凶悪行為、ならびに国際法への違反』を定義し処罰する権限を与えた。これらの語句に与えられる意味合いについてはすべての人の意見が一致するものでもないが、最近の意見では海上における武装を伴った暴力はその広い範囲につき海賊的行為として国際法によって違法とされ、その結果、どの国もそのような行為を処罰することができ、他の国はかかる裁判管轄権の掌握に関し通常は実施できる異議の申し立てを禁じられる、

との見解に傾いているように見受けられた。』」（判決書p.84下段）

そして「海賊行為」から「類推」することによって、他の犯罪を処罰できるようにしようと試みたとのことである。次の引用の通りである。

「『海賊行為が国際法に違反するとの概念が**類推の手法**によって他の目的にも利用されたのは、この意味においてである。19世紀におけるさまざまな条約は、奴隷売買に関係した個人たちを海賊として国家が処罰するとの可能性の規定を設け…。』」（判決書p.84下段）

しかし、個人的行為の取扱いに関して、国際法そのものが拡大されることはなかった。

「『このような類推が行《おこな》われたにもかかわらず、**違法であり禁止された個人的行為を取り扱えるようにする**ために国際法を拡大しようとの権威ある試みは、なされなかった。諸国家は犯罪抑制に関する独自の機能を油断なく防衛した。さらに、国際的または超国家的刑法の発展は、国内的・地域的な見解ならびに手続きが相互に異なっていることにより、妨げられてきたのである…。』」（判決書p.85上段）

ハドソン判事の結論は次の引用の通りである。

「判事はこの論点につき次のように述べてその結論とした。

『政治的組織に関してその何らかの発展過程が差し迫っているにせよ、**国家もしくは個人の行為を有罪として処罰する司法的手続きを組み込むために国際法を拡充することについてはその機が熟しているとは云《い》い難い。**』」（判決書p.85上段）

### ③ハンス・ケルゼン

すでに見たようにパール判事は、ハンス・ケルゼン教授の指摘を重用し、その言説を判決書p.85下段からp.87下段にかけて大量に引用しているが、そのケルゼンの見解を次のように箇条書きにしてまとめている。冒頭の「この博識な著述者」とは、ハンス・ケルゼンのことである。傍線は今回の引用にあたり筆者が付した。

「この博識な著述者はその見解の中で次の点を明確にしている。

1．この裁判で申し立てられている諸行為につき、国際法はそれ自体ではその首謀者個人に刑事上の責任を負わせてはいないこと。

2．現状の国際法においては、いずれの個人についてもこのような諸行為が犯罪を構成することにはならないこと。

3．戦勝国は、単に占領をしたことによる効力だけでは次を行《おこな》うことはできないこと。

(a)このような諸行為を遡及的に犯罪とすること

(b)このような諸行為の首謀者個人を法的に処罰すること

4．戦勝国は、適切な条約により、問題となっている個人がそのために当該行為を実行したところの当該国から、このような権能を譲り受けることができること。

以上から、この教授がとりまとめた第二次世界大戦後の概況は、マンレー・O《オー》・ハドソン判事により発表された見解とは相違が無いこととなる。」（判決書p.87上段～p.87下段）

右記最後の「第二次世界大戦後の概況」に関する文は、ハドソン判事とケルゼン教授の両名の国際法の概況に関する見解は、国家の運営に携わった個人を、戦勝国を含む他の国が犯罪行為として訴追・処罰できないという点で一致しているという意味だと筆者は思う。

なお、これら2名に反する見解、すなわち「侵略戦争」を開始・遂行することの責任を個人に対して問うことは「できる」との見解を示したのが、このセクションの後方で見るように、グリュック博士（米）、ライト卿（英）、フィリップ・クインシー・ライト教授（米）、そしてアロン・ナウモヴィッチ・トレイニン教授（ソ連）である。グリュック博士の見解、さらには、ライト卿とライト教授が結論を出す上で大きく依拠したトレイニン教授の見解は、後ほどそれぞれ詳しく見ることとしたい。

## クイズ

ここで頭休めのために筆者からひとつクイズを差し上げたい。次に該当する人物は誰だとお考えになるだろうか？

「西欧の大陸国に生まれ、卑賤《ひせん》の身から合法的なやり方で（つまり、内乱などの騒擾《そうじょう》によらないで）国民の熱狂に支えられて国の最高権力者の地位に就き、その後、強力な陸上兵力によって周辺各国を蹂躙し、占領した国々において残虐行為を引き起こし、ロシアの中心部まで迫りながら冬将軍により撃退され、最後は国を敗北に導き、不名誉な最期を遂げた人物」

少し意地悪なクイズだったかもしれない。該当する人物は2人いると出題した筆者は思っている。1人はアドルフ・ヒトラー。そしてもう1人は…ナポレオン・ボナパルトである。この2人には共通点が多いと筆者は思う。

## ナポレオン

1国の指導者が戦争俘虜となった場合を考える上で、ナポレオンの検討は避けて通れないようである。ヒトラーは逮捕される前に自殺してしまったが、残された重臣たちは裁判にかけられたので、結局はヒトラーの行為が裁判の対象となったのだ。その意味ではナポレオンはヒトラーの大先輩と言えると思う。東京裁判における被告人たちを考える上でも、ナポレオンが法的にどのように取り扱われたかを見ておくのは重要なのであろう。パール判事もナポレオンの件を判決書の中で第一部と第七部の2カ所に亘って取り上げている。

ナポレオン自身は敗北後、法に従って戦争俘虜として投降したのではなく、「自分自身をイギリスに逃げ場所を求めている単なる個人である」（判決書p.91下段）と公言した。そこでナポレオンの身柄を確保したイギリスは、ナポレオンの法的な立場を確定するのに苦慮したのである。

まず、プロイセンの見解は、ナポレオンは極悪人であり、自らを「法的保護喪失者」の立場に置いたので、見つけ次第、射殺してよいという過激なものであった。ただし、この見解はさほどユニークでもない。合衆国のジャクソン判事が、ニュルンベルク裁判に関する大統領への公的な報告の中で、これと同様の見解を示したことが思い起こされる。

「（前略）ナポレオンは自分自身を『公民的関係ならびに社会的関係』の外に置いたのであり、そのためナポレオンは『世界の敵ならびに悪人として公衆による復讐の対象となる責任を負うこととなった』者であることを当時の列強諸国は宣言したと指摘した。もしも連合国がプロイセンのブリューヒャー元帥（＊）による勧告を受け入れていたら、右記の宣告により『法的保護喪失』となった者であるとして、ナポレオンは見つかり次第に射殺されていたことだろう。

（＊訳注：Gebhard Leberecht von Blücher 1742～1819 ナポレオンと戦ったプロイセンの元帥。公爵）」（判決書p.91上段）

このプロイセンの勧告（計画）は、イギリスが受け入れなかった。

「（前略）右記のプロイセンの計画は、ウェリントン公爵（＊）の気に入ることにはならなかった。公爵は、ウィーンで行《おこな》われた法的保護喪失者の宣言に対するプロイセンによる解釈につきその正しさについて異議を唱え、その宣告は決してナポレオン暗殺を扇動することを意図してはいなかったと主張した。公爵によれば、戦勝国は法的保護喪失を企図することによってナポレオン射殺の命令を発する権利のいかなるものをも得ることはなかったとのことである。

（＊訳注：Arthur Wellesley, 1st Duke of Wellington 1769 ~ 1852 イギリスの軍人、政治家。インド征服戦争で功績がありさらには欧州各地において対ナポレオン戦争を勝利に導いたことから最終的にはイギリス陸軍の元帥となった。また、１８２８~１８３０、１８３４の２度に亘《わた》りイギリスの首相となった）」（判決書p.91下段）

最初に出た法的勧告は次であったとのことである。

「（前略）ボナパルトは反逆者だったのであり、彼は彼の主権者に投降したのだと考えるべきだ、とした。この見解は大審院記録部長によって採られ、リバプール卿（＊１）によって採用された。」（判決書p.91下段~p.92上段）

これに対し、別の意見も存在した。

「エレンボロー卿（＊２）とW・スコット卿（＊３）は別の可能性を見出《みいだ》した。以下の二つの内のどちらかであるというのである。

1．彼はフランスの国民であり、そしてイギリスはフランスと戦争状態にあった。

もしくは、

2．彼はフランスへの反逆者であり、そしてイギリスは同盟国としてフランスの主権者を支援していた。

（＊１訳注：Robert Jenkinson, 2nd Earl of Liverpool 1770 ~ 1828 イギリスの政治家。１８１２~１８２７の期間はイギリスの首相を務めた。伯爵）

（＊２訳注：Edward Law, 1st Baron Ellenborough 1750 ~ 1818 イギリスの判事。男爵）

（＊３訳注：William Scott, 1st Baron Stowell 1745 ~ 1836 イギリスの判事。男爵）」（判決書p.92上段）

右記の1．はエレンボロー卿、2．はウィリアム・スコット卿（ストウェル卿と呼称されることもある）の意見である。2．はリバプール卿が採用した見解をさらに進展させたものであろう。そして、ウィリアム・スコット卿に近い考え方をしたのが、エルドン卿であった。

「エルドン卿（＊）は、はたしてボナパルトはフランス国民であると本当に考えられるのかどうか、との疑問を呈した。『イギリスは国家としてのフランスとは戦争状態にはなかったのではないのか』と。

（＊訳注：John Scott, 1st Earl of Eldon 1751 ~ 1838 イギリスの法廷弁護士、政治家。１８０１~１８０６の期間はイギリスの大法官を務めた。伯爵）」（判決書p.92下段）

ホランド卿は、エルドン卿の考え方に対して次のような疑問を呈した。

「イギリス上院においてホランド卿（＊）は、その主張には『**特に(inter alia)**』次の点が問題として含まれていると考えた。

1．いずれの既知の国家の国民でもない人間を、それが誰であれ戦争俘虜として拘禁できるのか？

2．我々が交戦していなかった国家の国民であった人間を、それが誰であれ留置することはできるのか？

3．我々が交戦していた国の国民ではなかった人間を、それが誰であれ敵国の国籍の外国人として考えることはできるのか？

（＊訳注：Henry Vassall-Fox, 3rd Baron Holland 1773 ~ 1840 イギリスの政治家、19世紀初頭におけるホイッグ党の大物。１８０６~１８０７の期間はイギリスの王璽尚書《おうじしょうしょ》(Lord Keeper of the Privy Seal) を務める。男爵）」（判決書p.92下段）

果たして、ナポレオンは敵であるフランスの指導者だったのであり、フランス国家を戦争で屈服させたのでナポレオンは捕虜となったのか、あるいは、国家としてのフランスは敵ではなく、ナポレオンはフランスへの反逆者なのであり、イギリスを始めとする連合国はフランスの「真の主権者」と共に反逆者ナポレオンの一団と戦ったのか…。パール判事の記述からは、結局以上のどちらに軍配が上がったのかは読み取れない。

パール判事は、以上のさまざまな見解を提示した上で、ナポレオンの件につき次のように結論をしている。

「ナポレオンに起きたことはそのいかなる面においても、国際法に付け加えたり、国際法から差し引かれたりする対象であると申し立てられるものではなかったことは確かである。」(判決書p.93上段)

つまり、ナポレオンの件の検討を避けることはできないが、捕虜ナポレオンの法的性格については決定的な結論には至っていないため、ナポレオンの件は国際法の進歩には貢献しなかったというのがこの件に対するパール判事の結論である。

## 実際の国際法における戦争俘虜の取扱い

ナポレオンに起きたことの検討を終えた後、パール判事は、戦争俘虜の取扱いに関する実際の国際法の状況につき、次のように述べる。

「陸戦の法と慣習に関する1907年のハーグ第4条約に付属する規程、(戦争俘虜に関する)1929年のジュネーブ条約、いくつかの国家の戦争法規、そのうち特に1940年の合衆国陸軍省陸戦規定、以上はいずれも、ジャクソン判事やそれに続くグリュック博士による征服国の法的地位についての主張とは反対の方向を指し示している。チャールズ・チェイニー・ハイド(＊)は『主として合衆国により解釈され適用された国際法』についての彼の論文の中で、次のように記している。『1863年の「戦場における合衆国陸軍の統括のための諸訓令」ならびに1917年の陸戦規定『によると』、**戦争法規**はすべての残虐、さらにはすべての私的な復讐、それらの行為の黙許、ならびに、すべての強奪を否認している。加えて**戦争法規**は、敵の軍隊に所属する個人ないしは敵国政府に属する市民や国民につき、彼らを逮捕したあらゆる者が裁判を行《おこな》わずに殺戮ができる、**法的保護喪失者**であると宣告することをも許してはいない。それは、『かかる意図的な法的保護喪失を現代の平時の法が許していないこと以上にそれを許しているものではないし、逆に、**戦争法規**はそのような悪逆暴行をひどく嫌うのである。』

(＊訳注:Charles Cheney Hyde 1873～1952 アメリカの弁護士)」(判決書p.93上段～p.93下段)

現行の国際法に照らせば、ナポレオンを見つけたら即座に射殺せよとのプロイセンの主張は、まさに悪逆暴行と言えるのではないか。「我々は彼ら(引用者注:ニュルンベルク裁判の被告人たち)を聴聞なしに処刑もしくは処罰をすることもできる。」(判決書p.42下段)との見解を、大統領への報告書の中で記述したジャクソン判事も同様である。パール判事が激しく非難するのも首肯できる。

戦争俘虜の取扱いについて、さまざまな戦争法規の中でも重要な地位を占めているハーグ規程について、パール判事は次のように述べている。

「ハーグ規程は、武器を手放すか自らの身を守る手段をもはや所持してはいない敵が自らの意志で投降して来《き》たら、交戦者はその敵を殺したり傷つけたり、あるいは、助命はできないと宣告したりすることを、明示的に禁止している。」(判決書p.93下段)

その上で、現状の法の下《もと》での合法的な戦争俘虜の取扱いにつき、次のようにまとめている。

「**現状の法においては、これらの俘虜を国際法による当然の手続きによるもの以外**によって『処刑』することは、戦勝国の側による『**厳密ナル意味ニオケル(stricto sensu)**』『戦争犯罪』となるのだ。ただし現状では、それらの戦勝国にその罪を問う者はもちろん誰もいないであろう。」(判決書p.93下段)

右記の引用の最初の文章は、東京裁判において国際法による当然の手続きによらずに処刑に踏み切ると、それは戦勝国による、厳密なる意味における戦争犯罪になるとの重大な指摘である。ただし、たとえ国際法の手続きによらずに被告人たちを「処刑」しても、戦勝国に対してかかる処刑を「不法処置である」と問う者はいない。

筆者には、これはアメリカのジャクソン判事が述べた例《くだん》の見解にパール判事が衝撃を受けた結果としての指摘だと思える。社会の模範となって正義を遂行すべき司法関係者、それも重い責任を負った者が堂々とそのような見解を述べたことは衝撃的だったのだろう。

## グリュック博士

パール判事はアメリカの犯罪学者であるシェルドン・グリュック博士から広範に引用しており、その論点を5点の箇条書きにしてまとめている。その箇条書きの引用をここでは省略させていただきたいが、記載されているのは判決書のp.89上段からp.90下段である。

## グリュック博士の主張その1：「国際慣習法」によって「侵略戦争」は犯罪となった

グリュック博士の主張は大きく分けて2点あり、1点目は、「国際慣習法」の発展により「侵略戦争」とされる戦争が国際犯罪となったというものである。次の引用の通りである。なお、左記の引用でいう第1～第5の命題とは、5点の箇条書きのことである。

「グリュック博士は、『侵略戦争』が国際犯罪であるのは、何らかの協定、協約ないしは条約によってそれが犯罪であると取り決められたからではなく、博士の云《い》う『**国際慣習法**』によってそのようにされたからである、との点を、右記で分析されたその第1、第2、第3の命題の中で確立させようとしている。その第4、第5の命題において博士は、個人責任論を展開している。」(判決書p.94上段)

パール判事はこれに反対する立場を取っていることをパリ条約の分析の中ですでに述べていた。パリ条約の箇所では引用しなかったが、これは次の通りである。

「これらのすべての事実と状況を慎重に検討した結果、本官は、グリュック博士により言及され検察側が依拠した諸々の宣告を通じては、**いかなる国際慣習法も発展することはできなかった**、との意見を持つに至った。」(判決書p.69下段)

ここではその意見を補強するため、パール判事はフィンチ氏(＊)による「コメント」を引用している。この「コメント」とは諸事実に対する氏の指摘であり、パール判事はその指摘を受け入れている。パール判事はその内容を争ってはいないのである。(＊George A. Finch 1884～1957 米国国際法学会の当時の編集長兼副理事長)

「ごく最近に、フィンチ氏がニュルンベルク判決についてコメントする中で国際法における個人の刑事責任について申し述べたことは、グリュック博士の論文への回答となると本官は信じている。この点につきフィンチ氏が申し述べたことを以下、本官は要約する。」(判決書p.94下段)

このパール判事の「要約」は、右記のフィンチ氏の「コメント」を箇条書きにしたものである。この箇条書きは国際刑法の現況をよく示していると筆者は思うが、長くなるのでここでの引用は省略させていただきたい。判決書p.94下段～p.96下段に記載があるので、ぜひ判決書をお読みいただければ幸いである。

フィンチ氏の「コメント」が指摘した諸事実によれば、国際慣習法によって「侵略戦争」は個人による国際犯罪となったと申し述べるにあたってグリュック博士が根拠とした、そのような「国際慣習法の発展」自体が認められないのであり、それが、パール判事のグリュック博士への「回答」でもある。要は、グリュック博士が挙げた諸々の宣告を通じては「国際慣習法の発展」はなかったとの判断が無理なく導かれると筆者は考える。

## グリュック博士の主張その2：「侵略戦争」を遂行した個人は刑事責任を負う

グリュック博士の主張のその2は、「侵略戦争」を開始して遂行する行為は「国際犯罪」として個人の刑事責任を問うことができるというものである。

「責任を有効に問うためには、個人を持ち出さなければならない、そして何らかの解決方法によって導かれて行《い》くところの実際的かつ論理的な結果に光を当てれば、これが現実的な見解であると博士（引用者注：グリュック博士）は考えている。」（判決書p.96下段）

ややこしいのは、グリュック博士はこの主張については何らかの慣習法に依存してはいないことである。グリュック博士は、それらの国際慣習法は国家のみに関するものであり、個人につながるものではないと正しく認識しているのだ。次の通りである。傍線筆者。

「**しかしながら、グリュック博士**は、個人に対して刑事責任を定めるにあたり**何らかの慣習法に依存しているわけではない**。博士は、申し立てられている慣習法はそれに関連している**国家**のみにつながって行《い》くことを認めている。博士は、戦争が犯罪なのであれば、その刑事責任は関連した国家に付随するものであると正しく述べている。しかしながら博士は、何らかの方法で個人に触れなければならないことを示すかのような推論を重ねる過程によって、個人にまで言及している。」（判決書p.96下段）

つまりグリュック博士は、明確な根拠の下《もと》にそのような個人責任論を展開しているわけではないのだ。責任を有効に問うために、国際法がその対象としている国家主権を飛び越えて個人にまで到達させなければならないとの目的の実現が先にあり、理由を後から付けているような印象を筆者は持つ。

「侵略戦争」の開始と遂行は個人が責任を負うべき国際犯罪とすべきであるとするこの考え方は、東京裁判当時から旺盛な勢いを持っていたようだ。それはパール判事の次の引用文の前半部から読み取ることができる。その上で、パール判事はこのような考え方を法的な見地から拒否している。次の通りである。

「グリュック博士によるこの見解（引用者注：「侵略戦争」を開始して遂行する行為は『国際犯罪』として個人の責任を問うことができるという見解）に賛成する用意がないと非常に辛辣な批判に本官自身がさらされるであろうことを視野に入れて考えても、残念ながら本官は、法に対するこの見解を受け入れることを自分自身に説得することができない。」（判決書p.96下段）

パール判事が「自分自身を説得できない」としたその理由を、以下、詳しく見ていきたい。

## 国際法における個人の刑事責任に関するパール判事の見解：国家主権

「侵略戦争」開始に対して個人の刑事責任を問うことができるとの右

記のグリュック博士の2番目の主張を拒否する理由として、パール判事は国際関係における国家主権の存在を指摘している。国家主権が個人への責任追及における壁となっていることを、パール判事は次のように表現している。

「**国家主権が国際関係の根本的な基礎である限り、国家の組織基盤を運用する上での行動は国際システムにおいて裁判にかけることはできないし**、そのような資格で機能している個人は国際法の領域の外にいるままであることを、本官は忘れることができないのである。本官自身は国家主権を熱愛するものではないし、すでに国家主権に反対する強い意見が湧き上がっていることも承知している。しかし、この第二次世界大戦後における諸組織においてさえも**国家主権は非常に大きな地歩を占めている**のである。」（判決書p.96下段〜p.97上段）

国家主権が大きな地歩を占めている点にさらに踏み込んで、パール判事は次のように述べている。

「以下の諸点、すなわち、(1)国家主権はこれまでに存在して来た国際法の根本的基礎であること、(2)戦後の諸組織においてすらも、かかる主権はそれらの根本的基礎であると捉えられていること、そして、(3)国家主権がこの重要な役割を担《にな》う限り、どの国家も、その国家組織の運営をなんらかの代理機関によって裁判しうるものとすることを許すことはないであろうこと、などに鑑みれば、現下の我々が考えるべき質問に対する諸国家の側によるかかる不作為は、かかる諸国家が故意にそのようにしているものではないなどと本官は主張することはできない。各国の代理人が行《おこな》うこのような行為を他者が裁判しうるものとすることにつき今ならば各国は同意するであろうとの点に対してさえも、本官は疑念を持っている。」（判決書p.101下段〜p.102上段）

右記の引用で「諸国家の側によるかかる不作為」というのは、具体的には国家組織の運営責任に関して個人の責任を追及する決議を、諸国家が採択した実績がないことを指している。第一次大戦におけるドイツの皇帝に対する刑事訴追が強く求められたが、結局はなされなかったことが思い起こされる。そのような不作為は各国が故意に、すなわち意識的にそのようにしているものであるとパール判事は右記引用において指摘しているのである。

国際刑法によって個人責任を問うとのこの命題についてのパール判事自身の認識は、次の引用においてまとめられている。

「国際刑法の実例で個人に対して作用するところのものであるとしてライト卿により言及されたものは、マンレー・O《オー》・ハドソン判事、グリュック教授とハンス・ケルゼン教授によっても言及されている。それらの実例で問題となっている行動は、そのすべてが、個人が自己のために公海で遂行したか、もしくは自己のために国際的財産に関連して遂行した行動である。これらの実例にはそのほとんどの場合、明文規定が具備されている。」（判決書p.101下段）

逆に言えば、全般的な国際法において個人の刑事責任を規定したものは右記に限定されるとパール判事は指摘しているのである。国際社会においては「国家主権」がその構成員なのであり、そのため国際法の手が「国家主権」の壁を突き抜けて個人の責任にまで到達することは、以上の限定的な「例外」を除けば、他には無いのである。

## 国際法による個人責任への追及の経路：2種類ある

ハドソン判事からの引用で見たように、個人の海賊行為を取り締まることは18世紀以降、国際法により可能とされている。そして海賊行為の取り締まりから「類推」することにより、個人が「自己のために公海で遂行したか、もしくは個人が自己のために国際的財産に関連して遂行した行動」についても個人の責任が追及できるとされた。これを指摘したのは、右記引用で見たように、マンレー・ハドソン判事、グリュック教授ならびにハンス・ケルゼン教授である。そしてこれらの実例にはそのほとんどの場合、国際刑法上に明文規定が具備されている。これが1つめの個人責任追及経路である。

一方、2つめの経路としては、ライト卿ならびにクインシー・ライト教授は「ある見解」に基づいて、第二次大戦以降は個人の戦争犯罪責任を追及できる経路があるとしている。

この見解を述べたのは、ソ連の法学者、アロン・ナウモヴィッチ・トレイニン氏である。ライト卿とライト教授はトレイニン氏の見解に依拠して個人責任追及を可とし、そしてニュルンベルク裁判の判決を支持したのである。次の引用で「トレイニン氏の見解」とあるのが、まさにこの見解のことである。

「ライト卿はこの結論に到達するためにソ連のトレイニン氏の見解に大きく依拠している。トレイニン氏はI・T・ニキチェンコ氏と共に、欧州枢軸国の主要な戦争犯罪人を裁くための国際裁判所を設立するロンドン協定に、ソ連政府を代表して調印をした人物である。」（判決書p.102下段）

国際法の権威であるライト卿が大きく依拠しているのであれば、パール判事としてはトレイニン氏の見解に注目しないわけにはいかない。そこでパール判事は、判決書p.102下段からp.106上段までに至る多大なスペースを割いてトレイニン氏の見解を紹介している。ここではその要点の抽出を試みてみたい。

## トレイニン氏の論拠は条約や協定・慣習法ではない

まず、トレイニン氏はハンス・ケルゼン教授とは異なり、自らの見解を、パリ条約を始めとする条約の類《たぐい》に依拠させてはいない。さらにはグリュック教授とも異なり、何らかの慣習法の展開にも依拠させてはいない。この点につきパール判事は次のように指摘している。

「上で挙げた他の著述家たちとは違い、**トレイニン氏は、彼の結論を何らかの条約や協定、もしくは何らかの慣習法に基づかせてはいない**。彼は第一次世界大戦前の段階で有効であった国際法がそれらの行動を犯罪的であると想定していたとは申し述べていない。彼は、パリ条約を含む何らかの特定の条約がそのような行動を犯罪であるとした、と主張してはいないのである。犯罪性が慣習法として発展したとの主張でさえも彼は行《おこな》ってはいない。その一方で、国際関係においてこれまでの間《あいだ》に認識されて来た犯罪の諸事例に頼ったり、また、そのような認識によって現下で問題となっている犯罪を導入しようとしたりする試みは、**誤った類推**となってしまうと彼は指摘しているように見受けられるのだ。」（判決書p.106上段）

## トレイニン氏の論拠に関する分析

それではトレイニン氏は、何に依拠して国際関係における個人の責任を主張しているのか？　この疑問に関するパール判事の分析を次の通り、いくつか拾ってみたい。

「彼（引用者注：トレイニン氏を指す）は分析を進めて彼自身の見解を次のように述べるに至っている。

1．国際犯罪の概念、ならびに国際犯罪との格闘については、**今後は**次を基盤として構築すべきである。

(a)「大祖国防衛戦争」の経験

(b)諸国の平和的協力を強化したいとの真の願望に裏打ちされた原則」（判決書p.104下段）

「3. 今次の大戦は後者の傾向（引用者注：諸国の平和と自由と独立のための闘争—新しく強力な国際的要因（労働者の社会主義国家であるソビエト社会主義共和国連邦）の政策を反映した傾向）に非常に広い範囲と巨大な力を与えた。

(a)自由を愛する国々は、それらの国々がそれぞれ独自の形態の政府を選びうるとのすべての国家が持つ権利を尊重することに同意し、より高い生活水準、経済発展ならびに社会保障を保証するために、経済分野において、すべての国家による完全なる協力を達成するよう努力する。

(b)1943年10月30日に、全般的な安全保障に関してモスクワにおいて布告された四カ国宣言は、「帝国主義的略奪が横行し国際的な司法原則が弱かった時期」を、国際関係の基礎となる法が強化され、その結果、すべての悪《あく》の要素との戦いが強化されることへと導かれて行《い》く時期に、置き換えた。

(c)これこそが、国際的な法的関係の新しいシステムの**創造の開始**と、ヒトラー一味の犯罪ならびに侵略国家の国際的悪行《あくぎょう》に対する戦い、の二つの間《あいだ》に有機的で不可分な結びつきがある理由である。」（判決書p.103上段〜p.103下段）

「この傾向に対して第二次大戦は異例に幅広い範囲と巨大な力を与えたとトレイニン氏は述べている。諸国は現在、次について合意をした。

『各々《おのおの》の国がそれぞれ独自の形態の政府を選びうるとのすべての国家が持つ権利を尊重し、より高い生活水準、経済発展と社会保障などを確保するために、**すべての**国家による完全なる協力を経済分野において達成すること。』

氏は1943年10月30日のモスクワ宣言はこれを厳粛に確認したものであるとしてその宣言に言及した。あまりはっきりとはしていないもののトレイニン氏は、列国によるこの厳粛なる決議が国際生活の**基盤**を確立し、結果的に国際システムにおける犯罪性についてその基礎を提供したと捉えているようである。」（判決書p.110下段）

「ここではトレイニン氏は、完全に法の支配の下《もと》に置かれた国際的結びつきをモスクワ宣言が設立したと捉《とら》え、そして結果的に、かかる国際的結びつきの平和的な状況に対するあらゆる侵害は犯罪となると見なしているようである。この見解によれば、国内法体系における自己防衛権の効力に依拠するがごとき正当化がなされない限り、すべての戦争は犯罪となるのである。

別の箇所でトレイニン氏は、入《い》り組《く》んだ関係性を個別国家間で発展させたとして資本主義システムに対し好ましい評価を与えている。彼によれば、堅実な国際的結びつきがそこから発展したとのことである。『さまざまな国々の間《あいだ》にある互いに対立する利害にもかかわらず、また、諸国の政治システムの型式の違いにもかかわらず、この国際的結びつきは各国人民の間《あいだ》ならびに各国の間《あいだ》を結ぶ無数の筋道を形成し、またこの結びつきは偉大な経済的、政治的そして文化的な価値を実際上も体現している。』トレイニン氏によれば、国際犯罪とは、諸国の国家間ならびにさまざまな人民の間《あいだ》の結びつき、さらには各国の国民ならびに諸国家の間《あいだ》の関係性の基盤を構成しているところの結びつき、等を犯そうとする企てである。国際犯罪とは、これらの結びつきの劣化、妨害そして分裂に向けられたものなのである、とのことである。」（判決書p.111上段）

トレイニン氏の右記の一連の引用の最後の論点である「国際犯罪とは、諸国の国家間ならびにさまざまな人民の間《あいだ》の結びつき、さらには各国の国民ならびに諸国家の間《あいだ》の関係性の基盤を構成しているところの結びつき、等を犯そうとする企てである」との指摘につき、パール判事は第二次大戦前夜における国際共同体の特徴を次のように述べて、斥《しりぞ》けている。

「本官はすでに別の場所で第二次世界大戦の前夜の時点における**いわゆる国際共同体と呼ばれているものの特徴**についての見解を申し述べた。それは単にいくつかの独立した主権の単位が統合した主体なのであって、それは断じて、法による秩序と安全保障がもたらされていると云《い》えるような主体などではなかったのである。」(判決書p.111上段～p.111下段)

当時の(そして現在も?)国際共同体とは、断じて法による秩序と安全保障が確保された共同体などではなかった。そのような共同体においては、「諸国家間の関係性の基盤を犯す試み」が法によって定義される犯罪となることは、あり得ないのである。

以上の分析を踏まえて、パール判事は次のように述べている。

「トレイニン氏の主張は、1943年のモスクワ宣言が行《おこな》われた以降には、または、その宣言の結果として、**新しい国際社会**が発展したということであるように見受けられる。」(判決書p.106上段)

すなわち、「**トレイニン氏は、彼の結論を何らかの条約や協定、もしくは何らかの慣習法に基づかせてはいない**」(判決書p.106上段)が、その代わりに「1943年のモスクワ宣言」に基づかせているとパール判事は探し当てたのである。

そのモスクワ宣言が重要であるとトレイニンが考えた理由の一端は、これが戦犯裁判(=ニュルンベルク裁判)の開催を意識してなされた宣言だから、という面にもあるのではないだろうか…。モスクワ宣言は、ナチ・ドイツ敗退後の新しい国際社会の青写真となることを目指したことは指摘できよう。

このモスクワ宣言に加え、パール判事はトレイニンがさらにもう1点を重視したことを追加的に指摘している。次の引用のとおりである。

「トレイニン氏によれば、右記の2番目の傾向を考えるに、刑事責任の概念を国際社会へと導入する余地がいくらかはある、とのことである。」(判決書p.48下段)

この「右記の2番目の傾向」こそは、トレイニンが重視したもう1点である。それが何を指すかだが、パール判事はそれを「平和と自由と諸国の独立のための闘争であり、新しく強力な国際的要因、労働者の社会主義国家であるソビエト社会主義共和国連邦の政策を反映した傾向」(判決書p.48下段)と記述している。新しく出現した、この「労働者の社会主義国家たるソビエト社会主義共和国連邦の政策」(判決書p.48下段、p.110下段)も、刑事責任の概念を国際社会へと導入する余地をもたらしたとは、右記引用の通り、トレイニン氏自身が述べているようだ。

しかし、右記の2点、すなわち「モスクワ宣言」ならびに「新しいソ連邦の政策」を根拠にして、法学者的な着想のみを適用した新しい結論を出すことには疑問が持たれると、パール判事は次の引用の通り、述べている。傍線は筆者が付した。

「法的命題の元々の意図に合致しない現象に対し、かかる命題に関する法学者的な着想を適用することも、時には正当なものとなるものなのかも知れない。しかし本官は、かかる命題の元々の内容と概《おお》ね同様であるとさえも云《い》えないようなまったく新しい内容をその中に注ぎ込むことがはたして正当なのかとの点については、疑いを持つ。」(判決書p.106上段)

右記引用の冒頭の「法的命題の元々の意図」とは、「刑事責任の概念を国際社会へと導入する余地」を追求する意図のことであり、「合致しない現象」とは、法的命題のもともとの意図を具体化した国際法（慣習法を含む）が存在しない状況を指すものと思う。「まったく新しい内容」とは、「モスクワ宣言」と「新しいソ連邦の政策の出現」であろう。

しかしパール判事は、そのような法的命題の元々の内容（＝刑事責任の概念を国際社会へ導入せんとする意図）とはほとんど合致しないまったく新しい内容（＝次元の異なる概念）たる「モスクワ宣言」と「新しいソ連邦の政策の出現」の２つを、「法学者的な着想」のみを持ってその法的命題の根拠として注ぎ込むことに「疑いを持つ」と述べたのである。

トレイニン氏による、このような「法学者的な着想」に「疑いを持つ」のであれば、パール判事はトレイニン氏の主張の根拠を認めていないことになる。根拠を認めないということは、当然ながらトレイニン氏の主張する「国際法による個人責任の追及の経路」も認められないことになるように思う。

トレイニン氏によるこの「法学者的な着想」についてパール判事はさらに検討を進め、次のように指摘している。これはパール判事がそれに対して「疑いを持つ」ことの理由の説明となっているように思う。

「法の諸規範はその大部分が、それが適用される事実から湧き出て来るものであることは疑い無い。それにもかかわらず、かかる諸規範をそのような考えのみによって直接的に探し出そうとする試みは、それを行《おこな》う者を一種の迷宮の中で道に迷わせることとなろう。このようなやり方に関わった法理論の原則は、実生活でのテストに耐えることはなかろう。

モスクワ宣言は新しい国際生活がこれから始まるとの宣言にすぎない。

この新しい国際生活が始まったのだと想定してもなお、それは推奨された法が存在に至るべき『理由』を意味するのにすぎない。しかし、法の理由それ自体は法ではないのである。」（判決書p.106下段）

一般に、共産主義者はいったん正しいと決めたテーゼは絶対的に正しいと信じて、以後はそれに対して疑問を呈したり、そのテーゼを検証したりすることをやめてしまう傾向があるのではないかと、筆者は感じている。パール判事は右記引用において、諸規範が「適用される事実から湧き出てくる」との「考えのみ」から「諸規範を直接的に探し出そうとする試みは、一種の迷宮の中で迷うこととなる」と指摘している。そのような「試み」とは、その前提として、適用される事実、すなわちモスクワ宣言というテーゼが絶対的な意味合いを持つことにしないと採用できないものであろう。しかし、１９４３年モスクワ宣言に絶対的な意味合いを見出している論者は、現在では果たして何人残っているのだろうか。

自然法の議論もそうであったが、何らかの大義の絶対的基準を着想してそのような基準が人類と人道の進歩のために必要であると、何らかのテーゼによって独断的に決めても、そのようにして直接的に作り出された「法の諸規範」は、結局は疑いの目で見られ、パール判事が指摘するように、どこまで行《い》っても、「一種の迷宮の中で道に迷う」ことになってしまうのではないだろうか。だからこそ、そのように作られた「法の諸規範」は、実生活でのテストに合格することはないだろうとパール判事は述べているように思う。

## トレイニン氏の言説の評価

そのように分析を重ねて、国際法による個人責任の追及を可とするトレイニン氏の主張を否定するに至った後、パール判事はトレイニン氏の言説の価値を次のように一部、認めている。トレイニン氏の考察で評価すべき貢献を、きちんと指摘しているのである。多大なスペースを割いてトレイニン氏の主張を論じた真の理由は、ここにあるのだと筆者は思う。その意味で次の引用は重要ではなかろうか。

「本件に関する**トレイニン氏のもっとも価値ある貢献**は、刑事責任が国際生活において占める位置に関する彼の見解である。彼は、国際法により裁判が可能であるとされる犯罪として、これまで国際システムの中に含まれて来た、海賊行為、奴隷制度、その他同様のものは、国際犯罪という語の正確な意味合いにおいては、実際上は国際犯罪ではないことを正しく指摘している。」（判決書p.107上段～p.107下段）

海賊行為、奴隷制度、その他同様のものは、実際は国際犯罪ではなかったとするトレイニン氏の指摘をパール判事は重視しており、「正しく指摘している」とまで述べている。そうであれば、国際犯罪（＝国際間における個人による犯罪）はそもそも何もないことになる。

もう1点、国際生活の発展にはいくつかの段階があることについてのトレイニン氏の指摘を紹介している。パール判事はこの指摘についても、トレイニン氏の重要な貢献だと考えているようだ。次の通りである。

「トレイニン氏は国際生活における刑事責任の概念は**その生活自体がある段階までの発展を遂げた時にのみ**生じるものであると指摘している。かかる概念をそこに導入できる前の段階において、生活自体が**何らかの平和的基盤の上に成り立っている**と申し述べることができていなければならないのだ。国際犯罪は、かかる基盤への侵害、すなわち、国際共同体の『**平和（pax）**』への妨害ないしはそれに対する違反なのである。

トレイニン氏のこの見解に、本官は全面的に同意する。だが、本官が受け入れることが困難だと考えるのは、氏がこの文脈の中で使っている『平和』の語彙の意味合いと、第二次世界大戦前に存在していた国際共同体の性格についての氏の見解である。さらに、かかる刑事責任を国際生活に導入することがそもそも有益なことなのかを本官は疑っている。」（判決書p.107下段～p.108上段）

トレイニン氏は、国際生活自体がある程度にまで発展しないと国際生活における刑事責任の概念は成り立たないと指摘している。国際生活が平和的基盤の上に成り立っていない現段階（要は国家主権のぶつかり合いが発生した場合に最終的には戦争でケリを付けているような国際生活）では、かかる刑事責任は成り立たないとしているのだ。刑事責任を導入するには、国際生活は今よりももっと発展して、完全な平和的基盤の上に乗っていなければならないのだ。パール判事は、「トレイニン氏のこの見解に、本官は全面的に同意する」と述べている。

このトレイニン氏の国際生活の発展の着想には、唯物史観論者の面目躍如たるものがあるのではと筆者は思う。ライト卿等、国際法の権威がトレイニン氏の見解に依拠したのは、トレイニン氏の見解の中に氏ならではの独創的な面を見出したからであろう。

ただし、トレイニン氏がこの見解を述べている文脈の中で使っている「平和」とは、奴隷の身分に落とされた一群の植民地を国際的平和基盤の名の下《もと》に現状のまま維持させるための「平和」との意味合いなのである。現在で言えば、チベットやウイグルの独立なり大幅な自治、あるいは香港の民主化闘争は、「平和」維持の名の下《もと》に、認めないと言うようなものだ。（ちなみにこれらは、ジャクソン判事が主張した「1935年」よりもはるか後に起きたことである。）このような「平和」の語彙の意味合いには、パール判事は同意できないのである。

「トレイニン氏は、せいぜい、変貌している国際生活の持つ要求を確定させたにすぎないのである。しかし本官は、それはかかる生活の真の要求なのかどうか、また、**戦争に敗れた国の関係者**に刑事責任を負わせることしかできないような現下の組織体制の下《もと》で、そのような刑事責任を導入することにより、その要求を効果的に充足させることができるのかどうかについては、疑いを持つ。」（判決書p.107上段）

右記引用が、トレイニン氏の言説に対するパール判事の結論であると筆者は思う。

トレイニン氏は、「変貌している国際生活の持つ要求」、具体的には、国際生活の平和的基盤への侵害は国際犯罪であるとして確立せよとの要求を、明確化させたのである。しかし、①1948年の時点でそれがはたして国際生活の真の要求なのか、②ニュルンベルク裁判・東京裁判等、**戦争に敗れた国の関係者**に刑事責任を負わせることしかできないような現下の組織体制の下《もと》で、そのような刑事責任を導入することによりその要求を効果的に充足させることができるのかどうかについて、パール判事は疑念を持っているのである。

## 憎しみに満ちた報復の要求

さらにパール判事は、「これは申し述べておかなければならないことだが」と前置きして、ニュルンベルク裁判に向けられたトレイニン氏の「真の衝動」とは「ヒトラー一味に対する憎しみに依拠した報復の要求」であると、次のように計3回にも亘って指摘している。一方、東京裁判においては、その「真の衝動」が「報復」であるなどとトレイニン氏のように率直に述べた者は、ソ連の検事を含め、存在しない。

「これは申し述べておかなければならないことだが、**トレイニン氏は**この裁判へ向けられた真の衝動を率直に指摘している。彼は次のように述べている。

『そのため、ヒトラー一味が犯した犯罪の刑事責任の問題は最も重要なものである。ヒトラー一味の殺人鬼による怪物的な犯罪は**激しく燃え上がる抑制できない憎しみ**、世界のすべての誠実な人々、すなわち自由を愛するすべての人々の集団の心の中に厳重な報復への渇望を喚起したために、この問題はとても差し迫ったものとなっているのだ。』」（判決書p.102下段）

「第1章の後方の部分で、トレイニン氏は次のように考えていることを記《しる》した。『ヒトラー一味により遂行された犯罪への報復の要求に対し法的な表現を与えることはソビエトの法律家にとって最も厳粛な問題であり、かつ、**名誉ある義務**である。』」（判決書p.103下段）

「トレイニン氏はヒトラー一味により遂行された犯罪への報復の要求に法的な表現を与えることはソビエトの法律家にとって『**名誉ある義務**』である云々《うんぬん》と述べている。本官は、何らかの報復への要求を満足させるためのこの義務の感情が、氏の中であまり重きを置いていないことを願う。判事ならびに法学の思索家は、このような感情の重圧の下《もと》では正常に機能することができないのだ。そうは云《い》っても、トレイニン氏の論説が深い法的思考への貴重な貢献であることは否定できない。」（判決書p.106下段）

たとえ「報復の要求」こそが、ニュルンベルク裁判に向けたトレイニン氏の「真の衝動」であったにしても、ライト卿がその論理構成上で重んじたトレイニン氏の見解が無意味になるのを避けるため、パール判事は右記3点目の引用の最後尾の文章を記したのである。

## 国際生活への犯罪の概念の導入：4つの観点

ここでパール判事は、何らかの所与のテーゼを出発点としたトレイニン氏の見解への分析から視点を切り換え、そもそも国際生活に犯罪の概念を導入するならば、その検討をどの観点から行《おこな》うべきかを考察している。国際生活への犯罪の概念の導入の検討は、処罰の社会的有益性の観点からなされることが必要だとパール判事は指摘する。これは「実生活のテストに耐えうる」検討の模索となろう。次の通りである。

「国際生活に犯罪の概念を導入する問題の検討は、処罰の社会的有益性の観点からなされることを要する。処罰の根拠となる学説については、時点毎で異なった学説が諸国の国内システムが有する目的のために受け入れられて来たのである。これらの学説は、⑴矯正、⑵阻止、⑶応報、⑷予防、などの面から説明されうる。『処罰は犯罪人を、法を遵守する人間へと矯正すること、すでに他者が処罰されたところの犯罪を重ねてなすことを阻止すること、私的復讐の性質を持つものなどではなく、応報が公平で公正であることを確実ならしめること、法の違反者を認めないことを集合的に表現することによりそのグループの連帯性を高めること、などから、認められて来た。』これらの議論に対して現代の犯罪学者たちはあっさりと片付けてしまっている。しかしながら本官は、処罰は以上の望まれた結果のいずれか一つか二つを生むことはできるとの立場から検討を進めることとする。」(判決書p.108上段)

以上の内の⑵阻止、⑷予防、⑴矯正の3点につき、パール判事は順に次のように斥《しりぞ》ける。なお、以下の引用は結論にあたる骨子部分のみであり、かかる結論への肉付け部分については、判決書のp.108上段～p.108下段をお読みいただければ幸いである。

「単に被征服国のみに対して何らかの犯罪の裁判と処罰が適用可能であるとする段階が国際組織において継続する限り、刑事責任の導入は阻止と予防の効果をもたらすことはできない。侵略戦争を計画したために被る刑事責任のリスクが、そのようにして計画された戦争に敗れるリスクよりも重大になることはまったく無いのである。

本官は、右記の矯正を国際生活の中に刑事責任の概念を導入することを通じて実施しようとまじめに考える人がいるとは思わない。道徳的な態度ならびに行動における規範は、犯罪行為がその個人の個別的な利益に関するものである場合においてですらも、処罰が犯罪防止のための信頼できる動機となるためには過度に微弱なやり方で獲得されて来たのである。」(判決書p.108上段)

残った⑶応報、については次のように述べている。

「本官の意見では、応報を目的として国家の代理人へ刑事責任を適用するのは不適切である。応報は、その語の正しい意味合いとしては、犯罪人にその行為の正当な帰結をもたらすことを意味しており、その際の正当とは倫理的見地に基づくものである。これにはその個人の道徳的責任の程度を決定することが必要とされており、そのような任務は国内生活においてでさえ、いかなる司法裁判所によっても不可能である。」(判決書p.108下段～p.109上段)

## 「復讐」の否認

以上の⑴～⑷の諸点以外にも今一つ、国際生活に犯罪の概念を新たに導入する理由がある。「復讐」(原表記はrevenge)である。これについてはパール判事は、次のようにあっさりと片づけている。

「かかる概念を国際生活へ導入するための、残る唯一の正当化の理由は復讐である。そしてかかる正当化の理由は、この裁判を要求している者すべてが否認している。」(判決書p.109上段)

いやいや、トレイニン氏がいるではないかとおっしゃるかもしれない。しかしトレイニン氏はニュルンベルク裁判について言及しているのであって、「この裁判」すなわち東京裁判については触れていないのである。

ただし、東京裁判で皆が否認している「復讐」ではあるが、その実、東京裁判関係者の「真の衝動」は復讐であるとの考えをパール判事は捨ててはいなかったようだ。次の一連の引用がパール判事のそのような、いわば疑念を示唆しているように思う。傍線筆者。

「戦勝国から**現在**与えられている犯罪の定義に従って行《おこな》われるいわゆる裁判と呼ばれているものは、現在の我々と戦争に負けたら即決で屠《ほふ》られた太古との間《あいだ》に広がっている何世紀にも亘《わた》る文明を抹殺するものである。このように処方された法による裁判は、復讐への渇望を満足させるために司法手続きのうわべを装ったインチキ（訳注：原表記はa sham）となるのみである。それはあらゆる意味において正義の概念とは合致しない。このような裁判は、『現在のような裁判所の設立は司法的措置であるというよりはもっと政治的なものであり、本質的には政治的な目的に司法の装いを施して覆い隠したものである』という感情をまさしく創り出すことであろう。形式を整えた復讐は短命な充足感をもたらすのみであり、究極的には後悔をもたらすことはほとんど必然である。しかし、**真正な司法手続き**を通じた法の援用はそれだけで国際関係において秩序と節度を再構築することに大きく貢献するのである。」（判決書p.30上段～p.30下段）

「本件裁判のこの段階において挙《あ》げられている証拠の検討に進む前に、本官はふたたび警告を発することとしたい。戦争犯罪の報告は、復讐への欲望ならびに熱情を生み出すのである。我々は、憤慨による影響はそのすべてを回避しなければならない。」（判決書p.564下段）

「本官は、これらの有罪判決はあらゆる憤怒《ふんぬ》を十分に癒《いや》し、そしてかかる憤怒《ふんぬ》によって発生したところの復讐へのあらゆる欲望と熱情を満足させることができたものと信じる。」（判決書p.569下段）

「国際社会が現在さしかかっているような試練の時期においては、間違った原因を指《さ》し示してそれがすべての不幸の源泉であり、また、すべての不幸はかかる原因のせいであると人々を納得させて彼らの心を誤った方向に導くことは十分に容易であるということが共通の経験となっていることは、確かである。大衆の心をそのようにコントロールしようと求める人たちにとっては、これは好機である。復讐の手段でありながら、求められている唯一の解決方法であるとの外装をまとっているものを、邪悪な気風で一般大衆の耳にささやいて吹き込むには、これ以上に適当な時期は無い。いずれにせよ、1個の司法裁判所は、そのような妄想に手を貸してはならないのである。」（判決書p.643下段）

「正義の名を、復讐心に燃えた報復の追求を長引かせるためだけに使うことは許されるべきではない。」（判決書p.643下段）

ニュルンベルク裁判においてトレイニン氏は、復讐こそがソビエトの法律家にとって**名誉ある義務**である云々と赤裸々に述べている事実がある。東京裁判を要求している者が皆、復讐を否認しているからと言って、彼らの腹の底にそれがなかったというわけでもないのではないか。ドイツに対しては素直になれるのに、日本に対しては本音を隠すことを「文明」であると心得《こころえ》たのではないだろうか…。

ただし、本音を隠匿してうわべを繕った法曹関係者ばかりでもなかったのである。戦勝国に対して公平であるためには、東京裁判には「報復」（原表記はretribution）も含まれていると冷静に指摘した合衆国の裁判官に触れておく必要があると思う。合衆国最高裁のダグラス陪席判事である。次のように述べている。傍線筆者。

「それ（引用者注：東京裁判）は敵の力の希薄化に向けた戦闘行為の継続なのであって、実行された不正（引用者注：真珠湾攻撃）に対する報復が含まれているのである。それは戦勝という共通目的の推進のための軍事的協調における他のすべての側面と同様に、明白に政治決定の範疇に属するものである。」（本書・付録1ダグラ

ス陪席判事の同意意見書 参照）

## 「過ちに対する憤慨」：「義憤」

「復讐」に近い感情が「義憤」である。復讐を理由とした裁判ではないにせよ、「義憤」に関する分析を怠るわけにはいかないとパール判事は考えたものと思われる。

「過ちに対する憤慨は正しい感情であること、そして、かかる感情それ自体が刑法を正当化するものであること、などの主張がなされうるかも知れない。

国際的な過ちを犯した者が苦しむことにつき、いくらかの満足感を覚え、いくらかの健全性を認識することは、恐らくは正しいのであろう。過ちに対して憤慨することは我々にとっては道義的な義務でさえあるのかも知れない。」（判決書p.109上段）

義憤を詳しく分析するため、フィッツジェームズ・スティーブンの見解を紹介している。次の引用では、戦争という明らかな「悪《あく》」の勃発を予防できない現状の国際社会に個人への刑事処罰の概念を導入するのは不適当であること、また、「悪《あく》」を認めないとの不承認を、たまたま戦争に敗れた国や国民に対してのみ適用するやり方は、正当化できないこととする、パール判事の見解が述べられている。

「一見するとスティーブンは復讐への欲望を倫理的に正当であるとして擁護しているように見受けられるものの、彼が申し述べた考えを注意深く検討していくと、彼が実際に念頭に置いているのは単純明快な復讐の感情というよりも、誤った行動に対して我々が正しく感じるところの義憤の感情であることがわかる。処罰には教育的もしくは予防的価値の可能性があるとの確信を彼の考えから取り去ってしまうと、この感情は法をほとんど正当化しないこととなる。義憤は誤った行動の遂行に対して生じる。法を正当化するものはその予防的能力なのである。ある組織においてかかる予防がまったく不可能なのであれば、そこにおいて法を導入することが正当であるとする理由は存在しないこととなる。かかる組織に刑事処罰を導入するのは不適当なのである。

義憤の感情の中の要素で、共同体のために実際上で大きく問題となって来るものは、不承認の表現方法である。認めないとのこの感情は主として行為に対して起こるものであるが、それは必要に迫られてその実行者に対しても向けられる。問題は、この不承認を表現する実現可能かつ正しい方法は何かということである！

本官の意見では、国際社会の現段階においては、戦争に敗れるという偶発性に必然的に頼るやり方、そして、それが被征服国に対してのみ適用されるとのやり方は、いかなる倫理的理由によっても正当化はできないのである。かかる不承認を表現するやり方で実施可能なものは他にもあるのであり、現段階においてはそのような他のやり方で世界の輿論《よろん》を表現することで国際共同体を満足させることはできるはずなのである。」（判決書p.110上段）

パール判事の述べる「不承認を表現する」「他のやり方」とは具体的には何なのか、悔しいが筆者には思いつかない。行《おこな》われた不正に対する義憤を表現するのに、戦敗国やその国民を裁判にかけるやり方以外のやり方があるとパール判事は述べている。たしかに何か方法がありそうな予感はするが、残念ながら、筆者には具体的なやり方が思いつかないのである。

## 刑事責任を被告人たちに負わせるための理由で最も意味あるもの

国際生活において個人に刑事責任を導入する際のさまざまな論点を右記で見てきたが、パール判事は結論部分で次のように述べている。

傍線は筆者が付した。

「刑事責任を被告人たちに負わせるために持ち出された**理由の中で最も意味のあるものは、**そうすることによって戦敗国全体の不名誉が十分に晴らされ、それにより戦敗国と戦勝国の各々《おのおの》の個別の市民の間《あいだ》のより良い相互理解と好感を促進するというものである。戦争によって戦敗国全体が、平和を愛するすべての国の憎しみを引き起こしたのだと巷《ちまた》では云《い》われている。戦争について真に責任があるこれらの数少ない人々を裁判し処罰することにより世界は、他のすべての国と同様に戦敗国もこれらの軍事的指導者により等しく罪を着せられたことを知ることになると云《い》うのである。これは、平和を愛する諸国民の心の中から戦敗国に対するすべての憎しみを取り除き、かかる憎しみを思いやりと良好な感情によって置き換えることにより、将来的な世界平和に対する実質的かつ真実の貢献となるであろう、と云《い》う。それがその通《とお》りであると仮定したにしても、強く希求されているこの目的によって、これらの個人への処罰を司法裁判所が実施することがどのように正当化されるのか、本官にはわからないのである。現在行《おこな》われている裁判の目的がこのようなものであるのなら、それと同じ結果が、戦争責任の調査委員会によって容易に得られたことであろう。そのような委員会においては、異なる国籍を持つ有能な判事たちを委員とすることもできたであろうし、彼らによる宣言であれば、法の適用をこじつけるような不必要なことをせずとも、望ましい効果を得ることができたであろう。」（判決書p.112上段～p.112下段）

またチラリと本音が出た。「法の適用をこじつけるような不必要なこと」。これが東京裁判の実態であると遠回しに指摘しているのである。広く国際的に承認された日本という国家の政府組織を運営するうえで、適法に国家行為を行《おこな》ったにすぎない責任あるリーダーたちに対して、国際社会に対する個人責任を適用するために（＝国際犯罪とするために）、「広く一般に認められている共同謀議式立証方法」（判決書p.16上段）と称する「荒唐無稽」（判決書p.524上段）な無理筋を持ち出したのが、東京裁判における検察側なのである。

## 国際正義は戦争の勝敗で決まる

以上、この第一部においてパール判事は、パリ条約が法の範疇の外に押し出されるものであること（§4.）、さらにまた、個人責任を国際生活に導入するには、国家主権がひしめく現在のような共同体においては時期尚早であること（§5.）を論じて来た。

以上の2点の論点をとりまとめて、パール判事は次のように判定している。これはパール判決書のハイライトの1つであると筆者は思う。国家間の紛争を当事国双方に対して拘束力を持つ解決へと帰着させる方法（例としては国際司法裁判所による判決を得ること）に付託させることはどの国も行《おこな》っていないとして、この状況下で決着をつける唯一の方策は「戦争」だと指摘されている。パール判事による正確な表現は、次の通りである。

「紛争を平和的手段以外によっては解決しないよう当事国を拘束することを主旨とする条約もしくは協定でさえも、かかる紛争を法的決着もしくはそれ以外の拘束力ある決着に付託させるとのはっきりとした義務をその中に含んではいない。拘束力ある法的決定もしくは当事国双方に対して拘束力を持つ解決へと帰結させる決着方法に他国との紛争を付託しなければならないとの義務はどの国にも無いとの点は、別段の規定を持つ取り決めが無い限り、国際生活において認定されたルールなのである。これは国際システムにおける根本的なギャップである。

このギャップを埋めるために計画されるのは、ただ戦争のみである。戦争は国際的な権利侵害から自己を救済するための正当な手段であり、また、変化を企図する場合、戦争とは、現存する権利関係をかかる変化の客観的な良し悪しとは無関係に変化させる目的を持つところの、国家主権による行動でもあるのだ。戦争放棄のための条約を結んだ際ですら、このギャップはほとんど顧みられないままであったのであり、またそのギャップに対する用意はなされていなかったのは確かである。**そのように設計された社会の基盤は、公的秩序もしくは安全保障が法により提供されることを意味する平和、ないし、それへの違反が犯罪となるような平和、ではない。**そのように設計された共同体においては、犯罪の概念の導入は未《いま》だに時期尚早なのである。」（判決書p.112上段）

右記引用の最後の文章が重要だと思う。「そのように設計された共同体においては、犯罪の概念の導入は未《いま》だに時期尚早なのである。」これはトレイニン氏の言説に詳細な分析を加えた結果、到達した見解であろう。ここでの「犯罪の概念の導入」とは、国家はもちろん、その国家を構成する個人に対しても「犯罪」の刑事責任を問うことができるという意味である。これに対してパール判事は、現在のような（国際）共同体においては、国家にも、個人にも、犯罪は問えないと指摘している。これは重要な指摘ではないだろうか。

争いの当事国双方のどちらに「justice（正義）」があるのかを戦争の勝敗で決めているのが、現在の国際共同体なのである。武力の強弱によってjusticeが決まるのである。ここでいうjusticeが法によるものではないことは、言うまでもない。

### 国際法と国家主権：「支配され奴隷化された国」

右記で国際法は国家主権の前では無力であることが指摘された。

ここでパール判事は、国家には国際法を遵守すべき義務があることを論じている。「国際法の規則の遵守は国家の義務事項ではない」とまでは言えないとパール判事は左記引用の中で述べている。パール判事は右記の議論で国際法がその機能を十分に発揮できない弱い状況に関する見解を展開したものの、決して国際法が無意味だとか、国際法を否定する意図はないのである。次の通りである。

「これを申し述べるにあたり本官は、国際法の絶対的否定を示唆する意図は無い。国際法の規則が関係する限りにおいては、それらの規則の遵守が義務事項ではないと申し述べる意図は本官には無い。これらの規則を遵守することは国家の利益と両立しないわけではないとの打算からこれらの規則は生まれたということはあるかも知れない。そうであっても、それらを遵守することはかかる打算の結果であると特徴づける必要もないのである。」（判決書p.111下段）

右記の「打算」とは、「国益に沿う間は国際法を遵守しよう」という計算のことであろう。国家はそのような計算の下《もと》に国際法を遵守しているものかもしれないが、国家はそのような打算の結果としてそのようにしていると必ず特徴づけなければならないというものでもないとの右記の指摘が、左記の論旨の展開へとつながっていく。

「ある国家が一つの規則に積極的に従う前の段階においてはそのような何らかの打算を基盤とする意志を持っていたのかも知れないが、規則を新たに設立するためにはかかる『意志』を返上することが必要不可欠であり、そしてそのような返上がなされた後においては、かようにして設立された規則による義務から撤退する何らかの権利をその国家が留保することは許されないのである。このようにして規則は関係国の意志からは独立して存在するのである。規則が生まれる際にはそのような意志に依存しなければならなかったことは、重要ではない。」（判決書p.111下段）

つまり、「規則」とは、ある国家がいったんそれを規則と定めたのなら、意に沿わない事情が後日になって発生したからといって、その規則を遵守するのをやめることは、もう認められなくなるのである。国家が「国際法の規則」を国際条約としていったん認めたのなら、その国家はその規則を遵守しなければならず、無視したり撤退したりすることはできない。

この点は、最近、いわゆる徴用工判決として1965年の日韓基本条約を事実上無視した判決を出した韓国の大法院（最高裁）に指摘したいものである。当時の大韓民国の側に、条約締結に向けての何らかの「打算」があったのかは筆者にはわからないが、日本と批准書を適法に交換した時点で日韓基本条約はすでに「国際法の規則」となっているのである。その後に展開した何らかの事情によって、この「国際法の規則」を韓国政府の1部門たる最高裁が一方的に無効としてしまうことはできない。まして、「三権分立」だから行政府は最高裁の判断を尊重しなければならないなどという言い分は、通らない。それは国際社会に通用する主張ではない。さまざまな報道から判断する限り、彼らがこの「国際法の規則」を遵守していないのは明白である。韓国は国際法に違反した状況にある。

その一方で、現在の韓国は国際法を遵守せずとも何の罰則も国際社会から被らない。国際共同体は今でも、法の遵守を強制できる状況にはなっていないのである。次の通りである。

「ただし、単にこのようにしていくつかの国が何らかの義務を伴う規則の対象となったからと云《い》って、それらの国が法の統治の下《もと》にある共同体を形成したということにはならないのである。その秩序や安全保障はまだ、法により提供されたものではないのだ。**そのような共同体においては平和とは**単に消極的な概念にすぎない。それは戦争の単なる否定であるか、もしくは、『**現状（status quo）**』の保証であるにすぎない。」（判決書p.111下段）

それでは国際法の遵守を他国に強要するにはどうするか…？　現在の隣国（半島国も大陸国も含め）が日本に対して取っている態度を考えると、パール判事の次の指摘が恐ろしい意味合いを持っていることがわかる。

「今においてさえも、各々《おのおの》の国家はそれ自身に対する配分機能を自らが果たすようにされたままなのである。国際関係の基盤は未《いま》だに各国間の競争的闘争なのであり、そのような闘争を解決するためには未《いま》だに、裁判官も法の執行人も、あるいは、判断を行《おこな》うための基準も、存在しないのである。支配され奴隷化された国が未《いま》だに存在しており、一方で、闘争によらない何らかの平和的な再調整のための用意は、このシステムの中にはどこにも無いのである。かかる再調整の実施は、各国自身に任されたままなのである。」（判決書p.111下段〜p.112上段）

## 「支配され奴隷化された国」

パール判事が指摘する「未《いま》だに存在する」「支配され奴隷化された国」とは、1948年当時にまだまだ多く存在していた植民地を指すほかに、実は、東京裁判後の日本も該当するのではないかと筆者などは思ってしまう。「闘争によらない何らかの平和的な再調整」を提供することができていない現行の国際社会の中で、「再調整」を実施できないままの状態が続いているのが日本だからだ。「各国自身にまかされたまま」の国家的責務を果たし、かかる「再調整の実施」を自ら図るためには、他国に支配されず、奴隷化されていない国でなければならないであろう。フォークランド諸島をアルゼンチンから自力で奪還したサッチャー政権のイギリスを見よ。このままでよいのか、という方向に自然に意識が回ってしまうのである。

しかし、日本を取り巻く国際社会が、日本から奪った北方領土を返却しなかったり、竹島を奪ったり、尖閣諸島を武力で脅したり、日中中間線の存在を無視して天然ガス採掘のための海底掘削を行《おこな》ったり、武装集団を違法に日本国内に送り込んで無辜《むこ》の女子中学生を白昼堂々に国外に連れ去る事態になることを、1948年当時のパール判事が予見していたはずはない。以上はすべて「再調整の実施」が必要となるものであろうが、右記の引用は当時の国際共同体と国際法の状況を、パール判事がありのままに述べたのに過ぎない。

たまたまその指摘は、現在の国際社会にもそのまま適用できることが見て取れるだけなのだ。つまり、右記のパール判事の指摘の中には政治的主張は無いのである。事実をありのままに指摘するのに留めている。「そのような不都合な状況を解決するためにはこうすべきである」などと述べてはいない。パール判決書を丁寧に読む限り、一方的な政治的主張をしている箇所はないことがわかる。右記はその検証のための一例となろう。

パール判決書を「政治的主張を述べた文書である」と批判している人もいるようである。おそらく、筆者がそうしてしまったように、パール判事の指摘から「だから、こうすべきである」との方向性にまで考えが及んでしまい、パール判事がそうせよと述べていると錯覚するのであろう。しかし、そのような方向性まではパール判事は示してはいないのである。パール判決書の論旨展開を忠実に読み取る限り、その批判はあたらないと筆者は思う。

パール判事は事実を正確に指摘しているのであって、その事実に基づいて「こうすべきである」と考えを進めるのは、政治もしくは行政の領域の話になるのだ。だからこそ、パール判決書・意見書を丁寧に、正確に読み解き、次の思考につなげていく必要があるのだ。

## §6. 予備的法律問題：結論

### 第一部の結論

第一部の結論として、パール判事は次のように簡潔にとりまとめている。これは§2. でパール判事が述べた「法の重要な疑問」の2点+1点に対する判定となっている。

「検察側により発表された理由ならびに権威者たちによる意見に対して仔細に及ぶ慎重な検討を加えた上で、本官は次の結論に到達した。

1. いずれのカテゴリーの戦争も国際生活において刑事犯罪ないし違法なものとはならなかったこと。
2. 政府を構成し、かかる政府の代理人として機能する個人は、申し立てられた行動に対し、国際法上の刑事責任を負わないこと。
3. 国際共同体は、国家ないし個人を有罪と宣告し処罰する司法手続きの採用が役に立つと考えるべき段階には、未《いま》だに到達してはいないこと。」（判決書p.112下段～p.113上段）

### 「ある国を他の国が支配すること」は、国際生活における犯罪ではない。

敗戦後の日本人の精神に重くのしかかったのは、「日本は他国（たとえば満州）を支配しようとした」との戦勝国や東京裁判の検察側による指摘、もしくは起訴状での訴因そのものである。それは犯罪であったと云《い》うのである。これらの度重なる指摘や訴追に対して、パール判事は次の引用のように軽く、あっけらかんといなしてしまう。それは一見、正面から西洋の帝国主義国家群と議論をするのを避けているようにも見える。

「本官は日本の計画や共同謀議に関して申し立てられた目的については まだ何も申し述べてはいない。ある国を他の国が支配することが国際生活における犯罪であると真剣に主張する人は誰もいないものと本官は信じる。かかる目的を達成するために計画された手段が適法であったか否かの問題はさておき、その目的そのものは国際生活においては未《いま》だに違法ないし刑事犯罪であるとはされていないとの点は主張しておかなければならない。何らかのそれ以外の見解に依拠してしまうと、国際共同体はその全体が犯罪的な種族の共同体となり果《は》ててしまう。少なくとも列強国の多くがこの種《しゅ》の生活を送っているのであり、仮にこれらの行為（訳注：ある国を他の国が支配する行為）が犯罪であるとするならば、国際共同体の全体がそのような犯罪的生活を送っていることとなり、いくつかの国はその犯罪を実際に犯しており、そして他の国はこれらの犯罪において事後従犯となるのである。今までどの国家もこのような行為を犯罪として取り扱ってはおらず、また、すべての列強国はこれらの行為を実施した国々との間《あいだ》で緊密な関係を維持し続けているのである。」（判決書p.113上段）

日本の「計画」もしくは日本の共同謀議者たちの「目的」とは、具体的には訴因に記載された各国あるいは各地域を日本が支配することであるが、「その目的そのものは国際生活においては未《いま》だに違法ないし刑事犯罪であるとはされていない」と右記で指摘しているのである。刑事犯罪にあたらないことを訴追しているとパール判事は指摘しているのだ。他にも、右記引用には次のような重要な指摘がある。

「何らかのそれ以外の見解に依拠してしまうと、国際共同体はその全体が犯罪的な種族の共同体となり果《は》ててしまう。」

「仮にこれらの行為（訳注：ある国を他の国が支配する行為）が犯罪であるとするならば、国際共同体の全体がそのような犯罪的生活を送っていることとなり、いくつかの国はその犯罪を実際に犯しており、そして他の国はこれらの犯罪において事後従犯となるのである。」

これらは重い指摘であり、消化不良を起こし易いのではないだろうか。立ち止まってよくよく吟味すべき記述だと思う。気軽に読み飛ばすべき箇所ではないと思う。

「法に従った生活」から「国際慣習法」を読み取るならば、「敗れた戦争のみが犯罪となる」との結論に至ることをすでに見た。これに加えて、各国の実際の生活態度を見る限り、もしも「ある国を他の国が支配する行為」が犯罪であるとするなら、「国際共同体の全体が犯罪的な種族の共同体」となり果《は》ててしまうのである。だから、「ある国を他の国が支配する行為」は犯罪とされていないと考えるしかないのだ。

しかし、右記の一連の引用におけるパール判事の主要論点である、「ある国を他の国が支配することが国際生活における犯罪であると真剣に主張する人は誰もいない」をはぐらかすことなく、真っ向から否定できる人間が、戦勝国・日本人を問わず、何人いるだろうか？

筆者は、パール判事は議論を避けているのではなく、この点については議論をしても有意義な結論を生まないので、事実を指摘するのに留めたのではないだろうかと思う。

右記の一連の引用もまた、パール判決書が政治的主張をしていないとの傍証の一環となろう。事実の指摘（sein《ザイン》）は、政治的主張（sollen《ゾレン》）とは異なるのである。ただし、パール判事の指摘した事実は重い。とても重い。しっかりと受け止める必要があると思う。

## パール判事の到達した「法律観」

国際法全般の状況に関するパール意見書のまとめは、左記の通りである。傍線筆者。

「トレイニン氏の希望は1943年のモスクワ宣言に依拠してお

り、氏によれば、その宣言により諸国は**今や**『各々《おのおの》の国がそれぞれ独自の形態の政府を選びうるとの**すべての**国家が持つ権利の尊重』に同意することとなったとのことである。しかしながら氏の希望は現実生活においては未《いま》だに実現はしておらず、第二次世界大戦の**前**の段階の、我々がここで検討を加えている時期においては、列強国の政策を反映した性向は、かかる希望の何らかの余地ですらも提供はしなかったのである。

このような状況では、本官は、国際法は少なくとも第二次世界大戦の前まではこれらの行為（引用者注：ある国を他の国が支配する行為）を犯罪である、もしくは違法である、とするほどの発展はしなかったとの見解を採《と》ることのほうが、より好ましいことだとしたいのである。」（判決書p.113上段～p.113下段）

パール判事によれば、国際法は「ある国を他の国が支配すること」を犯罪としてはいなかったのである。少なくとも第二次大戦の前までの国際法が、ある国を他の国が支配することが国際生活における犯罪であるとするほどには十分に発展していなかった、というのが、検討の結果パール判事が国際法全般の状況に関して持つに至った見解であると思う。

この見解は、パール判事が第一部での分析で到達した「法律観（原表記はthe view of law）」として、パール意見書／判決書の他の部分でしばしば引き合いに出されることになる。

恐らく、この見解に立ち至ったことから、パール判事は「第二部『侵略戦争』とは何か」を別の部として論ずることにしたのだと思う。「侵略戦争」という語を既存の確立済みの概念であると何となく了解して公判の審理が進んでいることを、パール判事は憂慮したのではないだろうか。

つまり、こういうことだと思う。「ある国を他の国が支配すること」を実現するための手段が、「侵略戦争」の遂行であると考えられる。ところが、その「ある国を他の国が支配すること」自体が国際生活における犯罪になっていないのであれば、そのための手段にすぎない「侵略戦争」を犯罪行為とするのには、無理があるのではないだろうか？「戦争」は「**ソレ自体デ悪（mala in se）**」であることは明白であるにしても、その内の「侵略戦争」とは、法的にはどのような位置づけとなるのだろうか…？　そもそもキチンとした定義はあるのだろうか？「侵略戦争」について、もっと深く考察する必要があるのではないか？このようにパール判事は考えたのだと思う。

# ⑥

# 第二部

# 侵略戦争とは何か

「侵略戦争」とされる戦争についてはすでに第一部で取り上げられていたが、「侵略戦争」という語を定義しないままに扱っていたのであった。この第二部においてパール判事は、「侵略戦争」の定義が必要であること、定義付けに向けた1936年以降の様々な努力の経緯、そもそも戦争とはどのようにして犯罪となるのかに関する5つの見解の紹介と検討、パリ条約をさらに詳細に分析した上での「自衛権の行使」についての掘り下げ、発案者の1人であるケロッグ長官自らがパリ条約では各国は自由に自衛権を定義できると認定した経緯を指摘する。以上の結論として、「侵略者」という語は結局カメレオン的に変幻自在であって、単に「戦敗国の指導者」を指すのにすぎないものかもしれないと述べる。

**「侵略戦争」とされる戦争：**
**パリ条約はそれを犯罪とすることはできなかった**

東京裁判の検察側は、すべての戦争を犯罪とするのではなく、いわゆる「侵略戦争（aggressive war）」とされる戦争のみを犯罪とした。そこでパール判決書は「第一部 予備的法律問題」において、「侵略戦争」とは具体的にどのような戦争を指すのかとの点にはあえて立ち入らず、「侵略戦争」とされる戦争が犯罪にあたるのかどうかをとりあえず分析したのであった。その際に分析の主軸に置いたのは、多くの識者が指摘したパリ条約である。そしてパール判事は第一部において、パリ条約は法の領域の外に留まったために「侵略戦争」とされる戦争を犯罪とすることはできなかったとの結論に至っている。

**「侵略戦争」は既知のものか：ウェッブ裁判長の言動**

実は、「侵略戦争」とは既知のものだとの前提の下《もと》に東京裁判は進められていたと見受けられるのである。たとえば公判におけるウェッブ裁判長の言動である。

パール判決書のそこかしこに現れるウェッブ裁判長自身の発言、あるいはパール判決書の他にも、漢口《ハンコウ》における日本軍による残虐行為を証言したアルバート・ドランス証人への神崎弁護人やブルックス大尉による反対尋問の議事録を読むと（「本書 第一編 第六部 第2項「民間人」への戦争犯罪」を参照願いたい）、ウェッブ裁判長は「侵略戦争」とは既知のものであって、日本が行《おこな》った戦争は正《まさ》に「侵略戦争」であったという大前提の下《もと》に審理を進行させたものと見受けられるのである。

そのためウェッブ裁判長は、日本軍の戦争は防衛的であった、日本軍が中国現地の秩序を維持した、さらには、日本が存続するためには満州が必要であったと日本の国民が考えていた、などの論点を弁護側が持ち出すたびに、そのような証拠が提出されることを拒み、また、その点に関する証人への尋問をやめさせた。裁判長は日本の戦争が「侵略戦争」であった点はすでに確立済みであると認識していたため、右記のような証拠提出や尋問は冗長または無意味で、公判の進行の障害となると考えたのであろう。

しかし、本当のところ、「侵略戦争」とはどのような戦争なのだろうか。誰かが定義付けに成功したのだろうか。どのような戦争が「侵略戦争」に該当するのかをはっきりと申し述べることは、はたしてできるものなのか。

この疑問を解くために、パール判事はわざわざ1つの新しい部、すなわちこの第二部を設定したのだと思う。

結論から言えば、「侵略戦争」に定義を与えることに、誰も成功はしていないのだ。第二部ではその点がパール判事によって明らかにされたのである。

**第二部の構成**

この部は判決書では27ページほどの短い部であるが、筆者はこれを次の7つのセクションに分けて考えたいと思う。

**§1.「侵略戦争」という語の定義付けに向けた努力の経緯**
**§2. 戦争はどのようにして犯罪となるのか：5つの見解**
**§3. パリ条約の詳細分析：「自衛」の考え方**
**§4.「正当性のある戦争」とは何か：ハル・ノートの例**
**§5. 第二部の結論：カメレオン的**
**§6. 共産主義の分析**
**§7. 日本が直面していた諸事情**

## §1.「侵略戦争」という語の定義付けに向けた努力の経緯

### 定義の必要性

パール判事は「侵略戦争」という語の定義が必要不可欠であると述べたシュワルゼンバーガー博士の言説に言及することで、第二部を開始している。

「本件で提出された証拠を我々が取り扱えるようになる前に、解《と》いておかなければならない問題がまだ一つ、残っている。すなわち、**侵略戦争**とは何を意味するかを決定しなければならないのである。（中略）

シュワルゼンバーガー博士（＊）はその著書『パワー・ポリティクス』の中で、『パワー・ポリティクス（訳注：Power Politics権力政治もしくは武力政治）のシステムの中では侵略戦争と防衛戦争を区別することはプロパガンダ的な意味合いを持つのみであり、さらには、公正な戦争と不正な戦争を博物学的に類別することは意味のないイデオロギーに堕《だ》して行《い》く方向にあるものの、このような区別は、戦争へ訴えることを例外的な場合に限定すること、もしくは戦争を完全に撤廃することを真剣に試みる国際共同体においては必要不可欠となる』と述べている。

（＊訳注：Georg Schwarzenberger 1908 ~ 1991 ドイツ生まれのイギリスの国際法学者、前出）」（判決書p.116上段）

起訴状には「侵略戦争」という語が、53カ所にも亘って使用されている。

パール判事は右記引用の冒頭で、「本件で提出された証拠を我々が取り扱えるようになる前に」と述べている。被告人たちが行《おこな》ったとされる全面的共同謀議（第四部）に関する証拠、あるいは、被告人たちが関与したとされる厳密なる意味における戦争犯罪（第六部）に関する証拠の事実認定作業に取り掛かるよりも前の段階で、この「侵略戦争」という語の定義に関する問題を片づけておかなければならないと述べているのである。つまり、この第二部で取り扱う事項も、広い意味での「予備的法律問題」の一環ということなのだと思う。

第四部でも第六部でも、日本が「侵略戦争」という名の「邪悪な」戦争を行《おこな》ったとの前提の下《もと》での検察側による訴追が分析されている。第四部・全面的共同謀議では、「侵略戦争」を行《おこな》うとの「共通計画」の存在を持ち出していた。また、**第六部 第1項「殺人」**の訴追は、日本の戦争が「侵略戦争」という正当化できない戦争であったことを前提としていた。

### 自衛権と侵略

「侵略戦争」という語に定義を与えることについての先人の努力を、パール判事は1936年の時点から説き起こしている。

「1936年に行《おこな》われた国際法協会のパリ会議において、自衛権の問題が議論の俎上《そじょう》に上《のぼ》った。しかしながらこの問題の検討は、『国際調停に関わる』委員会にて引き続き考察すべしとして延期することが決議された。ただし、かかる延期が決議された際に、その問題には侵略の問題の検討が付け加えられた。というのも、**それら二つの問題は相互の間《あいだ》で分離することはできない**と考えられたからである。」（判決書p.116上段）

パリ会議においては最初は「自衛権」の問題が議論されたが、結論を出すことは延期され、別の委員会で討議することとなったのである。また、その委員会では「自衛権」の裏にある「侵略」の問題も同時に取り上げるようにされたのである。右記の引用においてパール判事は、法的には自衛権と侵略は表裏一体の関係にあり、密接不可分で分離できないと国際法協会が考えたことを指摘したのであった。

## 1938年「国際調停に関わる」委員会の検討ならびに報告書

1936年の国際法協会パリ会議によって右記のように検討をゆだねられたこの委員会は、その後1938年に開催され、その当時の重要な法律家たちが出席した。ここでは引用を省略させていただきたいが、パール判事はあえてこれら12名の法律家の名前を判決書p.116に列挙している。

この委員会の報告書はイギリスのマクミランを議長とする会議に提出されており、その会議に言及することでパール判事はこの1938年委員会の結論を記述している。報告書の中身を一言で言えば、この1938年委員会も「侵略戦争」の定義付けをすることができず、結論を持ち越したのであった。

「この報告書はマクミラン卿（＊）を議長とする、ある会議に提出された。

（＊訳注：Hugh Pattison Macmillan, Baron Macmillan 1873 ~ 1952 スコットランド出身の判事、男爵）

この報告書を提出するにあたりビューズ氏は、この委員会（＊）が全会一致で次を是認したことを見届けている。すなわち、『たとえば**さまざまな国家の間《あいだ》における大きな意見相違が何らかの方法によって静まり返り**、委員会が何らかの実用的な作業をする機会を得るまで、当委員会は待機すべきこと』の是認である。

（＊引用者注：前出の「国際調停に関わる」1938年の委員会）」（判決書p.117上段）

その委員会に出席していた法律家の1人、テンプル・グレイ氏は、侵略の問題を次のように表現した。

「テンプル・グレイ氏はかかる侵略の問題は**定期的に持ち上がる年中行事**であると特徴づけ、氏が『難問中の難問』と称したこの件について、意見交換を求めた。」（判決書p.117上段）

さらには、別の人物が次のように「自衛」と「侵略」との間の関係性を述べている。

「ラバグリアティ氏（訳注：不詳。原表記はMr. Rabagliati）は次のように述べた。

『世界が侵略ならびに侵略の脅威で騒然としているこの時期に『侵略』を定義するのが困難であるなら、今後にそれを定義することは恐らくはまったく不可能となるであろう。』

氏は続けて次のように述べた。

『自衛と侵略との間には、**どちらがどちらであるか**を申し述べることをほとんど不可能とさせるような平衡状態が折に触れて現れる。』」（判決書p.117下段）

## クインシー・ライト教授の見解：刑事責任とは切り離すべき

一方、米国のフィリップ・クインシー・ライト教授は、1935年の時点で国際法における侵略の概念の定義付けに取り組んだ。

「1935年にクインシー・ライト氏は国際法における侵略の概念に取り組んだが、その定義を提案するに際して氏は、**提案された定義は侵略のもたらす帰結として刑事責任の類《たぐい》の性質を持つものを要求はしない**点を明確に示した。氏によれば、『侵略国とは、戦争に訴えないとの義務に違反したために、他の国による予防的、抑止的、矯正的な措置の対象となりうる国のことを云《い》う』とのことである。氏は、侵略とは国際的な義務の違反と同義ではないと強調した。仮にある国が武力には訴えないという義務に違反したとしても、法がそこから何らかの実務的な結果を引き出さない限り、提案された定義の下《もと》ではその国は依然として侵略国ではないのだ、としている。侵略の結果としてなされるところの措置は、懲戒的と云《い》うよりは、予防的、抑止的、矯正的なものであろうし、その措置の適用は他国に対して義務的なものであると云《い》うよりは、任意的なものであろう。しかし、そこにおいて何らかの制裁が無い限り、もしくは、違反に対する何らかの法的結果が無い限り、この定義の下《もと》ではかかる違反国は侵略国ではないのである。」（判決書p.118上段）

上記引用に「提案された定義」とあるように、クインシー・ライト教授は「侵略国」の定義につき1個の試案を作り出しており、その案は判決書p.118下段に述べられている。ここでは引用を省略させていただきたい。むしろ、パール判事がこの教授を引用することで強調したかったのは、次の点であるように筆者は思う。

「しかしながら、後《のち》に見るように、ライト氏により提案された定義はあまり我々の助けにはならない。氏自身がこの定義の目的を**刑事責任の決定以外**のそれに限定しているのである。」（判決書p.119上段）

「侵略国」の定義付けの目的が**刑事責任の決定以外**なのであれば、被告人個人の刑事責任を追及しているこの東京裁判では、ライト氏の提案する定義は役に立たないことになる。ここでも国家主権と個人責任の件が影を落としているように思う。ライト教授の試案に言及することでパール判事が明確にしたかったのは、その点だと筆者には思える。

## 定義の必要性について

しかし、そうであるならば、「侵略戦争」を定義することにそもそもどのような意味があるのだろうか。この根本的な問いかけに対し、パール判事は次のように述べている。

「ある人々は、この語（訳注：侵略的との語）の定義付けは役にも立たないし必要でもないと述べている。それによると、侵略があったかどうかを法廷が決定するにおいては各々《おのおの》の固有のケースにおける事実を見れば困難では無い、と云《い》うのである。なるほど、定義付けには危険があろう。しかし本官は、単にその語の定義付けをせずにその語がカメレオン的となる状況の放置を許すことによってすべての危険は排除されるとの点には賛成はできない。」（判決書p.119上段～p.119上段）

また、パール判事は次のようにも述べている。

「本官の意見では、現状のような構成が成《な》されたところの国際生活においてはどのカテゴリーの戦争が侵略的であるとして非難されるべきかを探し出すことは『単なる大衆的知識による助力によっては』不可能である。このようなケースにおいて定義が担うべき任務は明らかである。それは単に状況を明瞭にするだけではなく、その語の起源、ならびにその語と他の同系の諸事実との間《あいだ》の関係を指し示し、また、その本質的要素を特定することによって知識体系の中での真の立ち位置をその語に与えることにある。」（判決書p.119上段～p.119下段）

やはり、定義付けは必要だとパール判事は判断しているのだ。しかし、それと同時に、法廷がその定義付けをするよう要請された場合は、その作業自体が困難であることもパール判事は知覚している。次の通りである。

「何が侵略であるのかを他国のために決定することはいずれの国家においても容易なことであろう。自国の権益であると考えているものに反対して行《おこな》われる戦争は侵略的な戦争であると、すべての国が恐らくは申し述べることであろう。個人にとっても集団にとっても、侵略という言葉以上に弾力性があり利害に左右される解釈に対して敏感な言葉は無い。しかし、この問題を判定するように法廷が要請された場合には、かかる判定を行《おこな》うことは常にそのように容易である、ということにはなるまい。」（判決書p.119下段）

## 植民地の取り扱い

ここでパール判事は、定義付けの検討にあたっては植民地とされた国々のことを対象から除外してはならないことを、次のように念を押している。

「この問題は、これらの裁判の本質的な基礎は人道を基盤とする国際生活を編成することにあるとの宣告がなされているものの、事実としては他の国家の支配下にある諸国家が依然として存在していることに鑑み、困難をさらに抱えることになるのである。侵略的なる語は、支配をする側の列国とは明確に区分されたところの支配された国の利益にも論及されたものなのか、あるいは、『**現状（status quo）**』のみに論及されたものなのか、との疑問が当然に発生する。」（判決書p.119下段）

この指摘は重要だと筆者は思う。国際法の検討は当時、実際上は西欧諸国と米国のみで限定的になされていた。彼らは当然、自国の立場を原点にして思考を展開する。つまり、自国が手に入れた領土・植民地は確保できていて当たり前と考えた上で検討するのである。そうではなく、植民地とされた国々の立場も考えるべきだとのパール判事の指摘は、もっともではないだろうか。パール判事は、次のように続ける。

「本官は、もしも、人道なる語が世界において不幸にも支配された国々へと論及させることは除外するのだ、との何らかの特殊な意味合いで使われているわけではないのであれば、人道を基盤として構成された共同体において、支配された人々の利益に注意を向けるべきではないとされるいかなる理由をも見つけることはできないのである。」（判決書p.119下段）

パール判事によれば、現在の共同体は（＝第二次大戦を経た後の1948年時点の共同体は）人道を基盤に構成されているのであり、支配された国々、すなわち植民地とされた国々の立場を除外して検討することには、何の合理性もないはずなのである。

## 法の断定性

次いでパール判事は法の属性について重要な指摘を行う《おこな》う。法には断定性があり、これこそが「法」を「大衆的な感覚」や「一般的な道義的感覚」から区別するものであると述べる。

「法の属性の内の最も本質的なものの一つは、その断定性である。法による正義が、法によらない正義、すなわち立法府ないしは行政府での正義に勝るとされる理由は、恐らくはこの断定性にあるのだ。法による正義のすぐれている点は、判事がどんなに有能で賢くても、純粋にその個人的な嗜好やその独特の考え方のみに基づいて判決を下《くだ》す自由がその判事には無いとの事実にある。戦争の侵略的性格を人道に関する『大衆的な感覚』や『一般的な道義的感覚』によって決定されるがままに放置することは、法からその断定性を奪い去ることになってしまうのである。この分野に関わる国際的紛糾においては情熱が燃えたぎっており、また現在においてもなお、戦争を平和的手段による解決に代替させることに諸国がようやく説得され始めた段階にあるのにすぎないため、法は非常に困難でデリケートな機能を果たさなければならない。いずれにせよここでは、法による規則が、移り替わりの激しい意見や邪悪な考えの流砂の上に立たされてはならない。かかるあいまいさそのものを、その魔力により惑わされた冒険者たちが彼らの困難のすべてから解放されるところの魔法の鈴であるなどと了解するのは、やめようではないか。」（判決書p.119下段～p.120上段）

ここでパール判事が言いたかったのは、「侵略戦争」の法的な定義付けをあきらめることは、「侵略戦争」を法の下《もと》に置くことをあきらめることであり、それは必然的に侵略の判断を「大衆的な感覚」や「一般的な道義的感覚」による判断という「流砂」の上に立たせることとなってしまうため、危険だということであろう。

ここで少し道草をしてみたい。筆者が耳にした話である。カトリックでは堕胎が禁じられている。もしも堕胎や避妊によい印象を持っていないであろうカトリック信者の裁判官が人工妊娠中絶の是非を巡る裁判を担当することになったら、中絶に不利な判定をするかも知れないのでその裁判官を忌避することになるのか、ある人がドイツの法曹関係者に訊《たず》ねたそうである。回答は、その裁判官個人の主義信条にかかわらず、裁判官は法に基づいて判定するので、カトリックだからと言って忌避するなどという話は聞いたことがないとのことだった。これが、パール判事の言う「法の断定性」なのだろう。裁判官の個人的信条は問題にならないのである。

パール判事はインド独立を支持した右派だったのか、あるいは、国家主権を制限して世の中から戦争の発生を減らすことを目指したリベラル派だったのか、あるいは、以上の両方を共に支持していたのか、筆者にはよくわからない。しかし、パール判事が個人としてどのような主義信条を持っていたにせよ、その裁判官としての仕事の評価は、あくまでもその判決書の読解を通じて行《おこな》うべきものなのである。

## ローターパクト教授による提案

道草から戻りたい。ローターパクト教授は左記の引用のような提案を行《おこな》った。ある国際条約を持ち出し、その条約における侵略の定義を元に検討を進めるべきだと述べたのである。

「この博識な教授は、どのような状況の下《もと》であれば戦争を含む武力への訴えが自衛の措置として『**一見シテ明確ニ(prima facie)**』なるのかをあらかじめ決めておくことを提案し、次のように述べたのである。『そのような状況の下《もと》であれば、自衛権の行使が向けられた先の対象国の側による侵略を構成することとなる』と。教授は次に、侵略についてのある一つの定義を異なる国々が採用しているところのいくつかの条約に言及し、その方向での検討をさらに進展させる試みを推奨してその結論とした。教授によると、そのような試みは、法的に不健全であるとも、また、正義に対して有害であるとも、捉えることはできないと云《い》う。」（判決書p.120下段）

この条約の中での「侵略国」の定義は、次の通りである。

「ローターパクト博士により言及された条約とは、ロシアといくつかの国家群との間《あいだ》の侵略の定義に関する協約、である。ロシアと、アフガニスタン、エストニア、ラトビア、ペルシャ、ポーランド、ルーマニアならびにトルコとの間《あいだ》の１９３３年７月３日付けの**侵略の定義に向けた協約**の第２条によると、国際紛争における**侵略国**とは、次の行為の**いずれかを最初に実施した国家**であると考えられる。

1. 他国への宣戦布告、
2. 他国の領土への軍隊による侵入、これには宣戦布告の無い場合も含む、
3. 他国の領土、船舶、航空機への陸海空軍による攻撃、これには宣戦布告の無い場合も含む、
4. 他国の海岸ないし港の海上封鎖
5. ある国家の中で組織された武装集団で他国の領土へ侵入しようとしているものへの援助の実施、もしくは、かかる攻撃の対象となっている国家による要求にもかかわらずその集団へのあらゆる援助ないし保護を絶つために可能となるすべての措置を当該国自身の領土内で実施することの拒否。

この博識な教授は次に、右記の定義は１９３３年５月に軍縮会

議の安全保障問題委員会によって提案された侵略の定義に忠実に従っている点を指摘した。すなわち、イギリスによって１９３３年の軍縮会議に提出された協約原案には、国際連盟規約第16条における意味合いの中における『戦争に訴えること』の定義として、上記の４．を除く定義が忠実に含まれていたのである。」（判決書p.120下段～p.121上段）

## ジャクソン判事による「侵略国」の定義

ニュルンベルク裁判における首席検察官であったジャクソン判事は、右記のローターパクト教授により言及された、ロシアを中心とした**「侵略の定義に向けた協約」**の記述をほぼそのまま踏襲した定義を提案した。ジャクソン判事による定義の試案は判決書p.121上段にある。ロシアを中心とした協約によるローターパクト教授の案とジャクソン判事の試案を見比べると、両者はほぼ同じであることが見て取れる。そのため、あえてジャクソン試案をここで引用する必要がないように筆者には思える。

ただし、「侵略国」の定義を提案するのに伴ってジャクソン判事が行《おこな》った、あるコメントを、パール判事は問題視して取り上げており、そのコメントに対する批判的な意見を申し述べている。パール判事のこの批判的な意見は、パリ条約の本質を暴いたもののように思えるので、以下で触れておくこととしたい。

## パール判事によるジャクソン判事に対する2つの批判

すでに第一部においてパール判事は、ジャクソン判事の合衆国大統領に対する報告書の中での「被告人を聴聞なしで処刑できる」との記述を、次の激しい言葉で批判していた。第一部から引用する。

「まったく、この**20世紀**の世の中で、ジャクソン判事ともあろう人が、アメリカ合衆国大統領たる大《たい》した権威の持ち主に対しての熟慮を重ねた報告書の中に、かような数行《すうぎょう》を挿入することができるとは驚きである。何の権限に基づいて戦勝国は敵の俘虜を聴聞なしに処刑できるかをぜひ聞いてみたいものだと誰しもが思うであろう。」（判決書p.42下段）

右記がジャクソン判事批判の第1弾であった。

この第二部においては、次のようにジャクソン判事批判の第２弾が炸裂する。ここでパール判事はジャクソン判事に対する批判の形で、西欧諸国に対する強烈な批判意見を展開するのだ。第二部の主題は「侵略戦争とは何か」であるが、このジャクソン判事批判第２弾はその主題からはズレるものの、第二部におけるハイライトの１つであると筆者は考える。

パール判事の意向を酌み、ジャクソン判事批判の第２弾は以下、少し詳しくみておきたい。

## ジャクソン判事批判の第2弾：問題となったジャクソン判事のコメント

まず、ジャクソン判事自身の言葉を見てみよう。パール判事は次のようにジャクソン判事からの引用を開始している。冒頭で「氏」とあるのはジャクソン判事のことである。

「氏はこれらの裁判（引用者注：ニュルンベルク裁判とそれに続く「継続裁判」）においては**この戦争**（引用者注：第二次大戦）**の勃発に貢献したところの諸事情**には立ち入らないという点を強調した。氏は、この戦争は侵略によるものであったとの告発と、ドイツには不平が無かったとの立場との間《あいだ》に存在する違いを指摘し、次のように述べた。

（中略）『我々の立場は、ある国家が何らかの不満を持っているにせよ、また、その国が『**現状（status quo）**』にいかなる異議があるにせよ、それらの不平不満の解決のため、ないし、その事情を変化させるための侵略戦争は、非合法な手段となる、というものである。』」（判決書p.121下段）

当時のドイツ国民にはベルサイユ条約が作り上げた体制、いわゆる「ベルサイユ体制」に対する強い不満があり、これがナチ政権誕生の遠因になったことは、多くの識者が指摘している。しかし、不満があったにせよ、その不平不満の解決のためにドイツが行《おこな》った侵略戦争は非合法であるとジャクソン判事は指摘している。「侵略戦争」の定義がすでに確立済みであるとの前提に立てば、たしかにこの指摘にはもっともなところもあるように思える。

ところが、右記引用の前の段階で、ジャクソン判事は次のようにコメントしており、このコメントをパール判事は問題視して批判しているのだ。パール判事による批判は、後ほど引用する。傍線筆者。

「『１９３５年当時、あるいはそれ以外のあらゆる時点における、欧州の『**現状（status quo）**』の正当性を立証することは、我々の任務の内《うち》には無い。合衆国は戦前の欧州政治の複雑な潮流に関する議論に参加することを欲しない…。』」（判決書p.121下段）

右記のコメントによってジャクソン判事は、１９３５年当時の欧州の「**現状（status quo）**」の正当性を立証することは行《おこな》わないと述べた。欧州の現状とは、ドイツのナチ政権の成立を含むものであろう。ジャクソン判事からの引用で強調された「これらの裁判に（おける）**この戦争**（引用者注：第二次大戦）**の勃発に貢献したところの諸事情**」とは、端的に云《い》えば、ナチ政権がなぜ、どのように成立したか、である。すなわち、ナチ政権の成立の背景と経緯を検証することはしないとジャクソン判事は申し述べたのに等しいのである。

たしかに、ジャクソン判事のこのコメントは少なくともナチ政権の正当性を認定することにはならないし、パリ条約支持の立場と矛盾するものでもない。しかし、ジャクソン判事が述べていることは、平たく言えば、特定の時点（＝１９３５年）で時間を区切って、それ以前のことは考慮に入れない、１９３５年以降についてのみを裁判で審理するということなのである。はたしてこのような態度は、公平な事実認定につながるものであろうか？

実はパール判事は、ジャクソン判事のこのコメントをすでに「第一部 予備的法律問題」でチラリと取り上げていたのだ。パリ条約を批判している見解を紹介し、ジャクソン判事が「その見解を大きく支持した」（判決書p.60上段）と第一部で述べていたのである。

パリ条約を批判している見解とは、パリ条約は戦争による国際紛争解決の道を閉ざすことによって、この条約の締結時（１９２８年）における不安定で正当化できない**現状（status quo）**の永続的な保証人となったというもので、判決書p.60の上段に詳しい記載がある。不安定で正当化できない現状とは、支配する国（宗主国）と支配される国（植民地）から構成されている、この世界の現状を指す。条約締結時の１９２８年で時間を区切って、それ以降は戦争の遂行の禁止を通じて、実質的にその現状に変化を加えることをできなくするのである。つまり、その時点の現状を固定化する効果がパリ条約にはあると云《い》うのである。

一方、ジャクソン判事のコメントは端的に言えば、欧州がそのような現状に至った背景と経緯には目をつぶるというものである。

第一次大戦の結果、「持てる国」たる英仏は植民地を温存できた。本国と植民地から成る閉鎖経済圏（＝経済ブロック）により、外国貿易に頼らずとも生きていける体制（アウタルキー）を確保したのである。米ソはその広大な「本国」そのものに植民地を抱え込んでいると考えられる。その意味では米ソは英仏と同様の立場であった。一方、ドイツは本国のみに閉じ込められ、生き延びるための物資は不安定な外国貿易に頼らざるを得ない状況となってしまった。これがナチの「Lebensraum《レーベンスラウム》（＝生存圏）を確保せよ」とのスローガンへとつながっていったのである。これは「大東亜共栄圏」のスローガンのドイツ版である。

パリ条約を批判している見解とは、すでに見たようにパリ条約が「不安定で正当化できない」現状を固定化する方向性を持っている点を問題視したものであるが、ジャクソン判事のコメントの持つ方向性も、まさに欧州が現状に至った経緯には目をつぶるとして現状を固定化する方向性を持つものであり、パリ条約を批判する見解と同様なのだ。パリ条約が批判されるなら、同じ理由でジャクソン判事のコメントも批判されなければならない。そのようにパール判事は述べたかったのだ。以上が、パール判事によるジャクソン判事批判の第2弾であると筆者は考える。

### パール判事の「暗示」：パリ条約の真の姿

すでにパール判事は第一部において、パリ条約のことを「防衛のための武器が戦勝国の何らかの欲深い侵略的な目的のためにいささかなりとも役立つもの」（判決書p.43上段）と述べていた。パール判事はこのように記述することによって、パリ条約は世界の現状の永続的な保証人であるとの批判的見解に賛成の立場を示しているものと筆者には思える。

英仏米ソによって、1928年時点ですでに、「この惑星の表面における、住むことのできる陸のすべてと航海できる海のすべて、さらには人類の現存する世代のすべてを、西洋社会が抱擁し尽くした後」（判決書第4部最終段階p.470上段）の状況になっていたのだ。切り取れる陸も海も地球上にはすでに残っていないのであって、そうであれば新しい挑戦者が自分の獲物を奪うことのないようにしたいとのインセンティブが彼らには大いにあるのである。「獲物を獲得した」以降は、植民地による独立戦争も含めた新たな戦争など起きて欲しくないというのがその本音であり、そのために戦争反対の理想をかざしたパリ条約を「防衛のための武器」としたという暗示である。

### ジャクソン判事批判の具体的な中身：パール判事自身の表現

かつて、ジャクソン判事の母国アメリカはイギリスに対して「独立戦争」（アメリカではRevolutionary Warと表記する。むしろ「革命戦争」と訳すほうが適当と思われる）を仕掛けて、1776年に独立を宣言した。アメリカは「植民地」たる立場に我慢ができず、自らを解放するために革命戦争を仕掛けたのである。新しい戦争を禁止することで結果的に「現状維持」を促進することになるパリ条約のような条約が1776年当時にもしもあったとすれば、それに違反することなしにアメリカは独立を勝ち取ることはできなかったであろう。

さらに、独立当時のアメリカは東部13州のみであったが、欧州の列強がアメリカ大陸の西側から合衆国を圧迫することを嫌ってその後どんどんと西の方向に向かって領土を広げ、広大な仏領ルイジアナの買収を含む「西部開拓」、手の込んだ方策を講じて勃発させたメキシコ戦争による、西はカリフォルニアから東はテキサスへと跨る広大な地域の併合（テキサスについては英語国民によるテキサス共和国という傀儡国を作り、一旦メキシコから独立させるプロセスを取った）、謀略によって遂行したハワイ併合、アラスカ買収、そして、自軍の軍艦を自らあえて爆沈させたとの疑いが未《いま》だに残る事件をきっかけとして発生した米西戦争によるフィリピン獲得にまで立ち至ったのは周知の通りである。謀略・知略を駆使した武力行使によってどんどんと「現状」を打破して行《い》ったのである。ジャクソン判事はそういった過去の経緯には「目をつぶる」と云《い》っているのに等しいように思う。

植民地もしくは「奴隷の身分に落とされた国」の人間でも、人間は人間である。彼らは独立戦争当時のアメリカ人同様、「解放されたい」との正当なる希望を持っており、そのために戦う自由を欲しているのだ。パリ条約はその手足を縛る道具となりうるのである。この点につきパール判事は詳しく議論しており、その論旨を要約するのは適当であるとは考えにくいので、少し長くはなるが、パール判決書から以下、そのまま引用することとしたい。これこそがジャクソン判事に対する批判の具体的な中身だと筆者には思えるからだ。

「我々はここで立ち止まって、平和に対する固定的な概念が国際関係の中でそもそも正当と認められるのかどうかとの点を考慮する必要は無い。本官は、きっぱりとした『平和』を今度こそ創り出すことが可能なのかどうか、また、永久的となるべき『**現状（status quo）**』があるのかどうかについては定かではない。いずれにせよ、国際関係の現状においては平和に対するかかる固定的な概念は絶対的に維持不能なのである。今日《こんにち》の『**現状（status quo）**』における被支配国は、平和の名のみによって永久的な支配に甘んじるわけにはいかないことはたしかである。国際法には、今日《こんにち》までは主として戦争を通《とお》して遂行されて来たところの人類の政治的・歴史的発展を司法の領域の中に持って来《く》る、との問題に直面する用意がなければならない。戦争ないしその他の**武力行使による自助**の方法は、この問題が解決した時にのみ効果的に排除できるのであり、その時においてのみ、平和的手段以外による調整努力に対する刑事責任の導入を我々は考えることができるのである。かかる努力に対して刑事責任を導入する前の段階において、国際法は平和的な変化を達成するための規則の設立に成功しなければならないのである。その時までは、純粋なご都合主義者たる『持てる者』の武力のみによって構成されて今まで維持されて来たものかも知れない『**現状（status quo）**』そのものを人道（訳注：原表記はhumanity）と正義の名において維持する直接または間接の試みのいかなるものをも正当化できるとするのは困難であり、また、かかる正当化の立証を我々は引き受けることができないことを我々自身が知っている。人類（訳注：原表記はhumanity）の一部分で政治的自由を謳歌するための十分な幸運を持つことができた者は今や決定論的な禁欲生活の展望が十分に開けて、現在の政治的『**現状（status quo）**』に基《もと》づいて平和というものを考えることができるのであろう。しかし、人類（訳注：原表記はhumanity）のすべての部分が等しくそのような幸運に恵まれたわけではなく、その大きな部分は政治的支配から逃れたいとする希望的観測に悩まされているのである。彼らにとって現代というものは全体主義の脅威のみならず帝国主義という**実在のわざわい**にも直面することなのである。全世界に本当の民主的秩序をもたらすために努力してくれる一柱の勇敢な神（訳注：原表記はgod）への単純な信仰を持つ立場ですらも、彼らは未《いま》だに得ることができないでいるのである。彼らは現状がどのようにして誕生したのかを知っている。剣士は、刀を成功裏に使い獲物を得て、もしもそれ以降は刀を使わずともその略奪品を維持することができるのならば、その刀をできうる限り速やかに鞘《さや》に収めることを心から率直に求めることであろう。しかし恐らくは、銃剣や刀のような武器ではできないことの一つはその上に座すことであろう。」（判決書p.121下段～p.122下段）

「持てる者」が偶発的に得た幸運の下《もと》には、政治的支配から逃れたいと呻吟《しんぎん》している、苦しめられている植民地の人々がいるのである。

パール判事は右記において多くのレトリックを駆使している。ここで筆者がそれらのレトリックを指摘するのは全くの蛇足であり、興ざめとなってしまうことも考えられるが、パール判事の真意を筆者自身がどれだけ理解しているかを確認してみたいという欲望に抗することができなかった。

①**humanity**との同一の語を使って、意味合いとしては「人道」と「人類」の2つを表現していること。人道という誰もが反対できない単語を使って人類という意味合いを表現し、反対を表明しにくい方向性を醸成したのであろう。

②**「一柱の勇敢な神」**との表現は強烈である。これがエホバ神もしくはエホバ神と三位一体のキリストを表すのではないことをパール判事はサラリと表現している。すなわち、パール判事は小文字でgodと表現していたのだ。云《い》うまでもなく、東半球を植民地化した諸国はすべて、エホバ神を信奉しているのだ。そのエホバ神ではない神を信仰したいと述べているのである。

③**「純粋なご都合主義者たる『持てる者』」**、さらには、獲物を得て刀を鞘に収める**「剣士」**が誰を指しているかは、ここで改めて指摘するまでもない。

④**「銃剣や刀のような武器ではできないことの一つはその上に座すことであろう。」**この一文で筆者はとどめを刺された。1960年代以降、アジア・アフリカ地域では独立が相次《あいつ》いだ。まさに、帝国主義宗主国たちは武器の上に「座す」ことができなかったのである。1948年時点におけるこのパール判事の「予言」は、当たったと考えて間違いなかろう。

## ジャクソン判事による侵略国の定義の試案に対する パール判事の意見

ここでパール判事は侵略国の定義の検討に関する本題に戻る。1935年以前を検討の対象としないとするジャクソン判事によるアプローチ方法を、拒否する意見を述べている。

「ジャクソン判事により提案されたアプローチ方法が、以上のような制限（引用者注：1935年の欧州の現状を分析しないこと）を付《ふ》すことについてすでに決着がついたところの一般にも認識された法の規則を取り扱うというものであったなら、それは我々には魅力的なものであっただろう。しかし、我々（訳注：判事）の創造的な機能を行使せよとか、国際法の進歩的な性格に頼れとか、特定のやり方で彼らの国の統治機構を運用した一群の者たちに刑事責任を科すための新しく創《つく》り出《だ》された規範を正義と人道の名において宣言して適用せよ、等々を求められるこの分野においては、本官は、どのようにすれば独断的に設定された限度を越えた期間（訳注：ジャクソン判事の云《い》う1935年という年より前の期間）に対して我々が目をつぶることができるのかを見出《みいだ》すことはできない。なるほど、提案されたアプローチ方法に従えば、我々はすべての困難から解放されるであろうし、また、我々のすべての困惑に対する容易な解決方法を与えてくれることであろう。しかし本官には、そうすることが人道の名において健全で健康的と呼ぶことのできる何らかのものへと我々を導いてくれるのかどうか、確信が持てないのである。

国際法がジャクソン判事により提案された定義を生み出すようになされた場合、それは『国家間の分野における既得権益の偽装を意図するところの、さらには、かかる既得権益を防御する第一線として奉仕するところの、イデオロギー上の外装』以外の何物《なにもの》でもない。偶発的に得られた**『現状（status quo）』**を永続させる装置、そして平和的に変更が行《おこな》える仕組みを提供しない装置は、国際生活において大《たい》して尊敬を得ることも無い。

独断的に固定化された『現状（status quo）』をこのように強調することは、断じて我々を真の平和の条件の理解へと導くものではなく、正義への何らかの尊重を醸成することもない。かかる基盤に基づいて実施された裁判は、世界的問題に責任を負うべき本質的な事実関係を排除するよう隠すのに有効であり、それと同時に、報復的ならびに侵略的な感情の集大成的な表現がなされることに対して有り余るほどに十分な機会が提供されることを許すものである。罪とは通常はわかりにくい概念なのであり、戦時プロパガンダによりかきまわされ刺激を受けた強烈な感情の圧力の下《もと》で罪が割り付けられる場合はなおさらそうである。このことに加え、提案されたような独断的で人為的な制限が我々の調査対象に付加された場合、その結果として得られる状況は、感情的な一般論に基づいた言葉によるあらゆる弁解がましくも雄弁な抗弁の機会に顕著になじむものとなろう。そのような調査は享楽的なものにすぎず、教育的なものとは成《な》り難《がた》い。それは、戦争の原因や平和の条件の理解にはほとんど貢献することはない。」（判決書p.122下段～p.123上段）

どうもジャクソン判事が絡むとパール判事の舌鋒は鋭くなるような印象が筆者にはある。たとえば、右記引用中の「国際法がジャクソン判事により提案された定義を生み出すようになされた場合、それは『国家間の分野における既得権益の偽装を意図するところの、さらには、かかる既得権益を防御する第一線として奉仕するところの、イデオロギー上の外装』以外の何物《なにもの》でもない」の一文はなかなかに激烈ではないだろうか。パール判決書の他の部分に比べて、鋭い。わかり易い。このような文章運びをその他の場所でもしてくれていれば、翻訳作業も楽だったのにという泣き言も言いたくなる（←言ってしまったが）。

東京裁判におけるパール判事のアプローチ方法は、ニュルンベルク裁判におけるジャクソン判事とは正逆であった。第四部「全面的共同謀議」では1853年のペリー来航までさかのぼって日本の立場を検証したし、第六部「厳密なる意味における戦争犯罪」では、俘虜に関する日本の考え方を日本の伝統に鑑みながら分析していたことが思い起こされる。「特定の時点以前のことは関係ないもんねー」などという分析態度は、取らなかったのである。

## ソビエト連邦とオランダが訴追国となっていること

ローターパクト教授ならびにジャクソン判事による侵略戦争の定義付けの試案を拒絶するにあたり、パール判事は拒絶の追加的な理由としてソビエト連邦とオランダが訴追国の中に含まれている事実を挙げる。

「右記で推奨された判定標準のいくつかは、本件（訳注：東京裁判）においては我々にいくらかの困難をもたらすものである。ここではソビエト連邦とオランダが本件における一群の訴追国の内に含まれていることを思い起こさなければならず、そしてその両国は日本に対して先に宣戦布告をしたのである。何らかの条件の下《もと》では自衛のための戦争を開始することが認められるものだとしても、ソビエト連邦が日本に対して宣戦布告をした状況においては、何らかの防衛に関する配慮により彼らにとって戦争が必要だったなどという点は、ソビエト連邦に関する限りはほとんど正当化は不能なのである。『手段の選択の余地の無い、また、一刻の猶予も無い、緊急かつ圧倒的な自衛の必要性』（＊）を、すでに敗北していた日本に対する戦争の中から読み取ることは、恐らくは困難であろう。

（＊訳注：キャロライン号事件におけるウェブスター見解。第四部　第1段階　満州の支配力の獲得　参照）」（判決書p.123上段～p.123下段）

ローターパクト教授ならびにジャクソン判事による侵略国定義の

「判定標準」の試案の筆頭の「1.」は「他国への宣戦布告」である。ソ連とオランダは日本に対して先に宣戦布告をしたのであり、この「判定標準」試案に従えば、両国は侵略国となってしまう。

パール判事は1945年8月8日のソ連による対日宣戦布告をその全文を引用した上で分析を行《おこな》った。ソ連の対日宣戦布告の全文は判決書p.123下段～p.124上段にあるが、ここでは引用を省略させていただきたい。その上で、パール判事は次の事実を指摘する。

「右記の宣言（引用者注：ソ連の対日宣戦布告宣言）は何らの『**遅滞ニヨル危険（periculum in mora）**』にも言及しておらず、また事実としてもそのようなものは無かったのである。ソビエト連邦は、喫緊の行動を取らなければ国家生命そのものとその死活的利益が復旧の限度を越えて危殆《きたい》に瀕《ひん》すると信じていたとは申し述べておらず、また、この件における証拠により開示されたところの当時の情勢によればそのように申し述べることはできるはずも無かったのである。」（判決書p.124上段）

そして、ソ連の対日参戦は米英2国の要請に応じたものであると指摘し、その要請の証拠として、なんと東京裁判での検察側の最終論告を持ち出すのである。次の引用の冒頭で「この書類」とあるのは、最終論告の中にある証拠を指している。また、次の引用における「ソ連が提供した正当化の論」とは、米英によるソ連への対日参戦要請のことである。

「この書類の中でソビエト連邦により提供されたかかる正当化の論は、断じて自衛に関するそれではない。そして、日本によるソビエト連邦に対する侵略計画と申し立てられたものに関する証拠がこの件での公聴会にて紹介されたものの、かかる点がソビエト連邦の内部でのその件に関する決定過程（＊）において比較衡量がなされたようには見受けられないのである。（＊訳注：対日参戦の決定過程）」（判決書p.124下段）

第一部で見たように、パリ条約の締結にあたり米英を含む各国は自衛権を留保条件として挙げた。その自衛権が成立するかどうかの判定につき、東京裁判の検察側は次のように3つの要件を挙げたが、ソ連の対日参戦は検察側が挙げたそれら3つの要件を、すべて充足していないとパール判事は指摘している。次の通りである。傍線筆者。

「検察側は次の意見を述べた。

『本裁判所は以下を決定しなければならない。

(a)申し立てられた諸事実は自衛との語の正しい意味合いにおいて自衛の事案を提起したものなのかどうか、

(b)被告人たちはその状況の存在を正直に信じたのかどうか、あるいはそれは…単なる口実であったのか、そして、

(c)そのように信じたことには何らかの合理的な理由があったのかどうか。』

検察によれば、『以上の三つすべてが充足されて初めて、各々《おのおの》の国が自身のために判定する権利が機能しうる』とのことである。しかし、ソビエト連邦の日本に対する戦争においては以上のうちのいずれもが充足されてはいないのである。」（判決書p.128下段）

ソ連の対日参戦は、正しい意味合いにおけるソ連の対日自衛の事案ではなく、一方、被告人たちはソ連が参戦してくる状況はないと口実としてではなく真正直に信じていた。そしてそのような状況の存在を信じたのには、合理的な理由があった。日ソ不可侵条約である。

オランダの件については、パール判事は簡単に触れているのみである。

「オランダの行動に関係する限り、それが自衛の手段として支持できるのは、ジャクソン氏により提案された侵略の判断標準を我々が受け入れない場合のみである。合衆国とイギリスに対する宣戦布告の詔勅《しょうちょく》が発せられた時点では、オランダに対して宣戦は

布告されなかった。」(判決書p.124下段～p.125上段)

日本が米英に対して宣戦を布告した時点では、日本はオランダに対して宣戦布告を行《おこな》わなかったのである。オランダが日本に対して先に宣戦布告したのであった。ジャクソン判事の判断標準であれば、オランダは日本に対して侵略をしたことになる。

以上をもって、パール判事は次の判定を下《くだ》す。ローターパクト教授・ジャクソン判事ら「幾人もの権威が推奨した」ところの「侵略国」の定義の試案を「棄却」したのである。

「本官はここにおいてこの問題をこれ以上検討する必要は無い。本官が指摘すべきことのすべては、これらの二つの国を含む訴追国が一つの共通事例(訳注：対日宣戦布告を先に行《おこな》ったとの事例)を作ったとの事実そのものから、侵略の判断標準はどこか他に求めなければならなくなったとの点のみである。さもなければ、幾人もの権威が推奨した判断標準ではソビエト連邦が日本に対する侵略戦争を開始した犯罪をなしたのだとの結果が導かれてしまう。ソ連はフィンランドとの戦争においても同様の犯罪をなしたこと、それにより人道に対する罪をも犯したことは、本件裁判においては検討の対象外であるのかも知れないが…。」(判決書p.125上段)

ソ連は東京裁判の訴追国であり、ソ連を訴追した国はどこにもない。ソ連がフィンランドに対して犯した犯罪に関するパール判事の右記の指摘は「蛇足」だと指摘することも可能ではあろうが、あえてこの点を指摘したのは、ことほど左様に「侵略国」を定義するのは難しいことを示すためであろう。

## §2. 戦争はどのようにして犯罪となるのか：5つの見解

パール判事は、定義付けに向けた先人の努力の経緯を以上のように追跡することによって、「侵略国」の有効な定義が「無い」ことを立証した。有力な定義案にも致命的な欠陥があったのだ。ただ、有効な定義自体が存在しないとの結論は出たにせよ、パール判事は用心深く、次の指摘を行《おこな》っている。

「『侵略国』、『侵略』、『侵略的』との語に割り当てられるべき意味合いを我々が決《けつ》する前の段階において、特定のカテゴリーの戦争が犯罪となったとする諸見解の内《うち》のどれを我々は受け入れるのかを決定しなければならない。」(判決書p.125下段)

つまり、「侵略」の定義を決める前の段階で、必ずしも侵略戦争には限定されない「特定の戦争」が犯罪となっていたのかどうかを検討する必要を述べているのである。「特定の戦争」を犯罪とする方向に思考が進展していたのであれば、その方向の延長線上に「侵略戦争」とはどういうものか、という検討がブラ下《さ》がっているのが視野に入って来るからである。

そして、右記引用で言う「諸見解」を順に挙げていく。左記の4つ＋1つの計5つとなる。

「国際生活において戦争がどのようにして犯罪となって行《い》くのかにつき、少なくとも四つの相異《あいこと》なる見解が存在することをすでに我々は見て来た。」(判決書p.125下段)

### ①ライト卿の見解(傍線筆者)

「ライト卿によれば、戦争はそれを正当化し得《え》ない限りにおいて犯罪であるとのことである。そして戦争を正当化する唯一のものはそれが自衛ないし自己防御のために必要とされる場合のみであり、この見解においては『侵略的』との語は戦争の根拠を正当化し得《え》ないものを指《さ》す、ということになる。ニュルンベルク裁判所はこの見解を採用したように見受けられる。この関連においては、自衛の基盤として何らかの**客観的条件**が必要なのかどうか、あるいは、単に**主観的な目的**のみで十分なのかを我々は決める**必要**があるだろう。自衛のためには客観的条件が必要不可欠であるとの立場を我々が受け入れた場合においてすら、次の疑問は残るのである。すなわち、かかる客観的条件の有無を国際法の下《もと》で判定するのは誰か？　という点である。」（判決書p.125下段～p.126上段）

**②グリュック博士の見解**

「グリュック博士によれば、パリ条約もその他のいずれの協約も、戦争を犯罪とはしなかったとのことである。しかし、侵略戦争は犯罪であるとの大衆向きの主張が諸声明にて繰り返されると、それは国際生活において戦争を犯罪とするとの国際慣習法を提起せしめる、とする。」（判決書p.126上段）

**③ハンス・ケルゼンの見解**

「ケルゼン教授の見解は、正しい戦争と不正な戦争との間《あいだ》の区別はこれまで常に認識されて来た、ということであるように見受けられる。パリ条約は今や明確に何が不正な戦争なのかを定義したのであり、そこで不正と宣告された戦争は犯罪となる、とする。我々の現下の目的のためにはこの見解はライト卿の見解と本質的に同じであり、侵略国、侵略的ないし侵略などの語に同様の意味を付与することへと導いて行《い》くものである。」（判決書p.126上段）

**④A・N・トレイニン並びにジャクソン判事の見解**

「A・N・トレイニン氏の見解は、この点においては適用するのがなかなか困難なように見受けられる。氏は国際犯罪を国際組織の基盤に対する侵害と定義しており、その結果、かかる組織の基盤としての平和が確立された場合のみに、国際生活における犯罪の概念は存在しうる、と云《い》うのである。

トレイニン氏の見解は、突き詰めれば、『**現状（status quo）**』の侵害もしくはそれを侵害する試みが犯罪となる点に落ち着くことを本官はすでに示した。これはニュルンベルク裁判におけるジャクソン氏の主張とも一致しているように見受けられる。」（判決書p.126上段）

**⑤東京裁判の検察側の見解**

「現在の件における検察は第5の見解、すなわち、何らかの手続き上の欠陥を伴って開始された戦争は犯罪なのであり、そのため、この手続き上の欠陥は侵略に値《あたい》するとの見解に向けて我々を誘《いざな》っている。」（判決書p.126上段～p.126下段）

この第5の見解で検察側の云《い》う「何らかの手続き上の欠陥」とはズバリ、宣戦布告前の奇襲攻撃──真珠湾攻撃──を指すものである。

**パール判事自身の見解**

以上を順に挙げた後、パール判事自身の見解としては、次の引用の通り、いかなる戦争も犯罪とされたことはなかったと指摘した。これは第一部での検討によってパール判事が到達した、例の「法律観」である。その上で、特定のカテゴリーの戦争が犯罪となったとする右記の5つの見解の中で受諾できる唯一の見解は「①ライト卿の見解」であるとする。

「本官はすでに、国際生活においてはいかなる戦争も犯罪とされてはいないとの本官の見解を示した。当然ながらこの見解の下《もと》では、現時点で争点となっている、戦争の侵略的性質の決定の問題はまったく提起されない。

しかしながら、何らかのカテゴリーの戦争が国際生活における犯罪とされたと仮定するならば、受諾できうる唯一の見解はライト卿のそれであり、この博識な著述者はそこにおいて、正当化できない戦争はパリ条約の結果として犯罪となったのだと云《い》っている。この点に関するパリ条約以前の国際法上の立場はボラー上院議員により1927年12月に明快に述べられており（＊）、それにより宣告されたその当時の国際法の状況の裏手にまで回って分析をする必要は無い。

（＊訳注：第一部予備的法律問題・ボラー上院議員による合衆国上院における決議）」（判決書p.126下段）

つまり、「侵略戦争」には限られない何らかのカテゴリーの戦争が犯罪とされたと仮定するならば、受諾できうる見解は5つの内、ライト卿のもののみであること、そしてライト卿は、パリ条約の結果、正当化できない戦争は犯罪となったと述べている。つまり、パリ条約以前に何らかの戦争が犯罪とされたことはないとライト卿は述べているのだ。なお、②、④、⑤はパール判事が検討済みで、成立しないことをすでに見た。③は①と同じである。

そしてパリ条約以前の国際法上の立場は、合衆国のボラー上院議員がその決議案の中で**「国家間の戦争は、これまで常にそうであったように今日《こんにち》においてもなお、法で認められた制度であり、そのため、原因があろうがなかろうが、どの国も他のあらゆる国に対して厳密にその法的権利の内《うち》において宣戦を布告することができるが故《ゆえ》に、また**…」（判決書p.46下段）と明快に述べており、いかなる戦争も法で認められた制度であると明示しているのだ。それを疑って裏手にまで回って検討する必要は無いとパール判事は指摘している。

## §3．パリ条約の詳細分析：「自衛」の考え方

以上の経緯を眺めれば、東京裁判の時点で「受諾できうる唯一の見解」であるライト卿の見解の要《かなめ》は、「パリ条約」であることが見て取れる。パリ条約が認めている「自衛権の行使による正当化」が欠如していれば、その戦争は「犯罪」であると決定されると云《い》う。以下、ライト卿のこの見解を巡って、「正当化できる戦争とは何か」の議論が続く。

### パリ条約が認める「正当性」の分析：自衛権の確保

パール判事はまず、自衛権に目を向けている。

「自衛はそのような正当化のうちの一つであることは確かである。本件での検察は、ケロッグ・ブリアン条約（引用者注：パリ条約）は『自衛権には干渉していない』こと、並びに、この条約の下《もと》では『各々《おのおの》の国がその問題の判定者となること』を認めている。」（判決書p.127上段）

パール判事は、パリ条約の立役者の一人であるケロッグ国務長官の考え方をここで再度、引用している。というのは、パール判事によれば「国際法の規則の中でも、『条約は交渉者の意図に照らして解釈する』との規則以上に堅固に確立された規則は無い」（判決書第三部p.175下段　傍線筆者）ことがあるからだ。パリ条約の場合、ここでいう「交渉者」の1人がケロッグ国務長官であった。パリ条約を解釈するにあたり、ケロッグ氏の意図が何であったのかを参考にするのは、国際法の堅固に確立された規則に照らして重要なのである。

「合衆国がパリ条約を批准する前の段階で、自衛に関する質問に対してケロッグ氏が、自衛権は関係する国の主権下の領土の防衛に限定されないこと、この条約の下《もと》では自衛権がカバーする行動とは**何であり**、そして、**いつそれを援用するか**を、それらが残りの世界により是認されないリスクの対象となることのみを条件に、各々《おのおの》の国家はその国家**自身のために決定する大権**を持つこと、等をどのように宣言したかを、本官はすでに指摘済みである。」（判決

書p.127下段）

「ケロッグ氏は、上院外交委員会の個別メンバーとの質疑応答の中で、自衛権は経済的封鎖にまでも及ぶとの説明を行《おこな》った。この条約（訳注：パリ条約）は合衆国の領土、所有物、さらには、貿易ないし権益を防衛するとの合衆国の権利を侵害したり剥奪したりはしないものである、と了解された。その報告書の中で、この委員会は『**特に(inter alia)**』、次の適切なる声明を行《おこな》った。

『当委員会は、自衛権は**どのような場合においても**この条約の条項や条件により制限されたり侵害されたりすることはないとの理解の下《もと》に、この条約についての報告を行《おこな》う。**各々《おのおの》の国家**は、いかなる場合においても自由に、そしてこの条約の条項に関わらずに、自身の防衛を実施できるのであり、また、各々《おのおの》の国家は、自衛権を構成する内容、その必要性と、それが及ぶ範囲につき唯一の判定者であるのだ。』

以上が、『この条約の正しい解釈』であると、この委員会が認識したところのものである。」（判決書p.128上段）

ケロッグ長官は、各々の国家は自衛権を構成する内容を、パリ条約の条項を一切顧みることなしに決定できると説明したのだ。つまり、パリ条約は各国が自衛権を判断するにあたり、残りの世界各国がかかる判断を支持しない**リスク**（判決書p.54上段）の存在が条件となる以外、実際上は何の影響も与えなかったのだ。そのケロッグ長官の説明を前提として、合衆国上院外交委員会はパリ条約を受け入れたのである。

## ローガン弁護人の指摘

パール判事は自衛権を構成する内容を分析するにあたり、パリ条約締結にあたってのケロッグ氏による説明に加え、東京裁判におけるローガン弁護人の発言を引用している。この発言では経済的封鎖について述べており、これは自衛権行使の引き金となりうるとしている。ローガン弁護人のこの発言は、第四部での事実認定作業におけるパール判事の分析の手がかりを示唆する重要な前触れとなっている。

「ローガン氏（＊）は弁護側の最終弁論において、かかる自衛権は他の列強諸国による経済的封鎖と特徴付けられるものにまで及んだと主張することへと我々を誘《いざな》った。ローガン氏は次のように述べた。

（＊訳注：William Logan, Jr. 合衆国の弁護士。東京裁判において木戸幸一の弁護を担当。ニューヨーク市出身。生没年他、詳細不詳）

『人類の発展は、科学の進歩を通じ、そして、自国の生計を支えるための国家相互間での依存の拡大を通じ、弾薬の爆発とそれによる敵の殺傷を超越したところの等しく恐ろしい他《ほか》の方法、すなわち敵対する国家の抵抗力を減らして自国の意志に服従させる方法を、戦争手段の領域の中へ導入するに至った…。その国家の市民と国民が生存するために必要となる物資を奪うことは、爆薬や武力により暴力的に生命を奪うこととは異《こと》なる戦争遂行方法ではないことはたしかである。というのは、それは、緩慢な行動により他の通常の戦闘行為の手段を通じたものと同様の確実さで抵抗力を減らし、結果的に敗北をもたらすからだ。それは『緩慢な餓死』との手段を通じて民間人口全体の士気ならびに健全さを枯渇させることであるため、物理的な力による生命の爆殺よりももっと劇的な性質を持つものであるとさえ、云えよう。』

この点は真剣な検討を要することは、否定することができない。」（判決書p.127下段～p.128上段）

日本に対する石油禁輸を始めとする経済的封鎖は、立派に日本の自衛権発動の引き金になるとローガン氏は述べたのだ。
それに加えて、筆者は次の点も指摘したい。アメリカは、現代の全面戦争においては銃後の生産活動に携わっている老若男女も戦闘行為への参加者であるとして、日本本土各地で爆撃を繰り返し、非戦闘員たる民間人口を殺戮することを正当化したが、そのような殺戮を追求する考え方の延長線上には、ローガン弁護人の言う『緩慢な餓死』という発想があるのである。経済的封鎖を通じて敵国の非戦闘員の『緩慢な餓死』を目指すのである。銃後の人々が餓死してくれれば莫大なコストならびにパイロットたちの人命を失うリスクを取って大型爆撃機を飛ばし、焼夷弾を降らさずとも済むのだ。それは自国の勝利を科学的かつ合理的に追求する考え方の一環なのだ。外国によるそのような非情な経済的封鎖に対抗して戦うことも、立派に自衛権の行使であると考えられるのだ。

## 日本の戦争：パリ条約に違反したものなのか

起訴状が訴追している多くの日本の戦争の内のいくつかがパリ条約に違反したものかどうかを検討した結論として、パール判事は次のように述べている。ライト卿の見解に従うなら、自衛権を主張できない戦争は「正当化できない戦争」としてパリ条約違反となるのだろうとしている。

「起訴状において申し立てられているいくらかの領土の支配を確保するための戦争は、そのような措置を採用する当事国が右記で示した根拠によってかかる措置を正当化することができないのであれば、おそらくはパリ条約への違反を構成するのであろう。しかし、本官はすでにパリ条約に関する本官の見解を申し述べたのである。国家自身ないしは国家の代理人の犯罪に関するその刑事責任の問題が関係する限りにおいて、本官はそれには否定的な結論をすでに記述した。

本官はただ、いわゆる東半球における西洋の権益と云われているものは、その大部分が過去における西洋の人々による『軍事的暴力を商業的利益に変換する』ことの成功により設立されたものであったことについて再度、触れておきたい。もちろんこの不公正はこの目的のために剣をふるった彼らの父祖によるものである。しかし、次の言葉はおそらくは正しいのである。

『暴力をふるう人間は、その暴力を心から悔いることと、その暴力により永久的に利益を得ることの、両方を為《な》すことはできないものだ』。」（判決書p.142上段）

つまり、他国の領土の支配を確保するための日本の戦争は、正当化ができない限りはパリ条約に違反したものと考えざるを得ない。それがパール判事のここでの重要な指摘である。

ただし、そうであっても、パリ条約への違反は、被告人たちへ刑事責任をもたらすことはできないとパール判事は結論している。この結論は、ハンキー卿やグロー教授の意見と同じである。

右記の引用ではパリ条約（不戦条約、ケロッグ・ブリアン条約）の偽善性に直截には触れていないが、後段の「本官はただ…」以下でのパール判事の指摘は、パリ条約とは『剣士』（判決書p.122上段）が獲得した獲物を維持するための道具であるとの認識をパール判事が根底に抱えた上で記述しているのだと筆者は思う。パール判事は自身がそのような認識を抱えていることを明示していないが、パリ条約には、正当化できない世界の現状（status quo）を固定化させる効果がある、との批判が常につきまとっているのは、事実であろう。そのような条約を考え出す行為自体が「暴力により永久的に利益を得る」ことを目指しているのであり、そうであれば、「その暴力を心から悔いる」つもりなど、ないのだ。

## §4.「正当性のある戦争」とは何か：ハル・ノートの例

パリ条約で禁じられていない戦争として、自衛権に基づく「正当性のある戦争」があるとの有力な見解（ライト卿によるもの）があることを§3. で見た。

### 戦争の正当化を客観的に検討するにあたってのパール判事の2点の提案

パール判事はこの「正当性のある戦争」とはどのような戦争なのかを決めるのにあたり、次の引用の1. ならびに2. の2点の方向性に基づいて検討することを提案している。パール判事がすでに指摘したように、ライト卿は「正当性のある戦争」なのかどうかを客観的に判定するのは「誰」であるかを、明示していない。「誰」がそれを判定すべきかがわからないのであれば、パール判事としてできることは、「誰」が判定をするにせよ、その人物なり裁判所なりが判定に向けて検討すべき方向性を提案できることに限られるものかもしれないと考えたのだろう。

次の引用の1. ならびに2. の提案は、§3. でのローガン弁護人による、経済的封鎖は自衛権行使の引き金となりうるとの指摘とならび、判決書「第四部 全面的共同謀議」での分析手法を示唆した布石であると筆者は思う。傍線筆者。

「戦争を正当化できるかどうかとのこの問題を判断するには、我々は次を検討すべきであるとの提案ができるのにすぎないのかも知れない。

1. 侵略した国家の持つ情報、ならびに彼らが**『誠実（bona fide）』**に信じた事柄によれば、彼らが主張する正当化の根拠としての何らかの**客観的状況**が存在したのかどうか。

2. 侵略した国家が申し立てている、彼らが信じたところの客観的状況は、道理をわきまえた、ある立派な政治家が、かかる客観的状況に基づき、被告人たちが行動したようなやり方で行動した場合にはその政治家の行動を正当化できるようなものなのかどうか。

**『誠実（bona fide）』**かどうか、もしくは『道理をわきまえて』いるかどうか等の諸問題を決定するには、戦勝国をも含めた他の諸国の同様の政治家による同時代におけるふるまい並びに意見を徴することはたしかに適切であろう。」（判決書p.128下段～p.129上段）

## ハル・ノート

右記の1. と2. に基づく検討の実例として、判決書「第四部 最終段階」で詳細に分析された日米交渉とその最終的な結実となったハル・ノートを考えてみたい。すでに1941年7月の段階で合衆国によって「侵略を行《おこな》った国家」とされた日本に対し原油の禁輸措置が取られた。日本の原油備蓄は刻々と減っていく。いずれ輸送船も軍艦も動かなくなる。国防の義務が果たせなくなる。何より、支那事変を日本の敗北という不名誉な形で終わらさなければならなくなる。これは言わば国家滅亡へのカウントダウンである。追い詰められた日本は、石油入手の再開を実現すべく英米蘭との友好関係復旧に向け、最大限の妥協をした切り札である「乙案」を提示した。ところが交渉の相手方はこれを真剣に検討する態度を見せず、突如として1941年11月、ハル・ノートを出して来た。

ハル・ノートで明示された合衆国の態度を、パール判事は「第四部 最終段階」で次のように描写している。「この覚書」とはハル・ノートのことである。

「合衆国政府が戦争の脅《おど》しをちらつかせながら、そしてそれを実施することは戦争へと導かれて行《い》くことになるかも知れないとアメリカの当局も認識していたところの経済的圧力を加えながら、日本政府に対して中国からのかかる大々的な撤退を提案したことは、この覚書の前の時点でのすべての交渉過程において一切、無かったのである。」(判決書p.511上段)

つまり、合衆国政府は巨大な対日圧力を継続して加えつつ、ハル・ノートにおいて初めて、中国からの大々的な撤退を日本に突き付けたのである。当時、重慶政府の軍隊は便衣兵等を用いてゲリラ的に日本軍に攻撃を仕掛けていた。決戦を行《おこな》う機会を日本に与えなかった。これに日本軍は手を焼いて、中国からなかなか撤兵できなかったのである。ハル・ノートが要求する完全撤退を実行するには、在留邦人に対してありとあらゆる不法行為を行《おこな》ったゲリラの総元締めである重慶政府に対して日本が「負け」を認めるとの不名誉なやり方しか、実際上の方法はない。

しかし、これは果たして交渉継続を意図したやり方と言えるのだろうか。もしも日本が、この合衆国の態度から交渉決裂の意図を読み取らなかったら、それこそ日本側の誠実な交渉態度に疑義がもたれてしまうことになるのである。誠実であればこそ、交渉相手たる合衆国政府の持つ交渉決裂の意図を、東条内閣は正確に読み取ったのである。

日本は「侵略をした国家」であるとされたが、日本が置かれたこの状況をどう捉えるか。パール判事の提案した「正当性のある戦争」の判定標準の1.と2.に当てはめてみよう。

1.日本が「『**誠実(bona fide)**』に信じたことがら」とは、①1941年10月2日のハル国務長官の口頭声明以降、交渉相手たる米国側の態度には誠実さが欠けると捉え、実際、同年11月26日に米国側はそれまでの交渉経緯を全く無視したハル・ノートを突き付けたこと、②そのハル・ノートは日本に対して、戦う前の全面降伏を求めているのに等しいこと、③ハル・ノートを受け入れなければ「開戦だ」と合衆国政府が述べていると解釈されたこと。以上の状況から日本は、「追い詰められた」と「**誠実(bona fide)**」に信じたのである。右記の①〜③が**客観的状況**として存在していたのである。

2.そのような客観的状況は、ほかならぬ交渉相手国の国民たる学者アルバート・ノックの書籍において「現行の戦争について言えば、国務省が真珠湾前夜に日本政府に送付したようなノートを受け取れば、モナコ公国、ルクセンブルク大公国も合衆国に対して武器を取って立ち上がったであろう」(判決書p.510上段)とされたのである。つまり、日本に限らずいかに軍備が少ない国であっても、そして、その国にとっては勝ち目のない戦争を挑むようなものであっても、そのようなもの(ハル・ノート)を受け取ればどのような国でもそのように動くとノックは指摘したのである。この指摘は、「道理をわきまえた、ある立派な政治家」による判断になぞらえることが可能だと筆者は思う。

パール判事が提案した1.と2.の方向性に基づいて客観的状況の事実認定を行《おこな》えば、日本の開戦行動は「正当化」できるとの判定が可能なのである。つまり、日本の行動はパリ条約で認められた「正当性のある戦争」と言えることになる。日米交渉とハル・ノートを巡るパール判事の以上の事実認定の詳細は、前著『東京裁判で真実は裁かれたのか?』の「⑩最終段階・後編」で論じたので、よろしかったら読んでいただければ幸いである。

## §5.第二部の結論:カメレオン的

パリ条約についての第一部の結論を、パール判事は左記のように繰り返している。東京裁判の検察側や、ライト卿を筆頭とする国際法を巡《めぐ》る重要な論者たちがパリ条約に決定的に依拠している以上、パリ条約の件を繰り返すのはやむをえないものと筆者は考える。

「本官の判定では、自衛の性質と範囲、そしてその適用の機会などはすべて、パリ条約以前に存在した法を参照しながら決定されるべきものである。もちろん、本官の見解はさらに、この問題はパリ条約の後においてでさえも**裁判には付《ふ》し得《え》ない**というものである。本官がそう申し述べる理由は、すでに提示した。」（判決書p.128上段）

重要な見解なので繰り返しておきたい。自衛の性質と範囲、そしてその適用の機会等はすべて、パリ条約の後でさえも裁判には付《ふ》し得《え》ないままであるというのがパール判事の見解である。パリ条約では何が自衛に該当するのかを条約の締約国各国が自由に決めることができたとの第一部でのパール判事の指摘をご記憶と思う。裁判所の出る幕は無いのである。

「本官は、自己防衛と自己防御に関する法は、国際生活における何らかの状況の変化により保証されたものかも知れないところの修正のみを条件として、本質的にはパリ条約以前のままであったと捉《とら》えることとする。」（判決書p.129上段）

右記引用での「パリ条約以前のまま」とは、§2．の最後尾でボラー上院議員の決議案で示された内容のことである。戦争は、法で認められた制度であるとボラーは指摘したのだ。

筆者は、次の引用文が第二部における結論に相当するのではないかと考える。

「恐らくは、国際社会の現段階においては『侵略者』との語は本質的には『カメレオン的』であり、『戦敗国の指導者』を意味するのみなのかも知れない。」（判決書p.128下段）

## §6．共産主義の分析

「侵略戦争」の定義に関する考察を離れ、ここでパール判事は当時の国際社会の中で日本が置かれていた状況に目を転じる。「侵略戦争」と疑われた戦争を日本が行《おこな》うにあたり、日本を取り巻く環境がどのようなものであったかを、客観的に検討しているのである。

### 大きな問題

日本のみならず世界が直面していた新しい事情として、パール判事はまず、共産主義を取り上げて分析している。パール判事は当時の国際社会が共産主義を大きな問題として捉えていたと論じ、またそうであった限り、この件の分析は避けられないと考え、真正面から取り組んだのである。

次のように述べている。

「ボルシェビキが1917年に自分達をロシアの主人として以来、世界の悪夢は共産主義であったというのは悪名高き事実である。」（判決書p.129上段）

「ある国による政策の追求の中で、『他国の国内の武装した少数派による当該国を征服する試み、もしくは当該国の国外からの圧力による征服の試み、等に抵抗をしているところの自由を求めている人々を支援する』政策は、合法であると国際社会は考えているように見受けられる（引用者注：国際社会がそのように考えているようだとするパール判事の論拠は、ジャクソン判事他による「侵略国」定義の試案の中にある）。このことは、世界における『共産主義の恐怖』の真の性格、ならびにそれに関連する、他国の国内事情への合法的な介入の程度、を考えさせることへと我々を導く。」（判決書p.129上段）

「政治的に異質で道徳的に敵対的」（判決書p.131 上段）とされた「共

産主義」とは、実際のところはどのような考え方なのだろうか。

## 「民主主義」の定義

パール判事はまず、共産主義に対峙させるべき用語として、我々が日常的に使用している「民主主義」との語を次のように定義している。

「フランスならびに英米における伝統的な民主主義とは、概略的にはロック派、ヒューム派とジェヴォン派の哲学であり、その所々《ところどころ》を英国教会ないしローマカトリックさらにはアリストテレス派の哲学上の想定によって修辞したものである、と云《い》うことができるであろう。」（判決書p.129下段）

## レーニンの言葉：共産主義の本質

パール判事は右記のように民主主義を定義した上で、その民主主義と対比させる形で、以下の引用のように共産主義の本家本元のレーニンの言葉を引用して共産主義の本質を描いている。共産主義の本質をえぐり取った記述との巡り会いは、筆者においては以下のパール判決書によるものが最初の経験である。

「『民主主義』または『自由』との語は、共産主義の理想においても関連して用いられていることは疑い無い。しかしそこでは、それらの語は根本的に異なった意味合いを持たされているのである。共産主義の理想での『民主主義』とは、今日《こんにち》の『民主主義』の弱体化を意味し、また、示唆しているのである。共産主義的『自由』の可能性は今日《こんにち》の民主主義国家組織が消え去った後にようやく見られるのである。

レーニンは次のように述べている。

『資本主義者たちによる抵抗が完全に粉砕され、資本主義者たちが消え去り、階級が無くなった…（すなわち、社会のすべての構成員がマルクス哲学を自発的に受諾した）共産主義社会においてのみ、ただその時にのみ、ようやく『国家は…存在することを停止する』のであり、また、『自由について語ることが可能』となるのである。ようやくその時に、真に完全である民主主義、いかなる例外も無い民主主義が可能となり実現されるのである。そしてその時にのみ、民主主義そのものが虚弱化し始めるのである…。共産主義のみが真に完全である民主主義を与えることができ、それが完全であればあるほど、民主主義が不必要となる時が早まり、そしてそれ自身を虚弱化させるのである。』

すなわち、ロック派ないしヒューム派の哲学に基づく民主主義に対して共産主義者が持つ態度は、はっきりとしたものなのである。」（判決書p.130上段）

「端的に云えば、共産主義は『国家の虚弱化』を試みており、意味しているのである。」（判決書p.129下段）

## 共産主義に対する世界の捉え方

レーニンがそのように述べた共産主義に対して、世界はどのような捉え方をしたか。諸国は共産主義が自国を内部から崩壊させることに恐怖を感じたのである。

「現存の諸国家が持つ『共産主義の恐怖』の中で彼らが思い描いている『災難』は、外部からの武力による妨害的衝撃というよりは、恐らくは、社会の内部からの自発的崩壊なのであろう。しかし、彼らがこの恐怖を表現する時には、彼らはこの内部から崩壊するとの虚弱さを最小限としてしまうか、まったく無視することを常に好み、むしろ、外部から来る衝撃の妄想を強調するのである。」（判決書p.129上段～p.129下段）

諸国家は、その国の社会の内部からの崩壊の恐怖には目をつぶり、外部から来る衝撃の妄想を強調したのだ。そのため、右記で引用したように、各国は他国の国内で共産主義勢力と戦っている勢力を支援して共産主義勢力が自国内に入って来ないようにすることは合法であると考えていたようだ、とパール判事は指摘する。また、共産主義は従来の民主主義の中で論ぜられていたさまざまなイデオロギーとは根本的に異なっていることを指摘している。再度引用する。

「端的に云えば、共産主義は『国家の虚弱化』を試みており、意味しているのである。」(判決書p.129下段)

パール判事はさらに、次のようにも指摘している。

「ここではまた、共産主義自身が単なる異《こと》なったイデオロギーの発展と見られていたわけではないことに注意を払うことも適切であろう。国家と財産に関する**共産主義理論**と、現存する民主主義の理論との間《あいだ》には、重大で根本的な差異があるのだ。」(判決書p.129下段)

「このような状況では、一般的には、共産主義的発展は正しいイデオロギーによって導かれたものではなく、そのため、共産主義者たちは残りの世界にとっては全面的に安全な隣人ではないと考えられているのである。」(判決書p.130上段)

共産主義に対するそのような捉え方が正しかったのかどうか、パール判事は判断を避けている。次のように述べている。

「かかる考えが正しいかどうかにコメントを加えるのは本官の役割ではない。」(判決書p.130上段)

共産主義への賞賛は、インドの賢者、ジャワハルラル・ネルーも寄せていたとパール判事は判決書p.130下段で指摘している。その上で、そのような賞賛をもってしても、現行の世界の、資本主義下の民主主義国家群と共産主義国家群に2分された国際社会の間の調整は困難であると指摘している。次の通りである。

「そのような賞賛は、しかしながら、資本主義下の民主主義国家群のみならず共産主義国家群によっても構成されているところの現行の**国際社会**がそれら二つのグループの間《あいだ》の関係を調整し安定化させるにあたり感じている困難を解決するためには、何の助けにもならないのである。それ(引用者注:国際社会が感じている困難)が実在のものにせよ架空のものにせよ、今まではかかる困難はほとんど普遍的に感じられて来たのであり、また、今においても引き続き普遍的に感じられているのである。」(判決書p.130下段)

## 共産主義に関して検討すべき課題

以上を俯瞰した上で、パール判事は次の3点が検討すべき課題だと指摘している。

「しかしながら、その困難の解決は今、本官を思い悩ませているものではない。本官が指摘すべきことのすべては、現存する国家と財産組織の基盤そのものに共産主義の発展がこのように影響を与えるのに伴い、我々が決定を下《くだ》すべき対象として次の幾つかの質問が当然に提起されるとの点である。

1. **ある国**の生存がその内部での共産主義の発展によってそのように脅かされている場合、現存の国際社会における同僚**国家**(引用者注:原表記はsister state)はそのような苦境にある国を援助する権利があるのかどうか。もしあるのだとすれば、その権利の範囲はどこまでか?

2. 苦境にある国の内部に権益を持つ他の同僚**国家**は、共産革命の危険からかかる権益を守る権利があるのかどうか。もしあるのだとすれば、その権利の範囲はどこまでか?

3．共産主義のイデオロギーを思い起こし、国際社会の中のいくつかの国はその内に共産主義組織をすでに抱《かか》えているとの事実を視野に入れた場合、現存するある同僚国家が他国で共産主義が蔓延していることを『**誠実（bona fide)**』に憂慮した場合、もしもそのような権利があるとすれば、かかる同僚国家による介入の権利の範囲はどこまでか？」（判決書p.130下段～p.131上段）

右記の3点には高度に政治的な判断が求められることが見て取れる。司法判断が踏み込むべき領域ではなかろう。パール判事は右記3点の指摘に留めている。

パール判事は右記の3点を提起した後、共産主義国家を隣人に持つことについて次のように述べている。

「我々は次のように聞かされている。いくつかの勝利国は『彼ら自身とは根本的に違う原則で動いている政府を持つ国家と**接触していたら**、彼らは繁栄できず、安全に生活を送ることもできないと…、常に感じて来た』、と。戦敗国にもこのような感覚を同様に持つ権利があり、彼らの政策とふるまいをその感覚に従って形成することができるのかどうかはまだわからない。我々は次のように聞かされている…『政治的に異質で道徳的に敵対的な環境ではいかなる国家も辛抱《しんぼう》することができない』、と。また、『誠実さを進化させない人々はすでにその信用を放棄し始めているのだ』との『深遠かつ久遠《くおん》の真理』が与えられているのだ、と。ここではただ、太平洋もしくは大西洋の幅広さをもってしてもかかる『接触』を妨げるには十分ではないと考えられていることにだけは注意を払っておく必要があろう。

これらのふるまいは実際、我々の現下の目的のためにはとても重要なものであると云《い》えよう。もしも個人の生命や自由を奪うのならば、そのような行為（引用者注：裁判の判決を通じて被告人の生命や自由を奪う行為）は普遍的な適用性を持つ標準によって評定されることこそが正しいとされなければならないからだ。」（判決書p.131上段～p.131下段）

はたして、共産主義への忌避は「普遍的な適用性を持つ標準」として取り扱われていたのだろうか。もしも勝利国たる米英が共産主義への忌避は正当であると考えていたとしたら、戦敗国たる日本がそのように忌避したことは許されないことなのだろうか。勝利国のみが持つことを許され、戦敗国が持つことを許されない「標準」に基づいて、個人の生命や自由を奪うのは、正しいことなのだろうか。それが、ここでのパール判事の指摘である。

## §7．日本が直面していた諸事情

パール判事は右記のように共産主義を分析した後、「侵略国家」とされた日本が直面しなければならなかった諸事情を次の①～⑦にまとめて順に記述している。これら①～⑦も、第四部における事実認定作業での分析の方向性を示唆するものだと思う。

### ①中国における共産主義の特殊性

中国は日本のすぐ隣の国である。そこでの共産主義の進展を次のように分析している。

「ある国家が、他国内で単に何らかのイデオロギーが発展したことを理由として当該他国の情勢に介入を行《おこな》う権利は、通常は持てないものである。しかし、中国における**共産主義**は、現存する政党の内《うち》のいくらかの党員が主張する単なる政治的教義、あるいは、他の政党と権力の獲得を競うための特別な政党を組織すること、等を意味しなかったのである。**それは実際上、中央政府に匹敵する**

**存在となったのである。**それはそれ自身の法律、軍隊と政府、さらには、それが活動する独自の領土的な領域を所有していたのである。その結果として、その発展はすべての実質的な効果の面において外国からの侵入に等しいものなのであり、**中国に権益を持つ**他の諸国には彼らの権益を守るために中国に入《はい》って行《い》ってその発展と戦う権利があるのかどうかを問うことは適切な設問となって来《く》るのは確実である。」(判決書p.129下段)

## ②中国によるボイコット

日本は他の欧米諸国同様、中国における在留邦人の生命と財産を守るため、中国に軍隊を派遣した。それは中国がそれら外国人居留者の生命ならびに財産を適法に守ることができなかったためであると、日本を含む関係各国が主張した。

関係各国がこのように主張した背景には、パリ条約調印にあたっての例の「前提条件」がある。関係各国は自身が自己防衛の条件を自由に判断できることを前提条件としてパリ条約に調印したのだ。中国の状況はその自己防衛の要件を惹起せしめたと関係各国は考えたのだ。パール判事は次のように記している。

「本官の意見では、パリ条約においてはその関係国自身が自己防衛の条件の判断者であるとされたままであるため、そこには何らかの適切な客観的条件が存在したとの『**誠実な(bona fide)**』確信があったのだと本官は主張するのみである。」(判決書p.131下段)

これが日本のみならず当時の国際社会全体の中国に対する態度であったことを、パール判事は次のように指摘している。引用が長くなるが、部分的に取り出してしまうと論旨が不明確となるので、おつきあいいただきたい。中国は国際法上の義務を自国の国内で果たしていない「不随」国なので、中国が自国を統治する行為の一部を西欧諸国・日本が肩代わりして行《おこな》ったというのである。この中国の「不随」性は、日本を含む国際共同体に自己防衛を惹起せしめる客観的条件だったとしているのだ。

「適切な客観的条件とは何なのかを評価するためには、我々は国際共同体自体のふるまいを調べなければならない。後ほど見るように、強力な列国たちはそのふるまいを次の基盤の上において形成したと見受けられるのである。すなわち、『ある国家がその領土の中で外国人の生命と財産を安定的な状態に維持することが長期に亘《わた》って不能なのであれば、それはそのようにして苦しめられた隣国がその国家の領土に立《た》ち入《い》ってその権能を代わりに所有することを促進し、また、**正当化**するのである』。リットン報告書は、かかる行動は隣国ではない国によっても正当化できるとしているように見受けられる。国際社会の特定構成国がそれ自身の領土であると認識している領土における諸事象に関して、国際法上で確立していると信じられている標準に基づく行動を恒常的に怠《おこた》っている場合は、かかる構成国は致命的に怠慢であると国際社会は見なすこととなっている。かかる怠慢が起こった場合、『その怠慢な構成国は、自らが征服されること、もしくは自国を被保護国とする外からの試みを招き入れているものと捉《とら》えなければならない』と云《い》われている。『このような厳しい選択肢は、そのような不《ふ》随《ずい》となった国の失敗を、恐らくは自己中心的な理由で利用する諸国の側に無法さがあることを必ずしも指し示すわけではない。彼らは単に、1国の領土保全を尊重することは、その国家の主権者に対し、国際法が要求するすべてに応じられる支配権がその領土内にはあるとの断言を一貫して要求するものであるとの事実を強調するのみである』。本官はかかる征服の正当化の論を支持しない。本官はただ、これが単なる理論にとどまらず、少なくとも西

半球以外においては**行動規範**であったと指摘しているのである。」（判決書p.132上段）

当時の中国は国内の治安維持がうまくできていなかった。さらに、中国に滞在する外国人に対して西欧諸国と同じ水準の治安・司法・医療衛生サービスを提供できなかった。すなわち、中国は「致命的に怠慢である」と見なされていたのだ。中国は「不随となった」ため、「自国を被保護国とする外からの試みを招き入れていたのである。

中国が、国際法上の標準に基づく義務をその国内において提供できなかったとの右記の経緯と背景から、日本を含む各国が中国領土に出兵したのであった。この出兵は当然ながら侵略であるなどとは考えられておらず、出兵の責任はあくまでも中国側にあると国際共同体は考えていたのだ。パール判事の右記の指摘は、重い意味を持つのである。

しかし、外国によるこの出兵を1つの契機として、中国は国民党主導の下《もと》、中国に住む外国人居留者に対してボイコットをしたのであった。また、日本の場合、中国在留の自国民の数、中国に持っていた守るべき権益が他国に比べて圧倒的に大きかったために、ボイコットによって向けられた中国の敵意も日本に対するものがもっとも大きかった。

「現下の問題に関して中国のボイコットが持つ意味合いは、本件裁判において中国を検討する段階で検討することとしよう。本件審理に際して日本の採《と》った行動が侵略的となるのかどうかを決めるよう求められる場合、このボイコット運動をまったく無視することは我々にとって可能なことではなかろう。」（判決書p.131下段）

### ③「中立国の義務」は日本に対して守られたか

在留邦人の生命と財産を守るために日本は中国に出兵し、中国は暴力的なボイコットを始めとした敵対的措置で対抗した。これが日中間の戦闘につながっていった。2国の間で戦闘が発生している際、その戦闘に参加していない他国は厳格に中立国の義務を守らなければならない。

「この関連で我々の検討を要する問題がまだ一つある。すなわち、中立性の問題ならびに中立国の権利と義務の範囲である。」（判決書p.132上段〜p.132下段）

中立の義務に反する例として、パール判事はラジオによる悪宣伝の例を挙げている。

「他の問題はさておき、中立国が交戦国の行動にどの程度まで敵対的なコメントを行《おこな》う権利があるのかとの問題は、今日《こんにち》においては出版物以外にもラジオが話し言葉を地球の隅々《すみずみ》にまで瞬時に送り届けることができることを思い起こすなら、決定的に重要なものである。一国の放送の効力は、それのみであらゆる軍団の壊滅以上の損害を交戦国にもたらすものかも知れないのである。そのため、中立であり続ける義務を負う国による放送と記者発表が、ある交戦国にとり彼らに被害をもたらすものと感じられる場合、かかる交戦国はそのような発表をやめるか、もしくは戦うかを要求する権利を持つことが許されるのである。」（判決書p.132下段）

パール判決書には記述がないが、ＦＤＲが「炉辺談話〝Fireside Chats〟」と称するラジオ放送で国民に語り掛けて、ドイツと日本が悪逆非道の国だとアメリカ国民に吹き込んだのは広く知られている。ＦＤＲはまた、１９３７年10月5日のシカゴの湖岸高速道路〝Lake Shore Drive〟の開通式典で、道路開通の話題そっちのけで、後に「隔離演説」と呼ばれるようになる、ドイツや日本を伝染病患者に例えて隔離すべしとの演説をしたのである。これらは悪宣伝の最たるものであろう。右記引用においてパール判事は、このような悪宣伝は中立の義務に反すると指摘しているのである。

本件裁判の起訴状において、さまざまな国に対する日本の行為に関してさまざまな訴因を設けて執拗に訴追が行《おこな》われている事実を見て、パール判事は中立国の義務の問題をあえて取り上げることにしたようである。次の引用の冒頭にその記載がある。

「訴因の中で、侵略戦争が計画され、開始され、遂行されたことにつき、異なる時点における異なる国に対する日本の行動に関連してそれぞれ別個の訴追がなされているとの事実を見るにつけ、この問題はここでとても重要な意味合いを持つのである。たとえば、パリ条約に違反した戦争を日本が中国に対して開始した後の他の国々による日本に対するふるまいがどのようなものであったかを検討することは、その後の日本によるそれらの国々に対する何らかの行動の性質を判断するにあたり、適切であろう。そのため、次を問うことは必須となる。

1. それらの他の国々は、中立であり続けるとの何らかの義務を日中事変の後においてさえも負っていたのかどうか。

2. 交戦国日本の行動に対するそれらの国々のふるまいで、もしあったとすれば敵対的なコメントを行《おこな》うことを含む彼らのふるまいは、彼らの権利の内にあり、かつ、中立国の義務に沿ったものであったのかどうか。

3. もしそうではなかったとすれば、そのようなふるまいに鑑みてその国に対して採《と》った日本の行動は、正当化できるものなのかどうか。」（判決書p.132下段）

パリ条約の原案提示国であったフランスは、この条約を締結することはフランスが中立を守ることを妨げることになるかもしれないと考え、躊躇《ちゅうちょ》した。そのフランスの躊躇《ちゅうちょ》に対しアメリカのケロッグ国務長官は、「中立の無効化はパリ条約の結果であるとは見なされない」（判決書p.133上段）と文書の中で述べ、フランスの躊躇《ちゅうちょ》は的外れであると回答した。国際法の権威である米国のJ・B・ムーア判事を始めとする多くの著名な著述家たちも、ケロッグと同意見であったことが判決書p.133上段に記述されている。傍線筆者。

「多くの著名な著述家たちも、パリ条約の結果として伝統的な中立法はその有効性のいずれをも失ってはいないとの意見を持っている。」（判決書p.133上段～p.133下段）

「それはそうと、この強力な国（引用者注：アメリカを指す）はパリ条約に違反する戦争は違法なものとは考えていなかったことをもこの報告書は示しているようである。」（判決書p.133上段）

右記引用での「この報告書」とは、判決書 第一部で触れられているもので、パリ条約が締結された1928年以降の各国の中立政策に関する調査報告書のことであり（判決書p.64下段）、これは1938年にアムステルダムで開催された第40回国際法協会の会議に提出された。これによれば、アメリカはパリ条約に違反する戦争は違法行為であるなどとは考えていなかったのだ。

それでは、イギリスはどうか。中立の義務をどのように捉えていたのだろうか？

「1933年2月27日にジョン・サイモン卿（＊）は、イギリス下院において中国と日本に対する武器禁輸を議論する中で、イギリスは『中立国』であると述べ、またその結果として、中国と日本それぞれに対する禁輸を同等に実施する必要性があると述べた。

（＊訳注：John Allsebrook Simon, 1st Viscount Simon 1873～1954 イギリスの政治家。第一次大戦初期から第二次大戦終期にかけ内閣の主要ポストを占めた。子爵）」（判決書p.133下段）

イギリスは中国と日本それぞれに対する禁輸を同等に実施すべきと考えたのだ。

つまり、米英2国はともに、パリ条約締結後であっても中立の義務を守るべきであると考えていたのである。以上を踏まえた上で、パール判事は次のように指摘している。

「そのため、アメリカが日中間の戦闘の期間を通じ、可能なあらゆるやり方で中国を援助したとの事実は、日本のその後のアメリカ合衆国に対する行動の性質を判定する上で適切な検討事項となるのである。」(判決書p.134上段)

ケロッグ長官自身がパリ条約以降もその存在を認めていた中立の義務であったが、右記で指摘された事実が示すように、アメリカは日本に対しては事実上は中立の義務を守らなかったのである。アメリカは、日本の紛争相手国たる中国をありとあらゆる方法で援助していたのだ。この態度は右記１９３３年当時のイギリスとは大きく異なるものである。もっとも、そのイギリスも、ビルマ公路を通じた軍事物資輸送を行《おこな》うことで、１９３０年代後半には次第に中国側に肩入れしていったようであるが…。

### ④経済制裁：ＡＢＣＤ包囲網

たとえ1国によるボイコットが合法的であっても、複数国が合同で行《おこな》う場合は邪悪な側面を持つケースがあるとパール判事は指摘している。これは云《い》うまでもなく、米英中蘭の4カ国による対日ＡＢＣＤ経済包囲網を念頭に置いている。

「本官は別の場所において、国際関係におけるボイコットが適法であるのかそうではないのかの問題を議論した。処罰の対象国として選び出された一国に対して二つ以上の国が合同ですべての商業取引を断ち切る場合には、国際生活において真に並行的な状況が出現するのである。一国が単独では合法的に為《な》すことのできる行為を2カ国以上が結合ないし合同して実施すると、即座にその行動は邪悪な側面を持つこととなり、そして、排斥された国はそのことにつき正当に抗議を行《おこな》うことができるのである。」(判決書p.134上段)

経済ボイコットは③の中立国の義務とも密接に関係している。

「すなわち、国際法は一国の政府が交戦中の国のどちらかを犠牲にして他方を支援することを禁じているのだ。紛争に参加することを目論見《もくろみ》ながらも平和状態を続けたいとする国の努力ないし要望を国際法は認知しないのである。**交戦中の両サイドの一方を支援する国としてその国が紛争に参加するのであれば、かかる国は中立国としてではなく、はっきりと交戦国としてそうしているのだと国際法は判定するのである。**一言で云《い》えば、建前上は平和のままでいる国による政府がらみの参加は、予期されていないのみならず痛烈に排斥されているのである。」(判決書p.135下段)

日支事変において日本と中国は交戦中であった。その交戦中の一方である中国(国民党政府)をアメリカが支援していたのは事実である。日支事変においてアメリカは、明らかに国際法(中立法)に違反していたのである。また、右記の指摘は、判決書第四部への布石となっていると思う。

国際法上のボイコットの意義は次の引用のとおりである。

「**戦争に参加した国に対するボイコットの適用はその紛争への直接的な参加と云《い》うのに十分であり、**実際上は、あたかもボイコット実施国自身が交戦国となるのと同様であるとの結果が断固として立証されるのである。それは中立の理論に対して、ならびに国際法が非交戦国に対し依然として課している基本的な義務に対して、挑戦的なものとなるのである。

そのため、アメリカが日本に対して採用した経済的措置ならびにＡＢＣＤ包囲網計画の事実は、その後の段階で日本がそれらの国々のいずれかに対して取った行動の性格を決める問題に関し重要な関連性を持つのである。もちろん、そのような包囲網計画が、それが軍事的なものであろうと経済的なものであろうと実際に存在したのかどうかは、本件裁判にて取り上げられた証拠により決定されるところの、事実認定の問題である。」（判決書p.136上段）

当然、検察側は連合国への批判を避けるため、対日ボイコットの影響を極小化して見せることに努めた。対日経済封鎖は軍需品に限ったものだったと述べたのである。これに対し、パール判事は第四部への布石として次を述べるのにとどめた。

「検察側は日本に対する経済封鎖を軍需品の供給を減らすことのみを狙ったものと特徴づけた。弁護側によれば、『その封鎖はすべての種類の民需品、貿易そして食品にまでも影響を与えた』とのことである。弁護側は次のように述べている。『これは、ある国家がその圧倒的に優勢な船団を使って商業者の出入りを防ぐとの古い流儀の封鎖以上のものであった。それは、強力で経済的な優勢の度合いが大きいすべての列国による、その生存と経済が世界との商業関係に左右される、対外依存性が明らかに高い島国に対する行為であった。』本官は、本裁判の真珠湾攻撃に関連した側面を検討するにあたり、いずれこの点には立ち戻るつもりである。」（判決書p.136上段～p.136下段）

### ⑤戦争一歩手前の「強制性」

この強制性の問題は④の経済封鎖にも関係するものである。これはパリ条約の後においても適法であったとパール判事は指摘している。

「この論点から離れる前に本官は、戦争の一歩手前の何らかの強制的措置はパリ条約後での国際生活においてでさえも適法であると見なされていたことを、今一度我々の記憶に呼び起こすこととしたいのである。」（判決書p.136下段）

パリ条約は、正当化できる戦争を除き、戦争を禁じた。そのため、パリ条約は一般には諸国家の友誼を促進する方向にあると信じられていたものの、そのパリ条約後においてでさえ、戦争の一歩手前の強制的措置（ＡＢＣＤ包囲網等の対日ボイコットを含む）は適法であるとして放置されたままであったことをパール判事はあえて指摘したのである。

### ⑥条約に違反した戦争であるとの批判

検察側は起訴状において日本の戦争は諸条約に違反した戦争であったとしている。

「検察側の主張は、条約、協定、保証ないし国際法に違反した戦争は違法であり、そのため、かかる戦争を計画し遂行した人々はそこにおいて犯罪をなしたものである、としている。」（判決書p.137上段）

これに対し、パール判事はまず、次のように指摘している。諸条約に違反した戦争は、単に契約違反を意味するだけだと述べている。これは第一部での指摘でもあった。

「条約、協定、保証に違反したこと以外の何ものでもない戦争は、単に契約違反を意味するだけであろう。本官の意見では、そのような違反は何らの犯罪にも値《あたい》しない。条約、合意と保証は、戦争自体の法的性格を変更したりはしない。」（判決書p.137上段）

その上で、いまだに多くのアメリカ人が口にする、真珠湾攻撃は宣戦布告前の攻撃であったとの日本に対する非難に対し、パール判事は法的な事実認定作業を行《おこな》う上で、Ｂ・キース博士の実証研究を次のように持ち出し、宣戦布告が持つ意味合いの限界を指摘している。

「ウィートン（＊1）の「国際法 第7版」（訳注：Elements of International Law, 7th edition）の中で、Ｂ・キース博士（＊2）は宣

戦布告の歴史と原則を議論しており、宣戦布告を行《おこな》わないことはその戦争を違法とはしないと結論している。敵に対する正式な宣戦布告は、かつては国家間の戦闘を合法化するために必要であると考えられていたとキース博士は指摘している。それは古代ローマ人により、また、おおよそ17世紀中頃までの近代欧州諸国家においても、一様《いちよう》に行《おこな》われていた。17世紀において正式な宣戦布告は不可欠なものとはみなされなくなった。18世紀以降は戦争の事前通知は例外的なものとなった。１７００年から１８７２年までの間《あいだ》に行《おこな》われたおよそ１２０もの戦争の内、戦闘に先立って正式な宣戦布告が行《おこな》われた例はかろうじて10例程度であった。しかしながら、19世紀後半においては宣戦布告を行《おこな》う国の領土内において、戦争状態の存在と戦争を開始する動機の声明を発表することが慣例となった。この発表は、敵との間《あいだ》の関係について交戦国の国民へ指示や指導をするために必要であるとおそらくは考えられたことや、型式を整えた戦争に対して国際法が付与する何らかの効果に関連してなされたものであろう。キース博士はまた、実際の慣例から引き出される結論はさておき、法律家や広報関係者の間《あいだ》で意見の一致はまったく無かったと指摘している。概して欧州大陸の論者は事前の布告が必要であると力説する。イギリスの見解はその反対である。ストウェル卿（＊3）によると、事前通告なしでも戦争は正当に存在しうるのであり、通告はその事実の正式な証拠を構成するのみであるとされる。

（＊1訳注：Henry Wheaton 1785～1848 アメリカの弁護士、法律家、外交官）

（＊2訳注：Arthur Berriedale Keith 1879～1944 スコットランドの法律家）

（＊3訳注：William Scott, 1st Baron Stowell 1745～1836 イギリスの判事。男爵、前出）」（判決書p.139上段～p.139下段）

右記の引用を受け、宣戦布告前の攻撃との指摘に対し、パール判事は次のように判定している。傍線筆者。

「本官の判定では、条約、協定、保証に違反した戦争、あるいは、戦闘開始に関する協約に違反した戦争は、何か他のものを付け加えない限り、国際法では犯罪とはならなかったのであり、そのような戦争を計画し、開始し、遂行した人々は、そのような人々がもしいるとすればだが、それによっていかなる犯罪をも犯したことにはならないのである。」（判決書p.140下段）

本書**第一編　第六部　第1項**の**§4．**でパール判事が「開戦に関するハーグ協定」（通称、１９０７年ハーグ第3条約）に触れ、この協定（協約）によって事前の宣戦布告や最後通牒を提示しないで開始された戦争は不法行為となったとするオッペンハイムの見解を紹介していた。

この**第二部**においてパール判事はB・キース博士の実証研究に基づいてこのオッペンハイムの見解を斥《しりぞ》け、「そのような戦争を計画し、開始し、遂行した人々は、そのような人々がもしいるとすればだが、それによっていかなる犯罪をも犯したことにはならないのである」（右記引用）と判定している。たとえ宣戦布告前の攻撃により開戦したのだとしても、かかる攻撃を命じた人々は、犯罪者ではないのである。

右記引用でのパール判事の判定は重要である。パール判決書のハイライトの１つとして記憶にとどめるべきだと思う。「戦闘開始に関する協約（引用者注：１９０７年ハーグ第3条約）に違反した戦争は（中略）国際法では犯罪とはならなかった」（判決書p.140下段）のである。

## ⑦背信的な戦争であるとの批判

真珠湾攻撃により開始された日本の戦争は諸条約に違反した戦争であるとの指摘については、右記の⑥で「犯罪ではない」との判定がなされたものの、検察側の主張はこれにとどまらない。日本の戦争は「背信的」であったと主張しているのだ。これは真珠湾攻撃の前に8カ月間に及ぶ日米交渉を継続していたにもかかわらず、突然に攻撃を行《おこな》ったとの批判を意味するものであろう。

「しかしながら、検察の主張は戦闘開始に関する条約、協定、保証そして協約の単なる違反に留《とど》まらない。彼らはこの件に関して被告人たちを背信の容疑で訴追しているのだ。その訴追は、単にこの戦争がそれらの条約、協約などに違反して計画され開始されただけではなく、計画全体において、この戦争がそのような条約その他に違反**すべきもの**となるように考えられていたのであり、かかる戦争はそのような条約その他に違反して開始すべきものとされていたのであり、さらには、他の関係国がそのようなことにはなってはいないと誤認するように**仕向けられていた**ものである、としている。」（判決書p.141上段）

これに対し、第四部への布石としてパール判事は次のように述べている。

「この点には事実認定の問題、すなわちそのような何らかの背信行為があったのかどうかの問題が関わって来《く》る。本官はこの点は真珠湾奇襲攻撃に関連してさらに詳細に議論することとしたい。」

（判決書p.141上段）

そして右記での布石のとおり、パール判事は第四部で真珠湾奇襲攻撃に関する事実認定作業を行《おこな》ったのである。前著での引用とダブることになるが、この攻撃に関するパール判事の事実認定の結論部分を以下、引用しておきたい。傍線筆者。

**「真珠湾攻撃にはいかなる共同謀議も介在しない**

いずれにせよ、起訴状で申し立てられているような類《たぐい》の何らかの共同謀議があったなどとはせずとも、これらの事実はその後の真珠湾攻撃へと導いて行《い》くところの展開を十分に説明しているのである。証拠は、日本はアメリカとのあらゆる衝突を避けるために最大限の努力を行《おこな》ったこと、しかし、徐々に展開して行《い》った事情により日本が採った致命的な措置へと日本は追いやられたことを本官に納得させている。

証拠は、日本による攻撃は2カ国の間《あいだ》の関係が平和的であった期間における、突然の、予期されない、背信行為であったと特徴づける資格を我々に与えてはいない。我々は、合衆国がどの程度まで日本に対して平和的であったのか、また、日本の特使たちとの間《あいだ》の平和交渉に合衆国側が実際にはどのように従事していたか、を見て来た。この点において日本の側には何らの背信行為も無かったのである。日本に最初の公然たる一撃を加えさせるための何らかの策動が何処《いずこ》かであったのかどうかは、問題とはならない。」

（判決書p.518下段）

日米交渉において本当に背信的行為を働いたのは訴追国の方《ほう》ではないか、との指摘が右記引用での表現ににじみ出ているように思う。

日本の戦争が「背信的行為」であったという検察側の訴追をパール判事はよほど重要視したものと見え、右記の第四部での分析に加え、本書の**第一編 第六部第1項「殺人」**の**§5．背信の訴追**の「**墓穴**」においても、「背信的行為」との指摘に対してパール判事が厳しく論駁していたことをすでに見た。

パール意見書

# ⑦

# 第三部 証拠ならびに手続きに関する規則

東京裁判は、証拠と手続きの取り扱いに特異性を伴った裁判であった。「さまざまな国内法体系によりその訴訟上の経験と伝統に基づいて工夫されて来たところの、誤った説得がなされることから法廷を守るため」(判決書 p.144 上段)に積み重ねられてきた知恵と工夫をかなりの部分に亘って放棄したのである。このような特異な取り扱いを許す根拠となった裁判所憲章の条文の分析、この特異性の下《もと》に受理された「木戸日記」と「西園寺・原田回顧録」、証拠受け入れが特異であったことがもたらした効果、等が論じられる。最後に、却下すべきではなかった証拠類が存在するとパール判事が考える理由が列挙され、特に中国の状況に関する証拠は却下すべきではなかったとの指摘がなされる。

## 第三部を記述することになった背景

第三部の冒頭で、パール判事はこの第三部を記述することになった背景を述べている。

「法について本官が採用している見解は、本件裁判に関する証拠で『厳密ナル意味ニオケル（stricto sensu）』戦争犯罪に関係しない訴因に関するものを本官が取り上げる必要をいささか不要とさせるところのものである。しかし、本件裁判の全体につき本官は聞き取りが終わり、記録されるよう持ち込まれた証拠に関する諸事実についても本官独自の意見の形成を行《おこな》ったので、その内のいくつかに関して本官の結論を手短《てみじか》に提示することとしたい。」（判決書p.144上段）

右記引用の後段においてパール判事は、本件裁判の全体につき聞き取りが終わり、記録されるよう持ち込まれた証拠に関する諸事実についてもパール判事独自の意見の形成を行《おこな》ったと述べている。おそらくは、本件裁判における「法」として採用すべきであるとパール判事が考えるもの（具体的には、「行為が行《おこな》われた時点に存在した国際法の規則」（判決書p.25下段））の見定めも、この段階で済んでいるものと思われる。以上を受けて、証拠と手続きについての諸事実に関するこの第三部を記述することとしたと述べているのである。

また、右記引用の前段は、重要な示唆を孕んでいる。「本件裁判に関する証拠で『厳密ナル意味ニオケル（stricto sensu）』戦争犯罪に関係しない訴因に関するものを本官が取り上げる必要をいささか不要とさせるところのものである」との記述は、審理の対象として残っているのは起訴状の訴因の内の第3類「通例の戦争犯罪及び人道に対する罪」のみであることを意味すると読めるのだ。これはこの第三部を論述する段階でパール判事が、起訴状の3つの分類の内の第1類「平和に対する罪」と第2類「殺人」が成立しない点につき、結論を出していたことを暗示している。この段階でパール判事は東京裁判での中心的検討課題である「全面的共同謀議」について、すでに結論を出していたと読めるのである。

さらに言えば、右記引用の冒頭の部分で「法について本官が採用している見解」とあるのは、「第一部 予備的法律問題」での検討の結果としてパール判事が到達したもので、「国際法は少なくとも第二次世界大戦の前まではこれらの行為（引用者注：ある国を他の国が支配する行為）を犯罪である、もしくは違法である、とするほどの発展はしなかった」（判決書p.113下段）という見解のことである。「当然ながらこの見解の下《もと》では、現時点で争点となっている、戦争の侵略的性質の決定の問題はまったく提起されない」（判決書p.126下段）。

だからこそ、パール判事の採るこの法律観の下《もと》では「侵略戦争」を行《おこな》う計画を進めたとされる全面的共同謀議について取り上げる必要はそもそもないのであり、『厳密ナル意味ニオケル（stricto sensu）』戦争犯罪のみが検討対象となるのである。

そうは言っても、全面的共同謀議の検討（第四部）がパール判決書の総ページ数の半分以上を占めていることはご高承の通りである。つまり、パール判事は、自らのこの法律観を一旦は脇に置いた上で、検察側の組み立てた「共同謀議式立証方法」に正面から徹底的に付き合い、膨大な事実認定作業を行《おこな》ったのであった。すなわち、検察側の主張した「共同謀議式立証方法」は、法についてパール判事がすでに到達していた見解と、法廷証拠に基づく徹底的な事実認定作業の、両方の面から否定されたのであった。

## 第三部の構成

筆者は第三部を次の6つのセクションに分けて記述したいと思う。各セクションの並び方はおおむね判決書の記述の順になっている。

**§1．裁判所憲章第13条と第15条：特異な証拠取り扱いの根拠となった条文**
**§2．「木戸日記」と「西園寺・原田回顧録」**
**§3．特異な証拠受け入れがもたらした効果**
**§4．却下すべきではなかった証拠**
**§5．却下された、中国情勢の証拠**
**§6．証拠および手続き：検討すべきその他の事項**

それでは、第三部に取り掛かることとしたい。

## §1．裁判所憲章第13条と第15条：特異な証拠取り扱いの根拠となった条文

### 本件裁判における証拠の特異な扱いの根拠：裁判所憲章

本件裁判における証拠に関する特異な扱い方について、パール判事は次のように切り出している。

「本官は証拠を比較衡量する段階に進むと同時に、証拠の大きな部分に付着している明白な脆弱性につき本官は一言《ひとこと》、申し述べることとしたい。（中略）この裁判のための証拠に関する規則を規定するにあたり、さまざまな国内法体系によりその訴訟上の経験と伝統に基づいて工夫されて来たところの、誤った説得がなされることから法廷を守るための**すべての手続き上の規則を**、**裁判所憲章は事実上、放棄したのであり**、そうして我々は証拠に関して、あらゆる人為的な手続規定から独立して行動できるようにされたのである。」（判決書p.144上段）

右記引用の冒頭で「証拠を比較衡量する段階」とあるのは、いよいよ第四部・第六部で事実認定を行《おこな》う段階に立ち至ったことを指している。

また、右記引用においてパール判事は、「さまざまな国内法体系によりその訴訟上の経験と伝統に基づいて工夫されて来たところの、誤った説得がなされることから法廷を守るための**すべての手続き上の規則を、裁判所憲章は事実上、放棄した**」と指摘している。そのため、証拠に「脆弱性《ぜいじゃくせい》」（原表記はinfirmity）が付着したとパール判事は表現している。

パール判事は東京裁判所がそのような特異な扱いをする根拠は、裁判所憲章の第13条と第15条であると指摘している。（判決書p.144上段）パール判事はこれらの条文を判決書p.144とp.145に記載している。その内の重要箇所は次の抜粋であると思う。傍線筆者。

「第13条 **証拠**（中略）

本裁判所は証拠に関する専門技術的規則に拘束せらるることなし。本裁判所は迅速《じんそく》且《か》つ適宜《てきぎ》の手続《てつづき》を最大限度に採用且《か》つ適用すべく、本裁判所に於いて証明力ありと認《みと》むる如何《いか》なる証拠をも受理するものとす。被告人の為《な》したるものと称《しょう》せらるる容認又は陳述は総《すべ》て証拠として受理することを得《う》。」（判決書p.144上段～p.144下段）

「第15条 裁判手続《てつづき》の進行

本裁判に於《お》ける手続《てつづき》は左記の過程を経《へ》るべきものとす。

（中略）

(ニ)検察官及び弁護人は証拠の提出を為《な》すことを得《う》べく、裁判所は右証拠の受理如何《いかん》に付《つ》き決定すべし。」（判決書p.144下段～p.145上段）

「以上の裁判所憲章の条項に従うことにより、我々は通常ならば**伝聞証拠である**として放棄されるような資料までも受理をするこ

ととなった。」（判決書p.145上段）

## 伝聞証拠

パール判事は東京裁判における証拠の大部分が伝聞証拠であったと指摘している。次の通りである。

「本件裁判にて与えられた**証拠の大部分はこのカテゴリーに属する伝聞**によって構成されている。それらは、反対尋問のために我々の面前に姿を現わさなかった人々から得られた証言なのである。かかる証拠を比較衡量する際にはよほどの注意が必要となって来《く》る。」（判決書p.145下段）

伝聞証拠の受理にあたっては、該当するその証人を法廷に喚問すべきだとパール判事は指摘している。そのような規則があるのに、東京裁判ではこの規則を遵守しなかったのである。次の通りである。

「伝聞を扱う規則について語る時には我々は、法廷外の話者に証言をさせるために証言台に喚問することが必要であるとの規則と、すでに証言台に立った者には個人的に知り得た情報のみにつき語ることを要求するとの規則との間《あいだ》の区別を視野に入れておかなければならない。証人を喚問するねらいはその知識、すなわち、問題となっている事実を知悉《ちしつ》していること、ならびに、証人独自の観察に基づく知識である。証人独自の機能とは、証人が『**自己ノ見聞ニツイテ（de visu suo et audito）**』語ることである。

本官は目下《もっか》、その規則の一部分で、まだ法廷に姿を現していない人間が、ある事実につき主張を行《おこな》っていると報告されたならば、その人間は証言台に喚問されなければならず、そうでなければその人間の主張は証拠としては採用されない、としている部分に注目している。その主張を行《おこな》っている者がそのことにつきどんなに多くを知っているとしても、その者が法廷に喚問され証言台で証言をしない限り、かかる主張は信用されたり証拠として採用されたりしてはならないのである。**我々はこの規則を遵守しなかったのである。**」（判決書p.145上段）

実際、第四部・第六部で検討された証拠の多くは法廷外で採られた証言によるものであった。そしてその証人の多くは東京裁判所に証人喚問されなかったのである。

## 証拠除外の規則

「証拠除外の規則」について、パール判事は次のように述べている。

「**証拠除外の規則**ならびにそれを施行する手続きは、信用できない証言を自動的に排除するように常に設計されているわけではない。」（判決書p.145下段）

「そのような陳述（引用者注：伝聞証拠）が受理された際には、かかる受理は何らかの代位を根拠として正当化されると云《い》うよりもむしろ、かかる受理は**信用力があるとする何らかの独立的な保証**の存在を理由として正当化されるのである。**信用力があるとする保証**の外装をかかる陳述が着込んでいない限り、いかなる魔法のマントもそれらが伝聞であるが故《ゆえ》の脆弱性を覆《おお》い隠《かく》すことは無いのである。」（判決書p.145下段～p.146上段）

つまり、証拠除外の規則を適用せずに伝聞証拠を受理する場合、「信用力があるとする何らかの独立的な保証」が別途必要であるとパール判事は指摘している。本件裁判ではそのような独立的な保証は多くの場合、与えられなかったようである。

## 仲間である他の共同謀議者による表明の取り扱い

次に、右記表題の件に関する伝統的な規則について、パール判事は次のように述べている。

「伝統的な規則においては、共同謀議が存在している期間中での1人の共同謀議者は、その仲間である他の共同謀議者がその共同謀議を進展させるために**遂行した行動**について責任を負うとされている。」(判決書p.146上段)

パール判事は、仲間の共同謀議者の発言が他の共同謀議者に関して不利な証拠として取り扱われる場合の規則は、次の4点であるとしている。

「ある共同謀議者により発言され実施された事柄を証拠として受理するために最も好ましい規則は、次を必要としているものと見受けられる。

1. 共同謀議者の仲間の1人であると申し立てられた者による行為と発言が他の共同謀議者を不利とするよう取り扱われる前に、まず、共同謀議の存在が『**一見シテ明白デアル(prima facie)**』証拠によって確立されていなければならないこと。
2. 申し立てられた共同謀議者と共同謀議との間《あいだ》の関連は『**一見シテ明白デアル(prima facie)**』ように確立されなければならないこと。
3. 証拠として提供されたものは、そのような者の内のいずれかの1人により、次によって発言、実施、もしくは、記述されたものでなければならないこと。
   (a) 彼らの共通の意図に関連して。
   (b) かかる意図が彼らの内のいずれかの者により最初に思い描《えが》かれた後の時点において。
4. 右記で言及された事柄は次の目的のための証拠となるものである。
   (a) 共同謀議自体が存在したことを証明する目的のため。
   (b) そのようないずれかの者が共同謀議の一員であったことを示す目的のため。」(判決書p.146下段～p.147上段)

そして、これらの規則の目的を次のように明示している。

「以上の規則すべての根底に横たわる究極的な原則は、陳述の信頼性に関して何らかの保証を確保することにある。」(判決書尾p.147上段)

この件に関する結論に相当する部分を、パール判事は次のように記述している。

「ほとんど絶望的と云える混乱が**仲間である他の共同謀議者による表明を取り扱う規則**を曇らせてしまっている。」(判決書p.146上段)

この「仲間である他の共同謀議者」の件をパール判事が持ち出したのは、次の項の「木戸日記」を取り扱う上で、右記4点の「予防手段」を視野から失わないよう注意を喚起するためである。**木戸**は東京裁判の被告人であり、共同謀議者の仲間の1人であるとされたのであった。

「**木戸日記**からのいくつかの抜粋を取り扱う上で、我々は以上の予防手段の原則を視野から失わないようにしておかなければならない。」(判決書p.147上段)

## §2.「木戸日記」と「西園寺・原田回顧録」

### 木戸日記

東京裁判では被告人である**木戸**の書いた日記(「木戸日記」)が証拠として重用された。日記を証拠として採用する場合の注意点を、パール判事は次のように述べている。

「日記の記入者が日常の個別の出来事を記録することのみを目指しているならば、おそらくはその記入に際して信頼できないものは、本質的には何も無いのであろう。しかしながら、記入者がある1人の生涯全体ないしは何らかの出来事の一部始終すべてを記録することに踏み込むと、記録の当初の信用性を大きく毀損《きそん》させうるような記入者自身の創造物による無意識的な影響が登場して来《く》るものかも知れないのである。人の生涯はその経過において常に神秘に覆《おお》われている。その中には数多くの自己矛盾や自己葛藤《かっとう》が常にあり、調和できない過去と現在が常にあるのである。しかし人間である創造主（＊）の筆《ふで》は決められた経過に一般的には従うのであり、すべての葛藤《かっとう》や矛盾を解決し調和させて行《い》くのである。その瞬間から、日記が事象の経過に従う代わりに、事象が日記に従うように無意識的になされるのである。日記の記入者が無私無欲の観察者ではなく、記入者自身がその事象全体への主たる参加者である場合は、そのような歪《ゆが》みをもたらす影響の可能性はさらに大きくなるのである。

（＊訳注：原表記はa human creator。ここでの創造主は神ではなく人間であることを強調している）

　これがあらゆる日常の事象ないし生活についてあてはまるとすると、記録の対象となるのが政治的な出来事ないしは政治的な生活であれば、そのような可能性は特に深刻になるのである。」（判決書p.147上段～p.147下段）

「記入者がある1人の生涯全体ないしは何らかの出来事の一部始終すべてを記録することに踏み込」んでいるため、「日記が事象の経過に従う代わりに、事象が日記に従うように」なされている可能性があるのだ。前述の4点の「規則」を念頭に置けば、木戸日記は「陳述の信頼性に関して」保証が無いと言わざるを得ない。木戸日記は2．3．4．の充足が疑わしいのではないだろうか。また、1．を直接的に立証する証拠がないことは別途審理済みである。木戸日記に関するパール判事の指摘は、以上である。

## 「西園寺・原田回顧録」とは何か

パール判事は次に、検察側が「西園寺・原田回顧録」と名付けた文書について論じている。

「しかしながら、**木戸日記**の立ち位置がどのようなものであれ、本件裁判の最終段階で検察側により持ち込まれた文書で、以上の保証の内のいずれかによる支持が適用できない文書が今ひとつ他にある。検察側はこの文書を「**西園寺《さいおんじ》・原田《はらだ》回顧録**」と名付けた。

　本件裁判においてはその最終段階に至ってから、この文書から数多くの抜粋が証拠として提出された。これは、右記で挙げた伝聞証拠の二つのカテゴリー（＊）の両方に踏み込むか、あるいは、それよりも何か悪いことをおそらくは意味している。

（＊訳注：前出の、①反対尋問のために我々の面前に姿を現わさなかった人々から得られた証言、と、②厳密に言えば①のカテゴリーに属する伝聞ではあるものの、規則の中で公認されている例外が適用されたように見受けられるもの）」（判決書p.147下段）

西園寺公望の命《めい》を受けた、西園寺の秘書であった男爵・原田熊雄が何を目的としてこの文書を作成したかを、パール判事は次のように記述している。

「つまりこの著述者は、政治的出来事の経緯についての特定の説明を遠い将来の世代のために残すとの、定められた目的の下《もと》に記述作業を開始したのであった。彼によればそれは、正確な説明となるべきものであり、彼のお気に入りの人々が演じた廉直《れんちょく》さを正しく描写するものであり、そしてそれにより、それまであまねく世の中に知らされていた説明が事実に反することを、かかる遠い将来において暴露《ばくろ》するものであった。それは現世代が生存している間《あいだ》は秘密のままにしておく計画であった。それは著述者独自の個人的な知識に基づいた記録であるとは称していない。ほとんどの場合において、それは記録された事実が発生した時点と同時に記録されたものではなかった。認知上、記憶上、そして著述上で誤《あやま》りが起こりうることは複合的な可能性の下《もと》にその中に包含されていたのである。」（判決書p.151下段～p.152上段）

## 西園寺・原田回顧録の証拠価値

パール判事はこの文書の証拠としての価値を次のように簡単に片づけている。これは無益だと明快に述べているのである。

「この文書は膨大である。その内容の全体を子細に調べ上げても有益な結果を何ももたらさない。」（判決書p.148上段）

つまり、パール判事自身はこの伝聞証拠の固まりみたいな文書の証拠価値を認めないが、これが証拠として受理された経緯と、それが受理された際に下《くだ》された重要な判断を述べるために、この文書に関して判決書で多くのページを割いているのである。

西園寺・原田回顧録に対しては、当然ながら弁護側がそれを証拠として受理することに異議を申し立てた。ローガン弁護人は次の指摘をしている。これは異議申し立てのための指摘であると同時に、この文書の作成経緯の説明にもなっているので、全文を引用する。

「ローガン弁護人（＊）は次を指摘し、その受理に異議を申し立てた。

1. 回顧録の証拠価値は**近衛**夫人の証言により最もよく表現されている。夫人はその速記メモを転記する際に幾多の困難を感じたと申し述べている。
2. 回顧録はその全体が伝聞、偏見、ゴシップ、意見、推測、噂話そして憶測に基づいて叙述されている。
3. **原田**が誰と会話を交わしたにせよ、それが本件裁判において証拠として受容される前の段階においてそれらの特定の会話につき**西園寺**公爵が編集を行《おこな》わなかったとの証拠を検察側は提示すべきである（法廷記録3万7339ページ）。
4. 検察側は、戦争が終わってすぐにそれらの抜粋を入手したにもかかわらず、それらを提出するのをこのように長く保留した理由を説明すべきである。
5. 大本《おおもと》のポケット型のメモ帳で**原田**が時あるごとにそこからこの回顧録を書き取らせたとされるところのものこそが最良の証拠なのであり、そのため、かかるポケット型のメモ帳が証拠として提出されるべきである。
6. 回顧録の中では、内閣にも枢密院にも軍隊にも所属していなかった**原田**が、それらでの会合で起きたことの二次的・三次的な伝聞を報告している例が数多く見られる。

（＊訳注：**William Logan, Jr.** 合衆国の弁護士。東京裁判において木戸幸一の弁護を担当。ニューヨーク市出身。生没年他、詳細不詳、前出）」

（判決書p.151上段）

この弁護人による指摘以外の点でも、この文書を受理することには問題があることをパール判事は次のように追加的に指摘している。傍線筆者。

「（前略）何らかの虚偽記載の可能性が示されたり出来事の記録が誠実で正確ではないとの疑念がもたらされるような状況は何も無いと仮定してもなお、検察側が証明しようとした事柄の証拠としてこの抜粋を受け入れることにはまだまだ大きな困難がある。検察側はこの書類からの抜粋により、同じ時代に起きた何らかの出来事の発生を証明しようとしたというよりは、その出来事に関係した何人かの被告人により発せられたとされる邪悪な内容を持つ発言を紹介しようとしたのであり、そしてかかる発言によってそれに関係した被告人の特定の態度を推論しようとしたのである。本官の意見では、回顧録へ記入された事項はそのような目的のためには特に役に立たないのである。かかる発言の多くは著述者に対して直接になされたものではなく、また、著述者が自分自身で聞いたものでもないのだ。」（判決書p.152下段～判決書p.153上段）

検察側がこの文書を証拠として提出した目的は、何らかの出来事の発生を証することではなく、被告人の何名かによる邪悪な内容の発言を紹介することにあったのだ。そしてその邪悪な内容によってその被告人の態度（＝邪悪な態度）を印象付けようとしたのだ。パール判事は、そのような目的のためには、この文書は「特に」役立たないと指摘している。そのような「邪悪な発言」なるものは文書の著述者に対して直接になされたものではなく、また、著述者が自分で聞き出したものでもないため、証拠能力が脆弱《ぜいじゃく》なためである。

## 「反駁証拠」との外装

この文書を証拠として受け入れるについては、論点がまだある。というのは、この文書を検察側が裁判所に提出したのは、弁護側の検討が終わった後であったのだ。通常はそのような場合に追加証拠の提出はできないが、検察側は、これは「反駁段階の証拠」であるとの外装の下《もと》にこれを提出したのであった。

「これは留意しておかなければならないことだが、この文書が証拠として提出されたのは、弁護側がその検討を終えた後であった。これは、反駁《はんばく》段階の証拠であるとの外装の下《もと》に提出が試みられたものなのである。」（判決書p.150上段）

「反駁段階の証拠受理」というのは、もともとはイギリスの制度なのだそうだ。判決書はp.150上段でこの制度の考え方を説明しているが、ここでは引用を省略させていただきたい。

東京裁判所は「反駁段階での受理」を議論した上で、この文書の受理を裁定した。

「本裁判所は『反駁《はんばく》証拠』を受理すべきであると裁定した。各々《おのおの》の特定の証拠が受理されるかどうかは状況による、とした（法廷記録3万7205ページ）。」（判決書p.150下段）

## 「証拠価値」による受け入れ判断

ところが、反駁段階であることを根拠として続々と新たな証拠が検察側から提出され始めたものの、反駁証拠として受理するにあたり、東京裁判所は困難に直面した。

「この裁定により証拠が提供され始めた。しかし、厳密な意味における反駁《はんばく》証拠として受理をするのに際し、すぐに困難が発生した。」（判決書p.150下段）

困難の具体的内容について判決書は触れていないが、何らかの不都合が発生したものと思われる。そこで、「反駁証拠」とは別の理由による受理を模索したようである。検察側の追加的な証拠を、どうしても受理しなければならなかった事情があったようだ。

そのために裁判所が繰り出した新たな判断基準が、次である。つまり、裁判所が「証拠価値がある」と認めたものは証拠として受理するという決定である。これは一見すると乱暴な決定のように見えるものの、実際は裁判所憲章第13条で明記された規定に基づく決定であり、この決定につきウェッブ裁判長を始めとする判事団を責めるのは公平とは云えまい。

「提供された証拠を受け入れるか否かを決定する**要因のひとつ**として**『証拠価値』を検討する**ことは、裁判所憲章第13条の中の規定に鑑みて本件裁判において提起されたものである。」（判決書p.154下段）

「『本裁判所は、裁判所が証拠価値があると認め重要であるとするものについては検察側により提供された**あらゆる**証拠を受理すると決定した。一方、弁護側は検察側の追加証拠に対応して証拠の提供を申請することができるものの、その各々《おのおの》の申請の利点についての検討が行《おこな》われるものとする。』（法廷記録3万7330ページ）。

かかる点は次のように述べられたことでさらに明確となった。

『提出された証拠には二つの判断基準があるのみである。すなわち、それには証拠価値はあるのか？そして、それは重要であるのか？ である。』この決定は1948年1月14日に我々によってなされ、多数決による決定であった。」（判決書p.150下段）

この「証拠価値判断に基づく証拠受理原則」は、東京裁判所の証拠受け入れの特異性を示すものの内の最大であろう。端的にいえば、裁判長が「証拠価値がある」との一言を発すれば、弁護側の検討の後の段階であっても、あらゆる証拠が受け入れられたのである。

パール判事は裁判所憲章13条に基づくこの受理原則には、反対を表明していない。法廷がいったん受け入れた証拠の「証拠価値」も含めて、すべてを判事の責任において判断すると、覚悟を決めたのだろうと筆者には思える。

しかし、この原則の下《もと》で証拠を受理するのであれば、その原則は検察側のみならず、等しく弁護側にも適用されるべきであろう。ところが、この原則に基づく証拠受理は実際上は検察側の証拠のみに適用され、弁護側が提出した証拠には適用されなかったのである。

まず、弁護側の異議が却下され、検察側の証拠が受理された例は、次である。

「時折、我々は、検察側が提出する証拠のうちのいくつかを、それらには**証拠価値が無い**との理由により拒絶するように弁護側から求められた。

すでに1946年7月22日までに遡った時点において、検察側の証人である森島氏の宣誓供述書は、弁護側により『証人の理論と意見を述べたものであり、事実の陳述に限定されていない』との理由で異議を申し立てられた。

この異議を却下する際に裁判長は次のように述べた。

『たしかにそれはそのような形式であるべきではないが、本官としては残念ながら、それが持つ証拠価値のために我々はそれを受け入れ**なければならなくなる**のである。』（法廷記録2324ページ）。

1946年7月30日には弁護側により、ある書類の受け入れにつき、それがいつの時点で最初に書かれたのか明確ではないので証拠価値は無いとの理由で異議が申し立てられた。その異議を却下する際に裁判長は以下のように述べた。

『あらゆる書類もしくはその他の証拠に何らかの証拠価値があるかどうかの問題は、我々が証拠の全体を審査する段階において検討されなければならない。まれには例外があるのだろうが、この件がそのような例外の内の一つであるとは本官は申し述べることができない。』（法廷記録2700ページ 1946年7月30日）。」（判決書p.154上段～p.154下段）

逆に、検察側の異議が採択され、弁護側の証拠が受理されなかった例は次である。弁護側が主張する証拠価値は、認められなかったのである。

「1946年6月26日に検察側の証人に反対尋問を行《おこな》うにあたり弁護側は、その時点でまだ証拠として導入されていなかった検察側文書に基づいてその証人に質問を行《おこな》った。その文書は、かかる証人による陳述ではなかった。証拠として導入されていない文書の使用につき検察側によって異議が申し立てられた。この異議は認められ、弁護側はその文書をその目的のために使うことは許されなかった（速記録1429ページ）。

1946年6月29日に検察側の証人に反対尋問を行《おこな》うにあたり弁護側は、ある書類に関する質問をその証人に対して行《おこな》った。検察側により異議が申し立てられ、検察側に24時間前に提供され処理されたものでなければその文書を使うことはできないと申し立てられた。この異議も我々により認められ、弁護側はそれを使うことが許されなかった（速記録 1368～1371ページ、1946年6月29日）。

ところがその後、1947年3月5日に弁護側の証人に対する検察側による反対尋問において検察側が同じことを実施しようとした際、我々はこの裁定から離脱し、反対尋問の本質は不意を突くとの要素にあるとして、事前に文書の写しを処理した上で提供することはこのような場合には適用されないと表明した（速記録1万7808～1万7812ページ）。このように、この点に関する我々（引用者注：判事団）の矛盾を我々は否認できなかった。」

（判決書p.176上段～p.176下段）

## §3. 特異な証拠受け入れがもたらした効果

この§3. では、東京裁判所が採用した特異な証拠受け入れ規則が、どのような効果をもたらしたかが分析される。このセクションは第三部の中心的な位置を占めていると思う。

### 誘導尋問

誘導尋問は一般に、禁じられている。しかし、東京裁判では実際上、これが横行したのである。パール判事は次のように指摘している。

「**誘導尋問を禁ずる規則**は、法廷における直接尋問のため証人を召喚する代わりとしてその証人の宣誓供述書ないしはその証人が法廷の外で行《おこな》った陳述の受け入れを、その証人に対する反対尋問の実施だけを条件に認めることを我々が決定した際に、その実質的な重要性のすべてを失った。本件裁判の開始日は1946年6月18日（訳注：東京裁判の開始日とほぼ同時の1946年5月3日）に、我々はこの決定に至っている。」（判決書p.153上段～p.153下段）

これも検察側に有利で弁護側に不利な裁定であった。

「もちろん弁護側はこの手続きに異議を申し立てたが、我々は『証拠に関する規則や手続法に縛られない』と述べてこの異議を却下した。その一方で、誘導尋問はしばしば証人の実際の記憶とは違う回答を促すこと、また、正確な自発的陳述からの乖離をおそらく生《しょう》ぜしめることは否定できないのである。」（判決書p.153下段）

### 証人の意見や信条は厳格に却下する

しかし、証拠価値の判断も含めて証拠の判断を総合的に判事に一任するに際して困難をもたらすのは、一部の証拠が除外され、受理されなかった場合である。これは第四部で中国に関して審理をする際にパール判事に多大な困難をもたらすことになるのである。中国における日本の活動に関して弁護側が提出した証拠が、かなりの部分に亘って受理されなかったためである。

裁判所憲章第13条と第15条は決して証拠除外の規定ではないことを、パール判事は次のように指摘した。

「本官が裁判所憲章を読む限りでは、もしその要因が無ければ本件審理に関係があって受け入れ可能であった何らかの証拠を、我々はかかる点に基づき却下できるとは申し述べてはいないのである。その本当の意味合いは、我々は証拠に関するあらゆる技術的な規則に束縛されないのであるから、提供されたものに証拠価値があるとの意見を我々が持つことを条件に、何らかの技術的な規則では受け入れ不能なものを何でも受け入れることができる、とのことであると本官には見受けられる。」(判決書p.154下段)

東京裁判所の裁定が奇妙なのは、裁判所憲章第13条に基づく「自由な」証拠受理を完全に適用したわけでもないことである。東京裁判所は一般的に行《おこな》われている証拠却下の原則を適用した場合もあるのである。次の引用の通りである。

「裁判所憲章は、すべての人為的な手続規定から我々を解放することを目論《もくろ》んだものの、我々はそのような規則のすべてを捨て去ることはできなかった。本件裁判の実際上の状況が**いくらかの制限**を必要となさしめたのであった。このことはしかしながら、常に好ましい結果を生むものとはならなかったようである。」(判決書p.156上段)

たとえば、証人の持つ意見や信条は証拠とはならないという原則は厳格に適用された。

「第三者による**意見や信条**は一般的規則によればまったく証拠とはなりえず、そのために、受け入れ不能である。証人は事実のみを述べることとなっている。事実とはすなわち、彼ら自身が見たり聞いたりしたことである。申し述べられた事実に基づいて独自の結論ないし意見を形成するのは判事と陪審員の役割である。フィプソン(*)の表現によれば、『意見というものは、それが証拠に基づかないか不法な証拠に基づく限りは、無価値であり、そして、それが適法な証拠に基づいている限りにおいては、その職分のみから法ないしは事実の結論を引き出すべき裁判所の機能を強奪する傾向がある』とのことである。

(*訳注:Sidney Lovell Phipson 1851 ~ 1929 イギリスの法律家。『証拠法提要』という著作あり)」(判決書p.155上段)

これにより、東京裁判所は次の証拠を却下した。多くは弁護側が提出したものである。

「右記のように議論された原則に従い、本件審理で引用された多くの証拠を、我々の意見では単にその著述者による意見を証言しているにすぎないとして我々は却下した。これを根拠として我々は、たとえば、グルー氏(*1)による、関連する期間の中国や日本で起きた出来事に対する氏による観察の叙述を却下した。同様に我々は、ロバート・クレイギー閣下(*2)や、サー・レジナルド・ジョンストン(*3)やジョン・パウエル氏(*4)や他の同様の人々の見解を却下した。さらに我々は、当時の日本の政治家たちの意見や、当時の出来事に対する太平洋問題調査会の見解、その他を証拠として受け入れることを却下した。

(*1訳注:Joseph Clark Grew 1880 ~ 1965 駐日米国大使を1932~1942の期間に務めた)

(*2訳注:Sir Robert Leslie Craigie 1883 ~ 1959 駐日英国大使を1937~1941の期間に務めた)

(*3訳注:Sir Reginald Fleming Johnston 1874 ~ 1938 イギリスの中国学者。皇帝溥儀の家庭教師。『紫禁城の黄昏《たそがれ》』の著者)

(*4訳注:John Benjamin Powell 1886 ~ 1947 中国で活躍した米国人ジャーナリスト)」(判決書p.155下段)

パール判事は、この証拠却下の裁定にはただちに反対意見を述べている。

「本官の意見では、原則をこれらすべてに対して無差別に適用することは、本件裁判の状況下では正当化できるものではない。」(判決書p.155下段)

パール判事は、この点につき具体的に次のように論証している。

「本官は、日本が取った特定の行動が侵略的かどうかを決定するにあたり我々が直面しなければならない困難をすでに指摘した。もしもその目的のために我々裁判官は、何らかの特定の状況が実際に存在したのかどうかや何らかの特定の出来事が実際に発生したのかどうか**ではなく**、自らの考えの下《もと》に行動した個人たちが『**誠実(bona fide)**』にその状況や出来事を信じてその信条の下《もと》に合理的に活動したのかどうかを検討するように要請されているのであれば、本官の判定では、それと同じ時代におけるところの、日本も含まれる異なった国籍の雑多な政治家、外交官、ジャーナリストその他の見解、意見や信条には、証拠となるべき価値が多く含まれていたはずである。そのような見解、信条や意見は、本官の意見では、ある特定の状況が実際に存在したのか、あるいは、問題となっている出来事が発生したのかどうかを、立証するためではなく、むしろ、広く普及していた全般的見解を立証するためと、本件審理に関係している個人たちの見解と信条の中にある、かかる全般的見解に基づく『**誠実性(bona fides)**』を立証するために、本件審理におけるとても貴重で適切な証拠事実となっていたのである。」(判決書p.155下段～p.156上段)

日本軍もしくは日本政府を舵取りしていた被告人たちが、「全面的共同謀議」に依拠して行動したのではなく、内外の世論・見解・意見に「**誠実(bona fide)**」に依拠して行動したのかどうかを裁判官が判定するためには、それらを証拠として受け入れて、その内容を把握しなければならない。それらは意見に相当するからと機械的に判定して却下すべきではなかったのである。

## 反対尋問に関する規則：アメリカのルールを採用

主尋問と反対尋問の進め方についてイギリスならびに「多くの法体系」におけるルールと、アメリカのルールは、次の点で異なっていることをパール判事は指摘している。まず、多数派である前者のルールは次の通りである。

「多くの法体系において**尋問に関する主要な規則**の内の一つとなっているのは、主尋問と反対尋問は対象となっている問題に関連を持つ事実に関して行《おこな》わなければならないものの、反対尋問については証人がその主尋問で証言した事実に限定される必要はないとの点である。」(判決書p.156下段)

これに対し、アメリカのルールは次のとおりである。そして東京裁判所はこのアメリカの規則を採用したのである。

「疑いも無く、これはイギリスの規則である。しかしこれは健全な原則でもある。これはアメリカではわずかな司法管轄地域で行《おこな》われている。アメリカでは1840年にストーリー判事(＊)により導入された次の連邦規則がほとんどの州で普及しているのである。

『当事者には、直接尋問で述べられたことがらと関係づけられた事実ならびに状況以外については、いずれの証人に対しても反対尋問する権利は無い。』

(＊訳注:Joseph Story 1779～1845 米国最高裁の陪席判事)

この規則に従えば、もしも反対尋問を行《おこな》う主体がその他の事柄につき証人を尋問したいと望む場合は、その主体はその証人を自らの証人とすることによってそうしなければならないのであり、その訴訟のそれ以降の審理においてそのように証人を召喚しなければならないのである。

多数決により、我々はこのアメリカの規則をイギリスの規則に優先させた上で採用した。」(判決書p.157下段)

反対尋問においては、主尋問で論じられた事実以外を尋問できないとの右記のルールを採用したことから、弁護側は次のような証拠類を受理してもらえなかった。

「これにより我々は次のような卓越した著者の出版書籍を証拠として受け入れることができなかったのである。たとえば、イギリスの前駐日大使であったロバート・クレイギー閣下、アメリカの前駐日大使であったグルー氏、サー・レジナルド・F・ジョンストン、ジャーナリストのウッドヘッド氏(＊)などであり、そうすることにはおそらくは健全な理由があったのではあろう。そのような著者のもう1人はジョン・パウエル氏であり、氏は検察側で証言するために法廷に来た。検察側はその主尋問を狭い指針の下《もと》に行《おこな》い続けた。弁護側は、氏に対する反対尋問の中で、氏の出版書籍において開示されている氏の情報と知識を利用したいと欲していた。しかし、我々が採用したこの規則が彼ら弁護側の前に立ちふさがったのである。その後、弁護側は氏の書籍を証拠として持ち込もうとしたが、それには失敗した(法廷記録 1万7277ページ、1万7298ページから1万7302ページまで、を参照せよ)。その合間にジョン・パウエル氏は死亡し、氏が持っていたかも知れない弁護側の利益となりうる何らかの情報を弁護側は失ってしまったのである。

(＊訳注:Henry George Wandesforde Woodhead 1883～1959 アメリカの中国専門家。「中華年書参考書」という著作あり)」(判決書p.157下段～p.158上段)

### 「最良の証拠」のみを受け入れるとの規則のせせこましい適用

すでに見てきたように、裁判所憲章第13条の規定に基づき、東京裁判所は証拠価値に基づいて、あらゆる証拠を受け入れられるものとした。

「右記で見たように、裁判所憲章は証拠に関するすべての技術的規則から我々を解放し、本裁判所が**証拠価値**を持つと見なすあらゆる証拠の受け入れをする資格を我々に与えた。特に、もしも原典がすぐには入手できない場合、我々はその文書の写し、あるいは、その内容のその他の二次的証拠の受け入れをする資格を得たのである。

　それにもかかわらず我々は、文書の内容について**最良の証拠を採用するとの規則**をせせこましい厳格さの下《もと》に適用したのである(法廷記録 1万8975ページ、1947年3月24日)。」(判決書p.158上段)

この「**最良の証拠を採用するとの規則**」の本来の内容を、パール判事は次のように説明する。

「この規則は『最良の証拠』が常に提出されなければならないとの箴言《しんげん》に基づいている。この規則の厳格な順守の重要性はおそらくは、ヴィンセント対コール事件でのテンターデン卿(＊1)、そしてストラザー対バー事件でのウィンフォード卿(＊2)による言い回しによって最も良く表現されている。テンターデン卿は次のように述べた。『本官は常に、書かれたものはその書かれたもの自身によって最も良く立証されるとの規則に厳格に基づいて行動して来た。証人がいかに正直であっても書面の内容に関して証人の記憶に頼ることはきわめて危険であることを本官の経験は教えてくれた。それらの証人は容易に誤認を犯すのであり、正義の目的のためにはこの規則を厳格に運用することが必要であると本官は考える。』

(＊1訳注:Charles Abbott, 1st Baron Tenterden 1762～1832 イギリスの判事、弁護士。高等法院王座部の首席判事を務めた)

(＊2訳注:William Draper Best, 1st Baron Wynford 1767～1845 イギリスの政治家、判事。民訴裁判所の首席判事を務めた)」(判決書p.158

下段）

テンターデン卿の言う「最良の証拠」の意味は、証人が行《おこな》った証言の内容を記載した文書があるなら、証言ではなく、その文書を証拠として受理すべきであるとの点である。

一方、この規則が東京裁判所で適用された様子を、パール判事は次のように説明している。

「我々は時には、現在の戦闘が終了するはるか以前で、関連性を持っているあらゆる事件とほとんど同時代に作成がなされていたところの文書を、その文書がたまたま何らかの他の書類に言及しておりかかる他の書類が提出できない場合には、却下した。我々は、その書類を当局が現在は見つけることができないとの、必要とされるその当局による保証があった場合においてさえも、その文書を受け入れなかった。我々はあくまで、その書類は破却されたとの証明書にこだわったのである。」（判決書p.158上段）

この規則を右記のように適用したことについて、パール判事は次のように述べた。

「この規則を採用する主要な理由の内の一つは、裁判所は文書の内容のすべてを必要とすることがあるからということであり、それはその文書の一部分のみに関する証言とはまったく異なる効果を持つかも知れないのだ。

もっと信用がおける類《たぐい》の証拠の提出がなされないことは、提出済みの証拠の持つ重みをむしばむものであることは確かだが、本官の意見では、そのことは後者の証拠の受理性に対しては何の影響も与えないのである。」（判決書p.159上段）

この規則の持つ意義を認めながらも、このような除外規定はこの裁判では不要だったというのがパール判事の意見である。次のように述べている。

「本官自身は、いくらでも多くの伝聞証拠を受け入れなければならないこの裁判において、この除外規定には多くの意味を見出《みいだ》すことができなかった。」（判決書p.158上段）

「いずれにせよ、検察側に対してはいくらでも伝聞証拠を持ち込むことを認めた審理においては、最良証拠の採用規則の導入は、特にそれが実際上は弁護側のみに不利に作用する場合には、いささか**見当違いの用心**であった。」（判決書p.159下段）

## 係争中の事実に該当する証拠のみを受理するとの規則

証拠除外の規則は他にもあった。次のような規則である。

「（前略）我々は裁判所憲章の下《もと》においてさえも、係争中の事実ないしは諸事実に**該当する証拠**のみを受理しなければならなかった。」（判決書p.159下段）

この規則の実際的な運用は次の通りである。

「証拠は、次の理由により不適切であるとして却下できうる。

1．主たる事実と証拠に基づく事実との関係性が過度に疎遠かつ推測的であること。

2．(a)訴答状態（訳注：原表記はstate of pleadings）もしくは訴状と類似のものによりそれが排除されたこと。

(b)不利な証拠として提出される側の認定によってそれは蛇足であるとされたこと。」（判決書p.160上段）

これにより、弁護側が提出しようとした次のような証拠類を、東京裁判所は却下した。

「弁護側が提出しようと努めた次のカテゴリーの証拠を、**我々は却下した**。

1．日本の軍隊が活動を始める前の段階での中国の諸状況に関連する証拠（法廷記録25055ページ、1946年7月25日）。

2. 中国における日本の軍隊が平和と平穏を回復させたことを示す証拠（法廷記録 2154ページ、1946年7月9日）。
これに関連して、次が主張された。「日本の軍隊が中国において平和と平穏を単に回復したことが示されても、もしもそれが示されたらではあるが、被告人の内の誰の無罪も証明されない。あなたがたが立証すべきは…日本の軍隊が…行《おこな》ったことに関して彼らが持っていた権限、その正当化もしくはその弁明である。」

3. 中国がイギリスとの間《あいだ》に1927年に抱《かか》えていたもめごとに関する証拠（法廷記録 2万1106ページ）。

4. 満州国は日本の生命線であるとの日本国民の輿論《よろん》を示す証拠（法廷記録3134ページ、1946年8月2日）。
これについては次が主張された。「この類《たぐい》の理由付けは無意味である。日本国民が中国の一部分《いちぶぶん》が必要だと実際に考えていたとして…それが何になるというのか？ 中国の一部分《いちぶぶん》が必要であるとする彼らの正直な信条は、それが正直なものであったとしても、それは侵略戦争の正当化とはならないのである。」

5. (a)ソビエト連邦と、フィンランド・ラトビア・エストニア・ポーランド並びにルーマニア等との間《あいだ》の関係についての証拠。
(b)グリーンランドとアイスランド『ニ関スル（vis-a-vis）』アメリカ合衆国とデンマークとの間《あいだ》の関係についての証拠（法廷記録 1万7635ページ、1947年3月3日）。
(c)ロシアとイギリスとイランとの間《あいだ》の関係についての証拠。

6. 原子爆弾の使用決定についての証拠（法廷記録 1万7662ページ）。

（中略）

10. 中国における共産主義に関する証拠。本裁判所は次の意見を持っていた。中国その他の地域における共産主義その他《た》のイデオロギーの存在ないし拡大についての証拠は、全般的な段階において適切であるとはしない。中国の共産主義者ないしその他の中国人による日本国籍者ないしその財産への現実の上での攻撃は、日本の行動の正当化のために提出できるものとする。
被告人が法廷で証言するのであれば、被告人はその行動を説明するにあたり、その被告人が持つ共産主義への恐怖を述べることができる。以上は1947年4月29日に裁判所判事の多数決により決められた（法廷記録 2万1081ページ）。後日において、『攻撃』の中には攻撃するとの威嚇も含めることが決められた（法廷記録 2万1113ページ）。すなわち、かかる威嚇が深刻な性質を持つものであり、差し迫ったものであり、そして、威嚇している人間たちがそれに効力を持たせるところの能力をその時点で保持している場合である（法廷記録 2万1115ページ）。」（判決書p.160下段～p.161上段）

日本と中国との間の関係に関する証拠が多く却下されたのが見て取れる。日本の軍隊が中国に行《い》かざるを得なかったのは、中国の治安状況が悪くて在留邦人を守らなければいけなかったこと、また、中国の軍隊の無法行為を膺懲《ようちょう》する必要があったからであった。そして実際に日本の軍隊が中国の平和と平穏をかなりの部分に亘って回復させたのであった。しかし、それらを立証する証拠は受理されなかった。審理対象から外されたのである。

さらに、日本以外の例として、ソ連にはその隣の諸国に不法に武力侵入した経緯がある。ドイツの動きを警戒したアメリカも、アイスランド・グリーンランドに不法に武力侵入していた。原爆の使用決定の証拠は、もしもその証拠に有用性が認められれば、連合国側の不法性を示し得るものである。

以上の弁護側に有利な証拠は、本件で係争中の事実ではない、もしくは本件から過度に疎遠かつ推測的であるとの理由で、却下されたのであった。

## §4．却下すべきではなかった証拠

ここではパール判事は、却下すべきではなかった証拠があったことを論じている。

### 弁護側が提出を試みた証拠：日本政府のプレス・リリース

弁護側が証拠として提出しようとした日本政府のプレス・リリースは、判事団によって却下されている。これが却下された理由は「証拠価値がない」という理由でくることができると筆者は思うが、パール判事による正確な表現は次の通りである。

「当時の日本政府による**プレス・リリース**を**我々が却下した理由**は主として次の通《とお》りである。

1．これらの文書は日本政府情報局ないしは外務省スポークスマンと称される機関のどちらかから拡散されたものである。これらは、自国内ないし海外を対象として、日本側の筆《ふで》により出来事の絵図を描き出したものである。中国で起きた出来事についての情報局もしくは外務省スポークスマンによる何らかの声明は、中国での出来事をいかなる面においても立証はしない。それらに証拠価値を認めることはできない（法廷記録２万５０８ページ）。

2．これは純然たるプロパガンダであって、それ以外の何物でもない。それは日本側の視点による議論以外の何物でもないように見受けられる。端的に言って、プロパガンダである（法廷記録２万８０６ページ、２万８０１ページ）。

3．その文書は、本裁判所で争点となっている事柄につき日本側の視点により脚色をしたところの描写であり、そしてかかる争点は、日本政府情報局で発見された英語の声明では判定を行《おこな》うことができないものである。

4．交戦国の軍隊の活動に関連する証拠は『証拠価値の順位』により並べられ、それは次のとおりである。

(i)現場に居合わせた、信頼できる説明を行《おこな》う者。

(ii)戦場における司令官が発したもの。

右記(i)と(ii)の変形で一般大衆ないしは敵方を対象としたものは証拠価値が無い（法廷記録２万８０９ページ）。

5．これらは自己利益を目的とする声明であり、そのために受理不能である（法廷記録２万８１０～２万８１５ページ）。

6．日本政府により申し立てられた事実についての公式声明で報道機関を通じて他国もしくは敵国をも対象にして報道されたものは、**証拠価値**を持つとするほどに誠実で完全なものとして受諾することは、できない（法廷記録２万８１０～２万８１５ページ）。」（判決書p.161上段～p.161下段）

日本政府のプレス・リリースは却下したが、その一方で、訴追している諸国によるプレス・リリースは受理したとパール判事は指摘している。次の引用の通りである。

「我々はしかしながら、訴追している諸国によるプレス・リリースで検察側から証拠として提出されたものについては、受け入れを行《おこな》った。」（判決書p.161下段～p.162上段）

## プロパガンダに対する誤解：スチュワード大佐の指摘

右記で見たように、日本政府のプレス・リリースは、「プロパガンダであった」との理由で却下された。これに対して、パール判事は次のように異を唱えた。

「これらのプレス・リリースを『自国内ないしは海外を対象として、日本側の筆により出来事の絵図を描き出したもの』であると捉《とら》えたにしても、それらはかかる出来事の一面を我々に提供するものなのであり、一方で検察側は異なる側面を我々に提供したのである。どちらの面を受け入れるかを決定するのは我々の役割である。検察側が提供する側面もまた、一方の関係者による一つの側面なのである。どちらの側面であるにせよ、何らかの脆弱性の存在はありうるのである。」（判決書p.162下段）

プロパガンダの役割として世情一般に理解されているもの（＝虚偽を申し立てることで世論を自分に有利な方向に導くというもの）を、パール判事は2つの事例を指摘していったんは受け入れている。

1つ目の事例は第一次大戦におけるイギリス政府が流した「豚の餌とするためにドイツは自国の兵隊の死体を煮ている」という「おとぎ話」であり、これは判決書p.564下段からp.565上段に詳しく紹介されているものである。この件は本書では「第六部第2項」の§3．で詳しく論じられた。ここ第三部ではパール判事は次のように述べるのに留めている。次の引用の冒頭の、「この判決書の他の部分」とは、右記の第六部のことである。

「本官はこの判決書の他の部分において、国際生活においてプロパガンダが占めている位置について考察した。効果的なプロパガンダは世界の大衆に対して『今までに創り出された内《うち》で最も奇怪なおとぎ話』を説得することを時として目的としていることは疑いようが無い。」（判決書p.162上段）

2つめの事例は本件裁判の対象たる南京暴虐事件の件につき、イギリス陸軍のスチュワード大佐が行《おこな》った、次の指摘である。

「『戦火を交えている二国間では、いくつかの戦闘部隊が実際の出来事を誇大化し歪めることにより偏見と熱情を燃え立たせ、紛争の持つ真の論点を不明瞭にしたいとのはっきりとした目的の下《もと》にプロパガンダに訴えることにより、世論を自分たちに有利に転じることを求めることは常にある。』

南京暴虐事件の物語でさえもが、チャタム・ハウス（＊1）で1938年11月10日にG・R・V・スチュワード大佐（＊2）が司会を務めた講演において右記の観点から観察されていた。

（＊1訳注：イギリスの王立国際問題研究所の愛称）

（＊2訳注：Godfrey Robert Viveash Steward 1881 ~ 1969 イギリス陸軍歩兵部隊の軍人。第二次ボーア戦争、第一次大戦のソンムの戦いなどで従軍。1920年代に在北京イギリス大使館付駐在武官を務めた）」

（判決書p.162上段）

スチュワード大佐の指摘をパール判事が右記の通り引用したのには、次の2面があるものと筆者は考える。1面は大佐の指摘そのままであり、南京暴虐事件の証拠が、一般的に理解されている通りのプロパガンダの役割を果たしている可能性がある点を警戒すべきとの注意喚起の指摘として、である。すなわち、日本の残虐行為を、でっち上げたか、もしくは、実際以上に大げさに仕立てた、いわゆる「プロパガンダ」の役割について、である。

そしてもう1つの面は、一般的に了解されている右記のようなプロパガンダの役割を再認識させた上で、その認識には誤りがあることを説き起こす事例として、である。プロパガンダに関してパール判事が示す正しい認識については、次頁上段の「**プロパガンダに関するパー**

**ル判事の結論**」の引用をご覧願いたい。

ここでのパール判事の主眼は、後者の1面であろう。皆が了解しているプロパガンダの認識には誤りがあるため、プロパガンダを一律に無価値として却下することには危険があることを指摘したかったのである。スチュワード大佐の指摘のように、南京暴虐事件の証拠は中国等の関係諸国によるいわゆるプロパガンダである可能性はあるが、だからと云《い》ってこの重要な事件の証拠を、却下すべきではないのである。チャタム・ハウスではプロパガンダとして取り扱われていた南京暴虐事件の物語でさえも、十分な検討を加えるべき対象だったのである。だから、プロパガンダであったとしても、証拠として受理すべきなのである。このことをパール判事は次の表現で指摘している。傍線筆者。

「しかし、列強国諸国の各々《おのおの》の政府組織がプロパガンダに割り当てた立場を視野に入れてもなお、プロパガンダが欺瞞と同義であるとの烙印《らくいん》を押すこと、もしくはプロパガンダは嘘であるとの推論を提起することすらも、正当化はできないのである。ある声明はプロパガンダのために用意されたが故《ゆえ》に証拠価値は無いとする規則を、証拠に関する規則として我々が立ち上げる場合、我々はプロパガンダが『**一見シテ明白ナ（prima facie）**』嘘であるとの推定を置いているものと本官は考える。本官の意見では、このような大雑把《おおざっぱ》な推定を正当化できる何らの材料をも我々は持ってはおらず、そのために本官は、そのように暗示されたところの特徴をプロパガンダに付することを世界のどの国も評価はしないであろうと信じる。これに関連して本官は、何らかの特別な特徴を日本によるプロパガンダに帰属せしめる資格を我々にもたらすところの証拠を我々は眼前に何も持ち合わせてはいないことを申し述べておきたい。」（判決書p.162上段～p.162下段）

**プロパガンダに関するパール判事の結論**は次の通りである。

「**プロパガンダは不当な扱いをしばしば受けている。その主たる機能**は、情報を提供し、影響を与え、そして世界の輿論《よろん》を勝ち取ることにあるのだが、必ずしも**虚偽の情報を与えること**によってそうするわけではないのである。」（判決書p.162下段）

プロパガンダを一律に無価値として却下すべきではなく、それを証拠として受理した上で、その証拠価値を含めて検討すべきだとパール判事は言いたかったのであろう。東京裁判では判事にそれだけの大きな判断責任を負わせるのであれば、判断の拠り所となる証拠類を、プロパガンダである等の何らかの理由で部分的に門前払いしてはならなかったのである。検討すべき証拠が与えられなければ、判事は十分にその責任を果たせなくなるからである。

## 日本の主権は戦勝国に委ねられていない：ドイツと日本の差

さて、降伏の際に消滅したドイツ主権者に成り代わって戦勝国が立法をしたものがニュルンベルク裁判所憲章なのだとされている。ニュルンベルク裁判所の裁判長は、裁判所憲章とは犯罪を事後的に定義した法として有効であると判定した。そのニュルンベルク裁判所の判定の延長であるかのように、東京裁判においても裁判所憲章が犯罪を定義し、本裁判所を拘束しているとの主張があるとパール判事は指摘する。次の通りである。

「ここでついでに留意すべきは、裁判所憲章が犯罪を定義しており、かかる犯罪のために本件裁判が実施されており、そして、かかる定義は本裁判所を拘束するものであると主張する者たちは、そのように主張する根拠の一つとして、被征服国の主権は戦争勝利の権利により戦勝国に委ねられたのであり、現下の訴追はかかる主権の行使なのであると申し出ている点である。もしそれがそのとおりであるならば、検察側はかかる前任の主権国（訳注：

被征服国）による声明に拘束されることになろう。」（判決書p.163上段）

右記引用文の最後の文章で述べられた指摘は、パール判事による搦め手からの主張である。弁護側が証拠として提出した日本政府の声明はいわゆるプロパガンダであるとして却下されたが、被征服国の主権が戦勝国に委ねられたというのが本当なら、それがプロパガンダであろうがなかろうが、戦勝国は前任の主権国たる日本国による声明に拘束されるので、それを却下するのは適当ではないはずだ、というのがパール判事の指摘である。

なお、**第一部§3．裁判所憲章は法なのか：戦勝国の持つ権利の分析**でパール判事が「無条件降伏」について分析した箇所ですでに見たように、ドイツとは異なり日本においては日本政府は降伏の前後を通じて一貫して存在し続けており、日本の国家主権は戦勝国に付与されなかったとパール判事は指摘している。日本の主権者に成り代わって日本国内法としての立法など、できるはずもない。従って裁判所条例（裁判所憲章）は犯罪を定義してはいない。本裁判所は裁判所条例を法と定めて審理することはしない。東京裁判は国際法によって裁かれねばならない。これがパール判事の判定であったことを確認しておきたい。

いずれにせよ、日本政府の声明やプレス・リリースは、証拠として受理するべきであって、却下すべきではないのである。

## 「国民の見解」に政治家は縛られる：日本国民の見解に関する証拠

また、左記引用の通り、日本国民の見解を示す証拠は、「眼前の問題についてまったく何の意味も無い」として却下された。この却下に対してパール判事は、イギリスの政治家の発言を基盤とした論駁を試みている。政治家は国民の要望を実現しようとするのであり、政治家のビヘイビアを判定する上では国民の要望を知ることが重要なのだと指摘している。

「項番4（訳注：却下された前述の11項目の証拠の4番目）については、**日本の国民の見解**は我々の眼前の問題についてまったく何の意味も無いとの我々の申し立てが正しかったのかどうかにつき、本官は疑念を持っている。外交政策の分野では、主たる検討事項として常に取り上げるべき点は国民の利益の保全であったことは否定できないのだ。パルマーストン卿（＊1）の言葉によれば、ある国がその外務事項を遂行する際に守られるべき原則は他のすべての国との間《あいだ》で平和と友好的理解を維持することであるものの、それはその国に必要な利益、名誉そして威厳に鑑みてそれを経常的になし得る限りにおいてである、とのことである。パルマーストン卿は次のように述べた。『もし余《よ》がイギリスの大臣が守るべき原則を一つの文で表現することが許されるなら、カニング（＊2）の表現を余《よ》は採ることであろう。すなわち、すべてのイギリスの大臣は、『イギリスの利益』を、その大臣による政策の**『合《アイ》言葉《コトバ》（Shibboleth）』**とすべきなのである。』この原則を厳密に遵守《じゅんしゅ》することは政治家の義務であると考えられて来たのであり、また、その国の政府がその国民のために遂行するところの政治的信頼の概念によって正当化されて来たのである。

（＊1訳注：Henry John Temple, 3rd Viscount Palmerston 1784～1865 イギリスの総理大臣を1859～1865の期間に務めた）

（＊2訳注：George Canning 1770～1827 イギリスの外務大臣、総理大臣）」（判決書p.163下段～p.164上段）

イギリスに限らず、日本においても「国の利益」を実現する政治家を国民は信頼するのである。政治家は「国の利益」の実現を目指さなければならない。そのため、政治家は「国の利益」とは何かを常に意識しなければならない。その「国の利益」の策定にあたり政治家がリーダーシップを取ることもあろうが、その策定は多くの場合、国民の要望に基づいてなされるのである。日本の政治家が日本国民の要望に縛られるのであれば、日本国民の持っている見解を参考にしなければ、日本の政治家の行動に関する事実認定はできないのである。当時の日本の国民の見解は眼前の裁判にまったく何の意味も無いのでその証拠は却下するという東京裁判所の判定は、はたして正しかったのだろうかというのがパール判事の右記引用での「疑念」なのである。

## 共同謀議式立証方法

ここでパール判事は第四部の分析の前触れを述べる。東京裁判における検察側の主張は日本に「全面的共同謀議」（意味合いとしては『包括的共同謀議』であると筆者は思う）があったとするものであり、ひとたびその「全面的共同謀議」の存在が立証され、被告人たちがその「全面的共同謀議」のメンバーであったことが立証されれば、それらの被告人たちは有罪となる、との論理を展開したのである。これこそが検察側が「共同謀議式立証方法」と名付けたやり方であり、判決書の第四部①序論で、詳細に分析がなされている。

「後ほどに見るように、検察側の主張の神髄《しんずい》は共同謀議の存在なのであり、かかる共同謀議とは、起訴状の訴因第1にて申し立てられた類《たぐい》の計画ないし計略である。

この共同謀議を立証するために、検察側は主として状況証拠に依存した。本官が検察側の証拠を読む限り、その中にはかかる共同謀議を直接的に立証するものはただの一つも無かった。いずれにせよ、少なくとも検察側は事後に起きた事件に関する証拠に強く依存しており、これらすべては申し立てられた共同謀議の結果であり、そして過去を参照することによりかかる共同謀議の存在は立証されたのだとの推論を、事後に起きた事件から引き出すように我々に要請したのである。」（判決書p.164下段～p.165上段）

共同謀議の存在を直接的に立証する証拠はまったく無かったのだ。事後に起きた事件から共同謀議の存在を「推論」するように、判事たちは要請されたのである。

このような検察側の立証姿勢に対し、弁護側は次のように主張した。

「検察側による立証段階の終了後に、弁護側は、提出された証拠はいずれの被告人に対しても何らの『**一見シテ明白ナル（prima facie）**』事実をも示してはいないと主張し、本件審理の棄却の動議を本裁判所に提出した。

この動議への回答として検察側は、検察側が**共同謀議式立証方法**と特徴づけたものを強調し、1931年9月18日の柳条湖事件から真珠湾の侵略に至る出来事のすべては訴因第1において主張された全面的共同謀議を推論することへと導いて行く《い》と強調した。

この弁護側の動議は最終的には本裁判所により棄却された。」

（判決書p.165上段）

弁護側は、犯罪の立証根拠が曖昧な前提に基づいている訴追は、審理の対象から外すべきであるとの動議を提出したのであった。これは論理的で健全な動議であると筆者は思うが、検察側は、別個の犯罪としての「共同謀議」と、複数の人が共同して遂行したとされる犯罪の立証方法としての「共同謀議式立証方法」との間には重要な区別があると述べ、検察側としては犯罪としての「共同謀議」を追及するのではなく、あくまでも「共同謀議式立証方法」による立件を目指していることを挙げたことから、東京裁判所はこの動議を棄却する判断をしたのであった。「共同謀議式立証方法」の詳細は、前著『東京裁判で真理は裁かれたのか？』の①序論で詳細に論じたので、よろしければご参照願いたい。

## 正当化は不要、説明ができればよい

弁護側が提出した審理棄却の動議にパール判事がわざわざ触れたのは、次の考えからであると思う。すなわち、検察側の云《い》う「共同謀議式立証方法」による訴追ならば、弁護側の立場からは共同謀議の存在が否定されればよいのであって、そのためには日本の採用したさまざまな政策を必ずしも「正当化」する必要はないのである。それらの政策を日本が採用した経緯と理由の「説明」ができれば、共同謀議の存在はおのずから否定されるとの道筋をパール判事は示したかったのである。そのための証拠採用とすべきであったとパール判事は主張したのであって、その目的に資するかも知れない証拠を却下するべきではなかった、というのがここでのパール判事の論点なのだ。次の通りである。

「何らかの出来事を説明することに弁護側が成功すれば、検察側による全面的共同謀議の主張は反駁《はんばく》され取り除かれるのである。そのため、発生した事件を説明するために提出された出来事は日本が取った行動をはたして**正当化**しうるのかどうかとの検討とは別に、それは**説明**としては適切なのであって、結果的に弁護側にはそれを証拠として提出する資格があったのである。残念ながら本裁判所は正当化を重要視するあまり、この単なる説明が持つ意義を無視してしまったのである。」（判決書p.165上段～p.165下段）

すでに見たように、ウェッブ裁判長は日本の行動について「正当化・弁明ができるか」を証拠価値の判定の尺度としていたのであった。右記引用でパール判事は、そうではなく、日本の行動を「説明できるか」を証拠価値を判断する上での尺度とすべきであったとしている。

## 判事の権限の拡大

右記で見たように、東京裁判においては通常の各国の国内体系での公判とは大きく異なった証拠の受理・却下の基準が適用された。このようにして受理された証拠を取り扱う際には、判事の判断に大きく依存することとなる。そのように証拠を広く扱う場合には、判事の責務と権限が拡大されることになるのである。パール判事はそれを、次のように表現している。

「証拠を比較衡量してそこから推論を引き出すためには、何らかの規範となるものがあるはずは無い。各々《おのおの》のケースにおいてそれぞれ独自の奇抜さがあるのであり、その各々《おのおの》のケースにおいて引き出された事実を取り扱うに際しては常識や如才なさが用いられなければならないのである。

証拠の効力認定は、必然的に各々《おのおの》の判事の思慮分別に任されざるを得ないのである。」（判決書p.163下段）

これは、裏を返せば、無用に証拠を却下するのは、そのように通常の裁判に比べて大きくされた判事の判定権限の「邪魔をする」ことにもなる。たとえば以下に見るように、東京裁判所は中国における共産主義の進展の証拠を、却下してしまったのである。

## §5．却下された、中国情勢の証拠

却下された証拠の中には、中国の情勢に関する証拠も多くあった。

### ワシントン9カ国条約に関する証拠の却下

パール判事は次のように述べている。

「却下された証拠の内の項番1から3（引用者注：当部§3で引用された、弁護側の提出した証拠で却下された1．～10．の内の最初の3つ）に関する裁定についても、本官はそれに合意することに等しく困難を覚えるのである。

弁護側は、ワシントン条約締約国のうちのいくつかの国が19

２２年以降にその条約の発効を認めない理由とし、また、アメリカによる１９２５年の辛辣な非難とイギリスによる１９２７年のいくつかの敵対的な行動を惹起せしめたところの中国の情勢は、申し立てられた対中政策を**田中**内閣が中国に対して採った時点もしくは日本が中国に対して行動を起こした時点においてはさらに悪化したことを立証したいと申し出た。弁護側はそれにより、すべての列強国が同様の政策発表ないしは同様の行動を起こすことになる契機となるところの情勢の存在を立証しようと提案したのである。日本のこの行動の結果が、弁護側の言によれば、日本の最初の行動の必要性と正当化の両方を遡及的に示すことの立証を、弁護側はさらに提案した。」（判決書p.164上段～p.164下段）

弁護側が右記のように主張するのは、日本を含む中国に進出していたすべての列強に等しく影響していた中国の国内情勢が、検察側が依存しているワシントン９カ国条約の有効性に直接的な影響を及ぼしたことを示すことが期待できるからである。ところが、弁護側が提出しようとした、この中国の国内情勢に関する証拠は却下されてしまった。パール判事は次のように述べる。

「（前略）ここで問題となっている過去は、現在との間《あいだ》で非常に適切な関係性を持っていたのである。検察側の主張においては、ワシントンでの９カ国条約が大きく強調されている。問題となっている出来事はその条約の後の期間に関係しており、そしてそれらの列国はすべて条約の締約国であったのである。本官は、弁護側による提案についての彼らによる理由付けを却下したことについては今においてもなお、困難を覚えるのである。本官はただ、それが日本の取った行動を**正当化**はできなくとも、少なくとも出来事に対する**説明**の提供にはなったことであろうし、また、その限りにおいて検察側による共同謀議の主張を弱めることにはなったかも知れないとの点は、付け加えておきたい。」（判決書p.164下段）

右記引用中では指摘されていないが、日本の取った行動の正当化ができなければその証拠は無価値であるとして証拠の受理を拒否したのはウェッブ裁判長である。「『あなたがたが立証すべきは…日本の軍隊が…行《おこな》ったことに関して彼らが持っていた権限、その正当化もしくはその弁明である。』」（判決書p.160上段～p.160下段）

## 中国での共産主義の進展に関する証拠の却下

検察側による主張の一端をパール判事は次のように紹介している。中国の情勢は検察側もまったく無視することはできなかったのである。

「検察側は次のように述べている。

『中国が共産主義を支援し、法と秩序を維持することに失敗したことにより日本の国家防衛に脅威を与えたとして当該国（日本）は中国を非難している。共産主義に関しては、１９２７年の前の短い期間に共産主義者が政府に参加することが許されていたのは事実だが、１９２７年に国民党指導層は共産主義は脅威であると決しそれと戦うことを始めたのであり、結果として１９３１年７月までには共産主義者の本拠地は陥落し、共産主義者は退却を始め、蔣介石《しょうかいせき》大元帥により彼らは山岳地帯へと追いやられたのである。しかしながら、中国は９月１８日の事変の勃発（訳注：１９３１年９月１８日の柳条湖事件を指す）により共産主義者たちに対する攻撃を一時的に中止することを強いられ、その軍隊の大部分を引き揚げたために、共産主義者たちは攻撃を再開したのである。そのため、中国における共産主義の脅威につき日本が不平をこぼしている時点においては中国は共産主義者たちを良好に手なずけていたのであって、結局は日本の行

動によって中国は共産主義者に対する優位性を失ってしまったのである。』」(判決書p.165下段)

ところが、右記の主張を検察側は証拠なしに一方的に主張したのであった。それは次の指摘から明らかである。

「我々は**中国における共産主義**の進展に関する証拠を却下した。」(判決書p.165下段)

判事としては証拠なしでは事実認定ができないので、この主張を受諾することはできない。パール判事は次のように指摘している。

「弁護側の証拠を却下したことに鑑み、我々は検察側によるこの最終論告を受諾することはできない。この最終論告において検察側は、この点に関するリットン委員会の研究成果のすべてを受諾するように我々に求めた。」(判決書p.165下段～p.166上段)

つまり、弁護側の証拠を却下したが、その代わりとして、この点に関するリットン委員会報告書の研究成果をすべて受け入れよと検察側は述べているのだ。

## リットン委員会報告書への依存

そうなると、今度はリットン委員会報告書のこの点、すなわち中国における共産主義の進展に関わる部分を検討しなければならなくなって来る。

「リットン委員会報告書はその20ページから23ページにて中国における共産主義につきいくらかの説明を行《おこな》っており、それはいわゆる『中国中央政府』の権威に対する脅威であったと特徴づけている。」(判決書p.166上段)

リットン委員会報告書の内容をパール判事は次のように箇条書きにまとめている。以下はすべて、リットン委員会報告書の指摘事項である。

「報告書は次のように述べている。

1．中国中央政府の権威に対する共産主義からの脅威がある。

2．『中国共産党』は1921年5月に正式に設立された。

3．1922年秋にソビエト政府は中国に使節団を派遣した。重要会見の結果、1923年1月26日に共同宣言が行《おこな》われ、それにより中国の国家統合とその独立へのソビエトの支持と支援に関して保証が与えられた。一方で、中国ではびこっている状況の下《もと》では、共産主義組織とソビエト式システムの政府は**その時点では**導入できないことが明示的に記載された。

(a)この合意に従い、1923年の末には多数の軍事ならびに民間の顧問がモスクワから送られ…、国民党《クオミンタン》(訳注：孫文《そんぶん》が1919年10月10日に結党)の内部組織の修正ならびに広東《カントン》軍の組織の修正を開始した。

(b)1924年3月に召集された国民党の第1回国民会議において、中国の共産主義者による国民党への参加が正式に合意された。

4．(a)共産主義については許容された時期があり、それは1924年から1927年までの間《あいだ》であった。1927年には国民革命はほとんど共産革命にまで変形された様相を呈していた。

(b)1927年4月10日に南京で国民政府が設立された。この政府により軍隊ならびに行政府から共産主義を緊急浄化せよとの命令が布告された。

(c)(i)1927年7月30日に江西省《こうせいしょう》の首府である南昌《ナンチャン》の守備隊が他の部隊とともに反乱を起こし、住民に対し数多くの暴虐行為を行《おこな》った。

(ii)12月11日に広東市《カントン》での共産主義者の暴動があり、市の統制は2日間にわたり彼らの手中に帰した。

(iii)南京《ナンキン》政府は、これらの暴動には公式なソビエト代理人が活発に関与したと考えていた。

(iv)1927年12月14日付の命令により、中国在住のすべてのソビエト連邦の領事の『**認可状（exequatur）**』が取り消された。

5.(a)1928年と1931年との間《あいだ》の期間においては、内戦の再発が共産主義者の影響力の増長を利することとなった。「赤軍」（訳注：原表記はRed Army）が組織され江西省《こうせいしょう》と福建省《ふっけんしょう》の内の広範囲に及ぶ地域がソビエト化された。

(b)信頼できる報道によれば、福建《ふっけん》と江西《こうせい》の両省の大部分ならびに関東《カントン》（＊）の一部は完全にソビエト化された。

（＊訳注：山海関という関所《せきしょ》よりも東の地域を指す）

(c)共産主義者が影響力を持つ地域はさらに広範囲であった。彼らは揚子江《ようすこう》以南の中国の大きな部分を占め、また、揚子江以北でも湖北《こほく》、安徽《あんき》、江蘇《こうそ》の各省の一部を占めた。上海《シャンハイ》は共産主義プロパガンダの中心であり続けた。

(d)ある地域が赤軍により占拠されると、それをソビエト化する努力がなされる。住民からのあらゆる反対は、テロリズムにより抑圧された。

6.中国における共産主義は、既存政党の内の数名のメンバーが抱《いだ》く政治的な教義、ないしは、他の政党と権力の獲得を争うための特別な政党を組織することを単に意味するだけではない。**それは国民党政府に実際上も匹敵する存在となったのである。それはそれ独自の法、軍隊と政府を持ち、また、それ独自の活動対象領土を持つのである。**

7.(a)日本が中国の最寄りの隣国であり中国の最大の顧客である限りにおいて、日本は他のどの列国よりも中国の無法状態に苦しんだ。

(b)中国における外国人居住者の3分の2以上は日本人であった。」（判決書p.166上段～p.167上段）

パール判事は、右記のリットン委員会報告書の中身に鑑み、弁護側が提出しようとした証拠は的《まと》を外《はず》したものではないと指摘している。次の通りである。

「リットン委員会の報告書で示されている中国における共産主義者の動きの性質そのものに鑑み、弁護側から提示されたこの証拠は的《まと》を外《はず》したものであるとは云えないであろう。いずれにせよ、弁護側の証拠を排除した後では我々は、検察側がその最終論告で示した前述したところのものは、もはや受け入れることができない。この件がいやしくも我々の検討範囲の内に入《はい》るものだとするならば、弁護側の主張に沿ったものへと我々は導かれていたと本官は信じるのである。」（判決書p.167上段～p.167下段）

東京裁判の公正な審理のためには、中国における共産主義者の動きに関する証拠は排除すべきではなかったのである。

## 中国における共産主義活動：ローガン弁護人の指摘

パール判事はローガン弁護人の指摘をあちらこちらで引用している。中国における共産主義活動に関する証拠は弁護側にとって必要であるとローガン弁護人は主張している。そのように主張する理由は、検察側の主目的が全面的共同謀議の存在の立証にある以上、弁護側としてはそれに対応しなければならないからである。ローガン弁護人の主張とそれを肯定的に評価したパール判事のコメントは、次の通りである。

「しかし、それが正当化の論であるのかどうかとの問題はさておき、この証拠は全面的共同謀議の訴追に鑑《かんが》みれば適切なものであると弁護側は主張した。弁護側の**ローガン弁護人**は次のように主張した。

『中国における共産主義活動は、単に現在（訳注：東京裁判進行時点を指す）、さらにはこの事件（訳注：検察側の云う共同謀議事件）の始期以前にも確かに存在していただけではなく、それは本件裁判の対象期間全体に亘《わた》って存在していたのである。そして、これらの事件が全期間に亘《わた》って存在していたがために、このことは、被告人たちがはたして**共同謀議**を実施したのかどうか、そして実際に侵略戦争に訴えたのかどうかとの起訴状の中の訴追事項に対して重大な影響を及ぼすものなのである。もしもこれらの事件が共産主義活動によって惹起《じゃっき》せしめられ扇動されたものであることがこの証拠により立証されたとしたら、そして我々はこの証拠はそれらを立証していると信じるものであるが、共産主義者による活動は起訴状におけるかかる訴追事項に重大な関連性を持つこととなるのである。小職（引用者注：ローガン弁護人）はさらに次を指摘したい。すなわち、これらの事件を解決し問題を局地的に限定させることに向けた努力こそが日本の政策であったこと、そして後に示すように、共産主義者による活動はそれらの事件の解決を妨げ、新しい事件を扇動したこと、である。』

これは確かに**発生した事件を説明する**適切な証拠となるものであろう。立証されようとした進展が日本による行動を正当化しようがしまいが、それは確かにそれらの事件がなぜ起きたのかにつき良質の説明を提供し、そしてそれによってかかる事件から全面的共同謀議の推論を締め出すか弱めることとなったかも知れないのである。」（判決書p.167下段～p.168上段）

このローガン弁護人の指摘を受けてパール判事は、中国における共産主義に関する審理では、次の観点を持つことが重要であると述べている。

「この関連では我々は、適切となる次の思考を視野の外に置いてはならない。

1. 日本は中国それ自体に利権を持っていたのであり、そのため、中国における共産主義が単なるイデオロギーであったとしても無関心ではいられなかったものかも知れないこと。
2. リットン委員会が留意をしたように、中国における共産主義は単なるイデオロギーでは無かったかも知れないこと。
3. 共産主義運動の進展の歴史そのものが、その中にはソビエト連邦の触手があるものと日本が見受けるように、彼ら（訳注：日本）を当然に導いたものかも知れないこと。
4. 弁護側は、関連期間における共産主義運動と反日運動とを結びつけることに努めたこと。」（判決書p.168上段）

ところが、検察側とパール判事を除く判事団は、中国の共産主義を必要以上に単純化していたようだ。共産主義に関する深い分析は不要と考えていたフシがある。パール判事は次のように指摘している。なお、この指摘はパール判事だけではなく、リットン報告書の指摘でもある。中国の情勢が複雑であったことはリットン報告書の中にも明記されている。

「残念なことに、このカテゴリーに属する証拠（引用者注：中国における共産主義活動に関する証拠）を却下するにあたり我々は、面前の審理に関連する状況は単純な事実に基づくものであり、容易にそのように認知ができ、誤解もされにくいものであると捉《とら》えていた。実際には、この状況には複雑な上部構造物が関係しており、それはその存在（引用者注：複雑な上部構造物）を決定付ける手段として法に関する困難な問題に基づく結論を必要としていたのである。」（判決書p.168上段〜p.168下段）

中国における共産主義の進展を把握する必要性について、パール判事は次のように結論している。

「本官がすでに指摘した通り、共産主義の進展が、ある国による干渉権をどの程度まで拡大しうるのかについては、共産主義が内包しているところの現存の国家組織ならびに財産権の基盤そのものを変更させるとの特徴を思い起こしながら、真剣な検討を行《おこな》うことが必要である。」（判決書p.169上段）

## 中国におけるボイコット運動と、却下された証拠を補完するリットン委員会報告書

弁護側が提起した中国のボイコット運動を、検察側は重視しなかった。

「弁護側により提出された**中国のボイコット運動**に関するいくつかの証拠を我々は却下したが、それはボイコットの存在、その目的と効果につき検察側が真剣に取り合わなかったからである。」（判決書p.169上段）

弁護側の証拠は却下されたが、この点も包含するところの、中国・満州問題全体に関する強力な証拠を検察側も弁護側も提出し、受理されている。受理されたその強力な証拠とは、リットン委員会報告書である。

リットン委員会報告書の採択をきっかけとした、国際連盟における一連の満州国の取り扱いを巡って日本側が反発し、松岡洋右《ようすけ》代表が国際連盟を脱退したことは有名である。ただ、日本の反発はさておき、リットン委員会報告書自体は、十分な現地調査とヒアリングの下《もと》に作成された印象を持つ。その内容にはかなりの信頼がおけるものと筆者は思う。少なくともパール判事はそのように考えていたようである。次の引用の通りである。

「この運動が中国において存在していたことについては、リットン委員会報告書そのものが適切な証拠となる。」（判決書p.169上段）

以下、リットン委員会報告書（以下、リットン報告書という）からの引用が続く。

「リットン報告書は次のように述べている。

『何世紀にも亘《わた》り中国人は、その商人、金融業者と工芸者の同業組合の組織においてボイコットの手法に慣れ親しんで来た。これらの同業組合は、現代の条件に沿うように修正が加えられては来たものの、いまだに多数の同業組合が存在しその共通の職業上の権益を守るためにその構成員に対して大きな影響力を行使して来た。この数世紀にも及ぶ同業組合の生涯の中で獲得されてきた訓練と態度が、今日《こんにち》のボイコット運動においては最近の激しい国家主義と統合したのであり、かかる国家主義は組織的には国民党として表現されるところのものである。』

『（中国の職業従事者によって職業従事者相互間で行《おこな》われて来た職業的手段としてのそれとは異なり）外国の列強国に対する政治的武器として国家全体に亘《わた》って排外ボイコットを行《おこな》う現行の時代は、1905年に米清《べいしん》通商条約が更新され改定された際に中国人のアメリカへの入国をそれまで以上に厳しく限定すると条約上に記載されたことを理由としてアメリカ合衆国に対して向けられたボイコットで開始されたものであると申し述べることができよう。その時以降今日《こんにち》に至るまで、10件もの異なるボイコットが（地域的な性格の排外運動を除き）国家的と考えうる規模で行《おこな》われた。その内の9件は日本に向けられ、1件はイギリスに向けられた。』」（判決書p.169上段〜p.169下段）

さらにリットン報告書は、このボイコットは民衆による自発的なものではなく、国民党が組織的に推進したものであると指摘している。

「リットン報告書は次に、1925年以前のこれらの運動の原因と性格を述べた後、その年以降のボイコット組織の性格の検討に進み、次の通りを指摘した。

『その設立時以来ずっとこの運動を支持して来た国民党は、相次いで起こるボイコットの各々《おのおの》に応じてその統制力を増して行《い》き、現在では国民党はこれらの示威行動において正真正銘の組織的、推進的、調整的そして監督的な要因となっている。』」（判決書p.169下段）

このボイコットが抱える3つの論点をリットン委員会は指摘している。パール判事はこれらの3点を、次のようにまとめている。

「リットン委員会はボイコットの政策ならびに手段の中に、賛否両論を抱える三つの論点が含まれることを指摘した。

1. 運動は純粋に自発的なものなのか、あるいは国民党によって時にはテロリズムにも匹敵する手段により人々に無理強《むりじ》いされた、組織化された運動であったのか。

2. ボイコット運動を遂行する上で採用されて来た手段は常に合法的であったのかどうか。

3. 中国政府の責任は、どこまでの範囲であったのか。」（判決書p.169下段）

その上で、中国のボイコットに関するリットン委員会の結論を、パール判事は次のようにまとめている。

「リットン委員会は次のように結論した。

1. 中国のボイコットは広く普及し、また組織化されており、その主たる統制機関は国民党であったこと。

2. 非合法な手段が恒常的に行《おこな》われていたこと、またそれは行政府や法廷により適切に抑圧されなかったとする結論以外の結論を引き出すのは困難であること。

3. 現在のボイコットの中で中国政府が果たしている役割は、いくぶんはもっと直接的であることを証拠が示していること。」（判決書p.169下段）

ここでリットン報告書は、中国人参与員（顧維鈞《こいきん》：1888～1985）が作成した覚書から引用して次のように述べている。この中国人参与員は「中国人が他の中国人に対して実施した」行為を通じて被害を及ぼしたことについては、日本には責任追及する権利はないと主張している。次の通りである。

「中国人に対して実施された違法行為については、中国人参与員がその覚書の17ページで次のように述べている。

『まず我々は、外国には国内法に対し疑問を提起する権限が無いことを第1番目に指摘したい。事実、我々は違法だと非難された行為に直面しているが、それは中国人が他の中国人に対して実施したものである。その鎮圧は中国の官憲の問題であって、違反者と被害者の双方が共《とも》に我が国自身の国民である場合に中国の刑法がどのように適用されるかについて考慮を加える権利は誰にも無いように我々には見受けられる。他国のまったくの国内事項の運営に介入を行《おこな》う権利はどの国にも無い。これこそが主権ならびに独立を相互に尊重するとの原則が意味するところのものである。』」（判決書p.170上段）

右記の中国人参与員の意見は一見、正当な意見であるかのように見える。しかし、この参与員は次の重要な視点を見落としているとパール判事は指摘している。これはリットン報告書の指摘でもある。

「そのように云《い》われてしまえば議論の余地は無くなってしまうものの、日本側の苦情の根拠は、ある中国人が他の中国人によって違法に損害を受けたということではなく、中国法の下《もと》で違法とされる手段を使用することで日本の利益が損害を受けた点にあること、そして、その状況で中国法を適用しなかったことは日本が受けた損害に対する中国政府の責任を惹起せしめる点にあることを、この文書（引用者注：中国人参与員の覚書）は見落としている。」（判決書p.170上段）

ボイコット運動が創り出す法的立場につき、リットン委員会は次の認識を示す。リットン委員会は、ボイコットのもたらす帰結が国際法上の問題につながる点を見落とさなかったのである。

「これらの**ボイコット運動により創り出された法的立場**の問題に至り、リットン委員会はそれについて次のように述べた。

『自国よりも強い国による武力侵略に対してボイコットは合法的な武器である、これは仲裁の方法が以前には活用されたことのない場合においては特にそうである、との中国政府による主張は、もっと幅広い性格を持つ問題を惹起《じゃっき》せしめるのである。個々の中国人には、日本の商品の購入、日本の銀行や船舶の使用、日本の雇用者の下《もと》での労働、日本人に対する商品の販売、あるいは、日本人と交際関係を持つこと等を拒否する権利があることを否定することは誰にもできない。また、これは当然ながら中国の法律を犯さない手法によって実施された場合との条件付きではあるものの、中国人がそれらの考え方に関するプロパガンダを個人的に行《おこな》う、あるいは、組織化された主体においてでさえも行《おこな》う資格を持つことを、否定することは不可能である。しかしながら、組織化されたボイコットをある特定の国との貿易に適用することは、はたして**友好的な関係と首尾一貫しているものなのかどうか、あるいは、はたしてそれは条約上の義務を順守しているものなのかどうか**については、当時の我々の検討対象たる国際法の問題である。しかしながら我々は、すべての国の利益のために、この問題が早い段階で検討され、国際条約により統制されるべきであるとの願いを表明することとしたい。』」（判決書p.170上段～p.170下段）

ボイコットを実施した国が抱え込む国家責任に関して国際法がどのように関係して来るかにつき、パール判事は次のように指摘している。

「ボイコットに関連する国家責任の件を考えるにあたっては、その発端、方法と効果を注意深く検討することが必要である。

国際法は、ある国の組織体がボイコットを適用して他国の人々との通商を停止すると決めた際に、その国の政府がその組織体を妨《さまた》げることを求めてはいない。その独立国家が持つ通常で固有の権利をかかる組織体が行使することをやめさせる義務はその国には課されないのである。取引を差し控えることはこのような権利であると通常は考えられているのだ。」（判決書p.171下段）

国際法は、対象国の国内の組織体によるボイコットをやめさせる義務を、対象国の政府に課してはいないのだ。ただし、対象国の政府がボイコットを主導しても良いとするほどには踏み込んでいない。

### ボイコットの原因となった中国における外国人居留者の存在

国民党がボイコットを主導したのは、条約に基づき中国国内に居留した、日本人を含む外国諸国の国民の存在感がその理由であった。これについては前著の「第四部 全面的共同謀議 ②第1段階 満州の支配力の獲得：満州事変」の「§3．リットン報告書の内容」で論じられたが、目先の経済的利益のために日英米を始めとする大量の外国人が中国国内に流入していたのであった。彼ら外国人居留者たちは「先進的な」法制度、社会制度、衛生設備、科学技術、そして何よりも、圧倒的な優位性を持つ火器を中心とした武器を中国に持ち込んでいたのである。一方で、当時の中国側にはそれらの外国由来の諸制度を消化して短期間に自分のものにするだけの適応力に欠けていた。そして「先進的な」諸制度を振りかざす外国人居留者たちへの反発が募っていった。これが対外ボイコットの背景である。

筆者は、この中国人民の「反発」を理解するものである。中国の人々が「中国に来てくれ」と日本や欧米諸国に依頼した事実など、無いのだ。彼らは中国と関わりを持つことが経済的利益をもたらすので、土足でずかずかと中国に乗り込んで来たのである。この点は指摘せざるを得ない。黒船四杯でむりやり開国された我が日本と同様の状況であったのだ。その当時の日本人による外国人たちへの「反発」も、かなりのすさまじさではなかったか。

ところが、外国人居留者は自分たちの身勝手さは棚に上げ、中国が国内統治を行《おこな》う国家主権の行使能力が不随だからという理由で、不平等条約に基づいて居留している自国民たちの保護を実施し、それが「国際法上合法」であると当然のように主張したのであった。

さて、パール判事は裁判官として、「国際法に基づいた」彼ら外国人(日本人を含む)の主張を淡々と受け入れている。

「日本も中国において条約上の特別な権利を獲得しており、多数の日本市民がその条約上の権利の下《もと》に中国に居住していた。

かかる状況の下《もと》では、そのような権益を守るとの日本の権利はどの範囲までであったのか、そして、問題となっているボイコットが日本にその権利を行使する資格をもたらす何らかの状況を創り出したのか、等の問題が我々の検討の対象として提起されることは確かである。」(判決書p.172下段)

さらに、次のようにも述べている。

「国家は海外に居留するその国民を保護する権利を持っているとの点は、今や十分に確立されている。本官がここで立ち止まり、この権利の範囲はどこまでなのかを検討する必要は無い。」(判決書p.173上段)

しかし、さすがに次のように釘を刺すことを忘れてはいない。

「所与の事例におけるあらゆる行動の合法性ならびに行動する権利の限界は、本質的にはかかる事例が持つ特有の事実に依存していることは明白である。」(判決書p.173上段)

「所与の事例」とは「中国に居留する自国民を保護する権利の行使」を指している。外国人たちが取った行動の合法性や彼らが何らかのアクションを取る権利の有無ならびに彼らの主張する権利の正当性は、中国における外国人居留者たちが引き起こしたとの、それ特有の事実に依存しているので、個別具体的な細部にあえて立ち入って事実認定をしなければ、その合法性やら権利の限界などに検討を加えることはできない、とパール判事は右記引用で指摘している。

パール判事は続けて、次のように述べる。

「しかし、**正当化**についてのこの問題(引用者注:中国でのボイコットから自国民を保護するために各国が採った措置の正当化の問題)はさておき、この証拠は、起きた出来事は申し立てられた共同謀議の産物であるなどとはせずとも、起きた出来事に関する**説得力のある説明**を確立しうるものである。

本官はここまでで、今日《こんにち》における**実際の国際関係**に言及しながらこの問題を検討して来た。」(判決書p.173上段)

右記の引用によって、パール判事は中国のボイコットに対抗する措置を日本を含む各国が採った件と、日本の共同謀議の訴追との間の関わり合いの検討に意識を回している。そしてそのような共同謀議を持ち出さずとも、中国のボイコットに関する証拠は、日本を含む各国が中国で採った措置について説得力のある説明を確立し得《う》ると指摘している。

## §6．証拠および手続き：検討すべきその他の事項

パール判事は証拠および手続きについて検討すべきその他の事項を論じている。

### ①シュワルゼンバーガー博士とデ・マダリアーガ：国際社会はまだ国際共同体になっていない

パール判事はここで、「国際社会」がすでに「国際共同体」にまで脱皮・発展したとの推測の存在とその推測の不完全さに触れている。

「しかしながら、現下の件については追加的に検討をすべきことが以下の通《とお》り残っている。

国際関係の中に刑事責任を導入するにあたり我々は、**諸国家による社会**が法の支配の下《もと》にある**共同体**へと発展したとの推測の下《もと》に検討を進めていることを忘れてはならないのである。」（判決書p.173上段）

その直後において、パール判事は「社会（society）」と「共同体（community）」の違いに関するシュワルゼンバーガー博士の分析を詳しく述べているが、ここでは引用を省略させていただきたい。この件は、日本では「ゲゼルシャフト（社会）」と「ゲマインシャフト（共同体）」の議論としてすでにおなじみとなっているものであろう。

ところが、国際関係においてはこの「共同体」の議論はまだまだ議論が尽くされてはいないようである。パール判事は、共同体の議論が煮詰まっていないこの状況を、スペインのサルバドール・デ・マダリアーガの言説をシュワルゼンバーガーから孫引きして、次のように説明している。

「本官の意見ではそれはせいぜい、右記でシュワルゼンバーガー教授により定義された意味合いにおける社会にすぎず、そしてそのようなものであるためにそれは刑事責任を受諾しないのである。

これは本質的にジンメルン教授の見解と同じである。シュワルゼンバーガー教授は国際関係の著名な権威であるセニョール・ドン・サルバドール・デ・マダリアーガ氏（＊）の陳述から引用しており、そこでは氏は世界共同体の存在について語りながら次のように述べている。

『我々は事前の議論を行《おこな》わないままに、かかる真実を我々の精神的思考の蓄えの中に密輸して持ち込んだのだ。我々は世界共同体が存在するとの先入見もしくは我々の本能がもたらす推測から、議論を開始しているのである。』

氏（引用者注：サルバドール・デ・マダリアーガ）は、氏の特徴の一つである知的誠実さを用いながら、次の重要な発言を付け加えている。

『我々現代人は世界共同体をただちに推測したり感じたりしたが、それのみならず、我々は世界共同体における法とは何か、その原則とは何か、それは我々の心の中でどのように構築されるのか、等をまだ知らないままに、実際にそれを主張し、創造し、そして明示し始めたのである。』」

（＊訳注：Salvador de Madariaga 1886 ~ 1978 スペインの外交官、著述家、歴史家、平和主義者）（判決書p.174上段）

デ・マダリアーガは世界共同体の存在に懐疑的であったのだ。それが存在すると認めるには議論が尽くされていないと云《い》う。世界共同体の実現への道は、まだまだ遠いのである。

### ②条約案文そのものか、予備討議における関係者の発言も含まれるものか

条約の準備のための予備討議に関する証拠については、受け入れるべきではないとの検察側による異議がなされたことがある。

「1947年2月27日に検察側は、ワシントン軍縮会議からの抜粋を本件裁判において証拠として受け入れることに異議を唱えた。この異議を唱える中でカー検察官は、最終的に調印された合意を解釈する手助けとしての**予備討議**の範囲には何らかの制限が設けられなければならないと主張した。我々はこの異議を却下し、この抜粋を証拠として受け入れた。」（判決書p.174下段）

これを証拠として受け入れた件について、パール判事は次のように指摘している。

「かかる問題（引用者注：最終的に調印された合意の内容をどのように解釈するかという問題）は通常はその文書自体の内容の検討に基づいてその判定が行《おこな》われなければならない。使用された言葉遣いの平易な意味合いと合致しないような意図を持つ陳述は、その意図が何であれ、証拠としては受け入れられないのである。（中略）体裁《ていさい》上では記載された文書の言葉自体にはどのような面においてもあいまいさが無いように見受けられるものかも知れない。それでもなお、外部的状況がその言葉遣いの正しい適用についていくらかの疑いや困難をもたらすかも知れないのである。このような場合においては、字義の解釈の問題のために外部的証拠を許容する場合があるのだ。」（判決書p.175上段）

ここでのパール判事の指摘は、最終的に締結された条約の文言そのものの解釈に第一義的な重要性を与えて検討がなされなければならないのが通常ではあるが、条約の準備段階や予備討議における議論などの「外部的状況」についても、検討すべき対象たる証拠に加えるべき場合もある、というものである。

異議を却下して証拠採用に至ったこの件をとらえて、パール判事は、条約締結に至る過程の中での関係者の発言や、条約の準備交渉に関する議論を展開する。東京裁判の関係者である「ブラウン氏」という人物の指摘を展開しているのだ。この指摘はパリ条約の関係者であったフランク・ケロッグ長官や、アリスティード・ブリアン外相、イギリス版「モンロー主義」を条約調印の前提条件としたオーステン・チェンバレン外相の発言をもパリ条約分析における重要な証拠として採用すべきであるとするパール判事の姿勢を補完する位置づけとなっている。それは、そのような関係者の発言に照らして条約の内容を解釈することは、国際法の規則の中でも堅固に確立されたものだからだとパール判事は指摘する。

「ブラウン氏（＊1）によって指摘されたように、『国際法の規則の中でも、『条約は交渉者の意図に照らして解釈する』とするこの規則以上に堅固に確立された規則は無い。かかる意図は当然ながら条約それ自体の文面上に記《しる》されているものと推測されるが、それはそれ以外の場所、たとえば調印もしくは批准の時点で条約に添加された特定の制限事項、もしくは、批准に先立つ交渉を通じて発表された説明、明確化、理解、制限ないし実際の条件、等にも記《しる》されているものかも知れない。そのため、戦争の放棄に関する一般条約（訳注：パリ条約）の下《もと》で**負うこととなった義務の性質**に関する、将来時点における何らかの意見の分岐においては必然的に、交渉の公式なやりとりのみならず、政府のスポークスマンである、たとえばサー・オーステン・チェンバレン（＊2）、ムッシュー・ブリアン、ケロッグ長官、あるいはボラー上院議員などによる公式な発言にも頼らなければならなくなることが予想されるのである。彼らによるこの条約の解釈は最も周到な精査ならびに尊敬の対象となるべき資格がある。合衆国による公約に関する限り、『**外交関係に関する上院委員会**』（訳注：上院外交委員会）の**報告書**はこの条約の『真の解釈』に関するその委員会による理解を述べているが、かかる理解はアメリカによる批准に対して条件を付しているものであるため、この報告書も司法裁判所もしくは国際輿論《よろん》によりその考慮の中に入れられなければならない…。かかる条約のすべての締約国の意図を明確にするために、そして、すべての締約国をその公約を厳密に果たすべき立場に置くために、批准前の段階ですべての締約国がこの重大な宣言（訳注：パリ条約を指す）に付した解釈に対して必要となる重みと信用を与えることは、良識であり、良好な倫理であり、また、良い法でもあると見受けられるのである。』

（＊1訳注：不詳。原表記はMr. Brown. 以下二つの可能性がある。

①Dr. Brendan Francis Brown 1898～没年不詳 アメリカ・カトリック大学の国際法学教授（Professor of international jurisprudence, Catholic University）本件裁判では首席検察官の司法顧問を務めた。アイオワ州出身

②Donald Beckman Brown 1905～1980 アメリカ人ジャーナリスト。GHQの民間情報教育局の情報課長を務めた。A級戦犯被告人の洗い出しに協力。オハイオ州出身）

（＊2訳注：Sir Joseph Austen Chamberlain 1863～1937 イギリスの政治家）」（判決書p.175下段～p.176上段）

### ③証拠の受理の方針が一貫していないとの弁護側指摘へのウェッブ裁判長の弁明

東京裁判では証拠の受理が争われた場合、概ね、検察側が提出した証拠は受理され、弁護側が提出した証拠は受理されないとの傾向があった。当然、弁護側は東京裁判所の証拠受理の方針には一貫性がないと判事団を非難した。

「本件裁判における証拠の受理性の問題についての我々の裁定であるが、**弁護側はしばしばそれが首尾一貫していないとして我々**（訳注：判事団を指す）**を非難した**。少なくとも、右記で言及されたところのいくつかの裁定はかかる非難を正当化しているように見受けられる。」（判決書p.176上段）

これに対し、ウェッブ裁判長は次の弁明を行《おこな》った。この苦しい弁明は一見、11カ国もの代表者からなる国際裁判を運営する裁判長の難しい立場を表しているようでもである。

「しかしながら、裁判長により指摘がなされた通り我々はこの点について非常によい弁明を得ることができた。

裁判長は次のように述べた。

『…本官は本裁判所のために何らかの謝罪を行《おこな》う立場にはないが、諸官がご承知の通《とお》り、裁判所憲章は証拠に関する何らの技術的な規則にも我々は拘束されないとしている。そのことは単に我々が我々自身の技術的な規則に従うことを妨げるだけではなく――ここでは11カ国の代表が来ており特定の細目においては国によって技術的な規則が皆、異なるから我々はそんなことはできないのだが――、我々自身の技術的な規則の他のあらゆる根幹を代替させることを妨げる効果がそれにはあるのである。**提出された証拠の各々《おのおの》の一片に対して我々がなしうることのすべては、それに証拠価値があるかどうかを申し述べることであり、その設問に対する決定は裁判所の構成に依存しているのである。**ある時はここには11人の判事がおり、ある時にはわずか7人ほどしかいない場合がある。ある特定の証拠の一片に証拠価値があるかどうかとの設問に対し7人の判事から得る判定と11人の判事から得る判定が常に同じであるとは、貴官もそのように述べることはできないし本官もそのように述べることはできない。貴官がそのように述べないことは本官も知っている…。あらゆる特定の証拠の一片に対して本裁判所がどのような判定に立ち至るか

については貴官は確信を持てない―絶対的な確信は持てない―、なぜならば、その日その日で裁判所の構成は変わるのであり、裁判所が時あるごとにどのように構成されているかによって判定は変わらなかったのだと本官が述べたとしたら本官は貴官を欺《あざむ》くことになる。判定は変わるのだ。ある重要な点に関して、以前のある日に裁判所にはいなかったある1人の判事がその場所にいたとしたら、その判定が異なるものとなっていたことを本官は知っている。我々はどうやってそれを克服すると云《い》うのだ。我々は技術的規則を定めることはできない。それに合意しようとして我々は何カ月も費《つい》やすことになるかも知れず、その挙句《あげく》、我々は合意に至ることに失敗するのだ。いずれにせよ、裁判所憲章はかかる規則の採択を我々に許さないのだ。それは裁判所憲章の精神に反する。本裁判所の判定はその日その日の裁判所の構成によって変わるのだ。それを克服する方法など、無いのである。』」(判決書p.176下段～p.177上段)

証拠の受理は、それに証拠価値があるかどうかで決まり、そして証拠価値の有無に関する判定はその日の裁判所の構成、つまり出席している判事の顔ぶれで決まる。これは毎日変わるので、証拠受理がその日その日でどうなるかについて一貫性はないと云《い》うのである。

本件裁判では、「さまざまな国内法体系により、その訴訟上の経験と伝統に基づいて工夫されて来たところの、誤った説得から法廷を守るため」(判決書p.144上段)の知恵と工夫をかなりの部分に亘って放棄し、「裁判所が証拠価値があると認め、重要であるとするものについては検察側により提供された**あらゆる**証拠を受理すると決定した」(判決書p.150下段)ため、東京裁判所は「法の(中略)断定性」(判決書p.119下段)の恩恵を得られなくなってしまったのである。この決定により、裁判所の審理の運営を「法の支配」から乖離させてしまって、「移り替わりの激しい意見や邪悪な考えの流砂の上に立った」(判決書p.120上段)せたことになったように筆者は思う。ウェッブ裁判長の右記の苦しい弁明は、証拠受理の判定を含む裁判所の審理の運営を、この第三部で鋭意見て来たような一連の「専断主義」へと移行させたことによる当然の帰結であると筆者には思える。

⑧

# 第五部 本裁判所の管轄権の範囲

ここで論じられる「管轄権」とは、時間的なものである。被告人たちがなしたとされる「犯罪」の時間的範囲をいつからいつまでとするかである。一方、東京裁判で訴追された「犯罪」は、すべて戦争に関わるものである。従って、ここでの管轄権の範囲の検討は、東京裁判が裁くべき戦争の「始期」と「終期」の検討であると考えて差し支えない。戦争の「終期」は1945年9月2日（降伏文書への調印日）で問題なく決まる。「始期」の決定が困難なのである。有力な説は真珠湾攻撃の1941年12月7日とするというものだが、パール判事はこれを覆し、盧溝橋事件の1937年7月7日を「始期」とすると判定した。この判定は証拠類の字義によるものではなく、第四部での膨大な事実認定作業によるものである。

## 第五部の構成

第五部は次の8つのセクションに分けて記述することとしたい。

**§1. 戦争の終期：ポツダム宣言と降伏文書**
**§2. 全面的共同謀議の不成立の影響**
**§3. 裁判管轄権がないとされた8個の訴因**
**§4. 戦争の始期の議論：弁護側の主張**
**§5. 「戦争」とは何か?**
**§6. 中国での戦闘行為に関係していた日中米の3カ国の態度**
**§7. ポツダム・カイロの両宣言における米英中3カ国の「真意」**
**§8. 第五部：結論**

§4. 以降は戦争の「始期」の分析である。そして§8. の結論は、一般的な認識に基づくもの（=真珠湾攻撃を「始期」とするもの）とは異なるものとなっている。その結論に至ったパール判事の思考と論理の流れを追うことが、第五部の読解にあたっては重要だと思う。

### §1. 戦争の終期：ポツダム宣言と降伏文書

パール判事は第五部を、次の記述で開始している。

「本裁判所の管轄権《かんかつけん》に対して弁護側が申し立てた実質的に最初の異議は、本裁判所によって裁判が可能な犯罪は**1945年9月2日の降伏**にて終了した戦争における犯罪か、もしくはその戦争に関連した犯罪に限られなければならないとするものであった。本官の判定では、この異議は支持されなければならない。かかる判定を行《おこな》うにあたり本官が考えたその理由は、この判決書の始めの部分においてすでに申し述べておいた。（*）

（*訳注：第一部 予備的法律問題 本裁判所の管轄権外の事項 ポツダム宣言とカイロ宣言）」（判決書p.540上段）

戦争の「終期」を1945年9月2日とすることについては多くの議論は不要であろう。右記の引用で「決まり!」と言って良いように思う。

右記引用の最後で「この判決書の始めの部分においてすでに述べておいた」とあるのは、パール判事が行《おこな》ったポツダム・カイロ両宣言の分析のことである（判決書p.22上段～p.23上段）。これらの宣言に加えて、降伏文書も管轄権の決定に大きく関わる文書であり、戦争の「始期」と「終期」の検討でこれらを外すことはできない。パール判事は次のように指摘する。

「本官の意見では、ポツダム宣言および降伏文書の諸条項は、この宣言および降伏文書により終結させられたところの戦闘行為に限定されなければならない。というのは、それらの条項の中にはそれとは反対のことを意味する何らの言及も明示的には存在していないからである。本官がすでに指摘したように、国際法の下《もと》での勝利国の権能には、被征服国の全生涯に亘《わた》る行動に対して裁判を行《おこな》う資格をかかる勝利国に与えるものはないのである。ポツダム宣言、降伏文書、さらに裁判所憲章は、そのいずれもが明示的にはこの件（*）を取り扱ってはいないのである。

（*訳注：被征服国の全生涯に亘《わた》る行動に対して裁判を行《おこな》う資格の有無）」（判決書p.541下段）

「終期」の検討の一環としてなされた右記引用の中で見落とせないのは、「ポツダム宣言および降伏文書の諸条項は、この宣言および降伏文書により終結させられたところの戦闘行為に限定されなければならない」との指摘である。これを読むと、ポツダム宣言と降伏文書によって終結させられた「戦闘行為」とはいったい何を指すのだろうと、意識が回るのである。これは「始期」を模索することへと思考を誘《いざな》うものではないだろうか。

この「戦闘行為」には、「被征服国の全生涯に亘《わた》る行動」すなわち、日本のはるか昔の戦争、例えば飛鳥時代の白村江《はくすきのえ》の戦いや、元寇、あるいは秀吉による文禄・慶長の役（朝鮮征伐）などは含まれないのは、直観的にも自明であろう。それでは、「いつ」の戦争までさかのぼるべきなのか…？ これがこの第五部における主なテーマである。

## §2．全面的共同謀議の不成立の影響

さて、「始期」であれ「終期」であれ、もともと管轄権の決定の問題は、本来は第一部の予備的法律問題の範疇の内で議論すべき事項ではないだろうか。何らかの理由でその検討がこの第五部に移されてしまったのである。

パール判事は、「始期」の検討が第五部となった経緯を次のように説明している。傍線筆者。

「しかしながら本官はそこ（引用者注：第一部を指す）において、検察側が起訴状の訴因第1の中で全面的共同謀議を主張していること、そして、もしも全面的共同謀議が立証されれば、起訴状にて言及されているあらゆる事件が右記の降伏で終了した戦争に付随するものとして取り込まれることになるかも知れないこと、等を指摘した。そのため、最終的にはこの問題は、本件裁判における証拠に関する事実認定の問題となるのである。…（中略）…本官はかかる証拠の審査を今や終了しており、そこにおいて、申し立てられた全面的共同謀議の立証はなされなかったとの結論に至った。」（判決書p.540上段）

全面的共同謀議が問題だったのだ。この全面的共同謀議には起訴状で言及されているあらゆる事件が取り込まれているからである。かかる共同謀議の存在が立証されれば（より正確には、それが存在したと「推定」せざるをえないと結論されれば）「始期」は全面的共同謀議の最初期の日付であると検察側が提示した1928年1月1日と自動的に定まるが、そうでなければ、別の要因に依拠して戦争の「始期」を決定しなければならなくなるのである。

検察側は、全面的共同謀議の存在を直接に立証する証拠はないものの、それがあったと考えざるをえないと「推定」することを判事団に求めたのであった。この推定が成り立つかどうかが第四部で検討されたのである。つまり、管轄権の「始期」の決定に関する分析は、全面的共同謀議に関する事実認定の結果を受けた後でなければならなかったのである。1928年は、検察側の筋立ての中で「（全面的）共同謀議の最初の公然たる行動」と位置付けられた張作霖殺害事件が起きた年である。

そしてパール判事は、第四部における膨大な事実認定作業により、「全面的共同謀議」なるものの存在は立証されないと判定した。

そこで、ようやくこの第五部において、全面的共同謀議を主張している起訴状とは無関係に、戦争の「始期」を決定する検討が行《おこな》えることとなったのである。

### 道草《みちくさ》：全面的共同謀議の事実認定

ここで筆者はあえて道草をして述べたいのだが、パール判決書とは異なり、多数派判決書は、全面的共同謀議が存在したと判定したのである。

それは全面的共同謀議に頼らないと、独立主権国家たる日本国の国家行為を適法かつ合憲的に正々堂々と行《おこな》った被告人たちを、例えば第六部における訴因第55の「怠惰」で訴追することもできなくなってしまうからだと思う。

通常は戦勝国であろうとなかろうと、他国の政治家が行《おこな》った国家行

為における「怠惰」など、誰も問題にできないはずであろう。ましてや、そのような「怠惰」を司法裁判所で裁くことなど、できないのである。「いかなる**国家**にも他の**国家**の行為に関する裁判管轄権は無いとの原則」（判決書p.21上段）があるのだ。

ナチ同様の全面的共同謀議が日本にもあったとしたからこそ、「独立主権国家の国家行為である」との免訴の要因を封じることができるのだ。逆に、そうしなければA級裁判とされた東京裁判そのものが維持不能となり、多数派判決書の有罪判決には到底到達できないこととなってしまうのである。

さらに、ナチ断罪のためにはニュルンベルク裁判と東京裁判の両裁判は同等の裁判としなければならないとの政治的欲求もあったのだ。両裁判に共通する重要な要素は全面的共同謀議である。東京裁判においても、全面的共同謀議を欠如させるわけにはいかないのだ。

しかし、第四部におけるパール判決書の分析経緯を、その記述に従って忠実に追っていく限り、全面的共同謀議に関する諸事項に対するパール判事の事実認定には無理がなく、「全面的共同謀議の存在は立証されなかった」との判定に至るまでの論理展開にも、整合性があると納得せざるを得ない。実際、パール判事はこの判定に自信を持っているようだ。パール判事自身による表現を、第四部から引用する。次の通りである。

「本官の意見では、この全面的共同謀議の全体の筋立ては、まったく荒唐無稽なものである。」（判決書p.524上段）

第四部におけるパール判事の事実認定作業の全容を把握し、その結論の正しさについて納得した今、訴因第1「全面的共同謀議」について**松井**と**重光**を除く他のすべての被告人を有罪とした多数派判決書での判決、すなわち、全面的共同謀議の存在を推定せざるを得ないとした多数派判決書の結論には、相当の牽強付会をしなければ到達できないと考えざるを得ないのである。この多数派判決書の結論には、無理があると筆者には思える。だからこそ、ニュルンベルク裁判とは異なり東京裁判の多数派判決書においては、「結論だけで理由も証拠もない」のではなかろうか。要は、彼らの事実認定には論理の整合性がないため、文章にまとめることができないのであろう。

ただしパール判事は、この第五部に続く第六部「厳密なる意味における戦争犯罪」においては、「全面的共同謀議の存在は立証されなかった」との第四部における判定を一旦脇に置き、全面的共同謀議の議論とは無関係に訴因第54と第55に関する事実認定作業を直接的に行《おこな》った上で判定を下《くだ》している。具体的には、訴因第54については、「命令し、授権し、許可した」との証拠の有無の問題に関する事実認定作業を行《おこな》ったし、訴因第55については、被告人たちの「怠惰」・「不作為」に関する事実認定作業を行《おこな》ったのであった。

そしてパール判事は、訴因第54については、かかる「命令・授権・許可」があったことを立証する証拠は「絶無」であると判定し、訴因第55については、そもそもそのような「命令・授権・許可」の存在を推論させる「怠惰」は立証されず、従って、そのような無慈悲な戦争計画を被告人が立案したことは一切立証されないと判定した。訴因第55についてはさらに、**松井**大将も**広田**外相も、怠惰どころか積極的な行動を取ったと立証したのだった。

すなわち、訴因第54と第55による訴追に対するこれらの判定は、全面的共同謀議の存在を推定することの可否、あるいは被告人の行為が国家行為に該当するのかどうかの命題の成否とは無関係に、下《くだ》されたのであった。このように、被告人の無罪を多方面から立証したのがパール判決書なのである。全面的共同謀議の中にあらゆる犯罪を取り込むとの検察側の無理な筋立ての訴追に正面から向き合って、その主張をいったん受け入れた後に、他の面から被告人の無罪を立証したのであった。

## §3. 裁判管轄権がないとされた8個の訴因

さて、道草から戻りたい。

§2. でみたように、パール判事は全面的共同謀議の立証はなされなかったとの結論に立ち至っている。さらに、弁護側異議に関連する法の問題についての自らの決定にも鑑み、訴因第2、第18、第25、第26、第35、第36、第51、第52の8個の訴因については、東京裁判所は管轄権をもたないとの意見を、ここ第五部で持つに至った。次の通りである。

「この結論（引用者注：全面的共同謀議の立証はなされなかったとの結論）に鑑み、また、この異議に関連する法の問題についての本官の決定（引用者注：左記で触れる）に鑑み、本官は、起訴状の訴因第2、第18、第25、第26、第35、第36、第51と第52に含まれた事項に関連する**戦闘行為**は1945年7月26日のポツダム宣言ならびに1945年9月2日の日本による降伏のはるか以前に終結しているとの単純な理由により、本裁判所はそれらの訴因に含まれた事項には裁判管轄権を持たないとの意見を持つものである。本官がすでに指摘した通り、本裁判所によって裁判が可能な犯罪は1945年9月2日の降伏にて終了した**戦闘行為**にて犯された犯罪、もしくはそれに関連した犯罪に限られなければならない。」

（判決書p.540上段～p.540下段）

右記引用での「この異議に関連する法の問題についての本官の決定」について触れておきたい。これは、§1. で引用された「本裁判所の管轄権《かんかつけん》に対して弁護側が申し立てた実質的に最初の異議」に関連して来る「法」に対するパール判事の決定である。具体的には、パール判事は、かかる「法」が付与する裁判可能な犯罪について、次のように決定している。

「本官がすでに指摘したとおり、本裁判所によって裁判が可能な犯罪は1945年9月2日の降伏にて終了した**戦闘行為**にて犯された犯罪、もしくはそれに関連した犯罪に限られなければならない。国際法はこれよりも広範となるところのいかなる権利をも戦勝国に対して付与してはいないのである。それ以外のあらゆる戦闘行為にて犯された犯罪、もしくは戦闘行為に関連した犯罪について被征服国を審理し処罰する資格を最高司令官あるいは連合諸国に対して付与するものは、ポツダム宣言と降伏文書の中には何も無い。右記の**降伏**により終結した戦闘行為以外の戦闘行為にその規定を拡大させるところのものは、裁判所憲章（＊）の中には何も無い。（＊訳注：極東国際軍事裁判所条例）」（判決書p.540下段）

弁護側の異議は法に関する決定をともなうものであるとパール判事が判定し、そして関連するポツダム宣言、降伏文書、裁判所憲章等を調べた結果、右記引用の傍線部の判定に至ったのである。この傍線部が「法の問題についての」パール判事の「決定」である。

つまり、①全面的共同謀議が成立しないとの結論、と、②国際法はこれよりも広範となるところのいかなる権利（管轄権）をも戦勝国に対して付与してはいないとのパール判事の決定、以上2点から、右記の8個の訴因については東京裁判所は裁判管轄権をもたないとパール判事は判定したのである。8個の訴因は、全面的共同謀議を前提としたものである。

この第五部では「裁判管轄権がない」と判定された、右記の8個の訴因に関する分析をパール判事が行《おこな》っているので、順に追ってみたい。

### 訴因第2

パール判事によって裁判管轄権をもたないとされた訴因の筆頭として挙げられた訴因第2は、満州の支配に関するものである。

「訴因第2は、『遼寧《りょうねい》、吉林《きつりん》、黒竜江《こくりゅうこう》そして熱河《ねっか》の各省（訳注：以上4省で満州を構成する）に於ける軍事的、政治的及び経済的支配』を目論《もくろ》んだところの共通計画ないし共同謀議の立案もしくは実施に参加したとして、すべての被告人を訴追している。」（判決書p.540下段）

これは具合的には、満州を支配するために計画・実施されたとされる「満州事変」に代表される共同謀議を訴追するものであろう。これは全面的共同謀議の一部なのである。

なお、この訴因第2の分析においては、見落とすことができない重要な指摘をパール判事が行《おこな》っている。すなわち、「満州国」は日本が勝手に作った傀儡《かいらい》国なので、どの国も満州国を承認しなかったとの認識を持つ向きもあるようだが、事実はそうではない。少なくとも、日本の近隣の2カ国であり、東京裁判の訴追国でもある中華民国とソビエト社会主義共和国連邦（ソビエト連邦）は、満州国を明確に承認したとパール判事は指摘している。この点から見ても、訴因第2は不成立とされるべきなのである。

まず、中華民国すなわち蒋介石政府の動きを見てみよう。パール判事は次のように述べている。傍線筆者。

「その後、蒋介石《しょうかいせき》政府の職員は満州国との間《あいだ》で、税関、郵政サービス、電信ならびに鉄道に関する協定を結んだ。1935年6月に蒋介石《しょうかいせき》は日本に向けて敦睦邦交令《とんぼくほうこうれい》（訳注：善隣令）を公布した。**岡田**内閣の外務大臣である**広田**氏は中国と交渉した上で満州ならびに中国北部の『**現状(status quo)**』を承認することを含むところの『**広田**三原則』の公式化を行《おこな》い、かかる原則を基盤として詳細を交渉することについて中国政府の同意を確保した。」（判決書p.541上段）

当事者の日中両国が合意に至ったのであれば、満州を巡る争いは平和裏に終結したのであり、訴追は成り立たないのである。また、事実として、中国の戦闘については、塘沽《タンクー》停戦協定ならびに何応欽《かおうきん》・梅津協定により1935年には平和が回復している。従って訴因第2については、本件裁判における裁判管轄権がないとの結論に至らざるを得ないのである。

次に、ソビエト連邦の動きを見てみよう。パール判事は次のように述べている。傍線筆者。

「ソビエト連邦は満州国を別個の国家であると承認し、そして日本とソビエト連邦との間《あいだ》の1941年の中立条約の中で、ソ連は満州国の領土保全と不可侵を尊重するとの規定が設けられた。本官の意見では、本件裁判にて提出された証拠は弁護側の主張を完全に支持している。かかる戦闘行為（＊）は1945年9月2日における降伏のはるか以前に終結しており、降伏文書の中で明示的に述べられたものを除けば、かかる戦闘行為に関連する事項はこの降伏の範囲の中には何も無かった。（＊訳注：日本と、中国・ソ連との間《あいだ》の満州をめぐる戦闘行為）」（判決書p.541上段～p.541下段）

中華民国とソビエト連邦は満州国を承認したことが、証拠によって立証されたのである。これら両国には、日本に対して満州国建国に関する訴追を行《おこな》う資格はないのである。

## 訴因第18

この訴因は、1931年の柳条湖事件から開始されたとされた、中国に対する侵略戦争につき訴追しているものである。パール判事は次のように指摘している。

「訴因第18は、その中で名前が挙げられた何人かの被告人が侵略戦争等々を1931年9月18日近辺で開始したとして彼らを訴追している。その日付は柳条湖事件のそれである。右記で挙《あ》げた理

由に基づき、この訴因による訴追もまた、裁判管轄権の欠落により不成立とされなければならない。」（判決書p.541下段）

「右記で挙《あ》げた理由」とは、塘沽《タンクー》停戦協定ならびに何応欽《かおうきん》・梅津協定により1935年には日中間《かん》で平和が回復したとの事実を指す。その前提として「国際法の下《もと》での勝利国の権能には、被征服国の全生涯に亘《わた》る行動に対して裁判を行《おこな》う資格をかかる勝利国に与えるものはない」」（判決書p.541下段：すでに引用済）との法の問題についてのパール判事の決定があることは言うまでもない。

### 訴因第25、第35、第51

これら3つの訴因は、ソビエト連邦との間の国境紛争である張鼓峰事件に関するものである。パール判事は次のように指摘している。

「訴因第25、第35と第51は1938年の7月と8月を通じての、ハサン湖近辺の地域での日本とソビエト連邦との間《あいだ》の戦闘行為（訳注：張鼓峰《ちょうこほう》事件1938年）に関連している。

本件審理にて提出された証拠は**これらの戦闘行為**もまた、ポツダム宣言ならびにこの**降伏**のはるか以前に終結していることを決定的に示している。日本はこの事件の後の全期間に亘《わた》ってソビエト連邦とは友好的な外交関係を保ったことは忘れるべきではない。これら二つの国はこの事件の後に中立条約を締結しており、ソビエト連邦が1945年8月8日に日本に対して宣戦布告をするまでは、国際法の目から見ればこれら2国間の関係は完全に友好的であったとの点は問題なく主張できるのである。」（判決書p.541下段～p.542上段）

### 訴因第26、第36、第52

これら3つの訴因は、モンゴル人民共和国との間の国境紛争であるノモンハン事件に関するものである。パール判事は次のように指摘している。

「同様の理由が訴因第26、第36と第52にも適用される。これらの訴因は1939年夏の間《あいだ》のハルヒンゴール河の近辺での日本とモンゴル人民共和国との間《あいだ》の**戦闘行為**（訳注：ノモンハン事件1939年）に関連している。この戦闘行為も今次の**降伏**のはるか以前に終結している。モンゴル人民共和国は、**降伏**の日付ないしポツダム宣言の日付において日本との間《あいだ》でまったく戦争状態になってはいなかった。前述のポツダム宣言と降伏文書はそのいずれもこの事件には明示的に言及してはいない。モンゴル人民共和国はこの宣言ないし降伏文書の当事国ではなかった。裁判所憲章も、そのどの部分においてもこの事件には明示的に言及してはいない。さらに、モンゴル人民共和国は訴追国ではない。このような状況下で本官は、我々はどのようにすればこれらの訴追を維持することができるのか、わからないのである。」（判決書p.542上段）

以上の8つの訴因をまとめて、パール判事は次のような判定に至っている。

「この理由（引用者注：裁判管轄権の欠落）に基づき、訴因2、第18、第25、第26、第35、第36、第51と第52もまた不成立となり、被告人はこれらの訴追から免訴されなければならない。」（判決書p.542下段）

### 「裁判管轄権がない」訴因と「不成立とすべき」訴因

ついでながら、パール判事が明示的に排除した訴因には、「裁判管轄権がない」とした右記の8個の訴因に加え、**第六部 第1項**で「不成立とすべき」と判定した訴因第37から第43ならびに訴因第45から第52までの計15個の訴因（「殺人」の訴追）がある。

以上の内、訴因第51と第52の2個は、ソ連・モンゴルとの国境紛争に関わる「殺人」の訴追であり、駆け込みで対日訴追国の座を確保したソビエト連邦が持ち込んだ訴因である。これらの2個はこの第五部での分析において管轄権がないと判定されたことと、**第六部 第1項**の両方にまたがるものであった。それを勘案すると、パール判事によって排除された訴因は合計21個となる。

なお、訴因第44と訴因第53（「殺人」の「共同謀議」の訴追）については、検討の結果パール判事は訴因の排除はせず、「立証されない」と述べるにとどまったが、これら2個の訴因は検察側が自ら取り下げたため、結局は成立しなかった。

## 多数派判決書で残った10個の訴因とのすり合わせ

起訴状に記載された55個にも上る訴因は裁判の進行に伴い、証拠不十分、あるいは、その他の訴因に包含されている等の理由で検察側が取り下げたため、多数派判事による判決の段階で残ったのは10個であることを、本書の**第一部 予備的法律問題**の**§1．**で見た。それらの10個とは、訴因第1、27、29、31、32、33、35、36、54、55であった。

右記10個の内、パール判事がこの第5部で「裁判管轄権がない」と判定したものは、ソ連が持ち込んだ第35、36の2個である。この判定は、全面的共同謀議は立証されないとの、多数派判決とは異なる結論に依拠して下《くだ》されたものである。これらの国境紛争は、はるか昔に平和裏に終結しており、全面的共同謀議に頼らない限りは管轄権の対象とはならない。

残った8個がパール判事が判決書を執筆する上で分析を加えた訴因ということになる。具体的には、訴因第1、27、29、31、32、33の6個が第四部で、第54、55の2個が第六部で検討されたのであった。なお、訴因第1は全面的共同謀議、続く第27、29、31、32、33は、順に中米英蘭仏に対する侵略戦争の遂行であった。

## §4．戦争の始期の議論：弁護側の主張

弁護側は、本裁判所の管轄権の対象は真珠湾攻撃以降の戦争とすべきであると主張した。以下、管轄権の対象を真珠湾攻撃以降とする論の検証が行《おこな》われる。

この弁護側主張は、次の通りである。

「弁護側は、この裁判の目的のためには中国との戦争でさえも中国による宣戦布告の日である１９４１年12月9日から開始されたものとすべきであり、そして、その結果、それ以前の時期におけるあらゆる戦闘行為にて犯されたと申し立てられている犯罪はこの裁判所の管轄権の外にある、と主張している。」（判決書p.542下段）

中国による宣戦布告は、真珠湾攻撃（ハワイ時間で12月7日）という重大事態の発生を受け、その2日後に行《おこな》われたものである。2日間のズレはあるものの、真珠湾攻撃と中国による宣戦布告は、事実上は軌を一にした、同一のものと考えて差し支えないと思う。

次の**§6．**の**暫定的な結論**での最後の引用で触れるように、パール判事は弁護側のこの主張はたしかに有力として、いったんは結論として認めたかのように見える。

## §5．「戦争」とは何か？

ここでパール判事は「戦争」とは何かを考察している。まず、次のように指摘している。

「戦争とは、自国の軍隊を通じて相手国に打ち勝つことを目的とした、2カ国以上の間《あいだ》における抗争である。宣戦布告もしくは適

切な最後通牒をせずに戦闘行為に訴えることは禁じられている。それにもかかわらず戦争は、これらの予備的行為が無くても勃発しうるのである。」（判決書p.542下段）

## 戦争とは「状態」である

次に、戦争とは「状態」で判断するものであると指摘している。次の通りである。

「ある国家による武力行為に対して相手国が武力を用いて抵抗をするのであれば、戦争は現実のものとして存在するのである。そのため、戦争とは状態なのであり、その状態は１９３７年７月７日以降、中国と日本の間《あいだ》には存在していたし継続していたのである。この争いは戦争の様相を呈するのに充分であったことは確実である。」（判決書p.543上段）

## 戦争規模にまで立ち至った戦闘行為を適法と認める余裕は無い

その一方でパール判事は、戦争規模になった戦闘行為を適法であると当事国に決めさせる余裕は、国際共同体にはすでに無かったと指摘する。次の引用の通りである。傍線筆者。

「戦争は今や国際共同体全体の問題となっていた。この共同体には、戦争を開始する国家がその独自の判断において自国は戦争を開始してはいないと決定することを許すことによって、戦争規模にまで立ち至った戦闘行為が適法だと認める余裕は無くなっていたのである。」（判決書p.543上段）

右記引用は、戦闘行為の関係国が自らの行為を「これは戦争」、「これは単なる戦闘行為」と宣言することによって自由気ままにその戦闘行為のステータスを決めることを、国際共同体はこの時点でもう許す余裕がなくなっていたという重大な指摘である。このことは、次の§6．で、盧溝橋事件以降の日中間の戦闘行為は「戦争ではなかった」と当事国である日中米の3カ国が揃いも揃って主張したことに関わりを持つ。たとえばアメリカは、日中間の戦闘行為において、可能となるありとあらゆる手段で明白に中国側に肩入れしていたが、自国は「適法に」中立国であると称していたのである。

しかし、無電・ラジオ等による情報伝達のスピードアップや紛争当事国以外も含む広い各国の利害が複雑に絡み合った近代の情勢がある。そのような情勢においては、国際共同体がいずれかの地域での争いに無関心を決め込み、紛争の当事国が自らが関与している紛争のステータスを自由気ままに「適法である」と決め込むことを許す余裕は、盧溝橋事件当時の時点においてでさえ、すでになくなっていたと思う。

実際、この日中間の「戦闘行為」は、日中米の他にも、英仏独ソにまで影響を及ぼしていたのである。この「戦闘行為」の実態は世界中で周知のことであった。各国の興味の対象となっていたのである。そのため、右記のパール判事の指摘は、正しいものと思える。これは、国際共同体は正常進化を遂げているとの指摘でもあるのではないかと思う。

## ポツダム宣言とカイロ宣言

「戦争」というものを以上のように俯瞰した上で、パール判事は東京裁判に直接的な関わりを持つポツダム宣言とカイロ宣言において米英中（ここでいう「中」とは蔣介石の国民党政権であり、毛沢東の共産党政権ではない）の3カ国が「戦争」という語にどのような意味をもたせていたかに論を進める。次の引用中の「彼ら」とは、米英中のことである。

「しかしながら、我々の眼前の実際上の論点は、関係国の間《あいだ》において特定の戦闘行為の特徴を決定することでも、あるいは、かかる特徴を全般的に決定することでさえもないのである。本当の論点は、ポツダム宣言の宣言国の真意を探し出すことなのだ。問題は、ポツダム宣言もしくはカイロ宣言において『戦争』という語を彼らが用いた時に、どの『戦争』を意味することを彼らは意図していたのか、である。」(判決書p.543上段)

その上で、米英中が両宣言で述べている「戦争」は、真珠湾攻撃によって開始された戦争しか指し示すことはできないとパール判事はいったん、認めている。これは、ポツダム宣言とカイロ宣言を字義通り読む限り、正しい解釈だと誰もが納得するものであろう。

「これらの宣言の中で言及されている戦争とは、これら3大国が合同して遂行している戦争を指《さ》しているように見受けられる。その意味合いにおいてはそれは、厳密に言えば1941年12月7日に日本が真珠湾を攻撃することで開始された戦争しか指し示すことはできない。」(判決書p.543下段)

### 日中間の戦闘行為は戦争の「状態」にあった

ここからパール判事は中国における戦闘行為は、実は「戦争」であったとの方向に少しずつ舵を切り始める。

まず、「日中戦争」について次のように指摘する。すなわち、真珠湾攻撃の翌々日である1941年12月9日に蒋介石政府が正式に対日宣戦布告した結果、晴れて(?)「戦争である」と認められた日中戦争の「終期」を確認しているのと同時に、この戦争は1937年7月7日の盧溝橋事件以降、対日宣戦布告の前後を通じて継続したものであると指摘している。

「中国との戦争は1945年9月2日での日本による降伏により終了したものであるが、この戦争は1937年7月7日の盧溝橋《ろこうきょう》事件により開始したと申し述べることにはあまり困難は伴わないものと本官は信じる。」(判決書p.542下段)

次に、蒋介石政府による対日宣戦布告の前の段階での日中間の戦闘行為は明らかに戦争の特徴を持っていたとパール判事は指摘する。次の通りである。

「右記の日付の前の段階における日本と中国との間《あいだ》の戦闘行為は、明らかに戦争の特徴を持っていた。しかし困ったことには、敵対していた関係国自身がそれがそうであるとは決して宣言してはいなかったのであり、少なくともアメリカはその活動のためにそれが戦争であるとは認めない道を選んだのである。」(判決書p.543下段)

戦争とは「状態」であると、前の段階で指摘したことがここで生きてくる。盧溝橋事件以降の日本と中国との間の「戦闘行為」は明らかに戦争の特徴を持っていた、だから「戦争である」と指摘しているのである。

## §6.中国での戦闘行為に関係していた日中米の3カ国の態度

日中間の戦闘行為は戦争「状態」であったと指摘した上で、パール判事はこの戦闘行為に関係していた日中米3国のそれぞれの態度を順番に確認していく。というのは、右記引用で見たように、「困ったことには、敵対していた関係国自身がそれ(=日中間の戦闘行為)がそう(戦争)であるとは決して宣言してはいなかった」からである。

### 日本

まず日本である。

「日本がその戦闘行為に『戦争』の名を与えなかったのは、おそらくはそれにより日本はケロッグ・ブリアン条約による制約を回避することを期待したからであり、また、単に宣戦布告を除外することにより、戦争に訴えたとの不名誉を避けること、並びに戦争遂行に関して国際法が課す義務を免れること、等が可能となると日本が考えたからであろう。

日本は、その事件をその地域に限定化したかった、と述べている。当然、日本はこの戦闘行為を戦争と宣言しないことにより封鎖の権利などのいくつかの貴重な交戦国の権利を自ら手放したことは、申し述べておかなければならない。」(判決書p.544上段)

### 中国(中華民国)

次に中国である。

「中国も、日本が真珠湾を攻撃してアメリカ合衆国との戦争に参加することとなる以前においては、その戦闘行為に『戦争』の名を与えることを欲しなかった。

中国がその戦闘行為に『戦争』の名を与えなかったのは、おそらくは中国が、公然と戦争に参画することを避けたがっていたいわゆる中立国諸国からの支援を必要としていたからであろう。」(判決書p.544上段)

### アメリカ

最後に、その「いわゆる中立国諸国」の筆頭たるアメリカである。

「アメリカもまた、その戦闘行為にその名(訳注:「戦争」の名)を与えなかった。おそらくはアメリカは、交戦国への武器弾薬の出荷が自動的に禁止されるとのアメリカの中立法による障害を避けることを望んだからであろう。もちろんアメリカは、戦争状態を公然と認めることもできたはずである。」(判決書p.544上段~p.544下段)

第四部「全面的共同謀議・最終段階」における事実認定過程を思い起こせば、アメリカのこの態度は重要な意味合いを持って来る。アメリカの態度については、次の2つが重要だと思えるので、追加で引用する。傍線筆者。

「いずれにせよ、かかる戦闘行為はアメリカによって戦争とは認定されなかったのであり、アメリカは中国への支援を続け、それでもなお、アメリカは日本との間《あいだ》で、アメリカの云《い》ういわゆる平和的関係を続けたのである。

そのため、もしも彼らが一貫した態度を保つのであれば、ポツダムにおける三つの宣言国の内の2カ国である中国もアメリカも、真珠湾への攻撃の日付の前の時点で続いていた一連の戦闘行為に『戦争』の名を与えることはできなかったのである。」(判決書p.544下段)

「一般に認識されているように、可能となるすべての援助をアメリカは中国に提供していたのであり、そのような援助提供はその国が中立であるとの特徴とは軌《き》を一《いつ》にはしないのである。もし我々が、アメリカはかかる戦闘行為を戦争であると承認したのだと解釈するならば、国際法によればアメリカは自国の活動によりその交戦行為にすでに参加をしていたのであり、真珠湾攻撃に関する主張は絶対的に無意味となるのである。その場合においては、真珠湾攻撃のはるか以前にアメリカは自国の活動により交戦国となっていたのであり、日本が中国に対して遂行していた戦争の性格がいかなるものであろうとも、アメリカが中国の側に味方してそれに参加することを選んだ瞬間に、日本はいつでもアメリカに対してあらゆる交戦措置を執《と》る資格をも持つに至ったのである。」(判決書p.543下段)

アメリカは、日支事変における日中間の戦闘行為について自国は中立であったとのスタンスを崩したら、真珠湾攻撃について日本を非難することができなくなってしまうのである。

たしかにアメリカは「それが戦争である」とは認めていないが、すでに見たように、「この共同体には（中略）戦争規模にまで立ち至った戦闘行為が適法だと認める余裕は無くなっていた」（判決書p.543上段）ので、「この共同体」の状況を客観的に判断した上で、「この戦闘行為は戦争である」と承認することも、国際法を重視する観点からは可能なのである。

### 暫定的な結論

日中米の3カ国が取った態度の総括として、パール判事は次のように述べる。

「したがって、それらの関係国がその後に『戦争』という語を使用した際には、彼らはそれによって、それまで戦争と名づけることを拒否した戦闘行為について言及したわけではなかったのだと主張することは、あながち不合理であるとも見受けられないのである。」（判決書p.544下段）

ポツダム・カイロ両宣言の分析ならびに日中米3国の態度の総括の後、パール判事はいったんは次の記述を行《おこな》う。これは暫定的な結論であり、第五部の最後では覆される。

「そのため、連合国は『戦争』という語をカイロならびにポツダム宣言において使用することによって1941年12月7日に開始され三つの宣言国（引用者注：米英中）が共同で参戦した戦争にのみ言及しているのであり、したがって、この降伏はかかる戦争のみを終結させるものとされなければならないとの弁護側の主張には、かなりの説得力がある。」（判決書p.545上段）

かなりの説得力…。

## §7．ポツダム・カイロの両宣言における米英中3カ国の「真意」

すでに見て来たように、ポツダム・カイロの両宣言を字義通りに解釈するなら、そこで使われている「戦争」という語は真珠湾攻撃以降の戦争に限定されているとしか読めない。

しかし、パール判事は両宣言を行《おこな》った米英中の3つの関係諸国の「真意」は別にあると考えたようだ。パール判事は次のように論旨を展開する。

まず、戦争とは「状態」であるとの例の指摘から始める。当事国の態度・主張はどうあれ、国際法の観点からは、日中間の戦闘行為の「状態」は戦争としないわけにはいかないのである。次の通りである。

「それと同時に、本官が右記で指摘したとおり、1937年7月7日に中国と日本との間《あいだ》で勃発した戦闘行為に対しては『戦争』と名づけることを認めないわけにはいかないのである。実際、それに引き続いて起きたすべての出来事の源流を辿《たど》って行《い》くと、この戦闘行為によって創り出された困難に行《い》き着《つ》くのである。」（判決書p.545上段）

右記の1937年7月7日とは、盧溝橋事件の日である。パール判事は、盧溝橋事件は中国側が引き起こしたものと考えている。判決書第四部第3段階に次の記述がある。「実際上はそれらの証言は、**中国人による戦闘行為が勃発した以降の時期に関係している**のである。」（判決書p.326下段）この「**中国人による戦闘行為**」が盧溝橋事件を指すのはその前の論述から読み取れる。ただし中国は訴追国であって被訴追国ではないので、パール判事はそれ以上に詳しくは触れていない。

次の「それに引き続いて起きたすべての出来事」とは、たとえば8カ月間に及ぶ日米交渉、対日石油禁輸、南部仏印進駐、ハル・ノート、真珠湾攻撃の順の一連の流れであろう。日本が巻き込まれたトラブルの「源流を辿《たど》って行《い》くと」、すべてがこの盧溝橋事件から開始された日中間の戦闘行為に「行《い》き着《つ》くのである。」この点については、この第五部の**§8・結論**で触れることにしたい。

「戦闘行為の内のこの部分（引用者注：盧溝橋事件以降で真珠湾攻撃前の期間における日中間《かん》の戦闘行為）は実際上もかかる困難の内の大きな部分を形成していたのであって、中国を含む関係諸国がこの部分の戦闘行為への言及を行《おこな》うことをまったく企図していなかったとは考えにくい。」（判決書p.545上段）傍線筆者。

日中間の戦闘は戦争規模にまで立ち至っており、関係諸国が無視できるような小規模なトラブルではなかった。また、中国はそもそも戦闘行為の当事者である。そのため、中国を含む関係諸国が両宣言において「戦闘行為の内のこの部分」（以下、「この部分」という）へ言及することを企図しなかったとは考えにくいとパール判事は指摘しているのである。

次に、ポツダム宣言とカイロ宣言をパール判事はここで再び分析している。関係諸国は何らかの意図の下《もと》に「この部分」を「戦争」という語から除外したと「推測すること」ができると述べる。次の通りである。傍線筆者。

「各宣言において使用した『戦争』という語から各国がかかる戦闘行為の内のこの部分を除外していたのは、かかる戦闘行為を戦争と認定することに含まれているいくらかの変則的な法的帰着に鑑みてそうしたのであると推測することは、関係国がそのような場合においてでさえも法的な細目に気を配っていたと推測することでもある。諸事実は世界中ですでに周知であるとの広い観点を関係諸国は取ってはいなかったのだとする証拠は無いものの、名づけることの選択においては右記で見たとおりの法的な面における技術的細目の影響を関係諸国は受けていたのである。」（判決書p.545上段～p.545下段）

「この部分」は事実上の「戦争」であると世界中で周知されていた。両宣言を行《おこな》った米英中の関係3カ国は、この件はすでに世界中で周知なので、「この部分」を両宣言から除外することは難しいとの広い観点を取らなかったとする証拠はないが、3カ国はこの観点にあえて目をつぶった上で「法的な面における技術的細目」にこだわって、この「戦闘行為」を両宣言から除外していたと考えられると、右記でパール判事は指摘している。

右記の一連の引用においては、次の論旨が展開されているのが見て取れると思う。

①「この部分」の特徴を見る限り、それを「戦争」と名付けないわけにはいかない。

②それに続いて起きた出来事の源流を辿《たど》ると、「この部分」から生じた困難に行《い》き着《つ》く上に、「この部分」は、かかる困難の内の大きな部分を形成していたので、中国を含む関係諸国が「この部分」へ言及することをまったく企図していなかったとは考えにくい。「この部分」の戦闘行為は、戦争規模にまで立ち至った大規模なものだったのである。

③関係3国が「この部分」を「戦争」と名付けないことを選択したのは、「いくらかの変則的な法的帰着に鑑みてそうした」と考えられる。この点は、裏を返せば、ポツダム・カイロ両宣言を行《おこな》うにあたり、米英中の3カ国はそのようにして「法的な面における技術的細目」に目を配っていたとも推測できるものである。

この「変則的な法的帰着」につき、少々付言したい。関係諸国は「この部分」を「戦争ではない」とすることによる、何らかの変則的な効果を求めていたと推定できるのである。というのは、「この部分」を「戦争である」として両宣言に含めてしまうと、この戦闘行為に関わった米英の実際の行為の洗い出しに意識が回り、それによって日中間の戦闘行為において国際法上は米英は中立であったとは必ずしも言えないと判明する帰結を惹起せしめるかも知れないからである。関係諸国はかかる帰結の発覚を避けるよう模索したことが「変則的な法的帰着」の中身だと筆者は思う。つまり、米英中は中立性という「法的な細目」に気を配って、自国の中立性に疑義を持たれないように、両宣言では日本との戦争は真珠湾攻撃以降のことを指すと判断されるような文言にしたのではないだろうか。

パール判事がこのように推測する根拠には、第四部における膨大な事実認定作業から得られた結果があることは言うまでもない。少なくともアメリカは、真珠湾攻撃の前までは日中間の戦闘行為において中立であったことにしないと、日本による真珠湾攻撃に関する彼らのあらゆる主張が根拠を失ってしまうのである。アメリカには、「この部分」を「戦争ではない」として除外しなければならない、明白な理由があるのだ。

両宣言は字義的には真珠湾攻撃以降の戦争を指し示しているとしか読めないものの、日支事変は事実上の戦争として日本を含む諸国を実際上も困難な状況に陥れていたし、「この部分」を巡る諸事実は世界中で周知であったので、両宣言を行《おこな》った関係諸国の真意として、「この部分」、すなわち蘆溝橋事件以降の中国での戦闘行為をまったく念頭に置いていなかったとは考えにくいとパール判事は述べたのであろう。そうであれば、たとえ両宣言の字句を選ぶ中で勝利国たる訴追国が意図したこととは異なるにしても、東京裁判の管轄権としては、関係諸国の「真意」を反映して「この部分」を対象に含めて事実認定を行《おこな》わないと、国際法を適用した上での公平な審理ができないとパール判事は考えたのだと思う。

## §8. 第五部：結論

以上の分析から、ポツダム・カイロ両宣言において使用された「戦争」という語は、盧溝橋事件以降のものであるとしたいとパール判事は述べる。次の通りである。

「この件に関連して議論されうるすべてに注意深く検討を加えた結果、本官は、これらの宣言にて使用された『戦争』という語は1937年7月7日の盧溝橋《ろこうきょう》事件で開始された戦闘行為を含むものとの見解に傾いている。」（判決書p.545下段）

これこそが第五部の結論である。すなわち、本裁判所の管轄権は1937年7月7日以降で1945年9月2日以前の期間における戦争に関わる犯罪であると判定されたのである。

### 字句ではなく実態を考えよ：第四部での膨大な事実認定作業

繰り返しになるが、ポツダム・カイロ両宣言を、証拠として字義通りに読むなら、弁護側も主張しているように、真珠湾攻撃以降を本裁判所の管轄権とするとの結論に至るのが自然であろうし、それが無難でもあろう。

しかし、この第五部の1つ前の第四部でのパール判事の膨大な事実認定作業は、当時の世界で日本が置かれていた立場と日本が実際に取った行動の総合的分析であった。そしてそこから導き出されるのは、日支事変と対米開戦は一連の流れとして一体的に捉えざるを得ないことである。日本が抱えていた「戦争」は、実態的には盧溝橋事件に始まる日支事変から対米開戦まで、ずっと1本でつながっているのである。

要は、日本側の観点からは、「大東亜」戦争であったのだ。その戦域は「太平洋」のみではなく、「中国大陸」にも広がっていたのである。この戦争は「太平洋」ならびに「中国大陸」の２正面で戦われたものであったのだ。対日戦を事実上、太平洋のみで戦い、「太平洋戦争」と称したアメリカとは、戦域の捉え方が異なるのである。

ただし、対米開戦による「太平洋戦線」の出現は、日本が最も望まなかったことであった。アメリカ政府首脳の思惑に踊らされて追い込まれ、開戦につながってしまったように思う。この点を、パール判決書の第四部の論述を振り返りながら、順を追って見ていきたい。

## 中国大陸からの撤兵と日米交渉

まず、第四部の第１段階と第２段階からは、次が読み取れると思う。そもそも中国への日本の出兵の実態は、無法状態に陥っていた中国国内の状況から在留邦人の生命と財産を守るためと、２度に亘る上海事変（１９３２年、１９３７年）や通州事件（１９３７年）を始めとする途方もない乱暴狼藉を働いた中国軍に対する膺懲《ようちょう》のためであり、日本の立場からは国際法上充分な理由の下《もと》に出兵したことを主張できること、すなわち日本の出兵は、領土獲得の野心によるものではなかったことである。イギリスも同様の理由で上海に出兵していた。

次に、第四部・最終段階で詳しく見たように、近衛内閣は日支事変の解決（具体的には中国大陸からの撤兵）を最重要としていた。そのため、日本は新たに米国と開戦して軍事問題が拡大することを徹底的に避けることを国策としていたのであり、そのための日米交渉であった。日本がこの交渉に大きな期待をかけていたことは、次の引用から明らかである。

「**東条**内閣の組閣に伴い、日米交渉事案についてその全体を考究することがこの内閣の第１順位の任務とされた。」（判決書p.497下段）

その日米交渉においては、日本が中国で戦闘行為を続けていたことを問題視していた米英の非難をかわして米英との関係改善をはかるためにも、中国からの撤兵が最も重要だと日本側では正しく認識されていたのであった。中国からの撤兵問題と日米交渉は相互に密接に関連していたのである。日本側が抱えていた事情を、パール判事はそのように洗い出した上で、そのまま事実認定したのであった。

ところが、中国大陸からの撤兵は困難を極めるものであった。第３次近衛内閣ではその実現に向けた目途を付けられなかった。そこで東条内閣が組閣された。その東条内閣によって、撤兵実現の方向に向けて苦心して提案に漕ぎ付けた最大限の対米妥協策（「乙案」）も、アメリカ政府の内部で詳細に検討された様子はなく、挙句、日本にとって「青天《せいてん》の霹靂《へきれき》」（判決書p.515下段：嶋田の証言）であったハル・ノートによって無残にも否定されたことを第四部・最終段階で見た。日本が日支事変での戦闘拡大で収拾の見込みがまったく立てられず、困難な状況を抱えていることを熟知していたＦＤＲ政権は、問答無用で即座に中国から完全撤退せよとのハル・ノートを突き付けることによって、ついにちゃぶ台をひっくり返したのであった。その時点でアメリカ政府としては「両洋艦隊」（Two-Ocean Navy大西洋・太平洋の両洋での２正面作戦を遂行するための艦隊体制）の準備状況に、ある程度の自信をもてたのであろう。なお、生前のＦＤＲは、ハル・ノートを日本に向けて発布したことをアメリカの一般国民にはできる限り秘した。そのようなものを交渉相手に突き付ければ戦争を引き起こすことになるのは、アルバート・ジェイ・ノックに限らず、多くの人が問題なく読み取るからであろう。

そして、そのハル・ノートの受領をもって、東条内閣は絶望的な対米開戦を余儀なくされたと考えるに至ったのである。アメリカに交渉継続の意志なしと読み取ったのだ。

一方、対日石油供給は、日米交渉が継続中の1941年7月にアメリカによってすでに断ち切られていた。このままでは時間の経過とともに石油の国内備蓄は枯渇し、中国での戦闘行為は物理的に継続できなくなり、乱暴狼藉の中国軍に対する敗北を承諾しなければ撤兵は不能となる。これは名誉ある国家として飲めることではない。次の通りである。傍線筆者。

「証拠が今や十分に示しているように、日本の歴史の中でのこの特定の時期は、いずれかの個人もしくは個人の集団にとって権力が重要であると考えられる時代ではなかったのである。それは日本の歴史の中でまさに危機的な時期だったのであり、**東条**を含むすべての偉大な政治家が知る限りにおいて日本の国家としての存在そのものが深刻なまでに危殆にさらされていたのである。その場に巡り合わせたすべての政治家と外交官は、完全なる破壊からの何らかの名誉ある脱出の方法を見つけ出すために神経を尖らせて思考を巡らせていたのである。」（判決書p.361下段～p.362上段）

そこで、非常な冒険であり、成功が見込みにくいことは確かだが、当時まだ、対米で比較優位にあると思われていた海軍力を使って米国に短期決戦を挑み、3隻の空母からなる任務部隊を中核とする合衆国太平洋艦隊の壊滅を通じて、アメリカを再び交渉のテーブルに付かせ、石油供給を再開させたい…と考えるに至った。と言うより、そう考えるように押し込まれた。

## 「短慮」か「途方もない浅はかさ」か

そのような日本側の判断は、追い詰められたと思い込んだ日本側の短慮のせいであって、ハル・ノート出状後も実際にはアメリカ政府には対日交渉継続の意志があったと考えるにせよ（※注①）、あるいは、最近次々と明らかになりつつあるFDR政権による自国の対独開戦を模索した深謀遠慮（※注②）を、その時点において日本側が見抜けなかったことによる途方もない浅はかさによるものであったと考えるにせよ、日本がそのような結論（真珠湾攻撃）に至ったことは「上首尾に説明できる」とパール判事は「第四部　結論」で述べている。次の通りである。傍線筆者。

「本官は右記において、起訴状の訴因第1にて申し立てられている共同謀議や計略や計画を立証することへと導くものであるとして検察側が依拠したいくつかの証拠となりうる諸事実を検討して来た。そして、かかる共同謀議や計略や計画に全く依拠しなくてもそれらの証拠となりうる事実が如何《いか》に上首尾に説明できるかを示して来た。」（判決書p.520下段）

（※注①：パール判決書　**第四部　最終段階**での事実認定の分析経緯を丹念に追う限り、アメリカ政府首脳にそのような交渉継続の意志があったとは筆者にはとても思えない。また、パール判事がそのように考えるように読者に推奨しているようにも読めない。）

（※注②：ドイツの同盟国たる日本に先に撃たせ、さらに、卑怯なだまし討ちにあったと喧伝することによって、圧倒的に平和志向で自国アメリカが戦争に巻き込まれることを強力に嫌った当時のアメリカの国内世論を一気にひっくり返し、第一の目的たる対独開戦を果たすこと。日本は二の次であったのだ。以上はまだまだ一般的な見解とはなっていないが、最近の日米両国での研究で少しずつ明らかになりつつある。なお、パール判事自身は圧倒的な量の資料を集中して読み込んで、日本が先に仕掛けるよう引導を渡す格好となったハル・ノートを発布するに至ったアメリカ政府首脳の思惑を把握していたと思われるが、「日本に最初の公然たる一撃を加えさせるための何らかの策動」（判決書p.518下段）と示唆するのにとどめている。これは、訴追国アメリカの国内事情へと議論が拡散することを避けるためにあえて記述したものと筆者には思われる。）

## アメリカの動き

一方、パール判決書第四部の論述から、アメリカ側の思惑と動きを簡単に追ってみたい。

アメリカは米西戦争の勝利により、1898年にフィリピンを東亜における足掛かりとして得た後、東亜に関して「善意の第三者」たる立場を取ることを止《や》めたのであった。正面からの利害関係者として東亜に切り込んできたのである。すなわち、中国市場への参入による余剰経済利益の獲得を目論んだのであった。これは、経済的利益の追求という面では日本と同様のように見えるものの、国家の生存・生き残りのために満州の確保が必要と考えた日本とは、まるで次元の異なる意図の下《もと》での中国参入なのであった。アメリカ人が好んで使う言葉で言えば、greed（＝貪欲・強欲）による市場参入なのである。そして当時中国市場への参入においてアメリカよりもはるかに先行していた日本を排除すべく、1922年のワシントン9カ国条約以降、日本に対して限りなく敵対的とも言える非友好的な態度を取り続けた。対日非友好態度は、1932年の満州国建国で1つのピークに達した。ただし、その時点ではアメリカは実質的にも中立だった。しかし、1937年の盧溝橋事件以降、アメリカは露骨に中国側に軍事的な肩入れを始め、客観的・法的に見て日中間の戦闘に関して中立であるとは言いにくくなった。実際、「フライング・タイガース」で有名な、アメリカ空軍のシェノールト将軍（フランス系米人であり、シェンノート将軍と読まれる場合もある）の中国赴任は1937年のことであった。アメリカはこの時以降、対日戦への参加を実質的に行《おこな》っていたと言わざるを得ないのである。

右記が、パール判事の「わたくしの歴史」のアメリカに関する核心部分であるように思う。

## 日米双方の思惑と背景の「発見」

以上で論じてきた日米双方のそれぞれの思惑と背景が、パール判決書（狭義）における重要な「発見」なのだと筆者は思う。

そのため、第四部で詳しく事実認定を重ねて諸事実を把握したパール判事としては、ポツダム・カイロ両宣言の字句がどうであろうとも、1937年7月7日の盧溝橋事件こそを日本の戦争の「始期」としてとらえなければならないと、万難を排してここ第五部で結論したのである。

米英中がポツダム・カイロ両宣言から「戦闘行為の内のこの部分」を除外したのは、彼らの中立性に関して疑義が発生するのを避けたいとの例の点に加え、筆者の私見では、ニュルンベルク裁判で首席検察官の役割を担ったジャクソン判事が1935年以前の欧州の政治的潮流の分析を拒否してナチ政権誕生のいきさつには目をつぶったのと同様、東京裁判においても、全面的共同謀議の枠内でのいくつかの戦争の内、特に対米英の戦争については、真珠湾攻撃の時点で区切ってそれ以降の日本の戦争のみを取り出す方《ほう》が、日本の戦争は違法な侵略戦争であったとの論点を展開し易かったこともあるのではないかと思う。日本が真珠湾攻撃によって一方的かつ突然に始めた戦争だという点に注目させるのである。それ以前の、中国での戦闘行為までを一連の戦争として視野に入れると、日本側が一方的に開始した戦争であるという点がぼやけてしまうのであろう。

一方、弁護側は、日本側の関わった戦争の範囲を狭めることで法廷での審理を有利に進めることを主眼として、裁判の審理対象の戦争を真珠湾攻撃以降と主張したのだと思う。

パール判事は以上のいずれも退け、日本が戦った戦争を総合的に分析するのであれば、東京裁判においては盧溝橋事件以降で降伏文書調印までの戦争を一貫して取り扱うべきだと結論したのであった。

## 「大東亜戦争」再考

前著『東京裁判で真実は裁かれたのか?』の「まえがき」でも触れたが、パール判事は広島で「(わたくしは)とても普通では求められないような各方面の貴重な資料をあつめて研究した。この中には、おそらく日本人の知らなかった問題もある。」と述べている。中国大陸における「対中戦闘行為」の部分を日本の抱えた戦争の一環として大きくとらえるべきだというのも、「日本人の知らなかった問題」の1つなのだと筆者は思う。我々は知らず知らず、「真珠湾攻撃から始まった太平洋戦争」というシナリオを信じているからだ。

日本の戦争を「中国大陸」と「太平洋」の2つの戦域に分けて、別のものとして考えよというのは、それはまた1つのスローガンもしくはプロパガンダであろう。そして、それは正しくないとパール判事はこの第五部で指摘したのだ。「大東亜戦争」という語は、必ずしも軍国主義者のスローガンという意味合いだけを持つものでもあるまい。当時の日本が抱えていた一連の戦争を包括的に正しくとらえる言葉という面もあると筆者は思う。

「始期」に関するパール判事の第五部での分析と判定は、パール判決書全体の流れに関わる事項であり、重要かつ深刻であると思う。

## 「パール意見書」と「本音」

最後に触れておきたいのだが、東京裁判でのパール判事の本来の役割は、日本国ならびに眼前の25名の被告人に関して訴追された事項の事実認定と判定であった。あえて言えば、東京裁判の裁判官としてパール判事に課せられた任務は、このことに限定されるのである。

ところが、司法裁判官としてのこの任務を遂行する中でパール判事は、このままでは東京裁判は司法裁判にはならないと気付いてしまった。そこで東京裁判の抱える脆弱性《ぜいじゃくせい》を正すために、「パール意見書」を「狭義の判決書」と並行して記述したのであろう。

その意見書においては、訴追をした連合国諸国の側の事情ならびに彼らの犯した誤りも、折に触れて指摘しなければならない。たとえばパール判事は、パリ条約の実態の指摘(=「防衛のための武器が戦勝国の何らかの欲深い侵略的な目的のためにいささかなりとも役に立つものなのかどうかは、ここで我々が考慮しなくともよい問題である。」)、ジャクソン判事への2つの批判、「侵略戦争」は本当に定義された語なのか、被告人たちを不利にするための証拠類を法廷に受け入れるためのさまざまなルールの捻じ曲げ、中国での戦闘行為においてアメリカは必ずしも国際法上の中立を守らなかったと考えられること、アメリカは日本側の意図を事前に「完全に」把握していたこと、等を挙げている。訴追国側のビヘイビアも自らの司法意見として触れなければならなかったのである。

ただし、東京裁判所の異例な運営方法に関する指摘はともかく、このような軍事裁判における訴追国側の事情についての記述は、たとえそれが指摘にすぎないものであっても、任命された裁判官の本来の役割を超えるものとの疑義と批判を惹起せしめてしまう。そこでパール判事としては、チラリと本音を述べる示唆にとどめ、詳述を避けた場合もあったのであろう。もちろん、万事につけ用意周到なパール判事がこれらの本音をついうっかりと述べてしまったなどとは考えにくい。意図的にそのように記述しているように思う。

このパール意見書は英米の法曹界で多くの賛同を得たことは指摘しておきたい。これらを代表して英国枢密院のモーリス・ハンキー卿の言葉を、最後に再録することにしたい。これは本書では第一部の§4.でパリ条約を論じた際に引用済みである。この引用の出所はPolitics, Trials and Errors by Maurice Pascal Alers Hankey, The Right Hon. Lord Hankey. Henry Regnery Company, Chicago, 1950. の p.135である。なお、この書には邦訳版があり、『戦犯裁判の錯誤』（ハンキー卿著、長谷川才次 訳　時事通信社出版局、１９５２年）である。

「パール判事が絶対に正しいことにつき、私はまったく疑いを持たない。」

（原表記はI have no doubt at all that Mr. Justice Pal is absolutely right.）

# ⑨

# 第二編終章
# ダグラス同意意見書

東京裁判のアメリカ人弁護人たちは、東京裁判における広田、土肥原等の死罪は不当であると強く考えた。そして彼らを救うべく、「人身保護令状」の発令を合衆国最高裁に請求した。死刑執行が差し迫っていたために、最高裁に直接に上訴したのであった。最高裁は数日の審理の後、請求を拒絶する判定を下《くだ》し、東京で死刑は執行された。その半年後、最高裁のダグラス陪席判事は判定に対する同意意見書を発表した。この同意意見書の中で、ダグラス陪席判事は東京裁判の「正体」を暴いたのである。この意見書では、パール意見書の示した方向性の上に、さらに分析を加えて審理されている。本項では令状請求の経緯と背景を論じ、同意意見書でのダグラス陪席判事の論旨展開を概観し、その意義を述べる。

１９４９年６月27日付のダグラス同意意見書（付録１）は、その半年前の１９４８年12月20日付で合衆国最高裁が下《くだ》した判決に対する、合衆国最高裁のダグラス陪席判事（以下、ダグラス判事という）の同意意見書である。

本項では、この同意意見書が作成された経緯、背景と内容について論じてみたい。

## §1．パール意見書とダグラス同意意見書：東京裁判の位置づけに関する分析

パール判事は、東京裁判は実際上、「権力の示威装置ではないか？」との懸念を抱えながらも、東京裁判を何とか司法裁判とすべく努力したのであった。そのために検討・用意されたのが、第二編で論じた「パール意見書」である。そこにおいてパール判事は、予備的法律問題・「侵略戦争」の定義の有無・証拠と規則の特異な扱いを深く検討して、ここはおかしい、あそこはこうすべきであると種々、指摘したのであった。

一方、東京裁判はパール意見書の通りには運営されなかった。そして、多数派判決書はパール判決書とはまるで異なる内容のものとなってしまった。東京裁判は結局、パール判事の希望した司法裁判とはならなかったのである。

ただし、司法裁判にならなかったと考えられる東京裁判の実際の位置づけについてパール判事は示唆するのに留め、その実態に関する自らの考察を必ずしも明示しなかったのは第二編まえがきで見た通りである。

パール判決書を早期に読み込み、パール判事が示唆に留めた方向性に向けてさらに踏み込んで分析した上で、東京裁判の位置づけとしては「戦闘行為の延長であり、報復を含む」と喝破したのがダグラス判事であった。その分析内容を記したのがダグラス同意意見書なのである。

本項では、ダグラス同意意見書の作られた経緯と内容、その意義を論じてみたい。

## §2．ダグラス同意意見書の背景：人身保護令状の請求

### 立ち上がったアメリカ人弁護人たち

東京裁判の被告人への刑の宣告は１９４８年11月12日に行《おこな》われ、７名が死刑宣告を受けた。この７名には広田弘毅と土肥原賢二も含まれている。その直後、何としても彼らを死地から救おうと立ち上がったアメリカ人弁護人たちがいた。

これらの弁護人とは、デービッド・Ｆ・スミス（広田担当）、ジョン・Ｗ・クランドール、ベンジャミン・ブルース・ブレイクニー（東郷・梅津担当）、さらにはジョージ・ヤマオカ（東郷担当）、ウィリアム・ローガン２世（木戸担当）、ジョン・Ｇ・ブラノン（永野・日本海軍担当）、ジョージ・Ａ・ファーネス（重光担当）である。

### 人身保護令状（Writ of Habeas Corpus）

彼らは、ラテン語でHabeas Corpus（英語読みでヘイビアス・コーパス）と呼ばれている救済手段にすがったのであった。Habeas Corpusとは、不当に監禁されて生命の危機に瀕している者の身柄を裁判所へ提出せよと命じる裁判所命令とのことである。裁判所が命令を出すことによって、その者の身柄を監禁状態から切り離し、その命を救うのである。生命を奪われる前の最後の手段として、マッカーサー当局に不当に拘束されているとして本件の請求がなされたのであった。
Habeas Corpusは日本語では「人身保護令状」と訳されている。筆者が調べた限りでは、もともとは12世紀のヘンリー２世の時代の英国

に端を発する歴史的な制度で、１６７９年になって初めて成文化されたとのことである。その後、合衆国に踏襲されたそうだ。そして現在では、不当拘禁されている被害者を救出する最有力手段となっており、日本を含む各国に同様の制度が設けられている。

## 最高裁への上訴

アメリカ人弁護人たちはこの裁判所命令の発令の請求を、いずれかの地方裁判所（District Court）ではなく、驚くなかれ、アメリカの「最高裁判所」に対して行《おこな》ったのである。奇想天外とも思える着想だが、この請求は実際に行《おこな》われたのだ。

東京での死刑執行は差し迫っていた。時間に猶予がない。アクションは迅速にとらなければならないが、ここで問題となったのは、当時の合衆国においては、人身保護令状の請求事案では、各地方裁判所の間の管轄権の問題が解決していなかったことである。どの地方裁判所（District Court）が管轄権を持つかを事案毎にケースバイケースで評決していたので、その決定を待って請求しなければならない。これでは時間がかかってしまう。

そこでスミス弁護人は、人身保護令状の請求申し立てを、合衆国最高裁判所に対して直接に上訴することとしたのであった。本来提出すべきいずれかの未知の地方裁判所ではなく、最高裁に対して「通常の執行によらずに」受理するよう上訴することとしたのだった。

## 広田と土肥原

東京裁判で死刑宣告を受けた７名とは、土肥原、広田、板垣、木村、松井、武藤、東条（アルファベット順）であった。うち、広田弘毅と土肥原賢二の２名の死刑宣告は、弁護側はもちろん、検察側のキーナン首席検事等も含む多くの関係者の間で衝撃と受け止められた。不当判決と捉《とら》えられたのである。

広田は外交官出身で、７人の内で唯一、陸軍関係者ではなかった。逆に、陸軍とは対立する場面が多い政治家であった。「自分の在任中に戦争はない」と外相として帝国議会において言明したこともあった。広田が「侵略戦争」の推進者であったとは考えにくいのである。また、南京事件の際にも現地の日本領事館から報告を受けた広田外務大臣（当時）はすぐさま陸軍大臣に抗議し、陸軍省に対策を取らせている。キーナン首席検事は、秘書兼通訳の山崎晴一に対して次のように述べた、と山崎自身が書いている。「なんというバカげた判決か。シゲミツは平和主義者だ。無罪が当然だ。マツイ、ヒロタが死罪などとは、まったく考えられない。マツイの罪は部下の罪だから、終身刑がふさわしい。ヒロタも絞首刑は不当だ。どんなに重い刑罰を考えても、終身刑までではないか」

陸軍将校の土肥原は中国語に精通した、陸軍きっての中国通だったという。性格温厚な人柄で、多くの中国人は人徳の高い人と慕っていたと聞く。土肥原は混乱のさなかにあった奉天市の市長に就任した際、個人名義で大借金を背負って身銭を切ることまでして市政の安定化に努め、パール判決書（第四部）によれば、３日間で通常の市民行政の回復に成功した。逆説的ではあるが、そのような土肥原の人徳を熟知していた蒋介石は脅威を感じ、あえて「土匪原」（中国語で音が似ている）と呼んで侮蔑《ぶべつ》させようとしたという。

アメリカ人弁護人たちは、以上のような２名をこのまま死なせてはならない、何とか救おうと考えた。そして上訴代理人として人身保護令状を合衆国最高裁に請求したのであった。

## 上訴の実施

最高裁への上訴は、広田、土肥原それぞれ１９４８年11月29日、12

月2日に行《おこな》われた。

なお、広田・土肥原に続き、木戸幸一、岡敬純《たかずみ》、佐藤賢了《けんりょう》、嶋田繁《しげ》太郎《たろう》、東郷茂徳《しげのり》の5名の被告人も同様に人身保護令状の請求を行うこととなり、アメリカ人弁護士のジョン・W・クランドール及びベンジャミン・ブルース・ブレイクニーが上訴代理人となった。この上訴は1948年12月6日に、同様に合衆国最高裁に対して行《おこな》われた。

## 合衆国最高裁の9名の裁判官

上訴による請求を受けた合衆国最高裁は、単純に却下することはしなかった。真剣な検討がなされたのである。

当時の合衆国最高裁の構成は、裁判長がフレッド・ヴィンソン、8名の陪席判事は任官順に、ヒューゴ・ブラック、スタンリー・リード、フェリックス・フランクファーター、ウィリアム・ダグラス、フランク・マーフィー、ロバート・ジャクソン、ワイリー・ラトリッジ、ハロルド・バートンであった。合計9名で奇数なので、多数決で評決し易い。

余談ながら、このフレデリック・ムーア・ヴィンソン裁判長は、合衆国の司法機関（最高裁長官〈裁判長〉）、立法機関（ケンタッキー州選出連邦下院議員）、行政機関（財務省長官）と、三権いずれにも奉職した経験を持つ、史上稀有《けう》な人物である。

9名の内、ロバート・ジャクソン判事はニュルンベルク国際軍事裁判で首席検察官を務めた経緯があった。そのため、同様の戦犯裁判の東京裁判に関わる本件の人身保護令状の件について裁判官として参画するのは適当ではないとして、法廷判決の評決に参画しなかった。これで本件上訴の評決に参画する裁判官の総数は、裁判長を含めて8名となった。

## 4対4

令状請求の申し立てを受けた合衆国最高裁は1948年12月16日と17日の2日間に亘って審理した。すんなりと法廷判決に至ったわけではないらしい。実は、当初は4対4で意見は拮抗していたというのである。容易に「拒絶」と決まったわけではなかった。

ジャクソン判事の残した文書によれば、請求申し立ての拒絶を主張したのは、ヴィンソン裁判長、リード、フランクファーター、バートンの計4名の判事であった。拒絶の理由は、管轄権の欠如（want of jurisdiction）であった。この4名は、最高裁は本件における人身保護令状発令の検討を行う法的権限を欠いていると考えた。

その一方、ジャクソン判事を除く残りの4名のマーフィー、ラトリッジ、ダグラスとブラックは当初、必ずしも最高裁が本件の法的権限を欠いているとは考えず、上訴人たちに対する何らかの救済措置を検討する余地はあると考えていたか、あるいは、少なくともいったんは上訴を受け入れて、検討を加えるべきであるとの意見であった、とアメリカン大学ワシントンカレッジの研究文書にある。

その残りの4名の動向であるが、法廷判決の文書によれば裁判長らの管轄権欠如論に明確に反対したのはマーフィー判事であった。ラトリッジ判事は意見表明を留保し、後日に自らの評決を明らかにするとしたが、その間に死亡した。ダグラス判事は多数派の意見に同意はしたが、生前のラトリッジ判事同様、その理由は別途用意する意見書に述べるとした。これがダグラス同意意見書となる。残ったブラック判事は、アメリカン大学の研究文書によれば、理由を述べないまま多数派の意見に同意したとのことである。

以上をまとめると、最終的にダグラス判事とブラック判事を含む6名が「申し立てを拒絶する」との意見に賛成、マーフィー判事1名が反対、ジャクソン判事とラトリッジ判事の2名が評決に参画しなかった。こうして、１９４８年12月20日の法廷判決（per curiam）は「申し立て拒絶」となった。

## §３．合衆国最高裁の法廷判決

### 法廷判決

この法廷判決は３つのパラグラフからなり、ごく短い。その論理構成は簡潔である。この短い法廷判決は、合衆国の資料ではダグラス同意意見の前段として、同意意見書とペアで記述されているケースが多い。

法廷判決の要旨は次のとおりであった。

- 極東国際軍事裁判所はアメリカ合衆国の裁判所ではない。
- 上訴人はすべて日本の居住者であり、日本の市民である。
- 従って、合衆国の法廷は、極東国際軍事裁判所の下した判定・判決を再調査（to review）する権能をもたない。これを理由として、人身保護令状発令の申し立てを拒絶する。

つまり、管轄権の欠如を理由として、人身保護令状請求の申し立てを拒絶したのであった。

### 死刑執行

合衆国最高裁による拒絶が宣告された直後の１９４８年12月23日に、関係者の努力にもかかわらず東京で7名の死刑が執行された。

### ダグラス同意意見書の登場

法廷判決の半年後の１９４９年６月27日、ダグラス判事は綿密に考え抜かれた同意意見を発表した。法廷判決では簡潔に過ぎていた分析の埋め合わせが、緻密《ちみつ》な論理展開の下《もと》に行《おこな》われている。その同意意見のなかでダグラス判事は、申し立ての拒絶という結論部分は法廷判決と同じだが、その結論に至る理由づけが法廷判決とは異なっていることを詳細に説明している。なお、ダグラス同意意見書ではパール意見書の第一部から広範に引用され、その論理構成の重要部分を担《にな》わせている。脚注を含めると、引用は計４箇所にも及ぶ。

## §４．ダグラス同意意見書の論理構成

以下、ダグラス同意意見書の論理構成の概要を見ていきたい。次の1)～4)のように構成されている。

**1)地方裁判所の管轄権の問題：どの裁判所が取り扱うべきか**。ダグラス判事はまず、人身保護令状関連の過去の事案を遡《さかのぼ》りながら、管轄権が一貫して問題となって来たことを指摘した。古くは、対象者が監禁されている場所にある地区裁判所（District Court）が管轄権を持つと判決された。その後、合衆国陸軍がドイツで監禁していたドイツ人戦犯アイゼントラーガーの事案にて、対象者の拘置に責任のある官吏が所在する地区の地方裁判所が人身保護令状の申し立てを審理する裁判所であると判決された。ダグラス判事はアイゼントラーガー事案の判決の考え方に従い、この広田・土肥原の事案においても、マッカーサーとウォーカーの両将軍が所属する陸軍省の存在するワシントンＤＣのコロンビア特別区連邦地方裁判所こそが、申し立てを審理すべき裁判所であると結論している。合衆国最高裁は、その地方裁判所の上級裁判所として管轄権を持つのである。これは管轄権の欠如を根拠とした法廷判決とは明白に異なる意見である。

**2)アメリカ人の官吏（将軍等）が参画している場合、それが世界のどこであろうとアメリカの訴訟手続きは到達できること**。法廷判決では、極東国際軍事裁判所（以下、東京裁判所という）がアメリカの

裁判所ではないので合衆国最高裁には検討を加える法的権限がないとしており、これが管轄権欠如の最大の理由であった。ところがダグラス同意意見書は、これは適切な分析ではないとしている。法廷判決の判断が誤っていることについては、上訴人がアメリカ人であった場合を考えると容易に納得できるはずだ、とダグラス判事は述べる。つまり、上訴人たるアメリカ人が国際裁判所で裁かれたからといって、アメリカ国内の法廷が救済措置を審理できないことにはならないだろうと指摘する。ダグラス判事の説く正しい考え方は、たとえそれが国際裁判所であろうとそれにアメリカの官吏（将軍・裁判官・検察官等）が参画している以上、合衆国の訴訟手続きが及ぶものとすべきであるというものである。実際、東京裁判所はアメリカ人のマッカーサー最高司令官の命令によって設置され、アメリカ人のウォーカー将軍が被告人たちを拘置している。アメリカ人の裁判官や検察官、弁護人も参画している。合衆国の法廷に管轄権はある。この点も、ダグラス判事の意見は法廷判決とは異なっている。

**3）東京裁判所の成り立ちの分析**。ここでダグラス判事は視点を変え、東京裁判所の本質を、その成り立ちを細かく分析することで明らかにしている。筆者はここがダグラス意見書のハイライトだと考えている。ダグラス判事は東京裁判の本質を見極めることで合衆国最高裁が管轄権を持つのかどうかを判定しようとしたのである。東京裁判所の成り立ちに関するダグラス判事の事実認定は、次のとおりである。

①1945年12月のモスクワ三国外相会議（米英ソ）において、降伏文書に記された義務を日本に履行させるための政策の策定を役割とする極東委員会が創設されたこと。

②この三国外相会議によって、マッカーサー最高司令官は「日本国における連合国諸国の唯一の行政権能機関」と認定されたこと。

③極東委員会の策定した政策を具体化するすべての指示命令書は合衆国によって用意されること。極東委員会はそれらの指示命令書を最高司令官に送達する。

④極東委員会は、戦争犯罪人を審理するための特別国際軍事法廷を設立する権能を最高司令官が持つべきであると定めたこと。

⑤これを受けて、最高司令官は極東国際軍事裁判所条例（以下、裁判所条例という）の発令を命じた。なお、裁判所条例の発令者は、部下のマーシャル参謀長である。

⑥最高司令官の命令によって制定されたこの裁判所条例こそが東京裁判所を設立し、東京裁判所の手続きを決定し、東京裁判所の管轄権を規定し、東京裁判所の管轄権内とされた「諸犯罪」を規定し、被告人たちの責任の基準を規定したこと。

⑦一方、インドのパール判事は東京裁判所の有罪判決に不同意であったこと。パール意見書は、勝利者たる連合国諸国は上訴人たちを犯罪者として取り扱う法的権利を国際法の下《もと》では持たなかったと主張したこと。パール判事はさらに、パリ条約は戦争がパリ条約以前に占めていた法的地位に影響を与えなかったと述べ、パリ条約の下《もと》で国際慣習法が展開したとの主張を退け、仮に侵略戦争が国際法の下《もと》で犯罪となったと仮定したとしても、侵略戦争の遂行には個人的責任があったとすることを拒絶したこと。以上の指摘に対して裁定を下《くだ》すよう、パール判事は東京裁判所に対して促《うなが》したこと。

⑧ところが、東京裁判所はパール判事の指摘とは逆に「裁判所条例の法は決定的であり」、東京裁判所を「拘束するものである」と裁定したこと。「裁判所条例は法である」と裁定したのである。東京裁判所の裁定はさらに、「東京裁判所は最高司令官が設立した特別裁判所であること」、「東京裁判所の管轄権は裁判所条例に由来

することと」、「東京裁判所の構成員たち（裁判官たち）の責任、権能そして義務は裁判所条例に定められていること」、「東京裁判所の構成員たちは、裁判所条例で定められた法（=裁判所条例そのもの）をこの裁判へ適用することをその義務ならびに責任とすることを条件として、裁判所条例によって（裁判官たる）権限を与えられたこと」としている。

⑨東京裁判所の裁判長であるサー・ウィリアム・ウェッブは、東京裁判所による以上の裁定を敷衍《ふえん》する形で、次のように述べたこと。

「裁判所条例は、日本を占領している連合国軍最高司令官の戒厳令によって国際法、ポツダム宣言ならびに降伏文書を施行するものなので、（東京裁判所に対し、法として）拘束力がある。」

なお、⑧と⑨の「裁判所条例（憲章）は法である」との裁定は、ニュルンベルク国際軍事裁判所におけるローレンス裁判長の裁定と同じである。ただし、東京裁判のキーナン首席検事ならびにイギリス代表のコミンス・カー検事はここまでの判断には踏み込まなかったと、パール判事はその意見書で指摘している。本書第二編 第一部予備的法律問題**§3. 裁判所憲章は法なのか：戦勝国の持つ権利の分析**を参照されたい。

**4) 大統領の外交権限に関する分析**。東京裁判所の設立に深くかかわった極東委員会の政策決定を具体化する指示命令書のすべてを用意したのは合衆国政府であることを踏まえ、ダグラス判事は合衆国大統領の外交権限を分析した。以下のとおりである。ダグラス同意意見書からそのまま引用する。ただし、傍線は筆者が付した。

「外交関係の分野については大統領が合衆国の唯一の機関である。（中略）我が国（=アメリカ）が戦争努力を推進するにあたって、大統領が同盟諸国と結んだ合意は多数に及んだ。はたしてそれらが賢いものであったのか無分別なものであったのか、必要なものであったのか先見の明のないものであったのか、等は政治の設問であり、司法判断に適合する設問ではない。その点は、開戦と戦争遂行に関する設問については特に該当するのである。戦争犯罪人の処罰のための諸外国との合意の締結は、それが敵の官吏や敵の武装軍務の構成員である居留外国人に関係している限り、戦争遂行の一部なのである。それは敵の力の希薄化に向けた戦闘行為の継続（furtherance of the hostilities）なのであって、実行された不正に対する報復（retribution）が含まれているのである。それは戦勝という共通目的の推進のための軍事的協調における他のすべての側面と同様に、明白に政治決定の範疇に属するものである。」

「敵の官吏や敵の武装軍務の構成員である居留外国人に関係している」ところの「戦争犯罪人の処罰のための諸外国との合意の締結」とは、まさに東京裁判のことである。ダグラス判事は東京裁判を「政治決定の範疇に属するもの」と捉えているのは明白であろう。それは次の§5. においてさらに明確となる。

また、「実行された不正に対する報復」とあるが、「実行された不正」とは真珠湾事件（真珠湾攻撃）のことである。これが「不正」であったとの判断はもちろん司法判断ではない。「政治の設問」（政治的判断）であろう。政治的判断として不正とされたので戦闘行為が継続され、その中には報復（retribution）が含まれているとダグラス判事は指摘しているのである。

なお、穿ちすぎの見方かもしれないが、いわゆるA級戦犯25名のことを「居留外国人（原表記はaliens）」と記述しているのは、当時の日本は合衆国を中心とする軍事力に占領されていたので、一時的にせよ日本を合衆国の国内領土とダグラス判事が捉えていたことを示唆するのではないだろうか。つまり、東京裁判所は国際法に基づく司法裁判所ではなく、戦争遂行中の一時的占領地における国内的な行政措置であることを示すために、「居留外国人」との、一見では奇妙な表現をあえてしたのではないだろうか。

## §5．東京裁判所に関するダグラス判事の結論

ダグラス判事はその同意意見書の結論として次のように述べている。平易な文章であり、筆者のコメントは蛇足となろう。ただし、傍線は筆者が付した。

「以上より、東京裁判所（訳注：極東国際軍事裁判所）が政府（訳注：合衆国政府）の行政部門による軍事力の手段として行動したとの結論は明白である。軍事命令書によって最高司令官は東京裁判所を設置したが、その軍事命令書の中で最高司令官が表明した意志に、東京裁判所は対処したのであった。東京裁判所はその法を東京裁判所を設置した者から受け入れたのであって、上訴人たちの権利を国際法の下《もと》で裁定するところの自由で独立した裁判所としては行動しなかった。すなわち、パール判事が申し述べたとおり、東京裁判所は司法裁判所（judicial tribunal）としては開廷されなかったのであった。それはひとえに、政治権力の手段であった。アメリカの参画に関する限り、そのような行動に対する憲法上の異議は無かった。なぜならば、真珠湾事件に責任を持つ者の捕獲と統制は政治的な設問なのであり、そのような設問に対しては、国家の軍事最高指揮官として、また、外交に関する事項の国家スポークスマンとして、大統領が最終発言権を持つものだからである。」

## §6．まとめ：ダグラス同意意見書の意義

筆者は、ダグラス判事が司法裁判官として事実認定を重ねた上で、東京裁判の「正体」を明らかにしたことに最大の功績があったと考えている。すなわち、

- この裁判所は裁判所条例に基づいて設置された。
- この裁判所条例はマッカーサー最高司令官の軍事命令によって発令された文書である。
- 東京裁判所は合衆国政府の内の行政部門による軍事力の手段として行動した。それは合衆国政府の指示命令書に従った最高司令官の意志に対処して行動したのである。
- 東京裁判所は司法裁判所ではなかった。東京裁判所を設置した者の軍事命令によって発令された文書を法と定めた裁判であって、国際法に基づく裁判ではなかった。
- 大統領による戦争犯罪人の処罰のための諸外国との合意は、敵の戦力の希薄化に向けた戦闘行為の継続であり、戦争遂行の一部であり、その中には報復も含まれている。
- 開戦と戦争遂行に関する設問は、司法判断に適合するものではない。それは大統領が最終発言権を持つものである。
- 大統領の決定が最終なので合衆国最高裁は東京裁判を再調査する権能（authority to review）をもたず、そのために人身保護令状の発令請求の申し立てを拒絶したのであった。

### 広田・土肥原、米国人弁護人、そして合衆国最高裁の裁判官があばいた東京裁判の正体

以上の一連の流れの発端は、広田・土肥原の死刑判決が不当であるとの強力な認識である。それが何とか死刑執行を阻止しようとして智慧を絞ったアメリカ人弁護人たち（スミスとクランドール、ブレイクニー、その他の顧問たち）の最後の努力を惹起せしめた。そしてその請求申し立てを受けた最高裁の裁判官たちも真剣に検討を加え、半年間の熟考の後、ダグラス判事が最高裁の判断を緻密に具体化した同意

意見書concurring opinionをまとめ上げたのである。

司法意見書たるこのダグラス同意意見書は、パール意見書を根拠として極東国際軍事裁判とは軍事・外交の行政行為であり、敵たる日本の力の希薄化に向けた戦闘行為の継続であり、決して司法裁判などではなかったことを綿密な分析の結果、あぶり出したのであった。

筆者は以上の流れの中に、広田・土肥原の無言の意志を感じるのである。死してなお、東京裁判の「正体」が暴かれるよう念じたのではないだろうか。

最後に、この件は合衆国法曹界では、「Koki Hirota vs. General of the Army MacArthur et al.」事案として良く知られているようである。広田上訴の棄却の法廷判決とそれに続くダグラス同意意見書は、現在の合衆国法曹界ではイラク戦争やイスラム国事案、グアンタナモ基地虐待事案等、同様の人身保護令状の事案が発生するたびに重要な判決ならびに司法意見書として頻繁に引用され、検討が重ねられている。ダグラス同意意見書は合衆国法曹界では熱心な研究対象となっており、現代につながる司法意見書となっているのである。

# 1. 合衆国最高裁判所 ダグラス陪席判事の同意意見書 全訳

# 2. 翻訳作業の実際

# 3. ミッドウェー海戦：合衆国太平洋艦司令長官 チェスター・ニミッツの「悪意」

# 4. 暗号解読の実例・日本海軍スパイ森村正・一等書記官（本名:吉川猛夫・海軍少尉）の「阻塞気球」暗号電報

# 付録1 合衆国最高裁判所
# ダグラス陪席判事の同意意見書 全訳
（338 U.S.197〈1949年〉）

239号：広田弘毅 対 マッカーサー陸軍大将 他・事案
240号：土肥原賢二 対 マッカーサー陸軍大将 他・事案
248号：木戸幸一 他（※）対 マッカーサー陸軍大将 他・事案
以上335 U.S. 876（1948年）

（※）木戸幸一他は、岡敬純、佐藤賢了、嶋田繁太郎と東郷茂徳

**上訴代理人：**
239号 デービッド・F・スミス
（顧問：ジョージ・ヤマオカ、ウィリアム・ローガン2世、ジョン・G・ブラノン）
240号 デービッド・F・スミス
（顧問：ウィリアム・ローガン2世、ジョン・G・ブラノン）
248号 ジョン・W・クランドール、ベンジャミン・ブルース・ブレイクニー
（顧問：ジョン・G・ブラノン、ウィリアム・ローガン2世、ジョージ・ヤマオカ、ジョージ・A・ファーネス）

**上訴提出日**：1948年11月29日、同年12月2日、同年12月6日
**審理日**：1948年12月16日〜17日
**判決日**：1948年12月20日
**同意意見の公表日**：1949年6月27日

## ●人身保護令状請願の受理の申し立て要旨

1．連合国諸国の代理人たるマッカーサー大将によって日本に設置された軍事裁判所はアメリカ合衆国の裁判所ではなく、そのすべてが日本の居住者であり日本の市民であるこれらの上訴人たちに対してかかる軍事裁判所が下した諸判定や諸判決を、アメリカ合衆国の諸法廷は再調査、支持、保留、もしくは取り消しをする権能を持たない。338 U.S. 198。

2．これを理由として、人身保護令状請願を受理せよとの彼らの申し立ては、拒絶する。338 U.S. 198。

## ●本法廷（※）による判決（※合衆国最高裁判所）

上訴人たちは、そのすべてが日本の居住者であり日本の市民であり、日本に所在する軍事裁判所の諸判決に従って拘置されている。上訴人たちの内の2名は死刑判決を受け、その他の者たちは禁固刑に処された。彼らは人身保護令状請願の受理の申し立てを本法廷に提出した。本法廷はこれらの申し立てのすべてを、懇願されている救済の授与にあたっての本法廷の権能に関する疑問として審理対象としたが（335 U.S. 876）、かかる論点は今や完全に提示され、審理された。

本法廷は、これらの上訴人たちに判決を下《くだ》した裁判所はアメリカ合衆国の裁判所ではないことにつき、納得をしている。アメリカ合衆国ならびに他の連合国諸国は日本を征服し、現在、日本を占領し、支配している。ダグラス・マッカーサー大将は、連合国軍最高司令官として選出されて行動している。これらの上訴人たちに判決を下《くだ》した軍事裁判所は、連合国諸国の代理人たるマッカーサー大将によって設置さ

れたものである。

上記の状況の下《もと》では、合衆国の諸法廷は、上訴人たちに課した諸判定や諸判決を再調査、支持、保留、もしくは取り消しをする権能を持たない。また、これを理由として、人身保護令状請願の受理の申し立ては、拒絶する。

＊　＊　＊　＊　＊

マーフィー判事は不同意である。

ラトリッジ判事は判定を留保し、また、評決の公表を後日まで留保した。（※）

ジャクソン判事はこれらの申し立てに対する最終判定に参画しなかった。

（※）２４０号 土肥原対マッカーサー陸軍大将他の事案、２４８号木戸他対マッカーサー陸軍大将他の事案、さらには人身保護令状請願の受理に関する諸申し立ても併せて留保した。

（※）ラトリッジ判事はこの事案に関する自らの評決を公表しないまま、１９４９年9月10日に死亡した。

＊　＊　＊　＊　＊

ダグラス判事は（以下の）同意意見を述べた。

＊　＊　＊　＊　＊

これらの事案は新規、重要、かつ困難な諸問題をもたらすものである。

上訴人たちは日本の市民である。彼らは第二次世界大戦の期間中、日本政府の高官か日本陸軍の将校であった。彼らは極東国際軍事裁判所の判決に従って拘置されていた。彼らはその裁判所により、いわゆる人道に対する罪に関して有罪とされた。

これらの事案が審理されていた当時、上訴人たちは被上訴人のウォーカー合衆国第8軍総司令官により日本国東京にて拘置されていた。ウォーカー総司令官は、被上訴人のマッカーサー連合国軍最高司令官の命令に従って上訴人たちを拘置していた。他の被上訴人は、合衆国陸軍参謀総長、陸軍省長官、ならびに国防総省長官である。

**第一点目**。これらの事案の玄関口においては、管轄権に関する重要な疑問がある。被上訴人たちは、これらの事案に関して本法廷（訳注：合衆国最高裁、以下同じ）には人身保護令状を発令する権能がないと主張した。これらの事案は、大使その他の外交使節および領事に関わるものではなく、また州が当事者でもないため、本法廷は合衆国憲法第3章第2条第2項（**脚注1**）で定義された本源的な管轄権を持たないとの主張がなされたのである。また、⑴さまざまな軍事委員会は、合衆国憲法第3章第2条の意味合いにおける司法権能を行使しないこと、また、かかる軍事委員会による判定はそれ故に、本法廷による再調査の対象とはならないこと、⑵本法廷への潜在的な上訴管轄権が及ぶいずれの合衆国の法廷も、この事案に関する管轄権をもたないこと、以上⑴と⑵から、上訴管轄権は不在であることが強く主張された。

検討が加えられなければならないのは、⑵の主張のみである。本官は、上訴人たちの自由が制限される原因を検討するために人身保護令状の申し立てを取り扱う管轄権を合衆国の地方裁判所が持っていることは、明白であると考える。

ここで提示された設問は、アーレンス対クラーク事案（Ahrens v. Clark 335 U.S. 188, 335 U.S. 192, note 4）で積極的に留保された。この事案では、エリス・アイランド（訳注：Ellis Island ニューヨークの自由の女神像の至近の島で、欧州からの移民の入国審査に使われた）で留置された居留外国人たちは、彼らの留置の適法性を人身保護令状によって争うことをコロンビア特別区連邦地方裁判所で試みたのである。彼らの監禁に責任を持っていた検事総長がそこ（訳注：コロンビア特別区〈どの州にも属さない連邦直轄の首都ワシントン市〉に所在することを理由として、この裁判所が管轄権を持つと主張された。我々はその見解を拒絶し、上訴人たちが監禁されている地区の地方裁判所こそが令状を発令する管轄権を持つと判決した。今、本件においてはいずれの地方裁判所も関与できないと論じられている。なぜならば、もしもあるケースにおいて人身保護の成文法（**脚注2**）の下《もと》での地方裁判所の管轄権がその地方裁判所の地理的な管轄内に監禁されている者の自由が制限される原因の取り調べに限定されるなら、その他の地方裁判所でも同様に限定されるからだと云《い》う。

しかしながら、そのような結論には到達しえない。前出のアーレンス対クラーク事案においては、我々は複数の地方裁判所の内での司法権能の分配の問題に取り組んでいたのであった。捕虜には法廷で審理を受ける資格があるが、審理を受けさせるために捕虜を1つの司法管轄区から他の司法管轄区に移動させる手続きは不承認とするとの明示的な立法経緯があったのである（訳注：このページ下段のミツエ・エンドー事案）。我々は、監禁場所の地方裁判所こそが申請が行《おこな》われるべき地方裁判所であると判決をした。しかしそれによって、監禁場所がいずれの地方裁判所の地理的な管轄の中にもない場合には令状発行の司法権能が無効だとみなされることにはならないのである。

人身保護令状は歴史上重要なものであり、個人的自由の基本的な保護手段の内の1つである。ボーウェン対ジョンストン事案（Bowen v. Johnston 306 U.S.19, 306.U.S.26）を見よ。令状の入手が可能か否かに関する疑問が惹起された際には、しみったれた限定（訳注：原表記は niggardly restrictions）をする余地はない。令状の偉大な有用性を阻害しないため、人身保護令状の使用を規定する成文法は寛大に解釈されなければならない。前出のアーレンス対クラーク事案では、ある地方裁判所での救済の否定は、他のすべての地方裁判所での救済の否定とはならなかった。それらの上訴人が頼りにできる地方裁判所は存在したのである。しかし本件においては、地方裁判所の管轄権がその地理的な境界内に監禁された捕虜の場合のみに全面的に限定されるのであれば、頼りにできる地方裁判所は存在しないのである。

そのような判定は深刻かつ驚くべき結果をもたらすものとなろう。本日においては日本の軍事的指導者たちがアメリカの司法基準の適用を求めて本法廷に上訴した。明日あるいは来年には、アメリカの市民がドイツもしくは日本において軍事裁判所もしくは軍事委員会で有罪を宣告されることになるかもしれないのである（**脚注3**）。もしも、どの合衆国法廷もかかる市民の留置の適法性について検討することができないなら、我々の伝統（クヴィリン事案 Ex parte Quirin 317 U.S.1や山下事案 In re Yamashita 327 U.S.1を見よ）に反する新奇かつ驚くべき主張を、軍部は我々に対して手に入れたことになる。

本官は、そのような深刻かつ驚愕的な結論には賛成できない。捕虜が人身保護令状による救済を求めるためには捕虜が地理的な管轄圏内にいることがあらゆるケースにおいて不可欠であるなどと見なされたことは、今まで決してなかったのである。ミツエ・エンドー事案（Ex Parte Mitsuye Endo, 323 U.S.283; 323 U.S. 304-306）においては、申し立てが受理された区域からの移動が、上訴がなされるまでの間《あいだ》に行《おこな》われた。我々は、ある地方裁判所の訴訟手続きの到達圏内に捕虜を拘置する被上訴人がいるのであれば、そのような地方裁判所が行動しうると判決したのであった。（人身保護令状の）成文法のねらいは、司法の現実的な運営である。アーレンス対クラーク事案で認識された、複数の地方裁判所の間《あいだ》での司法権の割り当ては司法運営上の問題なのであって、この歴史上重要な令状を発令する権能の限界を定めるために法廷の権能を狭める手法ではなかったのである。

この事案の諸問題を審理する場は、上訴人たちの拘置に責任を持つ被上訴人が存在する地区である。かかる地区は、明らかにコロンビア特別区である。かかる結論へは、アイゼントラーガー対フォレスタル事案（Eisentrager v. Forrestal. 174 F.2d 961.）においてコロンビア特別区上訴裁判所が到達している。

合衆国陸軍がドイツにおいてドイツ国民を拘置していたその事案においてコロンビア特別区上訴裁判所は、合衆国の国外における看守に対して命令権を持つ者たちについて管轄権を持つ法廷が、令状を発令できると判決した。本官の見解では、これこそが正しい結論である。なぜならば、陸軍省の官吏たる被上訴人たちはこれらの上訴人を留置している合衆国の将軍たちに対して何らの統制も指揮もできないと主張するためには、合衆国の将軍たち（の権限）は我々の政府よりも大きいと結論しなければならないからである。そのような結論は重大な憲法上の問題を惹起せしめるのは、前出のアイゼントラーガー対フォレスタル事案が示唆するとおりである。

そのため、コロンビア特別区連邦地方裁判所こそがこれらの申し立てを審理すべき法廷であることは、本官には明らかである。適切な方向は、この一団をこの地方裁判所に付託し、それ以上の疑問についてはこの事案が移送命令書（certiorari）によって本法廷に到達するまで留保することである。しかし、本法廷はその方向を取ろうとはしなかった。それは恐らくは、本事案が差し迫ったものであり、また、論点がそこまでの実体性を欠くので、申し立ては即座に処理されなければならないと考えたからのように見受けられる。

**第二点目**。受理申し立てを拒絶するにあたり、本法廷は次のように記述した。

「本法廷は、これらの上訴人たちに判決を下《くだ》した裁判所はアメリカ合衆国の裁判所ではないことにつき、納得をしている。アメリカ合衆国ならびに他の連合国諸国は日本を征服し、現在、日本を占領し、支配している。ダグラス・マッカーサー大将は、連合国軍最高司令官として選出されて行動している。これらの上訴人たちに判決を下《くだ》した軍事裁判所は、連合国諸国の代理人たるマッカーサー大将によって設置されたものである。」

「上記の状況の下《もと》では、合衆国の諸法廷は上訴人たちに課した諸判定や諸判決を再調査、支持、保留、もしくは取り消しをする権能を持たない…」

しかし、本官の意見では、かかる記述は問題を適切に分析してはいないのである。かかる記述が引き出した、本件を処理するための方策は、潜在的に危険であることは確実である。かかる記述は、現在展開しているこの新しいタイプの軍事裁判所を綿密な司法的調査の対象とする余地を実際上まったく残さないのである。かかる記述は、それらの裁判所（訳注：極東国際軍事裁判所）を含む、現在展開している新しいタイプの軍事裁判所）の権能を絶対的なままとしているのだ。その権限の下《もと》に留置された上訴人たちは、行政官の良心もしくは慈悲に訴えることはできるかもしれないが、見たところ、彼らは法には訴えることはできないのである。

この裁判所が連合国諸国によって設置されたとの事実それ自体は、我々の調査を阻むべきではないのである。我々の調査は、連合国諸国の行《おこな》いに対して向けられるのではなく、我々自身の将軍たちの行《おこな》いに向けられるのである。我々の令状は、ある連合国の官吏に向けられるのではなく、我々自身の官吏に向けられるのである。我々が知りたいと欲するのは、我々の同盟国諸国が行《おこな》ったことについて彼らがどのような権能を持っていたかではなく、我々の官吏がどのような権能を持っていたか、である。

もしもアメリカの将軍が捕虜を拘置しているのであれば、我々の訴訟手続きはその将軍がどこにいようがその将軍に到達できるのである。少なくともその限りにおいては、合衆国憲法がその場所に追従していくのである。連合国諸国のための行動であると口にしても、それは彼（訳注：アメリカの将軍）の弁護にはならない。彼は我々の政府の諸機能を遂行しているアメリカ市民なのである。彼が支持し、また守るのは、合衆国憲法なのである。もしも憲法の義務からの回避や違反行為があったら、彼が他の国のために行動しているというのは弁護にはならない。現状では、我が国の官吏が我々国民に対して負っている義務以上に高い義務を負うべきグループや連合体は、存在しない。

我々は国際裁判所の判決を再調査する権能を持たないものと本官は推定する。しかし、もしも我々の将軍たちの1人が不法行為の結果として自らの下《もと》に捕虜を拘置したとしたら、人身保護令状はかかる拘置から解放する効果を持たせることができるのである。自由を制限している原因を調査することは、令状の持つ歴史的に重要な機能である。我々は、拘置所の看守が単に合衆国のためのみではなく他の国のためにも行動していることを理由として、かかる調査が妨げられることを許してはならない。

本法廷による結論の持つ重大さと深刻さを、本官に説明させてもらいたい。

(1) あるアメリカ市民が合衆国に対する戦争を上訴人たちと共謀したと想像して欲しい。合衆国の法はそのような行為には厳格な処罰を定めている。この市民が国際裁判所で審理されて有罪判決を受けた場合、この国際裁判所への合衆国の代表者が取った行動の合法性に異議を唱えるための合衆国の法廷へのアクセスが無いなどということが許されるだろうか？ 合衆国憲法が反逆者に対してさえも提供している保護規定を一顧だにせず、その市民に対するアメリカの行動に対して何の保護も無いなどということが許されるだろうか？

(2) あるアメリカ市民が占領期間中の日本を訪れ、殺人、横領、もしくは同様の犯罪をなしたと想像して欲しい。かかる市民がある国際裁判所で審理された場合、その裁判所の彼に対する管轄権に異議を唱えることを合衆国の法廷に依存するための手段が無いなどということが許されるだろうか？

(3) あるいは、他のあらゆる民間人が占領期間中にそのような犯罪について審理されて有罪判決を受けた場合はどうなるだろうか？

以上は、国家間の協力が国際的水準で続く限り、ますます重要となる設問である。以上は先例法理の無い設問を提示しているのである。しかし我々は、かかる裁判所が国際裁判所であると確認が取れた途端に調査を停止してしまい、原則を犠牲にするのである。

もしもそれらの上訴人たちがアメリカ市民であったら、我々がそのような方策に固執するなどとは本官には思えないのである。占領の前もしくは占領中にそのような裁判所もしくはその他の裁判所がアメリカの市民が犯した罪について審理した場合に、我々がそのような方策に固執するとは本官には思えないのである。そのような場合には、我々はその裁判所の持つ特徴を乗り越えた向こう側にある、審理されている人物や、彼らが告発された罪状に目を向けるであろうと本官は考える。アメリカ人の参画がある限り、告発がなされたところの正確な犯罪について被告人を審理する権能がはたしてあったのかどうかを、我々は確認するであろう。本件においても我々はそうすべきなのである。

(1) マッカーサー大将は連合国軍最高司令官である。ポツダム宣言（1945年7月26日）は連合国による日本占領を規定している。降伏文書（1945年9月2日）はポツダム宣言の諸規定を受諾した。モスクワ三国外相会議における合意（1945年12月27日）によって、最高司令官は「日本国における連合国諸国の唯一の行政権能機関」と認定された。モスクワ三国外相会議における合意はさらに、11カ国の代表から構成される極東委員会を創設した。この委員会には以下の広範囲な権能が付与された。(a)降伏文書における義務を日本が果たすための政策、原則ならびに規準の策定、(b)最高司令官に対して発行された指示命令書、もしくは、この委員会の管轄内の政策決定に関係して最高司令官が行《おこな》ったあらゆる行為の再調査。極東委員会の政策決定を具体化するすべての指示命令書は合衆国によって用意されるものとされ、この委員会はそれらの指示命令書を最高司令官に送達する（**脚注4**）。またこの委員会は、「合衆国政府から最高司令官に達するまでの命令の連鎖、ならびに、最高司令官の駐留軍指揮権」を尊重するよう命じられた。

日本に関する連合国諸国の戦争犯罪方針は、カイロ宣言（1943年12月1日、**脚注5**）において最初に提案されたように見受けられる。ポツダム宣言は、「一切の戦争犯罪人に対して」「厳重なる処罰」が加えられると約束した。

極東委員会は1946年4月3日に、「戦争犯罪」には次が含まれると定義するとの方針決定を採択した。「侵略戦争、若しくは国際法、条約、協定、又は誓約に違反せる戦争の計画、準備、開始又は遂行、若しくは右諸行為の何れかを達成する為の共通の計画又は共同謀議への参加」。

この委員会は、連合国軍最高司令官は戦争犯罪人を審理するための特別国際軍事法廷を設立する権能を持つべきであると定めた。最高司令官はそれ以前の時点でその目的のために法廷を設立済みであり、かかる法廷のためにさまざまな国からの裁判官を任命済みであった。戦争犯罪に対してこの委員会が決定した方針に基づく指示命令書を受領したことにより、最高司令官は新しい法廷を設立した。これこそが上訴人たちが審理された法廷である。最高司令官は、各々の国から提出された諸氏名によって11人の裁判官をこの法廷に任命した。これは次の国から1名ずつであった。合衆国、中国、連合王国、ロシア、オーストラリア、カナダ、フランス、オランダ、ニュージーランド、インドそしてフィリピンである。

そのため本官は、以上の取り決めは多くの面において曖昧であったにせよ、そして、かかる裁判所はアメリカの影響力によって支配されていたにせよ、それでもなお、かかる裁判所は国際的なものであるとの特徴が存する点については、深刻な疑義は存在しえないものと考える。しかし、合衆国から最高司令官に達するまでの命令の連鎖は破壊されていないことには留意すべきである。上訴人たちを拘置していたのはこの最高司令官であったのだ。そして人身保護令状は、この命令の連鎖を通じて最高司令官に到達できるのである。

(2)合衆国憲法は連邦議会に対し、「国際法に違反する犯罪…」（合衆国憲法第1章第8条第10項）を定義して処罰する権能を付与している。ここでの連邦議会は、侵略戦争を犯罪としてはおらず、さらには、侵略戦争を遂行することによる個人処罰を規定していないとの主張がなされている。そのため、そのような犯罪のいずれについても合衆国の官吏がこれらの上訴人たちを審理することはできないと主張されている。我々は、連邦議会が与える定義と大統領が行《おこな》うことが矛盾するケースを考慮する必要はない。本件においては矛盾はないのである。連邦議会への権能の付与は、大統領による権能の執行を必ずしも妨げないのだ。合衆国憲法は大統領を「合衆国の陸軍および海軍の…最高司令官である」（合衆国憲法第2章第2条）としている。大統領のかような権能は軍隊司令官のそれよりもはるかに大きいのである。大統領は敵を追い払い、打ち負かす完全な権能を持つのみならず、征服した国を占領し（ニューオーリンズ対スチームシップ会社事案New Orleans v. Steamship Co., 20 Wall. 87 U.S. 394）、そして、戦争法規に違反した敵を処罰する権能を持つのである。前出のクヴィリン事案（Ex parte Quirin 317 U.S.28-29）および山下事案（In re Yamashita 327 U.S.10-11）を参照せよ。打ち破った敵に対しては正義が加えられると大統領が規定するにあたり、もしも大統領がそうしなければならないのならば、大統領がどの程度までかかる事案について連邦議会が規定した正式手続きに従わなければならないかについて、我々は検討を加える必要はない。大統領は前出のクヴィリン事案および山下事案においてはかかる正式手続きに従っていた。本件では大統領は、戦争法規で規定された通常の軍事裁判所を利用しなかったのである。大統領は単独では行動せず、連合国諸国と協調してのみ、行動したのであった。この裁判所（訳注：極東国際軍事裁判所）は、連合国諸国との交渉を通じて用意された国際的な裁判所であった。

外交関係の分野については大統領が合衆国の唯一の機関である。合衆国対カーチス・ライト社事案（United States v. Curtiss-Wright Corp., 299 U.S. 304, 299 U.S.318-321）を見よ。我が国が戦争努力を推進するにあたって、大統領が同盟諸国と結んだ合意は多数に及んだ。はたしてそれらが賢いものであったのか無分別なものであったのか、必要なものであったのか先見の明のないものであったのか、等は政治の設問であり、司法判断に適合する設問ではない。その点は、開戦と戦争遂行に関する設問については特に該当するのである。戦争犯罪人の処罰のための諸外国との合意の締結は、それが敵の官吏や敵の武装軍務の構成員である居留外国人に関係している限り、戦争遂行の一部なのである。それは敵の力の希薄化に向けた戦闘行為の継続なのであって、実行された不正に対する報復が含まれているのである。それは戦勝という共通目的の推進のための軍事的協調における他のすべての側面と同様に、明白に政治決定の範疇に属するものである。スタントン事案（73 U.S. Stanton, 6 Wall. 50, 73 U.S.71）を参照せよ。

ナポレオンはエルバ島に自発的に引き下がったが、ナポレオンがエルバ島から脱出をした後に、列強国諸国間の合意に基づき彼は英国の手にゆだねられた。その後、彼のセント・ヘレナ島への追放が続いた。本官は、本件の上訴人に関して我々の大統領も同様のことができたであろうことに何の疑いも持たない。あるいは、上訴人たちの拘置と監禁につき大統領が他の諸国と協定することができたかもしれない。上訴人たちの裁判につき大統領が他の諸国と協定するよう行動する際には、大統領は軍事的事項に関する政治的役割の中で行動するのである。大統領の裁量は、司法部門が再調査することはできない。

これらの上訴人たちをこの国際軍事裁判所の前に引き出した決定が抱えている政治的な特徴は、この裁判所が行《おこな》った裁定によって強調されている。裁判所条例（訳注：極東国際軍事裁判所条例〈裁判所憲章〉、以下同じ）は、最高司令官の命令によって制定された。そして、裁判所条例がこの裁判所を設立し、この裁判所の手続きを決定し、この裁判所の管轄権を規定したのである。裁判所条例がこの裁判所の管轄圏内とされた「諸犯罪」を規定し（**脚注6**）、また、被告人たちの責任の基準を規定したのである（**脚注7**）。

インドのパール判事は有罪判決に不同意であり、勝利者たる連合国諸国は上訴人たちを犯罪者として取り扱う法的権利を国際法の下《もと》では持たなかったと主張した。パール判事は、日本が調印したパリ条約（**脚注8** 46 Stat. 2343）は、それまで戦争が国際生活において占めていた法的地位に影響を与えなかったと長文で書いた（**脚注9**）。パール判事は、パリ条約の下《もと》で国際慣習法が展開したとの主張を退け（**脚注10**）、また、侵略戦争は、たとえそれが国際法の下《もと》で犯罪であると仮定したとしても、その遂行に個人的責任があったとすることを拒絶した（**脚注11**）。

パール判事はそれらの設問について裁定を下《くだ》すようこの裁判所（訳注：極東国際軍事裁判所）に呼びかけた。パール判事は次のように述べた。

「我々の裁判所は国際軍事裁判所として設立されている。ここでの明確な意図は、我々は『司法裁判所』なのであって『権力の示威装置』ではないことである。そこでの意図は、我々が司法法廷として活動し、また、国際法の下《もと》に活動することである。ポツダム宣言や協定（訳注：前述のロンドン四カ国協定）もしくは裁判所憲章とは『**別個ニ（dehors）**』、適切な国際法の規則の適用により、右記の諸行為が何らかの犯罪に該当するかどうかをすでに存在している法を適用することによって見つけ出すことが我々のつとめなのである。仮に裁判所憲章や協定（訳注：四カ国協定）もしくはポツダム宣言がそれらを犯罪であると掲示していたとしても、すでに存在している法の下《もと》でそれらが犯罪であると決定したのは、関係する諸機関がそのように決定したのにすぎないのである。しかし、本裁判所は独自の決定に到達しなければならない。それらの諸機関による決定に本裁判所が拘束されるなどとは、断じて意図されてはいないのである。そうでなければ、本裁判所は『司法裁判所』ではなく、権力の示威のための単なる道具と化してしまうのである。」（訳注：『全訳 パール判決書』p.29下段～p.30上段）

「戦勝国から**現在**与えられている犯罪の定義に従って行《おこな》われるいわゆる裁判と呼ばれているものは、現在の我々と戦争に負けたら即決で屠《ほふ》られた太古との間に広がっている何世紀にも亘《わた》る文明を抹殺するものである。このように処方された法による裁判は、復讐への渇望を満足させるために司法手続きのうわべを装ったインチキ（訳注：原表記はa sham）となるのみである。それはあらゆる意味において正義の概念とは合致しない。このような裁判は、『現在のような裁判所の設立は司法的措置であるというよりはもっと政治的なものであり、本質的には政治的な目的に司法の装いを施して覆い隠したものである』という感情をまさしく創り出すことであろう。形式を整えた復讐は短命な充足感をもたらすのみであり、究極的には後悔をもたらすことはほとんど必然である。しかし、**真正な司法手続き**を通じた法の援用はそれだけで国際関係において秩序と節度を再構築することに大きく貢献するのである。」（訳注：『全訳 パール判決書』p.30上段～p.30下段）

しかしこの裁判所は、この点におけるパール判事との意見の相違を表明しながらも（**脚注12**）、この設問について裁定を下《くだ》さなかった。この裁判所（訳注：極東国際軍事裁判所）は、「裁判所条例の法は決定的であり」、この裁判所を「拘束するものである」と裁定した。この裁判所は次のように述べた。

「本裁判所（訳注：極東国際軍事裁判所、以下同じ）は、連合国諸国が最高司令官に与えた権能によって最高司令官が設立した特別裁判所である。本裁判所の管轄権は裁判所条例（訳注：極東国際軍事裁判所条例（裁判所憲章）。以下同じ）に由来する。最高司令官の命令書は本裁判所の構成員たち（訳注：裁判官たち）を任命したが、その命令書は次のように記している。『本裁判所の構成員たちの責任、権能そして義務は裁判所条例に定められている…。』その結果、もしそうでなかったとしたら被告人の裁判に関してまったく権能がなかった本裁判所の構成員たちは、被告人たちの裁判のために本裁判所を設立した文書、被告人たちの裁判のために彼ら構成員の任命を行《おこな》った文書によって、権限を与えられたのである。しかし、裁判所条例で定められた法をこの裁判へ適用する義務ならびに責任が、常にその条件となる。」

この裁判所の裁判長である、オーストラリアのサー・ウィリアム・フラッド・ウェッブは、別の意見書の中で、次のように述べた。

「裁判所条例は、日本を占領している連合国軍最高司令官の戒厳令(martial law)によって国際法、ポツダム宣言ならびに降伏文書を施行するものなので、拘束力がある。」

「本裁判所と裁判所条例の公式宣言の中で最高司令官は戒厳令に言及し、戦争犯罪人たちに厳重なる処罰を加えるべきとの降伏条件を施行するために彼(訳注:最高司令官)は行動している、と述べた。」

「中略」

「国際法の下《もと》、交戦国はその手中に落ちた戦争犯罪人たちを戦争の期間中に処罰する権利を持つ。かかる権利は敵の領土の占領の後に生じる。勝利した交戦国は戦敗国に対し、停戦の条件として戦争犯罪で告発された者たちの引き渡しを命じることができる。ポツダム宣言と降伏文書はこの権利の行使を予期している。しかし、犯罪は処罰が課される前につきとめられなければならない。審理のための規定はそれ故にある。」

「占領している交戦国は、戦争犯罪で告発された人を審理する軍事法廷を設立することができ、また、公平な審理を保証するために、民間人の裁判官、上訴する権利、そして公開されること等を特に規定することができる。(オッペンハイム「国際法 第6版 第Ⅱ巻」456頁)」(**脚注13**)

以上より、東京裁判所(訳注:極東国際軍事裁判所)が政府(訳注:合衆国政府)の行政部門による軍事力の手段として行動したとの結論は明白である。軍事命令書によって最高司令官は東京裁判所を設置したが、その軍事命令書の中で最高司令官が表明した意志に、東京裁判所は対処したのであった。東京裁判所はその法を東京裁判所を設置した者から受け入れたのであって、上訴人たちの権利を国際法の下《もと》で裁定するところの自由で独立した裁判所としては行動しなかった。すなわち、パール判事が申し述べたとおり、東京裁判所は司法裁判所としては開廷されなかったのであった。それはひとえに、政治権力の手段であった。アメリカの参画に関する限り、そのような行動に対する憲法上の異議は無かった。なぜならば、真珠湾事件に責任を持つ者の捕獲と統制は政治的な設問なのであり、そのような設問に対しては、国家の軍事最高指揮官として、また、外交に関する事項の国家スポークスマンとして、大統領が最終発言権を持つものだからである。

※これらの申し出は1948年12月16日と17日に審理され、本法廷の意見は1948年12月20日に公表された。本官(訳注:ダグラス陪席判事)はそのような短期間の間《あいだ》に本官の見解を書面上にまとめることができなかった。そのため本官は、「(別途)意見書に記述する理由により」かかる意見に同意した。

(**脚注1**)

合衆国憲法第3章第2条第2項は次のとおりである。

「大使その他の外交使節および領事にかかわるすべての事件、ならびに州が当事者であるすべての事件については、最高裁判所は、第一審管轄権を有する。前項に掲げたその他の事件については、最高裁判所は、連邦議会の定める例外の場合を除き、連邦議会の定める規則に従い、法律問題および事実問題の双方について上訴管轄権を有する。」

（**脚注2**）

28 U.S.Code § 2241(a)（訳注：人身保護令の成文法）は、次のように規定している。

「人身保護令状は、最高裁判所もしくはそのいずれかの裁判官、地方裁判所、そしていずれかの巡回裁判官によってその管轄内において授与することができる。巡回裁判官の命令は、人身が拘束されたとの訴えがなされた地区の巡回裁判所の記録に記入される。」

（**脚注3**）

この種の事案は出現し始めている。ブッシュ事案（In re Bush. 336 U.S.971）はそのような事案である。この上訴人は1946年2月19日から1947年12月28日にかけて陸軍省（訳注：合衆国陸軍省）の民間人従業員であって、その期間のほとんどにおいて日本に駐在していた。彼はその雇用を切り上げ、この国（訳注：合衆国）に帰国した。その後、彼はシャムに向かう途中、飛行機が日本に着陸した。彼はそこで逮捕され、何らかの報酬のためにアメリカの物品を日本人に売却したことについて日本で開廷されていた高等軍事裁判所（訳注：原表記はGeneral Provost Court、GHQが設置した裁判所）において審理された。彼は有罪を宣告され、1年の禁固に処せられ、また7万5000円の罰金が科された。彼による、人身保護令状請願の受理の申し立てを、本法廷は1949年5月9日に、「管轄権を持ちうる適当ないずれかの法廷に申請する（彼の）権利は失わせることなく」拒絶した。

ドイツにおける類似の事案については、バード対ジョンソン事案（Bird v. Johnson. 336 U.S.950）を見よ。そこでは本法廷は1949年4月18日に人身保護令状請願の受理の申し立てを拒絶した。

（**脚注4**）

モスクワ三国外相会議合意書は次のようにも規定している。

「極東委員会によってすでに定式化された方針に従って取り扱えるものではない緊急の事項が発生する都度、合衆国政府は、極東委員会が行動するまでの間の暫定指示（interim directives)を最高司令官に対して発することができる。ただし、日本の憲政構造や統制上の体制（regime of control）に対する根本的な変更もしくは日本政府全般の変更に関わるあらゆる指示は、極東委員会と協議し同委員会の同意を得た後にのみ、発するものとする。」

（**脚注5**）

「3大同盟国は日本国の侵略を制止し且つ之を罰する為、今次の戦争を為しつつあるものなり。」

（**脚注6**）

裁判所憲章（訳注：極東国際軍事裁判所条例）第5条は次のように規定している。

「本裁判所（訳注：極東国際軍事裁判所）は、平和に対する罪を包含せる犯罪に付き、個人として又は団体として訴追せられたる極東戦争犯罪人を審理し処罰するの権限を有す。左に掲ぐる一、又は数個の行為は個人責任あるものとし本裁判所の管轄に属する犯罪とす。」

「(イ)平和に対する罪　即ち、宣戦を布告せる又は布告せざる侵略戦争、若しくは国際法、条約、協定、又は誓約に違反せる戦争の計画、準備、開始、又は遂行、もしくは右諸行為の何れかを達成する為の共通の計画又は共同謀議への参加。」

「(ロ)通例の戦争犯罪　即ち、戦争の法規又は慣例の違反。」

「(ハ)人道に対する罪　即ち、戦前又は戦時中為されたる殺人、殲滅、奴隷的虐使、追放、其の他の非人道的行為、若しくは犯行地の国内法違反たると否とを問わず、本裁判所の管轄に属する犯罪の遂行として又は之に関連して為されたる政治的又は人種的理由に基づく迫害行為。右記犯罪の何れかを犯さんとする共通の計画又は共同謀議の立案又は実行に参加せる指導者、組織者、教唆者及び共犯者は、斯かる計画の遂行上為されたる一切の行為に付き、其の何人に依りて為されたるとを問わず、責任を有す。」

上訴人の土肥原、広田、木戸、岡、佐藤、嶋田と東郷は侵略戦争の遂行ならびにかかる遂行のための共同謀議につき有罪を宣告された。上訴人の土肥原、広田と東郷は通例の戦争犯罪ならびに人道に対する罪につき有罪を宣告された。

**(脚注7)**

裁判所憲章（訳注：極東国際軍事裁判所条例）第6条は次のように規定している。

「何時たるとを問わず被告人が保有せる公務上の地位、若しくは被告人が自己の政府又は上司の命令に従い行助せる事実は、何れも夫れ自体右被告人をして其の起訴せられたる犯罪に対する責任を免れしむるに足らざるものとす。但し斯かる事情は本裁判所において正義の要求上必要ありと認むる場合においては、刑の軽減の為、考慮することを得。」

**(脚注8)**

この条約（パリ条約）は、部分的には次を規定している。

「その人民間に現存する平和及友好の関係を永久ならしめんが為国家の政策の手段としての戦争を率直に放棄すべき時期の到来せることを確信し、」

「中略」

「第1条　締約国は国際紛争解決の為戦争に訴うることを非とし且つ其の相互関係に於て国家の政策の手段としての戦争を放棄することを其の各自の人民の名に於て厳粛に宣言す。」

「第2条　締約国は相互間に起ることあるべき一切の紛争又は紛議は其の性質又は起因の如何を問わず平和的手段に依るの外これが処理又は解決を求めざることを約す。」

ミラーの「パリ不戦条約（1928年）」を見よ（＊）。

（＊訳注：David Hunter Miller, 1875～1961 "The Peace Pact of Paris : A Study of the Briand-Kellogg Treaty" G.P. Putnam's Sons, New York, 1928）

**(脚注9)**

この論点に対する賛否の議論については、グリュック「戦争犯罪人（1944年）」、グリュック「ニュルンベルク裁判と侵略戦争（1946年）」を見よ。

**(脚注10)**

これに関連して、彼（訳注：パール判事）は次のように述べた。

「本官（訳注：パール判事）はここでついでに申し述べておきたいのだが、パリ条約が締結されて4年以内の期間中に、パリ条約の調印国が3回にわたり大規模な戦力の行使を起こしている。1929年にソビエト・ロシアが東支鉄道を巡る紛争に関連して中国に対して武力衝突を遂行した。1931年と1932年に日本による満州の占領がそれに続いた。次に1932年にペルーによるコロンビアの1州であるレティシア（訳注：Leticia）への侵入があったのである。さらには、その後において、1935年にイタリアによるアビシニア（訳注：エチオピアの旧称）への侵入と、１９３９年のロシアによるフィンランドへの侵入があった。もちろん、１９３７年の日本による中国への侵入もあった。」（訳注：全訳パール判決書p.70下段）

上訴人の内の何人か、特に土肥原、広田、木戸と東郷は、真珠湾以前の侵略戦争の開始、たとえば満州でのできごとに関連するもの、を含む訴追につき有罪を宣告された。

**（脚注11）**

彼（訳注：パール判事）はさらに、次のようにさえ述べた。

「本官（訳注：パール判事）の見解では、申し立てられている行為が現存する国際法の下《もと》で何らの犯罪も構成していないのであれば、戦勝国により与えられた**新しい犯罪の定義**によってその行為の首謀者を裁判し処罰することは、戦勝国の側による『戦争犯罪』となるのである。戦争俘虜たちは国際法の規則と規程により取り扱われるのであり、戦勝国が国際法と名付けることを選んだところのものによって取り扱われるのではない。」（訳注：『全訳 パール判決書』p.93下段～p.94上段）

**（脚注12）**

この関連では、極東国際軍事裁判所は「ニュルンベルク裁判、ナチ共同謀議と侵略（１９４７年）」の48頁、50頁、53頁、49頁、53～54頁からの次の引用部分の意見と完全に合致していると述べている。

「裁判所憲章（訳注：ニュルンベルク国際軍事裁判所憲章）は、戦勝国による恣意的な権力の行使などではなく、以下に示すとおり、本裁判所（訳注：ニュルンベルク国際軍事裁判所）の見解においてはそれはむしろ、裁判所憲章が創り出された時点で存在していた国際法を表現するものなのである。」

「中略」

「問題は、この条約（パリ条約）の法的効果は何か？　ということである。この条約に調印した国ないしこの条約に加入した国は、その将来において政策の手段として戦争に訴えることを無条件に非難したのであり、彼らは明白に戦争を放棄したのである。条約が調印された後には、政策手段として戦争に訴えるいかなる国も、条約に違背することになるのである。本裁判所（訳注：ニュルンベルク国際軍事裁判所）の意見としては、国家政策の手段としての戦争の、この厳粛なる放棄の中には、かような戦争は国際法において非合法であるとの命題が必然的に含まれているのである。そして、かような戦争の立案計画し遂行する国は、不可避となるその恐ろしい帰結のために、そうすることにより犯罪をなすことになるのである。」

「中略」

「何らかの状況の下《もと》では国家の代表者たちは保護されるとの国際法の規則は、国際法によって犯罪であると糾弾された諸行為には適用されない。これらの諸行為の張本人たちは、適切な司法手続きによる処罰から解放されるために彼らの公的な地位を理由として自分たちを保護することはできないのである。」

「中略」

「…『罪刑法定主義（maxim nullum crimen sine lege）』は主権を制限するものではなく、全般的には正義の原則なのであるという点が指摘されなければならない。諸条約や保証を無視して近隣の国家を警告無しに攻撃した国を処罰するのは不当であると主張するのは明らかに不実である。なぜなら、そのような状況の下《もと》では攻撃を行った国は自らが誤ったことを実施していることがわかっているはずだからであり、その国家を処罰するのは不当であるどころか、その国家の過ちにつき処罰しないで放置することこそが不当なのである。」

「中略」

「裁判所憲章（訳注：ニュルンベルク国際軍事裁判所憲章）はその第8条において特に次のように規定している。」

「被告人が自己の政府または上司の命令に従い行動せる事実は、当該被告人をして責任を免しむるものではないが、刑の軽減のため考慮することを得。」

「この条の規定は国際法と合致している…。多くの国の刑法の中にさまざまな程度で含まれている真実検証（true test）とは、命令が存在したかどうかではなく、道義的選択が事実として可能であったかどうかである。」

**（脚注13）**

彼（訳注：ウェッブ裁判長）は続いて、侵略戦争の遂行は国際法の下《もと》で犯罪であり、そこには個人責任が負わされるとの自らの見解を示した。フィリピンのハラニーリャ判事は同じ点につき別の同意意見書を提出した。フランスのベルナール判事は、裁判（訳注：東京裁判）が公平ではなかったと考えたこと、さらには、刑事面での代理責任に関するいくらかの判定を理由として、多数派には不同意であったが、それでも、侵略戦争の遂行が犯罪である点については賛成していた。

# 付録2　翻訳作業の実際

## ●読者からのアドバイス

前著『東京裁判で真実は裁かれたのか?』の読者の方から、次のようなアドバイスを頂戴した。すなわち、同著の都築の記述部分は比較的に理解し易いが、『全訳 パール判決書』からの引用部分は数度に亘って読み返さないと内容が理解できない箇所が多くあった。そこで、『全訳 パール判決書』の翻訳作業にあたり「思い切った意訳」をして、パール判事の伝えたかったことをもっとストレートに読者に伝える努力をすべきではなかったのか、とのことだった。

これはありがたいご提案であるし、筆者自身もパール判決書の翻訳作業中に「そのようにしたい」と思ったことが何度もあったので、そのお考えはよく理解できる。昨今はワープロ・パソコン機器の普及もあり、文章の推敲が容易にできるようになった。そのため、難解な文章は敬遠され、相手にされない傾向が見受けられるようになった。情報提供の競争が激しいうえに皆が多忙な今という時代には、わかりにくい文章を相手にする人はいないとのご指摘は、そのとおりであろう。『全訳 パール判決書』の読みにくさにつき、筆者は自己弁護をするつもりはないが、パール判決書の全体のトーンは「控え目」で「遠慮がち」であるとは指摘できると思う。明瞭な因果関係を示した記述箇所も確かにあるが、パール判事の全体的な記述傾向としては、遠まわしの示唆を重ねることで読み手の理解をやんわりと追いつめていき、何らかの結論へ行き着くように誘《いざな》う形を取っている。シェパード犬が走り回って一群の羊を徐々に目的地に向かって動かすような、あの感じである。筆者としては、「もっと直截な記述をしてくれればわかり易いのに」と思ったことは一度や二度ではない。

筆者としても、パール判決書という偉大な業績と貢献をより広く普及させるために、わかり易い記述にしなければならないとは常に心がけていた。そして、その方向性を徹底するために、英文原典とは異なる文章とすることで読み手の理解促進に努めたいとの誘惑が常に頭をよぎったものだった。

## ●『全訳 パール判決書』の目指すもの

しかし、『全訳 パール判決書』はあくまでもラダビノード・パール判事の判決書原典を翻訳した書籍なのである。この英文原典は、パール判事が裁判官として法的正確性を追求して、言葉を選んで記述したものである。翻訳作業者が自身の理解に基づく「思い切った意訳」をしてしまうと、それはもはやパール判事の書いた司法判決書ではなく、「翻訳作業者の解釈による創作物」になってしまうのだ。

読者はパール判決書を読もうとして手に取ってくださったのに、都築の創作物を読まされた、というのでは申し訳が立たない。また、多大な努力を傾けてこの判決書を著したパール判事に対しても、申し訳が立たない。パール判事は膨大な事実認定作業の過程を通じておそらくは法学や歴史学等の多くの学術面において、大げさではなく人類に大きな貢献をしたと筆者には思えるのである。そのパール判事の業績を曲げるようなことはできない。

そのように考え、翻訳作業にあたっての方向性としては、いわゆる「意訳」は避け、日本語として不自然にならない限度内で、できるだけ英文原典の表記に忠実な日本文とするよう心がけた。読者がパール判決書を読解するにあたり、原典が英文である以上英語を母国語として思考する読者にアドバンテージがあるのはやむを得ないと思うが、日本語を母国語として思考する読者が割を食うことのないような翻訳文書に仕立てたいと願っている。

パール判決書について「長大で難解である」との世評を目にするたびに、筆者は悔しい思いがする。そのような理由・口実でこの判決書が読まれないことは、日本からはもう無くしたいのである。すでに日本語話者は、70年以上もの歳月に亘ってこの貴重で有益な文書を読んでいないのに等しいと思う。

## ●翻訳作業の実際

そこで、筆者の翻訳作業経緯の舞台裏を多少なりともお伝えするのも無意味ではないだろうと思うようになった。無論、苦労話を披露する趣旨ではない。『全訳 パール判決書』の翻訳・執筆の作業背景をお知らせし、この書籍へのご理解を賜るのが目的である。

翻訳作業には、原典の記述内容を如何《いか》にわかり易く正確な日本語の文章にするかとの翻訳者の技量の問題が絶えずつきまとう。前述の通り、筆者は翻訳作業にあたっては、「誤訳」はもちろん「意訳」も避けつつ、わかり易い日本文を書くことを常に意識して努力を重ねたつもりであるが、『全訳 パール判決書』の日本文にはまだまだ改善の余地があるのではないかとの不安を未だに抱えているのは事実である。

その不安は自身の作業経緯に拠るものだと思う。その経緯とは、次のようなものであった。

まず、パール判決書の英文原典がある。筆者はその記述内容を正確に把握・理解することから始めた。英文原典の読解に2年ほどの歳月をかけ、全体の論旨の流れを掴む努力をした。英文原典をかなりの詳細まで把握した上で翻訳作業に着手したつもりだった。

ところが、いざ日本文の記述を開始してみると、あちこちで「わかったつもりでわかっていない」状況に遭遇した。箇所によってはそのままでは日本文にまとまらないのである。そこで振り出しに戻り、該当部分の英文を何度も読み直し、内容の理解の深度を深める努力をあちこちで繰り返した経緯がある。そのような例として印象に残っている英文6箇所ほどを本稿の後部に例示した。

つまり、読解の段階ですべてを完全に把握していたわけではなかったのである。その段階ではわかったつもりになっていたが、日本文を記述する段階になってから推敲を重ねた経緯のある箇所があったのだ。これでは泥縄と言われても仕方がない。これが筆者の不安の本質的な原因である。

なお、作業ペースについては、日本語翻訳文の記述作業にあたっては、1日あたり英文原典1ページを必ず翻訳作業するとのノルマを自らに課し、作業が一定のペースで着実に進むようにした。ただし、これら6箇所には、文字通り3日3晩唸ったものだった。

翻訳作業には3年弱かかった。こうしてできあがった日本文草稿を何度も読み返して、意味が通じにくい箇所はないか、ひょっとして誤訳はないかを気にしつつ、少しずつチェックを重ねる状況が第1刷、第2刷を経た今でも続いている。大きく誤った記述はさすがにないと願いたいが、一読して理解できる文章になるよう、昨今のドイツ車のように絶えずマイナーチェンジを続けている状況にある。

以上のような作業により『全訳 パール判決書』は成り立っている。

## ●正式の日本語訳：極東国際軍事裁判所 書記局言語部によるもの

一方、周知のとおり、パール判決書は正式の翻訳がすでに長期に亘って存在する。これは1948年10月に完成したもので、「パル判決書」と題されている。

その正式翻訳が日の目を見た次第については次のような説明があった。以下、「武田珂代子著 東京裁判における通訳 ㈱みすず書房 20

０８年」から2箇所を引用する。

「極東国際軍事裁判所には米陸軍大佐が率いる書記局があり、主に書類の管理、記録保持、裁判運営に伴う事務作業を担当していた。この書記局の監督下にあったのが言語部で、通訳者、モニター、翻訳者の手配など裁判における言語面でのサポートをした。」（右記書籍p.23）

「最も大掛かりに取り組まれたのは判決文の翻訳で、一九四八年八月二日から十月末まで完成に三カ月も要した。九名の二世と三六名の日本人翻訳家が三〇万語に及ぶ判決文の翻訳に取り組み、東京大学国際法教授の横田喜三郎が法律用語をチェックし、文部省国語科課長の林大が日本語を整えた。翻訳チームおよび約三〇名の速記者、タイピストが作業を行ったのは東京・芝白金の『ハットリ・ハウス』（当時の服部時計店主・服部玄三郎宅）。判決文が外部に漏れるのを防ぐために厳重警備体制が敷かれ、誰も敷地から離れることは許されなかった。」（右記書籍p.41）

右記引用からは、日系米国人9名と日本人36名の計45名もの翻訳家が翻訳作業にあたったことが読み取れる。複数の翻訳家の各々に担当部分が割り当てられ、手分けして翻訳作業したものを持ち寄り、法学部教授が訳文中の法律用語をチェックし、最後に文部省の課長が「日本語を整えた」ようである。つまり、1人の人間がパール判決書を通読して大意と構成を読み取った上でなされた翻訳作業ではない。要は、翻訳文に対する最終責任の所在が不明なのである。この法学部教授の役割も訳文の法律用語が正しいのかを校正チェックしたのみであって、全体の流れの検討ならびに校閲を施したとは思えない。

「パル判決書」の翻訳は、このようにして裁判所書記局言語部によって芝白金《しばしろがね》でなされたのであった。

この正式翻訳版「パル判決書」は、「東京裁判研究会編『共同研究 パル判決書（上）（下）』講談社学術文庫 １９８４年」にその全文が引用されている。筆者はかなり前のことになるが、これを入手して一読した記憶がある。ただ、当時、その内容を理解するまでには至らなかったのが正直なところである。

## ●パール判決書の翻訳は処刑に間に合った

なお、東京裁判で死刑が宣告された7名は１９４８年12月23日に処刑された。そのうちの数人（少なくとも松井石根《いわね》、板垣征四郎、東条英機の3名）には、パール判決書を読む機会があったようである。以下、「東京裁判研究会『共同研究 パール判決書』東京裁判刊行会 １９６６年」の７５０頁から引用する。

「次に被告、とくに死刑を言渡された被告たちであるが、彼等がこの膨大な判決書をどこまで読むことができたかわからないが、花山信勝氏の『平和の発見』では、松井大将は、『パール判決書をみせてもらったが、われわれのいわんとするところを、すっかりいっている』といい、板垣氏も、パール判決書を三日かかって読んで感銘したといい、『すぐれたる人の文みて思うかな』云々と二首の和歌をものしている。東条大将の遺言のなかには、『東亜諸民族の有力なることをむしろ神の恵みとして誇りとしているインドの判事には尊敬の念を禁じ得ない』と言っている。判決書を読まなかった被告たちも、日ごろ裁判官席に見出すパール判事の敬虔な姿を思い起こして、伝えられる判決書の〝姿〟だけを納得したかも知れない。」

市ヶ谷の法廷でのパール判事は、着席前に被告席に向かって合掌していたという。法務死を遂げられた方々《かたがた》の執行前にパール判決書の提供が間に合ったのは、せめてもの慰めとなったと筆者は思う。

## ●翻訳作業の実例：作業で困難を覚えた箇所の例示

この短い稿の最後に、翻訳作業の実例をお示しするために、筆者が翻訳作業で困難を覚え、推敲を重ねざるを得なかったうちの6箇所ほどを具体的にお目にかけることとしたい。これらは原文の難易度が高く文意を摑むのが困難で、それを正しい日本語で表現するのにかなりの工夫を要する箇所であった。

これらを正確に解釈・表現した上でさらに「思い切った意訳」を施すのは、その意訳作業自体が筆者の能力をはるかに超えたものとなる。また、そのような「意訳」をすることが却って読者を惑わすことになってしまうのではないかとも思える。やはり、パール判事のオリジナルの表現を尊重して、それをできる限り反映した日本文になるように心がけたい。正確な翻訳を尽くすとの1点に迷わず絞って、努力することにしたい。「意訳」の実施は、おこがましい野望として封印するのが正しいように思う。

これらの部分の日本文について、理解促進につながるよいアイデアがあれば、ぜひご教示いただきたいと思う。拙訳が完成形であるなどとは思っていない。ご参考になればと思い、裁判所書記局言語部による正式の翻訳も添付した。

凡例：

- 「判決書 p.○○上/下段」とは、拙訳の書籍『全訳 パール判決書』の該当ページを指す。
- 掲載順は、英文原典 ➡ 拙訳（『全訳 パール判決書』）➡ 書記局言語部訳（講談社学術文庫『共同研究パル判決書』より引用）である。
- 太字部分は、都築が困難を覚えた具体的な箇所と、それに該当する拙訳を示している。

### ①「ロータ―パクト教授」判決書p.58上段～p.58下段

**英文原典**

It is possible, perhaps probable, **that the intention was merely to reaffirm a principle necessarily valid without any express declaration,** namely, that implied in the first-mentioned interpretation of the nonjusticiability of the right of self-defense.

**拙訳**

**必然的に有効となって来《く》るある原則、**すなわち自衛権は裁判にはかけられないとの最初に述べた解釈の中で暗示されているところの**原則を、明示的な宣言を伴わずに単に再確認することがその意図であったこと**はありうることであり、またおそらくはそれこそが該当していることなのであろう。

**書記局言語部訳**

締約国の意図は、明示的な宣言がなくても、必然的に有効である原則、すなわち、自衛権《じえいけん》は裁判に付しえないとする、当初に述べた解釈に黙示的《もくしてき》にふくまれた原則を、再確認するにあったにすぎないということはありうることであり、またおそらくは真実であったであろう。

### ②パール判事自身による記述 判決書p.60下段

**英文原典**

Apart from the domain regulated by expressly accepted international obligations, there is no international community. **As these obligations exist only in the limited sphere of the expressly recognized partial community of interests,** the individual interests of each state must always remain the guiding consideration.

**拙訳**

はっきりと容認されている国際的な責務《せきむ》により統制されている分野を除けば、国際共同体は存在しないのである。**このような責務《せきむ》は、明示的に認知されたところの部分的な利益共同体という限定的な分野にのみ存在するものであるから、**個々の国家の個別の利益こそが常に主要な検討対象とならざるを得ないのである。

**書記局言語部訳**

明らかに承認された国際義務《こくさいぎむ》によって規律される分野を除いては、国際法団体は存在しない。これらの義務は、明瞭《めいりょう》に承認された部分的な共通利害関係という限定された範囲内だけに存在するものであるから、各国の個々の利害関係がつねに第一に考慮されなければならないものとなるのである。

**③「アンツィロッティ」判決書p.67下段**

**英文原典**

**The interests protected by international law are not those which are of major weight in the life of states. It is sufficient to think of the great political and economic rivalries to which no juridical formula applies, in order to realize the truth of this statement.** International law develops its true function in a sphere considerably circumscribed and modest, not in that in which there move the great conflicts of interests which induce states to stake their very existence in order to make them prevail.

**拙訳**

**国際法により守られている利益は諸国の生活において重要性があるものではない、との命題の真理を理解するためには、司法的な解決方法を適用できない大がかりな政治的・経済的対立に思いを致すことが適当である。**国際法はかなり制限されたささやかな分野でその機能の真価を発揮するのであり、自国が優位に立つためにはその存続すらも賭《か》けることが誘引されるような深刻な利害対立がうごめく分野においてはそうではない。

**書記局言語部訳**

国際法によって保護《ほご》される利益《りえき》は、諸国家の生活上、非常に重大な利益というものではない。大きな政治的、経済的対立関係には、司法上の方式はあてはまらないのであって、このことを考えるだけで、右に述べた言葉の正しいことが十分にわかるのである。国際法がその真の機能《きのう》を発揮《はっき》するのは、相当に制限《せいげん》されたささやかな領域内においてであって、諸国家がその利益を優越《ゆうえつ》させるためには、同国の存立自体《そんりつじたい》をさえ、賭《か》けることになるような利益の大衝突《だいしょうとつ》の起こっている領域においてではない。

**④「Max Radin教授」 判決書 p242上段**

**英文原典**

By that Pact, Germany among many other nations formally renounced war as a means of international policy and vigorously denounced all wars of aggression. But whatever may have been the statements of individual statesmen and publicists, those who recall the circumstances in which the Pact was made will only with difficulty be persuaded that **at the time any sanction was contemplated in public opinion, other than at the most, an economic boycott, and, at the least, the moral disapproval of the world.**

**拙訳**

かかる条約（訳注：ケロッグ・ブリアン条約）により、多くの国の中でも特にドイツは、戦争を国際政治の手段とすることを正式に放棄し、また、すべての侵略戦争を積極的に放棄した。しかし、個別の政治家や著述家による陳述がどのようなものであったにせよ、**何らかの制裁の実施が輿論《よろん》において考えられるにあたり、かかる制裁は最大限でも経済ボイコットであって最小限では世界による道義的否認なのであり、**この条約ができあがった事情を思い起こす者に対して、**それ以外のものが念頭に置かれていたのだ**と説得をすることは困難である。

**書記局言語部訳**

その条約によってドイツはその他多数の国家とともに、国際政策の具として戦争を正式に放棄《ほうき》し、そしてすべての侵略戦争を強く弾劾《だんがい》した。しかし個々の政治家および著述者がどんなことをいったにもせよ、右条約制定の事情を記憶するものをして、当時の輿論中には、最大限においては経済ボイコット、最小限度においては世界の道徳的非難以外になんらかの制裁が目論まれていた、と納得させようとしても、これはなかなか困難である。

## ⑤パール判事自身による記述　判決書p.295下段～p.296上段

**英文原典**

Even now it is believed that "before Russia can have a correct ideology and thereby become a thoroughly safe neighbour for the rest of the world, certain unjustified portions of her Marxian philosophy must be dropped". One is said to be **"the determinism of her dialectic theory of history and the application of this dialectic to nature itself, rather than merely to theories of nature"**. "The essential point in the error is the supposition that the negation of any theory or thesis gives one and only one attendant synthesis…."

**拙訳**

今でもなお、多くの方面においては、「ロシアが正しいイデオロギーを持てるようになり、それによってロシアが残りの世界にとって完全に安全な隣人になるまでは、そのマルクス哲学の中の何らかの不当な部分は取り下げられなければならない」と信じられている。そのような欠陥の内の一つは、**ロシアによる弁証法的歴史観の決定論であり、その弁証法を単に自然論に適用するのではなく自然そのものに適用している点である**と云《い》われている。この誤りの本質的な点は「何らかの理論もしくは『正（テーゼ）』の否定は、たった一つの付随的なアンチ・テーゼと、たった一つの付随する『合（ジン・テーゼ）』のみをもたらすのだとの想定である」とされている。

**書記局言語部訳**

現在においてさえ「ロシアが正しいイデオロギーをもち、それによって世界の他の国々にとって、まったく安全な隣邦となるためには、まずそのマルクス哲学のうちの不当な若干の部分がすてられなければならない」ということが各方面において信ぜられている。かような欠点の一つは、その弁証法的史観《べんしょうほうてきしかん》という決定論であって、この弁証法をたんに自然の理論に適用させるというよりも、自然そのものに適用させていることだといわれている。右の誤謬《ごびゅう》の根本的な点は、「すべての論理もしくはテーゼの否定は、一つの、しかもただ一つのアンチ・テーゼを生むものであり、そしてまた、それにもとづいて、一つのしかもただ一つのジン・テーゼを生むという仮定である」といわれている。

### ⑥「ニューヨーク州議会」 判決書p.535下段

#### 英文原典

By a metaphysical train of reasoning, which has never been adopted in any other case in the whole criminal law, the offense of conspiracy is made to consist in the intent, in an act of the mind; and to prevent the shock to commonsense, which such a proposition would be sure to produce, **the formation of this intent by the interchange of thoughts, is made itself an overt act, done in pursuance of the interchange of agreement.** SURELY an opportunity for repentance should be allowed to all human beings; and he who has conspired to do a criminal act, should be encouraged to repent and abandon it. Acts and deeds are subjects of human laws; not thoughts and intents, unless accompanied by acts.

#### 拙訳

一連の形而上学的な推論は刑法全体における他のあらゆるケースにおいて決して採用されなかったものであるが、かかる形而上学的な推論によって共同謀議の罪はその意図の中において、すなわち精神による行為の中において、構成されるものであるとされていた。そして、そのような命題が確実にもたらすであろう常識への衝撃を予防するために、**互いの考えのやり取りを通じた意図の形成行為がそれ自体として、合意内容のやり取りを追求する公然たる行為であるとされたのである。**人間《にんげん》すべてに対して、反省を実施する機会が与えられるべきことは**確か**である。そして、犯罪行為をするために共同謀議を行《おこな》った者は、反省しそれを放棄するよう奨励されるべきである。行為と行動は、人間《にんげん》の法の対象である。考えや意図は、行動が伴わない限り、その対象ではない。

#### 書記局言語部訳

「全刑事法を通じて、(この場合を除いては)他のどのような場合にも、かつて用いられたことのない、形而上学的《けいじじょうがくてき》な一連の推理《すいり》によって、共同謀議という犯罪は意思、すなわち一つの心的行為《しんてきこうい》に存するものとされている。そして右のような命題《めいだい》が必然的に生むところの常識にたいする衝撃《しょうげき》を予防するために、相互の考えを交換《こうかん》することによってこの意思を形成することそのものが、合意の交換に準拠《じゅんきょ》してなされたところの公然の行為である」とされている。まことに悔悟《かいご》の機会《きかい》はすべての人間に与えられるべきであり、犯罪行為をなすための共同謀議をした者は、それを悔悟し、断念《だんねん》するようにしむけられなければならない。

人間による法の主体となるのは行為である。思想や意思は、行為をともなわないかぎり法の支配を受けることはない。

# 付録3　ミッドウェー海戦：合衆国太平洋艦隊司令長官チェスター・ニミッツの「悪意」

法律を専門に学んだことのない筆者が述べるのも気が引けるが、法律では「知らないこと」を「善意」、「知っていること」を「悪意」と言うと聞く。1942年当時の合衆国太平洋艦隊司令長官（Commander in Chief of the Pacific Fleet、略してCinCPac《シンクパック》）であるチェスター・ニミッツの「悪意」を述べたい。ニミッツは南雲忠一《なぐもちゅういち》中将麾下《きか》の第一航空艦隊の任務等の詳細を事前に「知っていた」のだ。以下、いくつかの文献の筆者仮訳で展開したい。

## 第一章

ニミッツの置かれていた状況。出所はThe Battle of Midway, edited by Thomas C. Honeである。

「ニミッツ提督にとって、日本艦隊が広範囲に分散されたことは幸運を意味していた。提督は、敵のアリューシャン侵攻作戦を脱線させるためにできる限りのことをしようと、海上兵力を付けて（引用者注：空母・航空機の機動部隊は付けてもらえなかった）ロバートA・シオボールド海軍少将を北方に送り出した。

しかしながら、太平洋艦隊司令長官（引用者注：ニミッツ）の参謀たちの目には、敵の戦力配置のかなめとなるのは、6カ月前に真珠湾攻撃部隊を率いた**南雲忠一中将**麾下の**第一航空艦隊**であることは明らかであった。南雲中将の手中には、**赤城**（旗艦）、**加賀**、**飛龍**と**蒼龍**の空母があり、いずれも真珠湾攻撃を経験した艦であった。これらの艦には、**戦艦2隻**、**巡洋艦3隻**、**駆逐艦11隻**の防御陣が付けられていた。ミッドウェー島の地上・航空の防御力をノックアウトするほどのパンチ力を提供できるのはこの艦隊のみであり、日本艦隊の他の構成要素をカバーできる、集中した航空戦力を提供できるのもこの艦隊のみであった。つまり、敵の攻勢にはこの艦隊のみが必須となるのであった。そこでニミッツは、南雲の空母群を排除する策を考えめぐらしたのである。ニミッツは自分の空母をミッドウェー島の東北に位置させようとした。つまり、来襲する南雲艦隊の**脇腹に位置させよう**としたのである。奇襲という有利な要素も手伝って、ニミッツの3隻の空母（引用者注：エンタープライズ、ホーネット、ヨークタウン）は南雲の4隻の空母をノックアウトできるかもしれなかった。

この計画の成功のためには、南雲が**いつ、どこに現れるか**をニミッツは知る必要があった。提督はこの課題をレイトン（引用者注：**Commander Edwin Layton**、海軍中佐で情報参謀）に割り当てた。レイトンは諜報部門が直前3週間で見つけ出した情報を審査し、各種海図を眺めて太平洋の風向き、天候、海流を研究した。メモ類を比較して検証するため、彼はロシュフォート（引用者注：Lieutenant **Commander Joseph Rochefort**、海軍少佐で米海軍の対日諜報情報解析機関**HYPO**の所長）に繰り返し電話した。そしてついにレイトンは、彼が推定した内容をニミッツに報告できるとの確信を得た。」

つまりニミッツはこの時点で、日本軍が来襲する予定であること、その目標はミッドウェー島であること、その目的はミッドウェーの地上・航空戦力を叩くこと、来襲する敵の中核部隊とその艦隊構成、さらにはその司令長官の名前まで把握していたのである。

## 第二章

レイトンの推定の内容。出所は"Intelligence and Surprise Attack

: Failure to Success from Pearl Harbor to 9/11 and beyond" by Erik J. Dahlである。

「ミッドウェー海戦前の時点でアメリカの司令官たちが利用できた諜報情報の最終的な一片は、アメリカ史上最も重要な意味を持つ戦術諜報分析の1つとして有名になった。この分析はレイトンによって行《おこな》われた。レイトンは、目前に迫った戦闘のためにアメリカ艦隊の配備計画の立案をしていたニミッツ提督に召喚されたのだった。提督のレイトンへの質問は単純なもので、次の通りであった。**日本の攻撃はいつなのか?**

ニミッツの伝記を著したE・B・ポッターとの口頭インタビューの中で、レイトンはその面会状況を以下のように説明した。

『実際、提督は日取りと時間の特定を私に求めたのです。私は「そこまで特定するのは非常に困難です」と答えました。提督は、「私は特定することを君に要求する。そもそも、私が君に与えた役割は、日本軍を指揮する提督の立場に立ち、何をするつもりなのかを私に伝えよというものだった」と言いました。そこで私はこう答えました。「…了解しました、提督。私は以前、敵空母は恐らく6月4日の朝に攻撃を仕掛けるとの諜報情報を差し上げましたので、日取りは**6月4日**と致します。次に、敵は北西の方向つまり**方位325度**からやって来ます。敵はミッドウェー島からおよそ**175マイル離れた地点**で、ミッドウェー時間およそ**0600時**に見つかることでしょう。」』

後日、**接近中の日本の空母の報告**が届いた際にニミッツは作図室に行き、海図上で位置確認を行《おこな》った。それが済むと、提督はレイトンの方に向き直り、笑顔と共に次のコメントを述べた。『**おや、君はわずかに5分、5度、5マイル外れただけだった。**』

「方位」は、ある地点から北極点へ向けた方向を0度とし、時計回りで数字が大きくなり、その地点から真東が90度、南極方向が180度、真西が270度で、最終的には360度で真北に戻る。レイトンの報告の「方位325度」とは、ミッドウェー島から見て北西315度の方向よりも、10度ばかり北寄りの方向である。その方向から日本軍がミッドウェー島に向けてやって来るというのである。

当時、空母からの艦載機の発進（空母からの発艦）は、無用な事故の発生を避けるため、夜間には行《おこな》われなかったようだ。また、日本の攻撃機が発進した後では、それらの攻撃機による米軍側の被害が大きくなってしまうので、明るくなって日本の攻撃機が発進する前にその空母を沈めなければならない。その一方で、索敵は明るい光の中のほうがやり易い。そこで、ぎりぎり、「現地時間6時」での敵の位置はどこか、という考えに至ったのだと筆者は思う。レイトンがその時間における位置報告を選んだのは、そのような作戦上の戦術があったからこそであろう。それが、ミッドウェー島から175マイル、方位325度という位置づけの報告につながったのではないだろうか。

南雲中将の第一航空艦隊はミッドウェー島に奇襲攻撃をかけるつもりであったが、動きを事前に解読・察知され、逆に待ち伏せされて奇襲をかけられてしまった。戦闘開始の時刻を定めたのも米海軍だったのである。

### 第三章

あるインターネットサイトは「**接近中の日本の空母の報告**」の詳細を伝えている。

「6月4日の午前6時少し前、PBYカタリナ水上機が明るい朝の光の中を飛行していた。ハワード・P・アディー海軍大尉(Lieutenant Howard P. Ady)とその乗組員たちは、すでに夜明け前からミッドウェー島の北西方面で索敵を続けていた。やがて、次の電撃的なメッセージがアディー機から発せられた。『当機は空母2隻ならびに戦艦2隻を報告する。**方位320度、距離180マイル**、針路135度、船速25ノットである。』」

これが、南雲艦隊が米海軍の索敵機に発見された際の具体的な報告内容である。レイトンの推定に基づき、ニミッツがこの方面に索敵機を張り付けたのであろう。

「針路」とは、対象となっている艦を中心に考えるものであり、その艦が進んでいる方向を指す。数字は「方位」と同じく、北極方向が0度、真東に向かっていれば90度である。アディー大尉の報告の「針路135度」とは、日本艦隊はちょうど南東の方向に向かって進んでいることを示している。

最後に時間の件だが、別の文献によれば、このPBYカタリナ水上機が報告を発した時間は**午前5時52分**であり、これはミッドウェー島で受信され、ミッドウェー島地上局から海底ケーブル（敵が傍受する心配がない）を通じてオアフ島・真珠湾の太平洋艦隊司令部に送信されたとのことである。受信した無電情報を海底ケーブル使用のために打ち直すのに数分を要したものと考えられる。

## 終章

日本海軍サイファーの解析と「マダムX」。出所は"AND I WAS THERE : Pearl Harbor and Midway - Breaking the Secrets" by Edwin T. Laytonである。この章では筆者仮訳による引用ではなく、この書籍から読み取ったことを記述することとしたい。

レイトンによれば、当時の暗号には、cipher《サイファー》によるものとcode《コード》によるものがあったとのことである。前者は文字暗号であり、原文の文字を1つずつ他の文字に変えるもの、後者は語句暗号であり、ひとまとまりの単語などを他の一定の長さの記号に置き換えるものだと云《い》う。日本海軍の暗号は前者と後者を組み合わせたもので、定期的に変更されるキーによって5桁の数字をサイファーもしくはコードに置き換えるものだった。1939年6月1日には「海軍暗号書D」（米側呼称JN-25）と呼ばれるサイファーに置き換えられていた。しかし、このサイファーは1940年12月にはほぼ解読・解明されていたとのことである。

この日本海軍暗号のほとんどを解読したのが米海軍の「マダムX」ことアグネス・マイヤー・ドリスコール夫人だった。ドリスコール夫人は海軍に雇用された文官だったが、対日戦勝利の立役者であることは間違いない。男が作った暗号など、女性が解けないはずはない、というのが信条だったと聞く。ただ、現在でもドリスコール夫人の活躍内容は詳しく発表されていないようだ。部分的にしか伝わって来ない。

たとえば、1936年当時のレイトンは大尉であったが、ドリスコール夫人が率いていた海軍通信部暗号解読班（通称OP-20-G）に勤務していた。ある時、夫人が大きなグラフをレイトンに見せた。さまざまな色のさまざまな文字がジグザグに並んでいた。それが日本語で何か意味を持つのではないかとレイトンに訊ねたそうである。1つのジグザグは母音だらけで意味をなさなかった。もう1つのジグザグはどうか、と聞かれた。それは「ト」、「ミ」、「ム」、「ラ」と読めたので、人名か地名のどちらかだろうと回答したそうである。ところが夫人は納得しなかった。そこでレイトンは少し考えて、「ムラ」はvillageを意味するが、漢字で書いた場合は「ソン」と読む場合もあると回答したそうである。その日の昼食時、夫人は「レイトン大尉のおかげで長い間解けなかったサイファーの一部が解けた。これは『トムソン』という人名だと判明した」と伝えたそうであった。この「トミムラ」こと「トムソン」は合衆国太平洋艦隊所属の通信士で、合衆国の新型爆撃照準器の設計図や技術を日本海軍に売り渡していたと判明し、合衆国防諜法違反容疑で逮捕されたとのことである。

ドリスコール夫人がレイトンに見せたグラフは、夫人の部下が考えついて導入したＩＢＭ製のデータ処理装置（図表作成機）が作成したものだと筆者は推測する。日本海軍のサイファーに使われるキーの法則性を計数的に分析するには、この汎用の機械式データ処理装置が利用できると判断したようだ。夫人はずっと紙上で研究していたので機械の導入には最初は反対であったが、この機械を利用するとキーの判読作業が効率的になると納得して、積極的に活用するようになったとのことである。筆者の想像では、これは半導体のスイッチング機能を利用した演算装置ができるよりもはるか以前の機械式データ処理機であろう。ロシュフォートが局長を務めるＨＹＰＯ局にも導入され、やかましく騒音を立てて稼働していたとのことである。太平洋全域の日本海軍艦船のやり取りする暗号文のデータをこの装置に入力する大量のデータ入力要員をロシュフォートは配下に抱えていたそうである。

ロシュフォートのＨＹＰＯは、空母「赤城」の通信員の「まるで足で蹴とばしているような」ぞんざいな無電の打刻音を聞いただけで、それが赤城から発信されたことをただちに了解したそうである。そのため、その無電の発信場所の方向を解析するだけで、赤城が今どこにいるかがわかったという。方向解析は電波の直進する性質を利用したもので、2カ所以上で同時に受電し、その発信方向を地図上で線引きし、線が交わったところがその発信位置と判明するとのことである。さらに、その電信文の呼出符号（コールサイン）が赤城のものであることもわかるので、定期的に変更されてもそこから日本海軍の他艦の呼出符号を類推できたようである。

なお、レイトンもロシュフォートも日本に留学した経験を持ち、日本語に精通していた。両名ともに、当時の日本の文語調の文章を難なく読みこなすことができたのである。レイトンは別府温泉に長期に亘って滞在し、芸者を相手に日本語を学んだようである。山本五十六連合艦隊司令長官とも野村吉三郎駐米大使とも知己の間柄であったと云《い》う。自分の諜報情報によってブーゲンビルで、敵ながらある程度好感をもっていた山本司令長官の搭乗機が撃墜されたときには一抹の良心の呵責を感じたが、戦争だから仕方がないと考え直したそうである。

## 敵将ニミッツ

最後に、1943年4月14日の早朝、ＨＹＰＯ局に勤務していたアルヴァ・Ｂ・ラスウェル海兵隊少佐（Major Alva Bryan Lasswell）は、日本海軍が発した暗号電文を傍受・解読した。彼も日本留学組の1人で、日本語に精通していたようだ。少佐が解読した暗号電文は当時の日本海軍の暗号体系であるJN-25Dによらない暗号で、日本陸海軍共通の暗号で発信されていたという。地名を表す暗号はＲＲがラバウル、ＲＸＺがバラレ、ＲＸＰがブインであることはわかっていた。解読・翻訳された電文は驚くべきもので、次の通りであった。

「4月18日、連合艦隊司令長官は以下の日程でＲＸＺ、Ｒ？？およびＲＸＰを訪問する。」

「①午前6時、戦闘機6機に護衛された中距離攻撃機でＲＲを出発。8時、ＲＸＺに到着。掃海艇でＲ？？に向かい、8時40分に到着。」

「②司令長官は右記各地で視察。？？？で傷病兵を慰問する予定だが、現行の作戦は継続せよ。」

レイトンが何らかの理由で伏字《ふせじ》にしたＲ？？と？？？は、共に「ショートランド」を指すことがわかっている。

山本司令長官の前線視察に関する右記の諜報情報をレイトンから報告されたニミッツは、この好機にすぐには飛びつかなかった。アメリカ海軍が日本海軍の暗号を解読できている状況をまるで理解していない山本を殺害せずにこのまま生かしておいて敵の司令長官に据え置いたほうが、今後の作戦展開の上で有利であろうと考え、撃墜命令を下《くだ》すのをためらったようである。しかし、山本を個人的に知っているレイトンから、「山本以上に有能な指揮官は今の日本海軍にはいないはずです」と言われて熟考したそうだ。

その時にレイトンが驚いたのは、ニミッツが日本海軍の指揮官の１人ひとりの能力と評価を正確に把握していたことだった。後任の敵司令長官の候補について思いを巡らせたそうである。例えば、有能な指揮官としてマークしていた山口多聞《たもん》少将は、空母「飛龍」とともにミッドウェー海戦で撃沈され、戦死していた。最終的にニミッツは、確かに山本以上の人物はいないと判断した。

山本司令長官の殺害は内外に大きな影響を与えることを予期していたニミッツは、上司のフランク・ノックス海軍長官を通じてルーズベルト大統領にこの撃墜作戦の実行に関する承認を求め、その承認を得る段取りを踏んでいた。

レイトンによれば、ニミッツはこの作戦の遂行によって日本海軍の暗号が解読できていることを日本側に気づかれることを警戒したそうである。そこでレイトンは、山本搭乗機の編隊の詳細情報（＝２機の一式陸攻と６機の零戦）、時間等をブーゲンビル地区を管轄していたハルゼー提督に知らせる際、「ラバウル付近のオーストラリアの沿岸監視員からこの情報を得た」との偽の情報を米軍の戦闘機パイロットに与えるように指示する文言を挿入したそうである。日本軍の捕虜になってもそのように言うであろう。公式的には、暗号解読による情報ではなく、そのようにして得た情報ということになっているのだと思う。

１９４３年4月18日午前9時30分、山本五十六連合艦隊司令長官は、ブーゲンビル島ブイン付近で、搭乗していた一式陸攻がハルゼー配下の大群（一説に16機）の合衆国陸軍のロッキードP-38ライトニング戦闘機（指揮官はジョン・W・ミッチェル少佐〈Major John William Mitchell〉）の攻撃によって撃墜され、戦死した。

「太平洋戦争」における敵の大将は、マッカーサーではないと筆者は思う。ニミッツだったのである。これは、ニミッツの掌の上で戦わされた戦争だったのだ。

# 付録4　暗号解読の実例・日本海軍スパイ森村正・一等書記官（本名：吉川猛夫・海軍少尉）の「阻塞気球」暗号電報

（本稿の出所：Robert B. Stinnett DAY OF DECEIT　The truth about FDR and Pearl Harbor. Simon & Schuster. New York. 2000. 以下、同書籍をスティネットと称する。邦訳「真珠湾の真実　ルーズベルト欺瞞の日々　ロバート・B・スティネット　妹尾作太男監訳　文藝春秋　2001年」）

パール判事はアメリカ側の事情について次のように調べ上げていることをすでに見た。傍線筆者。

「証拠は今や、日本が攻撃をして来るとの事実をアメリカは事前に承知していたことを完全に立証している。どこを最初に攻撃されるのかについて通知を受けるべき資格がアメリカには無かったことは確かである。」（判決書p.554上段）

そうであれば、日本がどこを狙って攻撃するのかを知りたいと思うのが自然であろう。実際、彼らはそのように考え、行動したのである。

日本海軍は真珠湾の状況を探るために、表向きは外交官を装い、吉《よし》川《かわ》猛《たけ》夫《お》少尉27歳をホノルルに送り込んだ。一等書記官にしては不自然に若いため、この人物は怪しいと早期からFBIの捜査対象となっていた。電話盗聴（個人宅と総領事館の両方）を含む捜査の結果、スパイ嫌疑について十分な証拠を握ったFBIのジョン・エドガー・フーバー長官は、逮捕もしくは国外追放を促す報告書をホワイトハウスに送り続けたが、無視された。

ついに合衆国国務省（＝FDRと親密であった国務次官補アドルフ・ベルレ2世）がフーバーに対し、この人物を国外追放する権限を持つのはルーズベルト大統領だけだが、かかる国外追放に至らしめる何らかの訴追の実施はアメリカが日本の暗号を解読できていることを暴露することになるので、それは大統領にとって可能なことではないと申し渡した。（スティネットp.97）スティネットはここまでしか書いていないが、それ以上の何らかの行動を取れば利敵行為となり、重罪(felony)たる国家反逆罪（treason）の嫌疑を自らに対して惹起せしめる可能性があるので、フーバーは義憤を押さえて黙らざるをえなかったのだろうと筆者は思う。こうして「森村正《もりむらただし》書記官」の自由行動は、大統領が保証したも同然となったのである。

森村（吉川）は真珠湾を縦横にマトリクス化し、停泊している軍艦の船種等を書き込んで刻々と東京に報告した。撃墜された日本海軍の真珠湾攻撃機から、そのマトリクスの図面が米海軍により押収されている。（スティネットp.106）なお、これらの森村（吉川）からの報告電文すべては米海軍が傍受、解読済みであった。（スティネットp.95）

吉川少尉の最後の活躍が、本稿の暗号電文の発信であった。少尉は知らなかっただろうが、その日は真珠湾攻撃の前々日であった。

A．HYPOによる判読文（PHPT（Pearl Harbor Part. 真珠湾調査報告）第38巻 item 232より。スティネットp.117。原文はローマ字表記だが、筆者が日本語の平文に起こした。）

#02530 秘　「PA暗号」（#368）　1941年12月6日
発：喜多（引用者注：喜多長雄ホノルル総領事）
宛：外務大臣、東京
貴電 #123末段に関し、

1.米本土にありては、Octoberこ、陸軍はKE（C）LA（am）EK（p）ZI（－）DI（Da）YC（vi）IW（s）ZI（－）VY（N）AA（・）KE（C）AA（・）IO（引用者注：英文字でスペルアウト、Camp Davis-N.C.: キャンプデービス、ノースキャロライナ）において阻塞気球兵の養成に着手し、数百の気球を注文せしのみならず、気球によるハワイ、パナマ防衛をも考慮しおる趣《おもむ》きなるところ、当地に関しては真珠湾付近を探査せるも、それと思われる場所の選定および係留施設等をなしおらず。また、気球浮揚訓練も見ざるにおいて、今のところ阻塞気球設置の兆候すら認めず、かつ、早急には実現せらるるものとは認め難し。而《しか》して、もし実現するとも、真珠湾に近接せるヒッカム、フォード、エワ飛行場の離着陸（水）に対する空の戒遇をOU-D-K　ざ—Yべいからずyucみ真珠湾気球防衛—E—Fげん Y-あり、これをA-ぜきする機会は相当たbuw見もこさるるものと—Nだんせらむる。

2.かん1—くせるところ、戦艦は魚雷防御網を有せず。詳細引き続き調査ほう—Gらんこととす。

A.の判読文（ローマ字文）には計88箇所もの解読エラーがあるとカリフォルニア大学バークレー校の Naemi and Sean McPherson が指摘している（スティネットp.117）。スティネットは明記こそしていないが、何らかの隠匿を目的とした改ざんを強く示唆している。完全な文章を知りたいものだ。日本側の官庁のどこかに、この電報の受電記録が残っていないだろうか。

この電文はホノルル日本総領事館よりRCA社を経由して東京に発信された。電文は5文字サイファーのPA暗号にて発信された。合衆国海軍US局の局長ローランス・サフォード中佐は、ヒューイット調査（1945年7月4日）で「PA暗号の解読には何の困難もありません」と証言している。この証言はPHPT第36巻の67ページに記載されている（スティネットp.353）。

B．HYPOによる英訳文（スティネットp.116 傍線筆者。）

From：Honolulu

To.：Tokyo

December 6, 1941

\#253　Re. the last part of your #123 (a.)

1.In the American Continent in October, the Army began training barrage balloon troops at Camp Davis, North Carolina. Not only have they ordered four or five hundred balloons, but it is understood that they are considering the use of these balloons in the defense of Hawaii and Panama. In so far as Hawaii is concerned, though investigations have been made in the neighborhood of Pearl Harbor, they have not set up mooring equipment, nor have they selected the troops to man them. Furthermore, there is no indication that any training for the maintenance of balloons is being undertaken. At the present time there are no signs of barrage balloon equipment. In addition, it is difficult to imagine that they have actually any. However, even though they have actually made preparations, because they must control the air over the water and land runways of the airports in the vicinity of Pearl Harbor, Hickam, Ford and Ewa(b.), there are limits to the balloon defense of Pearl Harbor. <u>I imagine that in all probability there is considerable opportunity left to take advantage for a surprise attack against these places.</u>

2.In my opinion the battleships do not have torpedo nets.

The details are not known. I will report the results of my investigation.

(a.) Not available.

(b.) Kana spelling

この電文を読んで日本軍の意図を何も感じない人は、思考力・警戒心のない人であろう。

この暗号電文はＨＹＰＯでロシュフォートの補佐をしていた海軍上級事務係下士官ファーンズリー・ウッドワード（Chief Yeoman Farnsley Woodward）が１９４１年12月７日に先だって（原表記はprior to）受電・解読・翻訳した。（スティネットp.353）

このことはＰＨＰＴ第38巻 item149 にファイルされている、本件に関するＲＣＡ社から日本総領事館への請求書の写しの上にウッドワードが手書きで「**１９４１年12月５日受電。サイファー解読と翻訳は１９４１年12月７日に先だってなされた。オリジナルメッセージはワシントンに送付したが、翻訳文は真珠湾に留め置かれた。（原文：Received on 5 Dec.1941. Deciphered and translated prior to 7 Dec.1941. Original message sent to Washington, translation retained by Pearl.)**」と書き込んでいることから裏付けられる。（スティネットp.353）オリジナルメッセージはA.を、翻訳文はB.を指すものと思われる。

ロシュフォートはこの情報をキンメル提督に上げなかった。（スティネットp.115~p.118）

ロシュフォートのこの不可解な行動を解くヒントが次の箇所に記述されている。すなわち、合衆国海軍のUS Naval Institute Oral History Programの「The Reminiscences of Captain Joseph J. Rochefort（ロシュフォート大佐の回顧録）」p.163においてロシュフォートは、「12月７日の真珠湾での殺戮は、アメリカの結束のためには安い対価であった」と述べている。原文は"Carnage at Pearl Harbor on December 7 was a cheap price to pay for the unification of America."（スティネットp.353）

命は鴻毛よりも軽し。ヨシフ・スターリンは、「一人二人を殺害すれば凶悪犯だが、１００万人を殺害すれば統計にすぎない」と述べたという。国家の大計の前には、人命はかくも軽いものなのであろう。

スティネット自身、ＦＤＲを告発するためにこの本を著したのではない。逆である。全体主義国家ナチ・ドイツを叩き、イギリスを救うためにドイツと開戦するのは合衆国にとって正義であり、頑固に非戦に凝り固まっていた米国国民の意志をひっくりかえすための手段として日本を追い詰めて最初の一矢を打たせるとの非常なる困難を成し遂げたＦＤＲは偉大である、という立場でこの本を書いている（スティネットp.259）。これはＦＤＲの業績を称揚するための本なのだ。だからこそ、この本の記載事項・調査事項にごまかしやでっちあげはないだろうと考えられるのである。そんなことをすればＦＤＲの経歴に汚点を付けることになってしまうからだ。邦語訳タイトルの「欺瞞の日々」というのは、誤解を招き易い。ＦＤＲは欺瞞（deceit）という手段までも使って巨大な「善」をなしたというのがその意味合いなのであろう。筆者個人はＦＤＲの行為には全く賛成できないが。

ＦＤＲは米海軍のアーサー・マッカラム少佐に「戦争挑発行動八項目覚書」を作らせた。パール判決書第四部最終段階が明らかにした実際の歴史を見れば、ＦＤＲ政権はこの「八項目」を忠実に実行して日本国を戦争へと追い込んで行《い》ったことが読み取れる。この「覚書」の全文はスティネットp.271以降の"Appendix A : McCollum's Action Proposal : Lieutenant Commander Arthur McCollum's Memorandum of October 7, 1940"に６ページに亘って記載されているので、ぜひお読みいただきたい。

# あとがき：「東京裁判」と「日本無罪論」

「パール判決書とは、結局は何が書いてある本なのですか？」と尋ねられたことがあった。筆者にはうまく答えられなかった。

そこで、本書の巻末においてパール判決書の全体像について少し考えてみることとしたい。前著と本書は、パール判決書各部の細部を探り出す試みであった。いわばミクロの視点からの著述であった。ここでは、その全体像をマクロ的に俯瞰しておきたいと思った。

## 膨大なパール判決書

ただ、この膨大なパール判決書では、実にさまざまな事項が細大漏らさず丹念に検討されており、「何が書いてある」と一口にまとめることは、極めて困難なことにすぐに気づいた。

まず、大きく「狭義の判決書」と「意見書」としての論述があると筆者は考えている。性格の異なる2つの分析がなされているのである。「狭義の判決書」の結論として、被告人25人は全員無罪という点が明示されている。この無罪判定は、パール判事が検察側によるさまざまな訴追をすべて取り上げて検討し、また、残虐行為の証拠として、これでもかとばかりに持ち込まれたおびただしい量の証拠類すべてに丹念に目を通した上で、パール判事が下《くだ》した結論である。その検討内容の仔細については、第四部と第六部の分析を丹念に読み込んでいけば、そのいずれもが無理なく得心できるものと思う。例えば、全面的共同謀議は荒唐無稽であること、残虐な行為の下《もと》に戦争を行《おこな》えとの命令・授権・許可の証拠は「絶無」であること、被告人たちの「怠惰」がかような残虐行為をもたらしたなどという議論は成り立たないこと、等を見た。

次に、「パール意見書」であるが、これは東京裁判の抱える多くの「脆弱性《ぜいじゃくせい》」を洗い出し、東京裁判所を司法裁判所とするために必須であるとパール判事が考えた諸点を分析したものである。信じがたいことだが、そもそもどの法を根拠にして被告人を裁くのかという、およそ裁判を進行させるにあたっての根本的な部分が、この東京裁判ではあいまいなままであったのだ。また、日本の戦争がいわゆる「侵略戦争」であったとする根拠は、パリ条約に違反したことであるとされた。そこでパール判事は、そのパリ条約が法の範疇に入るものか、あるいは単なる契約に類したものにすぎないのかを分析したのであった。さらに、「侵略戦争」とはどのような戦争のことを指すのか、その判断を下《くだ》す指標となる定義が存在したのか、さらに、「侵略戦争」とされる戦争は国際法において犯罪であったのかも分析された。その結果、誰も定義付けには成功しておらず、また、国際法は「ある国を他の国が支配すること」を犯罪である、もしくは違法である、とするほどの発展はしなかったとの法律観にパール判事が到達したことを見た。東京裁判では日本と被告人25名の有罪を何としても立証するべく、証拠類を前広に受け入れる必要があったことから、伝統的に各国の国内法体系が積み上げて来た証拠受入方法と手続きを無視することになってしまった経緯も見た。

最終的に、パール判事の分析を引き継いだダグラス陪席判事が東京裁判の本質についての分析をさらに進め、東京裁判とは司法裁判ではなく、ひとえに政治権力の手段であったこと、東京裁判所は合衆国政府の行政部門による軍事力の手段として行動したと結論したことを見た。パール判事が暗示に留めた件が立派に該当していることを立証したのであった。

つまり、東京裁判は被告人25名を司法裁判として裁いた裁判ではなかったのである。

## ニュルンベルク裁判

そこで疑問として浮上するのは、この東京裁判はそもそも何のために行《おこな》われたのか、である。パール判事が示唆したように、「現在のような裁判所（引用者注：東京裁判所）の設立は司法的措置であるというよりはもっと政治的なものであり、本質的には政治的な目的に司法の装いを施して覆い隠したものである」（判決書p.30上段）ならば、その真の目的は何だったのだろうか？　東京裁判が実現したかった政治的目的とは何だったのだろうか？

その問題に取り組むためのカギは、ニュルンベルク裁判だと思う。日本がドイツと共に枢軸国として米英中と戦ったのは紛れもない事実である。そのドイツは日本より先に降伏して、ニュルンベルク裁判が開催された。そのニュルンベルク裁判を手本として東京裁判が開催されたのである。東京裁判では検察側がたびたび、ニュルンベルク裁判を参考とするよう判事団に慫慂《しょうよう》していたのは、すでに見た通りである。

そこで、ニュルンベルク裁判の概要をざっと俯瞰してみたい。

**①適用される法**　これはローレンス裁判長によって、「裁判所憲章」が遡及して適用される法であると明示された。

**②訴因**　これは4個のみであった。訴因1：共同謀議。訴因2：平和に対する罪。訴因3：戦争犯罪。訴因4：人道に対する罪。以上である。なお、訴因1の共同謀議は訴因2、3、4、すべてに関わるものとされたが、審理の途上で共同謀議の対象を「平和に対する罪」のみとすることとし、「戦争犯罪」と「人道に対する罪」に関する共同謀議は、審理対象から外された経緯がある。

**③「ナチ党」の存在**　ニュルンベルク裁判においては、ナチ党が「侵略戦争の準備、開始、遂行のための共通の計画」を立案し、遂行した共同謀議機関であったことが明白である。それを立証する証拠には事欠かなかった。また、各被告人についての「戦争犯罪」と「人道に対する罪」についても証拠は豊富であり、何らかの「推定」をしなければ成立しない訴追はなかったのである。

**④有罪無罪の判定と量刑判断**　ニュルンベルク裁判では、訴追された24名の被告人が4つの訴因それぞれにどのようにかかわったかの事実認定によって有罪・無罪が判定され、また量刑が判定された理由も明らかにされた。無罪となった被告人もいた。

以上見たように、ニュルンベルク裁判においては、「適用される法」、「訴因」、裁判の進行方法、有罪判定、量刑判断、いずれにもほぼ無理がなかったように見受けられる。全体として大きな問題もなく「刑事裁判」として公判が進められたものと筆者には思える。

## ニュルンベルク裁判が達成したもの

ニュルンベルク裁判の唯一の脆弱性《ぜいじゃくせい》は、「適用される法」が遡及法であった点であろう。

しかし、英国人歴史家（R. John Pritchard）によれば、侵略戦争を行《おこな》ったナチ党を欧州全体の問題として徹底して断罪し、その将来的な再発を防ぐことが欧州には必要だったとのことである。要は、ナポレオン同様、1国全体を簒奪した疑いのある共同謀議の組織体であり、さらにはユダヤ人虐待等の弁解不能な非道を行《おこな》ったナチ党の再発を防ぐことこそがこの裁判の最大の眼目ということなのだろう。もしもそうであれば、法的な技術論の細部の齟齬には目を瞑《つぶ》って前に進む、という考え方にも、少し乱暴ではあろうが、正当性があるものかもしれない。つまり、欧州のみならず広く人類社会全体の発展や歴史的思索への貢献のために、という大きな観点に立てば、多少の技術的な齟齬はあえて無視するという判断も「あり」として、受け入れられたのであろう。

実際、ナチの再発防止という目的は十分に達せられたように筆者は思う。現在のドイツでは、ナチを賛美する演説や著述の実施、右腕を高く掲げるナチ式の敬礼やナチの党歌「旗を高く掲げよ（通称ホルスト・ヴェッセル・リート）」の斉唱を公衆の面前で実施すると、警察官が飛んできて拘束されると聞く。まさに我々が生きている今・現在の人々の言動が、物理的に縛られているのである。現下のドイツ社会ではナチ撲滅が思索面のみならず、司法面・行政面も含めさまざまに担保されているのだ。これはニュルンベルク裁判でのナチ断罪が徹底されて行《おこな》われたことの証《あかし》として捉えることもできるのではないだろうか。

また、このナチ断罪の成功は、「ナチ党」をドイツ一般国民とは切り離して裁いた手法にもその要因があるのではないだろうか。「悪いのはナチ党であって、我々ドイツ人は彼らに騙されたのだ。我々は無垢だ。」という見解に対し、ほかならぬ戦勝国が「まさにその通り」と、この裁判によってお墨付きを与えたのだ。ニュルンベルク裁判の運営方法や戦勝国によるその強引な訴追の手法についての批判は、当然あると思うが、その判決を受け入れることについては、ある意味で現代ドイツの国益に沿う面もあるのである。

「ナチの断罪」と「その再発を防ぐこと」は、政治的な目的であるといえなくもない。しかし、本書の第二編第一部§3．で見たように、「ドイツ国内法廷」を立ち上げて、その法廷に「ドイツ国内法」に基づく「司法裁判」の審理を強力に進行させることによって、その目的の達成にかなりの成功を収めたものと筆者には見受けられるのである。

## 東京裁判

翻って東京裁判を俯瞰してみよう。ここでは、ニュルンベルク裁判とはあらゆる点で状況が異なるように思う。ニュルンベルク裁判について筆者が挙げた①～④の論点はすべて、東京裁判では成り立たないのではないだろうか。順に見ていきたい。

まず、①「適用される法」は東京裁判においては結局、曖昧模糊としていた。検察側（コミンス・カー検察官）が「裁判所条例」は法ではないと明示しているにもかかわらず、多数派判事はそれを法と定めて審理し、判決を下《くだ》したのである。パール判事のみが「裁判所条例」は犯罪を定義していないことに着眼してそれを立証し、また、適用する法は本裁判所が適当と認める国際法とすべきことを判定したのであった。さらに、ダグラス陪席判事は、「軍事命令書によって最高司令官（＝マッカーサー）は東京裁判所を設置したが、その軍事命令書の中で最高司令官が表明した意志に、東京裁判所は対処したのであった。東京裁判所はその法を東京裁判所を設置した者から受け入れたのであって、上訴人たち（＝被告人たち）の権利を国際法の下《もと》で裁定するところの自由で独立した裁判所としては行動しなかった。」と述べている。

また、②の「訴因」は、東京裁判においては当初55個にも上っていた。ただし、これが公判の途上で絞り込まれていき、多数派判事による判決の段階では結局は10個となったのはすでに見た通りである。なお、第二編第一部で見たように、6カ国への侵略を計7個（ソ連だけ2個）に分けた訴因を1つとみなせば、ニュルンベルク裁判同様に4個となる。どうあっても日本および被告人たちを有罪に持ち込むために前広に訴因を立ち上げたものの、公判の進行中に様々な理由でやむを得ず絞り込まれていった経緯が窺われる。最初から問題なく4個の訴因でスタートしたニュルンベルク裁判とは異なるのである。

次に、③の共同謀議を推進する機関の存在が日本においては立証できなかった。その存在を立証する証拠を挙げることができなかったのである。そこで、そのような共同謀議が存在したと「推定」するよう、東京裁判の判事団は求められたのであった。

最後に、④の有罪判定の理由と量刑判断の根拠については、東京裁判においては結局、明らかにされなかった。各被告人が有罪とされた訴因は発表された。しかし、なぜその訴因で有罪となったかの理由と、それがどのように量刑判断につながったかの詳しい説明は、ついに発表されなかった。

パール判事は暗示的に、そしてダグラス陪席判事は明示的に、東京裁判は司法裁判ではなかった、戦闘行為の延長であった、と述べている。東京裁判を詳細に分析した2名の司法裁判官がそろってそのように述べたのだ。一方、筆者はニュルンベルク裁判に対しては、そのような評価を寡聞にして知らない。

また、マッカーサーがトルーマン大統領に対し、「東京裁判は誤り」と述べたとの新聞報道がGHQ支配下の日本で行《おこな》われた（1950年10月）。当時は新聞報道に対する検閲が厳しい時代であり、もしもGHQの意に添わない報道であれば差し止められていたはずである。日本占領に関してマッカーサーが手掛けた多くの事案の中で、「東京裁判」は成功した事例とは捉えられていないのだろう。

### 東京裁判「失敗」の理由

筆者には、東京裁判「失敗」の理由を解くカギは、ドイツと日本の間で、それぞれの国が行《おこな》ったことに大きな差異があったことにあると思える。

ドイツ：ナチによる他国侵略の計画的推進、ユダヤ人迫害という人道に対する罪。

日本国：中国戦線にせよ、真珠湾攻撃による太平洋戦線にせよ、計画性ゼロで状況によって不本意に戦争を開始したこと。特定の民族を迫害した事実はないこと。

ユダヤ人に限っていえば、むしろ東条以下の日本陸軍は同盟国ドイツの要請を振り切って、その人命を助ける命令を出していたのである。

これらの違いが、東京裁判をニュルンベルク裁判と同じやり方で取り扱うことを不首尾に追い込んだように筆者は思う。ドイツの被告人に対する裁判と同じ起訴状、同じやり方で日本の被告人を訴追したことが、「失敗」の大きな原因ではないだろうか。

ナチの断罪、という強力な説得力を持つ目的の実現が、遡及法の適用さえも可能にさせたのである。一方、東京裁判の検察側は、日本に対してそこまで踏み込むことはできなかった。彼らは「裁判所条例」が法であることを、明示的に否認したのであった。

### 東京裁判が成し遂げたもの

大掛かりな時間とマンパワーを費やした東京裁判は、結局は何を成し遂げたのだろうか？

色々な見方はあろうが、日本国と「A級戦犯」25名が、いずれも途方もない悪玉であったとの印象付けに成功したのだと筆者は思う。ナチの断罪と再発防止にニュルンベルク裁判が成功した一方で、東京裁判が成し遂げたのは、ナチと手を組んだ日本という国がとてつもなく悪い国だったとの印象付けであったのだと思う。ナチと並ぶ悪玉である日本軍国主義者（＝共同謀議者）をこの世の中から一掃し、これによって世界平和は回復された…という「物語」を、ニュルンベルク裁判に続く東京裁判によって完成させたのである。

しかし、パール判事はこの「物語」を否定したのだった。次の引用の通りである。

「ナチの侵略者がすべて駆逐され、日本の共同謀議者たちが監獄の中に不安なく収容されているこの時点において未《いま》だに、『我々の理想や利害に対して世界の状況がこれ以上に脅威であったことはこれまでの歴史上かつて無かった』と我々はおごそかに申し渡されたのである。すなわち、世界の注意はまだまだ正しい方向には向けられてはいないということなのであろう。」（判決書p.643上段）

東京裁判の後の実際の世界の動きを見ても、パール判事の右記指摘の正しさは立証されたものと思う。戦争に継ぐ戦争であった。世界平和は一向に回復されてはいないのだ。

そうだとすると、「東京裁判」において、何らかの人類への貢献はあったのだろうか？

筆者はこの命題については、日本国の政府ならびに軍隊には、ナチと並ぶような非道はあったのか、という観点から考えるべきだと思う。ナチと並ぶ非道を日本が行《おこな》ったのだとすれば、その再発を防ぐための措置として東京裁判は有益であったと申し述べることもできよう。それでは、何が考えられるか。戦争開始における不始末？　残虐行為？　侵略戦争？　民族抹殺…？

宣戦布告なしでの真珠湾攻撃については、事前の通達は「ドン・キホーテ的任侠」という指摘があった。残虐行為については、証拠類の多かった南京をはじめ、散発的事案が各地においてあったが、それらに責任のあった者たちは「その命をもって償いをさせられた」。日本の軍隊に限らず、そもそも、そのような残虐行為を起こさなかった軍隊は無かったとパール判事は指摘している。また、「侵略戦争」とされる戦争の開始を犯罪とするだけの国際法の進展はなかった。日本が何らかの民族を抹殺しようとしたという話は聞かない…。

とすれば、日本国のやったことのいったい「何」が、再発を防ぐべき内容だというのか？　あるいは、日本の「何」を断罪して、人類は二度とやるべきではないとすべきなのか？

この問いに正面から答えることができなかったことこそが、マッカーサーの「東京裁判は誤り」とのトルーマン大統領に対する述懐につながったものと思う。

## 戦敗国・日本に対する裁判

ここで見方を変えてみよう。少なくとも日本は、ドイツ同様の戦敗国であった点は確かである。その戦敗国・日本に対して、一体どのような裁判ならば可能であったのだろうか、という切り口で考えてみたい。

まずは、客観的状況を押さえておきたい。

日本国は適法・合憲的に組織された国家であり、交戦相手国も含む多くの国々が承認していた。被告人25名はその日本国と軍隊を適法に運営して、国家行為を行《おこな》ったのであった。

一方、国際社会の構成員は国家である。個人ではない。各国家は、他国の国家主権に干渉してはならない。この国家主権の原則がある限り、戦勝国といえども他国の国家行為を行《おこな》った個人を裁くことはできない。パール判事は第一部で縷々そのように申し述べたのである。

確かに、パール判事自身は「国家主権を熱愛するものではない」と正直に述べている。しかし、現在の国際社会が各国の国家主権で構成されている以上、パール判事としては、その個人的信条にもかかわらず、国家主権を無視した判定をすることはできないのである。

パール判事はさらに、「侵略戦争」は誰も定義できていないし、侵略と防衛は裏腹であり、どちらがどちらとも言えない並行的状況があると指摘した。２つの国が戦争を開始した場合、そのどちら側にも、侵略的要素も防衛的要素もあるということだろう。ある国が他の国を支配することを犯罪とするまでに国際法は進化していないと判定した。さらに言えば、戦勝国には戦争犯罪を定義した法律を制定する権能はないとも判定した。

また、征服した国の住民や戦争俘虜を残虐に取り扱えとの命令・指示を立証する証拠は少なくとも日本では「絶無」であったし、「被征服国（＝日本）に対して文句を言う点が他に無かったとしても」という**第六部第２項§12．**でのパール判事の表現が暗示する通り、残虐行為の証拠類を大量に持ち込んでも、そのほとんどは散発的事案なのであって、日本の戦争のやり方は他国に比較して悪かったなどとは実際上は立証できなかったのである。

以上のような状況の下《もと》、「日本」に対して、どのような訴追が可能だろうか？「日本」を訴追できると考えられる要因を探ってみよう。

1. 日米交渉が進行中に宣戦布告なしに突如として合衆国を攻撃したこと。しかし、パール判事は、日米交渉における合衆国の交渉態度が平和的ではなかったことを立証したのである。また、宣戦布告はドン・キホーテ的任侠にすぎないというホールの言を引用することで、それは必ずしも戦争開始にあたっての要件にはならないと指摘し、さらに、日本が攻撃してくることを合衆国が事前に承知していたことは証拠によって「完全に」立証されていると事実認定したのである。第四部最終段階を精読すれば、日米それぞれの状況についてこのように事実認定されることについては、説得力があると思える。

2. 日本が中国に出兵し、戦闘行為を重ねていたこと。しかし、若槻《わかつき》内閣の時代にイギリスも日本同様の状況に陥り、自国イギリスの居留民を守るために日本と同様、中国に出兵したことを判決書の第四部 第１段階で見た。次の通りである。

「そして最近時（引用者注：１９２７年１月）にイギリス政府が上海でこれといくらか似たような状況の中で実施した措置を日本政府も採った。すなわち、現場に防衛軍を送り込んだのである。」（判決書p.332下段）

当時の中国では複数の政府が乱立し、治安は悪く、各国の居留民は危険にさらされていた。日本は、上海におけるイギリス同様、在留邦人保護の観点から海軍陸戦隊・陸軍を中国に派遣していたのであって、領土的野心から軍隊を派遣したのではなかった。

3. 傀儡国たる満州国を建設したこと。しかし、パール判事は次の通り、満州事変は侵略戦争ではないときっぱりと述べたのであった。

「本官はしかし、日本がかかる措置は自衛のために必要だと『**善意ニ基ヅイテ（bona fide）**』判断したのだと主張する資格を日本にもたらす適切な**客観的状況**が存在したとの見解に傾いている。そのため、満州事変の時点で侵略戦争は国際法における犯罪となっていたとの見解を仮に本官が受け入れることができたとしても、本官はこの事変がそのような侵略戦争であったとはまったく主張しなかったであろう。」（判決書p.242下段～p.243上段）

事実としては、中国もソ連も満州国を承認したのである。さらに、当時の合衆国のフーバー大統領が、日本に対する戦争手段に訴えよとの配下のスティムソン国務長官による提言に対し、満州事変自体は悲しむべきことながら、その解決のためにアメリカ人の生命を犠牲にすることはしないと判断したことを見た（判決書p.511下段）。満州以外にも傀儡国の実例がある。ドールの「ハワイ共和国」は傀儡国ではなかったと誰が言えるだろうか。

4. 中国における残虐行為。しかし、日本国がそのような残虐行為を命令・授権・許可した事実は立証されなかった。そのような証拠は「絶無」であった。中国戦線に限らず、各戦域での日本の残虐行為の多くは現場での散発的事象であって眼前の被告人たちに罪を問うことはできないと判定している。違法性・犯罪性が否定できないのは南京暴虐事件のみであり、さらに、その証拠・証言類も疑わしいものの、弁護側が残虐行為の発生の事実を争ってはいないこと、また、証拠の量が圧倒的なので、残虐行為の発生を否定することもできないとのパール判事の判定をすでに見た。いずれにせよ、これは現地でのいわゆるB・C級裁判で、決着を見た。

5. 泰緬《たいめん》鉄道建設の残虐行為。これに対してパール判事は、次の2つの判断を示している。まず、軍事作戦に戦争俘虜を就労させたのは違法であるが、これは国家の誤り（国家行為の誤り）であり、そのような命令を出した個人を有罪とすることはしないとした。次に、残虐行為が発生した原因は現場の将兵の職務上の行き過ぎであったのであり、眼前の被告人たちがこのような残虐行為の発生を予期することは、できなかったと判定した。残虐行為の遂行を目的として鉄道建設を命じたはずはなかったのである。建設のための労働力の主体は現地で雇用した労務者であり、戦争俘虜の投入は「最後の手段」であったこともパール判事は事実認定している。

6. 米英仏蘭中ソの6カ国に対する「侵略戦争」を計画したこと。東京裁判における最大の論点は結局、この点であったと筆者は思う。この点について「侵略戦争の計画の立案」や「共同謀議」の議論をもっともらしくでっち上げたにせよ、連合国の本音としては、それが「侵略」であろうとなかろうと、結局は日本がこれらの諸国を相手に戦争をしたことが悪いということなのだと思う。しかし、パール判決書は、日本は生き延びるのに必死な中で、行きがかり上これらの諸国と戦争をすることに追い込まれて行《い》ったこと、特に対米については日本は何としても開戦を避けたがっていたこと、さらには、戦争の開始そのものは国際法上での犯罪にあたらないこと、を第四部で詳細に論じたのである。

以上を俯瞰すると、国際法ならびに国際社会における国家主権の存在を前提にする限り、日本という主権国家に対する訴追は非常に困難であることが見て取れる。日本に対する訴追事項として考えられる以上の6点は、4. を除けばいずれも主権国家がその独自の権能として行《おこな》い得《う》る国家行為である。そのような国家行為を担った個人に対する訴追は、自国自身にせよ戦勝国を含む他国にせよ、できるはずもなかろう、と筆者には思える。4. は国家行為ではなく現場での残虐行為であり、責任を持つ者は、国家の指導者を裁いた東京裁判ではなく、現地でのいわゆるB・C級裁判で正しく処置されたと推定できるのである。

そもそも日本には、他国を侵略する計画を立案して推進するための共同謀議はなかった。外部からの圧力や成り行きによって、まったく無計画に日華事変に突入し、また、不十分な軍事計画の下《もと》に真珠湾攻撃の実施に追い込まれた。日本には国家存続の欲求はあったものの、領土的野心はなかったのである。東京裁判で東条は、「日本の戦争は断じて侵略戦争ではない」と証言した。さらに、特定の民族を浄化するなどという計画・遂行が皆無であったことは言うまでもない。

しかし、ナチ・ドイツと手を組んだ日本を「裁きのお白洲《しらす》」に引き出すために、日本国ならびに被告人たちのありとあらゆる行動を悪い方向に紐《ひも》づけようとの牽強付会による訴追、公判における証拠・手続き類の取り扱いルールの無視、証言・証拠類が指し示すものの捻じ曲げを行《おこな》って「司法裁判」の体裁を取り繕ったのが「東京裁判」だったのだろうと思える。このことは、パール意見書によって丹念に分析されたのであった。

## 東京裁判はなぜ行《おこな》われたのか？

右記のさまざまな難儀にもかかわらず東京裁判が行《おこな》われたのは、一体なぜだろうか？

1つには、パール判決書があちこちで触れているように「復讐」のためであろう。対日戦で自国民を殺された連合国が、戦敗国となった日本の指導者を罰するとの復讐を行《おこな》うための道具が東京裁判であったのだと思う。この点において、この東京裁判は、各地で行《おこな》われたいわゆるB・C級裁判と同じ位置づけとなるのだ。ニュルンベルク裁判に関してソ連のトレイニン氏は、「ナチに対する報復の要求に法的な表現を与えることはソビエトの法律家にとって**名誉ある義務**である」と述べている。これはニュルンベルク裁判を手本とした東京裁判においても復讐の要素がなかったとは言えないとの論点の傍証にはなるものと思う。

他には、ナチの断罪を徹底するためにナチ・ドイツと同盟した日本をドイツと同じ悪逆国家であったと位置付ける必要があったからであろう。そのためには、ニュルンベルク裁判と同様の裁判を対日でも行《おこな》う必要があったのだろう。これは例の英国人歴史家ジョン・プリチャードがNHKの番組で「日本はドイツ同様に侵略戦争を行《おこな》った国として断罪されなければならない。そうでないとニュルンベルク裁判の判決が台無しになってしまう」と語っていたことから裏付けられる。ナチと同様の立場に日本を立たせるためには、形式上どうしても同様の裁判が必要だったのである。刑事裁判としてほぼ無理なく審理され、滞りなく判決が出されたニュルンベルク裁判に限りなく近似させた「裁判」を、日本に対しても実施しなければならなかったのであろう。

ただし、筆者がこの英国人歴史家に指摘したいのは、パール判決書は日本の戦争はパリ条約に違反したものだと示唆したものの、満州事変を含む日本の戦争が「侵略戦争」であったとはどこにも述べていないことである。そもそも「侵略戦争」というものの定義がないとパール判事は第二部で結論していたのである。この歴史家は、東京裁判におけるパール判決書・パール意見書をあえて無視しているのだと筆者には思える。東京裁判の多数派判決に積極的な意義を見出したいイギリスの本音を、この歴史家は体現しているのであろう。

## 「国家行為」の考察

国家行為に関するパール判事の分析は、本書第二編の第一部の§1．と§5．で論述した。

第一部§1．では、検察側が起訴状附属書Eにて被告人1人ひとりについて詳細に記載した諸行為すべてについて、被告人25名は国家行為を行《おこな》ったものとパール判事が認定していたことを見た。

第一部§5．では、国家行為についてのハンス・ケルゼンによる詳細な分析をパール判事が引用するのを見た。ハンス・ケルゼンは、国家行為である限り、自国も、戦勝国も含めた他国も、その行為を行《おこな》った「個人」の個別の責任を追及できないと明示的に示していた。

以上の2点の分析のみをもって、被告人25名の行為は東京裁判の裁判管轄権の外にあるので「無罪」であると簡単に判決を出すこともできたのである。被告人の行為は国家行為であるとのパール判事の指摘は、きわめて重い帰結をもたらすのである。

もしも、パール判決書が言いたかった要点をあえて絞って述べよと言われたら、今の筆者なら右記の2点の指摘を挙げる。つまり、訴追された事項はすべて国家行為である、そして国家行為については個人の責任は追及できない、だから全員無罪、以上終わり、である。

もちろんパール判事は、そのような簡略な分析に留めなかった。それはなぜかと言えば、被告人25名を訴追するにあたり、検察側は巧妙な「しかけ」を施《ほどこ》していたからである。

## 「共同謀議式立証方法」という「しかけ」

その「しかけ」とは、「共同謀議式立証方法」である。

ドイツと違って日本には侵略戦争実施の計画を推進する全面的共同謀議の機構はなかった。検察側は共同謀議が存在したとの「**一見シテ明白ナル（prima facie）**」証拠の提出ができなかったのである。パール判事は、「本官が検察側の証拠を読む限り、その中にはかかる共同謀議を直接的に立証するものはただの一つも無かった。」（判決書p.165上段）と述べている。そこで弁護側は、東京裁判の公判自体を棄却すべしという大胆な動議を発したことを本書第二編の第三部§4．で見た。その存在を立証できずに、存在を推定するのに留めなければならない共同謀議などで訴追されたらたまらないと思うのは、全く正常な法的感覚であると筆者は思う。

ところが検察側は、別個の犯罪としての「共同謀議」と、複数の人が共同して遂行したとされる犯罪の立証方法としての「共同謀議式立証方法」との間には重要な区別があると述べ、検察側としては犯罪としての「共同謀議」を追及するのではなく、あくまでも「共同謀議式立証方法」による立件を目指していることを挙げたことから、東京裁判所はこの弁護側による動議を却下する判断をしたことを本書⑦第三部§4．で見た。

東京裁判においては、その存在を直接には立証できずに、その存在を「推定」しなければならない「共同謀議」なるものが「存在する、存在する」と言い続けて最後まで公判を引っ張ったのである。そして多数派判決書においては、ついにはこの「共同謀議」（これはパール判事の表現によれば「全面的共同謀議」のことである）は「あった」という判決にしてしまったのである。これこそが東京裁判における最大の矛盾、無理であると筆者は考えている。証拠を提出できずに立証ができないものを、「あったこと」にしてしまったのである。多数派判事たちがその判決書の中で、そのように判決した理由を説明できないのは、言うまでもない。

検察側がこの「全面的共同謀議」にこだわったのは、「全面的共同謀議」が存在したことにしないと、独立主権国家の国家行為を合憲的・合法的に実施しただけの被告人25名を有罪に追い込めないからである。パール判事がハンス・ケルゼン等の引用によって立証したように、国際法の通説では、国家行為を行《おこな》った個人の責任追及はできないのである。そのような論点を封じるために、証拠がなくても、あらゆる矛盾や無理があっても、ナチ同様の「全面的共同謀議」が日本にもあったことにしないと、東京裁判の公判そのものを維持できなかったのである。是が非でも、「全面的共同謀議」は日本にもあったことにしなければならない…。しかし、このように組み立てたことこそが東京裁判「失敗」の根本的要因だったのではないか？　直接的な証拠がない「全面的共同謀議」に則った運営だったのである。

だからこそパール判事は、あの膨大な第四部の事実認定作業を通じて、この「全面的共同謀議」などという無理筋の「荒唐無稽」なスキームによらずとも、「日本が採った致命的な措置」（判決書p518下段）たる真珠湾攻撃をするまでに日本が追い込まれたことが無理なく説明できることを立証したのであった。その存在を「推定」しなければならないという検察側の論点を、完全に撃破したのであった。

パール判事にとっては、この「全面的共同謀議」こそが、必ずつぶしておかなければならない最重要論点だったのである。なぜなら、「全面的共同謀議」による訴追およびそれに関する多数派判決こそが、訴追国が東京裁判で行《おこな》った不正の最大のものだったからである。その不正を正して、裏に隠蔽《いんぺい》されてしまった真理を洗い出すために、パール判事はあれほどの情熱とエネルギーを込めてパール判決書を執筆したのだと筆者には思える。そして、いったんこの「全面的共同謀議」が否定されれば、被告人25名は単に「国家行為」を行《おこな》ったのにすぎないことになり、無理なく「無罪」という道筋を示せることになるのである。

## 人類全体の不面目

筆者は、現在の日本国は、その名誉のために、この日本にはそのような「全面的共同謀議」は無かったことを強力に主張しなければならないと思う。そのことによって、日本国はナチ・ドイツとは違うことを示さなければならないのである。もう誰にも遠慮する必要はないはずである。なぜなら、本稿で見たように、ドイツにおいてはナチの断罪と再発防止は十分に定着していると見受けられるからである。日本がナチ・ドイツ同様の「悪逆非道」を行《おこな》ったことにして、人類全体のためにナチ断罪を助ける必要は、もうないのである。ナチのとばっちりを受けての冤罪《えんざい》は、今後は御免被《ごめんこうむ》ることを、もうそろそろ日本としては主張しなければならない。このことを筆者は例の英国人歴史家に対して特に主張したい。

これは日本一国の名誉回復のためだけではない。人類全体が不面目を被っているのである。この不正義を犯した人類全体の名誉を回復させるためにも、日本人は声を上げて主張しなければならないのである。これこそが、パール判事がこの膨大な判決書を残すことによって我々日本人に付託した責務なのだと思う。このことから逃げるべきではないと思う。

## 日本無罪論

万難を排して一言で述べるなら、「パール判決書とは、日本無罪論である」と筆者は考える。それは右記の通り、日本の舵取りをした被告人25名がすべて「国家行為」を行《おこな》ったのにすぎないことをパール判事が第一部で立証したこと、さらに、日本という国家が真珠湾攻撃という「致命的な措置」を採ることに追い込まれた道筋を、パール判事が第四部における丹念かつ綿密な事実認定作業を通じて示したこと、の2つによる。

まず、「国家行為」については、戦勝国を含めた他国が、日本のリーダーたちによる国家運営の不首尾を訴追することなど、国家主権の存在を前提にすれば、そもそもできないのである。一国の国家行為を、戦勝国を含む他国が訴追することはできない。筆者は、「北朝鮮による拉致」や「天安門事件」を訴追できる他国（日本を含め）があるとは思わない。また、訴追に持ち込めたとしても、当該国がその訴追に応じる可能性があるとは思わない。訴追に応じさせるためには、軍事的に屈服させて、占領する必要があるのだ。日本の場合のように。

次に、検察側主張の重点は「全面的共同謀議」の存在を「推定」する以外に日本の行動を説明できないというものだが、そのようなスキームによらずとも日本が真珠湾攻撃をするに至った経緯を充分に上首尾に「説明」できることを、パール判事は判決書第四部で多大なエネルギーを傾注して事実認定を重ねた上で提示したのであった。そしてその目的のための膨大な事実認定作業が、はからずも日本の行《おこな》ったことには何らかの必然性があったことを読み手に知らしめ、納得させることになったのである。第四部において、中国戦線においては、日本は4年有余に亘って中国からの撤兵のチャンスを求めていたのについに果たせなかったこと、太平洋戦線においては、石油供給を止められてやむを得ず、避けることを国策の第一としていた対米開戦に追い込まれたことを、丹念に立証したのである。

つまり、独立主権国家のリーダーたちの個人責任を訴追するのは、当時の国際法に鑑みてそもそも裁判管轄権の外にあったこと、さらに、「国家行為の教義」ならびに「共同謀議の存在の問題」とは無関係に、それらリーダーたち1人ひとりの実際の行動の分析を通じてそれらの人々を有罪とすべき事項は何もないことを主として第六部で立証したこと、日本国家は、無罪とすべきそれらのリーダーたちによって舵取りされていたこと、そして、開戦に追い込まれるまでの日本の一連の行動は客観的に十分に説明ができることを、ペリー来航以降の日本の歴史を追っていくことにより第四部で明らかにしたこと。これらをパール判事は綿密に分析して提示したのである。

以上から筆者は、「パール判決書は『日本』無罪論である」と結論している。

ただし、右記は筆者の私見にすぎない。それがはたして正しいのか、あるいは、まったく大外れの見当違いなのかを判断するためにも、読者の皆様におかれては、どうかこのパール判事の労作を隅々まで読み込んで深く味わっていただきたい。これを筆者は伏してお願いしたい。読むのは日本語訳でも英文原典でもかまわない。それは、皆様が賛否いずれの立場に立たれるにしても、パール判決書を読み込んでその真意をとっくりと腑に落とさないと、意見形成はできないと思うからである。東京裁判を通じてなされた巨大な不正を正そうと超人的な努力を重ねたパール判事の熱い思いを、どうか掴んでいただきたい。

令和3年1月

都築陽太郎

**都築陽太郎（つづき・ようたろう）**

1960年名古屋市生まれ。幼時にインド・豪州・米テキサス州に住む。1983年に名古屋大学経済学部卒業。銀行に就職後、1988年にシカゴ大学で経営学修士号を取得。1989年に米国ケンタッキー州知事より名誉称号「大佐（Colonel）」を授与される。社団法人日本証券アナリスト協会検定会員。2児の父。著書に『東京裁判 全訳パール判決書』（幻冬舎）、『東京裁判で真実は裁かれたのか？』（飛鳥新社）がある。

# 東京裁判で隠された真実とは？

## 裁判官としての矜持を貫き圧力に屈せずに日本の冤罪を晴らしたパール判事

2021年2月5日　第1刷発行

著　者　都築陽太郎
発行者　大山邦興
発行所　株式会社　飛鳥新社
〒101-0003　東京都千代田区一ツ橋2-4-3　光文恒産ビル
電話　03-3263-7770（営業）　03-3263-7773（編集）
http://www.asukashinsha.co.jp
印刷・製本　中央精版印刷株式会社


ISBN 978-4-86410-814-0


編集担当　小林徹也